HEYNE <

AF630897

Von Peter V. Brett sind im
WILHELM HEYNE VERLAG
erschienen:

DIE DÄMONENSAGA

DIE ROMANE

Das Lied der Dunkelheit
Das Flüstern der Nacht
Die Flammen der Dämmerung
Der Thron der Finsternis
Das Leuchten der Magie
Die Stimmen des Abgrunds

Der Prinz der Wüste
Die Fürstin der Schatten

DIE NOVELLEN

Der große Basar
Das Erbe des Kuriers
Selias Geheimnis
Das Feuer der Dämonen

PETER V. BRETT

Die Stimmen des Abgrunds

Roman

Deutsche Erstausgabe

WILHELM HEYNE VERLAG
MÜNCHEN

Titel der Originalausgabe
THE CORE (Part 2)
Deutsche Übersetzung von Ingrid Herrmann-Nytko

Der Verlag behält sich die Verwertung der urheberrechtlich geschützten Inhalte dieses Werkes für Zwecke des Text- und Data-Minings nach § 44b UrhG ausdrücklich vor. Jegliche unbefugte Nutzung ist hiermit ausgeschlossen.

MIX
Papier | Fördert gute Waldnutzung
FSC® C083411
FSC www.fsc.org

Penguin Random House Verlagsgruppe FSC® N001967

5. Auflage

Deutsche Erstausgabe 05/2018
Redaktion: Charlotte Lungstrass
Copyright © 2017 by Peter V. Brett
Copyright © 2018 der deutschsprachigen Ausgabe by Wilhelm Heyne Verlag, München,
in der Penguin Random House Verlagsgruppe GmbH,
Neumarkter Straße 28, 81673 München
produktsicherheit@penguinrandomhouse.de
(Vorstehende Angaben sind zugleich Pflichtinformationen nach GPSR.)

Illustrationen: Lauren Cannon
Karte: Andreas Hancock
Umschlaggestaltung: Nele Schütz Design, München,
unter Verwendung von shutterstock
(Amir Bajrich, Slava Gerj)
Satz: Schaber Datentechnik, Austria
Druck und Bindung: CPI books GmbH, Leck
Printed in the EU

ISBN: 978-3-453-31938-7

www.heyne.de

Für Sirena Lilith,
die dabei ist,
mein Leben von Grund auf
zu verändern.

Inhalt

1	Der Rachen des Abgrunds	9
2	Hinab in die Finsternis	47
3	Bettgenossen	100
4	Araine erzählt	142
5	Wölfe	154
6	Everams Brunnen	169
7	Hardens Hain	197
8	Schneesturm und Erdbeben	225
9	Die Brut des Bösen	259
10	Alas Speer	270
11	Getrennt	304
12	Rauch und Nebel	333
13	Jessas Mädchen	345
14	*Sharak Ka*	366
15	Pfeifers Geist	386
16	*Alamen fae*	437
17	Licht der Berge	459
18	Der Stock	484

19	Der Horc	518
20	In der Finsternis geboren	528
21	Der Pakt	533

Grimoire der Siegel 543

Danksagung 557

1

Der Rachen des Abgrunds

334 NR

Geliebte.«

Der Mond war nur noch eine schmale, silberne Sichel, als Jardir am nächtlichen Himmel kreiste. Er sah die Scharen von Dämonen, die sich unten am Boden sammelten und in der magischen Sicht, die ihm seine Krone verlieh, wie Fackeln glühten.

»Ich bin hier, Geliebter«, antwortete Inevera beinahe sofort.

»Wir nähern uns der Pforte zum Abgrund«, sagte Jardir. »Hier leben kaum noch Menschen, aber es wimmelt von *alagai*. Die allgegenwärtige Magie wird stärker. Vielleicht ist dies unser letztes Gespräch, und danach kann ich dich nicht einmal mehr mittels der Kraft der Krone des Kaji erreichen.«

Tief unter ihm begleiteten der *Par'chin* und seine *Jiwah Ka*, deren Tarnsiegel auf ihrer Haut sanft schimmerten, den Karren, in dem sie *Alagai Ka* eingesperrt hatten. Shanvah saß auf dem Kutschbock. Der kleine Wagenkasten bestand aus Stahl, in den der *Par'chin* Siegel eingeritzt hatte. Diese Symbole sorgten dafür, dass das darin gefangene Böse nicht entweichen konnte, gleichzeitig verbargen sie es vor dem Bösen, das draußen lauerte. Neben Shanvah hockte ihr Vater angekettet auf der Bank und stierte mit blicklosen Augen in die Ferne.

Zusätzlich zu diesen Schutzvorkehrungen hüllte Shanvahs Stimme die Gruppe ein, verstärkt durch das Halsband, das ihre Speerschwester ihr gegeben hatte. Sie sang einen Vers aus dem *Lied vom Erlöschen des Mondes*, den sie ständig wiederholte, eine wunderschöne, ruhige Melodie, die sogar Jardir zu verzaubern drohte.

Von oben konnte Jardir die Siegel sehen, die seine Gefährten beschützten. Mit seinem magischen Blick nahm er sie als helles Funkeln wahr, wobei ihre Macht nur so weit reichte, wie ihr Leuchten die Dunkelheit durchdrang. Die Magie, die von Shanvahs Gesang ausging, war feinsinniger, doch an ihrer Wirkung bestand kein Zweifel. Wenn die *alagai* in ihren Bannkreis gerieten, veränderten sich ihre Bewegungen. Die Musik lenkte sie von der Gruppe fort, ohne ihren Argwohn zu erregen.

»Meine Nichte hat sich zu einer starken Persönlichkeit entwickelt«, sagte Jardir. »Everams Plan ist in der Tat unergründlich. Es gibt Speere des Erlösers, die zwanzig Jahre lang an meiner Seite gekämpft haben. Ich habe so viele Söhne, dass ich nicht einmal alle kenne. Und dennoch ist meine Nichte, kaum alt genug für eine Heirat, dazu ausersehen, mit mir in den Rachen des Abgrunds hinabzusteigen und die Bürde des Sharak Ka zu tragen.«

»Verzeih mir, Geliebter, dass ich mich gelegentlich abfällig über deine Schwestern geäußert habe«, sagt Inevera. »Sie haben drei der größten Krieger geboren, die Ala je gesehen hat.«

»Gebe Everam, dass ihre Anzahl ausreicht, um Ala zu retten.«

»Hast du Schlaf gefunden?«, fragte Inevera.

»Als die Sonne hoch stand, legten wir eine einstündige Rast ein.«

»Das ist zu wenig, mein Gemahl«, sagte Inevera. »Magie vermag den Körper zu stärken, doch der menschliche Geist wird durch Träume erfrischt. Wer nicht träumt, läuft Gefahr, wahnsinnig zu werden.«

»Dann werde ich beten, dass wir auch ohne ausreichend Träume unsere geistige Gesundheit behalten, bis wir unsere Pflicht erfüllt haben«, sagte Jardir. »Was danach geschieht, spielt keine Rolle.«

»Und ob es eine Rolle spielt!«, widersprach Inevera.

»Am morgigen Tag werden wir schlafen«, versprach Jardir. »In der kommenden Nacht erlischt der Mond. Dann lassen wir *Alagai Ka* frei, damit er uns den Weg zeigt, der in die Finsternis hinabführt. Ich fürchte, danach gibt es für uns keinen Schlaf mehr, bis wir entweder gesiegt haben oder tot sind.«

»Wo befindet ihr euch?«, wollte Inevera wissen.

»Nördlich des Berges, auf dem der *Par'chin* und ich den *Domin Sharum* ausfochten. Die Macht der Magie ist hier ungeheuer groß, Geliebte. Jetzt begreife ich, wieso es den *Par'chin* in diese Gegend gezogen hat.«

»Deine Stimme wird schwächer«, sagte Inevera. »Öffne mir dein Herz ein letztes Mal. Welche Gefühle bewegen dich, während ihr euch dem Rachen des Abgrunds nähert?«

»Ich fühle in mir Inbrunst. Tatendrang.« Jardir zögerte. Was er sagte, stimmte, aber es war nicht die volle Wahrheit. »Angst. Ich habe Angst, ich könnte dich enttäuschen. Ich könnte Ala enttäuschen. Ich habe Angst, ich könnte versagen, und Everam könnte mich in der Stunde meiner höchsten Not im Stich lassen.«

»Diese Ängste quälen Everams Kinder immer, und solange es Nie gibt, wird sich nichts daran ändern«, sagte Inevera. »Und der Erlöser wird von ihnen am meisten geplagt. Aber ich habe dich dein Leben lang beobachtet, Sohn des Hoshkamin. Wenn du die Bürde des Sharak Ka nicht zu tragen vermagst, dann ist sie zu schwer für einen Menschen. Dann ist sie einfach untragbar.«

Jardir schluckte. »Ich danke dir, Geliebte.«

»Danke mir, indem du ...« Die Stimme brach ab, und dann hörte Jardir nur noch den Wind. Er hielt mitten in seinem Flug inne und schwebte dann noch einmal zurück, um die Verbindung wiederherzustellen, aber es gelang ihm nicht. Um Erfolg zu haben, hätte er sich weiter von seinen Reisegefährten entfernen müssen, als ihm ratsam schien.

Unten lag der Vater der Dämonen dreifach gefesselt in seinem rollenden Kerker. Er war in seinem stofflichen, mit Siegeln versehenen Körper gefangen, mit silbernen, versiegelten Ketten gebunden und umgeben von Stahlwänden, die Siegel trugen.

Der Weg ist weit, und ihr seid Sterbliche, hatte *Alagai Ka* gesagt. *Die Zeit wird kommen, da lässt eure Wachsamkeit nach, und dann bin ich frei.*

Jardir wollte alles daransetzen, um dies zu verhindern. Zweimal hatten sie gegen *Alagai Ka* gekämpft, und beide Male hätte Nies Prinz sie beinahe besiegt. Sollte es ihm gelingen, Unterstützung herbeizurufen, wenn sie ihn freiließen, käme es zu einer Katastrophe. In dieser Gegend strolchten genug *alagai* herum, um selbst Everams Auserwählte zu vernichten.

»Lebe wohl, Geliebte«, wisperte er in den Wind, als er zurückflog, in der Absicht, den Karren mit seiner bösartigen Fracht zu bewachen.

Sie folgten uralten Straßen, die sie auf den staubigen Landkarten des *Par'chin* entdeckten. Sie durchquerten weite, baumlose Grassteppen und dichte Wälder, nahmen Abkürzungen, um Weilern und Flüchtlingslagern auszuweichen, und gelangten schließlich in die bewaldeten Vorberge. Schon bald war von der Straße nichts mehr zu sehen, im Laufe der Jahrhunderte war sie unter dichtem Pflanzenbewuchs verschwunden. Es gab Wege, die breit genug waren für den Karren, aber auch nur knapp.

Aus der Höhe entdeckte Jardir etwas Seltsames. Vor ihnen tauchte die Straße wieder auf. Allem Anschein nach war sie regelmäßig und obendrein erst vor Kurzem benutzt worden. Er flog höher und entdeckte den Grund dafür.

Mit Hilfe seiner Krone sprach er zu seinen Gefährten am Boden. »Vor uns liegt ein großes Dorf. Gebt gut auf den Vater der Dämonen acht, während ich Nachforschungen anstelle.«

»Ay, ich denke, das schaffen wir«, sagte der *Par'chin*.

Jardir sog Magie aus dem Speer und flog schnell auf die Ansiedlung in der Ferne zu. Nachdem er sich viele Wochen lang nur im Kriechtempo hatte bewegen können, genoss er es, seine Kräfte anzustrengen.

Das Dorf, das sich in einem Gehölz verbarg, kam in Sicht. Jardir hielt so abrupt inne, dass sein ganzer Körper erschüttert wurde.

Ein Kreis aus uralten Steinobelisken umgab das Dorf. Jeder dieser Steine war zwanzig Fuß hoch und wog mehrere Tonnen. Die Siegel auf den schartigen Oberflächen waren immer noch stark genug, um die *alagai* fernzuhalten.

Doch am meisten verblüffte Jardir, dass die Obelisken sowie das Dorf, das sie umringten, nach krasianischer Art angelegt waren. Bauweise und Schriftzüge waren jedoch nicht zeitgemäß, sondern erinnerten eher an die Ruinen von Anochs Sonne. Was hatte einen verlorenen Stamm seines Volkes so weit nach Norden verschlagen?

Und was war aus diesen Menschen geworden?

Shanvah sank auf die Knie, als sie nach einer Durchsuchung der Häuser zurückkehrte. »Es gibt keinerlei Anzeichen für einen Kampf, Erlöser. Wie es aussieht, haben die Dorfbewohner in kürzester Zeit ihre Habe zusammengerafft und die Siedlung aus freien Stücken verlassen.«

Der *Par'chin* runzelte die Stirn. »Das kommt recht häufig vor, seit euer Volk Speere schwingend aus der Wüste kam.«

Jardir überhörte die Stichelei. »Aber so weit in den Norden sind wir nicht vorgedrungen, *Par'chin*. Ich bezweifle, dass man hier überhaupt von meiner Ankunft gehört hat.«

»Erlöser«, sagte Shanvah. »Könnten dies die Überbleibsel von Anoch Dahl sein?«

Renna legte den Kopf schräg. »Die Stadt ... der Dunkelheit?«

»Ganz recht«, bestätigte Jardir. »Kaji erbaute Anoch Dahl als Stützpunkt für seine Armee, mit der er in den Abgrund hinabstieg.«

Ihr werdet etwas finden, das Kaji zurückgelassen hat, hatte Inevera gesagt. *Ein Geschenk deines Vorfahren, das euch durch die Dunkelheit geleiten soll.* War es das? Ein Zeichen, das der Erlöser seinen Erben hinterlassen hatte?

Der *Par'chin* stieß den Atem aus. »Und dann haben dreitausend Jahre lang Menschen hier gelebt, nur um eines Tages grundlos ihre Sachen zu packen und sich davonzumachen? Wann könnte das denn passiert sein? Vor einem Jahr?«

»So lange ist es nicht einmal her«, berichtete Shanvah. »Die Siedlung wurde erst vor ein paar Monaten verlassen.«

»Als *Alagai Ka* während des Erlöschenden Mondes angriff«, mutmaßte Jardir.

»Das kann doch kein Zufall sein, das ist so klar wie der helle Sonnenschein«, steuerte Renna bei.

»Bald wissen wir mehr«, sagte Jardir. »Doch zuerst müssen wir uns ausruhen, solange die Sonne noch hoch am Himmel steht. Vielleicht ist es der letzte Schlaf in unserem Leben, denn heute Nacht lassen wir *Alagai Ka* frei.«

Unter dem verhassten Tagesstern herrschte in dem Gefängnis eine Gluthitze. Die Metallwände hatten die Wirkung eines Ofens, und die Temperaturen im Inneren hätten das Oberflächenvieh glatt getötet.

Die Hitze war jedoch nicht das Schlimmste, im Gegenteil, sie war das Einzige an der Gefangenschaft, was der Königliche Gemahl halbwegs ertragen konnte.

Alles andere war eine Tortur. Jedes Rütteln des primitiven Vehikels erschütterte den Dämon, zerrte an den silbernen Ketten, deren Siegel ihm beständig Schmerzen bereiteten und ihn an seine Schmach erinnerten. Wenn seine Kerkermeister ihm überhaupt Nahrung gaben, dann versorgten sie ihn mit tierischem Aas. Sie fütterten ihn mit schierem Fett. Wegen der Ketten war er gezwungen, auch noch den letzten Rest seiner Würde zu opfern und über den Boden des Karrens zu kriechen. Jede Bewegung wurde ihm zur Qual. Um die Nahrung aufzunehmen, musste er sein Gesicht gegen das ekelerregende Stück Fleisch pressen, das in der Hitze schmorte. Das Gefängnis stank danach.

Und dann der Gesang!

Der Dämon hasste alle seine Kerkermeister, doch allmählich verabscheute er die Sängerin am meisten. Durch die dicken Metallwände drang ihre Stimme nur gedämpft, und trotzdem war sie für ihn wie eine Folter, die einen urtümlich gebliebenen Teil seines mächtigen Geistes zerfetzte.

In den Gedanken und Erinnerungen des Erzeugers der Sängerin hatte der Königliche Gemahl dessen abartige Gefühle für dieses Mädchen erkannt – Liebe, Stolz, Hoffnung. Schon deshalb hatte der Dämon sie verachtet und Überlegungen angestellt, wie er sie verletzen könnte. Und damals hatte er ihre verfluchte Stimme noch gar nicht gehört.

Wie die Kampfsiegel, so war auch dieses Lied der Nachhall einer uralten Magie, die der Seelenhof für längst erloschen hielt.

Die Klänge berührten die elementarsten Emotionen der Dämonenrasse, und Magie wurde von Gefühlen angezogen. Seinesgleichen erzeugte genau die Macht, die dieses Lied gegen sie benutzte.

Obwohl der Königliche Gemahl über die Vorgänge Bescheid wusste, wollte er vor der Melodie flüchten. Wenn die Menschen sich massenhaft dieser Macht bedienten, würde es schwierig sein, sie zu bekämpfen. Vielleicht sogar unmöglich, sollte der Stock auseinanderbrechen.

Der Königliche Gemahl erinnerte sich an die gewaltigen Chöre des Kavri und erschauerte.

Dadurch spannten sich die Ketten und versengten seine Haut. Mittlerweile versuchte er nicht mehr, die Verletzungen zu heilen, sondern ließ das kranke Fleisch absterben, damit es ihm als Schutz diente. Gleichzeitig setzte er seine kostbaren Vorräte an innerer Magie dazu ein, unter diesem toten Gewebe neue Hautschichten wachsen zu lassen. Es war ein langwieriger Prozess, doch in den kommenden Wochen würde er die Tinte auf seiner Haut zersetzen, auch wenn die eintätowierten Siegel seine Kräfte aufzehrten. Noch wusste er nicht, welcher Fall zuerst eintreten würde.

Derweil konnte der Königliche Gemahl nur in der Dunkelheit abwarten, während der Wagen durch das Land holperte. Welchen Weg sie nahmen, konnte er nicht sehen, und seine Fesseln hinderten ihn daran, mit seinem Geist die Umgebung zu erforschen.

Diese Einschränkung machte ihm am meisten zu schaffen. Seit er aus dem Ei geschlüpft war, hatte sein Bewusstsein ein von dem Körper unabhängiges Eigenleben geführt. Es konnte gewaltige Entfernungen im Nu überbrücken. Er war niemals allein gewesen, hatte ständig die Triebe seiner Drohnen gespürt, die Stimmen seiner Brüder gehört.

Jetzt gab es nichts mehr von alledem.

Lediglich das An- und Abschwellen der Hitze, die der Tagesstern verbreitete, gab dem Königlichen Gemahl eine Art Zeitgefühl, doch das reichte aus. Der Neue Mond war nahe. Wenn sie ihn jetzt nicht auf diese geistlose Drohne setzten und sich an den langen Abstieg hinunter zum Seelenhof machten, wäre das ganze Unterfangen sinnlos geworden. Schon sehr bald würde die Königin mit der Eiablage beginnen, wenn sie nicht bereits dabei war.

Sollte das Geschehen schon im Gange sein, war ihnen allen der Untergang sicher. Der Königliche Gemahl würde auf gar keinen Fall überleben. Aber wenn nicht, wenn ihnen noch eine gewisse Frist blieb, mussten sie alles daransetzen, zur Königin zu gelangen, bevor sie anfing, ihre Eier zu legen. Auch wenn er sich ihr nur als Gefangener nähern konnte, war ihm schon gedient. Waren sie erst einmal in die Tiefe hinabgestiegen, wo die Magie mächtig anschwoll und er auf zahlreiche Drohnen zurückgreifen konnte, würden sich Fluchtmöglichkeiten ergeben, sobald die Wachsamkeit seiner Kerkermeister erlahmte.

Mit einem jähen Ruck kam sein Gefängnis zum Stehen.

Als die schwere Tür des Wagens aufgerissen wurde und der grelle Schein des Sternenlichts ihn traf, stieß der Königliche Gemahl ein zorniges Zischen aus.

Während seine lidlosen Augen sich an die Helligkeit gewöhnten, hob der Königliche Gemahl den Blick und merkte sich den Stand der Gestirne. Seelendämonen brachte man gleich nach dem Schlüpfen bei, die verhassten Sterne zu lesen. Am Seelenhof stieg man nur dann im Rang auf, wenn man mit den Kriegen an der Oberfläche vertraut war und entsprechende Erfahrungen sammelte.

Sie befanden sich unweit des Pfades.

Am Zugang versammelten sich seine Kerkermeister – der Entdecker und die Jägerin, der Erbe und die verfluchte Sängerin.

Neben ihnen stand in Ketten das Reittier des Königlichen Gemahls, die Drohne Shanjat.

»Puh! Das stinkt ja infam hier drinnen!« Der Entdecker schnitt eine übertriebene Grimasse und spuckte auf den Boden, aber seine Aura sprach eine andere Sprache. Es handelte sich um eine Dominanzgebärde, mit der er den Königlichen Gemahl wütend machen wollte, in der Hoffnung, er würde irgendeine wichtige Information preisgeben.

Der Entdecker wagte es, Hand an den Königlichen Gemahl zu legen, zerrte ihn an den glühenden Ketten aus dem Gefängnis und schleuderte ihn mitten in ihrem Kreis auf den Boden. Die Nachtluft war kalt und so nahe am Pfad mit starker Umweltmagie befrachtet. Die Siegel auf seinem Körper zogen diese Energie auf natürliche Weise an, und die Symbole fingen an zu brennen. Er ließ das Fleisch absterben und kostete prüfend von der Magie, die der Wind herantrug.

Einer von seinesgleichen hielt sich in der Nähe auf, zweifelsohne bewachte er die Pforte. Es handelte sich um einen der wenigen direkten Zugänge zum Horc, und in einem Umkreis von mehreren Hundert Meilen war er der einzige, der groß genug war, um Gefangene durchzulassen. Ein idealer Ort für einen Stock, vorausgesetzt, ein Seelendämon war mächtig genug, um ihn gegen seine Rivalen zu verteidigen.

Der besondere Beigeschmack der Magie verriet dem Königlichen Gemahl, dass der, welcher hier Wache hielt, seiner eigenen Linie entstammte. Er war der Älteste seiner Brut, sein vertrauenswürdigster Leutnant. Aus Gewogenheit hatte er ihn viel zu lange am Leben gelassen, und jetzt verfügte er über Macht. Er war stark genug, um die Häscher des Königlichen Gemahls zu vernichten, wenn es ihm gelänge, sie zu überrumpeln.

Der Königliche Gemahl rollte über den Boden und landete vor den Füßen seines Reittiers. Ein Teil von ihm wollte sich weigern, mit diesem Stück Vieh eine Bindung einzugehen, nur um die Menschen daran zu erinnern, dass sie keine Macht über ihn hatten. Dass er sie im entscheidenden Moment immer noch narren konnte, wenn er es wollte.

Aber sich jetzt zu verweigern, wäre unklug gewesen. Zuerst musste er sie einlullen, halbwegs ihr Vertrauen gewinnen, und selbst die begrenzte Unterstützung, die sein Reittier ihm gewähren konnte, war besser, als ganz auf sich allein gestellt zu sein.

Als er gegen den in einer Sandale steckenden Fuß prallte, gab es einen flüchtigen Körperkontakt. Mehr brauchte der Königliche Gemahl nicht, um in dieses willenlose Vieh hineinzuschlüpfen und die Kontrolle über seinen Körper zu übernehmen. Die Drohne öffnete ihre Gewänder, bückte sich, hob den Königlichen Gemahl hoch und setzte ihn auf ihren Rücken. Zum Schutz vor dem Sternenlicht bedeckte sie ihn dann mit dem Stoff.

Der Dämon verschloss sich vor dem schmerzenden Licht und blickte von da an durch die Augen der Drohne. Ketten, die an einem derben Gürtel befestigt waren, hinderten sie an dem vollen Gebrauch ihrer Gliedmaßen. Ihre Bewegungsfreiheit reichte gerade mal dazu aus, über Hügel zu marschieren und Bergflanken hinaufzuklettern.

Sie befanden sich an einer Brutstätte der Menschen, und zwar an der, die der Königliche Gemahl zerstört hatte, als er vor einigen Zyklen vor dem Einlass Wache hielt. Nachdem er den Geist des Anführers dieser Siedlung verspeist hatte, kannte er den Ort in- und auswendig.

»Das habt ihr gut gemacht«, lobte er seine Häscher in den Knurrlauten, die bei ihnen als Sprache galten. »Der Einlass ist nahe. Ich kann euch den Weg zeigen.«

»Warum auf einmal diese Eile?«, fragte die Jägerin.

»Ein Fisch auf dem Trockenen hat es auch eilig, wieder ins Wasser zu kommen«, erwiderte der Königliche Gemahl. »Und dir kann es nie schnell genug gehen, das Fleisch von meinesgleichen zu fressen.«

»Quatsch!« Die Aura der Jägerin flackerte vor Zorn, und der Königliche Gemahl ergötzte sich daran. Die Menschen waren ja so leicht zu provozieren.

»Du kannst lügen, soviel du willst«, sagte der Königliche Gemahl. »Die Wahrheit steht in deiner Aura geschrieben. Du redest dir selbst ein, dass du losziehst, um die Menschheit zu retten, aber in Wirklichkeit gierst du nur nach der Macht.«

Die Jägerin ballte eine Faust, und sofort strömte Magie zu ihr hin. Sie brauchte nur wenig Energie in ihre Tätowierungen einzusaugen, um den Königlichen Gemahl zu töten, doch der blieb unbesorgt.

Und prompt griff auch schon der Entdecker ein. »Nur ruhig Blut, Ren. Du weißt doch, wie die sind.«

Bei diesen Worten kühlte sich die Aura der Jägerin ab. »Ay.«

»Was ist das für ein Ort, Dämon?« Der Erbe schwenkte beim Sprechen seine Waffe, und der Königliche Gemahl fasste sie argwöhnisch ins Auge. Kavris Speer war nur eine von vielen Möglichkeiten, mit denen seine Häscher ihn bezwingen konnten, doch der Königliche Gemahl fürchtete diese Waffe seit Tausenden von Jahren. Sein eigener Erzeuger war ihr zum Opfer gefallen. »Allem Anschein nach haben Angehörige meines Volkes hier gelebt. Was ist aus ihnen geworden?«

Unzählige Lügen kamen ihm in den Sinn, doch am köstlichsten schmeckte die Wahrheit. »Das ist Anoch Dahl, die Stadt der Nacht. Hier versammelten sich Kavris Streitkräfte. Dieser Ort war Kavris Machtsitz im Norden, bevor sein Reich zerstört wurde. Nur wenige seiner Leute blieben hier zurück, um den Einlass zu bewachen.«

»Und was ist mit ihnen geschehen?«, wollte der Erbe wissen.

»Sie vergaßen, was sie bewachen sollten, und warum«, sagte der Königliche Gemahl. »Ihre Wachsamkeit ließ nach, so wie auch die eure nachlassen wird, und ihre Siegel versagten. Ich konnte zu ihnen vordringen und sie hinunter in den Seelenhof bringen, wo sie meiner persönlichen Speisekammer zugeführt wurden.« Seine Antwort machte die Menschen nervös. Er sah es in ihren Auren und amüsierte sich darüber.

»Wie kann der Dämon all das wissen?«, fragte die Sängerin.

Der Königliche Gemahl richtete die Augen seiner Drohne auf sie. »Weil er die Erinnerungen ihres Anführers verzehrte, so wie er auch die meinen in sich aufnahm, Tochter. Deshalb weiß er, wie sehr ich mich schämte, als deine hässliche Mutter mir als erstes Kind ein Mädchen gebar. Ich war zu feige, um deine Mutter zu bestrafen, aber ich fand eine *heasah*, die so aussah wie sie, um meine Enttäuschung an ihr auszulassen.«

»Lauter Lügen, erfunden vom Vater der Lügen«, knurrte die Sängerin, doch in ihrer Aura flimmerten Zweifel und Schmerz.

Das Gelächter ihres Vaters verletzte die Sängerin noch weit mehr. »Diesem gewaltsamen Kopulieren entsprang ein Bastard, den ich mehr liebte als dich.«

Sie kreischte ihn an, und die schrillen Töne zerkratzten seine Aura. Shanjat fiel auf die Knie und hielt dem Königlichen Gemahl die Ohren zu, doch trotz der Qualen erfreute er sich an der Verzweiflung der Sängerin. Der Geist der Menschen war überaus zerbrechlich. Wenn man im richtigen Moment an die richtige Stelle tippte, zersprang er.

Der Erbe legte ihr eine Hand auf die Schulter, und sie beruhigte sich. Danach sorgte der Königliche Gemahl dafür, dass die Drohne breit grinste.

Doch er war einen Schritt zu weit gegangen. Der Erbe hob seinen Speer, und ein Strahl aus Energie flutete über die Siegel, die seine Häscher ihm in das Fleisch tätowiert hatten.

Der Königliche Gemahl konnte Schmerzen ertragen, doch das war selbst für ihn zu viel. Die Gewänder der Drohne hielten ihn an seinem Platz, als er sich selbst nicht mehr festhalten konnte, und dann brach auch der mentale Kontakt zu seinem Reittier ab. Die Drohne kippte um und stürzte auf den heftig zuckenden Leib des Königlichen Gemahls.

Urplötzlich hörten die Schmerzen auf. Der Königliche Gemahl verschaffte sich wieder Zugriff auf den Körper der Drohne und hievte sich langsam auf die Füße.

Dieses Mal war es die Jägerin, die einen Magiestrom auf ihn richtete, die Nervenbahnen des Königlichen Gemahls verbrannte und ihn auf den Boden zurückwarf. Er wurde ernsthaft verletzt. Und es würde ihn wertvolle Magie kosten, um die Verletzung zu heilen. Das restliche Vieh sah nur teilnahmslos zu, wie die Jägerin ihn quälte.

Als sie endlich damit aufhörte, trat der Entdecker vor. »Du sprichst nur dann, wenn du zum Sprechen aufgefordert wirst. Ansonsten weißt du, was dir blüht. Du beantwortest unsere Fragen und bringst uns dorthin, wo wir hin wollen. Und halte ja dein verfluchtes Maul, sonst lassen wir dich draußen in der Sonne schmoren und suchen uns den Weg selbst.«

»Ihr werdet ihn niemals finden«, behauptete der Königliche Gemahl. »Nicht in hundert Jahren, und so viel Zeit habt ihr nicht einmal.«

»Diese Menschen, die du gefangen genommen hast.« Die Aura des Entdeckers verdüsterte sich vor Abscheu. »Haben sie den ganzen Weg bis zu deiner … Speisekammer allein zurückgelegt?«

Der Königliche Gemahl ließ die Drohne nach menschlicher Art den Kopf schütteln. »Ich schickte ihnen einen Mimikry, um sie an den … schwierigeren Hindernissen vorbei zu lotsen. Außerdem markierte ich die Herde mit Magie, sodass alle Kreaturen der Finsternis wussten, dass sie mir gehört.«

»Was sind das für Hindernisse?«, fragte der Entdecker.

»Schon als eure Vorfahren in die Tiefe hinabstiegen, war es ein langer und beschwerlicher Weg«, sagte der Königliche Gemahl. »Und seit Kavri seine Legionen hinunterführte, sind mehrere Jahrtausende vergangen. Tunnel sind eingestürzt oder wurden überflutet. Alte Gänge gab man auf und grub dafür neue. Manchmal führt der Weg steil in die Tiefe, gelegentlich muss man glatte Felswände hochklettern. Dieser Drohne dürfte es nicht leichtfallen, solche Passagen gefesselt zu bewältigen.«

»Darum kümmern wir uns, wenn es so weit ist«, sagte der Entdecker. »Aber rechne lieber nicht damit, dass wir die Fesseln abnehmen.«

»Früher oder später komme ich ohnehin frei«, behauptete der Königliche Gemahl. »Und dann werde ich mit euren Seelen einen Festschmaus feiern.«

»Gut möglich.« Die Jägerin rückte auf ihn zu, und aus ihrer Aura loderten Stichflammen. »Versuch doch, dich zu befreien. Dann bringen wir dich um und feiern mit dir ein Festmahl.«

Sie fletschte die Zähne. Sie waren nicht lang und scharf wie die der Dämonen, doch trotzdem überlief den Königlichen Gemahl ein eisiger Schauer. »Was glaubst du, läuft das bei uns Menschen genauso wie bei deinesgleichen? Dass wir auf einmal alles wissen, was du weißt, wenn wir dein Gehirn vertilgt haben?«

Die Jägerin zog die Klinge aus ihrem Gürtel. Dieser Gegenstand besaß beträchtliche Macht, in ihm steckte eine berauschende Mischung aus Emotionen, die ganz von selbst Magie ansaugte. »Bei der Nacht, vielleicht gehen wir das Ganze verkehrt an. Vielleicht sollte ich dich jetzt gleich aufschlitzen, und später führe *ich* uns nach unten.«

Sie tat einen Schritt nach vorn, und der Königliche Gemahl wusste, dass er das Spiel zu weit getrieben hatte. Sie meinte, was sie sagte. Sie würde ihn töten und vermutlich verrückt werden, wenn sie seinen uralten Geist verzehrte.

Die Vorstellung bereitete ihm jedoch keine Genugtuung. Wenn er nicht am Leben blieb, war es ihm völlig gleichgültig, wie der Kampf zwischen den Menschen und seinesgleichen ausging.

Er blickte den Entdecker an und sah die Spur eines gesunden Verstandes, als der Mann sich zwischen den Königlichen Gemahl und seine Gefährtin stellte. »Tief durchatmen, Ren. Wir haben nicht die geringste Ahnung, ob es auch bei uns klappen würde.« Ihre Aura blieb aufgewühlt, zeugte von Unberechenbarkeit, aber sie wich ein kleines Stück zurück, und der Königliche Gemahl atmete erleichtert auf.

Er ließ seine Drohne in die Augen des Entdeckers blicken. Es war ein seltsames Gefühl, in die Augen einer anderen Kreatur zu sehen, ohne gleichzeitig in deren Geist lesen zu können. Wie hatten die Menschen mit ihren unterentwickelten Sinnen nur so mächtig werden können?

»Für dich und mich gibt es einen schnelleren Weg, Entdecker«, sagte der Königliche Gemahl ruhig. »Einen, den wir im Nu zurücklegen können, und der uns einen wochenlangen Marsch erspart. Der deiner Gefährtin und eurem Nachwuchs ein Risiko erspart.«

»Wir bleiben zusammen«, warf der Erbe ein. »Entweder wir gehen alle, oder es geht keiner.«

»Er misstraut dir«, klärte der Königliche Gemahl den Entdecker auf. »Seine Aura verrät es ganz deutlich. Er fürchtet, du könntest ihn verraten. Die gesamte Menschheit verraten.« Die Spannungen zwischen den beiden Männern waren ihm nicht entgangen. Er wusste um die Zweifel. Die beiden waren sich nicht so einig, wie sie es gern vorgaben.

Er ließ die Drohne den Kopf schräg legen. »Ist es das, was dir Sorgen bereitet, Entdecker? Was aus dir werden könnte, so nahe an der Machtquelle des Horc? Du traust dir ja selbst nicht. Du glaubst, dein sogenannter Verbündeter könnte recht behalten, und irgendwann lässt du alle im Stich.«

Der Entdecker hob eine Hand, sog Magie an und überschwemmte damit die Siegel des Königlichen Gemahls. Die Drohne brach zusammen, und Mensch wie Dämon wälzten sich zuckend und heulend auf dem Boden. Der Seelendämon schmeckte menschliches Blut und merkte, dass die Drohne sich in die Zunge gebissen hatte.

»Ich habe dich gewarnt, was dir blüht, wenn du dein Maul nicht halten kannst«, sagte der Entdecker und zog die Magie wieder zurück. »Der Einzige, dem wir nicht trauen, bist du.«

»Und dennoch wollt ihr, dass ich euch in die Tiefe hinunterführe«, sagte der Königliche Gemahl, der immer noch seine am Boden liegende Drohne umklammerte.

»Ja, und zwar ein bisschen plötzlich«, mischte sich die Jägerin ein.

Der Königliche Gemahl dachte nach. Er konnte sie zu dem Einlass bringen, sie direkt vor die Krallen seines Abkömmlings führen und dann vielleicht zusehen, wie sie alle niedergemacht wurden.

Aber wie würde sich sein Rivale beim Anblick des gefesselten und hilflosen Königlichen Gemahls verhalten? Würde er ihn befreien, ihn retten? Undenkbar. Er würde das tun, was jeder andere an seiner Stelle tun würde. Nämlich den Königlichen Gemahl töten, seinen Geist verzehren, und derart gestärkt in den Horc zurückkehren. Dort würde er in den Rang des Königlichen Gemahls aufrücken und eine neue Generation von Dämonen zeugen.

»Der Einlass wird bewacht«, knurrte er.

»Und wie wird er bewacht?«, fragte der Entdecker.

»Kannst du es nicht fühlen? Einer meiner Nachkommen hält vor dem Eingang Wache. Sogar ich kann ihn spüren, obwohl ihr mich verkrüppelt habt.«

Die Menschen erstarrten und neigten wie lauschend die Köpfe. Sie waren vorübergehend abgelenkt, und diesen Moment hätte der Königliche Gemahl zur Flucht nutzen können, doch dazu war er zu geschwächt, und er fürchtete, die Jägerin könnte ihre Drohung wahr machen.

»Ich höre etwas«, sagte der Erbe nach einer Weile. »Ein Wispern in der Nachtluft.«

Der Entdecker runzelte die Stirn, denn er war es nicht gewöhnt, dass ihm jemand im Hinblick auf Magie voraus war. Er verfügte über das größere Geschick, doch die Artefakte, die der Erbe bei sich trug, waren kein eitler Tand. Es waren geweihte Objekte, und der Glaube, den Millionen von Menschen in sie gesetzt hatten, verlieh ihnen eine heilige Macht, die auch nach Jahrtausenden noch wirkte.

»Tatsächlich«, sagte der Entdecker nach einer Weile. »Jetzt höre ich es auch.«

»Ich hör gar nichts«, brummte die Jägerin.

»Der Prinzling versteckt sich hinter Siegeln, genau wie wir«, sagte der Erbe.

»Lenke die Magie auf dich und versuche, in den Strömungen zu lesen«, riet der Entdecker. »Suche nach Leere, nach etwas, das einem Loch in einer Straße gleicht.«

Die Jägerin schloss wieder die Augen und zog eine tierische Grimasse, während sie angestrengt lauschte. Schließlich riss sie die Augen auf, drehte sich um und zeigte in die Richtung, in der sich der Einlass befand. »Wir müssen dorthin.«

Der Erbe wandte sich an die Sängerin. »Shanvah?«

Ihre Aura verriet, dass sie sich schämte, und der Königliche Gemahl weidete sich daran. Sie verneigte sich. »Es tut mir leid, Erlöser. Ihr drei verfügt über sechs Sinne, aber mir hat Everam lediglich fünf gewährt.«

»Mach dir nichts draus«, sagte der Erbe. »Dafür kann keiner von uns singen.«

Es fiel ihm schwer, sich durch die Drohne seine Verachtung nicht anmerken zu lassen. Ihr Verständnis der Macht, die sie umgab, war bestenfalls dürftig. Die geringsten Drohnen fanden sich mittels ihrer Instinkte besser zurecht als die jämmerlichen Menschlinge, die unter ihresgleichen als Auslese galten.

Der Königliche Gemahl konnte Emotionen seinem Willen unterwerfen, denn nur so ließ Magie sich lenken. Und trotzdem kostete es ihn Mühe, dieses Schamgefühl zu unterdrücken, das ihn immer wieder heimsuchte, diese Schmach, dass er sich von ... Säugetieren hatte überrumpeln und gefangen nehmen lassen.

Gleichzeitig gab die Vorstellung ihm Hoffnung. Wenn dieses Vieh kaum imstande war, die Strömungen zu lesen, eröffnete sich ihm eine Reihe von Möglichkeiten, die Magie heimlich für seine Zwecke zu nutzen.

Ein Problem blieb jedoch, auf welche Weise er sich einer Energiequelle bedienen konnte. Die Siegel auf der Haut des Königlichen Gemahls hinderten ihn daran, die ihm innewohnende Energie ausströmen zu lassen oder die Umgebungsmagie anzulocken. Er hätte die Drohne als Mittel zum Zweck einsetzen können, aber Shanjat, obwohl gesund und kräftig, trug keinerlei Siegel, und sein Wille war gebrochen. Für Magie war er so gut wie unempfänglich, gewissermaßen totes Material. Um für die Magie zugänglich zu werden, hätte er ein Gerät gebraucht, das Energie speicherte, wie die Objekte, die seine Häscher bei sich trugen.

Es bedurfte nur einer kleinen Ablenkung, dann gelang es dem Dämon vielleicht, sich lange genug in den Besitz eines dieser Dinge zu bringen, um bestimmte Siegel mit Magie zu füllen. Abwehrsiegel wären für ihn kein Hindernis, wenn er die menschliche Drohne für sich arbeiten ließ.

Doch über die Lösung dieses Problems wollte er später nachdenken. Im Augenblick hatte er dringlichere Sorgen. »Ihr werdet meinen Abkömmling töten müssen, wenn wir durch den Einlass in die Dunkelheit hinabsteigen wollen.«

Der Entdecker wandte sich wieder dem Königlichen Gemahl zu. »Willst du uns glauben machen, dass du uns dabei hilfst, deinen eigenen Sohn umzubringen? Vielleicht hast du ihn bereits gewarnt, dass wir im Anmarsch sind, und wir laufen in eine Falle.«

»Selbstverständlich hätte ich ihn gewarnt, wenn ich gekonnt hätte«, sagte der Königliche Gemahl. »Aber sowie mein Abkömmling meinen geschwächten Zustand erkennt, wird er ohne zu zögern auch mich töten.«

»Seinen eigenen Vater?« Der Entdecker schien skeptisch. Seine Abscheu vor den Dämonen spiegelte sich in seiner Aura wider.

»Das kannst du ihm glauben«, sagte die Jägerin.

»Höre auf deine Gefährtin, Mensch.« Die Drohne drehte sich um und lächelte den Erben an. »Er wäre sicher nicht der erste Prinz, der seinen Vater beseitigen würde, um dessen Nachfolge anzutreten.«

Er hatte geraten, doch die Aura des Erben bestätigte ihm prompt, dass er mit seiner Vermutung richtig lag. Genau wie am Seelenhof, so bekämpften auch die aufgeblasenen Söhne des Erben einander, seit durch dessen Fortgehen ein Machtvakuum entstanden war. Die Rebellion an der Oberfläche schrie förmlich danach, niedergeschlagen zu werden.

»Wenn mein Abkömmling merkt, dass ich gefesselt bin, wird er genüsslich meinen Geist verspeisen und meine Macht seiner eigenen hinzufügen. Danach wäre keiner von euch ihm gewachsen. Er wird sich an euren Gedanken und Erinnerungen gütlich tun und alles über euch und eure Pläne erfahren, ehe er in den Horc zurückkehrt, um einer neuen Generation von Dämonen seine eigenen Merkmale einzuprägen. Diese Dämonen werden schnell zur Reife gelangen, an die Oberfläche steigen und eure Welt unterwerfen, lange bevor eure simplen Großsiegel das erreichen, was ihr eine ›kritische Masse‹ nennt.«

Seine Häscher tauschten Blicke aus, dann wandte sich der Erbe ihm zu. »Zurück in dein Gefängnis, Prinz der Lügen!« Er ließ

Energie in die Siegel strömen, und abermals stürzten der Seelendämon und die Drohne zu Boden, wo sie sich in Qualen wanden.

Der Entdecker trat vor und zerrte ihn von der Drohne weg, doch der Königliche Gemahl spürte kaum das Brennen der Ketten auf seiner Haut. Kurz bevor sie voneinander getrennt wurden, berührte die zuckende Kralle des Dämons einen Gegenstand, der an einer Lederschnur vom Hals der Drohne hing und zwischen den kräftigen Brustmuskeln ruhte.

Die Sängerin hatte einen schlimmen Fehler gemacht. Sie glaubte, das Glasfläschchen mit ihren Tränen, das ihr Erzeuger an seiner Brust barg, habe einen rein symbolischen Wert, aber die Phiole enthielt tatsächliche Macht. Nicht viel, doch da sie gesättigt war mit ihrem Kummer, zog sie Magie an und speicherte sie.

Weil die Drohne von den Siegeln auf der Haut des Königlichen Gemahls nicht behindert wurde, konnte sie mit Hilfe des Fläschchens einfache Symbole mit Magie aufladen.

Vielleicht reichte es aus, um den Königlichen Gemahl zu befreien.

Dreimal prüfte Arlen die Siegel, als er *Alagai Ka* wieder in den Stahlkasten einsperrte. Die Schutzsiegel waren stark, aber Arlen wusste, wozu Seelendämonen imstande waren. Hatte dieser andere Dämonenprinz den Wagen mitsamt seiner Fracht erst einmal geortet, dann würde er nicht lange brauchen, um die Abschirmung zu durchdringen.

Jardir strahlte eine spürbare Anspannung aus. »Ich traue diesem Diener der Nie nicht.«

»Es gibt ja auch nicht den geringsten Grund, weshalb du ihm trauen solltest«, sagte Arlen.

»Monatelang hatten wir ihn eingesperrt«, sagte Jardir. »Woher weiß er über meine Söhne Bescheid?«

»Ich glaube nicht, dass er wirklich etwas gewusst hat«, meinte Arlen. »Er kennt Shanjats Erinnerungen, hat einfach aufs Geratewohl geraten, als deine Abwehr schwach war, und in deiner Aura sah er dann die Bestätigung.«

»Oder wir waren nicht vorsichtig genug, wenn wir uns in Shanjats Gegenwart unterhalten haben«, sagte Renna.

»Von jetzt an müssen wir noch besser aufpassen«, sagte Arlen. »Den Gefängniskarren können wir nicht mit hinunternehmen. Ren, du und Shanvah werden den Wagen bewachen, während Ahmann und ich losziehen und diesen anderen Seelendämon zur Strecke bringen.«

»Ay, das hat ja auch beim letzten Mal so gut geklappt«, spottete Renna. »Drei von uns waren nötig, um einen Seelendämon zu töten, der gemerkt hatte, dass wir kommen.«

»Wenn es ein Hinterhalt ist, können wir ohnehin nicht viel gegen einen Dämon ausrichten, der vor einer Höhle lauert, aus der ein so starker Magiestrom austritt«, sagte Arlen. »Und wenn es keine Falle ist, brauche ich dich hier.«

»Warum?«, fragte Renna.

»Falls wir getötet werden, musst du dafür sorgen, dass von *Alagai Ka* nichts übrig bleibt, das dieser andere Seelendämon fressen kann.«

»Dämonenscheiße«, fauchte Renna. »Das kann Shanvah übernehmen. Du willst nur nicht, dass ich mitkomme.«

»Wie könnte ich dich mitnehmen wollen?«, gab Arlen zurück. »Beim Schöpfer, Ren, man sieht jetzt schon, dass du schwanger bist.«

»Quatsch! Ich hab nur ein bisschen zugenommen. Schließlich ess ich ja für zwei.«

»Ich kann in deinen Bauch hineinsehen, Ren«, sagte Arlen. »Das Baby wächst viel zu schnell. Dasselbe ist mit Leesha passiert. Ihr Kind kam Monate zu früh auf die Welt.«

Kaum hatte er die Worte ausgesprochen, da hätte er sich am liebsten auf die Zunge gebissen. Es war immer ein Fehler, in einem Streit Leeshas Namen zu erwähnen.

»Ay, sie hat den *dama* die Köpfe eingetreten und die ganze verdammte Zeit Dämonen getötet, damit die Talbewohner was über sie zu erzählen haben«, giftete Renna. »Willst du sagen, dass ich nicht so hartgesotten bin wie Leesha Papiermacher?«

»Sie wurde angegriffen und hat sich gewehrt«, sagte Arlen. »Sie stieg nicht in den Horc hinunter, um dort zu kämpfen.«

»Aus dir spricht der Dämon«, sagte Renna. »Er versucht, unsere Gruppe zu spalten. Uns zu schwächen.«

»Das heißt aber nicht, dass es falsch wäre, uns aufzuteilen«, beharrte Arlen. »Das ist ihre Art, Ren. Sie knallen einem die Wahrheit um die Ohren, wenn man sie am wenigsten hören will. Die Wahrheit kann nämlich verflucht wehtun.«

»Und wenn es dann dazu kommt, musst auch du Einsicht zeigen, *Par'chin*«, mischte sich Jardir ein. »Denk nach. Deine *jiwah* ist viel zu stark, als dass wir sie zurücklassen könnten. Das weißt du ganz genau. Wir können nicht auf sie verzichten, wir brauchen ihre Hilfe. Und außer ihr ist keiner da, den wir zu unserer Unterstützung mitnehmen könnten. Wir alle müssen Opfer bringen.«

Arlen funkelte ihn wütend an. »Du hast gut reden, Ahmann. Du hast jede Menge Kinder, jede Menge Ehefrauen. Ich habe nur diese eine, und sie ist schwanger mit unserem ersten Kind.«

»Glaubst du, es macht mir nichts aus, meine Nichte, die kaum im heiratsfähigen Alter ist, mit hinunter in den Abgrund zu nehmen?«, schoss Jardir zurück. »Glaubst du, es ist mir egal, dass mein einziger Enkelsohn auf dem Rücken seiner Mutter mitten in ein Verbrechernest getragen wird, nur um einen *khaffit* zu retten?«

»Das ist nicht dasselbe, und das weißt du!«, schnauzte Arlen. »Würdest du Olive Papiermacher mit uns in den Abgrund nehmen?«

Jardir zögerte keine Sekunde lang. »Wenn dadurch unsere Chancen, *Alagai'ting Ka* zu vernichten, auch nur um eine Spur größer würden, ja, dann würde ich sie mitnehmen, *Par'chin*. Ich würde alle meine Gemahlinnen und alle meine Kinder mit in den Abgrund nehmen, um diese Pflicht zu erfüllen. Das gebietet mir mein Glaube an Everam. Das bedeutet es, nach dem Gesetz des Evejah zu leben. Der Erste Krieg geht vor. Alles andere ist zweitrangig. Inevera hat die Würfel befragt, nachdem sie sie in das Blut deiner *jiwah* getaucht hatte. Sie muss mit uns in den Abgrund hinabsteigen, andernfalls sind unsere Chancen auf Erfolg noch viel, viel geringer, als sie ohnehin schon sind.«

Seine Aura spiegelte eine Überzeugung, die Arlen erschreckte und um die er ihn beneidete. Wie einfach wäre das Leben, wenn er diese Schicksalsgläubigkeit teilen könnte.

»Ich habe mich entschieden«, sagte Renna.

»Ay, aber deine Entscheidung muss mir nicht gefallen. Wir sollten auf dem Hof meines Dads sein, die Felder bestellen und neun Monate lang auf das Kind warten, so wie alle anderen Leute, verflucht nochmal. Sind wir Idioten, oder was?«

»Mein Leben lang habe ich nichts anderes gewollt, als einen Hof zu bewirtschaften und Kinder zu kriegen«, sagte Renna. »Du warst der Idiot, Arlen, als du weggelaufen bist und diesen Schlamassel ins Rollen gebracht hast. Und jetzt müssen wir die Sache zu Ende bringen. Auf dem Hof deines Dads wären wir auch nicht in Sicherheit gewesen. Es ist nirgendwo sicher, solange wir diese Horclingsbrut nicht ein für alle Mal ausrotten.«

»Na schön!«, knurrte Arlen. »Aber die Würfel haben doch sicher nicht gesagt, dass du nicht wenigstens so lange beim Wagen bleiben kannst, bis wir uns einen sicheren Zugang zum Abgrund verschafft haben.«

Renna verschränkte die Arme. »Du kannst mich nicht aufhalten. Wenn ihr aufbrecht, folge ich euch, es sei denn, du sperrst mich zu dem Dämon in den Wagen.«

Arlen ballte die Fäuste. Als Heranwachsender hatte er von Ragen und Elissa viele Male gehört, dass es nicht leicht sei, eine Ehe zu führen, und dass man einander entgegenkommen müsse. Doch erst jetzt verstand er, was sie damit gemeint hatten.

Während sie den Berghang hinaufkletterten, bündelte Arlen Energie in die Siegel auf seiner Haut, die für Verwirrung und Tarnung sorgten. Er spürte, wie der Horclingprinz die Umgebung mit seinem Geist erforschte, aber er schien nicht gezielt nach ihnen zu suchen.

Renna folgte Arlens Beispiel. Wenn er sie direkt anschaute, kam sie ihm körperlos vor, wie ein Spiegelbild in einer Glasscheibe. Jeder Versuch, sie genauer ins Auge zu fassen, machte ihn schwindelig. Und je nach Blickwinkel verschwand sie beinahe vollständig.

Sie sagte, ihr ginge es genauso, wenn sie ihn betrachtete. Eigentlich sollten ihre Siegel nur bei Dämonen wirken, aber er und Renna hatten soviel Horclingfleisch gegessen, dass bestimmte dämonische Eigenschaften auf sie übergegangen waren. Sie blieben dicht beieinander, um sich nicht aus den Augen zu verlieren.

Jardir, dem die Krone magische Sicht verlieh, konnte ihren Weg mühelos verfolgen. Er schwebte über ihnen am nächtlichen Himmel, während sie sich der Höhle näherten, durch die man in die Tiefe gelangte.

Dass Jardir aus dem Wind das Flüstern des Dämons heraushören konnte, machte Arlen immer noch betroffen. Je mehr Arlen über die Krone und den Speer des Kaji lernte, umso höher stieg die erste *Damajah* in seiner Achtung. Sie hatte damals, vor mehreren Jahrtausenden, diese beiden Artefakte geschaffen. Arlen konnte guten Gewissens behaupten, der beste Bannzeichner seiner Zeit zu sein, aber verglichen mit dem magischen Orchester, welches diesen Objekten innewohnte, war er wie ein kleines Kind, das mit einem Stock auf einen Topf schlägt. Jardir war nicht imstande, sich in Nebel aufzulösen, doch indem er im Umgang mit der Krone und dem Speer immer geschickter wurde, entdeckte er Kräfte, über die nicht einmal Arlen verfügte.

Sie gelangten an den Rand des Siegelnetzes, das den Seelendämon schützte. Baumdämonen hatten es mit ihren Krallen in die Bäume gekerbt, die den Fuß des Bergs umringten. Das Massiv war jedoch zu gewaltig, um gänzlich verschleiert zu werden, zumal dem Spalt in den Felsen große Mengen von Magie entströmten. Mit seinen normalen Augen konnte Arlen in das Netz hineinsehen, doch wenn er seinen magischen Blick einsetzte, war es, als würde er in einen dichten, glühenden Nebel starren.

Arlen ahnte, dass dieser Bannbereich nicht dazu gedacht war, Dämonen fernzuhalten, sondern Menschen. Jeder, der versuchte, die Grenze zu passieren, würde in einem Schauer aus Lichtblitzen und unter Schmerzen zurückgeschleudert werden und den Seelendämon auf sich aufmerksam machen.

Auch Jardir hielt in seinem Flug inne. Arlen sah, wie er am Rande des Siegelnetzes schwebte und es von oben studierte.

Renna reckte ihren Arm in die Höhe. »Ich will auch sehen, was er sieht.«

Arlen nahm sie an die Hand. »Aber gib acht, dass du dich nicht zu sehr in Nebel verflüchtigst.«

»Das hast du mir schon tausend Mal gesagt«, maulte Renna. »Wenn du es übertreibst, versagen unsere Siegel. Der Dämon bemerkt uns, und es kommt zu einem Kampf. Wer den stärkeren Willen hat, wird siegen.«

»Keiner von uns wünscht sich einen solchen Kampf, den wir tunlichst vermeiden sollten«, sagte Arlen. »Vor allen Dingen, wenn der Dämon ein Siegelnetz hat, mit dem er seinen Geist vor uns schützt.«

»Ich pass schon auf.«

Sie verwandelten sich in Nebel, allerdings nicht vollständig. Es kam darauf an, dass sie genügend Festigkeit bewahrten, um ihre Siegel lebendig zu erhalten, aber sie mussten genug Stofflichkeit abgeben, um leichter zu werden als Luft. Wie ein Tanzpaar auf einem Fest stießen sie sich gemeinsam vom Boden ab und schwebten in die Höhe, wo Jardir auf sie wartete.

Die Nacht war klar, und obwohl nur die Sterne ihr Licht verbreiteten, entdeckte Arlen mit seinen scharfen Augen den schmalen Pfad, der zum Einlass hinaufführte. Die Höhle war kleiner, als er erwartet hatte, doch von ihr ging so viel magische Energie aus, dass nicht einmal der Dämonenprinz sie kaschieren konnte. Rings um den Höhleneingang erhoben sich uralte Steinsäulen mit zerstörten und beschädigten Siegeln.

»Der Rachen des Abgrunds«, flüsterte Jardir ehrfürchtig. »Ein geweihter Ort, der ebenfalls von den *alagai* gefrevelt wurde.«

»Du bist der General«, sagte Arlen. »Wie willst du vorgehen?«

Jardir dachte nach. »Als die Horclingprinzen beim Erlöschen des Mondes in Everams Füllhorn eindrangen, schnitten sie Großsiegel in die Felder. Ähnliches hat der Dämon hier getan. Damals konnte ich mit Hilfe der Krone in diese Großsiegel eindringen.«

»Kannst du das Netz durchbrechen, ohne dass der Dämon auf dich aufmerksam wird?«, fragte Arlen.

Jardir runzelte die Stirn. »Ich bin mir nicht sicher. Der letzte Prinz, mit dem ich es zu tun bekam, war schwächer. Sein Bannbereich war noch nicht komplett abgeriegelt, und seine Aufmerksamkeit nach innen gekehrt. Dieser Feind hingegen ist gut vorbereitet. Ich kann seinen Willen spüren, ich fühle, wie er von seinem Versteck aus seine Sinne ausdehnt.«

»Ich könnte ihn ablenken«, schlug Arlen vor. »Ein gewaltiger, ungezielter Ausstoß von Magie würde das gesamte Netz aufleuchten lassen. Wenn du den richtigen Moment abpasst, merkt der Dämon vermutlich nicht, wie du durch das Netz schlüpfst.«

»*Wir beide* werden ihn ablenken«, verbesserte Renna. »Sowie du das Netz berührst, wird er zurückschlagen. Du sagst doch selbst, dass wir verletzlich sind, wenn wir uns in Nebel auflösen.«

»Ein Grund mehr, warum du dich zurückhalten solltest«, erwiderte Arlen.

Renna schüttelte den Kopf. »Ich schicke einen Magiestrahl von der anderen Seite des Bergs los, drei Atemzüge, nachdem du deinen abgeschossen hast. Das gibt dir eine Chance zu flüchten. Und dann machen wir so lange mit dem Energiebeschuss weiter, bis Jardir den Dämon getötet hat.«

»Sehr lange halten wir das aber nicht durch«, gab Arlen zu bedenken.«

»Das wird auch nicht nötig sein«, behauptete Jardir. »Ich werde so schnell sein wie Everams Speer.«

Arlen holte langsam und tief Luft. »Hoffentlich.«

»Wenn du schon kein Vertrauen zu Everam hast, *Par'chin*«, sagte Jardir, »dann vertraue wenigstens deinem *ajin'pal*. Und jetzt fort mit euch.«

Arlen drückte Rennas Hand. Obwohl sie für jeden anderen so körperlos war wie eine Seifenblase, fühlte sie sich unter seiner Berührung fest an. Ihre Blicke trafen sich, dann drehte Renna sich um und schwebte davon. Jardir hüllte sich in seinen Tarnumhang, und sein Bild verschwamm vor Arlens Augen. Arlen sank ein Stück in die Tiefe und flog ein Stück weit in die entgegengesetzte Richtung.

Danach driftete er dicht über den Bäumen außerhalb des Netzes und sog Energie in sich auf. Die Gegend war übersättigt mit Magie, die wie ein Wasserfall in Kaskaden aus dem Höhleneingang strömte. Der Energieschwall, der ihn traf, war so stark, dass der Seelendämon ihn mit Sicherheit spürte. Als Nächstes schleuderte er einen Energiestoß gegen das Siegelnetz, das zu leuchten begann wie ein Sternbild am nächtlichen Himmel.

Noch während er den magischen Blitz auslöste, setzte er sich in rasantem Tempo in Bewegung. Gerade noch rechtzeitig, denn aus dem Höhlenschlund schoss ein gewaltiger Energiestrahl und zielte genau auf die Stelle, an der er noch Sekundenbruchteile zuvor gewesen war. Die Wucht der Magie zersplitterte die Baumwipfel und setzte ein riesiges Waldstück in Brand.

Kaum waren die grellen Funken im Netz erloschen, da flackerten die Siegel von Neuem auf, als Renna einen Energieblitz abfeuerte.

Wieder löste sich aus der Höhle ein Strom aus gebündelter Magie, nur zielte er dieses Mal in Rennas Richtung. Aber zweifellos hatte sie längst ihren Standort gewechselt. Arlen wiederholte den Beschuss, doch das Siegelnetz hielt immer noch stand. Allerdings gab es dieses Mal kein Gegenfeuer. Aus der Höhle ertönte ein schrilles Kreischen. Er erstarrte, vergaß sogar zu atmen. Hatte Jardir zugeschlagen?

Das Kreischen wollte nicht aufhören. Es wurde immer lauter, und die Töne schraubten sich in ohrenbetäubende Höhen. Unbewusst ballte Arlen die Fäuste, als eine Art dichte Wolke aus dem Versteck des Dämons quoll – Hunderte kleine Winddämonen, ungeheuer beweglich und schnell, die mit ihren ledrigen Schwingen die Luft peitschten.

Der Strom nahm kein Ende. Zu Tausenden flatterten sie nun aus dem Höhlenschlund, flogen erschreckend synchron, als die Wolke sich in zwei Säulen teilte und in entgegengesetzten Richtungen den Rand des Siegelnetzes umkreiste. Unter ihnen befanden sich Mimikrys, die im Siegellicht heller glänzten als die anderen Dämonen.

»Verflucht!« Arlen spuckte in den Wind. Wenn sie hier blieben, würde ein derart großer Schwarm sie im Nu entdecken. Sowie einer der Dämonen gegen sie prallte, hätte der Seelendämon sie geortet.

»Schnell wie Everams Speer, ich mach mir gleich in den Bido«, knurrte er und flitzte davon.

Er musste Renna finden.

Renna war dem Energiestrahl so nahe, dass sie spürte, wie er ihre Füße versengte. Doch sofort veränderte sie ihre Position und flog den Weg zurück, den sie gekommen war, für den Fall, dass ein weiterer Ausstoß an Magie folgte.

Die Zusammenballung von Energie in der Mitte des Verstecks verströmte jetzt eine gleißende Helligkeit. Der Dämon sog große Mengen von Magie aus der Höhle in sich auf. Keine Kreatur konnte so viel Energie für längere Zeit in sich speichern, aber kurzfristig machte sie den Dämon unglaublich gefährlich.

Und dann rauschten die Winddämonen aus der Höhle heraus.

Aus der Ferne erinnerten sie Renna an die Fledermäuse, die in der Scheune ihres Vaters hausten, doch als sie näherkamen, sah sie, dass sie groß waren wie Hunde. Unter ihrem Panzer aus scharfen Schuppen ballten sich kräftige Muskeln, und in den aufgesperrten Mäulern blitzten spitze Zähne.

Sie machte sich davon, aber die Dämonen kreisten in zwei Richtungen an der Grenze des Siegelnetzes entlang. Auf diese Weise bildeten sie ein sich rasch ausdehnendes Netz, in dem sie und Arlen sich bald verheddern würden – falls sie ihn nicht bereits eingefangen hatten. Die aus der Höhle flutende Magie begann, zornig zu pulsieren.

Während ihres Fluges zeichnete sie hastig Windsiegel und verstreute sie hinter sich wie Reißzwecken. Dämonen prallten davon ab, als sie kurz davor waren, sie einzuholen, und brachten die akkurate Formation durcheinander. Aber es waren viel zu viele, um sie ernsthaft vertreiben zu können.

Vor sich sah sie, wie das Winddämonengeschwader Arlen überholte. Der machte kehrt und speiste Energie in seine Windsiegel. Die Tätowierungen funkelten in einem silbernen Glanz von blendender Helligkeit. Dämonen prallten vom Bannbereich ab und stießen mitten im Flug zusammen. Als die Lichtflut nachließ, hatte Arlen sich aus dem Schwarm gelöst und flog eilig in ihre Richtung.

Die Dämonenwolke überholte auch Renna. Sie tat es Arlen gleich und lenkte ebenfalls Energie in ihre Windsiegel, welche die Dämonen zurückschleuderten. Einer jedoch blieb verschont, prallte gegen sie und wickelte sich um sie wie eine Schlange.

Durch das zusätzliche Gewicht stürzten beide in die Tiefe. Renna ließ Energie in ihre Mimikrysiegel einströmen und versuchte, sich aus den Schlingen zu befreien, aber der Dämon ließ nicht locker und zog sie mit sich nach unten.

»Ren!«, schrie Arlen, doch der Boden raste bereits auf sie zu, und er würde sie nicht rechtzeitig erreichen. Sie sammelte Kraft in ihren Muskeln und Knochen, versuchte, ihren Bauch zu schützen, und hoffte, sie würde den Aufprall überleben.

Doch plötzlich entlud sich ein letzter Energieschwall aus der Höhle. In Wellen breitete er sich ringförmig aus, als hätte man einen Stein ins Wasser geworfen, und war befrachtet mit einem heulenden Schrei, den man mit den Ohren nicht hören konnte.

Sie kannte dieses Gefühl, hatte es schon einmal gespürt. Es war die Schockwelle, die der mentale Todeskampf eines Seelendämons auslöste. Sie rollte durch die immense Kolonie von Fledermausdämonen, ließ sie vom Himmel purzeln, und endlich lockerte der Mimikry seine Umklammerung. Sie kämpfte sich von ihm frei, und er krachte jaulend in die Baumspitzen.

Es gab eine Reihe von Explosionen, als Jardir Magie aus der Höhle saugte und sie in riesige Aufprallsiegel strömen ließ. Mit diesen Siegeln zerstörte er ganze Baumgruppen, welche die Schlüsselsiegel des Bannbereichs bildeten. Im nächsten Moment brach das Siegelnetz zusammen, und Renna raste auf die Höhle zu. Als sie kurz vor dem Einlass innehielt, holte Arlen sie ein. Seine Miene war grimmig, und sie wappnete sich für den nächsten Streit. Doch er sagte nichts, sondern richtete seine volle Aufmerksamkeit auf den Höhleneingang.

Die Säulen zu beiden Seiten des Einlasses waren stark verwittert und zerschrammt. Der Zahn der Zeit hatte an ihnen genagt, und Horclinge hatten sich an ihnen ausgetobt. Doch sie waren unverkennbar krasianischen Ursprungs. Trotz jahrtausendelanger Abnutzung durch Wind und Wetter konnte Renna immer noch die Dämonenfratze erkennen, die über der Höhle in den gewachsenen Fels gemeißelt war und deren weit aufgesperrtes Maul den Einlass in den Abgrund darstellte.

Arlen blieb dicht neben ihr. »*Der Rachen des Abgrunds* ist also nicht nur irgendein Name.«

»Alles andere hätte mich auch schwer enttäuscht.« Renna schwebte bis vor den Eingang, sog die reichlich vorhandene Magie ein und machte sich auf alles gefasst, als sie und Arlen die Höhle betraten.

Jardir wartete bereits auf sie. Mit erhobenem Speer stand er vor dem Kadaver eines Seelendämons. Als sie näher kamen, senkte er die Waffe. »Zwei Mimikrys waren auch noch hier. Aber sie starben zusammen mit ihrem Gebieter.«

Arlen nickte. »So wie die Fledermausdämonen da draußen.«

»Ein paar Mimikrys könnten überlebt haben«, sagte Renna. »Falls sie nicht voll getroffen wurden.«

Jardir nickte. »Wir sollten so schnell wie möglich Shanvah und den Gefangenen holen, bevor die überlebenden Dämonen Zeit finden, sich zu erholen.«

»Aber wir müssen den Karren hier hochhieven, bis vor den Höhleneingang«, sagte Arlen. »Es genügt, wenn ein Mimikry diesen Seelendämon mit einer Kralle berührt, und wir sind erledigt.«

»Wie schön, dass es dort, wo wir hingehen, keine Dämonen gibt«, brummelte Renna vor sich hin.

Arlen seufzte und kniff sich in den Nasenrücken. »Wenn du eine bessere Idee hast, Ren, dann ist jetzt der richtige Augenblick, um damit rauszurücken.«

Renna betrachtete den Seelendämon. »Hab nur mit mir selbst gesprochen. Wir sind alle nervös. Ihr zwei saust jetzt los und holt den Wagen. Ich bleib hier und halte die Stellung.«

Sie hatte damit gerechnet, dass Arlen misstrauisch würde, aber er schien bloß froh zu sein, ihr nicht widersprechen zu müssen. Außerdem hatte er recht. Es wäre sinnlos, seinen Plan infrage zu stellen, ohne einen besseren vorweisen zu können.

Die beiden Männer flogen davon, und sie wandte sich dem toten Dämon zu. Ob es tatsächlich in beide Richtungen funktionierte? In einer Hinsicht hatte *Alagai Ka* recht: Sie konnte den Erfolg ihrer Mission nicht aufs Spiel setzen, indem sie ihren einzigen Führer so mir nichts, dir nichts umbrachte. Aber vor ihr lag ein anderer Seelendämon, dessen Körper noch warm war …

Ehe sie es sich anders überlegen konnte, zückte sie ihr Messer. Die versiegelte Klinge schnitt tief in das zähe, knotige Fleisch, das den Schädel des Seelendämons überzog. Sie schälte die Haut ab und legte den darunterliegenden Knochen frei. Mit den Händen wischte sie das hervor quellende Dämonenblut weg und leckte sich dann die Finger ab.

Den ekelhaften Gestank des schwarzen Sekrets nahm sie kaum noch wahr, und auch der faulige Geschmack machte ihr nichts aus. Doch sie lernte, die feinen Unterschiede in der Magie zu erkennen. Sie konnte das Blut eines Steindämons von dem eines Felsendämons unterscheiden, spürte das Kribbeln, das ein Blitzdämon auf der Zunge hinterließ, und das so ganz anders war als das flüchtige Aroma eines Winddämons. Am deutlichsten erinnerte sie sich an das Blut eines Mimikrys, das sie von ihrer Messerklinge und ihrer Haut geleckt hatte. Sie ließ die Magie in ihrem Mund kreisen wie ein Stück Kautabak.

Aber nichts von alledem hatte Renna auf den Ansturm von Energie vorbereitet, den das Blut des Seelendämons auslöste. Er versetzte sie in einen Schockzustand, wie ein Sprung in eiskaltes Wasser. Zuerst zitterte sie, dann fühlte sie sich so lebendig und hellwach wie noch nie in ihrem Leben. Es war als koste sie sämtliche Aromen von Magie, und noch viel mehr.

Mit einem kräftigen Schlag des Aufprallsiegels am Griff ihres Messers zertrümmerte sie den dicken Schädelknochen, dann schob sie die Klinge in die Öffnung und hebelte die Schädeldecke auf, um das darunterliegende Gehirn freizulegen.

Es erinnerte an Gelatine, war glatt und glänzte vor Blut. Im Siegellicht hatte Renna noch nichts gesehen, das so hell strahlte wie der Schädelinhalt des Seelendämons. Sie schnitt ein großes Stück heraus, packte es und stopfte es sich gierig in den Mund.

Der Energiestrom, den der Geschmack des Blutes erzeugt hatte, war nichts verglichen mit dem magischen Blitz, der in ihrem Mund explodierte. Sie erlebte einen Begeisterungstaumel, die Welt rings um sie her schien sich all ihren Sinnen zu öffnen. Nie hätte sie dergleichen für möglich gehalten. Jeder einzelne Augenblick dehnte sich ins Unendliche aus, während ihr Bewusstsein erleuchtet wurde. Sie bestaunte die starr in der Luft stehenden Staubkörnchen, sah die Wirbel und Strudel in der Magie, die die Höhle füllten wie ein gefrorener Wasserfall.

Aber dieses Wissen sprudelte so schnell in sie hinein, dass ihr Verstand nicht mitkam. Was zuerst anmutete wie ein stärkender Balsam, drohte sie zu ertränken.

Energie knisterte in ihren Adern, flackerte ihre Nervenstränge entlang. Es war nicht dieses trockene Brennen, das einen überfiel, wenn man zu viel Magie in sich eingesogen hatte. Sie fühlte sich als hätte man sie bei lebendigem Leib auf einen lodernden Scheiterhaufen geworfen. Sie schrie, und mit jedem Laut schien sie Feuer zu spucken.

Eine Flut von chaotischen Eindrücken überschwemmte sie. Sinne, für die sie nicht mal einen Namen hatte, lieferten ihr Wissen wie ein entfesselter Fluss, der in der Frühlingsschmelze zu Tal braust. Bilder, die keinen Sinn ergaben.

Sie spürte auch Emotionen. Doch für die hatte Renna einen Namen.

Sie fühlte das Böse. Es drang in sie ein. Es reicherte sich in ihr an. Es verdarb sie.

Renna fiel zu Boden – oder sie hatte vielmehr den Eindruck, dass der Boden sich ihr entgegenhob, und danach war sie im Mahlstrom gefangen. Sie übergab sich, würgte schwarzes Dämonenblut und glibberige aschgraue Gelatine hervor, die mit Galle vermischt eine Pfütze vor ihrem Gesicht bildeten. Sie konnte weder denken noch ihren Körper fühlen, wusste nicht, ob sie überhaupt noch atmete. Sie fühlte nur noch Schmerzen und eine unfassbare Verwirrung. Vor ihren Augen flimmerte es, und sie begann krampfhaft zu zucken.

Dann fiel sie in bodenlose Schwärze.

»Man kann ihr nicht trauen, *Par'chin*!«

»Man kann keinem von uns trauen«, sagte Arlen. »Aber wie du selbst sagst, ist außer uns keiner da, der die Mission übernehmen könnte.«

Kaltes Wasser spritzte in Rennas Gesicht, und mit einem Ruck setzte sie sich aufrecht hin. Vor ihr stand Arlen, in den Händen einen Eimer Wasser. Seine Miene sprach Bände, er war fuchsteufelswild. Hinter ihm hatte sich Jardir aufgebaut. Sein Speer war bereit zum Zustoßen, aber er wappnete sich nicht gegen eine Bedrohung von außen.

Der Speer zielte auf Renna.

Sie erschauerte. Sie blickte um sich, doch alles war noch belebt vom Siegellicht. Kreaturen, so winzig, dass man sie mit bloßem Auge nicht sehen konnte, glitzerten in der Luft. Bei dem Anblick wurde ihr schwindelig, und sie streckte einen Arm aus, um nicht das Gleichgewicht zu verlieren.

»Bleib ganz ruhig.« Arlen ging neben ihr in die Knie und stützte sie mit einer Hand, während er mit einer Kelle Wasser aus dem Eimer schöpfte und sie an ihre Lippen führte. »Was du getan hast, war wirklich sehr dumm.«

Auch im Wasser wimmelte es von Leben. Sie sah es so deutlich, dass sie sich wunderte, wieso sie es nicht schon früher bemerkt hatte. Unzählige kleine Tierchen tummelten sich dort. Sie spürte, wie sie in ihrem Mund zappelten, musste husten und prustete das Wasser über Arlen. »Ich konnte nicht anders. Ich musste es tun.«

»Musstest du nicht.« Arlen wischte sich Wasser aus einem Auge. »Wir hatten uns doch auf einen Plan geeinigt.«

»Der Plan ist verrückt, und das weißt du«, sagte Renna. »Hattest du nicht gesagt, es sei Zeit für neue Ideen? Ich hatte eine.«

»Als ich das sagte, meinte ich Ideen, die nicht so verrückt sind wie meine«, sagte Arlen.

»Du bist doch derjenige, der sich über alles Gedanken macht«, sagte Renna. »Wir anderen richten uns bloß nach unseren Gefühlen.«

»Dieses Nachdenken hat mich am Leben erhalten«, sagte Arlen. »Wer auf seine Gefühle hört, kriegt meistens Ärger.«

Renna blickte ihn an. Sie sah so tief in seine Aura hinein wie noch nie zuvor. »Hilf meinem Gedächtnis auf die Sprünge. Wer war noch mal derjenige, der als Erster Dämonenfleisch gegessen hat?«

»Ay, und du siehst ja, was dabei herausgekommen ist«, sagte Arlen.

»Es hat dich zu dem gemacht, der du heute bist«, sagte Renna. »Jetzt bist du ein großer Denker, aber der Arlen, den ich in Tibbets Bach kannte, war leichtsinnig.«

Arlen rieb sich das Gesicht. »Wenn ich damals nur ein bisschen überlegter gehandelt hätte, würden wir jetzt vielleicht nicht in diesem Schlamassel stecken.«

»Magst ja recht haben«, gab Renna zu. »Aber dann hätten wir vielleicht auch nicht diese einmalige Chance, in den Abgrund runterzusteigen und dort so richtig aufzuräumen.«

»Dieser Streit ist sinnlos«, mischte sich Jardir ein. Renna hob den Kopf und sah, dass einer der Edelsteine in seiner Krone heller strahlte als die anderen, während er in ihrer Aura danach forschte, ob der Geist des Seelendämons sie in irgendeiner Weise beeinflusste.

Verflucht, ich weiß es ja selbst nicht, dachte sie. Einerseits fühlte sie sich wie immer, gleichzeitig spürte sie, dass sie sich verändert hatte. Und dieser Wandel ließ sich nicht rückgängig machen.

Aber nach einer Weile schien Jardir zufrieden zu sein. Er zielte nicht länger mit seinem Speer auf sie. »Was hast du gesehen, Renna vah Harl? Deine Aura ist …«

»Ein einziges Chaos«, beendete Arlen den Satz für ihn.

»Hab alles gesehen«, sagte Renna. »Und nichts. Als würde sich das ganze Tal auf dem Friedhof der Horclinge versammeln, und alle sprechen gleichzeitig. Es war so viel, dass ich gar nichts erkennen konnte. Nichts ergab einen Sinn.«

Arlen nickte. »Dasselbe habe ich empfunden, als ich den Geist dieses Dämonenprinzen berührte. Doch an ein paar Dinge konnte ich mich erinnern. Dinge, die den Unterschied zwischen Sieg und Niederlage ausmachten. Wenn du dich an irgendetwas erinnerst ...«

»Ich erinnere mich an gar nichts«, fiel Renna ihm ins Wort. »Jedenfalls nicht jetzt. Ich brauch Zeit.«

»Wir haben aber keine Zeit«, sagte Jardir. »Die finstersten Stunden sind bereits vorbei. Wenn wir *Alagai Ka* nicht schleunigst freilassen und in den Rachen des Abgrunds hineingehen, müssen wir den ganzen Tag hier ausharren und könnten womöglich entdeckt werden.«

Renna stemmte sich auf die Füße und stand auf. Durch rhythmisches Atmen versuchte sie, ihre Mitte zu finden. »Vielleicht kommen die Erinnerungen ja, wenn wir unterwegs sind. Dann mal los!«

2

Hinab in die Finsternis

334 NR

Jardir verdrängte seine Zweifel, als er den *Par'chin* und seine *jiwah* in der Höhle zurückließ. Diese Frau nahm nicht nur ein ungeborenes Kind mit in den Abgrund, sie war auch noch unzuverlässig. Unberechenbar. Unbesonnen. Es mangelte ihr an Vernunft.

Doch war er selbst so viel anders? Immerhin hatte er diesem Plan zugestimmt. Er ließ sich von *Alagai Ka* selbst in den Abgrund hinunterführen. Wenn das nicht unbesonnen war, unvernünftig …

Die Tochter des Harl war eine starke Frau. Furchtlos. Bereit, ihr eigenes Leben und das ihres Kindes im Ersten Krieg zu opfern. Sie war keine Krasianerin, aber in ihrem Herzen folgte sie den Geboten des Evejah. Er sollte sich schämen, wenn er an ihr zweifelte.

Shanvah bewachte *Alagai Kas* Gefängnis. Der Wagen stand direkt vor dem Höhleneingang. Ihr Vater war noch an der Sitzbank angekettet, der Dämonenkönig hinter versiegeltem Stahl eingesperrt, doch Shanvah blieb auf der Hut. Mit erhobenem Speer und Schild hielt sie Ausschau nach Gefahren.

»Erlöser.« Sie verneigte sich, als Jardir sich ihr näherte. »Ist die Tochter des Harl wohlauf?«

»Sie handelte überaus töricht, als sie das Gehirn des Prinzlings verzehrte. Die Risiken sind unabsehbar. Aber so Everam will, wird sie sich wieder erholen.«

»Hat es ... gewirkt?«, fragte Shanvah. »Verfügt sie jetzt über die Erinnerungen des Dämons?«

Jardir schüttelte den Kopf. »Anscheinend nicht. Wir verfolgen unseren ursprünglichen Plan. Ohne Verzug.«

»*Inevera.*« Shanvah schob den Speer in den Haltegurt, schwang sich behände auf den Kutschbock und lenkte den Wagen rückwärts zum Schlund der Höhle. Dann löste sie die Pferde aus ihrem Geschirr. Den Gefängniswagen konnten sie nicht mit hinunter in den Abgrund nehmen, deshalb ließ sie die Tiere jetzt frei.

Jardir betrachtete die beiden Hengste und fragte sich, ob sie in Freiheit lange überleben würden. In ihre Hufe waren Siegel eingekerbt, und in wenigen Stunden ging die Sonne auf. Die meisten Dämonen, die diese Gegend heimsuchten, waren tot, der mentale Schrei des Seelendämons hatte sie umgebracht. Vielleicht hatten die Pferde ja eine bessere Chance, am Leben zu bleiben, als Jardir und seine Gefährten.

Jardir hob seinen Speer und zeichnete über den Rössern Siegel in die Luft. Die Magie heftete sich an die Tiere und verlieh ihnen frische Energie, zugleich schützte sie sie vor *alagai*-Krallen. Mit dem Morgengrauen würde die Magie verblassen, doch solange es dunkel war, sorgte sie für Schutz.

Die Hengste hoben aufmerksam die Köpfe. »Möge Everam über euch wachen, ihr edlen Rösser«, sagte Jardir. »Ich nenne euch Kraft und Stärke. Sollte ich von dieser gefahrvollen Reise zurückkehren, werden eure Namen in die Heiligen Verse eingehen und Unsterblichkeit erlangen.«

Er zeichnete ein weiteres Siegel in die Luft, es gab einen harmlosen Knall und einen Blitz, und die erschrockenen Pferde galoppierten die alte Straße hinunter.

Jardir begab sich zu Shanjat und schloss die Kette auf, mit der er an die Sitzbank gefesselt war. Shanjat starrte leeren Blickes vor sich hin – in den Augen der Pferde hatte mehr Verstand gelegen. Jardir zog seinen Schwager vom Wagen herunter und hievte ihn auf seine Schulter wie einen Sack Mehl.

Der Sohn des Jeph und die Tochter des Harl warteten zusammen mit Shanvah darauf, dass er Shanjat vor dem Wagenschlag ablud und ihn dann auf die Knie setzte.

Der Gemahl meiner Schwester, dachte Jardir. *Der seit dem* Hannu Pash *an meiner Seite trainierte und kämpfte. Und ich lasse ihn vor* Alagai Ka *niederknien.*

Er blickte hinunter auf den Mann, der ihm stets ein wahrer Freund gewesen war. *Ich schwöre bei Everams Licht und meiner Hoffnung, in den Himmel zu gelangen, Bruder: Wenn der richtige Augenblick gekommen ist, lasse ich* Alagai Ka *für das büßen, was er dir angetan hat.*

Danach entriegelte Jardir den Wagenschlag und öffnete ihn. In der Mitte des Kastens lag der Dämon und glotzte ihn aus seinen großen, eigentümlichen Augen an. Er ging in den Bannkreis hinein und löste die Ketten, mit denen die Kreatur gefesselt war. Dann packte er den Dämon am Hals und zerrte das fauchende Ungeheuer aus dem Zirkel heraus. Ohne viel Federlesens warf er ihn vom Wagen, sodass er zusammengekauert neben Shanjat auf dem Boden landete.

Zum Wohle der Ala ließ er diese Kreatur am Leben, aber eine würdevolle Behandlung hatte das Scheusal nicht verdient.

Dieses Mal zierte sich *Alagai Ka* nicht, sondern ergriff sofort von Shanjat Besitz. Der Krieger öffnete sein Gewand und setzte sich den vom Stoff verhüllten Dämon auf den Rücken.

Beide, der Dämon und sein Reittier, starrten auf den Kadaver des Seelendämons. Der geöffnete Schädel war leer, der Inhalt vertilgt wie das Fleisch einer Frucht, von der man nur noch die Schale übrig gelassen hat. Nach einer Weile wandten sie sich Renna zu.

»Schöne Nacht heut Nacht«, sagte die Tochter des Harl und leckte sich das Dämonenblut von den Fingern.

Shanjat schien sich zu entspannen und lächelte. »Das Wesen, das du ausbrütest, wird stark sein, sollte es durch irgendeinen Zufall überleben. Und es wird meinesgleichen ähnlicher sein als seiner eigenen schwächlichen Rasse.«

Aus Rennas Aura schossen Stichflammen, die so grell waren, dass Jardir sie kaum anschauen konnte. Sie zog ihr Messer und wollte sich auf den Dämon stürzen. Shanjat wich zurück, aber sie hatten den Dämon umzingelt, und er konnte nicht fliehen. Renna zwang ihn mit einem Fußtritt auf die Knie und setzte dem Dämon die Klinge an den Hals.

Shanjat blickte zu ihr hoch. »Tu es. Töte mich, wenn du dich traust. Aber deine List ist nicht geglückt. Du hast versagt. Wenn dein primitives Gehirn imstande gewesen wäre, das ungeheure Wissen meines Abkömmlings aufzunehmen und zu begreifen, dann bräuchtet ihr mich jetzt nicht mehr. Dann hätte der Erbe mich umgebracht, als ich hilflos dalag.«

Shanjats Lippen verzogen sich zu einem Lächeln. »Aber ihr seid auf mich angewiesen, nicht wahr, Jägerin? Töte mich, und deine eigene Art wird mit mir untergehen.«

»Das mag ja sein«, erwiderte Renna. »Aber ich warne dich: Sprich noch ein einziges Mal von meinem Kind, und du bist tot, noch ehe du mir damit drohen kannst, ich würde die Menschheit verraten.«

Sie meinte, was sie sagte. Jardir sah es in ihrer Aura. Er sorgte sich, sie könnte die Beherrschung verlieren und ihren Plan zum Scheitern bringen, doch andererseits war es gut, wenn *Alagai Ka* ihren Jähzorn fürchtete. Je sicherer der Dämonenkönig sich fühlte, umso mehr Schwierigkeiten würde er ihnen bereiten.

Es fragte sich nur, ob er ihnen überhaupt von Nutzen war, und wer hier wen kontrollierte.

»Dein Leben hat für uns nur einen Wert, solange du uns dienst, Prinz der Lügen«, sagte Jardir. »Im Evejah heißt es, Kajis Armeen seien drei mal sieben Tage lang unterwegs gewesen, ehe sie den Abgrund erreichten. Stimmt das?«

»Ehe sie den Abgrund erreichten?« Das Lachen des Dämons entlud sich aus Shanjats Kehle. »Nies Abgrund ist eine Fabel, die man sich ausgedacht hat, um Drohnen zu lenken. Es gibt keinen solchen Ort.«

Das selbstgefällige Grinsen, das sich auf Shanjats Zügen breitmachte, entfachte Jardirs Zorn. Am liebsten hätte er dieses Ungeheuer, das huckepack auf den Schultern seines Freundes saß, auf der Stelle getötet. Der Dämon reizte sie, hielt sie zum Narren, erzählte Wahrheiten, die wie Lügen klangen, und Lügen, die sich wahr anhörten. Auch ohne ihre Gedanken lesen zu können, verstand es der Dämon aufs trefflichste, mit ihren Gefühlen zu spielen. Er würde weiterhin danach trachten, sie zu verwirren, so lange, bis einer von ihnen sich eine Blöße gab. Keinen Moment lang durften sie in ihrer Wachsamkeit nachlassen.

»Wie weit ist dann der Weg bis zu deinem Stock?«, fragte der *Par'chin*.

»In ungefähr einem Zyklus könnten wir da sein«, sagte Shanjat und zwinkerte Jardir zu. »Wir steigen weiter in die Tiefe als Kavri und seine Hunde.«

Shanjat sah ihn erwartungsvoll an, doch Jardir lächelte nur.

»Also ließ Kaji
Seine Kriegshunde los.
Die jagten das Böse
Und trieben es vor die Speere der Sharum,
Als würden sie Füchse
Vor Jäger hetzen.«

»Willst du mich beleidigen, Dämon?«, fragte Jardir. »Willst du mein Volk beleidigen? Kajis Hunde trieben deinesgleichen in die Tiefe zurück wie eine Viehherde.«

»Er hat Angst, auch wenn er es nicht zugibt«, sagte Renna. »Kommt schließlich nicht alle Tage vor, dass der eigene Sohn aufgefressen wird.«

Shanjat fing wieder an zu lachen. »Damit hast du mir ein schönes Geschenk gemacht, Jägerin. Du hast meinen stärksten Rivalen aus dem Weg geräumt. Dafür danke ich dir.«

»Gehörte er zu denen, die in Anochs Sonne eindrangen?«, fragte der *Par'chin*.

Shanjat schüttelte den Kopf. Diese Geste sah so natürlich aus, war so charakteristisch für ihn, dass die anderen ein kalter Schauer überlief. »Nein. Er war einer von den beiden, die am Seelenhof zurückblieben. Nur zwei waren mächtig genug, um meinem Ruf nicht zu folgen.«

»Mit dir zusammen wären das neun«, sagte Jardir.

»Drei haben wir in Anochs Sonne getötet«, ergänzte Shanvah.

»Und *Alagai Ka* ist unser Gefangener«, sagte Jardir.

»Mit diesem hier macht das fünf.« Renna trat gegen den toten Dämonenprinzling. »Und letzten Sommer haben wir vier von diesen Ungeheuern abgemurkst.«

»Bevor das alles anfing, gab es mehr als ein Dutzend Seelendämonen«, sagte der *Par'chin*. »Wie viele sind jetzt noch übrig? Vier?«

»Es gibt vier, die reif genug sind, um eine Paarung zu überleben. Nicht voll ausgereifte Seelendämonen werden gleich nach der Begattung bei lebendigem Leib von der Königin gefressen.« Shanjats Grinsen wurde breiter. »Aber es gibt zahllose heranwachsende Prinzlinge, mit denen wir eure Freien Städte verwüsten können. Sie werden ausschwärmen und dort zuschlagen, wo eure Leute es am wenigsten erwarten. Sie werden neue Stöcke gründen und die Menschlinge mit Hilfe von Drohnen in die Tiefe treiben, um sie dort an die frisch geschlüpften Königinnen zu verfüttern.«

»Und wieso war dann der mächtigste dieser Prinzen hier, weit weg von jeder Stadt der Menschen?«, fragte Jardir.

Shanjat glotzte ihn an, als wäre er ein Idiot. Früher hatte Shanjat diesen Blick häufig eingesetzt, allerdings niemals bei Jardir. »An diesem Ort bündelt sich eine ungeheure Macht. Mein Abkömmling hätte seine jüngeren Brüder um eure Territorien kämpfen lassen und ihnen danach die ganze Beute abgenommen, wenn sie ihre Kräfte verschleudert hätten.«

»Woher willst du das wissen?«, fragte Renna.

»Weil ich es jahrtausendelang selbst so gemacht habe«, sagte Shanjat.

»Wird jetzt ein anderer Seelendämon versuchen, sich hier am Höhleneingang zu postieren?«, fragte der *Par'chin*.

»Ganz sicher, sobald einer merkt, dass er unbewacht ist«, sagte Shanjat. »Aber bestimmt halten sie einen so großen Abstand zum Revier ihres älteren Bruders, dass es eine geraume Weile dauern wird, bis sie Bescheid wissen.«

»Und wann findet der Angriff auf die Menschen statt?«, fragte Jardir.

Shanjat legte den Kopf zurück und lachte schallend. »Wenn mein Abkömmling sich hier aufgehalten hat, dann ist der Angriff bereits erfolgt. In Krasia. In Thesa.« Er drehte sich um und fasste Renna ins Auge. »Vielleicht haben sie sogar schon Tibbets Bach angegriffen. Dort gibt es viele abgeschiedene Ansiedlungen, massenhaft leere Hirne zum Verspeisen.«

Renna fletschte die Zähne, aber sie sagte nichts.

Der *Par'chin* wurde unruhig. »Es ist noch dunkel. Ich könnte hinschlittern und …«

»Und was willst du tun, *Par'chin*?«, schnitt Jardir ihm das Wort ab. »Die Leute vor einem Angriff warnen, der bereits erfolgt ist? Unsere Mission gefährden, nur um gegen ein paar niedere Prinzlinge zu kämpfen?«

»Ich weiß es nicht«, sagte der *Par'chin.* »Vielleicht gibt es ja doch etwas, was ich tun könnte.«

»Wir haben die Leute eindringlich gewarnt«, mischte sich nun Renna ein. »Mehr konnten wir nicht tun. Und bist nicht du derjenige, der andauernd predigt, man müsse sich selbst helfen?«

Der *Par'chin* stieß den Atem aus. »Ich war noch nie jemand, der untätig dagestanden und zugeschaut hat, wenn jemand Hilfe brauchte.«

»Außerdem wäre es unklug, wenn du ausgerechnet an diesem Ort ins Dazwischen eintreten würdest«, sagte Shanjat. »Selbst ich muss auf der Hut sein, wenn ich mich in der Nähe so starker Magieströme in einen nichtstofflichen Zustand auflöse.«

»Man kann verlorengehen«, sagte der *Par'chin.*

»Vom Horc kehrt niemand zurück«, sagte Shanjat. »Nicht einmal meinesgleichen.«

Der *Par'chin* wandte sich an Shanjat. »Warum bist du auf einmal so geschwätzig? Warum erzählst du uns überhaupt von den Angriffen?«

Spöttisch blähte Shanjat die Nasenflügel und sog tief den Atem ein. »Weil ihr dann so herrlich nach Verzweiflung riecht.« Die Hand des *Par'chin* ballte sich zur Faust, aber Shanjat legte noch nach. »Und weil ich euch Hoffnung geben will.«

»Hoffnung?«, fragte Jardir. »Was weiß eine von Nies Kreaturen von Hoffnung?«

»Wir wissen, wie viel euch unterentwickelten Lebewesen Hoffnung bedeutet«, sagte Shanjat. »Wie sehr ihr euch daran klammert. Dass ihr bereit wäret, dafür zu töten. Welche Schmerzen ihr empfindet, wenn man sie euch nimmt.«

»Und ist das dein Plan?«, fragte Jardir. »Uns Hoffnung zu machen, nur um sie uns dann wieder wegzunehmen?«

»Selbstverständlich«, sagte Shanjat.

»Worauf dürfen wir denn überhaupt noch hoffen, jetzt, da du deinen Plan enthüllt hast?«, fragte Jardir. »Du sagst, an der Oberfläche herrsche nun Krieg zwischen meines- und deinesgleichen. Wie kannst du da von Hoffnung sprechen?«

»Für euch gibt es durchaus noch Hoffnung«, entgegnete Shanjat. »Ihr könnt Hoffnung schöpfen aus dem Umstand, dass ihr im Seelenhof so gut wie keine Prinzlinge antreffen werdet, sofern ihr diesen Ort erreicht. Denn meine Abkömmlinge befinden sich an der Oberfläche und trachten danach, die Menschheit zu unterwerfen.«

Jardir erstarrte. Falls dies zutraf, dann konnten sie in der Tat mit einem Erfolg ihrer Mission rechnen. Und wenn die Menschen sich noch einen Mondzyklus lang – oder höchstens zwei – gegen die *alagai* behaupteten, bekamen sie die Chance, den Stock ein für alle Mal auszumerzen.

Doch der Dämon hatte bereits angekündigt, ihnen die Hoffnung wieder zu nehmen. Zielten seine Prognosen letztendlich nur darauf ab, weitere Verwirrung zu stiften? Oder steckte mehr dahinter?

Vermutlich traf beides zu.

»Für Bedenken haben wir keine Zeit mehr.« Jardir trat an den Wagen und zog seinen Tornister aus dem Gepäckkasten. Shanvah trug ihren bereits auf dem Rücken. »Wenn wir in den Abgrund hinabsteigen wollen, dann machen wir uns jetzt auf den Weg.«

Jardir ging am Schluss der Gruppe und behielt Shanjat mit *Alagai Ka* im Auge. Obwohl seine Hände an seine Taille gekettet waren, kletterte Shanjat mit der ihm eigenen Gewandtheit den abschüssigen Gang hinunter. Dies bedeutete, dass der Dämon nicht nur von Shanjats Körper Besitz ergriffen hatte, sondern zudem über sämtliche seiner Eigenschaften verfügte und sie nach Bedarf einsetzen konnte.

Es bedeutete auch, dass Shanjat ein sehr gefährlicher Mann war.

Renna und Shanvah marschierten zu beiden Seiten des Dämons und hatten die Augen überall. Der *Par'chin* war irgendwo vor ihnen und erkundete den Weg. Seit einer Weile hatten sie ihn aus dem Blick verloren.

In den lichtlosen Tunneln verlor Jardir jegliches Zeitgefühl. Sie hatten noch keine Rast eingelegt, doch da die Magie sie bei Kräften hielt, hätten sie schon seit Tagen unterwegs sein können. Er wusste es einfach nicht.

Den Weg hinunter in den Abgrund hatte er sich anders vorgestellt. Hier gab es Leben, fernab von der heiligen Sonne. Dämonen waren sie noch nicht begegnet, aber der feuchte Boden wimmelte von Insekten und anderen Kreaturen, die so winzig waren, dass er sie nur im magischen Licht seiner Krone sehen konnte. Es gab unterirdische Flüsse voller Fische, die Felswände waren mit Moosen und Flechten überzogen. Er entdeckte Eidechsen, Salamander, Frösche.

Und manchmal die Fährten größerer Lebewesen. Es mussten nicht unbedingt die Spuren von Dämonen sein, doch sie entstammten keinem Geschöpf, das er kannte.

Irgendwann endete der Tunnel, und sie gelangten an ein Felssims am Rande einer Schlucht, die so breit war, dass sie nicht hinüberschauen konnten. Dort wartete der *Par'chin* auf sie, an einen verwitterten steinernen Bogen von krasianischer Bauweise gelehnt.

»Die Brücke ist eingestürzt.«

»Wir müssen auf den Grund der Schlucht hinunterklettern und uns auf der anderen Seite wieder hocharbeiten«, sagte Shanjat. »Diese Drohne wird ausreichend Bewegungsfreiheit brauchen, um dies zu bewältigen. Arme und Beine müssen von den Fesseln befreit werden.«

Jardir behielt den Gefangenen im Blick, als er sich zu dem *Par'chin* gesellte. Gemeinsam schauten sie über die Schlucht. Dicht an der Grenze seines magischen Sehvermögens entdeckte Jardir einen zerfallenen Brückenpfeiler.

»Ich könnte hinüberfliegen«, schlug er vor.

»Vielleicht, aber Ren und ich können das nicht«, sagte der *Par'chin.* »Der Dämon hat recht. Der Sog des Horc wird stärker, je tiefer wir hinuntersteigen. Wir sollten unsere stoffliche Gestalt nach Möglichkeit nicht aufgeben.« Mit zusammengekniffenen Augen spähte er zu dem fernen Brückenpfeiler hinüber. »Zum Springen ist der Pfeiler zu weit weg. Sogar dann, wenn wir unsere Kraft mit Energie aufmöbeln.«

»Ich könnte gewissermaßen als Fährmann fungieren«, sagte Jardir.

»Willst du den Dämon etwa auch rübertragen?«, fragte der *Par'chin.* »Ohne unsere Unterstützung könnte wer weiß was passieren. Das Risiko gehen wir nicht ein.«

»Dann bleibt uns nichts anderes übrig, als zu klettern«, entschied Jardir.

Renna stellte sich neben sie, und dann spähten sie zu dritt über den Rand der Schlucht, deren Boden sich im Dunst der Magie verlor. »Aber bevor wir Shanjat die Handfesseln abnehmen, müssen wir uns ausruhen und etwas essen.« Sie spuckte aus und sah zu, wie der Speichel lautlos in dem leuchtenden Nebel verschwand. »Natürlich könnten wir ihn auch einfach mit einem Fußtritt nach unten befördern, und die Sache ist erledigt.«

Wieder musterte Jardir Shanjat eindringlich. Sein wackerster Leutnant. Ein Mann, der sich beim *alagai'sharak* im Labyrinth so sehr hervorgetan hatte, dass Jardir ihm seine Schwester zur Gemahlin gab. Wie viele Male hatte er gesehen, wie Shanjat allein und mit bloßen Händen einen Dämon tötete?

»Kluge Worte«, sagte er. »Der Krieger in mir brennt darauf, weiter vorzupreschen, aber wir dürfen nicht zulassen, dass Hunger und Müdigkeit unsere Wachsamkeit beeinträchtigen. In dieser lichtlosen Welt kann es schnell passieren, dass man nicht darauf achtet, wie die Zeit vergeht.«

»Dieser Tage gibt es keine zuverlässigere Uhr als meinen Magen.« Renna tätschelte ihren Bauch, der sich mit jedem Tag mehr wölbte.

Sie zogen sich in die Höhlung am Ende des Tunnels zurück. Der *Par'chin* und seine *jiwah* gingen zu Shanjat.

»Auf die Knie«, befahl der *Par'chin*. Umgebungsmagie rauschte auf ihn zu, und der Ort verdunkelte sich, während seine Aura in einem weißen Licht glühte.

Renna hielt ihr Messer in der Hand, und auch sie strahlte vor angereicherter Energie. Der Dämon war nicht dumm. Er ließ Shanjat niederknien, damit man seine Fußfesseln wieder an seinem Gürtel befestigen konnte.

Shanvah begann, Erdreich in große Bronzeschalen zu füllen. Mit einer Messerklinge strich sie die Oberfläche glatt und bereitete sie für Jardir vor.

Durch seine Krone sog Jardir Magie in sich ein, um damit die Siegel zu wecken, wie Inevera es ihn gelehrt hatte. Das Erdreich zerschmolz und bildete rasante Wirbel aus Magie, die sich nach einer Weile wieder beruhigten. Eine Schüssel enthielt nun frisches Wasser, die andere ein dampfendes Couscousgericht.

Shanvah kniete nieder, drückte Hände und Stirn auf den Boden und sprach zusammen mit Jardir ein Gebet. Sie dankten Everam für Seine Großzügigkeit und schworen erneut, in Seinem Namen zu kämpfen.

Danach holte Jardir einen winzigen Couzibecher aus mit Goldintarsien geschmücktem Porzellan hervor, und ein Paar dazu passende Essstäbchen. Voller Ehrfurcht und mit äußerster Behutsamkeit füllte er den Becher mit Wasser und hielt ihn Shanvah entgegen. »Erhebe dich, Nichte, und labe dich an Everams gesegnetem Trunk.«

Geschmeidig wie eine Schlange richtete Shanvah sich auf, ein vollkommenes Zusammenspiel von Kraft und Anmut. Sie neigte den Kopf und zog ihren Schleier herunter, denn es galt nicht als Schande, wenn ihr Onkel ihr Gesicht sah. »Ich danke dir, Erlöser, für die Ehre, die Everam mir durch dich zukommen lässt.«

Sie nippte nur an dem Becher, aber als sie den Kopf hob, strahlten ihre Augen vor neuer Energie. Ihre Aura verriet, wie erfrischt sie war.

Mit den zierlichen Stäbchen hob Jardir einen Happen Couscous aus der Schale. »Iss, und sättige dich mit Everams gesegneter Speise.«

Abermals verneigte sich Shanvah. »Ich danke dir, Erlöser, für die Ehre, die Everam mir durch dich zukommen lässt.« Sie nahm lediglich diesen kleinen Bissen zu sich, doch sofort wirkte sie stärker, gesättigt.

»Übernimm du jetzt die Wache, damit die Nordländer ebenfalls speisen können«, sagte Jardir.

Shanvah berührte mit der Stirn den Boden. »Wie es dein Wille ist, Erlöser.« Sie griff nach Speer und Schild und übernahm die Aufgabe, die Gefangenen zu bewachen.

Renna ließ sich nicht lange bitten. Sofort eilte sie zu Jardir. »Bei der Nacht, das duftet ja lecker!«

»Es ist gesegnete Nahrung«, sagte Jardir. »Ein Schluck von Everams Wasser stillt deinen Durst. Ein Happen von Everams Speise füllt deinen Magen.«

»Wir werden ja sehen«, sagte Renna. Jardir wollte ihr den winzigen Becher anbieten, doch sie bemerkte es nicht einmal. Im Handumdrehen zog sie ihren eigenen schmutzigen Trinkbecher aus ihrem Tornister und goss das heilige Wasser hinein. Jardir schnappte nach Luft, als sie den ganzen Becher hinunterkippte wie einen Schluck Couzi und sich dann mit dem schmuddeligen Handrücken über die Lippen wischte.

Sie riss die Augen auf. »Oh, süßer Sonnenschein!« Noch einmal setzte sie den Becher an und ließ sich die restlichen Tropfen in den Mund perlen, dann wandte sie sich an den *Par'chin*. »Arlen, du kommst auf der Stelle hierher und trinkst von diesem Wasser!« Sie leerte noch einen zweiten Becher, ehe sie sich über den Couscous hermachte.

Jardir hob die Essstäbchen und hüstelte nachdrücklich, aber auch dieses Mal verstand Renna den Wink nicht. Emsig kramte sie in ihrem Tornister nach einer Essschale und einem Löffel. Rücksichtslos schaufelte sie Couscous in die Schale, ohne darauf zu achten, wie viel auf den Boden fiel. Die Menge, mit der sie sich versorgte, hätte ausgereicht, um eine ganze Kompanie *Sharum* zu verköstigen.

Das ungebührliche Benehmen der Frau kannte keine Grenzen, aber sie war von Everam auserwählt und ein Gast an seinem Tisch, deshalb übersah Jardir den Frevel und sagte nichts.

»Danke.« Renna lehnte sich mit dem Rücken gegen die Tunnelwand, rutschte daran herunter in eine sitzende Position und stopfte sich das Essen in den Mund.

Jardir merkte, dass er sie anstarrte, und zwang sich, den Blick abzuwenden. In diesem Moment kam der *Par'chin* zu ihm.

»Es tut mir leid.« Der *Par'chin* ließ sich auf die Knie sinken und neigte das Haupt. »Ren wollte nicht …«

»Dafür gibt es keine Entschuldigung, *Par'chin*«, sagte Jardir. »Seit Monaten speisen wir zusammen. Sie weiß, dass es sich gehört, ein Dankgebet zu sprechen.«

»Alte Gewohnheiten sind hartnäckig«, sagte der *Par'chin.* »Und sie betet nicht gern zu Everam.«

»Sie kann stattdessen zum Schöpfer beten«, sagte Jardir. »Dem Allmächtigen ist es einerlei, wie man ihn nennt.«

»Ich werd's ihr sagen.« Der *Par'chin* warf einen Blick auf seine Gemahlin. »Aber nicht jetzt. Eine schwangere Frau sollte man lieber nicht zurechtweisen, wenn es ums Essen geht.«

»Diese Worte hat Everam dir eingegeben«, pflichtete Jardir ihm bei. Er sprach den Segen und der *Par'chin* betete mit ihm, so wie sie es früher oft nach einer Nacht im Labyrinth getan hatten.

Mit dem zierlichen Becher schöpfte Jardir Wasser aus der Schale. »Du betest.«

»Ay?« Der *Par'chin* zog die Brauen hoch.

»Der Himmel ist eine Lüge, sagtest du«, erinnerte sich Jardir. »Everam ist eine Lüge. Warum betest du dann mit mir?«

»Meine Mutter legte viel Wert auf gutes Benehmen und hat mir Manieren beigebracht«, sagte der *Par'chin.* »Und ein kluger alter Mann sagte mir einmal, es hätte den Anschein, als stellten unsere Kulturen von Natur aus eine Schmähung der jeweils anderen dar. Aber wir müssten dem Drang widerstehen, alles, was uns fremd oder absonderlich vorkommt, als eine Kränkung oder Anfeindung aufzufassen.«

Der *Par'chin* schüttelte den Kopf. »Außerdem gelange ich immer mehr zu der Einsicht, dass es keine Rolle spielt, ob Everam im Himmel ist oder in deiner Fantasie. Er ist eine Stimme, die dir sagt, dass du das Richtige tun sollst, und das ist mehr, als die meisten Leute haben.«

Es waren lästerliche Worte, aber Jardir sah so viel Aufrichtigkeit in der Aura des *Par'chin*, dass er einfach lächeln musste. Auf seine Weise zollte sein Freund ihm Respekt. Wenn sie Everam gemeinsam für das Wasser und die Speise dankten, dann befolgte der *Par'chin* das Ritual gewissenhaft und ohne einen einzigen Patzer.

Wie Shanvah, so benötigte auch er nur einen Schluck Wasser und einen Bissen Couscous, um sich zu erquicken. Renna hingegen hatte ihre Portion verschlungen und blickte gierig auf den Rest der Speise.

»Diese Drohne bedarf ebenfalls der Stärkung, wenn sie die Reise überleben soll«, sagte Shanjat. »Dasselbe gilt für mich.«

Jardir verzog angewidert den Mund, doch als Shanvah ihn ansah, nickte er. Sie nahm ein kleines Tablett nebst Becher und Schale aus ihrem Tornister. Jardir goss ein wenig von dem gesegneten Wasser in den Becher und füllte zwei Portionen Couscous in die Schale.

Shanvah kniete sich vor ihren Vater hin. Mit geschmeidigen Bewegungen setzte sie das Tablett auf dem Boden ab und zückte ihre eigenen Essstäbchen.

»Ja, so eine Tochter habe ich mir immer gewünscht«, sagte Shanjat. »Still und gehorsam. Du hast das Pferdegesicht deiner Mutter geerbt, deshalb hättest du nie einen Ehemann gefunden, aber trotzdem hättest du eine Tochter abgeben können, auf die ein Vater stolz sein kann.«

»Mein Vater *war* stolz auf mich«, sagte Shanvah. »Und er ist es immer noch. Nichts, was du sagst, während du dich seiner Stimme bedienst, kann daran etwas ändern.«

»Ein bisschen Stolz wiegt eine lebenslange Enttäuschung nicht auf«, sagte Shanjat. »Dein Erzeuger schämt sich für dich, so sehr, dass er danach stinkt. Deine Mutter mag ja seine *Jiwah Ka* gewesen sein, aber er liebte die geringste seiner Gemahlinnen mehr als euch beide.«

Nach außen hin wirkte Shanvah gelassen, doch sie hielt die Essstäbchen in der geballten Faust, als wolle sie sie dem Dämon ins Auge stechen.

Aber sie bewahrte Ruhe und verdrängte ihre Gefühle, bis ihre Aura sich wieder klärte. Als der Dämon das nächste Mal durch Shanjat sprach und dessen Mund aufging, schoss Shanvahs Hand mit den Esstäbchen vor, und sie schob ihrem Vater die Portion Couscous auf die Zunge. Aus einem Reflex heraus schluckte Shanjat die Speise hinunter.

Danach massierte Shanvah so lange einen bestimmten Muskel am Kopf ihres Vaters, bis er abermals den Mund öffnete und sie ihm einen Schluck des gesegneten Wassers einflößen konnte.

Nachdem Shanjat gestärkt war, zog Shanvah sich mit dem Tablett zurück.

»Ich benötige ebenfalls Nahrung«, sagte der Dämon durch Shanjat.

»Dämon, du bist nicht würdig, von den gesegneten Speisen zu kosten«, sagte Shanvah.

»Seit vielen Monaten ernähre ich mich nur von winzigen Happen«, sagte Shanjat. »Und jetzt ist die Grenze dessen erreicht, was ich ertragen kann. Wenn ihr mir Nahrung verweigert, kann ich euch nicht weiter führen.«

Shanvah sprang nach vorn, riss mit beiden Händen ihren Speer aus der Halterung und stieß zu. Shanjat und der Dämon prallten zurück, aber sie waren nicht das Ziel. Aufgespießt auf der Spitze zappelte einer der blinden Salamander, die an den Felswänden nach Insekten jagten. Wenn sie sich bedroht fühlten, konnten sie sich blitzschnell bewegen, aber nicht so schnell wie der Speer einer *Sharum'ting*.

Shanvah pflückte den Salamander von der Klinge und riss das noch zuckende Tier mit bloßen Händen in zwei Teile. Mit einem Fußtritt warf sie Shanjat auf die Seite, und der Dämon kippte gleichfalls um. Als dessen kegelförmiger Kopf auf den Höhlenboden krachte, stopfte sie ihm eine Hälfte des Salamanders in den Rachen.

»Friss!«, knurrte sie. »Oder ich singe so lange, bis du es tust.«

Der Dämon mahlte mit den Kiefern, während sie die Felswand hinabkletterten, und versuchte, den bitteren Geschmack des niederen Lebewesens loszuwerden. Fleisch und Blut des Salamanders hatten ihn gestärkt, aber dessen armseliger Geist zwang ihn, jeden Augenblick seiner sinnlosen Existenz nachzuerleben. Am liebsten hätte er sich übergeben, doch obwohl er sich dann an den Qualen der Sängerin hätte ergötzen können, wollte er sich deren Gesang aus nächster Nähe ersparen.

Für den Abstieg hatten sie der Drohne die Handfesseln abgenommen. Ein erster Schritt hin zu seiner eigenen Befreiung. Die Aufmerksamkeit seiner Bewacher ließ nach. Und so sollte es auch sein. Der Königliche Gemahl verletzte sie mit Worten, aber die Drohne blieb fügsam.

Der richtige Zeitpunkt für eine Flucht kam näher, aber noch musste er sich gedulden. Sie befanden sich zu nahe an der Oberfläche. In diesen flachen Schichten war es kalt. Dämmrig. Die Menschlinge waren beeindruckt von der hier herrschenden Magie, aber es war nichts verglichen mit dem, was sie in größerer Tiefe erwartete. Nicht einmal die schwächsten Drohnen entfernten sich ohne Grund so weit von der Gluthitze des Horcs.

Doch bald mündeten die Tunnel in ein Labyrinth, das Drohnen im Laufe von vielen Millionen Jahren gegraben hatten. Ohne den Königlichen Gemahl würden sich die Menschen rasch verirren und vermutlich weder den Seelenhof finden noch den Rückweg an die Oberfläche. Mit Genuss malte er sich aus, wie sie planlos durch die Eingeweide der Welt wanderten, bis sie den Verstand verloren. Danach würden ihre Seelen ein wahrer Leckerbissen sein! Die Mischung aus Stolz, der von Verzweiflung und Wahnsinn überwältigt wurde, würde ein einzigartiges Aroma ergeben.

Aber noch bewachten sie ihn aufs Strengste. Die Jägerin und die Sängerin flankierten die Drohne während des Abstiegs, und der Entdecker sicherte die kleine Gruppe, indem er ihr in einem gewissen Abstand folgte.

Der Erbe schwebte in der Luft, den Speer in der Hand, und beobachtete alles. Die Vorsicht, mit der sie zu Werke gingen, war lachhaft. Bald würde ihre Wachsamkeit ohnehin erlahmen. Menschen brachten für derlei Unterfangen nicht die Geduld auf.

Die Drohne bewältigte den Abstieg ohne Hilfe. Der Königliche Gemahl erteilte den Befehl zum Hinunterklettern und verließ sich dann auf die körperlichen Fähigkeiten der Drohne. Währenddessen bündelte er seine Energien, verdaute den Salamander und ließ eine weitere dünne Hautschicht wachsen, welche die Tinte der Tätowierungen ein wenig weiter nach außen schob.

Bald war es so weit.

Jardir setzte auf dem Boden der Schlucht auf und sah den anderen beim Abstieg zu. Renna, Shanvah und der *Par'chin* hielten Abstand zu Shanjat, aber es schien, als sei dem Dämon vorläufig nur daran gelegen, sicher den Grund zu erreichen.

Das war nachvollziehbar, auch für ein Wesen wie *Alagai Ka*. Am Fuß der Felswand lagen drei menschliche Skelette mit sauber abgenagten Knochen. Everam allein wusste, welche Kreaturen sich hier sattgefressen hatten. Die Menschen, die *Alagai Ka* in den Abgrund hatte marschieren lassen, mussten dieselbe Kletterpartie auf sich nehmen, und nicht alle hatten sie überlebt. Ein Skelett war das einer Frau, die sich beim Absturz den Schädel gebrochen hatte. Ein anderes gehörte zu einem Mann, doch selbst für einen Nordländer war es klein. Vermutlich war er noch nicht voll ausgewachsen gewesen. Beim Aufprall auf den Boden hatte er sich mehrere Knochen gebrochen, doch ein Genickbruch hatte ihn getötet. Der Tod war sicherlich so schnell eingetreten, dass die Menschen nicht gelitten hatten. Den Abgrund hatten sie nicht erreicht, und Jardir hoffte, dass ihre Seelen der Dunkelheit entkommen waren und den einsamen Weg gefunden hatten.

Das dritte Skelett stammte von einem Kind, einem Mädchen.

Doch das Schlimmste war, dass das Skelett bis auf ein gebrochenes Bein unversehrt war. Der aufgescharrte Boden und die Tatsache, dass das Skelett in einiger Entfernung von den beiden anderen Gerippen lag, deuteten darauf hin, dass das Kind sich noch eine Zeit lang kriechend weiterbewegt hatte, dem Willen des Dämonenprinzen auch dann noch unterworfen, als es nicht mehr laufen konnte. Sanft legte Jardir eine Hand auf den kleinen Schädel, um das Mädchen zu segnen. Doch die Magie hatte die Qualen des Kindes in den Knochen festgehalten, und Jardir durchfuhr eine schmerzhafte Woge wie ein stummer Schrei. Seine Hand zuckte zurück, als hätte er sich verbrannt.

Das Kind hatte sich nicht gequält, weil es verletzt war oder seine Freiheit verloren hatte – nein, dieser Schrei war der einer gemarterten Seele, die litt, weil sie sich dem Befehl des Dämons versagen musste. Die anderen Menschen, ganz gleich, ob es sich um Nachbarn aus dem Dorf oder Anverwandte handelte, hatten das Mädchen zurückgelassen, ohne einen Gedanken an dessen Schicksal zu verschwenden. Sie standen unter demselben Zwang wie das Kind, dem Befehl des Dämons willenlos zu folgen.

Jardir merkte, dass er sich hatte ablenken lassen, und sofort richtete er seinen Blick wieder auf die Felswand. Doch der Abstieg der kleinen Gruppe schien gut vonstatten zu gehen. Renna stieß sich von den Felsen ab und ließ sich die letzten vierzig Fuß bis zum Boden hinunterfallen. Das geschah mit einer Leichtigkeit, als stiege sie lediglich eine Treppenstufe hinab.

Dann sah auch sie die Skelette. »Sollten wir die nicht begraben?«

»Ihre Seelen sind längst den einsamen Weg gegangen und haben die Schmerzen hinter sich gelassen.« Früher wäre dies eine tröstende Floskel gewesen, aber nun erkannte Jardir die Wahrheit dahinter. »Wir erweisen ihnen eine größere Ehre, wenn wir unsere heilige Mission fortsetzen.«

Die Tochter des Harl gab einen Grunzer von sich, aber sie widersprach ihm nicht. Aufmerksam beobachtete sie, wie Shanvah und ihr Vater auf dem Grund der Schlucht ankamen. Auch der *Par'chin* kürzte den Weg ab und ließ sich von einer magischen Strömung nach unten tragen, langsam, wie ein zu Boden driftendes Blatt.

Sieben Pfeiler wie die sieben Säulen des Himmels wiesen ihnen den Weg, aber sie waren halb zerfallen und geborsten. Trümmerstücke bedeckten den Boden. Der Stein war nass und glatt, abgeschliffen von Wasser, das seit ewigen Zeiten von oben herabrieselte. Überall, auch mitten zwischen den Trümmern, wuchsen Tropfsteine in die Höhe, manche riesig, andere klein.

Am anderen Ende der Schlucht entdeckten sie noch mehr Menschenknochen. Und Shanjat mussten sie wieder die Handfesseln lösen, damit er die Steilwand hochklettern konnte, wo der Weg weiterging.

Oben angekommen, legten sie eine Rast ein, um sich mit Speise und Trank zu stärken. Dieses Mal senkte Renna den Blick, als sie aufgefordert wurde, sich ihren Anteil am gesegneten Wasser und dem Couscous zu holen. Ihr Stolz ließ es nicht zu, dass sie sich für ihr früheres Benehmen entschuldigte, aber sie bemühte sich – wenn auch unbeholfen –, mit Jardir gemeinsam zu beten.

Sie aß wieder viel mehr, als er für möglich gehalten hätte. Und ihm schien, ihr Bauch hätte sich in dieser kurzen Zeit noch weiter gerundet.

Der Tunnel führte steil nach unten, ohne dass ein Ende in Sicht kam. Die Luft wurde unerträglich heiß und feucht. Sie zeichneten

Siegel in die Luft, um sich ein wenig Erleichterung zu verschaffen, doch es nützte nicht viel. Hinzu kam der Schmutz. Sogar Jardirs prächtige Seidengewänder waren durchgeschwitzt und klebten an seiner Haut. Er speiste Energie in die eingestickten Siegel und brannte den Dreck und die Feuchtigkeit weg, aber die Sachen blieben nicht lange frisch.

Plötzlich standen sie am Ende des Tunnels, und vor ihnen erstreckte sich eine gigantische Höhle mit einem großen See. Die schwülwarme Luft war mit Feuchtigkeit durchtränkt, und von der Höhlendecke, die sich weit oben ihren Blicken entzog, hingen gewaltige Tropfsteine herab.

Aber das Faszinierendste war die Fläche, die zum Wasser führte. Aus dem Boden spross ein wahrer Wald aus Pilzen, die in einem hellen Licht glühten.

»Wir müssen uns einen Weg hindurch schneiden«, sagte Shanjat.

Jardir sah ihn an. »Warum?« Die Pilze standen dicht an dicht, wobei einige bis zu seinen Ellbogen reichten, aber sie sahen aus, als könne man sie mühelos zur Seite drücken. Und die meisten Pilze konnte man einfach zertrampeln.

»Schicke einen Windstoß durch das Feld«, schlug Shanjat vor.

Jardir bedachte ihn mit einem argwöhnischen Blick, dann zuckte er die Achseln, zeichnete schnell ein Siegel und jagte einen Luftstrom auf das Wasser zu.

Urplötzlich schossen Fontänen aus Pilzsporen in die Höhe und füllten die Luft mit einer dunklen Wolke aus giftigen Dämpfen. Jardir zeichnete noch ein Siegel, und eine sanfte Brise hinderte die Wolke daran, in ihre Richtung zu treiben.

»Was bei der finstersten Nacht war das denn?«, staunte Renna.

»Auf diese Weise erlegt die Pilzkolonie ihre Nahrung«, erklärte Shanjat. »Die Sporen enthalten ein Gift, das jedes Lebewesen lähmt und verseucht, das so unvorsichtig war, sich ihr zu nähern.«

»Verseucht?« Die Hand, die Renna auf ihren gewölbten Bauch legte, war alles andere als zart, aber ihre Aura sprach Bände. Jardir sah darin ein Bild von ihr selbst, wie sie schützend ein Kind umklammerte, während sie die gesamte Umgebung in Flammen aufgehen ließ.

Ehe Shanjat antworten konnte, bewegte sich etwas in dem Feld. Ein Dämon, der bis jetzt unentdeckt geblieben war, preschte mit vorgestreckten Krallen auf sie zu.

Ein solches Ungeheuer hatte Jardir noch niemals gesehen. Seine Aura war fade und verschmolz vollständig mit der Pilzkolonie. Zwischen den Hautschuppen wucherten langstielige Pilze – es sah aus, als würde die Bestie von innen heraus aufgefressen, obwohl sie sich mit großer Schnelligkeit und Gewandtheit bewegte.

Trotzdem war es bloß eine Dämonendrohne. Jardir bündelte seine Energien und weckte das Siegelfeld seiner Krone, um die Drohne am Näherkommen zu hindern.

Das Wesen wurde langsamer, als wate es bis zu den Schenkeln in Wasser, doch dann überquerte es die magische Schranke und legte an Tempo zu.

Jardir blinzelte überrascht und hob seinen Speer, aber Shanvah kam ihm zuvor und schleuderte versiegeltes Wurfglas auf den Dämon. Die scharfkantigen Geschosse bohrten sich in den Rumpf des Ungeheuers, das sich jedoch nicht aufhalten ließ, sondern nach wie vor in ihre Richtung stürmte.

Dann zeichnete Jardir ein Aufprallsiegel und fegte den Dämon zur Seite wie ein Insekt. Noch während die Bestie in hohem Bogen durch die Luft flog, ließ der *Par'chin* ein mächtiges Hitzesiegel folgen. Der *alagai* zerplatzte in einem Schwall aus Feuer, dessen Hitze sich auch noch über die Gruppe ergoss. Die brennenden Überreste des Scheusals fielen mitten in die Pilzkolonie hinein und lösten die nächste Sporenwolke aus, die sich an den Flammen entzündete und den toten *alagai* in einen Feuerball einhüllte.

Ein Teil des Feldes brannte ab, doch der nasse Boden und die mit Feuchtigkeit geschwängerte Luft verhinderten, dass die Flammen sich weit genug ausbreiteten, um ihnen einen freien Zugang zum Wasser zu verschaffen.

»Es gibt hier noch mehr Drohnen«, bemerkte Shanjat. »Die Sporen verseuchen das bisschen Gehirn, das sie haben, und machen sie zu einer Art Schutztruppe, bevor ihre Körper gänzlich aufgefressen werden.«

»Der Dämon hat die magische Barriere durchbrochen, die ich gezogen habe«, sagte Jardir. »Es scheint, als sei diese Kreatur mehr Pilz als *alagai* gewesen.«

»Wie habt ihr eure Gefangenen hier durchgeführt?«, fragte der *Par'chin*.

»Der Mimikry, der sie begleitete, verwandelte sich in eine Flammendrohne und brannte einen Weg durch das Feld. Aber es ging nicht ohne Verluste ab.« Shanjat bleckte die Zähne. »Ein paar von euresgleichen dienen vielleicht immer noch der Kolonie, sofern sie noch nicht vollständig aufgefressen wurden.«

»Und wie kamen sie über den See?«, wollte Renna wissen.

»Sie sind hindurchgeschwommen, was denn sonst?« Shanjat grinste von einem Ohr zum anderen.

»Das glaub ich nicht«, erwiderte Renna. »Der Schöpfer allein weiß, was sich alles in diesem Wasser tummelt. Der Dämon hat uns in eine Falle geführt.«

Shanjat zuckte die Achseln. »Es gibt keinen anderen Weg. Nur diesen hier.«

»Ich vertraue dem Dämon genauso wenig wie du, Tochter des Harl«, sagte Jardir. »Aber wir müssen weiter. Wir können nicht hierbleiben, und wir können nicht zurück.«

»Beim Schöpfer, könnt ihr nicht aufhören, mich so zu nennen, verflucht noch mal?!«, brauste Renna auf. »Harl Gerber war vielleicht nicht der größte Schuft, der je gelebt hat, aber er war bei

Weitem der schlimmste, mit dem ich es je zu tun hatte. Ich hab ihn selbst getötet, und es kotzt mich an, wenn ihr so tut, als wäre sein Name wichtiger als meiner!«

Jardir öffnete den Mund und klappte ihn vor lauter Verblüffung gleich wieder zu. Rennas Aura war in Aufruhr, und er erinnerte sich sehr gut, wie gereizt seine Gemahlinnen während ihrer Schwangerschaften gewesen waren.

Und dann erst begriff er, was sie gesagt hatte. »Du gibst zu, dass du deinen eigenen Vater getötet hast?« Das war … ungeheuerlich. Er sah den *Par'chin* an, der seinem Blick standhielt, während Shanvah ihren Vater und den Dämon nicht aus den Augen ließ. »Hast du das gewusst?«

Der *Par'chin* nickte. »Der verdammte Sohn des Horc hatte den Tod verdient.«

Diese Worte beruhigten Jardir. Er wusste, wie hoch sein Freund jedes Menschenleben schätzte. Und dennoch war es keine Erklärung für ein so entsetzliches Verbrechen. Jardir wandte sich wieder Renna zu und forschte in ihrer Aura nach der Wahrheit.

»Willst du es wirklich ganz genau wissen?«, fragte Renna. Der *Par'chin* hatte ihnen allen beigebracht, ihre inneren Auren zu tarnen, um ihre intimsten Gedanken und Gefühle zu verbergen. Doch jetzt öffnete sich Renna für einen Moment, und in diesem kurzen Augenblick sah Jardir Schrecknisse, die grauenhafter waren als alles, was er sich hätte vorstellen können.

Jardir hob die Hände. »Friede, Renna, Gemahlin des Arlen. In meinen Augen bleibt deine Ehre grenzenlos. Zweifelsohne hat Everam selbst deine Hand geführt.«

»Everam muss während der Wache eingepennt sein, wenn er so lange damit gewartet hat, zu tun, was getan werden musste!«

»Friede, Schwester«, sagte Shanvah, ohne den Blick von dem Gefangenen abzuwenden.

»Selbst ich vermag Everams Pläne nicht zu ergründen«, sagte Jardir. »Allein die *dama'ting* können das, und auch sie sind häufig auf Mutmaßungen angewiesen.«

Shanjat lachte, aber als Jardir ihn böse anfunkelte, hielt er klugerweise den Mund. Jardir wandte sich wieder an Renna und verneigte sich vor ihr. »Wenn unsere Worte dich verletzt haben, dann bitte ich um Vergebung. Ich habe viele Krieger gekannt, die in den *sharak* zogen, während sie die Schande ihrer Väter mit sich trugen. Shanvah und ich werden den Namen deines Vaters nie wieder erwähnen.«

Renna gab einen Grunzer von sich, aber ihre Aura flackerte immer noch vor Wut.

»Allerdings ändert das nichts an unserer gegenwärtigen Lage«, fuhr Jardir fort.

»In diesem See werde ich nicht schwimmen.« Mit einem Kopfnicken deutete Renna auf das Wasser.

»Das brauchst du auch nicht«, sagte der *Par'chin*. »Wir bauen eine Brücke.«

Jardir sah ihn an. »Wie sollen wir das bewerkstelligen, *Par'chin*?«

»Auf dieselbe Weise, wie wir an den Pilzen vorbeikommen.« Er setzte sich in Bewegung. »Folgt mir.«

Shanvah wickelte sich ihren Schleier dreimal um Nase und Mund, dann zog sie noch ein Seidentuch hervor und reichte es Renna.

»Hab meinen eigenen.« Aus einem Beutel an ihrer Taille holte Renna einen Schleier aus blütenweißer Seide und verhüllte damit ihr Gesicht. »Amanvah hat ihn mir zur Hochzeit geschenkt.«

»Everam sieht alles und führt uns auf den richtigen Weg.« Jardir zog seinen Nachtschleier über Mund und Nase, und der *Par'chin* nahm den, den Shanvah zuerst Renna angeboten hatte, um sich zu schützen.

Shanvah zog auch ihrem Vater den weißen Schleier über das Gesicht. Shanjat sah sie an. »Diese Drohne mag ja ein wenig geschützt sein, aber ich …«

»Du schweigst still und hältst dich gut fest!«, schnauzte der *Par'chin.*

Jardir ging am Schluss. Shanvah und Renna nahmen Shanjat in die Mitte, während der *Par'chin* an der Spitze marschierte und Kältesiegel in die Luft zeichnete, die Sporen und Pilze gefrieren ließen. Die hohe Luftfeuchtigkeit kam ihnen zugute, und alles, was vor ihnen lag, überzog sich mit einer dicken Schicht Raureif.

Jardir und Renna unterstützten den *Par'chin*, zeichneten ebenfalls Kältesiegel und lähmten die tödlichen Sporen. Unter ihren Füßen knirschte der Frost, während sie sich dem Wasser näherten.

Urplötzlich wurden sie angegriffen. Von allen Seiten brachen Kreaturen aus dem Pilzdickicht hervor: Dämonen, ein Nachtwolf, zwei kräftige Eidechsen so groß wie Lehmdämonen, sogar ein Mensch – ein Mann mit toten Augen und blasser, von dunklen Adern durchzogener Haut, dem die Pilze büschelweise aus den Ohren sprossen. Die Auren dieser Geschöpfe waren stark, aber leer und verschmolzen vollständig mit der Umgebung. Was immer diese Kreaturen auch taten, sie handelten ohne nachzudenken und ohne zu fühlen.

Mit einem heftigen Ruck an der Kette zwang Shanvah Shanjat auf die Knie. Eine gleitende Bewegung, und der Schild rutschte von ihrer Schulter auf ihren Unterarm, um sie und ihren Vater zu schützen. Der Dämon unternahm nichts, als sie ihren Speer aus Siegelglas aus der Halterung riss und sich rüstete, den Angriff abzuwehren.

»Du darfst ihre Körper nicht aufschlitzen!«, warnte der *Par'chin*, aber die Tochter des Shanjat war nicht dumm. Den Schild vorgereckt, trieb sie die Angreifer mit Fußtritten und wuchtigen Stößen des Speerschafts zurück. Sie versuchte, die Gliedmaßen der Kreaturen zu brechen, um eine Verfolgung zu erschweren.

Die anderen benutzten weiterhin Kältemagie, froren die Wesen ein und verhinderten, dass sie die tödliche Seuche verbreiteten.

Als die feindliche Vorhut verjagt oder am Boden festgefroren war, griff Shanvah wieder nach der Kette und übernahm die Führung in Richtung See. Noch zweimal mussten sie anhalten und kämpfen, doch jetzt waren sie darauf vorbereitet, und die hirnlosen Kreaturen ließen sich leichter abwehren als ein denkendes Geschöpf. Sogar die *alagai* waren schwach, die Pilze, die in ihnen wucherten und sie von innen verzehrten, hatten ihre Muskeln verrotten lassen. Das Wasser rückte immer näher heran …

»Gefahr von oben!«, brüllte Shanjat. Shanvah riss ihren Schild gerade noch rechtzeitig hoch, um einen riesigen Schleimbrocken abzufangen, der von einem Tropfstein an der Decke nach unten klatschte. Unwillkürlich schützte sie in erster Linie ihren Vater, der unversehrt blieb. Doch ein Teil des Glibbers traf ihren Arm und ihren Rücken. Die qualmende, zischende Masse verbrannte ihre Seidenkluft und sickerte durch die Platten ihrer Rüstung.

Sie schrie nicht, sie blieb auch nicht stehen. Sie musste ungeheure Schmerzen leiden, aber sie verhielt sich wie ein wahrer Krieger. Ihre Ehre war grenzenlos. Sie legte an Tempo zu und rannte in Richtung des Sees, an dessen Ufer sich die Pilzkolonie ausdünnte und schließlich an Felsen endete, die jedoch mit diesem ätzenden Schleim überzogen waren.

Der *Par'chin* brannte den Schleim weg, dann überzog seine *jiwah* die Stellen mit Frost und machte einen Weg zum Wasser frei.

Shanvah war am Ende ihrer Kräfte. Jardir sah in ihrer Aura, wie der beißende Schleim ihre Haut verflüssigte und sie bei lebendigem Leib auffraß. Der Glibber enthielt Magie, die sich von ihrem Körper nährte und zusehends an Macht gewann. Wenn man Shanvah nicht half, würde sie binnen weniger Augenblicke tot sein. Und innerhalb einer Stunde wäre von ihr nichts mehr übrig.

»Gib uns Deckung, während ich mich um sie kümmere!«, schrie Jardir und riss Shanvah die Seidenkluft vom Leib. Sie war seine Nichte, und es war keine Verletzung ihrer Ehre, wenn ihr Onkel sie unbekleidet sah, aber sie hätte ohnehin nicht mehr die Kraft gehabt, sich zu widersetzen. Das Fleisch an ihrem Arm und am Rücken schlug Blasen und löste sich auf. Renna zeichnete Hitzesiegel über Shanvahs zerrissene Kluft und verbrannte die daran haftenden tödlichen Keime.

»Du musst die Schmerzen umarmen«, riet Jardir seiner Nichte. »Everam sieht dir zu.«

»Schmerzen ...«, keuchte Shanvah und rang nach Luft, »... sind nichts weiter als Wind.«

»Ganz recht.« Jardir spähte tief in den Rotz hinein, während er Energie bündelte und anfing, Siegel zu zeichnen. Shanvah schlug um sich und grub die Zähne in den Schleier, der in drei dicken Lagen ihren Mund bedeckte, aber sie schrie kein einziges Mal, als er den Schleim wegbrannte. Er brannte auch einen Teil des gesunden Fleisches weg, um sicherzugehen, dass alle Keime, welche die tödliche Seuche übertrugen, vernichtet waren. Danach benutzte er Siegel, mit denen die *dama'ting* seit Jahrhunderten Fleisch nachwachsen ließen und für eine Erneuerung des Blutes sorgten.

Shanvah öffnete die Augen, und ihre Aura verriet, dass sie sich schämte. »Ich bitte um Vergebung, Onkel. Wieder einmal war ich das schwächste Glied in der Kette, die Lücke in der Abwehr, die unsere Feinde sich zunutze machen.«

»Unsinn«, widersprach Jardir. »Ohne deine Geistesgegenwart hätten wir unseren Führer verloren, oder es hätte einen anderen von Everams Auserwählten getroffen. Ruhe dich eine Weile aus.«

Shanvah schüttelte den Kopf und stemmte sich bereits wieder hoch. »Die Zeit drängt, Onkel. Ich fühle mich stark genug, um den Weg fortzusetzen.«

Sie sagte die Wahrheit, aber ihr Arm und ein Teil des Rückens sahen nun aus wie geschmolzenes Wachs. Die Haut war rot und wirkte entzündet. Sie verschwendete keinen Gedanken an ihre Blöße, und ohne jede Scham zog sie die Platten aus Siegelglas aus ihren ruinierten Gewändern und kleidete sich in eine neue Kluft, die sie in ihrem Gepäck mit sich führte. Wieder tauchte ein Pilzdämon aus der Kolonie auf, aber der *Par'chin* schleuderte ihm mit solcher Wucht ein Hitzesiegel entgegen, dass das Monstrum von einer weißen Stichflamme eingehüllt wurde und im Nu zu Asche verbrannte.

Renna stieß einen Schrei aus, als ein Tentakel aus dem Wasser schnellte und nach ihr griff. Er wickelte sich um ihren Arm, doch durch Gedankenkraft ließ sie Energie in die Siegel auf ihrer Haut strömen, und der Fangarm lockerte seine Umklammerung. Ein Hieb mit ihrem Messer trennte ihn von dem dazugehörigen Körper ab, doch dann erhoben sich weitere Fangarme aus dem See. In dem ganzen Aufruhr hatte nicht nur Renna ihre Tarnsiegel vernachlässigt.

Jardir musterte *Alagai Ka* und fragte sich, ob der Dämon das alles von Anfang an geplant hatte, aber in dessen matter Aura entdeckte er nur Furcht. Mit seinen Fesseln würde er genauso sterben wie die Menschen, wenn er in die Tiefe gezogen wurde.

Der *Par'chin* machte einen Satz nach vorn und entzog seinen Siegeln Kraft, damit die Tentakel sich um seine Arme winden konnten. Danach stemmte er die Füße in den Boden und kämpfte sich langsam wieder zurück. Auf diese Weise zerrte er die Bestie aus dem Wasser. Das Scheusal schien einem Albtraum entsprungen zu sein. Seine schleimigen Tentakel waren mit spitzen Dornen und Saugnäpfen übersät und mündeten in einem Körper, der nur aus einem Maul mit Tausenden zuschnappender Zähne zu bestehen schien.

Ohne zu zögern stürzte Jardir sich auf die Kreatur und tötete sie mit einem Speerstoß in den Rachen.

Das Wasser schäumte und brodelte vor Dämonen. Mithilfe seiner Krone erzeugte er einen Bannbereich und vertrieb die Bestien, ehe er zu der Gruppe zurückging.

Er war mit seiner Geduld am Ende, als er sich an Shanjat wandte, und stand kurz davor, die Beherrschung zu verlieren. »Wie können Menschen in einem verfluchten Gewässer wie diesem schwimmen?«

»Das Oberflächenvieh, das hier entlanggetrieben wurde, trug meine Markierung«, sagte *Alagai Ka* durch seinen Freund. »Außerdem hatten sie einen Mimikry als Wegführer, der die geringeren Drohnen in Schach hielt.«

»Und Kajis Armeen?«, hakte Jardir nach. »Sind die auch auf diesem Weg marschiert?«

»Zu der Zeit gab es diesen See noch nicht«, sagte *Alagai Ka.* »Meinesgleichen hat ihn geschaffen, um andere Eindringlinge zu entmutigen.«

»Ihr habt diesen See künstlich angelegt?«, fragte Renna.

»Es war ganz einfach. Felsendämonen gruben Tunnel zu unterirdischen Flüssen und lenkten das Wasser an diese Stelle.«

»Jedenfalls werd ich nicht da drin schwimmen!«, bekräftigte Renna noch einmal.

»Keiner von uns wird schwimmen«, sagte der *Par'chin.* »Ich lasse das Wasser zufrieren, dann haben wir eine Brücke.«

»Und wenn die Dämonen sie angreifen?«, beharrte sie.

»Die Krone des Kaji hält sie von uns fern«, versicherte Jardir. Er nahm die geweihten Schalen aus dem Gepäck, zertrümmerte den hartgefrorenen Stein, schaufelte ein wenig von dem darunterliegenden Erdreich in die Schüsseln und schuf Nahrung und frisches Wasser. Derweil sog der *Par'chin* Magie an, um seine Brücke zu bauen. Shanvah schien es wieder besser zu gehen, aber um ihr Fleisch nachwachsen zu lassen, benötigte sie Speise und Trank. Die Narben würden ihr jedoch bleiben. Durch Magie konnte man einen glatten, sauberen Schnitt so abheilen lassen, dass man keine Spur mehr von ihm sah, aber gegen die Wülste an ihrem Arm und Rücken ließ sich nichts ausrichten.

Nachdem Shanvah gesättigt und zu ihrem Vater und dem Dämon zurückgekehrt war, steuerte Renna Jardir an, wie ein Fisch, der einen Köder geschluckt hat und an Land gezogen wird.

Jardir verneigte sich. »Renna, Gemahlin des Arlen, ich bitte nochmals um Vergebung …«

»Da gibt es nichts zu vergeben.« Auch Renna verbeugte sich. »Du hast es nicht gewusst. Ich hab die Beherrschung verloren. Ich dachte, ich würde sie in den Griff kriegen, diese Wutanfälle, die von der Magie herrühren, aber seit ich schwanger bin, ist alles noch schlimmer geworden. Und in dieser Höhle hab ich eine verdammt große Dosis Magie abgekriegt. Wenn jemand sich entschuldigen muss, dann doch wohl ich.«

»Es ist falsch, dass mein Volk so viel Wert auf den Namen des Vaters legt.« Jardir fiel es nicht leicht, die Worte auszusprechen. Vielleicht kostete es ihn deshalb so viel Überwindung, weil er selbst betroffen war. »Mein eigener Vater starb jung, und er starb keinen ruhmreichen Tod. Ich habe so viel darüber nachgedacht, was ich tun könnte, um ihm einen Ehrenplatz im Himmel zu sichern, dass ich meine Mutter vernachlässigt habe, die ohne einen Ehegemahl vier Kinder großziehen musste.«

Renna sah zu Shanvah hinüber. »Aber es scheint doch, als hättest du letzten Endes viel für deine Familie getan. Ist doch aus allen was geworden, so wie ich das seh.«

»Das mag schon sein«, sagte Jardir. »Aber auch den *Par'chin* machte es wütend, wenn man ihn den Sohn des Jeph nannte. Es hat viele Jahre gedauert, bis ich den Grund für diese Wut erfuhr.«

»Sein Dad hat seine Verfehlung wiedergutgemacht. Hat seine Ehre wiederhergestellt, würde man bei euch wohl sagen. Ganz allein und ohne Hilfe«, sagte Renna. »Ich säße jetzt nicht hier, wäre er nicht von seiner Veranda gerannt, um mich zu retten. Bloß mit einer ganz gewöhnlichen, ollen Axt hat er einen Dämon abgemurkst.«

Sie seufzte. »Vielleicht wäre keiner von uns hier, hätte mein Dad nicht damals, vor vielen Jahren, nach seiner Mistgabel gegriffen und Arlen, seinen Dad und seine Mum beschützt, damit sie in unserem Haus eine sichere Zuflucht finden konnten.«

»Der Schöpfer allein weiß, wohin unsere Wege letzten Endes führen.« Jardir sprach bewusst nicht Everams Namen aus, um diesen heiklen Moment der Besinnlichkeit nicht zu gefährden. »Wir können Jahre damit verbringen, die Vergangenheit infrage zu stellen. Aber unser Blick muss nach vorne gerichtet sein, in die Zukunft.«

»Wirklich und wahrhaftig.« Dann sprach Renna gemeinsam mit ihm ein Dankgebet, und hinterher vertilgte sie größere Portionen als der Rest der Gruppe zusammen.

Unterdessen hatte der *Par'chin* gewaltige Mengen Magie in sich eingesogen, und in Jardirs magischer Sicht strahlte er so hell wie die Sonne. Als er damit begann, Siegel zu zeichnen, bildeten sich auf der Wasseroberfläche Eiskristalle, die sich immer weiter ausbreiteten und verdichteten, bis vom Ufer ausgehend eine dicke Eisschicht weit in den dunklen See hineinragte.

Jardir wartete und sah zu, wie sich das grelle Licht, das seinen Freund umgab, allmählich abschwächte. Als es gänzlich zu erlöschen drohte, ging er zu ihm und legte ihm sanft eine Hand auf den Rücken. »Das reicht, *Par'chin*. Geh jetzt und stärke dich mit Essen und Trinken. Lass mich deine Arbeit fortführen.«

»Ay.« Der *Par'chin* stützte sich mit den Händen auf den Knien ab und atmete schwer, als hätte er soeben einen heftigen Kampf ausgefochten. Dabei hatte er lediglich am Seeufer gestanden. »Schätze, das ist keine schlechte Idee.«

Während sich der *Par'chin* eine Ruhepause gönnte, nahm Jardir seinen Speer und sog möglichst viel Magie in sich ein, ehe er hinaus auf das Eis trat. Wasser leitete Magie nicht gut, und er spürte, wie er von den an Land herrschenden magischen Strömen abgeschnitten wurde. Der See schimmerte düster, bis auf die hellen Lichtfunken in der Tiefe, die von Fischen und Wasserdämonen ausgingen.

Mithilfe seiner Krone erzeugte er einen Bannbereich, um die Dämonen von sich fernzuhalten, während er auf dem Eis vorwärtsschritt und mit der Speerspitze Kältesiegel zeichnete. Beinahe begierig schob sich die Brücke weiter in den See hinaus. Schon jetzt war das Wasser kälter, als er es in der drückenden Hitze, die in der Höhle herrschte, für möglich gehalten hätte.

Der magische Glanz des Speers nahm an Helligkeit ab, doch Jardir marschierte unverdrossen weiter. Er wollte erst aufgeben, wenn er mindestens genauso viel Wasser zu Eis gefroren hatte wie der *Par'chin*. Er fühlte einen brennenden Schmerz in der Lunge, und seine Muskeln verkrampften sich. Das bisschen Energie, das er benötigte, um die Kälte abzuwehren, war bald verbraucht, und seine Füße, die nur in Sandalen steckten, wurden taub.

Als Jardir anfing, Magie aus der Krone abzuziehen, wusste er, dass es höchste Zeit zum Umkehren war. Ohne seine Krone wäre er hilflos, wenn irgendein Leviathan aus der Tiefe angriff. Seine Würde erlaubte es ihm nicht zu rennen, aber er trödelte auch nicht, als er den Rückweg zum Ufer antrat.

»Jetzt bin ich dran«, sagte Renna. Ihr Gemahl sah aus, als wolle er protestieren, aber ein wütender Blick von ihr genügte, und er klappte den Mund wieder zu. Sie ließ Magie in sich einströmen – nicht weniger als Jardir und der *Par'chin* – und speiste einen Teil davon in die Wassersiegel auf ihrer Haut. Auf diese Weise schuf sie eine Bannzone, um *alagai* abzuwehren, als sie loszog, um die Brücke zu verlängern.

Der *Par'chin* schien seelenruhig, während er sie beobachtete, aber Jardir sah in seinen Gedanken immer wiederkehrende Bilder, die ihn zeigten, wie er im Falle einer Bedrohung aufs Eis hinausstürzte, um ihr zu helfen. Beim geringsten Anzeichen einer Gefahr würde er losrennen.

Jardir vertraute auf die Wachsamkeit seines Freundes, und deshalb wandte er sich *Alagai Ka* zu. Vorläufig hatten sie den Dämon wieder gefesselt, und der kaute angewidert auf einem Fisch herum, den Shanvah mit ihrem Speer für ihn gefangen hatte. Ihren Vater hingegen behandelte sie mit großer Zärtlichkeit. Sie versorgte die Verletzungen, die er sich an Händen und Füßen zugezogen hatte, fütterte ihn mit der heiligen Speise und flößte ihm das gesegnete Wasser ein. Zum Schluss bürstete und flocht sie sein Haar. In ihrer Aura lag eine unsägliche Traurigkeit, während Shanjat mit leerem Blick auf das Wasser starrte.

»Ich konnte das andere Ufer sehen!« Auch Renna war außer Atem, als sie zurückkam. »Ich denke, einer von uns kann den Rest schaffen!«

»So lange können wir vielleicht nicht warten.« Mit dem Kinn deutete Shanvah in Richtung der Pilzkolonie. Zwischen den dicht an dicht stehenden Stängeln lauerten unzählige Kreaturen und beobachteten die Menschen mit seelenlosen Augen, in denen sich die Boshaftigkeit der wie auch immer gearteten Intelligenz widerspiegelte, deren Willen dieser Verbund an Lebewesen unterworfen war.

Jardir wandte sich an den *Par'chin.* »Was denkst du? Sollen wir alle gemeinsam sofort aufbrechen? Oder sollen wir das Schicksal herausfordern und einen von uns losschicken, der die Brücke fertigstellt?«

Der *Par'chin* schürzte die Lippen. »Mir gefällt weder das eine noch das andere.«

»Zum Schluss konnte ich euch kaum noch erkennen«, sagte Renna. »Wenn einer von uns vorgeht, ist er im Falle eines Angriffs ganz auf sich allein gestellt.«

»Dann bleiben wir zusammen.« Jardir gab Shanvah einen Wink. Die nahm *Alagai Ka* die Fesseln ab und erlaubte ihm, wieder Besitz von ihrem Vater zu ergreifen.

Shanvah nahm die versiegelte Kette, wickelte sie einmal um ihre Taille und schob das freie Ende durch die Ringe an Shanjats Gürtel, an dem seine Handfesseln befestigt waren. »Wenn du versuchst, im Wasser zu entkommen, bringe ich dich um, und wenn es das Letzte ist, was ich auf Ala tue.«

Um Shanjats Augen bildeten sich Lachfältchen. »Ich habe zu viel Zeit damit verbracht, mir Appetit auf deinen Geist zu machen, als dass ich sterben wollte, bevor ich ihn verspeist habe, Tochter.«

Shanvah hob drohend den Speer. »Nenne mich nie wieder so!«

»Tochter!« Shanjat lachte und streckte provozierend die Brust raus. »Tochter! Tochter! Tochter!«

Die junge Frau knirschte mit den Zähnen. Renna legte ihr eine Hand auf die Schulter. »Worte sind nichts als Spucke und Wind, Shanvah. Hör gar nicht hin.«

»Sie hat recht«, sagte Jardir. »Lass diesen einstmals so mächtigen Dämonenherrscher nur kläffen wie einen angeketteten Hund.«

Shanvahs Zorn legte sich ein wenig, und sie verneigte sich steif. »Wie der Erlöser sagt. Ich werde mich beugen wie die Palme, vor diesem Ausbruch von … Spucke und Wind.«

»Dann mal los!«, entschied Renna. »Diese Pilzdinger machen mich ganz kribbelig.«

»Renna und ich sind für die Brücke zuständig«, sagte der *Par'chin*. »Du sorgst dafür, dass deine Bannzone nicht zusammenbricht, und springst notfalls ein, sollte es Ärger geben.«

»Einverstanden«, erwiderte Jardir und belebte von Neuem das Bannfeld, als sie die Brücke betraten, mit dem Gefangenen in ihrer Mitte. Er hielt das Feld klein, um möglichst wenig Aufmerksamkeit zu erregen, doch sämtliche Armeen der Nie konnten es nicht durchdringen, solange er wachsam blieb.

Besorgt blickte er zurück auf die Kolonie und dachte an jenen mit Pilzsporen verseuchten Dämon, der sich aus ihrem Schutz herausgewagt hatte. Also konnte man nicht vorsichtig genug sein.

Das Eis knirschte unter ihren Füßen, während das dunkle Wasser an den Rändern der Brücke leckte. Sie hatten die Kanten absichtlich erhöht, damit die Wellen nicht über das Eis schwappten. Hinter ihnen entfernte sich das Ufer, und der *Par'chin*, dessen Wassersiegel in einem hellen Licht erstrahlten, legte an Tempo zu. Er ging voraus und verließ die von Jardir geschaffene Bannzone, um die Brücke zu vollenden.

In diesem Moment schlug der Leviathan zu. Es gab eine kurze Warnung, ein greller Blitz zeigte an, dass ein mächtiger *alagai* sich der Wasseroberfläche näherte, doch anstatt die magische Barriere anzugreifen, ließ er seinen wuchtigen Leib ein Stück hinter ihnen gegen die Brücke krachen. Ein ohrenbetäubender Donnerschlag entlud sich, Risse zogen sich mit rasender Geschwindigkeit durch das Eis und jagten hinter ihnen her wie eine Lohe Flammendämonen. Einem weiteren Angriff würde die Brücke nicht standhalten.

»Rennt!«, brüllte Jardir und versuchte, den Schaden mit Kältesiegeln zumindest einzudämmen. Renna, Shanvah und Shanjat hetzten in Richtung des anderen Ufers, wo der *Par'chin* immer noch dabei war, die Brücke zu vervollständigen.

Abermals griff der Leviathan an. Er zerschmetterte die Brücke und schnellte aus dem Wasser wie ein Schreckgespenst aus einem Albtraum. Der hinter ihnen liegende Teil der Brücke war zu großen Eissplittern zerborsten, die in die Höhe flogen und dann auf sie niederprasselten. Jardir hielt die Stellung und zeichnete Aufprallsiegel in die Luft, um die Eisbrocken abzulenken, die seine flüchtenden Gefährten getroffen hätten. Die Gruppe rannte um ihr Leben, verfolgt von den sich immer noch ausbreitenden Rissen.

Der Dämon griff erneut an, doch dieses Mal kam er Jardirs Bannzone zu nahe. Er prallte ab, ließ zuvor aber seine riesige Schwanzflosse noch einmal auf die Brücke niederkrachen. Eisbrocken schossen wie eine Fontäne in die Luft, vermischt mit einem Schwall Wasser, und Jardir konnte vorübergehend nichts sehen. Ein Trümmerstück knallte vor ihm auf die Brücke, und dann war er völlig von Dunkelheit umhüllt.

Im *sharaj* hatte Jardir viel gelernt. Er konnte mit bloßen Händen einen *alagai* töten, aus großer Höhe in die Tiefe springen und sich beim Aufprall abrollen, er konnte einen Trupp Krieger anführen und schwerste Verletzungen versorgen.

Aber er hatte nie Schwimmen gelernt.

Als er in das schwarze Wasser eintauchte, verlor er jedes Orientierungsgefühl, wusste nicht, wo oben und unten war. Er spürte lediglich die gegen ihn prallenden Eisbrocken und seine schmerzenden Lungen. Der *Par'chin* hatte ihn gelehrt, dass Magie vieles vermochte, aber Atemluft konnte sie nicht ersetzen. Und Jardir hatte nicht einmal mehr Zeit gefunden, seine Lungen mit Luft zu füllen.

Er merkte, dass die Krone sich von seiner Stirn löste, und versuchte verzweifelt, sie festzuhalten. Sollte er die Krone des Kaji verlieren, wäre auch sein Leben verwirkt, und für Ala gäbe es keine Hoffnung mehr. Mit der anderen Hand umklammerte er den Speer. Sollten die geweihten Objekte auf den Grund dieses verfluchten Sees sinken, wären sie ein für alle Mal verloren.

Die Wasserdämonen hatten mit ihm leichtes Spiel, immerhin befanden sie sich in ihrem Element. Er konnte sehen, wie sie ihn umkreisten. Kolossale Leviathane und kleinere, mit Tentakeln bewaffnete Scheusale. Und sie alle trachteten danach, ihn zu töten. Von allen Seiten griffen sie ihn an, sodass er innerhalb seines Bannbereichs hin und her geschleudert wurde. Zwar konnten sie ihn nicht direkt erreichen, aber im Wasser spürte er jeden der mit ungeheurer Wucht ausgeführten Schläge, sodass er keine Chance hatte, sich zu orientieren.

Seine Lungen schrien nach Luft, und Jardir wusste, dass ihm nicht mehr viel Zeit blieb. Er vergaß die Angriffe und die Angst, dehnte seine Sinne aus und tastete nach der Energie, die tief im Herzen der Ala ruht. Einen flüchtigen Augenblick lang streifte er sie sogar, aber der nächste Schlag eines Wasserdämons wirbelte ihn herum, und er verlor den Halt.

Einer der größeren Dämonen rauschte auf ihn zu.

Wenn ich schon sterben muss, dann durch alagai-*Krallen,* dachte er, *und nicht durch Wasser, das ich in panischer Angst eingeatmet habe.* Er drückte die Krone fest auf sein Haupt und gab den Bannbereich auf. Der Dämon, der einen Aufprall erwartete, schoss wie ein Pfeil auf ihn zu und spießte sich selbst auf dem erhobenen Speer auf.

Die Bestie erschauerte, als der Speer sich tief in sie hineinbohrte. Mit gewaltigen Flossenschlägen schnellte der Leviathan aus dem Wasser, aber Jardir umklammerte den Speerschaft und ließ sich mitziehen. Immerhin gelang es ihm, während der kurzen Zeit an der Oberfläche Atem zu schöpfen.

Er riss an dem Speer und wollte ihn herausziehen, doch die Spitze steckte in einem Knochen fest, und dann tauchte der Dämon wieder hinunter in die Tiefe. Die Bestie wand und krümmte sich in dem Versuch, den Speer loszuwerden, und Jardir verlor wieder jedes Gefühl für oben und unten.

Rings um ihn her versammelten sich Schwärme von *alagai.*

Urplötzlich flammte ein magischer Blitz auf, und die Ungeheuer zerstreuten sich. Jardir sah, dass der *Par'chin* auf ihn zu schwamm. Er glühte vor geballter Magie und durchpflügte die Wellen mit kräftigen Stößen seiner Arme und Beine.

Mit einem Fuß stemmte Jardir sich an dem Dämon ab, und nach einer gewaltigen Kraftanstrengung schaffte er es, den Speer freizubekommen. Dabei riss er dem Scheusal eine klaffende, gezackte Wunde in den Rumpf. Sein erster Gedanke war, den Dämon zu töten, doch dann siegte seine Vernunft über die Hoffnung auf Ruhm und Ehre. Mithilfe der Krone schuf er abermals einen Bannbereich und vertrieb die Dämonen, bis der *Par'chin* bei ihm war und nach seiner Hand griff.

Die nächsten Tage kamen ihnen vor wie eine Ewigkeit. Sie marschierten, kletterten, schoben sich auf schmalen Felsbändern voran. Über eine Meile weit robbten sie auf dem Bauch durch einen Gang, dessen Höhe nicht mal zwei Fuß betrug. Die Luft war heiß, ihre Sachen waren von Schweiß durchtränkt, und sie warteten nur darauf, dass *Alagai Ka* sie verriet.

Allerdings schien der Vater der Dämonen genauso erschöpft und abgekämpft zu sein wie sie. Sich Shanjats über einen längeren Zeitraum zu bemächtigen, kostete ihn viel Kraft, und die Siegel auf seiner Haut glühten wieder so hell wie an dem Tag, als der *Par'chin* sie ihm eintätowiert hatte.

Der Weg ist weit, und ihr seid Sterbliche. Die Zeit wird kommen, da lässt eure Wachsamkeit nach, und dann bin ich frei.

Jardir ballte eine Faust. War dies überhaupt der Weg hinunter in den Abgrund? Ineveras Würfel sagten, er würde sie dorthin führen, aber hier, tief in Alas Eingeweiden, gab es vielleicht mehrere Wege. Lotste er sie absichtlich auf die gefährlichsten Pfade, in der Hoffnung, sie so weit zu schwächen, dass er fliehen konnte? Es gab keine Möglichkeit, dies herauszufinden. Die Dämonenprinzen hatten im Laufe von Jahrtausenden gelernt, ihre Auren zu tarnen. Wie sollte man da Lüge von Wahrheit unterscheiden?

Zu Anfang hatte Jardir geglaubt, ihre einzige Sorge seien die *alagai*. Doch wie es schien, lauerten in der finsteren Tiefe noch andere Gräuel als die Diener der Nie.

Arlen entspannte sich nicht wirklich, als der Höhlengang sich weitete und sie in aufrechter Haltung marschieren konnten. Trotzdem war er froh, denn auf dieser verfluchten Reise musste man für jede Erleichterung dankbar sein.

Uralte Säulen von krasianischer Bauweise stützten die Wände ab und verrieten ihnen, dass sie den Weg beschritten, den schon Kajis Armeen gegangen waren, aber die Siegel waren seit Langem beschädigt. Wann immer Arlen konnte, setzte er ein paar von ihnen instand. Die zerstörten Gedankensiegel ließ er in ihrem ramponierten Zustand, damit ihr Führer nicht von ihnen abgestoßen wurde, doch er hielt es für eine kluge Vorsichtsmaßnahme, zumindest einige der Symbole auszubessern. Vielleicht trat ja der unwahrscheinliche Fall ein, dass sie ihre Mission überlebten und auf diesem Weg zurück flüchteten, vermutlich mit sämtlichen Dämonen des Horc auf den Fersen.

Der breite, gangbare Weg endete abrupt vor einem Höhleneinsturz. Wuchtige Steine, die nicht einmal er hätte anheben können, türmten sich auf und blockierten den Pfad. Unter den Felsbrocken hatte sich ein Wassertümpel gebildet. Arlen spähte hinein, entdeckte aber keine Spur von Dämonen. Vielleicht war er zu flach. Doch in dem Teich gedieh Leben. An seinem Untergrund hafteten Röhrenkorallen, die sich wiederum von etwas ernähren mussten.

Er kletterte auf die Steine, während er darauf wartete, dass die anderen nachkamen. Es gab Felsspalten, die den Magiestrom durchließen, und wenn er es gewagt hätte, sich in Nebel aufzulösen, hätte er problemlos hindurchschlüpfen und die Umgebung erkunden können. Doch je tiefer sie in den Bauch der Ala eindrangen, umso lockender wurde der Ruf des Horc, und nun vibrierte er in ihm, stellte eine Versuchung dar, der er vielleicht nicht widerstehen konnte. Nur wenn ihr Leben davon abhinge, würde er das Risiko eingehen und sich in einen Nebel auflösen, aber auch nur dann.

So oder so waren nur er und Renna imstande, sich aufzulösen. Für die Gruppe musste eine andere Möglichkeit gefunden werden, den Weg fortzusetzen. Der Einsturz sah uralt aus. Das ständig von der Decke tröpfelnde Wasser hatte die Steine glatt geschliffen, bis sie sich ineinanderfügten, als wären sie passend zugeschnitten worden. Wenn *Alagai Ka* auf diesem Pfad Gefangene in die Tiefe hatte führen lassen, dann musste es noch einen anderen Weg geben.

Arlen beschlich ein vager Verdacht, wie dieser Weg aussah, und schon bald bestätigte Shanjat, dass er recht hatte.

»Man schwimmt ein kurzes Stück unter den Steinen hindurch«, sagte der Dämon durch Shanjats Mund. »Selbst ein Mensch mit einer schwachen Lunge schafft das. An manchen Stellen befinden sich Luftblasen zwischen dem Wasser und den Steinen. Und die Strecke ist nicht länger als eine eurer Meilen.«

»Bei der Nacht!« Renna sprach aus, was die gesamte Gruppe dachte. Sogar Jardirs Aura verfärbte sich vor Angst bei der Vorstellung, eine Meile weit einem unterirdischen Strom zu folgen. Sein Sturz ins Wasser hatte ihn zutiefst erschüttert, auch wenn das Abenteuer einen glimpflichen Ausgang genommen hatte.

Arlen zögerte nicht. »Ich mach's.«

Shanvah verneigte sich. »Bei allem Respekt, *Par'chin*, ich sollte diejenige sein. Auf mich könnt ihr am ehesten verzichten.«

Arlen funkelte sie wütend an, und die Aura der unerschrockenen jungen Frau verfärbte sich. »Davon will ich nichts hören,

Shanvah! Jeder einzelne von uns ist gleich wichtig, verzichten können wir auf keinen. Wenn es Schwierigkeiten gibt, bin ich wohl derjenige, der sie am ehesten meistert. Und falls es zum Schlimmsten kommt, kann ich mich in Nebel auflösen.«

Renna legte eine Hand auf seine Schulter. »Hast du gehört, wie der Horc nach dir ruft?«

Arlen bedeckte ihre Hand mit der seinen. »Ay. Aber jetzt klingt es eher wie ein Befehl.«

»Du wärest wie ein Zweig in einem reißenden Strom«, sagte Renna. »Lös deinen Körper nur auf, wenn es gar nicht mehr anders geht.«

Shanjat lachte. »Deine Partnerin hat natürlich recht. Euer Geist ist zu schwach, um zu widerstehen, andernfalls hätten wir schon vor Monaten den Seelenhof erreichen können. Dann wärt ihr mit eurer dümmlichen Mission am Ende gewesen.«

Er sagte nicht, wie dieses Ende wohl ausgesehen hätte, doch Arlen wusste, dass der Dämon irgendeinen Plan verfolgte. Er würde ihnen eine Überraschung bescheren, mit der sie nicht rechneten. Sie mussten auf alles gefasst sein.

Renna zog das Messer aus ihrem Gürtel. »Nimm das mit.«

Arlen war verblüfft, dass sie bereit war, sich von ihrem Messer zu trennen. Sie hatte ihren Vater gehasst, aber das Messer, das früher ihm gehört hatte, war ihr kostbarster Besitz. Es bedeutete ihr mehr als die Halskette aus Flusskieseln, die ein Geschenk von Cobie Fischer war, sogar mehr als der Trauring mit den Siegeln, den er, Arlen, für sie angefertigt hatte. Seine Kehle schnürte sich zusammen, weil sie dieses Opfer für ihn brachte.

»Ren, ich kann nicht ...«

»Du kannst und du wirst«, fiel Renna ihm ins Wort. »Da unten im Wasser kannst du deinen Speer nicht einsetzen, der Platz reicht nicht aus. Und wenn es brenzlig wird, brauchst du eine Waffe.«

»Ich hab mein eigenes Messer.« Arlen berührte die Klinge an seinem Gürtel, doch sie war lediglich sechs Zoll lang und ein Spielzeug verglichen mit der ein Fuß langen, rasiermesserscharfen und mit Siegeln verstärkten Stahlklinge, die Renna ihm entgegenhielt.

Renna schnaubte. »Mit dem kannst du Butter auf Brot streichen oder einen kleinen Ast anspitzen. Aber in einem Kampf ist es zu nichts nütze.«

Sie zwinkerte ihm zu. »Die Mädchen sagen den Jungs zwar immer, auf die Größe käme es nicht an. Aber das stimmt nicht. Sie sagen das bloß aus Höflichkeit.«

Arlen gluckste in sich hinein, löste das kleine Messer von seinem Gürtel und ersetzte es durch Rennas wuchtige Klinge.

Sie packte sein Kinn und drehte sein Gesicht so, dass sie ihn küssen konnte. »Aber ich will es wiederhaben. Dich übrigens auch.«

»Wenn es hier unten eine Sonne gäbe, würde ich darauf schwören, dass du dein Messer und mich zurückbekommst.« Arlen erwiderte den Kuss, dann zog er sich bis auf seinen Bido und den Gürtel aus. Shanvah ließ ihre Blicke kurz auf seinem kräftigen Körper ruhen, um sich dann verlegen abzuwenden. Arlen sah Renna prüfend an, doch die sonst so eifersüchtige Frau grinste bloß. Seit einiger Zeit vertrugen sie und Shanvah sich recht gut.

Arlen verschwendete keine Zeit mehr. Während er in das kalte Wasser hineinwatete, atmete er tief ein und aus. Dann hielt er die Luft an und tauchte unter. Sofort begann er vor Kälte zu zittern. Das Wasser war düster und anscheinend ohne Magie. Es gab keine Spur von Wasserdämonen oder tierischem Leben.

Er ließ Magie in die Lichtsiegel auf seiner Haut strömen, um seinen Weg zu beleuchten. Nach einigen kräftigen Schwimmzügen befand er sich unter dem Gestein, und er verdrängte den Gedanken daran, dass über ihm Zigtausende Tonnen von ineinander verkeilten Felsbrocken lasteten.

Die sind schon seit einer halben Ewigkeit da. Warum sollten sie ausgerechnet jetzt runterfallen? Sein Verstand sagte ihm, dass er recht hatte, und trotzdem konnte er sich nicht gänzlich gegen die aufkeimende Furcht wehren.

Die nächsten Minuten dehnten sich endlos in die Länge, doch dann erreichte er die erste der Luftblasen, von denen der Dämon gesprochen hatte.

Arlen hatte damit gerechnet, dass er zumindest den Kopf und die Schultern über Wasser halten konnte, aber an den meisten Stellen war der mit Luft gefüllte Hohlraum nicht einmal zwei Zoll hoch. Es reichte gerade mal aus, um den Kopf zurückzulegen und durch Nase und Mund kurz einzuatmen, ehe er wieder untertauchen musste.

Aber die Passage schien frei zu sein, bis auf die Ablagerungen am Grund, die er durch seine Schwimmbewegungen aufwirbelte, und die allgegenwärtigen Röhrenkorallen, die den Boden bedeckten. Wenn er an ihnen vorbeischwamm, reckten sie sich dem Licht entgegen, wie Blumen, die dem Lauf der Sonne folgen.

Er gelangte an eine zweite Luftblase, schöpfte Atem, und dann erreichte er eine dritte. Als er danach wieder untertauchte, schienen seine Lichtsiegel zu verblassen, und er speiste sie mit neuer Energie.

Bei seinem nächsten Schwimmzug umklammerte irgendetwas sein Bein. Er wurde festgehalten, hustete kostbare Luft aus und hätte um ein Haar Wasser geschluckt.

Als er sich umdrehte, sah er, dass ein Wurm aus einer der Röhren am Boden gekrochen war und sich um sein Bein gewickelt hatte. Das obere Ende der Kreatur haftete wie ein Saugnapf an seiner Wade. Der Wurm glänzte hell vor Magie, und Arlen spürte, wie Kraft aus ihm herausgesogen wurde.

Rings um ihn her reckten sich die anderen Röhren in die Höhe und wandten sich in seine Richtung. Aus den Spitzen schoben sich die Mäuler der Würmer und begannen, Wasser in sich einzusaugen. Ihre Helligkeit nahm zu, während seine Magie beständig abnahm.

Zu spät erkannte er die Gefahr. Er versuchte, Energie anzulocken, um die verlorenen Kräfte zu ersetzen, aber hier gab es keine Umweltmagie. Diese Kreaturen ernährten sich von ihr, und seine Anstrengungen weckten nur die Fresslust von immer mehr Würmern. Völlig synchron begannen die, die ihm am nächsten waren, nach ihm zu greifen.

Er wollte Rennas Messer zücken, aber die Röhrenwürmer bewegten sich schneller als er es für möglich gehalten hätte, schossen aus ihren Behausungen heraus und wickelten sich um seine Gliedmaßen. Einer umschlang seine Taille. Ein anderer wand sich um seinen Hals. Sie drückten zu wie Sandschlangen, die ihr Opfer zerquetschen.

Die Magie wurde aus ihm herausgesogen, und seine übernatürlichen Kräfte versagten. Das Licht seiner Siegel erlosch.

Jetzt war er nur noch Arlen, ein ganz normaler Mann mit normalen Kräften, der in einem lichtlosen Gewässer zu ertrinken drohte, mit Millionen Tonnen Felsgestein über seinem Kopf. Bei dem Gedanken packte ihn das kalte Grausen. Einen Moment lang hörte er auf sich zu wehren und wurde in die Tiefe gezogen.

Aber dann, wie so oft in Augenblicken höchster Gefahr, hörte er die Stimme seines Vaters.

Du baust mal wieder nichts als Mist, Arlen. Worte, gesprochen vor über einem Vierteljahrhundert, als Arlen im Fischweiher Schwimmen lernte. *Willst du untergehen, oder willst du schwimmen?*

»Schwimmen!« Wütend spuckte Arlen das Wort ins Wasser, genau wie damals. Er riss das Messer vom Gürtel und attackierte damit den Wurm, der sich um seinen Unterarm gewickelt hatte.

Harl Gerbers Klinge war scharf wie die Sünde. Sie durchtrennte den Wurm, der schlaff zurücksank, bis auf das obere Ende, das am Arm haften blieb. Er spürte, wie dieses Stück immer noch versuchte, ihm Magie abzusaugen, aber nur mit einem Bruchteil der früheren Kraft.

Doch andere Würmer waren immer noch dabei, ihm die wenige Energie, die noch in seinem Körper war, zu entziehen. Ihm war klar, dass ihm nicht mehr viel Zeit blieb. Was würde passieren, wenn sie ihm auch noch den letzten Funken Energie raubten, der ihn am Leben erhielt?

Seine Sicht verschlechterte sich, das Wasser wurde immer dunkler, trotz der starken Magie, die sich in den Röhrenwürmern angereichert hatte. Eigentlich hätten diese Kreaturen so hell strahlen müssen wie die Sonne.

Er bündelte all seine Willenskraft und sog gegen den Widerstand der Würmer Magie in sich ein. Es war als würde er gegen eine reißende Strömung anschwimmen, aber der Sog dieser Lebewesen flaute ab.

Als nächstes befreite er seinen anderen Arm, indem er den darumgewickelten Wurm aufschlitzte. Auch dieser Sog hörte auf, und aus dem Stück, das noch an seinem Arm klebte, konnte er sogar ein wenig Energie zurückgewinnen.

Mit der freien Hand packte er den Wurm, der sich um seine Brust schlang. Er bestand ganz aus schleimigen Muskeln, war so dick, dass er ihn nicht mit der Hand umfassen konnte, und ungeheuer stark. Es gelang ihm nicht, ihn abzulösen. Kurzentschlossen stach er mit dem Messer zu. Die Klinge durchbohrte nicht nur den Wurm, sondern drang auch in seinen eigenen Körper ein. Wie tief, vermochte er nicht zu sagen, und es wäre sinnlos gewesen, sich jetzt darüber Sorgen zu machen.

Eine Hälfte der Kreatur fiel von ihm ab. Arlen sog die Magie des Restes in sich auf, der sich noch zappelnd um ihn wand, holte sich die Energie zurück, die er ihm gestohlen hatte, und riss ihn dann mit einem heftigen Ruck von seiner Haut.

Sofort kehrte seine magische Sicht zurück. Jetzt glänzten die Würmer wie Laternen und beleuchteten den sandigen Untergrund. Das Wasser rings um ihn her war trübe von seinem Blut und dem Schleim, der aus den aufgeschlitzten Würmern sickerte.

Arlen tauchte hinunter und spürte, wie die Würmer, die sich an seine Beine klammerten, erschlafften. Als seine Füße den Boden berührten, stieß er sich mit aller Macht ab. Er prallte so heftig gegen die steinerne Decke der Höhle, dass er hören konnte, wie sein Nasenbein brach. Doch ehe die Würmer ihn wieder hinunterziehen konnten, gelang es ihm, Atem zu schöpfen.

Unter Wasser stach und hieb er wie ein Besessener auf die hell glänzenden Würmer ein, die ihm jetzt, da er sie wieder sehen konnte, ein leichtes Ziel boten.

Er befreite seine Beine, indem er die Endstücke seiner Quälgeister abhackte, doch die Teile, die an ihm haften blieben, schienen unsterblich zu sein. Obwohl sie von ihrem Hauptkörper getrennt waren, fuhren sie fort, ihn zu umklammern und ihm Magie abzusaugen. Er konnte zusehen, wie ihre Wunden sich schlossen, und aus den Teilen, die unten in den Röhren steckten, sprossen neue Mäuler. Und wenn er es schaffte, sich eines Wurmstücks zu entledigen, das noch an ihm haftete, sank es zu Boden und grub sich mit dem hinteren Ende in das sandige Bett ein.

Bei der Nacht, ich sorge noch dafür, dass sie sich vermehren!

Während er dabei war, Wurmteile von sich abzuschütteln, stürzten sich neue Würmer auf ihn. Arlen musste vorübergehend seine Gegenwehr aufgeben, um nach oben zu tauchen und Luft zu holen. In dieser kurzen Zeit saugten sich drei weitere an seiner Haut fest. Nun begann er, die Würmer der Länge nach aufzuschlitzen. Er löste sie von sich ab, und sie waren gezwungen, sich mit ihrer eigenen Magie zu heilen, ohne sich vermehren zu können.

Trotzdem war es ein aussichtsloser Kampf. Auf diese Weise konnte er nicht gewinnen. Mit letzter Kraft kehrte er um und schwamm zurück. Sowie er wieder bei seinen Gefährten wäre, würde er sich mit Magie sättigen, den Seelendämon töten und dann einen Plan ausdenken, wie man an diesen Unterwasserparasiten vorbeikäme.

Die Wurmfelder reagierten träge, als er an ihnen vorbeischwamm. Sie waren zu langsam, um ihn zu erwischen, lediglich in den kurzen Augenblicken, in denen er auftauchen und nach Luft schnappen musste, hätten sie nach ihm greifen können.

Doch darauf war er vorbereitet. Er behielt die Kreaturen im Auge und hieb mit dem Messer auf sie ein, wenn sie ihm zu nahe kamen. Nach einer Weile glaubte er, er könne sich in Sicherheit bringen. Doch als er die dritte Luftblase erreichte und Atem holte, merkte er, dass er sich nicht auf demselben Weg befand, auf dem er hergekommen war. Während er im Dunkeln gegen die Würmer kämpfte, hatte er offenbar völlig die Orientierung verloren.

Eine Meile, hatte der Dämon gesagt. Hatte er mehr als die Hälfte der Strecke zurückgelegt? Wäre er eher in Sicherheit, wenn er einfach weiterschwamm?

Er wusste es nicht. Und er hatte keine Lust, umzukehren und noch einmal gegen die Würmer zu kämpfen, die er in einen Zustand der Raserei versetzt hatte. Die Kreaturen, an denen er jetzt vorbeikam, fingen gerade erst an, sich seiner Gegenwart bewusst zu werden, ihre schleimigen Lippen lugten kaum aus den harten Röhren heraus, um die Magie im Wasser zu kosten. Kurzentschlossen legte er an Tempo zu und schwamm so schnell, wie es seine schmerzenden Lungen erlaubten.

Die Luft entlud sich mit einem brüllenden Schrei aus seiner Kehle, als er am anderen Ende des Höhleneinsturzes auftauchte und die letzten Schritte ans Ufer watete. Würmer tasteten nach seinen Knöcheln, aber hier, in dem flachen Wasser, waren sie ziemlich klein, und die frische Atemluft sowie der Anblick der trockenen

Felsen vor ihm verliehen ihm frische Kräfte. Im Gehen riss er die Würmer mitsamt ihren Röhren aus ihrem Sandbett heraus.

Sie zappelten wie Fische auf dem Trockenen, als er sie von seinen Beinen klaubte. Die Magie, die sie ihm gestohlen hatten, ließ sie hell erstrahlen, während seine eigene Energie einem erlöschenden Funken glich.

Ehe ihm bewusst wurde, was er tat, zog er einen der Würmer in die Länge und biss hinein. Die äußere Muskelschicht war zäh, doch seine Zähne gruben sich mühelos in das darunterliegende, weiche Fleisch, und er kaute darauf herum, während er seine Magiereserven auffrischte. Die leere Hülle des Wurms warf er weg wie die Schale einer ausgesaugten Frucht und machte sich sofort über den nächsten her, denn anstatt satt zu sein, wurde er nur noch hungriger.

Es war ein animalischer Moment – fressen oder gefressen werden –, wie Arlen ihn erst ein einziges Mal erlebt hatte, in jener Nacht in Anochs Sonne, als sein rasender Hunger über seinen Verstand gesiegt und er eine Entscheidung getroffen hatte, die sein gesamtes Leben und das Schicksal jedes einzelnen Bewohners von Thesa für immer verändern sollte.

Das Essen tat ihm gut. Es erneuerte nicht nur seine magischen Reserven, sondern stärkte auch seinen Körper. Seit Wochen hatte er keine Nahrung zu sich genommen, bis auf den täglichen Happen von Jardirs gesegnetem Couscous.

Auf der ganzen Welt gab es keine nahrhaftere Speise, doch dieser winzige Happen, so kraftspendend er auch sein mochte, konnte keinen leeren Magen füllen. Lediglich Renna verputzte eine ordentliche Portion, und sie aß für zwei.

Arlen war immer noch nicht satt. Und nachdem er den letzten Rest Fleisch von der Wurmhülle abgelutscht hatte, watete er ins Wasser zurück und riss noch mehr dieser verfluchten Kreaturen aus dem Boden. Die Röhren waren harte, stachelige Panzer, an denen er sich die Hände verletzte. Ohne auf die Schmerzen zu achten, zerquetschte er sie, damit die Würmer in ihrer Behausung blieben, als er sie aus ihrem Bett rupfte.

Er schleuderte die Würmer auf das felsige Ufer, wo sie sich zu einem zappelnden Haufen auftürmten, zu weit weg vom Wasser, um den Weg zurückzufinden, ehe sie erstickten.

»Geschieht euch recht«, knurrte er und zerrte die nächste Röhre aus dem Boden. Er gab nicht eher Ruhe, bis die Lagune an diesem Ende des Höhleneinsturzes von Würmern befreit war.

Dann fing er an zu schmausen, und die Welt verschwand in dem Festgelage aus Fleisch und Magie, das sich in seinem Mund entfaltete.

Es dauerte eine geraume Weile, bis er wieder zu sich kam, zum Platzen voll mit Wurmfleisch und Magie. Die überschüssige Kraft pulsierte in seiner Aura, ließ sich kaum bändigen. Er fühlte sich so stark wie immer, beinahe so, als stünde er inmitten eines Großsiegels.

Deshalb bemerkte er anfangs nicht das Kribbeln einer ganz bestimmten Anordnung von Siegeln an seinem Ohr.

Seine Freunde versuchten, mit ihm Verbindung aufzunehmen.

Hastig zeichnete er ein Siegel in die Luft. Er musste eine beträchtliche Menge Energie einspeisen, um die in der Luft enthaltene Magie sowie den eingestürzten Tunnel zu durchdringen, ehe er eine stabile Brücke zu Renna, Jardir und Shanvah schuf.

»Geht es dir gut?« Renna sprach als Erste mit ihm.

»Ay.« Arlen ging zum Wasser zurück und wusch sich den klebrigen Schleim von den Händen. »Der Dämon hat nicht gelogen, aber er hat uns nicht alles gesagt.«

»Bist du in Gefahr, *Par'chin*?« Jardirs Stimme klang angespannt.

»Jetzt nicht mehr.« Arlen spritzte sich Wasser ins Gesicht und spülte den Saft der Würmer ab, der noch an seinen Lippen und an seinem Kinn haftete. »Die schlechte Nachricht ist, dass es im

Wasser von Riesenwürmern wimmelt, die sich um einen wickeln wie die Tentakel eines Wasserdämons und einem wie Blutegel die Magie aus dem Körper saugen.«

»Bei der Nacht, und was ist die gute Nachricht?«, stöhnte Renna.

Arlen richtete sich wieder auf und streckte sich voller Wohlbehagen. »Sie schmecken köstlich.«

Renna lachte bellend, während Arlen sich umdrehte und die Umgebung betrachtete.

»Beim Schöpfer!«, entfuhr es ihm.

»Ay?« stieß Renna hervor.

»Sprich, was ist passiert, *Par'chin*?«, drängte Jardir, als Arlen nicht antwortete.

»Arlen, du verdammter Kerl, wenn du nicht sofort ...«

Aber Arlen hörte gar nicht hin. Mit weit aufgerissenen Augen stand er da und starrte in die Ferne.

Hinter der Lagune erhob sich eine steile Anhöhe, von der aus man in ein gigantisches, von unzähligen Schluchten und Tunneln durchzogenes Höhlensystem hinabblickte.

Doch das war es nicht, was Arlen den Atem raubte. Die Kuppe des Hügels krönte ein großer *csar*, eine ummauerte krasianische Festung voller steinerner Gebäude. In der Wüste würde ein *czar* eine Großfamilie beherbergen, oder auch ein ganzes Dorf, und bot Schutz vor räuberischen *Sharum*-Banden.

Doch hier handelte es sich nicht um eine schlichte Ansiedlung. Die mit Säulen versehenen Mauern reckten sich stolz in die Höhe, und in den glattgeschliffenen Fels waren Siegel eingekerbt, die auch jetzt noch, nach so langer Zeit, voller Macht waren. Knapp über der Mauerkrone lugten die Spitzen der Minarette und das Kuppeldach eines Sharik Hora hervor.

Und die Mauern selbst ... Arlens Beine gaben nach, und er fiel auf die Knie. Die Mauern bildeten ein Großsiegel, das in gewisser

Weise den Großsiegeln glich, die er und Leesha für das Tal entworfen hatten. Wobei ihre Bannzeichen plump waren verglichen mit der eleganten Form des *czar*.

Der Ort sang vor Magie, eine Symphonie von Macht, die ihm die Tränen in die Augen trieb.

»Ahmann«, setzte Arlen an und unterbrach sich, weil seine Stimme zitterte. »Ich … ich glaube, ich habe gerade Alas Speer entdeckt.«

3

Bettgenossen

334 NR

»Sie sind da, Meisterin«, sagte Arther.

In der Empfangshalle rutschte Leesha nervös auf Thamos' bombastischem Thron herum. Sie hasste dieses monströse Ding und benutzte es nur, wenn die Zeremonie es verlangte. Sie kam sich darauf vor wie ein kleines Mädchen, das auf dem Sessel seines Vaters sitzt.

Angieraner waren im Durchschnitt die Kleinsten unter den Bewohnern der Freien Städte, und der Adel glich dieses Manko gern durch übergroßes Mobiliar aus. Der Thron aus glänzendem, massivem Goldholz war so schwer, dass sogar Gared Mühe hatte, ihn zu bewegen. Die kunstvoll gestalteten Schnitzarbeiten zeigten das Efeumuster der Familie Rhinebeck. Eine Überfülle an Verzierungen, aber kein einziges verfluchtes Siegel. Der Thron sollte nur einem einzigen Zweck dienen – andere Leute einzuschüchtern.

Leesha musste zugeben, dass dies meistens auch gelang, und an diesem Abend war sie sogar dankbar dafür. Sie setzte ein gütiges Lächeln auf und ließ es einfrieren. »Schick sie rein.«

Wonda gab den Türwachen ein Zeichen. Die Tür ging auf, und herein kamen die Krasianer. Die Abordnung war um die Mittagsstunde eingetroffen, und jetzt war es draußen stockfinster. Sie musste die Leute empfangen.

Gäste warten zu lassen, gehörte ebenfalls zu den Spielregeln des Adels, für die Leesha nichts übrighatte, und trotzdem machte sie mit. Allerdings hatte sie Gared losgeschickt, um diese Leute ins Tal zu geleiten. Die Krasianer liebten Gared. Ein ruhmreicher Krieger – Männer seines Schlages waren ihnen vertraut.

Wie vereinbart brachte man sie in die herrschaftliche Villa, die Amanvah für Rojer hatte bauen lassen. Die Bediensteten waren Krasianer und murrten nicht, als *dal'Sharum*-Krieger die Umfriedung sicherten und die Flagge des Jongleurs, in dessen Wappen eine Fiedel abgebildet war, abnahmen. Stattdessen hissten sie das krasianische Banner – zwei überkreuzte Speere vor einer tiefstehenden Sonne – und markierten das Anwesen als ihr Hoheitsgebiet.

Viele der Talbewohner – vor allen Dingen die Flüchtlinge, die sich vor den Krasianern im Süden in Sicherheit gebracht hatten – reagierten darauf mit Besorgnis, aber sie mussten sich damit abfinden. Leesha ließ sich weder von ihren eigenen Leuten dazu bewegen, ein Bündnis aufzukündigen, für dessen Zustandekommen sie große Opfer gebracht hatte, noch würde sie von Euchor oder dem Efeuthron Befehle entgegennehmen.

Sie hatte den Krasianern Zeit gegeben, um sich einzurichten und die neue Umgebung zu erkunden, und das Treffen bis nach Sonnenuntergang hinausgezögert. Dadurch konnte sie ihre Macht demonstrieren, ohne unhöflich zu wirken. *In der Nacht sind alle Männer Brüder,* lautete eine Weisheit der Krasianer. Sich in der Dunkelheit zu treffen, galt als Zeichen für friedvolle Absichten, erinnerte an den gemeinsamen Feind.

Obendrein bekamen die Krasianer die Gelegenheit, sich die Großsiegel im Tal anzuschauen, während sie in Sänften zu Leeshas Palast getragen wurden. Noch eine Demonstration von Macht.

Die krasianische Abordnung bestand aus fünf Personen, die *dal'Sharum* nicht eingerechnet. Drei *dama'ting*, eine *kai'ting* und, zu Leeshas nicht geringem Verdruss, ein *dama*. Leesha erforschte ihre Auren, als Gared sie in den nahezu leeren Saal führte.

Wonda und Darsy standen rechts vom Thron, Jona und Hayes hatten sich auf der linken Seite postiert. Arther nahm den Platz direkt hinter dem Thron ein, unweit eines Siegelkreises auf dem Fußboden. Jeder, der innerhalb dieses Bannzirkels stand und sprach, konnte nur von Leesha gehört werden.

Die Auren auf beiden Seiten verrieten eine starke innere Anspannung. Es würde nicht viel brauchen, um es zu einem offenen Streit kommen zu lassen.

Nach krasianischer Sitte ergriff in einer Gruppe stets der ranghöchste Mann das Wort. Deshalb war Leesha verblüfft, als der *dama* zusammen mit den anderen stehen blieb und einer greisen *dama'ting* den Vortritt ließ.

Die Alte erinnerte Leesha an Bruna, was wohl an ihrer klapperdürren, drahtigen Gestalt und dem Gesicht lag, das nur aus Falten und Runzeln zu bestehen schien. Aber ihr Rücken war kerzengerade, und in den Augen lag ein stechender Blick. Ihre Aura verriet ein ungewöhnlich hohes Alter, zugleich innere Stärke. Diese Frau hatte nichts von ihrer Kraft eingebüßt.

»Sei gegrüßt, Leesha vah Erny am'Papiermacher am'Tal, Meisterin des Stamms der Talbewohner.« Die *dama'ting* verneigte sich respektvoll, aber keineswegs unterwürfig. So verbeugte sich eine mächtige Frau im Hause einer Frau, die dem Rang nach unter ihr stand. »Ich bin *Dama'ting* Favah. Die *Damajah* war meine Schülerin.«

»Du ehrst uns mit deiner Anwesenheit, *Dama'ting* Favah.« Leesha neigte das Haupt gerade mal so tief, dass es nicht als Beleidigung aufgefasst werden konnte. Nichts lag ihr ferner, als diese Frau zu verprellen, aber sie wollte sich auch nicht erniedrigen lassen.

»Diese Frauen sind *Dama'ting* Shaselle und Jaia sowie *Kai'ting* Micha.« Mit einer Handbewegung deutete Favah in die Richtung ihrer Begleiterinnen. »Wie versprochen, hat *Damaji'ting* Amanvah sie hierhergeschickt, um deine Kräutersammlerinnen und deinen Haushalt zu unterstützen.«

Die Vorstellung war abrupt, sogar nachlässig, aber Leesha las in der Aura des *dama*, wie sehr es ihn fuchste, ausgegrenzt zu werden. Nicht nur, dass eine Frau das Gespräch führte, bei der Vorstellung überging sie ihn auch noch, nannte die Frauen zuerst!

Leesha lächelte und ergriff nun ihrerseits das Wort, bevor Favah den *dama* vorstellen konnte. »Eure Abordnung ist uns willkommen. Ich hoffe, dass eine ständig bei uns weilende Gesandtschaft dazu beiträgt, das friedliche Miteinander unserer … Stämme zu fördern.«

Dem *dama* riss der Geduldsfaden, und er trat vor. Seine Verneigung war kaum wahrnehmbar. »Ich bin *Dama* Halvan. Ich wurde zusammen mit dem *Shar'Dama Ka* im Sharik Hora ausgebildet.«

»Ahmann hat deinen Namen nie erwähnt«, sagte Leesha. »Aber während seiner Zeit im Sharik Hora wird er viele Kameraden gehabt haben.«

Der *dama* blinzelte. Leeshas Worte nahmen ihm nicht nur den Wind aus den Segeln, sondern indem sie Jardirs Vornamen benutzte, tat sie kund, in welch inniger Verbindung sie mit ihm stand. Sie wollte den *dama* bewusst darauf hinweisen, dass sie keine einfache *chin* war, und dass seine persönliche Beziehung zu Ahmann sie keineswegs beeindruckte.

Auf die bittere Medizin muss etwas Süßes folgen, pflegte Bruna zu sagen. »Es tut mir sehr leid, dass der *Andrah* nicht mehr unter uns weilt. Sein Tod ist ein großer Verlust für uns alle. Ehe er den Schädelthron bestieg, kämpfte *Damaji* Ashan Seite an Seite mit meinen Leuten gegen die *alagai*, und er sprach gemeinsam mit dem Hirten Jona«, Leesha deutete mit einer Handbewegung auf den Geistlichen des Tals, »ein Dankgebet, ehe er an meiner Tafel das Brot brach. Ich war sehr traurig, als ich von seinem Ableben hörte.«

»In der Tat.« Halvans Verneigung fiel dieses Mal respektvoller aus.

»*Dama* Halvan wird sich um die Evejaner in der Talgrafschaft kümmern«, sagte Favah. »Außerdem soll er als Dolmetscher fungieren und *dal'Sharum*, die sich durch hervorragende Leistungen hervortun und nach dem weißen Schleier streben, in *sharusahk* unterweisen.«

»Deine Anwesenheit ist uns willkommen, *Dama*.« Aus dem Augenwinkel sah Leesha, wie Jonas und Hayes' Auren vor Zorn brodelten, aber sie schenkte ihnen keine Beachtung. »Die meisten *Sharum*, die im vergangenen Jahr ins Tal kamen, wurden während der Zeit des Erlöschenden Mondes getötet, als der Mimikrydämon Exerziermeister Kaval und Enkido auf den einsamen Weg schickte.«

Halvan zeichnete Siegel in die Luft, und alle senkten für eine Weile die Köpfe.

»Die überlebenden *Sharum* fanden Aufnahme bei den Holzfällern und dienen nun unter General Gared.« Mit dem Kinn deutete sie auf den Baron. »Viele der Witwen und Waisen haben sich ebenfalls in unsere Gemeinschaft eingefügt. Manche nehmen an den Andachten teil, die gehalten werden von dem Hirten Jona, unserem … *Damaji*, und seinem Stellvertreter Inquisitor Hayes.« Die Männer verbeugten sich, als Leesha sie vorstellte.

Dama Halvan bedachte die beiden Geistlichen mit einem angedeuteten Nicken, das von Verachtung zeugte. »Ich werde die Abtrünnigen zu Everam zurückführen.« Seine Aura verriet, dass ihm dafür jedes Mittel recht wäre.

»Diese Krasianer gehören jetzt zum Stamm der Talbewohner, *Dama.*« Leesha legte eine Spur Härte in ihre Stimme. »Sie sind freie Menschen. Zu wem sie beten, bleibt allein ihnen überlassen.«

»Nur der ist frei, der sich Everams Willen unterwirft«, knurrte Halvan.

»Bei uns im Tal gilt dieser Lehrsatz nicht«, versetzte Leesha. »Wir zwingen niemandem einen Glauben auf. Wenn dir das nicht passt, dann kannst du ja nach Everams Füllhorn zurückkehren. Keiner hält dich hier fest.«

Jonas und Hayes' Auren spiegelten Genugtuung wider, als Halvan den Mund aufklappte und nach einer Erwiderung suchte. Leesha wandte sich den beiden Männern zu. »Und ihr, Fürsorger, werdet die Talbewohner in Frieden lassen, die entweder bereits zum Evejanischen Glauben übergetreten sind oder in Erwägung ziehen, diesen Glauben anzunehmen.«

Jetzt schnappten die Fürsorger nach Luft, während Halvan ein Schmunzeln unterdrückte. »Ich sah, dass du einen neuen Tempel bauen lässt, Gräfin. Ich muss das Land sowie das Bauwerk weihen, damit ich dort Andachten abhalten kann.«

Hirte Jona trat einen Schritt vor. »Beim Horc, so geht das aber nicht! Wenn du glaubst ...«

Jona war während Leeshas Kindheit ihr Freund und ihr Vertrauter gewesen, doch jetzt brachte sie ihn mit einer abrupten Handbewegung zum Schweigen.

Inquisitor Hayes war nicht so empfindsam. »Wenn unsere Kathedrale für euch Heiden nicht geeignet ist, dann geht doch in eure eigenen Tempel zurück!«

Leesha drehte sich zu ihm um und funkelte ihn wütend an, doch der Inquisitor behielt seine abweisende Miene bei. »Bist du während der letzten paar Minuten vielleicht ohne mein Wissen in den Grafenstand erhoben worden, Fürsorger?«

»Nein, natürlich nicht …«, begann Hayes.

»Der Schöpfer ist der Schöpfer«, fiel Leesha ihm rüde ins Wort. »Ob man ihn Everam nennt oder sonstwie. Die Kathedrale der Talgrafschaft wird sowohl den Krasianern als auch den Thesanern als Heiliges Haus dienen.«

Sie wandte sich an Halvan. »Das Land wurde nach Evejanischer Art geweiht, mit dem Blut, das unsere Leute in der Nacht vergossen haben. Es heißt nicht ohne Grund Friedhof der Horclinge. Ahmann selbst hat das Land zu geweihtem Boden erklärt. Genügt dir das?«

Halvan verneigte sich. »Wenn der *Shar'Dama Ka* diese Stätte für heilig erklärt hat, dann ist es so. Was jedoch den Tempel betrifft …«

Leesha seufzte. »Was wäre denn erforderlich, um ihn zu weihen?«

»Gebete«, begann Halvan. »Weihrauch und die Gebeine von Helden.«

»Dann ist er bereits geweiht«, sagte Leesha. »*Damaji'ting* Amanvah hat den Tempel mit den Gebeinen ihres ehrenwerten Gemahls, Rojer asu Jessum am'Schenk am'Tal gesegnet.«

Halvan verneigte sich. »Das ist ein Anfang, Meisterin, aber es ist nicht genug. Die Heiligkeit eines Tempels wird erhöht, indem dort möglichst viele Gebeine von Helden aufbewahrt werden.«

»Barbarisch!«, knurrte Hayes. »Dieses Ansinnen, die Knochen unserer Toten in unserem Heiligen Haus auszustellen …«

»Ich find die Idee gut!«

Alle starrten Gared an, der vor Verlegenheit rot wurde.

Hayes blinzelte. »Das kann doch nicht dein Ernst sein, Baron!«

Gared zuckte die Achseln. »Warum nicht? Wir bestatten unsere Toten auf Friedhöfen neben Heiligen Häusern, und auch in den Gewölben darunter. Als wir in Everams Füllhorn waren, hab ich den Sharik Hora gesehen. Wie ich so da drinnen stand, umgeben von den Knochen der Menschen, die durch Horclinge zu Tode kamen, Menschen, die gegen die Nacht gekämpft haben, so wie ich auch, wurde mir ganz seltsam zumute. Auf einmal hatte ich das Gefühl, ein Teil von etwas zu sein, das größer ist als ich. Ist das nicht der Sinn der Sache, wenn man diese Knochen so aufbewahrt, dass jeder sie sehen kann?«

Leesha war baff. Gared Holzfäller war als junger Bursche ein richtiger Holzkopf gewesen, doch als erwachsener Mann und als Baron überraschte er sie immer wieder aufs Neue.

»Gebeine enthalten Magie, Gräfin«, mischte Favah sich ein. »Egal, ob es die Knochen von Menschen oder Dämonen sind. Dachtest du, wir bauen unsere Tempel allein aus ästhetischen Gründen aus den Gebeinen von Helden? *Hora* ziehen Magie an und verbinden sie mit der Gläubigkeit der entschwundenen Seelen, zu denen die Gebeine einst gehörten. Wenn sie starben, als sie versuchten, ihr Volk vor Dämonen zu schützen ...«

»... dann zieht das Bauwerk Magie an und richtet sie auf dasselbe Ziel«, beendete Leesha den Satz, während sich ihre Gedanken überschlugen. Welche Möglichkeiten taten sich hier unter Umständen auf?

Sie drehte sich zu Arther um. »Das ist Lord Arther, mein Erster Minister. *Dama* Halvan und die Fürsorger werden sich mit ihm zusammensetzen und einen für beide Seiten annehmbaren Plan ausarbeiten, wie man die Segnung der Stätte und die gemeinsame Nutzung der Kathedrale bewerkstelligen kann.«

»Aber wie sollen wir ...?«, legte Hayes los.

Leesha achtete nicht auf ihn, sondern wandte sich an Jona. »Einigt euch. Wie, ist mir egal. Von mir aus haltet getrennte Andachten zu verschiedenen Zeiten ab. Ihr könnt auch eure Heiligen Bücher zurate ziehen und möglicherweise Stellen finden, die eine gemeinsame Andacht zulassen. Aber ich will ein Ergebnis. Wenn wir das nächste Mal darüber reden, muss eine Lösung gefunden sein, die alle zufriedenstellt. Habe ich mich klar genug ausgedrückt?«

Jona machte eine tiefe Verbeugung. »Sonnenklar, Gräfin. Betrachte die Angelegenheit als erledigt.«

Leesha atmete erleichtert auf und richtete das Wort an Favah. »Darf ich euch anderen zu einer Tasse Tee einladen, während die Männer diskutieren?«

Favahs Aura war schwer zu deuten, und ihr Gesicht war verschleiert. Doch jetzt fiel ihre Verneigung ehrerbietiger aus. »Sei bedankt, Gräfin. Tee wäre uns jetzt höchst willkommen.«

Leeshas Herz setzte ein paar Takte aus, als sie um die Ecke bog und ihre hochschwangere Mutter sah, die vor der Tür ihrer Amtsstube wartete. Wenige Schritte hinter Leesha gingen die Krasianerinnen, begleitet von Wonda und Darsy.

»Was machst du hier, Mutter?« Leesha eilte zu Elona und senkte ihre Stimme zu einem Flüstern.

»Das fragst du noch?«, erwiderte Elona. »Hast du allen Ernstes angenommen, ich würde in meinem Zimmer sitzen und mir das alles entgehen lassen?«

Leesha hatte sie angefleht, genau das zu tun, und sogar Wachen und Bedienstete abgestellt, die ihre Mutter daran hindern sollten, ihr Zimmer zu verlassen. Aber Leesha hätte sich denken können, dass nichts und niemand Elona aufhalten konnte. Sie tat immer genau das, was sie sich in den Kopf gesetzt hatte.

»Und jetzt spute dich.« Elona zwinkerte ihr verschwörerisch zu. »Du willst doch wohl vor unseren Gästen keine Szene machen.«

Leesha blieb gar nichts anderes übrig, als sich zu fügen. Mit einem Wink bedeutete sie den Wachen, die Tür zu öffnen. Kaum hatte sie sich hinter ihnen wieder geschlossen, da packte sie Elona am Arm. »Ich schwöre dir beim Schöpfer, Mutter, wenn du mir dieses Treffen vermasselst, dann schmeiße ich dich hier raus und du kannst wieder neben Dads Papiermühle wohnen.«

Elona blieb unbeeindruckt. »Damit kannst du mir nicht drohen, Mädchen. Schließlich bin ich eine der wenigen, die deinem Kind die Windeln wechseln dürfen. Es wäre eine bodenlose Dummheit, mich wegzuschicken.«

Aus dem Augenwinkel gewahrte Leesha Tarisa, die lautlos durch den Raum glitt, nachdem sie das Teeservice bereitgestellt hatte. Ihre Aura zeugte von Verschwiegenheit, aber ohne Zweifel hatte sie den kurzen Wortwechsel gehört. Tarisa entging nichts.

Im nächsten Moment betrat Wonda den Raum und inspizierte ihn, als würde sie ein Schlachtfeld in Augenschein nehmen. Ihr Blick verweilte auf Elona, aber sie äußerte sich mit keinem Wort. Nachdem sie keine unmittelbare Bedrohung entdecken konnte, bezog sie Posten zwischen Leeshas Lieblingsstuhl und dem Eingang zur Kinderstube.

Gleich nach ihrem Eintreten blieb Favah stehen und musterte die Siegel rings um die Tür des Kinderzimmers. Im magischen Blick strahlten sie einen hellen Glanz ab, da sie ihre Energie sowohl vom Großsiegel als auch von den überall im Raum versteckten machtvollen *hora* bezogen.

»Beeindruckend«, gab Favah zu. »Aber plump. Es stimmt mich froh, dass Prinzessin Olive so gut geschützt ist, aber ich möchte sie gern mit eigenen Augen sehen, um mich von ihrem Wohlergehen zu überzeugen.«

»Vielleicht lässt sich das einrichten«, entgegnete Leesha. »Wenn ich zufriedengestellt bin.«

Favah legte den Kopf schräg. »Und womit kann man dich zufriedenstellen?«

»Es wäre schon mal ein guter Anfang, wenn ihr eure Gesichter zeigen würdet«, mischte sich Elona ein. »Hier sind doch nur Frauen anwesend, oder?«

Leesha seufzte. »Favah, das ist meine Mutter …«

»Elona vah Erny am'Papiermacher am'Tal.« Favah verneigte sich tiefer vor Elona als vor Leesha. »In allen Palästen Krasias kennt man deinen Namen.«

»Tatsächlich?« Elona stemmte die Hände in die Hüften und schaffte es erstaunlicherweise, eine demütige Miene aufzusetzen, obwohl ihre Aura vor Genugtuung flimmerte. »Na, wer hätte das gedacht!«

»Aber du hast recht. Wenn wir einander vertrauen wollen, ist es ein guter Anfang, unsere Gesichter zu zeigen.« Favah zog an ihrem Schleier, die hauchdünne Seide glitt herunter und legte sich wie weißer Rauch um ihren Hals. Das Gesicht der Greisin bestand nur aus Sehnen und Knochen. »Und wie sollten wir sonst unseren Tee trinken?«

Die anderen Frauen entspannten sich und entschleierten sich ebenfalls. Leesha ging und nahm auf Brunas uraltem Schaukelstuhl Platz, über dem noch das ausgefranste Schultertuch ihrer ehemaligen Lehrerin hing. Dieser Schaukelstuhl war das einzige Möbelstück, das Leesha mitgenommen hatte, als sie für immer in den Palast einzog und Brunas Hütte Darsy überließ. Der Stuhl entsprach in keinerlei Hinsicht dem angierianischen Geschmack. Er bestand aus schlichtem, unverziertem Holz, glattpoliert durch jahrzehntelangen Gebrauch. Sitzpolster gab es keine, und wenn Leesha den Stuhl in Bewegung setzte, knarrte er.

Dieses Knarzen beruhigte Leesha manchmal, wenn sie allein war, und es erinnerte sie an ihre Lehrerin. Bruna verstand es, das Knarren in einen steten Rhythmus zu verwandeln, bei dem man sich entspannen konnte. Dasselbe Geräusch konnte aber auch an den Nerven zerren, wenn sie es darauf anlegte, einen Patienten oder einen Bittsteller zu reizen. Das Knarren brach eine Stille, die zu lange andauerte, oder es brachte jemanden zum Schweigen, der Bruna ein Ansinnen vortrug, das sie nicht billigte.

»Seid willkommen.« Leesha streckte die Hände vor und begann mit dem Teeritual der *dama'ting*, das sich im Grunde kaum von dem angierianischen Brauch unterschied. Das Wichtigste war die Sitzordnung. Leesha und Darsy waren sie immer und immer wieder durchgegangen. Darsy sollte an ihrer rechten Seite sitzen. Zu ihrer Linken Favah und ihre Gruppe. Auf diese Weise war geklärt, was Darsy für Leesha bedeutete, gleichzeitig erwies sie den Krasianerinnen eine hohe Ehre.

Doch bevor Leesha das Ritual förmlich einleiten konnte, marschierte Elona los und pflanzte sich rechts neben Leesha auf einen Stuhl. In den Augen der Krasianerinnen tat sie damit öffentlich kund, dass sie die zweitmächtigste Frau im Raum war.

Leesha zögerte und tauschte mit Darsy einen Blick. Wenn sie die Krasianerinnen jetzt überging, wäre dies eine schwere Beleidigung. Sie deutete auf den Platz zu ihrer Linken. »Favah.«

Die greise *dama'ting* setzte sich neben Leesha und schnippte mit den Fingern in Shaselles und Jaias Richtung. Die beiden Frauen setzten sich auf das Sofa neben Favahs Stuhl. Das Sofa war für drei Personen gedacht, doch die beiden Frauen machten sich so breit, dass sie den gesamten Platz ausfüllten.

Als Einzige der Gäste blieb Micha stehen, nachdem Darsy sich mitten auf das Sofa neben Elona gesetzt hatte. Die stabil gebaute Frau nahm den meisten Platz auf dem Sitzmöbel ein und überragte die zierlichen *dama'ting* um Haupteslänge.

Micha traf immer noch keine Anstalten, sich zu setzen. Gesenkten Blickes stand sie da, ein Musterbeispiel an Demut, doch ihre ruhige, starke Aura sprach eine andere Sprache.

In diesem Moment galt Michas Aufmerksamkeit Wonda. Leesha wusste nicht, ob sie ihr Respekt zollte und es für unhöflich hielt, vor ihr Platz zu nehmen, oder ob sie sie als eine mögliche Bedrohung ansah. Wonda schien zu spüren, dass sie beobachtet wurde, und scharrte mit den Füßen, als rüste sie sich zu einem Kampf.

»Das reicht jetzt!« Leesha klatschte in die Hände. »Ich dulde nicht, dass eine Prinzessin vom Stamm der Kaji steht, während alle anderen sitzen. Hol dir einen Stuhl, Mädchen. Du auch, Wonda. Wenn wir miteinander auskommen wollen, dann ist dazu mehr nötig, als nur den Schleier abzunehmen.«

Leesha gab Tarisa einen unauffälligen Wink, als diese ihr Tee einschenkte. Tarisa verstand und bediente als nächste Favah. Elona gab einen unterdrückten Laut von sich, aber sie war klug genug, ihren Ärger runterzuschlucken. Tarisa kümmerte sich um Elona und die anderen Frauen aus dem Tal, ehe sie die Tassen der anderen Krasianerinnen füllte. Auf dem Tisch standen Milch und Zucker, doch nur die Talbewohnerinnen griffen danach. Die Krasianerinnen behielten Leesha im Auge. Als die ihren Tee schwarz trank, folgten sie ihrem Beispiel.

»In dieser Nacht begegnen wir uns als Fremde«, sagte Leesha. »Aber ich hoffe sehr, dass wir nach diesem gemeinsamen Umtrunk Freundinnen geworden sind. Das Erlöschen des Mondes ist nahe.«

Favah hob ihre Tasse. »In dieser verfluchten Nacht reicht es nicht aus, Freundinnen zu sein. Wir müssen zueinander stehen wie Schwestern.«

Leesha hob ihre Tasse in exakt derselben Weise wie Favah. »Wie Schwestern.«

Während sie ihren Tee schlürften, dauerte das Schweigen eine Spur zu lange an, und Leesha brach es mit einem Knarren des Schaukelstuhls. Sie fing Favahs Blick auf und schaute tief in die Aura der alten Frau hinein. »Bist du hierhergekommen, um meinem Kind ein Leid anzutun? Befindet sich jemand in eurer Abordnung, der Böses im Schilde führt?«

»Das liegt ganz bei dir.« Falls die unvermittelte Frage Favah überrascht hatte, so ließ sie es sich nicht anmerken. Miene und Aura blieben gelassen. »Verfolgst du die Absicht, die Abstammung deines Kindes auszunutzen, um einen Anspruch auf den Schädelthron zu erheben und die *Damajah* zu entmachten?«

Leesha war entsetzt. »Natürlich nicht!«

Favah blinzelte, und Leesha merkte, dass die Alte wiederum in ihrer Aura forschte. »Dann hat dein Kind von den *dama'ting* nichts zu befürchten.«

Sie sagte die Wahrheit, aber die Art der Formulierung machte Leesha stutzig. »Und was ist mit dem *dama*?«

»Halvan ist sehr von sich eingenommen«, sagte Favah, »aber er liebte Ahmann Jardir wie einen Bruder. Die Würfel sagen, dass er dem Kind seines Freundes keinen Schaden zufügen wird.«

»Und die *Sharum*?«, hakte Leesha nach.

Favah zuckte die Achseln. »Ich kann mich nicht für jeden Mann, jede Frau und jedes Kind in Krasia verbürgen. Ich kann dir lediglich versprechen, dass die *dama'ting* deine ... *Tochter* beschützen würden, als gehöre sie zu uns.«

Leesha ließ ihren Stuhl nach hinten schaukeln. Noch eine Formulierung, die ihr zu denken gab. »Ich finde, es wird Zeit, dass wir offen miteinander sprechen. Amanvah gab mir ihr Wort, als Ersatz für sie eine *dama'ting* zu schicken. Ihr seid aber zu dritt hier aufgetaucht.«

»*Damaji'ting* Amanvah sprach in der Tat von einer einzigen *dama'ting*, die an ihrer statt hier wirken sollte«, erwiderte Favah. »Doch die allweise *Damajah* fand, dem Stamm der Talbewohner sei besser gedient, wenn sich drei von uns hier niederließen.«

Mit ihrem knochigen Finger zeigte sie auf die junge *dama'ting*, die neben ihr saß. »*Dama'ting* Shaselle hat gemeinsam mit der *Damajah* im Unteren Palast ihre Ausbildung absolviert.«

Also kann sie gar nicht so jung sein, dachte Leesha. Inevera war älter als Ahmann und musste inzwischen über Vierzig sein. Früher hatte Leesha angenommen, durch eine raffinierte Pflege erhielten sich die *dama'ting* ihre glatte, straffe Haut. Jetzt begriff sie, dass die *hora* für die jugendliche Erscheinung dieser Frauen sorgten.

Nachdenklich betrachtete sie Favah. Wie alt mochte sie wohl sein?

»Shaselle wird an eurer Akademie der Kräutersammlerinnen unterrichten«, sagte Favah. »Sie erhält einen Titel, der ihrem Rang und der Bedeutung ihres Unterrichts entspricht, und sie allein bestimmt den Lehrplan. Die Geheimnisse der *dama'ting* sind nicht zu vergleichen mit der Kräuterkunde der *dama'ting*, und sie unterliegen strengster Geheimhaltung.«

Leeshas Nasenflügel bebten, als sie tief Luft holte. »Ich ernenne sie zur Meisterin für krasianische Lehren. Sie bekommt Gehilfinnen und darf sich ihre Schülerinnen selbst aussuchen. Amanvah hatte bereits Frauen in die Lehre genommen, und aus diesem Kreis könnte sie welche aussuchen.«

Favah nickte.

»Außerdem wird sie zum allgemeinen Lehrplan die Grundlagen der krasianischen Medizin, krasianisches Bannzeichnen und *sharusahk* beisteuern«, sagte Leesha.

»*Sharusahk* war nicht Bestandteil dieses Abkommens«, sagte Favah. »Die Geheimnisse ...«

Leesha wippte mit dem Stuhl nach vorn, und die alte Frau verstummte. Zorn flackerte in ihrer Aura auf, doch Leesha fing an, in einem beruhigenden Rhythmus hin und her zu schaukeln, und es fiel der Alten schwer, sich beleidigt zu fühlen.

»Ich interessiere mich nicht für die makabren Mittel und Wege, die ihr ausgetüftelt habt, um Menschen zu verkrüppeln und zu töten«, sagte Leesha. »Diese Methoden habe ich am eigenen Leib erfahren. Ich will lediglich, dass meine Kräutersammlerinnen lernen, wie sie sich verteidigen können, wenn sie auf ein Schlachtfeld müssen, um Verletzte zu versorgen.«

Favah blickte Leesha lange an, und der Zorn in ihrer Aura flaute ab. »Sehr wohl. Shaselle wird sich darum kümmern.«

Leesha nickte. »Sie arbeitet selbstständig und ist nur mir und Obermeisterin Darsy unterstellt.«

»Nie soll mich holen, bevor ich Befehle von dieser ungebildeten Kuh annehme!«, zischte Shaselle Favah auf Krasianisch zu. Elona, Wonda und Darsy konnten den schnell gesprochenen Worten nicht folgen, aber Favah, die Leesha nicht aus den Augen ließ, wusste, dass sie die Bemerkung verstanden hatte.

»Unannehmbar …«

Die Alte wurde wieder durch ein lautes Knarren des Stuhls unterbrochen, dem Leesha einen kräftigen Schubs gab. Leesha drehte sich zu Shaselle um und starrte ihr in die Augen, aber ihre auf Krasianisch gesprochenen Worte richteten sich an Favah. »Sie wird Obermeisterin Darsy unterstellt sein und deren Befehle befolgen! Andernfalls kann sie ihren in Seide gehüllten Hintern nach Krasia zurückverfrachten und Amanvah erzählen, sie sei zu vornehm, um das Versprechen zu erfüllen, dass ihre *Damaji'ting* mir gegeben hat.«

Auf Shaselles unverschleierten Zügen zeichnete sich Groll ab, doch ihre Aura wurde blass vor Furcht. »Falls du Bedenken hast, wende dich getrost an mich«, fuhr Leesha auf Thesanisch fort, »aber merke dir eines – ich behandle Frauen nicht besser als Männer. In nicht einmal einer vollen Woche haben wir Neumond. Und das Wichtigste ist und bleibt der Sharak Ka. Der Sharak Ka geht vor.«

Nach ihrer Sitte beugten alle Krasianerinnen bei diesen Worten das Haupt. Die Thesanerinnen, sogar Elona, taten es ihnen gleich und wiederholten den letzten Satz.

»Der Sharak Ka geht vor.«

»*Dama'ting* Jaia.« Favah deutete auf die junge Priesterin.

Jaia verneigte sich. »*Damaji'ting* Amanvah und ich trugen unsere Bidos, als wir zusammen im Unteren Palast der *dama'ting* ausgebildet wurden. Sie hat mir erzählt, wie sehr sie dein Volk liebt und respektiert.«

Sie muss um die zwanzig sein, schloss Leesha. Jaias Gesicht hatte noch die Strahlkraft der wahren Jugend, im Gegensatz zu Shaselle und Inevera, die sich mithilfe von Magie das Aussehen dreißigjähriger Frauen bewahrten. Ihre Aura war ruhig und ebenmäßig – wie die von Amanvah. Die Aura einer Frau, der man es nicht gestattet hatte, Kind zu sein.

»Wie *dama* Halvan, so ist auch Jaia hier, um den krasianischen Frauen, die im Tal leben, mit ihren Heilkünsten zu dienen. Außerdem soll sie sie in allen Belangen des Lebens, seien sie nun weltlicher oder religiöser Natur, beraten und führen. Sie ist allein mir unterstellt.«

Elona schnaubte. »Da wird sie ja mächtig zu tun kriegen.«

Leesha strafte sie mit einem bösen Blick ab, doch der Schaden war angerichtet.

Favah nickte. »Man gab mir zu verstehen, es hätte ein paar … Irritationen gegeben.«

Leesha fragte sich, ob sie ihr Wissen den Würfeln oder dem Tratsch der Bediensteten in Rojers Villa verdankte. »Viele der Frauen, die an Neumond zu Witwen wurden, sahen, wie Arlen, der Tätowierte Mann, in den Himmel emporstieg und Blitze auf die Dämonenprinzen schleuderte. Unter dem Eindruck ihres schweren Verlustes fingen viele von ihnen an, Arlen als Erlöser zu bezeichnen. Sie schlossen sich mitsamt ihren Kindern einer … Gruppierung von Gleichgesinnten an.«

»Den sogenannten Siegelkindern«, bemerkte Favah. »Das vielleicht abenteuerlichste Ergebnis deiner leichtsinnigen Experimente mit Magie.«

»Mag ja sein«, gab Leesha zu. »Aber wenn ich noch einmal vor der Wahl stünde, würde ich sicher nicht viel anders handeln. Die Siegelkinder verfügen über eine außergewöhnliche Macht und haben sich verpflichtet, beim nächsten Erlöschen des Mondes an unserer Seite zu kämpfen. Der Sharak Ka geht vor.«

Sie erwartete, dass die Frauen sich wieder verneigen und den Satz wiederholen würden, doch es schien, als könne man diese List nur einmal anwenden. Favah hob skeptisch eine Augenbraue. »Wir wollen das Beste hoffen.«

Leesha konnte ihr nicht einmal widersprechen. Renna hatte gesagt, bei Neumond könne man auf die Kinder zählen, doch sie erinnerte sich an den wilden Blick in Stelas Augen und hatte da ihre Zweifel.

»Alle anderen Krasianerinnen im Tal richten sich nach Shamavah«, wandte sich Leesha an Jaia. »Ihr krasianischer Basar und der Gasthof verschaffen den meisten von ihnen Arbeit und Lohn.«

»Die Gemahlin des *khaffit* und deren Geschäfte sind uns bekannt.« Favah wedelte abfällig mit der Hand, ehe sie auf Micha zeigte. Für eine Krasianerin war Micha klein, und sie hatte breite Hüften. Ihr Gesicht war auf natürliche Weise jung. »Micha vah Ahmann vah Thalaja ist die Halbschwester deiner Tochter. Sie wird sich um das Kind kümmern.«

Porzellan klirrte, als Tarisa mit dem Teegeschirr hantierte. Da die Frau normalerweise völlig lautlos arbeitete, wirkte das Geräusch wie ein Donnerschlag. Die Thesanerinnen verkrampften sich, als Olive erwähnt wurde.

Leesha wandte sich an Micha, um ihr in die Augen zu sehen, doch das Mädchen wich ihrem Blick aus. Zu Leeshas Überraschung ließ sie sich von ihrem Sitz gleiten, kniete gesenkten Kopfes vor ihr nieder und legte die Hände auf den Boden.

Leesha machte keinen Hehl daraus, dass sie sich über diese betont unterwürfige Geste ärgerte. »Wie alt bist du, Kind?«

»Alt genug, um zu heiraten, sollte sich ein würdiger Gemahl für sie finden«, sagte Favah.

»Für Kuppeleien ist meine Mutter zuständig!« Leesha behielt Micha im Auge, während sie auf Krasianisch weitersprach und dabei einen herrischen Ton anschlug. »Setz dich wieder auf deinen Platz, Mädchen! Sieh mir in die Augen und sprich für dich selbst!«

Micha kehrte auf ihren Platz zurück und begegnete Leeshas Blick. Keine Spur mehr von Unterwürfigkeit, die demütige Haltung war verflogen. Jetzt starrte sie Leesha mit der dreisten Gleichgültigkeit einer Katze an. »Ich bin sechzehn, Gräfin.«

»Du kannst mich Meisterin nennen«, sagte Leesha. »Hast du Erfahrung im Umgang mit Kindern? Weißt du, wie man einen Säugling pflegt?«

Michas Selbstbewusstsein erhielt einen Dämpfer. »Nein, Meisterin, aber ich lerne schnell.«

»Du bist eine *Sharum'ting*?«

Micha zögerte und schielte zu Favah hinüber, aber Leesha ließ den Schaukelstuhl laut knarren und forderte, noch immer auf Krasianisch: »Sieh nicht Favah an, sondern mich! Wenn ich dich in die Nähe meines Kindes lassen soll, bin ab jetzt *ich* deine Gebieterin, Micha. Nicht Favah. Nicht Inevera. *Ich*. Ist das klar?«

Micha nahm wieder eine kniende Haltung ein, aber dieses Mal war ihre Unterwerfung nicht gespielt. »Ja, ich habe verstanden, Meisterin. Ich schwöre es bei Everam und meiner Hoffnung, in den Himmel zu gelangen. Und du hast recht. Ich bin *kai'Sharum'ting*.«

»Du wurdest zusammen mit Sikvah von Enkido ausgebildet«, mutmaßte Leesha.

Micha nickte. »Meine Cousine ist jetzt *Sharum'ting Ka*, und für diese Aufgabe hat sie mich persönlich ausgesucht. Meiner Halbschwester wird kein Leid geschehen.«

»Beim Horc, ganz sicher nicht!«, knurrte Wonda. »Aber für ihre Sicherheit sorge ich und nicht du!«

Micha blickte sie offen an, ihr Selbstbewusstsein war zurückgekehrt. Sie verneigte sich. »Nicht einmal du kannst unsere Meisterin und ihr Kind Tag und Nacht beschützen, Wonda vah Flinn am'Holzfäller am'Tal, Erste der *Sharum'ting*. Es wäre mir eine Ehre, dir zu dienen und bei dieser Aufgabe zu helfen.«

Wonda hatte sich kampfeslustig vorgebeugt, doch die Worte schienen sie zu besänftigen, während Leesha die Wahrhaftigkeit in Michas Aura erkannte.

Leesha nickte. »Wenn ich einmal nicht da bin, bist du Wonda und Tarisa unterstellt.«

Favah verlor die Beherrschung. »Der Sklavin?!«

Tarisa drückte das Kreuz durch, und ihr Blick war hart wie Stahl. »Wie bitte?«

»In Thesa gibt es keine Sklaven«, sagte Elona. »Und ehe dieses Mädchen auch nur in die Nähe meiner Enkelin kommt, muss sie lernen, wie sie mit einer Hand eine Windel wechselt und in der anderen ein Fläschchen hält, während sie ein Lied singt und die Wiege schaukelt. Natürlich alles gleichzeitig.«

»Tarisa beaufsichtigt meine Bediensteten«, fügte Leesha hinzu. »Wenn du ihre hohen Anforderungen nicht erfüllst, bitte ich Sikvah, mir eine andere ihrer Speerschwestern zu schicken.«

Micha berührte mit ihrer Stirn den Fußboden. »Ich verstehe, Meisterin.«

»Über das, was in meinen Privatgemächern vorgeht, wirst du Stillschweigen bewahren«, sagte Leesha. »Du sprichst mit niemandem darüber, auch nicht mit den anderen *dama'ting*. Nicht einmal der *Damajah* selbst wirst du ein Sterbenswörtchen verraten. Sollte ich herausfinden, dass du meinen Befehl missachtest, verlässt du dieses Haus. Und zwar für immer.«

Micha bemühte sich erst gar nicht, ihre Aura zu tarnen. Die Bedingungen gefielen ihr nicht, aber sie würde sich fügen. »Ich habe verstanden, Meisterin.« Sie verneigte sich abermals. »Da wäre noch etwas. Ich wurde beauftragt, Kendall Dämonenlied aufzusuchen.«

Leesha war überrascht. »Du kannst singen wie Sikvah?«

Micha lächelte. »Früher dachten wir immer, Sikvah könnte nur trällern. Keiner konnte vorhersehen, dass ihr Gesang eines Tages zum Maßstab würde, nach dem man Everams Speerschwestern beurteilt.«

»Ich fasse das als ein Ja auf«, sagte Leesha. »Kendall ist mein Herold. Du wirst sie oft genug sehen. Wenn dein Gesang nur annähernd so gut ist, wie du behauptest, dann wirst du schnell merken, dass deine Stimme in der Nacht eine mächtigere Waffe sein kann als ein Speer.«

Leesha richtete das Wort wieder an Favah. »Also wird es deine Aufgabe sein, mich im Gebrauch der *alagai hora* zu unterweisen.«

Alle Krasianerinnen hatten gelernt, ihre Gefühle zu unterdrücken, doch bei diesen Worten zog ein eisiger Hauch durch die Auren der jüngeren Frauen. Davon hatte Favah ihnen nichts erzählt.

»Ich unterrichtete die *Damajah* in der Kammer der Schatten«, sagte Favah. »In ganz Krasia gibt es niemanden, der mehr Zeit damit zugebracht hat, über die Geheimnisse der Würfel nachzusinnen.«

»Ausgezeichnet«, sagte Leesha. »Ich schlage vor, wir machen dort weiter, wo Amanvah ihren Unterricht unterbrechen musste. Ich habe die Schriften der Weissagung gelesen und habe jede Menge Fragen …«

»Ich war dagegen, dich zu unterrichten«, fuhr Favah unbeirrt fort. »Amanvah hat ihre Befugnisse überschritten.«

Leeshas Finger krallten sich um ihre Teetasse. »Nichtsdestotrotz haben deine *Damaji'ting* und ich eine Vereinbarung getroffen.«

»Eine Vereinbarung, welche die *Damajah* aufkündigen kann, ohne geltendes Recht zu brechen«, bemerkte Favah. »Die *alagai hora* sind kein Rätselspiel, mit dem sich gelangweilte Frauen die Zeit vertreiben. Sie gewähren Einblick in die Unendlichkeit. *Dama'ting* lernen ihr Leben lang, die Würfel zu deuten, und dennoch kratzen sie nur an der Oberfläche der göttlichen Macht, welche den *alagai hora* innewohnt.«

Leesha stellte ihre Tasse ab und widerstand dem Drang, die Arme zu verschränken.

»Doch in ihrer Weisheit hat die *Damajah* beschlossen, das Versprechen, das ihre Tochter dir gab, zu respektieren«, sagte Favah. »Deshalb werde ich dich unterrichten. Aber du beginnst ganz am Anfang, wie alle *nie'dama'ting*. Du musst deine Würfel vernichten und dir einen neuen Satz aus Ton schnitzen.«

Leesha lächelte. »Und danach einen aus Holz? Dann einen aus Elfenbein? Zum Schluss verbringe ich Monate im Dunkeln und schnitze einen Satz aus Dämonenbein?«

Favah nickte. »Wie ich sehe, haben wir einander verstanden.«

»Oh nein, da irrst du dich.« Leesha schob ihre Tasse samt Untertasse zur Seite und breitete ihre unbenutzte weiße Serviette auf dem Tisch aus. Sie griff in eine Tasche ihres Kleides und förderte sieben bearbeitete Stücke Dämonenbein zutage.

Dann zückte sie ein Operationsmesser, ritzte ihre Handfläche auf und schüttelte die Würfel in der hohlen, blutigen Hand. »Schöpfer, Spender von Licht und Leben, dein Kind bedarf der Antworten.« Sie sah Favah an. »Wird *Dama'ting* Favah am'Kaji sich getreu an die Vereinbarung zwischen Amanvah und mir halten, oder wird sie morgen früh mitsamt ihrer verdammten Abordnung nach Everams Füllhorn zurückreisen?«

Die Würfel fingen an zu glühen, und als die angestaute Magie sich in einer Stichflamme entlud, warf sie die *alagai hora* aus. Alle drei *dama'ting* waren entsetzt, dass eine Außenseiterin das Ritual vollzog, aber sie beugten sich gespannt vor, als die Würfel auf unnatürlichen Bahnen ausrollten.

»Ich denke, ich kann die Antwort erkennen, verehrte *Dama'ting*«, sagte Leesha. »Dennoch bitte ich dich, mir mitzuteilen, was du mit all deiner Erfahrung und Weisheit in ihnen liest.«

Favah knirschte mit den Zähnen, und ihr Blick huschte zu den jungen Priesterinnen. »Sehr gern … Meisterin. Wir beginnen mit dem Unterricht, nachdem ich das Kind gesehen habe.«

Leesha nahm sich viel Zeit, in der Aura der alten Frau zu forschen, ehe sie nickte.

Ihre Reithosen knarrten, als Leesha die Gruppe anhalten ließ. Viele der Holzfällerfrauen liebten diese Hosen, aber Leesha hatte ihnen noch nie etwas abgewinnen können. Genauso verabscheute sie die Hosenröcke, die jetzt viele der Talbewohnerinnen trugen.

Aber die Randgebiete der Großsiegel, die das Tal schützten, lagen so weit entfernt, dass man sie zu Fuß nicht mehr erreichen konnte, jedenfalls nicht in einer annehmbaren Zeit. Außerdem mussten sie Rücksicht auf die greise Favah nehmen. Stößel – eines der vielen Freundschaftsgeschenke, die Amanvah der Abordnung mitgegeben hatte – war ein reinrassiges krasianisches Kriegsross. Frauenröcke verwirrten den für den Kampf ausgebildeten Hengst, aber wenn Leesha Hosen trug, reagierte er auf den leichtesten Schenkeldruck.

Leeshas blauer Reitmantel war lang und mit dünnen Plättchen aus Siegelglas gefüttert. Das am Hals hoch geschlossene Oberteil lag bis zur Taille eng an, und die weiten Schöße breiteten sich bis über den Pferderücken aus. Die vielen Taschen waren ebenfalls mit Siegelglas verstärkt und enthielten Kräuter und *hora*. Leeshas magischer Stab hing griffbereit an ihrem Gürtel.

Wonda und Gared, die auf Versprechen und Bergsturz saßen, ragten wie mächtige Baumstämme hinter ihr auf. Neben Leesha ritt Darsy auf Stößels Gefährtin, Mörser. Die Stute war eine halbe Handbreit kleiner als Stößel, aber Darsy Holzfäller überragte Leesha dennoch um Haupteslänge.

Trotzdem machten die Krasianer, die an ihrer linken Seite reisten, sie nervös. Favah konnte man nicht zumuten, Hosen zu tragen und auf einem Pferd zu sitzen. Sie saß in einer überdachten Sänfte, die von sechs kräftigen Eunuchen in schwarzer *Sharum*-Kluft getragen wurde. Hände und Füße der Männer waren mit goldenen Ketten gefesselt. Sie liefen in völliger Harmonie und hielten mühelos mit den Pferden Schritt. Keiner von ihnen war außer Atem, als sie die Sänfte absetzten und für die greise *dama'ting* die Vorhänge zurückzogen.

Die sechs Sklaven waren eine Trotzgebärde seitens Favah, sie sollten demonstrieren, dass sie eigenständig war, auch wenn sie Leeshas Bedingungen zugestimmt hatte.

In Thesa gibt es keine Sklaven, hatte man Favah gesagt, aber sie stellte diese Männer öffentlich zur Schau, um es auf einen Streit ankommen zu lassen.

Leesha war nicht so dumm, den Köder zu schlucken. Die Männer, die von den *dama'ting* verstümmelt und gefügig gemacht worden waren, verspürten keinen Wunsch nach Freiheit. Ihre Augen strahlten sogar vor Stolz. Außer der Sänfte ihrer Gebieterin trugen sie auch noch Speere und Schilde aus Siegelglas, und nur der Schöpfer mochte wissen, wie viele Waffen sie an ihrem Körper versteckten. Wenn Leesha oder jemand anders versuchen würde, sie zu befreien, würde Blut fließen.

Sie atmete tief durch, ließ die Kränkung von sich abgleiten und schwang sich aus dem Sattel. Ein Stück weiter arbeitete eine Gruppe von Technikern an neuen Verteidigungswaffen, Skorpionschleudern und Steinkatapulten nach krasianischem Vorbild.

»Dein Volk lernt schnell«, bemerkte Favah. »Everams Füllhorn wurde so mühelos erobert, weil ihr keine Skorpionschleudern hattet.«

»Und Prinz Jayans Armee wurde vernichtend geschlagen, weil er nicht über Feuerwaffen verfügte«, rief Leesha ihr in Erinnerung.

»Kriege haben es nun mal an sich, die schlechtesten Eigenschaften der Menschen zu wecken.«

Erny, der mit den Technikern zusammenarbeitete, sah Leesha mitsamt ihren Gästen und winkte. Während er zu ihnen ging, wischte er sich die mit Tinte befleckten Finger ab.

»Vater, das ist *Dama'ting* Favah am'Kaji«, stellte Leesha vor.

Ernys Verbeugung fiel angemessen tief aus. »Willkommen, *Dama'ting*. Es ist mir eine Ehre, dich kennenzulernen.« Sein Krasianisch machte rapide Fortschritte.

»Und ich fühle mich geehrt, deine Bekanntschaft zu machen«, erwiderte Favah. Sie verneigte sich tiefer vor Erny als vor Leesha. »Dein Name hat in Krasia einen ehrenvollen Klang, Erny am'Papiermacher am'Tal.«

Erny freute sich sichtlich über die Schmeichelei, und Leesha gab ihm die Gelegenheit, den Augenblick zu genießen und sich freundschaftlich mit der *dama'ting* auf Krasianisch zu unterhalten.

»Deine verehrte Tochter sagt, wir seien hier, um eine Neuerung an eurem wundervollen Großsiegel zu bestaunen«, sagte Favah. »Du scheinst ein Meister auf diesem Gebiet zu sein.«

»Na ja.« Erny trat von einem Fuß auf den anderen. »Das meiste Lob für diese Verbesserung gebührt meiner Leesha und Arlen, dem Tätowierten Mann. Die beiden haben die ersten Großsiegel entworfen.«

»Mein Vater ist zu bescheiden«, sagte Leesha. »Was sich heute Nacht zutragen wird, ist ganz allein seine Leistung.«

»Erkläre es mir«, bat Favah.

»Als die Dämonen in der Zeit des Erlöschenden Mondes angriffen, schleuderten sie große Steine und Bäume, um den Widerstand zu brechen und die Form des Großsiegels zu beschädigen. Es gelang ihnen, es so weit zu schwächen, dass sie den Bannbereich durchqueren konnten.«

»Eurem Großsiegel fehlt eben eine schützende Mauer«, meinte Favah.

»*Fehlte.*« Ernys Stimme klang hart. Es machte ihm nichts aus, als Mensch herabgesetzt zu werden – in seiner Ehe mit Elona hatte er Demut gelernt –, aber auf seine Arbeit ließ er nichts kommen. »Das gehört der Vergangenheit an. Jetzt können wir die meisten Geschosse abwehren.«

»Warum nicht alle?«, fragte Leesha.

Erny drehte sich um und gab der Mannschaft, die ein Katapult außerhalb der Bannzone bediente, ein Zeichen. Eine Kompanie Holzfäller umringte sie und hielt nach Dämonen Ausschau, die so leichtsinnig waren, den Wald zu verlassen und sich dem Großsiegel zu nähern.

Die Techniker winkten zurück und lösten das Gegengewicht. Der Katapultarm schnellte hoch und schleuderte einen Stein von der Größe eines Holzschuppens in hohem Bogen durch die Luft. Das Ziel war ein freies Stück Land innerhalb des Großsiegels.

Aber als das Geschoss das Großsiegel erreichte, flammten Blitze auf, und der Stein zerbarst.

Favah blinzelte. »Ihr habt Aufprallsiegel hinzugefügt.« Die alte Frau kniff die Augen zusammen und spähte angestrengt in Richtung des Katapults. »Menschen können den Bannbereich problemlos durchqueren. Wie lautet die Gleichung?«

Jetzt verschlug es Erny vor Verblüffung die Sprache. Er war daran gewöhnt, den Leuten mühsam die Grundlagen des Bannzeichnens erklären zu müssen. Doch er fing sich wieder, zückte eine Schiefertafel und schrieb die Gleichung auf, mit der man Aufprallsiegel so gestalten konnte, dass sie nur auf große Objekte, die sich mit einer gewissen Geschwindigkeit bewegten, reagierten.

»Gegen Skorpionstachel richten die Symbole nichts aus«, bemerkte Favah.

»Wir glauben nicht, dass Dämonen Skorpionschleudern benutzen werden, nicht mal an Neumond«, erwiderte Erny. »Sorgen machen uns die Trümmerstücke.« Er zeigte auf die sich herabsenkende Staubwolke, die von dem zerschmetterten Stein stammte, und auf größere Brocken, die im Bereich des Großsiegels zu Boden gefallen waren.

»Die neuen Aufprallsiegel bleiben auf die äußeren Gebiete beschränkt«, erklärte Leesha. »Diese Gegenden können wir evakuieren.«

Erny nickte. »Kolonnen von Bannzeichnern und Technikern stehen bereit, um Gesteinstrümmer wegzuräumen, die die Siegel schwächen.«

Favah studierte immer noch die Gleichungen. »Der Energiesog ist enorm.«

»Ay.« Erny blies den Atem aus. »Aber das Großsiegel kann den Energieentzug größtenteils aufwiegen.«

»Hoffentlich behältst du recht«, sagte Leesha.

Erny nahm Favah die Tafel wieder ab und kritzelte eine neue Gleichung unter die erste. »Auf diese Weise kann man berechnen, wie viele Steine pro Stunde man zertrümmern müsste, um dem Siegel die gesamte Energie zu entziehen.«

Leesha fühlte, wie sich hinter ihrem linken Auge ein pochender Schmerz anbahnte. »Und was passiert, sollte dieser Fall eintreten?«

Erny warf die Hände hoch. »Die Magie im gesamten Tal erlischt. Für wie lange, weiß man nicht. Es kann eine Sekunde dauern, eine Minute oder auch länger, wenn die Horclinge ihre Angriffe fortsetzen.«

»Beim Schöpfer«, stöhnte Leesha.

»Dazu wird es aber nicht kommen, Leesh«, warf Gared ein. »Unsere Katapultmannschaften haben die Skorpionstachel und Steine mit Siegeln verstärkt. Soldaten stehen parat, um jeden Felsendämon oder Baumdämon zu töten, der stark genug ist, um ein Fass zu schleudern.«

Grüßend hob er seine Axt, als die Holzfäller die Katapultmannschaft auf das Siegel zurückbegleiteten. Danach kamen die Leute zu ihnen, angeführt von Dug und Merrem Metzger. »Wir wollen euch ein paar neue Rekruten vorstellen«, sagte Gared. »Einer von denen ist sogar noch größer als ich. Könnte glatt als Felsendämon durchgehen.«

Die Holzfäller stellten sich in Reih und Glied auf. Als Leesha und ihre Gäste sich näherten, schlugen sie mit der Faust auf ihre hölzernen Brustharnische. Unter den Holzfällern befanden sich Angehörige aller möglichen Volksgruppen – kleinwüchsige Angierianer, schlaksige, hochaufgeschossene Burschen aus Rizon, krummbeinige Laktoner und …

Leesha blieb abrupt stehen, als sie den hünenhaften Holzfäller sah, der eine wuchtige Breitaxt in der Hand hielt wie einen Strohbesen. Ihr Herz verkrampfte sich.

»Das ist der Mann, den ich vorhin meinte«, sagte Gared, der von Leeshas Reaktion nichts mitbekam. »Der Stille Jonn sagt nicht viel, aber er hat mehr Dämonen abgemurkst als alle anderen in seiner Truppe zusammen.«

Der Hüne hatte starr nach vorne geschaut, doch als sein Name fiel, drehte er sich um und begegnete Leeshas Blick.

Sie hatte ihn sofort wiedererkannt, dieses Gesicht würde sie niemals vergessen. Der stumme Riese, der Leesha auf der Straße vergewaltigt hatte – der sich auf Rojer gesetzt hatte, um ihn festzuhalten, während seine Kumpane sie nacheinander schändeten – befand sich im Tal.

Leesha erstarrte. Sie zitterte plötzlich vor Angst. Es war aberwitzig. Sie, die einen Seelendämon besiegt hatte, fühlte sich hilflos vor diesem Kerl. Und dennoch …

Die anderen Ganoven, die sie angegriffen hatten, waren tot. Horclinge hatten sie abgeschlachtet, nachdem Arlen und Rojer ihnen den tragbaren Bannzirkel, den sie ihnen gestohlen hatten, wieder abgenommen hatten. Damals hatten sie die Leiche des Stummen nicht gefunden. Seit diesem Vorfall hatte Leesha sich unzählige Male eingebildet, sie hätte ihn gesehen, verstohlen lauernd in einem schattigen Winkel oder einer Baumgruppe. Sein Gesicht tauchte im Schein eines Feuers auf oder spiegelte sich in einer Fensterscheibe.

Seine erschrockene Miene verriet ihr, dass auch er sie wiedererkannte. Auf den Schreck folgte Angst, und dann schieres Entsetzen. Er warf sich herum und rannte weg.

»Wonda, ihm nach!«, kreischte Leesha. Es war ein verzweifeltes, angstvolles Winseln, aber in diesem Moment war ihr alles egal.

Wonda hetzte los und erreichte den Kerl nach wenigen großen Sprüngen. Sie packte sein Handgelenk, verdrehte es, und die Axt fiel aus seinen zuckenden Fingern. Der Hüne brüllte und schlug mit dem freien Arm nach ihr, aber Wonda trat ihm bereits die Füße unter dem Körper weg und brachte ihn zu Fall.

Gared und die anderen Holzfäller stürmten herbei, aber Wonda brauchte keine Hilfe. Sie nahm den Kerl in den Schwitzkasten, sodass er sich nicht wehren konnte, und drückte so lange zu, bis sie die Blutzufuhr zum Gehirn unterbrach. Sein Gesicht lief rot an, und erst als er aufhörte zu zappeln und kurz vor einer Ohnmacht stand, lockerte Wonda ihren Griff, damit er wieder Luft bekam.

»Bei der Nacht!«, murmelte Gared. »Was hat er denn getan?«

Leesha merkte, dass sie den Atem angehalten hatte. Sie zwang sich dazu, auszuatmen und dann wieder Luft zu schöpfen, und sie spürte, wie ihr Herz wieder in einem holprigen Rhythmus anfing zu schlagen.

»Er war einer der Schurken, die …«, Leeshas Kehle wurde trocken und sie schluckte schwer, »… mich und Rojer auf der Straße ausgeraubt haben, bevor wir mit Arlen hierher zurückkamen.«

»Ich wollt' nix Schlechtes tun!«, schrie der Hüne. Die Worte klangen undeutlich, und Leesha begriff, dass der Mann gar nicht stumm war, sondern … schwachsinnig.

»Wollt' nur mal schnell rüberrutschen!«, brüllte der Kerl. »Dom hat gesagt, dafür sin' se da!« Er fing an zu weinen. »Dafür sin' se da!« Er wiegte sich vor und zurück und wiederholte die Worte, bis Wonda ihren Griff festigte und ihn zum Schweigen brachte.

Wieder erstarrte Leesha. Sie hatte niemandem von der Vergewaltigung erzählt, aber dass sie und Rojer auf der Straße überfallen worden waren, war bekannt, und es kursierten Gerüchte, die der Wahrheit unangenehm nahekamen.

Und jetzt wurden diese schändlichen Details ans Tageslicht gezerrt. Alle konnten sie hören, Favah, die *Sharum*, Leeshas engste Vertraute, die Katapultmannschaften, die Bannzeichner und die neuen Rekruten.

Blicke und Auren verfinsterten sich, als den Leuten zu Bewusstsein kam, was der Hüne da stammelte. Die Auren nahmen Farben an, wie Leesha sie noch nie gesehen hatte.

Wonda zückte ein langes Messer. Sie hob den Kopf und blickte Leesha direkt in die Augen. »Soll ich ihn töten, Meisterin?«

Sie meinte es ernst. Als Leesha sich umsah, erkannte sie, dass alle den Tod des Mannes wollten. Darsy, Favah, die Metzgers, die *Sharum* und die Holzfäller, die Techniker. Nicht einmal in Ernys Aura entdeckte sie eine Spur von Mitleid. Jeder einzelne dieser Menschen wäre bereit, für sie zu töten – und nicht nur Dämonen.

Die Vorstellung widerte sie an, obwohl auch an ihren Händen Blut klebte. Unterwegs auf der Straße hatte sie ihre eigene *Sharum*-

Eskorte vergiftet, und sie hatte Donnerstöcke auf Jayans Armee geschleudert, als diese die Tore von Angiers sprengte. Und das Gefühl, als *Dama* Gorjas Rückgrat unter ihren Fußtritten brach, würde sie niemals vergessen.

Doch bei jedem einzigen Mal war es um Leben und Tod gegangen. Sie hatte getötet, um andere Menschen zu schützen. In diesem Fall würde sie einen Schwachsinnigen ermorden, der sich nicht wehren konnte, weil Wonda ihn mit eisernem Griff umklammerte.

Leesha blickte dem Mann in die Augen und erinnerte sich an das, was er ihr angetan hatte. Mit welcher Beiläufigkeit er ihren Widerstand gebrochen und sie auf den Boden gedrückt hatte. Mit welcher Brutalität er in sie hineingestoßen war, kurz bevor er sich in sie ergoss.

Hatte er seitdem noch mehr Frauen geschändet? Würde er in Zukunft weiterhin Frauen missbrauchen, wenn sie ihn am Leben ließ? Dass er blöde war, spielte keine Rolle, denn dieser Riese wäre imstande, selbst die großgewachsenen, starken Frauen im Tal zu überfallen. Gegen einen solchen Hünen konnten sie sich nicht wehren. Ihr kam die Galle hoch, und die Schmerzen hinter ihrem Auge steigerten sich ins Unerträgliche.

Wonda würde es tun. Ein Wink von ihr, und sie würde ihn auf der Stelle umbringen. Keiner im Tal würde sie oder Leesha dafür verurteilen. Wonda würde danach ruhig schlafen können, und Leesha konnte nicht abstreiten, dass auch sie besser schlafen würde, wenn sie wüsste, dass dieser grausame, gewalttätige Kerl nicht mehr unter den Lebenden weilte.

Ihre Hand schmerzte, und als sie darauf schaute, merkte sie, dass ihre Finger sich um den *hora*-Stab krallten. »Lass ihn los.«

Leesha hatte mit Widerspruch gerechnet, doch Wonda gab den Hünen sofort frei, stand mit einer geschmeidigen Bewegung auf und trat ein Stück zur Seite, ehe der Stille Jonn sich aufrappeln konnte. Doch anstatt nach seiner Axt zu greifen, blieb er auf Händen und Knien liegen, zitterte am ganzen Leib, und Tränen strömten über sein Gesicht.

Leesha zeigte mit dem *hora*-Stab auf ihn. »Ich wünschte, die Horclinge hätten auch dich geholt.«

Bei diesen Worten stutzte Erny, und etwas in seiner Aura veränderte sich. Ein Funke Mitleid blitzte auf. Leesha hatte nicht vergessen, was er ihr einmal vor vielen Jahren gesagt hatte, als sie in ihrer Wut auf Elona murmelte: »Ich wünschte, die Horclinge hätten sie letzte Nacht geholt.«

Daraufhin hatte Erny geantwortet: »Sag das nie wieder! So etwas wünscht man niemandem!«

»Tu es!« Gared wog seine Axt in der Hand. »Oder lass es mich tun!« Gared war ebenfalls ein Hüne, wenn auch nicht so groß wie der Stille Jonn. Und er brannte darauf, zuzuschlagen. Er *wollte* den Stillen Jonn töten, er hätte jeden umgebracht, der es wagte, Leesha auch nur ein Haar zu krümmen. Ihre Hand zitterte.

»Dieser Mann schuldet dir sein Blut«, sagte Favah ungerührt. »Es bedeutet den Tod, eine *dama'ting* zu verletzen.«

Ihre Worte lösten eine weitere Erinnerung in Leesha aus. Sie entsann sich, wie Arlen gegen Kaval und Koliv gekämpft hatte, die Männer, die versucht hatten, ihn kaltblütig zu ermorden. *Zwischen uns besteht eine Blutschuld, das ist richtig. Heute hätte ich diese alte Rechnung begleichen können, aber ich töte nur* alagai. So lauteten damals Arlens Worte.

Unsere Feinde sind die Horclinge, Leesh. Wenn wir das vergessen, haben wir den Kampf schon verloren. Wie oft hatte sie ihn das sagen hören, in den Nächten, wenn sie einander so nahe waren und sich küssten …

Doch auch er hatte seinen Schwur gebrochen. Ihretwegen.

»Nein!« Leesha senkte den Arm mit dem Stab. »Bei uns gibt es kein Schafott, und wir sind keine Scharfrichter!«

»Ich leg ihn in Ketten und werf ihn in den Kerker«, schlug Wonda vor.

Die Vorstellung, dass dieser Mann angekettet und schreiend in den Verliesen unter ihren Gemächern eingesperrt war, trug nicht zu Leeshas Beruhigung bei. Sie richtete den *hora*-Stab abermals auf ihn, worauf der Riese zusammenzuckte. Dann trat sie dicht an ihn heran und blickte tief in seine Aura.

»Willst du, dass ich dir vergebe?«, fragte sie.

»Ay!«, stöhnte er.

»Bald haben wir Neumond!«, brüllte Leesha und zeichnete schnell ein Siegel, das ihre Stimme weit durch die Nacht hallen ließ. »Schwörst du, für das Tal zu kämpfen, wenn die Finsternis über uns hereinbricht und die Dämonen angreifen?«

»Ay!«, wimmerte der Hüne. »Ay! Ay! Ay!« Seine Aura war so beschränkt wie er selbst, und leicht zu durchschauen. Er meinte, was er sagte.

Sie wandte sich an die Holzfäller, an die kampferprobten Veteranen wie an die unerfahrenen Neulinge. »Die Dämonen scheren sich nicht um das, was wir getan haben. Sie greifen jeden von uns an, die Guten wie die Bösen, und sie wollen uns allesamt vernichten. Gegen diesen Feind müssen wir zusammenhalten und gemeinsam danach trachten, über ihn zu triumphieren!«

»Ay!«, donnerten die Talbewohner, während sie Fäuste und Waffen in die Luft reckten. Sogar Favahs Eunuchen, denen man nicht nur ihr Geschlecht, sondern auch die Zunge entfernt hatte, beteiligten sich an dem Lärm und schlugen mit ihren Speeren gegen die Schilde.

Leesha blickte wieder den Stillen Jonn an, der immer noch vor Furcht schlotterte. Mit gesenkter Stimme, die nicht mehr durch Magie verstärkt wurde, sagte sie zu ihm: »Du wirst dich dreimal pro Woche bei Obermeisterin Darsy melden, die dir erklären wird, wofür Frauen … *da sind.*«

Jonn nickte hektisch, während Darsy die Ärmel ihres Kleides hochschob und die Hände in die Hüften stemmte. »Und dass du mir ja keine Frau anrührst, bevor ich mit dir fertig bin!«

»Ay«, krächzte Jonn.

Leesha hakte den *hora*-Stab wieder an ihrem Gürtel fest und hob dann die wuchtige Axt des Riesen auf. »Und jetzt stell dich wieder in die Reihe!«

Jonn zögerte kurz, dann schnappte er sich die Axt und hetzte an seinen Platz zurück. Die Männer rechts und links rückten von ihm ab, aber keiner erhob Einwände.

Unsere Feinde sind die Horclinge. Wenn wir das vergessen, haben wir den Kampf schon verloren.

Leesha atmete tief durch, straffte den Rücken und begab sich gemessenen Schrittes zu den Pferden zurück. Auf die hoheitsvolle Würde, die sie dabei ausstrahlte, hätte selbst Herzogin Araine neidisch sein können.

Favah prüfte Leeshas Würfel mit akribischer Genauigkeit. Leesha wusste, dass die greise *dama'ting* sich auf die geringste Ungenauigkeit stürzen würde, die ihr als Vorwand dienen konnte, um sie einen neuen Satz schnitzen zu lassen.

Am Ende gab sie bloß einen brummenden Laut von sich, gab Leesha die Würfel zurück und wählte drei Karten aus einem Spiel. Diese Karten legte sie verdeckt aus. »Wirf die *hora* und sage mir, was du siehst.«

Leesha schnitt sich in die Hand, benetzte die Würfel mit ihrem Blut und spürte, wie sie sich erhitzten, als sie sie in der hohlen

Hand schüttelte. Beim Auswerfen sprühten sie Funken. Voller Anspannung sah sie zu, wie sie von ihrer natürlichen Bahn abwichen, ehe sie ausrollten.

Favah schien weniger beeindruckt. Dieses Schauspiel kannte sie zur Genüge. »Nun, was siehst du?«

Leesha brauchte nicht lange zu überlegen. »Drei Wasser, Fünf Speere, *Sharum* mit Schilden.« Sie war zuversichtlich, dass sie sich nicht irrte, die Antworten hatte sie klar vor Augen. Das waren die Grundkenntnisse der *hora*-Wisssenschaft. Die Karten zeigten ihr ihre eigene Zukunft, und diese Zukunft stand fest, sowie die Karten ausgelegt waren.

Favah drehte die Karten um und sagte nichts, als Leeshas Antworten zutrafen. Sie mischte die Karten erneut und legte das ganze Päckchen auf den Fußboden. »Und jetzt verrate mir, welche drei Karten ich als nächste ziehen werde.«

Diese Aufgabe war schon schwieriger. Sie hatte keine Ahnung, ob Favah die obersten Karten nehmen würde oder die, welche zuunterst lagen, ob sie drei aufeinanderfolgende wählen oder zufällig irgendwelche herausgreifen würde. Leesha warf die Würfel und musste sich zwischen mehr als hunderttausend Möglichkeiten entscheiden.

»*Damaji'ting* der Schädel«, sagte sie nach einer geraumen Weile. »Sieben Speere. *Khaffit.*«

Favah studierte ihrerseits die Würfel, dann zog sie wahllos drei Karten aus dem Packen und förderte genau die zutage, die Leesha vorhergesehen hatte. Sie gab ein grimmiges Knurren von sich. »Es gibt Tausende von Möglichkeiten, Karten anzuordnen. Die Möglichkeiten, wie sich die Zukunft eines lebenden Menschen gestaltet, sind unendlich.«

Leesha nickte. »Ich wünschte, ich könnte mir den Luxus leisten, ein paar Jahre in der Kammer der Schatten zu verbringen und zu lernen. Aber der Sharak Ka hat bereits begonnen.«

Favah legte die Karten beiseite. »Stelle jetzt eine konkrete Frage.«

Leesha nahm eine winzige Phiole mit Elissas Blut und träufelte es auf die Würfel. »Schöpfer von Licht und Leben, deine Kinder suchen nach Antworten. Enthülle mir das Schicksal von Elissa vah Ragen am'Kurier am'Miln.«

Seit Wochen hatten sie keine Nachricht mehr aus der Stadt in den Bergen erhalten. Der regelmäßige Verkehr zwischen Miln und dem Tal hatte aufgehört, und kein Kurier, der sich von Flussbrücke aus nach Norden vorwagte, kehrte zurück.

Leesha warf die Würfel, und dieses Mal verriet Favah höchste Anspannung, als sie zum Stillstand kamen. Beide Frauen beugten sich vor und studierten das Ergebnis. Felsensiegel und Windsiegel kreuzten sich, und Leesha zeigte mit dem Finger auf den Schnittpunkt. »Berg.«

Favah legte den Kopf schräg. »Sie weisen nach Norden, also bedeutet es das Gegenteil. Tal.«

»Die Stadt Miln liegt in einem Tal zwischen zwei Bergen«, sagte Leesha.

»Studierst du das Muster, oder suchst du nach einer Rechtfertigung?«, fragte Favah.

Leesha zog die Stirn kraus und prüfte das Bild erneut. »Du gibst also nichts auf die Meinung von *Dama'ting* Corelvah, die behauptet, man müsse die Würfel von Nord nach Süd lesen, sondern schließt dich *Dama'ting* Vahcorel an, die glaubte, man sollte vom Mittelpunkt ausgehen, wenn man sie deutet?«

»Und das schließt du aus einem einzigen Wort?« Favah machte ein Geräusch, als spucke sie aus, aber kein Tröpfchen befeuchtete ihre spröden Lippen. »Die *Damajah* hat nicht übertrieben, als sie sagte, deine Arroganz sei grenzenlos.«

Leesha lehnte sich wieder nach hinten. »Ich wollte dich nicht kränken.« Der Tonfall der Alten erinnerte sie an Bruna.

»Corelvah war meine Großmutter«, sagte Favah. »Vahcorel war ihre Schwester. Als ich noch ein Kind war, hörte ich dauernd, wie sie einander anschrien.«

Bei der Nacht, wie alt bist du überhaupt?, fragte sich Leesha. Wieder dachte sie an Bruna, auf der die Weisheit ihres Alters wie eine schwere Bürde lastete.

»Beide waren sich absolut sicher, ein Geheimnis des Himmels entschlüsselt zu haben«, fuhr Favah fort. »Sie waren fest davon überzeugt, dass Everam sich ausschließlich ihnen mitteilte.«

Nach einer kurzen Pause sprach sie weiter. »Und warum nicht? Keiner konnte abstreiten, dass beide Frauen mit dem zweiten Gesicht gesegnet waren. Meine Großtante sagte hundert Jahre, bevor sie starb, den genauen Zeitpunkt ihres Todes voraus, und meine Großmutter vereitelte einen Handstreich der Majah, indem sie einfach einem Mann auf der Straße ein Bein stellte. Schon als Mädchen wusste sie, dass sie in genau diesem Augenblick an einer ganz bestimmten Stelle sein musste. Jede von ihnen hatte ihre Schar von Anhängerinnen, die sie unterstützten. Fanatische Frömmlerinnen, die nicht einmal in Betracht zogen, sich die Leistungen der jeweils anderen Frau auch nur anzuschauen. Und dennoch gingen aus beiden Schulen Seherinnen hervor, die mit einem Bein auf Ala wandelten und mit dem anderen in der Unendlichkeit.«

Favah hob ihren dürren Zeigefinger. »Du glaubst, die Geheimnisse des Universums seien eine Gleichung, die man lösen kann. Aber die Zukunft ist keine Gleichung. Sie ist eine Geschichte. Und es gibt viele Wege, eine Geschichte zu erzählen.«

Leesha verneigte sich – tiefer, als sie es in der Öffentlichkeit getan hatte. Es war ihr ein Bedürfnis, dieser Frau Respekt zu zollen. »Du hast recht, *Dama'ting*. Ich bitte um Verzeihung. Ich bin nur … begierig zu lernen.«

Favah zog die Nase hoch und richtete den Finger auf die Würfel. »Lies, Mädchen.«

»Luft über Wasser«, sagte Leesha. »Eine Wolke … nein, da sind Blitze. Eine Sturmwolke.«

»Sturmwolken sammeln sich wie Nebel rings um die Stadt in dem … Gebirgstal.« Favah wedelte so schnell mit der Hand, dass Leesha schon glaubte, sie hätte es sich nur eingebildet. Ihre gekrümmten Finger schwebten über einer Gruppe von Dämonensymbolen an den Rändern der Würfel. »Die *alagai* belagern die Wälle. Doch die Nordmenschen sind …« Sie deutete auf ein Symbol.

»Selbstherrlich, blasiert«, übersetzte Leesha. Sie hielt sich die Hände vor den Mund. »Sie merken nicht, was auf sie zukommt! Wir müssen …«

»Vielleicht können wir gar nichts tun.« Favah zeigte auf ein anderes Symbol.

»Insel«, sagte Leesha. »Sie sind auf sich allein gestellt? Vom Rest der Welt abgeschnitten?«

»In nahezu jeder möglichen Zukunft«, sagte Favah. »Eine Säule im Fluss der Zeit.«

»Ich kann ihnen nicht eine mögliche Hilfe versagen, nur weil das Inselsymbol in Richtung des Gebirgstals zeigt«, sagte Leesha. »Was hat es für einen Sinn, in die Zukunft zu blicken, wenn man doch nichts ändern kann?«

»Was es für einen Sinn hat, fragst du?« Favah quollen fast die Augen aus dem Kopf. »Du dummes, hochnäsiges Mädchen! Fünf Minuten lang starrst du auf die Würfel, stellst ein paar Vermutungen an, und schon hast du die Lösung parat? Denkst du, meine Großmutter hätte all ihre Prophezeiungen nach einem flüchtigen Blick gemacht? Oftmals dachte sie eine volle Woche lang ohne Nahrung und ohne Schlaf über eine bedeutsame Frage nach, ehe sie zu einer Antwort gelangte.«

»Ich kann nicht eine Woche lang hungern und die Würfel anglotzen«, sagte Leesha. »Morgen beginnt die Neumondphase, und mir obliegt die Führung einer Grafschaft.«

»Es gibt also keinen Mittelweg zwischen fünf Minuten und einer Woche?«, erwiderte Favah. »Sicherlich kann selbst die großartige Gräfin Papiermacher eine freie Stunde erübrigen, wenn sie nicht gerade Vergewaltiger begnadigt oder ihren Säugling stillt.«

Leesha funkelte sie wütend an, aber die Aura der Frau drückte Gelassenheit aus. Favah deutete auf die Würfel. »Der Sharak Ka hat begonnen, und in diesem Bild stecken Tausende von Geschichten, in denen es um Blutvergießen geht, Leesha vah Erny. Es lohnt sich, sie einer genaueren Betrachtung zu unterziehen. Sie haben es verdient!«

»Meisterin, willst du nicht doch lieber in die Stadt zurückkehren?«, fragte Arther zum tausendsten Mal. Der Erste Minister wirkte ungelenk in seiner hölzernen Rüstung. Mit einer Schreibfeder konnte er geschickter umgehen als mit einem Speer.

Die alagai *werden bei Anbruch der Nacht im Norden des Tals angreifen.* Auf diese Deutung hatten sich Leesha und Favah geeinigt, nachdem sie stundenlang Leeshas letzten *hora*-Wurf studiert hatten. Shaselle und Jaia, die man hinzugezogen hatte, waren unabhängig von Favah oder Leesha zu demselben Schluss gelangt.

Leesha berührte den *hora*-Stab an ihrem Gürtel und fühlte, wie die Magie in ihm pochte. »Ich werde hier gebraucht.«

Stößel stand da wie eine Statue aus Obsidian, aber Leesha konnte die Anspannung des mächtigen Hengstes spüren. Das Tier war bereit, jederzeit loszupreschen. Die silbernen Hufeisen enthielten Dämonenbein und starke Siegel. Der Hengst würde ungeheuer schnell sein, ohne zu ermüden. Mit einem Huftritt konnte er den Schädel eines Baumdämons zertrümmern.

Die Pferde der Hauptmänner und der Lanzenreiter des Tals waren ähnlich ausgestattet. Bei den Rössern handelte es sich teils um riesige angierianische Wildpferde, teils um schlanke, schnelle Renner. Sie stampften unruhig mit den Hufen und versuchten zu steigen, weil die Nervosität ihrer Reiter sich auf sie übertrug.

Leesha befand sich auf dem Gestüt der Familie Hengst, das gleichzeitig das am nördlichsten gelegene Großsiegel der Talgrafschaft war. Es war die am dünnsten besiedelte Gegend, und die weite Graslandschaft eignete sich hervorragend für die Aufzucht und Ausbildung von Kavalleriepferden.

Aber dieses Großsiegel gehörte zu den schwächsten des Tals, da es hauptsächlich von Holzzäunen und ein paar Gebäuden im Mittelpunkt gebildet wurde. Baron Hengst beschäftigte nun Hunderte von Arbeitern, doch die kamen immer noch zu gemeinsamen Mahlzeiten in der Dorfhalle zusammen wie eine große Familie. Dieses Gebiet war zwar zu einer Baronie ernannt worden, aber den ländlichen, schlichten Charakter hatte es sich bewahrt.

Es war anzunehmen, dass die Dämonen hier angreifen würden. Einige gut gezielte Gesteinsbrocken und eine Horde Bäume schwingender Felsendämonen würde genügen, um zahlreiche Breschen in das Siegel zu schlagen, die man dann nicht mehr verteidigen konnte. Wenn dieses Großsiegel fiel, ginge dem Tal die gesamte Pferdezucht verloren.

Leesha hatte angeordnet, die Bewohner tiefer ins Innere des Tals zu bringen, zusammen mit den Pferden, die zu jung oder zu wild waren, um einen Sattel zu tragen. Der Rest von Jons Mannschaft patrouillierte hoch zu Ross an den Rändern des Großsiegels oder versteckte sich mit Bögen im hohen Gras, als die Sonne sich auf den Horizont herabsenkte.

Gared befand sich neben Leesha auf der Hügelkuppe, auf der sie des guten Überblicks wegen Position bezogen hatte. Seine besten Holzfäller und die Lanzenreiter des Tals hielten sich am Fuß des Hügels bereit, auf sein Kommando einzugreifen, sollte irgendwo eine Bresche entstehen.

»Es bedeutet uns sehr viel, dass du bei uns bist, Meisterin.« Jon Hengst auf seinem kolossalen braunen Wildpferd ragte wie ein Turm über Leesha auf. »Hoffentlich stellt sich heraus, dass du deine Zeit hier nur verschwendet hast.«

Heute Nacht wird das Blut in Strömen fließen, hatten die Würfel vorhergesagt.

Wieder tastete Leesha nach ihrem *hora*-Stab. »Das hoffe ich auch.«

Nach Sonnenuntergang steigerte sich die Anspannung. Leesha ließ Stößel im Schritt gehen und umkreiste immer wieder die Hügelkuppe, während sie angestrengt durch ihre versiegelten Augengläser in die Nacht starrte. Aber sie entdeckte weder eine Spur von herannahenden Dämonen noch andere Anzeichen, dass sich irgendetwas Ungewöhnliches zusammenbraute. Die Patrouillen ritten unbehelligt die Grenzen ab, und Kundschafter, die sich außerhalb der Bannzone bewegten, erstatteten regelmäßig Meldung.

»Da stimmt was nicht«, brummte Gared.

Leesha gab ihm recht. Der letzte Dämonenangriff bei Neumond hatte damit begonnen, dass sie Großsiegel bauten, die Belagerungsmaschinen glichen. So etwas ließ sich nicht unbemerkt und ohne Lärm bewerkstelligen.

Aber alles blieb still, bis auf den gelegentlichen Ruf eines Vogels oder das Zirpen der Insekten. Sogar das übliche nächtliche Treiben der Horclinge fehlte.

Leesha drehte an einem ihrer Ohrringe. Sie reichten nicht weit über die Grenzen eines Großsiegels hinaus, aber innerhalb der Talgrafschaft erfolgte eine Verbindung sofort.

»Meisterin«, hörte sie Darsys Stimme in ihrem Ohr.

»Eine Meldung«, sagte Leesha. »In der Umgebung des Gestüts zeigt sich kein einziger Dämon.«

»Im Wald der Kräutersammlerinnen ist auch alles ruhig«, erwiderte Darsy. »Der Hauptmann hat gerade Bericht erstattet. Anscheinend tut sich nirgendwo was.«

In jedem einzelnen Bezirk, mit dem Leesha Verbindung aufnahm, war es dasselbe. Aus irgendwelchen Gründen hielten die Horclinge sich fern. Die Nervosität unter den Menschen nahm zu, man verstärkte die Patrouillen entlang der Grenzen, doch bei Anbruch der Morgendämmerung hatte sich immer noch kein Dämon blicken lassen.

Die alagai *werden bei Einsetzen der Dunkelheit im Norden des Tals angreifen.* Auf diese Deutung der Würfel hatte man sich geeinigt. Was war schiefgelaufen? Waren Leeshas Würfel vielleicht wirklich fehlerhaft?

Noch einmal sah sie in Gedanken das Muster des Wurfs vor sich, das sich nach stundenlangem Studium in ihr Gedächtnis eingebrannt hatte. War dies tatsächlich die Aussage der Würfel gewesen? Oder hatten sie sich in ihrer Deutung beeinflussen lassen, weil sie davon ausgegangen waren, die Talgrafschaft sei das Ziel eines Angriffs ...

Die alagai *werden bei Einsetzen der Dunkelheit nördlich des Tals angreifen.*

Bei der Nacht!

»Arther!« Ein stechender Schmerz zuckte hinter Leeshas Auge. »Sei so gut und schicke Hauptmann Gamon und die Lanzenreiter des Tals nach Norden.«

Arther hob eine Augenbraue. »Meisterin?«

»Wonda, du begleitest sie. Nimm Kendall mit.«

Wonda sperrte Mund und Augen auf. »Meisterin?«

Leesha ballte eine Faust und verwünschte ihren Starrsinn und ihre Arroganz. Aber ihre Stimme klang ruhig. »Ich fürchte, Angiers wird angegriffen.«

4

Araine erzählt

334 NR

Arther und Darsy schlossen zu Leesha auf, als sie sich davon überzeugte, wie weit die Vorbereitungen auf dem Friedhof der Horclinge gediehen waren. »Berichtet.«

»Lazarettzelte für die Erstversorgung der Verletzten sind eingerichtet.« Darsy zeigte auf die weißen Zelte, die den alten Stadtplatz füllten. »Operationsräume im Hospital und in der Akademie der Kräutersammlerinnen stehen bei Bedarf zur Verfügung.«

Leesha nickte. Sie hatte die prächtigen Gewänder, die sie als Gräfin bevorzugte, gegen das blaue Kleid und die Schürze mit den vielen Taschen eingetauscht, die sie jahrelang als Kräutersammlerin getragen hatte. Heute würde es keine Teepolitik geben. Nur Operationsmesser, Nadeln und Blut bis zu den Ellbogen.

»Vorratswagen stehen mit Nahrungsmitteln, Trinkwasser, Seife und Bekleidung bereit«, sagte Arther. »Es gibt behelfsmäßige Latrinen.«

»Die Eimer müssen regelmäßig geleert und gereinigt werden«, ordnete Leesha an. »Wir dürfen nicht riskieren …«

Arthers herablassender Blick ließ sie verstummen. Natürlich wusste er, worauf es ankam, und hatte bereits alles Nötige veranlasst.

»Die Holzfäller …«, begann Leesha.

Wieder dieser Blick. »Sind schon bei der Arbeit und roden Land für die neue Ansiedlung.«

Leesha stieß den Atem aus. »Noch vor Kurzem hatten wir keinen blassen Schimmer, wie man mit Tausenden von Flüchtlingen umgehen muss, die ins Tal strömen.«

»Übung macht den Meister«, sagte Darsy.

»Allerdings …«, hob Arther an.

Leesha und Darsy wandten sich ihm zu. »Ja?«

»Allerdings fürchte ich, dass es sich dieses Mal nicht um Tausende handelt«, sagte Arther. »Die Kuriere nennen wesentlich kleinere Zahlen.«

»Sie müssen sich irren«, sagte Leesha. »Gamon meldet, die Stadt sei verloren.«

Arther nickte. »So ist es.«

Leeshas Kopfschmerzen verstärkten sich. »In Fort Angiers lebten mehr als vierzigtausend Menschen. Und in den umliegenden Dörfern noch einmal an die zwanzigtausend.«

»Mindestens«, bekräftigte Arther. »Aber die Gruppe, die von Gamons Lanzenreitern hierhergeführt wird, besteht angeblich nur aus ein paar Hundert Leuten. Wir müssen uns auf das Schlimmste gefasst machen.«

Leesha warf einen Blick auf ihre Helfer, die auf dem Friedhof der Horclinge hin und her eilten und alle möglichen Vorkehrungen trafen, um einer wahren Flut von Überlebenden sichere Zuflucht zu bieten. »Genau das tun wir doch, oder?«

Darsy legte ihr den Arm um die Schultern. »Dieses Mal waren nicht die Krasianer die Angreifer, Leesh. Dämonen kennen keine Gnade.«

Leesha presste eine Hand gegen ihren Mund und kämpfte gegen die Tränen an. *So viele Tote.*

Schon bald darauf trafen Gamon und seine Lanzenreiter ein. Abgekämpft und in blutigen Fetzen ritten die wenigen Männer, die von dem Trupp noch übrig waren, auf den Platz. Hinter ihnen zog sich eine Karawane aus Flüchtlingen die Straße hinunter. Beschützt wurden sie von einer Handvoll Holzsoldaten und Gebirgsspeeren, von denen die meisten blutdurchtränkte Verbände trugen.

Gamon selbst trug einen Arm in der Schlinge, und als er seinen Helm abnahm, sah man, dass um seinen Kopf ein blutiger Lappen gewickelt war, gelb von Schweiß.

Wonda und Kendall flankierten ihn. Die beiden Frauen waren ebenfalls verdreckt, wirkten jedoch unverletzt. Alle drei hatten eine versteinerte Miene aufgesetzt.

»Sie haben in Nies Abgrund geschaut«, sagte Favah.

Gamon, Wonda und Kendall eskortierten eine einstmals prachtvolle Kutsche. Jetzt rollte sie auf Rädern, die nicht zueinander passten, und eine der Türen war durch ein angenageltes Brett ersetzt worden, auf das man Siegel gemalt hatte. Der Kutscher, der zusammengesunken auf dem Bock kauerte, zügelte die Pferde. Ein zu Tode erschöpfter Lakai rutschte von seinem Sitz herunter und stellte die Trittstufen auf.

»Bei der Nacht!«, stöhnte Leesha. Sie war gar nicht auf den Gedanken gekommen, dass sich Herzog Pether selbst unter den Flüchtlingen befinden könnte. Rein rechtlich gesehen unterstand das Tal immer noch seiner Herrschaft. Konnte er es Leesha jetzt einfach wegnehmen? Würden die Talbewohner so etwas zulassen?

Sie stellte sich Gareds Reaktion vor und wusste, dass es nie so weit kommen würde. Wenn Angiers gefallen war, dann war das Tal frei, egal, was die Familie Rhinebeck dachte.

Aber aus der Kutsche stiegen weder Herzog Pether noch Herzogin Lorain. Nur Minister Jansons halbwüchsiger Sohn Pawl. Der Junge sprang heraus, rückte die Trittstufen zurecht und kletterte dann wieder hinein, um der Herzoginmum beim Verlassen der Kutsche zu helfen. Die alte Frau war nur noch ein Schatten ihrer selbst, die Wangen waren eingefallen, die Augen lagen tief in den Höhlen.

»Sie haben sich nicht einmal die Mühe gemacht, die Mauern anzugreifen.« Araines Hand, mit der sie die Teetasse umklammerte, zitterte. Leesha hatte ein beruhigendes Kraut unter die Teeblätter gemischt. »Sie stiegen durch die Plankenwege nach oben. Direkt vor unseren Augen kamen sie aus dem Boden gekrochen.«

»Was ist aus Pether und Lorain geworden?«, fragte Leesha.

»Sie sind tot.« Araines Blick war in die Ferne gerichtet.

Sie nippte an ihrem Tee, zog eine Grimasse und spuckte ihn vorsichtig in die Tasse zurück. »Du hast mir was in den Tee gegeben? Man merkt, dass du bei Bruna gelernt hast.«

»Trotz des vielen Honigs habt Ihr das halbe Himmelsblütenblatt herausgeschmeckt?«, wunderte sich Leesha.

Araine rümpfte die Nase. »Wenn Leesha Papiermacher Tee serviert, der bereits mit Honig gesüßt ist, weiß ich, was los ist. Mehr Beweise brauche ich nicht.«

»Trinkt ihn«, ordnete Leesha an. »Ihr habt Schreckliches durchgemacht. Der Tee hilft Euch zu entspannen, während Ihr mir erzählt, was passiert ist. Später werdet Ihr gut schlafen können und Euch beim Aufwachen gleich besser fühlen.«

»Nein, danke.« Araine wandte sich an Pawl. »Bring mir eine neue Tasse. Aber mach den Tee selbst.«

»Ja, Mum.« Der Junge wollte ihr die Tasse abnehmen, aber Leesha hielt ihn mit erhobenem Zeigefinger in Schach.

»Trinkt!« Leesha ließ sich von Araines hochmütigem Blick nicht beeindrucken und starrte sie ihrerseits an. »Das ist die Anordnung einer Kräutersammlerin!«

»Pah!« Araine senkte als Erste den Blick und trank den Tee, doch dieser Sieg beunruhigte Leesha. Früher hätte die Herzogin niemals klein beigegeben. Sie wartete, bis Araine den Tee getrunken hatte, dann gab sie Wonda ein Zeichen. Das Mädchen öffnete die Tür und ließ Favah eintreten.

»Was soll das?!« Araine fauchte wie eine wütende Katze.

»*Dama'ting* Favah ist das ranghöchste Mitglied der krasianischen Gesandtschaft im Tal«, sagte Leesha. »Wenn sie bei diesem Gespräch zugegen ist, muss ich ihr Eure Geschichte nicht noch einmal erzählen. In diesem Fall stehen wir alle auf derselben Seite.«

»Den Worten der Tochter des Erny habe ich nichts hinzuzufügen«, bekräftigte Favah. »Die Fehden, mit denen sich unsere Völker am Tage bekriegen, sind angesichts des Sharak Ka Bagatellen. Krasia bietet Euren Leuten eine sichere Zuflucht, und solltet Ihr auf Rache sinnen, unterstützen wir Euch mit unseren Speeren.«

»Ich hatte vier Söhne, *Dama'ting*«, erwiderte Araine. »Einer wurde von Horclingen getötet, die drei anderen von Krasianern. Wenn ihr mir in meinem Trachten nach Vergeltung Beistand leisten wollt, dann müsst ihr die Speere zuerst gegen euch selbst richten.«

Sie wandte sich an Leesha. »Ich werde keine Staatsgeheimnisse verraten ...«

Leesha hieb mit der Faust auf die Armstütze ihres Stuhls, so wie Bruna es zu tun pflegte, wenn sie es satthatte, für dumm verkauft zu werden. Ihre Hand schmerzte mehr als erwartet, aber der Knall, der durch das Zimmer hallte und die Herzoginmum zum Schweigen brachte, machte die Schmerzen mehr als wett.

»Angiers ist verloren«, sagte Leesha. »Es gibt keinen Staat mehr, den es zu beschützen gilt. Wenn die Horclinge darauf aus sind, die Menschen auszurotten, müssen wir aufhören, gegeneinander zu kämpfen.«

Araine blähte die Nasenflügel und ließ langsam ihren Atem entweichen. Leesha hätte nicht sagen können, ob es daran lag, dass ihre Vernunft siegte oder ob die Wirkung der Himmelsblüten einsetzte, jedenfalls plusterte die Herzogin sich nicht mehr auf und erhob auch keinen Einwand, als Favah sich ihr gegenüber auf ein Sofa setzte. Es schien beinahe so als kehrte Araines übliches Selbstbewusstsein zurück, jetzt, da sie einen Feind bei sich im Raum wusste.

»Anfangs glaubten wir, wir könnten den Angriff der Dämonen zurückschlagen«, hob Araine nun an. »Die Gebirgsspeere umstellten die Bresche, doch dann tauchten Felsendämonen auf, und die Feuerwaffen konnten ihnen nichts anhaben. Die Horclinge fegten die Soldaten einfach beiseite und sorgten dafür, dass weitere Dämonen in die Stadt eindringen konnten.« Sie holte tief Luft. »Und dann passierte es.«

Leesha lief es kalt den Rücken herunter. »Was ist passiert?«

»Die Leute fingen an zu meutern«, sagte Araine. »Arbeiter in den Torhäusern attackierten die Wachen und öffneten die Tore. Einfache Bauern schlossen sich zusammen, brachten sich in den Besitz von versiegelten Waffen und stürzten sich auf die Soldaten. Zuerst sah es nach einem Bauernaufstand aus ...«

»Aber es waren gar keine Bauern«, schloss Leesha. »Seelendämonen hatten sich in die Stadt eingeschmuggelt.«

Araine nickte. »Eine Kompanie Holzsoldaten metzelte in den engen Gassen Dutzende von Dämonen nieder, bis ihr Hauptmann seinen Helm abnahm, um sich den Schweiß von der Stirn zu wischen. Wie in einem Anfall von Wahnsinn tötete er zwei Leutnants, ehe er von seinen eigenen Soldaten überwältigt wurde. Die Männer versuchten, ihn am Boden festzuhalten, als eine Rotte Baumdämonen herbeistürmte.«

Araine tippte mit einem Fingernagel gegen ihre Tasse, und sofort schenkte Tarisa ihr Tee nach. »Die ganze Nacht über trafen Berichte dieser Art ein. Aber die meisten Schutzräume blieben unbehelligt, als seien die Menschen, die sich dorthin geflüchtet hatten, nicht das eigentliche Ziel der Dämonen.«

»Sie wollten in den Palast«, riet Leesha.

»Die Außenwälle waren stark und wurden obendrein durch Magie geschützt«, sagte Araine. »Dieses Mal versuchten die Dämonen nicht, durch unterirdische Gänge hineinzugelangen. Sie kamen über die Kurierstraße, wahre Heerscharen von Felddämonen und Baumdämonen, aber die Morgendämmerung war nicht mehr fern, und wir glaubten fest daran, bis zum Sonnenaufgang die Stellung halten zu können.

Die Baumdämonen schleppten kleine Steine an, nicht größer als Melonen. Doch sie schleuderten sie mit einer Zielgenauigkeit, als würde ein Jongleur mit Messern werfen. Es ging ihnen nicht darum, die Mauern zu zertrümmern …«

»Sie wollten die Siegel beschädigen«, sagte Leesha.

»Jede Wache im Palast trug einen Helm mit Gedankensiegeln«, sagte Araine. »Desgleichen die herzogliche Familie und die meisten Bediensteten. Doch das spielte keine Rolle. Eine Küchenmagd erstach mit einem Messer drei Holzsoldaten, und dann kamen Wächter, um uns in die Feste des Palasts zu bringen. Auf dem Weg dorthin sah ich, wie ein Küchenjunge mit einem Nudelholz eine bewachte Treppe hochrannte. Der Junge war höchstens acht, aber er bewegte sich wie ein *dama*, als er den Hieben der Wächter auswich und zwischen ihren Beinen hindurch schlüpfte. Hinter sich ließ er eine Reihe von Männern zurück, die er zu Krüppeln geschlagen hatte.

Mittlerweile hatten wir begriffen, was los war, und zeichneten jedem, dem wir begegneten, Siegel auf die Stirn. Die Feste war gesichert, und Pether, Lorain und ich wurden in einem Raum mit massiven Wänden untergebracht, der sich nur von innen öffnen ließ. Durch einen Spalt in der Tür erstatteten uns die Wachen Bericht.«

Araine legte eine Pause ein und schöpfte Atem. »Pether tobte und raufte sich die Haare, aber urplötzlich … beruhigte er sich. Ich hielt das für einen Segen, doch als ich ihn anschaute, sah ich, dass er seine Krone nicht trug. Er schlenderte zu Lorain hin, als befände er sich auf einem Spaziergang durch den Garten, dann zog er ein Messer und versuchte, ihr die Kehle durchzuschneiden.«

Leesha schnappte erschrocken nach Luft.

»Er verletzte sie, aber sie packte ihn am Arm«, erzählte Araine. »Lorain wog wesentlich mehr als Pether, und die beiden kämpften miteinander. Während sie rangen, sagte Pether, mein frommer Junge, die ... unglaublichsten Sachen.«

»Was hat er denn gesagt?«, wollte Leesha wissen.

»Eher schneide ich mir den Schwanz ab, als ihn noch einmal in deine stinkende Fotze zu stecken.« Araine ahmte Pethers rauen, heiseren Tonfall nach. *»Und ich werde dafür sorgen, dass das faule Ei, das in deinem Bauch heranwächst, niemals auf dem Thron sitzt.«*

»Und dann«, flüsterte Araine, »trat er ihr in den Unterleib. Er trat so lange auf sie ein, bis sie Blut spuckte. Ich ging mit meinem Gehstock auf ihn los, aber mit seiner freien Hand hielt er den Stock fest, und dann verpasste er mir einen Tritt gegen die Hüfte. Als ich wieder halbwegs zu mir kam, hatte er Lorain die Kehle aufgeschlitzt und richtete das Messer gegen mich.«

Wieder sprach Araine mit der schnarrenden Stimme ihres Sohnes. *»Du bist die Nächste, die dran glauben muss, Mutter. Endlich bin ich die Frau losgeworden, mit der Euchor mich heimgesucht hat, aber das Weibsstück, das mich mein Leben lang unterdrückt hat, ist noch am Leben!«*

»Bei der Nacht«, hauchte Leesha. »Wie bist du entkommen?«

»Ich habe mir beizeiten von Kräutersammlerinnen das eine oder andere beibringen lassen, Mädchen«, sagte Araine. »In einem hohlen Armband bewahre ich immer Blendpulver auf. Davon gab ich ihm eine ordentliche Prise zu kosten. Als er nach Luft rang, trat Pawl ihm gegen die Beine und warf ihn zu Boden. Dann half mir der Junge, zur Tür zu humpeln. Als ich mich das letzte Mal umblickte, sah ich, wie mein Sohn sich das Messer in die eigene Kehle stieß.«

»Everam sei uns gnädig«, wisperte Favah.

»Die Wächter in der großen Halle waren alle tot«, fuhr Araine fort, »aber nichts deutete auf einen Kampf mit Horclingen hin. Überall auf dem Boden lagen die Helme mit den Gedankensiegeln. Die Männer hatten sich gegenseitig umgebracht.«

Araine trank ihren Tee aus, und in ihre Augen trat ein abwesender Blick. »Wahrscheinlich sah der Seelendämon mich nicht als eine Bedrohung an und ließ mich nur deshalb am Leben.«

»Ein gewaltiger Irrtum, den der *alagai*-Prinz noch bitter bereuen wird«, bemerkte Favah.

»Das bezweifle ich«, erwiderte Araine. »Durch einen Geheimgang kehrten wir in den Frauenflügel zurück, in dem sich einige meiner Hauswachen verschanzt hatten. In jedem Saal, auf jedem Korridor, wurde gekämpft, und wir waren gezwungen, durch die Tunnel, die den Palast mit dem Bordell verbinden, in die Stadt zu fliehen.

Der Morgen graute und vertrieb die Dämonen, aber die Wachen, die im Palast geblieben waren, schlossen die Tore und sperrten uns aus. Als ich Einlass verlangte, postierten sie Gebirgsspeere, die auf uns feuerten.«

»Selbst am helllichten Tag?«, wunderte sich Leesha.

»Bald wussten wir, dass auch die Wächter an den Stadttoren von den Seelendämonen beeinflusst worden waren«, sagte Araine. »Nachdem sie die Tore geschlossen hatten, zerstörten sie die Winden. Sie sagten, nur so könnten sie die Dämonen aus der Stadt fernhalten. Dass sie uns gleichzeitig in Angiers einschlossen, kümmerte sie nicht.

Nicht alle Wächter wurden von den Seelendämonen gelenkt. Aber man konnte nicht erkennen, wer von ihnen gesteuert wurde und wer nicht. Man sah es den Leuten nicht an. Auch die, welche dem Willen der Seelendämonen unterworfen waren, bewegten sich völlig frei im Sonnenlicht, trugen Helme mit Gedankensiegeln, pflegten ihre Kleidung und ihre Waffen und benahmen sich in jeder Weise normal – bis jemand versuchte, die Stadt zu verlassen. ›Befehl des Herzogs!‹, schnauzten sie und stellten sich einem in den Weg, als sei dies die übliche Routine. Wenn man sie darauf hinwies, Seine Gnaden sei tot, schienen sie das gar nicht zu hören. Doch erst als ein Kurier versuchte, über die Stadtmauer zu klettern, und die Gebirgsspeere ihn in den Rücken schossen, begriffen wir, in welcher Gefahr wir schwebten. Wir versuchten, die Torhäuser zu stürmen, aber die Wächter hatten sich drinnen verbarrikadiert und die Mauerkronen mit Gebirgsspeeren bemannt.«

»Ihr wart gefangen, wie *alagai* im Labyrinth«, sagte Favah.

»Wir taten, was wir konnten«, sagte Araine. »Mittlerweile trug jeder in der Stadt Gedankensiegel auf der Stirn. Mit Donnerstöcken brachten wir die unterirdischen Tunnel zum Einsturz, durch die die Horclinge eindrangen, doch es schien nicht viel zu nützen. Die Palastwachen malten die Fenster schwarz an und zogen die Vorhänge zu, und dann wussten wir Bescheid. Die Dämonen brauchten nicht in die Stadt einzudringen. In Wahrheit hatten sie sie niemals verlassen.

In der folgenden Nacht fingen die Dämonen an, die Plankenwege rings um den Palast in ein Großsiegel zu verwandeln, und es passierte immer häufiger, dass die Menschen sich gegenseitig umbrachten. Keiner traute mehr dem anderen, und die Anzahl der Wachen auf den inneren und äußeren Wehrmauern wuchs ständig an.«

»Ich verstehe nicht, was die *alagai* damit bezwecken wollen«, sagte Favah.

»Sie trennen uns von unseren Verbündeten«, sagte Leesha. »Es geht ihnen darum, uns zu isolieren.«

»Das weiß ich auch«, sagte Favah. »Ich bin nicht dumm. Mir geht es um etwas ganz anderes. Mitleid, Erbarmen, ist den *alagai* fremd. Welchen Sinn hat es, die Stadt einzunehmen und die Bewohner am Leben zu lassen?«

»Sie wollen die Stadt nicht zerstören«, entgegnete Leesha. »Sie soll unversehrt bleiben und ihnen als … Speisekammer dienen.«

Darauf wusste keine der Frauen etwas zu erwidern, und Leesha war es recht so. Sie glaubte nicht, dass Inevera Favah von dem drohenden Schwarm erzählt hatte, und je weniger Leute in Arlens und Jardirs Pläne eingeweiht waren, umso besser.

»Wie seid ihr herausgekommen?«, fragte Leesha.

»Mit Pawls Hilfe.« Araine tätschelte die Hand des Jungen. »Er kennt sämtliche Schleichwege und hatte … Kontakte in der Stadt, die uns an den Posten an der Mauer vorbeischmuggeln konnten.«

Leesha sah den Jungen an, der sich unter ihrem forschenden Blick zu winden schien. »Wenn du die Herzogin rausbringen konntest, wäre es dir dann auch möglich, Leute in die Stadt einzuschleusen?«

»Ein paar vielleicht«, sagte Pawl. »Aber keine größere Gruppe.«

»Jemand soll in die Stadt *reingehen*?«, fragte Araine. »Bist du von Sinnen, Mädchen?«

»Ich liefere nicht Tausende von Menschen einem Seelendämon aus«, sagte Leesha. »Wenn wir diese Leute retten wollen, müssen wir sie vor der nächsten Neumondphase aus der Stadt holen.«

Araine sank auf ihrem Stuhl zusammen. Der Himmelsblütenaufguss und die Erschöpfung forderten ihren Tribut. »Mag sein. Jetzt ist es dein Kampf. Die Rhinebeck-Linie ist am Ende.«

»Unsinn«, widersprach Leesha. »Noch lebt die Herzoginmutter.«

»Sie ist eine Greisin ohne Nachkommen, die den Titel erben könnten.«

»Meiner Einschätzung nach seid Ihr noch jung«, sagte Favah. »Wollt Ihr Euer Volk im Stich lassen und darauf warten, dass der einsame Pfad sich vor Euch auftut?«

Araine sah die *dama'ting* an, doch ihr Kampfgeist hatte sie verlassen. Jetzt war sie nur noch eine gebrochene alte Frau.

»Über diese Frage solltet Ihr nachdenken, wenn Ihr Euch ausgeruht habt.« Leesha läutete eine Glocke, und Melny erschien. Die junge, im Exil lebende Herzogin trug immer noch das schlichte Kleid einer Haushälterin und darüber eine Schürze. Favah musterte sie, stufte sie als Dienerin ein und würdigte sie dann keines Blickes mehr.

»Das ist Melny, die bei einer Kräutersammlerin in die Lehre geht«, stellte Leesha das Mädchen vor. »Sie wird Eure Kammerzofe sein, Herzogin Araine. In ihrem Leib wächst ein strammer, gesunder Junge heran, aber bis zur Geburt sind es noch ein paar Monate. Ihr werdet feststellen, dass sie fleißig arbeiten kann.«

Araine ließ sich nichts anmerken, als ihre Schwiegertochter zu ihr ging. Pawl half der alten Frau beim Aufstehen, und auf die beiden jungen Leute gestützt, schlurfte die Herzogin zur Tür.

Beim Hinausgehen sah Araine sich noch einmal um und suchte Leeshas Blick. In den Augen de Herzogin schimmerten Tränen.

»Ich danke dir von Herzen, Gräfin.«

5

Wölfe

334 NR

Inevera spähte durch die Siegelglasfenster ihrer Kutsche und beobachtete die in schmutzige schwarze Trachten gekleideten *Sharum*, die zu beiden Seiten der Straße durch die Büsche und Hügel strolchten.

Everams Wölfe verfolgten sie schon seit Stunden.

Die Strapaze, über eine so große Entfernung mit Ashia zu sprechen, war nicht spurlos an ihr vorübergegangen. Tagelang war ihr schwindelig gewesen, doch die Antworten, die ihr die Würfel nach diesen Gesprächen gaben, wogen die Leiden wieder auf. Sie gewährten ihr zumindest einen kleinen Einblick in die Pläne der *alagai*-Prinzlinge.

– Der Brunnen ist schwächer als das Füllhorn. –

Everams Brunnen. Dazu gehörte die gesamte von Feuchtgebieten und Sümpfen durchzogene Tiefebene, die Krasia für sich beanspruchte. Die Streitmacht dieses Landstrichs war vernichtet, die Anführer waren tot. Wenn die *alagai* die Tiefebene einnahmen, konnten sie direkt an der Schwelle zu Everams Füllhorn Großsiegel anlegen.

Das bedeutete, dass Dockstadt die nächste – die einzige – noch verbliebene Verteidigungslinie darstellte. Sollten die *alagai* Dockstadt überrennen, konnte sie nichts mehr daran hindern, die Tieflandbewohner in den Dörfern abzuschlachten und ein riesiges Gebiet zu erobern.

– Alagai Ka *sehen zu.* –

Sehen zu. Nicht *sieht zu*. Die Dämonenprinzen würden beim nächsten Erlöschen des Mondes in Scharen auftauchen. Selbst jetzt bespitzelten sie die Oberfläche durch die Augen ihrer Drohnen.

– *Der Einsatz zu vieler Krieger kann auf Abwege führen.* –

Zuweilen hasste Inevera die vagen Aussagen der Würfel, so wie Ahmann ihre Ungenauigkeit verabscheute. Wie viele Krieger waren *zu viele*? Wie stark konnte sie die Verteidigungsmaßnahmen Dockstadts ausbauen, ohne dass die Dämonen es merkten und sich ein anderes Ziel für ihren Angriff suchten?

– *Die* Damajah *muss als Köder für die Falle dienen.* –

Also war sie persönlich hergereist. Jede Zukunft, in der Inevera in Everams Füllhorn blieb, warf einen Schatten auf die Zukunft von Everams Brunnen. Während ihrer Abwesenheit nahm Amanvah den Sitz auf Ineveras Bett aus Kissen neben dem Schädelthron ein. Sie und ihr Bruder teilten sich widerstrebend die Macht, doch die Würfel versprachen Ausgewogenheit.

Inevera hatte drei ihrer Schwestergemahlinnen mit auf die Reise genommen, Umshala vom Stamm der Khanjin, Justya von den Shunjin und Qasha von den Sharach. Außerdem eine Gruppe *shar'dama* und *dama'ting*. Für ihren Schutz sorgten ihre persönlichen Leibwächter, zudem fünfhundert *Sharum'ting*, die Ashia und ihre Speerschwestern persönlich ausgebildet hatten. Allerdings waren die Frauen nicht kampferprobt, sie eskortierten die Karawane und stellten keine echte Verstärkung der Truppen dar. Inevera ging davon aus, dass ihre Anzahl zu gering war, um Aufmerksamkeit zu erregen.

Amanvah gefiel es nicht, von ihrer Schwestergemahlin getrennt zu werden, zumal beide ein Kind erwarteten, aber anders ließ es sich nicht einrichten. Die *Sharum'ting Ka* wurde gebraucht. Sikvah war noch nicht einmal in der ersten Hälfte der Schwangerschaft, ihr Bauch hatte sich kaum gerundet, und unter ihrer gepanzerten Kluft fiel die leichte Wölbung nicht auf. Sie und Asukaji fuhren in Ineveras Kutsche mit.

Ihr Neffe war schlecht gelaunt. Seit seiner Heilung erkannte sie in seiner Aura Scham und Reue. Mit mürrischer Miene starrte er aus dem Kutschenfenster. Er wusste genau, dass Inevera ihn als Geisel mitgenommen hatte, und nicht etwa, weil er in Dockstadt eine führende Rolle übernehmen sollte. Er diente seiner Tante als Garantie dafür, dass Asome während ihrer Abwesenheit nicht auf dumme Gedanken kam.

»Sie haben uns umzingelt«, bemerkte er.

»Jarvah hatte uns bereits vorgewarnt«, sagte Sikvah. »Everams Wölfe sind fett geworden, seit sie die Grünen Länder ausplündern. Dennoch sind sie unersättlich in ihrer Gier. Und Jurim wird nur in Begleitung seiner Männer auftauchen.«

– Die Wölfe haben viel zu lange von der Freiheit gekostet. –

»Jurim ist eine verlorene Seele«, sagte Inevera. »Der letzte *kaï'Sharum* von Ahmanns ursprünglicher Elitetruppe, die sich die Speere des Erlösers nannte. Bei den *Sharum* steht Jurim hoch in Ansehen und Ehre.«

»Ein so ehrenwerter Krieger sollte vor uns auf die Knie sinken, die Hände auf dem Boden«, sagte Asukaji. »Stattdessen bedroht er uns.«

Inevera schüttelte den Kopf. »Vor einer Frau würde er niemals niederknien. Auch nicht vor einem Knaben in weißer Tracht, den er obendrein kaum kennt. Jurim ist ein echtes Kind des Labyrinths. Seine Loyalität gilt den Anführern der *Sharum*. Ahmann und Shanjat haben sich in den Abgrund begeben. Jayan ist tot. Hoshkamin hat sich noch nicht bewährt. Hasik hatte er sich untergeordnet, doch der ist jetzt ein Ausgestoßener und ein Eunuch. Welcher Krieger ist ihm an Ruhm und Ehre überlegen?«

»Ich bin sein *Damaji*!« Asukaji ballte die Fäuste.

»Für ihn bist du immer noch ein Junge. Er hat dich in Erinnerung, wie du als Säugling an der Brust deiner Mutter genuckelt hast«, sagte Inevera.

»Vielleicht kann ich ihm heute beweisen, was in der Zwischenzeit aus mir geworden ist!«

»Du wirst gar nichts tun«, stutzte Inevera ihn zurecht. »Ich werde mit Jurim reden.«

»Damajah«, sagte Sikvah, als Asukaji wieder in trübsinniges Schweigen verfiel. »Jurim wird von mehr als dreihundert Elite-*dal'Sharum* begleitet. Für dich wäre es viel zu gefährlich …«

Inevera warf ihr einen Blick zu, und das Mädchen verstummte. Ashia war fort, doch es schien, als sei die ihr eigene Wachsamkeit mit dem weißen Kopftuch auf Sikvah übergegangen.

»Wir können nicht mehr Krieger aus Everams Füllhorn hierherbringen, ohne die *alagai* auf unsere Pläne aufmerksam zu machen«, sagte Inevera. »Und aus anderen Orten ist keine Verstärkung zu erwarten. Wir sind auf Jurim und seine Männer angewiesen, wenn wir das nächste Erlöschen des Mondes überleben wollen.«

»Es heißt, Hasik hätte über tausend *Sharum* im Kloster der Morgendämmerung versammelt«, warf Asukaji ein. »Vielleicht hätten wir lieber dorthin reisen sollen. Ich denke, wir sollten uns unverzüglich zu Hasik begeben und ihn an seinen Treueeid erinnern.«

»Darum kümmert sich bereits deine Schwester«, sagte Inevera. »Aber verrate es niemandem. Dieses Wissen bleibt strikt unter uns.«

Asukaji sperrte Mund und Augen auf. »Ashia? Du hast sie in den Norden geschickt? Wo ist mein Sohn?«

Inevera verpasste ihm eine Ohrfeige. Verdattert blinzelte er sie an. In seinem ganzen Leben, in dem sich alles darum drehte, ihn zu verhätscheln und zu verwöhnen, war er noch niemals geschlagen worden. Sikvah betrachtete prüfend die Siegel, die auf ihre Fingernägel gemalt waren, und gab vor, von alledem nichts mitzubekommen.

»Dein *Neffe* ist bei seiner Mutter und wandert mit ihr am Rande des Abgrunds, weil du versucht hast, sie zu ermorden, und ihr Schicksal aus der Bahn geworfen hast. Mittlerweile befindet sie sich ganz in Hasiks Nähe. Sie wird den *khaffit* befreien, der sein Gefangener ist.«

»Den *khaffit*? Du gefährdest das Leben meiner Schwester und das Leben des einzigen Enkelsohns des Erlösers – der auch *dein* einziger Enkelsohn ist –, um diesen fetten Schweinefresser zu retten?«

»Ich setzte Ashia und Kaji einer Gefahr aus, weil der Sharak Ka es erfordert«, entgegnete Inevera. »Die Würfel sagen, dass der *khaffit* immer noch eine wichtige Rolle spielen wird.«

Asukaji fasste sich wieder, rutschte von der Sitzbank und kniete vor Inevera nieder. »Vielleicht gilt das auch für mich. Entsende mich in den Norden, *Damajah*. Ich werde meiner Schwester und meinem ... Neffen folgen und versuchen, ihnen zu helfen.«

Inevera legte eine Hand auf seine Schulter. »Endlich zeigst du Demut, *Damaji*, und deshalb sage ich dir mit allem Respekt, dass du für eine solche Aufgabe nicht geeignet bist. Es mangelt dir an der erforderlichen Ausbildung und am nötigen Geschick. Die Sumpfgebiete sind groß, es gibt wenig Nahrung und wenig Trinkwasser, und selbst wer gelernt hat, in einer derartigen Gegend zu überleben, hat es ungemein schwer. Außerdem wimmelt es dort von Dämonen, die sich im Morast zu tarnen verstehen und ihre nichts ahnenden Opfer mit ätzender Säure bespucken.«

Asukaji hob den Kopf und blickte ihr in die Augen. »Und dahin hast du meine Schwester und ein kleines Kind geschickt?«

Inevera nickte. »Und von jemandem wie dir benötigen sie keine Hilfe. Du würdest Gefahr laufen, von Ashia selbst getötet zu werden, sobald sie dich sieht. Der Erlöser hätte dich nicht geheilt, wenn dir nicht ebenfalls eine Rolle im Sharak Ka zukäme. Fasse dich in Geduld, und Everam wird dir beizeiten enthüllen, welche Pläne er mit dir hat.«

Asukaji zwang sich, ruhig zu bleiben, und verneigte sich. »Wie du befiehlst, *Damajah*.«

Nach der nächsten Biegung verlief die Straße fast eine Meile lang gerade bergan. Auf der Spitze des Hügels wurden sie von Jarvah, Jurim und seinen Leutnants erwartet. Die ideale Stelle für einen Hinterhalt. Als die Pferde sich die Steigung hochkämpften, rückten die Wölfe an und trennten Ineveras Kutsche von den anderen Wagen und den *Sharum'ting*.

Asukaji und Sikvah stiegen als erste aus der Kutsche und postierten sich zu beiden Seiten der Trittstufen, als Inevera das Gefährt verließ. Die *Damajah* trug Gewänder aus blutroter Seide.

Jurim und seine Männer überragten die zierliche Jarvah auf ihrem kleinen, schlanken Renner. Wie erwartet, beachteten die Wölfe das Mädchen kaum, sondern richteten ihr Augenmerk auf Inevera, ihre Eunuchen-Leibwächter, Asukaji und Sikvah.

»*Damajah*.« Jurim verneigte sich respektvoll, aber nicht so tief, wie es ihr Rang verlangte. Mit nichts anderem hatte Inevera gerechnet, und trotzdem wurmte sie die Arroganz des Mannes. Sie merkte, dass auch ihr Neffe verprellt war.

»Jurim.« Sie verneigte sich nicht. »Es freut mich, dich zu sehen.«

»Du kannst dich glücklich schätzen, dass ich diesem Treffen überhaupt zugestimmt habe, nachdem deine *Sharum'ting*-Hure einem meiner Männer die Hand abgeschnitten hat.«

Hinter ihrem Schleier lächelte Inevera. »Dann hat er damit vermutlich etwas getan, das Everam nicht gutheißt.« Jurim blökte wie ein Kamel, widersprach ihr aber nicht.

»Du wirst in Everams Brunnen gebraucht«, sagte Inevera. »Reite mit deinen Männern gen Norden, aber es muss so aussehen, als würden sich unsere Wege hier trennen. Kehrt dann in einem Bogen zurück, und in Everams Brunnen stoßt ihr wieder zu uns. Melde dich gleich nach deiner Ankunft bei Exerziermeister Qeran.«

Sie wandte sich zum Gehen und sandte ein Stoßgebet zu Everam, dass ihr Befehl befolgt werden möge.

»Und wenn ich es nicht will?«, fragte Jurim. Sie hielt inne und drehte sich zu ihm um.

»Der Sharak Ka hat begonnen. Wie kann es da von Belang sein, was *du* dir wünschst?«, fragte sie.

»Der Sharak Ka!«, brüllte Jurim. »Ein Mythos, um Krieger zum Gehorsam zu zwingen. Bluten und sterben wir in den Grünen Ländern für den Sharak Ka? Wurde Jayan für den Sharak Ka nach Angiers geschickt, um dort zu fallen? Oder dient das alles nur dazu, Ruhm und Ehre einiger weniger Menschen zu mehren?

Im Gegensatz zu Ahmann hat der Sharak Ka mich nie in seinen Bann gezogen.« Jurim drehte sich um und begann, auf und ab zu laufen. »Aber Ahmann wollte ja niemals wissen, was mich fesselte und was nicht. Er hat mich auch nie mit Ruhm und Ehre überhäuft, wie er es mit Hasik und Shanjat tat. Ich bin immer zu kurz gekommen. Schon im *sharaj* stand in der Essensschlange ständig jemand vor mir.«

»Dir bleibt immer noch Zeit genug, um Größe zu erlangen, Jurim«, sagte Inevera.

»Ruhm ist wie der Rauch einer brennenden Laterne, *Damajah*. Er entzieht sich den Händen, die danach greifen, lässt sich nicht festhalten, und man kann ihn nicht für schöne Dinge ausgeben.« Mit einer weit ausholenden Geste deutete Jurim auf das Land, das sich unter ihnen ausbreitete. »Die Grünen Länder sind unendlich groß. Die Männer, die hier leben, sind schwach, und ihre

Frauen sind verweichlicht. Hier gibt es Dörfer voller Schätze, die nur darauf warten, erbeutet zu werden. Sage mir, warum meine Männer und ich zurückkehren sollten, um für *Ruhm* zu kämpfen und zu sterben?«

»Wenn du dich weigerst, gelten deine Wölfe sowohl in Krasia als auch im Tal als Ausgestoßene«, sagte Inevera. »Wie lange mag es wohl dauern, bis ihr zwischen diesen beiden Fronten zerquetscht werdet?«

»Es gibt noch andere Mächte in den Grünen Ländern«, behauptete Jurim.

»Meinst du Hasik?« Inevera lachte. »Wie wollen sich deine Wölfe mit den verweichlichten Nordländerinnen vergnügen, wenn Hasik sie zu Eunuchen macht?«

Jurim stützte sich auf seinen Speer. »Soll ich mich lieber dem versoffenen, verkrüppelten Exerziermeister unterwerfen, der mich im Labyrinth von einer zwanzig Fuß hohen Mauer gestoßen hat, weil ich einen *khaffit* ausgelacht habe?«

»Damals war Abban noch kein *khaffit*«, stellte Inevera richtig. »Er war einer von deinen *nie'Sharum*-Brüdern.«

Jurim spuckte ihr vor die Füße. »Ein *khaffit* ist immer ein *khaffit*, auch wenn seine wahre Natur sich noch nicht offenbart hat.«

»*Sharum*-Köter!« Asukaji hob drohend eine Faust. »Auf die Knie mit dir und flehe die *Damajah* um Vergebung an, oder ich ...«

Jurim brach in sein blökendes Gelächter aus, das an die Schreie eines Kamels erinnerte, und seine Leutnants hoben ihre Armbrüste. Es hatte eine Zeit gegeben, da galten derlei Waffen bei den Kaji-*Sharum* als unehrenhaft, doch den Wölfen war jedes Ehrgefühl abhandengekommen.

»Du würdest deinen Männern befehlen, ihren eigenen *Damaji* zu erschießen?«, fragte Asukaji. Inevera fragte sich, wie unbedarft der Junge sein musste, um darüber noch schockiert zu sein.

Abermals blökte Jurim. »Ich habe schon mit dem Erlöser *alagai* im Labyrinth getötet, Knabe, bevor Ashan sich die Nase zuhielt und deine hässliche Mutter vögelte. Ich brauche meine Männer nicht, um einen rotznasigen *push'ting* wie dich umzubringen.«

»Dann sag deinen Männern, sie sollen ihre Armbrüste senken«, knurrte Asukaji und hob seinen Fechtstock.

Jurim schnaubte. »Du hast hier nichts zu sagen, Knabe. Kriech nach Hause zurück und lutsche weiter an der Brust deiner Mutter!«

Inevera näherte sich dem Kriegsherrn. Anmutig wie eine Kissentänzerin wiegte sie sich gerade weit genug in den Hüften, um Jurims Blicke auf sich zu ziehen.

»Ahmann war dir vielleicht verfallen, *Damajah*, aber bei mir wirkt dein Zauber nicht«, sagte der Kriegsherr. »Und bei Tag ist deine Dämonenmagie nichts wert.«

Inevera zeigte ihm ihre leeren Hände. »In der Essensschlange steht jetzt aber keiner mehr vor dir, Jurim.« Langsam ging sie weiter auf ihn zu und bewegte sich dabei so, dass ihr Seidengewand sich um ihre weiblichen Rundungen spannte. »Ahmann und Shanjat sind verschollen. Hasik ist ein Eunuch und lebt in der Verbannung. Qeran ist ein Krüppel und einem *khaffit* unterstellt. Die *Sharum* brauchen einen wahren Anführer, falls du den Ehrgeiz entwickelst, mehr zu leisten als *chin*-Dörfer zu überfallen.«

Inevera kam ihm immer näher, und zum ersten Mal wagte es Jurim, sie offen anzustarren. »Möge Everam mich verfluchen, weil ich die Wahrheit nicht schon früher erkannte, damals, als du durchsichtige Seidengewänder trugst, um den *Shar'Dama Ka* zu betören und seinen Hof zu provozieren.«

»Von welcher Wahrheit sprichst du, *Kai'Sharum*?«, fragte Inevera.

»Wir alle dachten, du hättest Ahmann durch Dämonenmagie verhext, aber vielleicht war es doch nur die Magie einer Frau.« Jurim streckte die Hand aus, um ihr Haar zu berühren.

Blitzschnell packte Inevera seinen Daumen, zog mit einem heftigen Ruck an seinem Arm und verdrehte ihn gleichzeitig. Geschmeidig glitt sie in eine Skorpionpose, beugte sich vornüber und rammte ihm über ihren Rücken hinweg den Fuß gegen die Brust.

Jurim schlug schwer auf dem Boden auf, aber er war ein Speer des Erlösers und fing sich sofort wieder. Er nutzte den Schwung des Aufpralls, um auf die Füße zu schnellen, den Speer zum Stoß erhoben.

Inevera hatte nicht vor, weiterzukämpfen. Sie glättete ihr Gewand und verhüllte die weiblichen Formen, die sie gerade eben noch zur Schau gestellt hatte. »Das ist deine letzte Chance, Jurim, auf die Knie zu fallen und deine Stirn in den Staub zu drücken.«

Jurim blökte wieder wie ein brüllendes Kamel und sah seine Leutnants an, die ihre Armbrüste gesenkt hatten.

Inevera neigte kaum merklich den Kopf. Auf dieses Zeichen hin spannte Jarvah sich an, stieß sich vom Sattel ihres Pferdes ab und sprang einen der Männer an. Mit einem Fußtritt brach sie seine Hüfte und schleuderte ihn vom Rücken seines Gauls, während sie ihm im selben Moment die Waffe aus den Händen riss.

Ehe die anderen eingreifen konnten, hob Jarvah die Armbrust und schoss einem Unterleutnant einen Bolzen in die ungeschützte Leiste. Der Mann jaulte auf, ließ seine Waffe fallen und umklammerte den gefiederten Schaft, der ihn am Sattel festnagelte.

Dann trat Sikvah in Aktion. Ihr Wurfglas bohrte sich in die Hand eines Kriegers. Seine Armbrust fiel zu Boden, der Pfeil löste sich, richtete aber keinen Schaden an. Ein weiterer Krieger richtete seine Armbrust auf sie. Jarvah sprang über die Rücken dreier Pferde, trat einen Fuß des Mannes aus dem Steigbügel und stieß ihn von seinem Ross. Der andere Fuß blieb im Steigbügel hängen, und sein Bein brach mit einem vernehmlichen Knacken. Kopfüber hing er am Sattel, der Schädel nur wenige Zoll vom Boden entfernt, als Jarvah neben ihm landete.

Die übrigen Leutnants schwenkten schreiend ihre Waffen und versuchten, diese ungemein wendige Frau anzupeilen. Jarvah rannte zwischen die Pferde und verschwand, als Sikvah ihren Speer schleuderte und einen Mann an der Schulter traf. Ein Krieger hatte sie im Visier, doch Asukaji holte mit seiner Peitsche, dem gefürchteten *alagai*-Schwanz, aus und schlug ihm die Waffe aus der Hand.

Wieder ein wildes Gebrüll, und ein Krieger aus den hinteren Reihen rutschte von seinem Pferd, mitten hinein in die aufgeregt stampfenden Rösser. Jarvah hatte seinen Sattelgurt durchgeschnitten.

Der letzte noch unversehrte *dal'Sharum* suchte noch hektisch zwischen den Pferden nach dem Mädchen, als sie sich von hinten an ihn heranpirschte und so mühelos auf den Rücken seines Tieres kletterte, als würde sie ein paar Treppenstufen hochflitzen. Ehe er wusste, wie ihm geschah, hielt sie ihn in einem Würgegriff umklammert und setzte ihm ihr gläsernes Messer an die Kehle.

»Ziele auf deinen *kai*!«, zischte sie.

Mit weit aufgerissenen Augen und bebenden Händen richtete der Krieger seine Waffe auf Jurim. Nach einer Weile wandte sich Jurim Inevera zu.

»Von nun an ist dein Schicksal mit dem unseren eng verbunden, Jurim. Alle deine Männer sehen zu.« Inevera begann, eine alte Redewendung der *Sharum* zu zitieren. *»Der einzige Ausweg aus dem Labyrinth …«*

»… führt mittendurch.« Jurim bleckte die Zähne und stürzte sich mit vorgerecktem Speer auf Inevera.

Er war ein hervorragender Kämpfer, ahnte, wie Inevera sich verteidigen würde, und änderte noch vor dem Zustoßen seine

Taktik. Inevera gelang es, ihn abzuwehren, aber der Speerschaft knallte schmerzhaft gegen ihre Unterarme. Dieses Mal war Jurim auf ihren Skorpiontritt vorbereitet, wich seitwärts aus und riss seinen Schild vom Rücken.

Jurim hatte nicht geprahlt, als er sich seiner Kampfkünste rühmte. Ahmann hatte seine Leutnants persönlich ausgebildet, und Jurims *sharukin* waren meisterhaft ausgeführt. Mit dem Speer als Angriffswaffe und dem Schild zu seinem Schutz bot er kaum eine Blöße.

Aber wie die meisten Krieger, so hatte auch Jurim noch nie zuvor gegen eine *dama'ting* gekämpft. Inevera rückte so dicht an ihn heran, dass sein langer Speer ihn nur behinderte.

Er war behände genug, um ihre Tritte und Schläge abzublocken, ließ bestimmte Körperstellen ungeschützt, um die zu decken, an denen er verletzlicher war. Inevera stieß ihre Finger in alle Konvergenzpunkte, die sie erreichen konnte. Tigerrippe. Klapperschlange. Schmerzen durchzuckten ihn, aber der Krieger steckte sie mühelos weg. Dann versuchte er, sie mit seinem Schild abzuwehren.

Inevera warf sich in den Schlag hinein, rollte über den gewölbten Schild und befand sich plötzlich hinter Jurim. Zwischen seinem Helm und der Panzerung klaffte eine Lücke. Inevera krallte ihre Hände ineinander und schlug in heiligem Zorn zu.

Richtig ausgeführt, traf der Schlag das Rückgrat wie ein Peitschenhieb. Der Gegner war minutenlang gelähmt, und die Beweglichkeit kehrte nur langsam zurück.

Falsch ausgeführt, wurde der Gegner entweder sofort getötet, oder er blieb für immer gelähmt.

Jurim schnappte nach Luft und kippte um, wobei er auf der Seite landete. Er war außerstande, sich zu bewegen, zuckte nicht einmal. Sein Speer rutschte klappernd davon, der schwere Schild lastete auf seinem reglosen Körper.

Inevera trat ihm den Helm vom Kopf, packte den *kai'Sharum* bei den eingeölten Haarlocken und drehte sein Gesicht so, dass er seinen Leutnants in die Augen blicken konnte. Die Männer lagen ebenfalls geschlagen am Boden, doch sie waren bei vollem Bewusstsein und wurden Zeugen seiner Niederlage.

Sie beugte sich dicht über ihn und flüsterte in sein Ohr: »Erinnerst du dich, was Ahmann vor vielen Jahren mit Hasik machte, vor all diesen Männern?«

Jurim schluckte. Zu mehr war er nicht imstande. »Ja, *Damajah.*«

»Brauchst du dieselbe Lektion?«, fragte Inevera.

Die Speere des Erlösers waren darauf gedrillt, Schmerzen zu ertragen, aber auf das, was Jurim jetzt durchlitt, konnte sich kein Mann vorbereiten. Sein Körper, der ihn noch nie im Stich gelassen hatte, gehorchte ihm nicht mehr. Tränen stiegen ihm in die Augen, als er verzweifelt versuchte, sich zu bewegen. »Nein, *Damajah.*«

»Was wirst du tun?«

»Ich werde mit Everams Wölfen gen Norden reiten und so tun, als trennten sich unsere Wege«, sagte Jurim. »In einem Bogen kehren wir querfeldein zurück und stoßen in Everams Brunnen wieder zu euch. Bei meiner Ankunft melde ich mich bei Exerziermeister Qeran.«

»Gut.« Inevera streichelte sein Haar als wäre er ein Haustier. »Dann müssen wir uns nur noch um dein Lachen kümmern.«

In Jurims Augen flackerte erneut die Angst auf. »Mein ... Lachen?«

»Dieses widerliche Blöken, das sich wie das Brüllen eines Kamels anhört, hat dich schon einmal in Schwierigkeiten gebracht.« Inevera stieß ihn auf den Rücken, hob sein taubes Bein an und legte es auf ihre Schulter, damit der Krieger es sehen konnte. »Ich habe dein Bein behandelt, als Exerziermeister Qeran dich von der Mauer stieß. Der Knochen brach ... genau hier.«

Sie schlug zu, und Jurim heulte auf. Er fühlte nichts, doch das minderte nicht sein Entsetzen, als er wieder einmal sah, wie der Knochen aus dem Schenkel herausragte.

»Ich könnte dies in wenigen Augenblicken heilen.« Inevera ließ das gebrochene Bein brutal auf den Boden zurückfallen. »Aber du kamst dir ja besonders schlau vor, als du darauf bestanden hast, uns dann zu treffen, wenn die Sonne hoch am Himmel steht.«

Jurim hörte auf zu heulen, aber er knirschte mit den Zähnen und stöhnte.

»Du hast den ganzen Tag lang Zeit zum Nachdenken«, sagte Inevera. »Bei Anbruch der Nacht wirst du vor mir niederknien und mir noch einmal die Treue schwören. Vielleicht heile ich dann deine gebrochenen Knochen.«

In der Abenddämmerung krochen Jurim und seine Leutnants zu Inevera, um ihre Eide zu leisten. Die *Damajah* hielt ihr Versprechen, heilte Jurims Bein und befahl ihren Schwestergemahlinnen, sich um die verletzten *Sharum* zu kümmern.

Ihre Siegel verhinderten, dass die *alagai* ihnen zu nahe kamen. Kaum waren Jurim und seine Leutnants geheilt, da ergriffen sie die Flucht und nahmen Everams Wölfe mit sich. Während ihres Rückzugs fochten sie mit Ineveras *sharum'ting* Scharmützel aus, aber es waren Scheingefechte, und auf beiden Seiten trugen nur ein paar Übereifrige, die zu sehr in ihrer Rolle aufgingen, kleinere Verletzungen davon.

»Die Spitzel der *alagai* werden annehmen, ein uneiniges Volk hätte es wieder einmal nicht geschafft, ein Bündnis zu schmieden«, sagte Inevera.

»Gibt es denn ein solches Bündnis, *Damajah*?«, hakte Sikva nach. »Kann man sich darauf verlassen, dass Jurim sein Wort hält und zurückkehrt?«

Inevera legte eine Hand auf ihren *hora*-Beutel. »Es gibt unendlich viele Möglichkeiten, wie die Zukunft aussehen wird. In einigen Fällen kehrt er zurück, aber manchmal auch nicht. Ich habe mir angemaßt, die Ereignisse zu beeinflussen. Noch stärker in den Gang der Dinge einzugreifen, wäre zu riskant. Was auch immer geschieht, Everams Brunnen darf nicht fallen.«

6

Everams Brunnen

334 NR

Jarvah erwartete sie, als die Mauern von Dockstadt in Sicht kamen. Dieses Mal begleitete sie ihren Bruder Sharu – Ahmanns viertgeborenen Sohn – und Exerziermeister Qeran. Längs der Straße hatten sich *Sharum* aufgestellt. Man hatte die Männer von ihren Posten abgezogen oder gar aus dem Schlaf gerissen, um die *Damajah* zu eskortieren, von deren Kommen keiner etwas geahnt hatte. Doch die Männer waren viel zu diszipliniert, um sich ihre Verwunderung anmerken zu lassen. Viele von ihnen gaben auf den Pferden keine allzu gute Figur ab. Sie waren an schwankende Schiffsdecks gewöhnt und nicht daran, im Sattel zu sitzen.

Die Karawane kam zum Stehen, als Sharu, Qeran und Jarvah zu Ineveras Kutsche ritten. Eunuchen öffneten die Türen, und man sah Inevera, die sich auf ihren Kissen rekelte.

Trotz seines Metallbeins sprang der Exerziermeister genauso geschmeidig von seinem Pferd wie die junge Jarvah und Sharu. Alle drei landeten auf ihren Knien, drückten die Hände auf den Boden und senkten das Haupt. »*Damajah.*«

»Willkommen in Everams Brunnen.« Inevera brauchte Sharus Aura nicht zu sehen, um zu wissen, dass er sich fürchtete. Seine

Stimme klang ängstlich, und er zitterte leicht. »Als du uns über die Ankunft einer Abordnung unterrichtet hast, erwähntest du nicht, dass du selbst sie anführen würdest.«

Inevera lächelte und ließ ihn absichtlich zappeln. Sharu hatte seinen Halbbruder unterstützt, als Jayan sich dem Schädelthron widersetzte und Angiers angriff. Nun war der angeblich so großartige Plan gescheitert, und Asome war *Shar'Dama Ka*. Seiner Abstammung verdankte es Sharu, dass er über Dockstadt herrschte, doch er war unerfahren, und in Wahrheit traf Qeran die Entscheidungen. Sharu war entbehrlich, und das wusste er.

»Ich wollte meine Ankunft geheim halten«, sagte Inevera. »Dein Exerziermeister hätte zu viele Männer losgeschickt, um die Straße zu sichern.«

»Was nur klug gewesen wäre«, erwiderte Qeran.

Inevera lächelte. Qeran war genauso stolz wie jeder andere *Sharum*, aber sein Selbstbewusstsein gründete sich auf persönliche Verdienste, und er blieb stets loyal. »Wir hätten den *alagai* verraten, welche Trümpfe wir noch in der Hand haben.«

»Gewiss.« Qeran blickte skeptisch auf die fünfhundert *Sharum'ting*, die sich hinter ihnen in Formation aufgestellt hatten. »Allerdings bin ich nur ein einfacher *Sharum* und verstehe nicht ganz, wie nur fünfhundert … Krieger unsere Situation verbessern können.«

Er wies nicht darauf hin, dass die Krieger Frauen waren, aber Inevera wusste, was er und Sharu dachten. In der Tat machte eine fünfhundert Kopf starke Truppe nur einen Bruchteil von Dockstadts Streitmacht aus.

»Ich habe nicht nur eine Kampftruppe mitgebracht, sondern noch einiges mehr«, sagte Inevera. »Und von diesem Augenblick an führe ich das Kommando über Everams Brunnen.«

Die Männer stutzten. Hinter Ineveras Besuch steckte eine ganz bestimmte Absicht. Sie war gekommen, um etwas zu bezwecken.

Doch sie fingen sich wieder und berührten mit der Stirn den Boden. »Ganz wie es dir beliebt, *Damajah*.«

»Gibt es in diesem Ort so etwas wie einen Palast?«, fragte Inevera.

»Seit die *chin* Jayans Palast niedergebrannt haben, dient die Lagerhalle des *khaffit* als herrschaftlicher Sitz«, sagte Qeran. »Es ist das sicherste und am besten ausgestattete Gebäude in der ganzen Stadt, mit Blick auf das Wasser und die Straße.«

Sharu hüstelte. »Als mein Bruder fortging, habe ich dort Quartier genommen, aber wenn du …«

»Ja, ich werde dort einziehen«, sagte Inevera.

Sharu verneigte sich abermals. »Wie du wünschst. Ich schicke Eilläufer los, die meinen Dienern Bescheid geben. Sie sollen meine Besitztümer entfernen und das Lagerhaus für deinen Einzug vorbereiten.«

Abbans »Lagerhaus« war genauso wie der Mann selbst. Ein klotziges, hässliches Gebäude, in dessen weitläufigem Erdgeschoss alle möglichen Geschäfte und Werkstätten untergebracht waren. Doch die darüberliegenden Etagen, in denen der *khaffit* wohnte und arbeitete, waren luxuriöser als der protzigste *Damaji*-Palast.

Es gab Springbrunnen, bunte Seidenstoffe, Kaschmir und Gold. Dicke Vorhänge begünstigten das Auswerfen der *hora*. Die Fenster und Mauern waren bereits durch Magie verstärkt, ein letztes Geschenk von Asavi, bevor sie nach Everams Füllhorn zurückgekehrt war und dort versucht hatte, Inevera zu ermorden.

Der größte Raum, dessen riesige Fenster einen Ausblick auf die Stadt und die Schiffsanleger boten, war der geeignete Platz für den mit Kissen gepolsterten Thron, den Ineveras Eunuchen die Treppen hochwuchteten. Der schwere Rahmen bestand zu gleichen

Teilen aus den Gebeinen von Helden und *alagai*-Knochen. Die Schädel von *Andrah* Ashan und *Damaji* Aleveran schmückten die Kopfstütze und rahmten den Schädel eines Dämonenprinzen ein. Der gesamte Rahmen trug Siegel und war mit kostbarem Elektron beschichtet, in das Edelsteine eingebettet waren.

Der Kissenthron war weder so alt noch so mächtig wie der wahre Schädelthron, doch der Kopf des Seelendämons verlieh ihm genug Magie, um rings um ihn her einen Bannbereich zu errichten, der einen Radius von mehr als einer Meile hatte. Dieser Schutz erstreckte sich über die Bucht mit den Anlegern und über den größten Teil der eigentlichen Stadt. So weit konnte kein Dämon einen Stein schleudern oder ihn aus der Luft treffsicher auf ein bestimmtes Ziel fallen lassen.

»In Dockstadt sind über siebzehntausend *Sharum* stationiert«, sagte Sharu. Qeran entrollte vor dem Kissenthron einen großen Teppich, in den eine Landkarte von Everams Brunnen und der Umgebung eingewebt war.

Während Sharu sprach, wanderte sein Blick immer wieder zu dem weißen Tuch, das Sikvahs Helm einhüllte. Seine Aura zeigte ein vertrautes Muster – die Verwirrung eines Mannes, der Frauen nicht als gleichberechtigt anerkennt und zum ersten Mal einer begegnet, der er sich unterordnen muss. Sharu war ein Sohn des Erlösers, doch genau wie seine Schwester Jarvah hatte er es nur bis zu einem weißen Gesichtsschleier gebracht.

»Dreiundsiebzig *kai'Sharum*, zweitausendzweihundertundsechs *dal'Sharum*, sechstausendeinhundertsiebzig *kha'Sharum* und ungefähr neuntausend *chi'Sharum*«, sagte Qeran. Aus einem Beutel holte er akkurat bemalte Figuren, die Kriegergruppen darstellten, und verteilte sie an der Stelle des Teppichs, an der Dockstadt markiert war.

»Außerdem haben wir eine Flotte von zweiunddreißig Kampfschiffen, fünfzehn Frachtschiffen und rund sechzig kleineren Booten.« Queran stellte winzige bunte Schiffe auf die blaue Fläche, die einen großen Teil des Teppichs einnahm.

»Ich kann verstehen, warum du und der *khaffit* so gut miteinander auskamt, Exerziermeister.« Inevera gönnte Qeran den Hauch eines Lächelns.

»So Everam will, kehrt mein Gebieter zurück«, sagte Qeran. Ashias Name war nicht gefallen. Wahrscheinlich wusste Sharu nicht einmal, dass seine Cousine in der Stadt gewesen war.

Inevera nickte und wandte sich an Sharu. »Mehr als die Hälfte deiner Krieger sind *chin*. Kann man sich auf ihre Loyalität verlassen?«

»In der Nacht ganz sicher«, antwortete Qeran, als Sharu zögerte. »Tagsüber …« Er zuckte die Achseln. »Die Soldaten aus Everams Füllhorn gehören einem anderen Stamm an als die Fischmenschen aus Everams Brunnen. Sie sind einander nicht wohlgesonnen und werden kämpfen, wenn man es ihnen befiehlt. Aber keiner sehnt sich nach einem Krieg.«

»Wäre es denkbar, dass diese … Fischmenschen Dockstadt zurückerobern?«, fragte Inevera.

Sharu schüttelte den Kopf. »Die Laktoner können Dockstadt nicht angreifen, solange sie die Blockade aufrechterhalten wollen.«

Federnden Schrittes begab sich Qeran an den Punkt des Teppichs, an dem Hasiks Kloster eingezeichnet war. Er ging in die Hocke und gruppierte ein paar weitere Schiffe. Diese Boote waren jedoch mit der Flagge von Lakton bemalt. »Mehr als die Hälfte der Laktoner Flotte hat rings um die Anleger Position bezogen. Wir glauben, dass die Fischmenschen zuerst das Kloster zurückerobern und erst danach Dockstadt angreifen wollten, aber Hasiks Ankunft hat ihre Pläne zunichtegemacht.

Die Fischmenschen beherrschen den Teil des Sees, in dem ihre Stadt liegt.« Qeran deutete auf eine kleine Insel inmitten des Gewässers. Das Muster im Teppich zeigte Hunderte von aneinander festgebundenen Schiffen. Er verteilte winzige Modelle von schnittigen, bewaffneten Patrouillenbooten.

»Aber der Rest des Sees gehört uns.« Jetzt gruppierte er Schiffe mit den überkreuzten Speeren des krasianischen Banners, die den Laktonern den Zugang zum offenen Wasser verwehrten. »Unsere Piraten verhindern, dass die Fischmenschen ausreichend Proviant vom Festland zu ihrer schwimmenden Stadt befördern. Wir haben ihre anderen Häfen entlang des Seeufers entdeckt und sie zerstört. Sie könnten nirgendwohin flüchten.«

»Du hast ihnen keine andere Wahl gelassen, als uns anzugreifen«, bemerkte Sikvah.

»Ursprünglich sollten wir den Feind lediglich den Winter über festsetzen, während Jayan sich im Norden aufhielt«, sagte Sharu. »Nach seiner Rückkehr wollte er *dal'Sharum* auf Schiffe verladen, die schwimmende Stadt erobern und die Fischmenschen zwingen, vor dem Schädelthron niederzuknien.«

»Du gibst zu, Prinz Jayans Verrat gebilligt zu haben, Cousin?«, fragte Asukaji.

»Was hätten wir denn tun sollen?« Sharu schien bestrebt, sich zu verteidigen. »Unsere Stellungen verlassen, die der erstgeborene Sohn des Erlösers uns zugewiesen hatte? Untätig bleiben und zusehen, wie die Fischmenschen unseren sorgfältig ausgelegten Netzen entschlüpfen?«

»Nein, natürlich nicht«, sagte Inevera. »Ihr habt euch unter schwierigen Bedingungen bewährt.«

Sharu atmete erleichtert auf. »Warum bist du dann …?«

»Du willst wissen, warum ich hierhergereist bin, ohne genügend Soldaten, um die Stadt im See einzunehmen?«, fragte Inevera. »Nun, die Würfel sagen voraus, dass Dockstadt beim Erlöschen des Mondes Schreckliches bevorsteht.«

Die Angst, die aus Sharus Aura gewichen war, kehrte um ein Zehnfaches verstärkt zurück. Inevera war geneigt, Nachsicht zu üben. Er war jung und unerfahren. Aber er war der Sohn des Erlösers. Die anderen Krieger würden sich nach ihm richten.

»Ab sofort bist du der *Sharum'ting Ka* unterstellt«, teilte sie ihm mit.

Sharu blickte Qeran an. Der Exerziermeister hob eine Hand, stand auf und straffte die Schultern. »Mich brauchst du nicht anzusehen, Junge. Beuge dein Haupt und sage der *Damajah*, dass du verstanden hast.«

Sharu wandte sich wieder Inevera zu, und beide Männer verneigten sich. »Wie du befiehlst, *Damajah*.«

Dann drehten sie sich um und musterten Sikvah, die immer noch die Landkarte studierte. Sie nahm eine geflochtene goldene Kordel und legte sie in einem akkuraten Kreis auf die Karte. Innerhalb des Kreises befanden sich ein großer Teil der Bucht und die Hälfte der Stadt. »Der Kissenthron sorgt dafür, dass in diesem Gebiet eine Bannzone entsteht. Exerziermeister, lasse vor dem Erlöschen des Mondes deine besten Schiffe in diesen Bereich der Bucht bringen, wo sie geschützt sind.«

»Dadurch entstehen Lücken in der Absperrung. Die Fischmenschen werden die Gelegenheit nutzen und uns entwischen«, meinte Qeran.

»Es geht aber nicht anders«, sagte Sikvah. »Ich habe mit eigenen Augen gesehen, wozu die Seelendämonen imstande sind. Wenn einer von *Alagai Kas* Prinzlingen beim Erlöschen des Mondes in der Nähe von Dockstadt auftaucht, könnten die Wasser-*alagai* anfangen, Werkzeuge zu benutzen.«

Qeran riss die Augen auf. »Wenn sie die Schiffe angreifen, sind wir hilflos. Ich werde deinen Befehl in die Tat umsetzen lassen, *Sharum'ting Ka*.«

»Verdreifache die Wachen auf den Wällen, wenn der Mond erlischt«, sagte Sikvah. »Obwohl wir damit rechnen müssen, dass die Mauern gestürmt werden.« Sie deutete auf die goldene Kordel.

»Am Rand der Bannzone errichten wir eine zweite Verteidigungslinie.«

»Wenn die *alagai* so weit kommen, wird der Thron sie dann nicht zurückhalten?«, fragte Sharu.

»Der Thron kann sie nicht daran hindern, Steine oder Brandsätze zu werfen«, sagte Qeran. »Sie können die Stadt zerstören, ohne sie zu betreten.«

»Die Macht des Throns ist nicht grenzenlos«, sagte Inevera. »Er bezieht auch keine neue Energie durch die Dämonen selbst, so wie es bei den äußeren Siegeln der Fall ist. Wenn genügend *alagai* gleichzeitig angreifen, wird das magische Feld geschwächt, und sie drängen sich langsam hinein, als würden sie gegen eine Strömung anschwimmen. Die Dämonenprinzen wissen das und werden sich diese Schwäche zunutze machen.«

»Wir müssen möglichst viele *alagai* aufhalten, einfangen und töten, bevor sie die Bannzone erreichen. Nur so können wir sichergehen, dass die Barriere stark bleibt.« Sikvah prüfte das Gebiet zwischen der goldenen Kordel und den Stadtmauern. »Wir haben eine Woche Zeit, um diese Straßen in ein krasianisches Labyrinth zu verwandeln.«

»Der Wasserstand ist zu niedrig«, sagte Qeran, als sich beim Erlöschen des Mondes die Nacht herabsenkte.

Inevera hatte alles getan, um die Schutzvorkehrungen der Stadt zu verstärken, doch die Maßnahmen erschienen ihr mehr als unzureichend, sollten die *alagai* ihre volle Kampfkraft entwickeln. Das Untergeschoss des Lagerhauses war weitgehend ausgeräumt und gewissenhaft gesäubert worden. Alles war mit weißen

Tüchern ausgelegt, und in diesem provisorischen Hospital hielten sich Inevera und ihre Schwestergemahlinnen bereit, um die Verletzten zu versorgen.

Jurim war immer noch nicht aufgetaucht.

»Ich verstehe nicht, was du meinst«, erwiderte Inevera.

Qeran zeigte durch das Fenster auf den Hafen. »Um diese Zeit müssten die Markierungen unter Wasser liegen.«

»Wenn die *alagai* durchbrechen, gereicht uns das flache Wasser zum Vorteil. Wir können die Wasserdämonen leichter zurückdrängen.« Inevera drehte an einem ihrer Ohrringe. »Sikvah. Berichte.«

»Die Wälle sind gesichert, *Damajah*«, meldete Sikvah sich prompt. »Jeder Zoll wird von *Sharum* bewacht, und Reservetruppen stehen bereit, um etwaige Breschen zu verteidigen. Das Labyrinth ist fertiggestellt und mit Kriegern bemannt. Eine dritte Verteidigungslinie befindet sich am Rand der Bannzone.«

»*Alagai?*«, fragte Inevera.

»Bis jetzt wurden noch keine gesichtet, *Damajah*«, sagte Sikvah. »Aber es herrscht dichter Nebel. Die Dämonen könnten sich ungesehen anschleichen. Wenn ich den Befehl gebe, eine Salve Pfeile abzuschießen ...«

»Bei Everams Bart!«, knurrte Qeran.

»Dazu ist es noch zu früh«, bestimmte Inevera.

»Wie du meinst, *Damajah*«, sagte Sikvah.

»Wir müssen hier raus!«, krächzte Qeran.

»Ich verstehe nicht.« Inevera sah den Exerziermeister an, der wieder mit dem Finger zeigte, doch dieses Mal deutete er auf den fernen Horizont.

»Wir müssen hier raus, sofort!«, brüllte Qeran.

Inevera konzentrierte ihre Augen darauf, in Everams Licht zu sehen, und verstärkt durch Magie reichte ihr Blick unnatürlich weit. Das Wasser zog sich rapide aus der Bucht zurück, die Boote an den Anlegern fingen an zu sinken und zogen die knarrenden

Taue, mit denen sie festgemacht waren, nach unten. Aber in der Ferne stieg das Wasser wieder an und türmte sich zu einer Woge auf, die die Docks zu zermalmen drohte wie Everams strafende Faust.

Inevera berührte ihren Ohrring, ließ sich aber von Qeran und Jarvah in Richtung Tür schieben. »Sikvah, lass die Hornsignale ertönen. Das Hafengelände muss sofort evakuiert werden.«

»Wie du befiehlst, *Damajah.*«

Als sie den Korridor betrat, hörte sie bereits den dumpfen Klang der Hörner. Qeran rannte voraus zu der Treppe, über die man das Gebäude durch einen rückwärtigen Ausgang verlassen konnte. Inevera wandte sich an ihre Schwestergemahlinnen und die Eunuchen-Leibwächter. »Ihr geht mit Qeran in die Stadt hinein.«

»Und was hast du vor, *Damajah*?«, fragte Qasha.

»Ihr habt viel zu lange in meinem Schatten gestanden, Schwestern«, sagte Inevera. »Heute Nacht werdet ihr euch auszeichnen, ohne dass ich bei euch bin. Und jetzt geht!«

»Wie du befiehlst, *Damajah.*« Qasha, Umshala und Justya verneigten sich, dann drehten sie sich um und rannten zusammen mit den Eunuchen die Treppe hinunter.

Inevera stieg die Treppe jedoch hinauf. Hinter sich hörte sie Qeran fluchen, aber er folgte ihr, zusammen mit Asukaji. Jarvah hielt mit Inevera Schritt und eilte ihr dann voraus, um die Tür zum Dach zu öffnen und die Umgebung zu sichern.

Ein heftiger Wind blies und peitschte Inevera den Schleier aus dem Gesicht. Sie zog ihn nicht wieder hoch, sondern starrte auf die schwarze Wasserwand, die sich wie ein todbringender Schatten vor dem dämmrigen Himmel aufbäumte. Dann hob sie ihren *hora*-Stab.

Der Stab war wie eine Verlängerung ihres ausgestreckten Arms. Sie bewegte ihn wie einen Pinsel, als sie eine silberne Pyramide aus ineinander verschlungenen Aufprallsiegeln in die Luft zeichnete. Eine Riesenwelle dieser Art konnte sie nicht aufhalten und auch nicht brechen, aber vielleicht ließ sich ihre Energie umlenken, wie man beim *sharusahk* den Schwung des Gegners ausnutzen und gegen ihn richten konnte. Die miteinander vernetzten Siegel blähten sich auf, als sie sie mit Magie füllte und dann in Richtung der Welle schleuderte.

Der Aufprall war ungeheuer. Die Magie durchschnitt das Wasser und spaltete die Woge wie ein Messer, das durch Fleisch gleitet.

Zumindest für eine Weile. Die Woge teilte sich, doch das Wasser rauschte weiterhin auf den Hafen zu, und nicht einmal der gigantische Ausstoß an Magie konnte derart monströse Wassermassen zurückdrängen. Die beiden Wellen flossen wieder zusammen, ehe sie die Anleger erreichten, doch ihre Kraft war wesentlich verringert.

Vielleicht rettete dies ein paar Menschenleben, denn noch hatten sich nicht alle Männer und Frauen weit genug in die Stadt geflüchtet – aber die Schiffe mitsamt ihren Notbesatzungen an Bord waren verloren. Auch die Mehnding-*Sharum*, die die Skorpionschleudern an den äußeren Anlegern bemannten, fielen der Riesenwelle zum Opfer.

Die Boote, die noch vor wenigen Augenblicken in den Hafenschlick hinuntergesackt waren, stiegen in die Höhe. Die hölzernen Rümpfe barsten, als sie gegeneinanderkrachten, und die Trümmer verschmolzen zu einem kolossalen Rammsporn, der die Anleger zersplitterte und Gebäude durchbohrte, als bestünden sie aus Sand.

Sogar Abbans Lagerhaus wankte, aber das Fundament steckte tief im Boden und war mit Magie und Siegelglas verstärkt. Inevera neigte sich wie eine Palme im Sturm, blieb auf den Füßen und sah zu, wie die Flotte zerstört wurde. Mit einem einzigen Schlag hatten die *alagai*-Prinzen ihre Siegel durchbrochen und Krasias im Entstehen begriffene Seestreitmacht ausgelöscht.

Rings um sie her schossen Wasserfontänen in die Höhe, durchnässten sie und drängten sie zurück, während die Riesenwelle über das Dach hinwegbrauste.

»*Damajah.*« Qeran eilte an ihre Seite. Er wagte es nicht, sie zu berühren, aber seine Aura verriet ihr, dass er sie am liebsten gepackt und mit Gewalt fortgezerrt hätte. »Wir müssen weg von hier!«

Inevera schüttelte den Kopf. »Das Gebäude wird standhalten.«

»Darauf kommt es nicht an.« Qeran deutete auf den Horizont. Die Woge zog sich schon wieder zurück, um sich in der Ferne zu einer neuen Wand aufzutürmen. »Wenn wir hierbleiben, sind wir bald von der Stadt abgeschnitten. Die Dämonen hätten uns gefangen wie in einem Netz.«

»Bei Everams Hoden!« Inevera spuckte aus, aber sie verlor keine Zeit. Sie wirbelte herum und hetzte zur Treppe. Alle sogen *hora*-Magie in sich ein und rannten mit übermenschlicher Schnelligkeit die überfluteten Stufen hinunter.

Ineveras Ohrring vibrierte. Ohne langsamer zu werden richtete sie die Symbole in einer bestimmten Abfolge aus.

»*Damajah!*« Inevera hörte das Krachen zersplitternder Steine und die Schreie der Krieger, die sich in Sikvahs Nähe aufhielten. »Die Dämonen greifen die Mauern an!«

»Wie viele sind es?«

»Zu viele!«, brüllte Sikvah. »Wir können die Stellung nicht halten!«

»Sage deinen Kriegern, dass Everam zusieht! Und bringe die *Sharum'ting* in den Stadtkern hinein. Dort treffen wir uns.«

Asukaji erreichte als Erster den Fuß der Treppe. Das hin und her schwappende Wasser reichte ihm bis zu den Oberschenkeln. Zertrümmerte Möbel und weiße Tücher aus der Lagerhalle blockierten den Ausgang, aber der junge *dama* hob seinen *hora*-Stab und sprengte eine Bresche durch die Sperre.

Inevera watete hinaus auf die überfluteten Straßen von Dockstadt. Ihre purpurfarbenen Seidengewänder waren völlig durchweicht und klebten an ihrem Körper. Ihr Schleier war vom Wind fortgerissen worden.

Im Ort herrschte das totale Chaos. Männer, Frauen und Kinder, die man im sichersten Teil der Stadt untergebracht hatte, versuchten in heller Panik auf höher gelegenes Gelände zu flüchten. Inevera watete bis zu den Knien im Wasser. Eine starke Strömung zerrte an ihr, und durch die Straßen, die reißenden Bächen glichen, trieben Trümmerstücke und Leichen.

Es hatte viele Tote gegeben, dabei war die Sonne gerade erst untergegangen.

»Schlagt euch bis ins Zentrum durch!« Inevera bediente sich eines versiegelten Edelsteins, den sie als Brosche an ihrem Gewand trug, um ihre Stimme zu verstärken, sodass sie durch die Straßen hallte. »Helft euch gegenseitig! Nehmt keine Besitztümer mit! Everam sieht uns zu! Everam wird uns beschützen!«

Und dann sog sie Magie in sich ein. Menschen und Gebäude verschwammen vor ihren Augen, als sie an ihnen vorbeiflog. Hinter ihr schäumte und schwappte das Wasser, doch es kümmerte sie nicht, ob die anderen ihr folgen konnten. Sie fürchtete, Qerans Metallbein könnte ihm hinderlich sein, aber sie konnte nicht auf ihn warten. Jetzt kam es auf jede Sekunde an. Sollte der Exerziermeister zurückbleiben, würde er andere Mittel und Wege finden, sich in den Kampf einzubringen.

Wenige Augenblicke später hatte sie die Stadtmitte erreicht. Auf dem großen Platz drängten sich bereits die Menschen. Kaum kam sie neben ihren Schwestergemahlinnen zum Stehen, da schlossen Asukaji, Jarvah und Qeran zu ihr auf.

Sie hörte Sikvah, noch ehe sie sie sah. Mit magisch verstärkter Stimme sang sie das *Lied vom Erlöschen des Mondes*. Hinter ihr hatten die fünfhundert *Sharum'ting* Aufstellung genommen und sangen mit.

»Singt, Kinder Everams!«, schrie Inevera. Den verängstigten Einwohnern von Dockstadt, egal, ob es sich um Krasianer oder *chin* handelte, fiel es nicht schwer, sich von Sikvahs Gesang mitreißen zu lassen, denn dieses Lied wurde jede Nacht im Sharik Hora angestimmt. Anfangs klangen die Stimmen noch zögerlich, doch dann schwoll der Choral an, weil man sich an diese letzte Hoffnung klammerte. »Singt, denn Nie hört euch zu!«

Sikvah schwang sich von ihrem Pferd, aber ihre Kriegerinnen sangen weiter und feuerten die Menge an. Jede *Sharum'ting* trug eine *hora*-Brosche. Dieser Schmuck war nicht so mächtig wie der von Inevera und Sikvah, doch die Magie reichte aus, um den Chor anzuführen.

»*Damajah.*« Sikvahs Stimme klang ruhig, aber ihre Aura verriet sie. Es war ihr erstes Kommando gewesen, und sie hatte versagt.

»Die Mauern sind gefallen«, sagte Inevera.

»Als ich ging, waren die Breschen gesichert«, sagte Sikvah, »aber mit jedem Moment, der vergeht, durchdringen *alagai* die äußeren Siegel. Höchstwahrscheinlich befinden sich bereits Dämonen im Labyrinth.«

Inevera nickte. »Wir begeben uns dorthin.« Sie wandte sich an ihre Schwestergemahlinnen. »Bringt eure *Sharum'ting* nach Osten, Westen und Süden. Haltet das Labyrinth.«

»Wie du befiehlst, *Damajah*«, sagten die Frauen, drehten sich um und gaben ihren Kriegerinnen ein Zeichen.

»Ich gehe in den nördlichen Bereich des Labyrinths«, sagte Inevera. Dieser Teil war am leichtesten zugänglich, und dort würden sich die meisten *alagai* tummeln.

Inevera zeichnete mit ihrem *hora*-Stab ein Siegel, als der Felddämon sich von der Mauer abstieß und sie ansprang.

Doch selbst dieser Stab, dessen Kern aus dem Ellbogenknochen eines Seelendämons bestand, war nicht allmächtig. Seine Energie war verbraucht, und Inevera hatte kaum Zeit, die klaffenden Kiefer des Dämons zur Seite zu schlagen. Als der *alagai* mit ihr zusammenprallte, hielt sie ihn fest und presste sich dicht an ihn, um nicht von wild herumfuchtelnden Krallen zerfetzt zu werden.

Dann zückte sie ihren Krummdolch und schlitzte den weichen Bauch des Dämons auf. Schwarzes Blut spritzte über ihr Seidengewand. Eilig rammte sie den *hora*-Stab in die Wunde, bevor der Dämon sie mit seiner eigenen Magie schließen konnte. Ihre Finger huschten über die in den Knochen eingeritzten Siegel, und sie entzog dem *alagai* die magische Energie.

In Everams Licht schien es, als würde die Bestie von innen nach außen gestülpt, als die Magie aus ihrem Blut herausgesogen wurde und sich in dem *hora*-Stab sammelte. Sie ließ die zuckende Bestie auf dem Kopfsteinpflaster liegen, als ein anderer Dämon sie angriff. Doch Exerziermeister Qeran eilte ihr zu Hilfe, um sie mit seinem verspiegelten Schild zu schützen, und durchbohrte den *alagai* mit dem Speer.

Jarvah deckte Inevera von der anderen Seite und hackte einem Moordämon die Arme ab, als würde sie einen Baum von Ästen befreien. Das Vieh spuckte sie an, doch Jarvah fegte den Schleimbrocken mit ihrem Schild zur Seite. Der Rotz landete auf einer Steinmauer, die qualmend zu brennen anfing.

Rings um diesen Hinterhalt wurde heftig gekämpft. Ein Stoßtrupp aus *Sharum'ting* trieb ein paar *alagai* in eine behelfsmäßige Dämonengrube, einen Bannzirkel mit Siegeln, die ihre Wirkung nur im Kreisinnern entfalteten. Die dort gefangenen Dämonen steckten bis zur Morgendämmerung fest, wenn der Zirkel intakt blieb.

Asukaji wirbelte seinen kräftigen *hora*-Stab wie einen Fechtstock und zerschmetterte mit den Aufprallsiegeln am unteren Ende mehrere Dämonenschädel. Über den Fingerknöcheln trug er versiegelte silberne Schlagringe, und seine Schläge hatten eine verheerende Wirkung auf den Gegner. Ein Baumdämon brach durch die Reihen eines Stoßtrupps, aber sofort war Asukaji zur Stelle, zeichnete Siegel in die Luft und trieb die Bestie in die Grube zurück.

Inevera dehnte ihre Sinne aus und trank vom Fluss der Magie, der die Luft durchströmte. Sie kostete von dem Geschmack.

»Hier entlang!« Mit ihrem Stab wies sie den anderen die Richtung. Auf dem Rücken ihres schwarzen Streitrosses trabte Sikvah neben ihr her. Sie und Jarvah verwoben ihre Stimmen zu einem Gesang. Ihr Lied beeinflusste die Umgebungsmagie in der Luft in einer anderen Weise als Siegel, aber das Ergebnis war nicht weniger kraftvoll. Sie spürte, wie der magische Gesang sie mit einem Schleier der Tarnung umgab, der sie unsichtbar machte. Die *Sharum'ting*, die sich ihnen anschlossen, folgten ihrem Beispiel.

Viele der Dämonen, die in die Stadt hineinströmten, waren so, wie sie sie kannten. Sie schienen sich planlos zu bewegen, einzig und allein getrieben von ihren zerstörerischen Gelüsten. Doch es gab auch andere, *alagai*, die aus den Tiefen des Abgrunds emporgestiegen waren, uralt und strotzend vor Magie. Zwei dieser Giganten wüteten in einer Kompanie aus *chi'Sharum*, die einen kleinen Platz verteidigten.

Getarnt durch Sikvahs Lied, konnten Inevera und ihr Trupp sich den Dämonen unbemerkt nähern, bis sie dann blitzschnell zuschlugen. Pflastersteine explodierten, als Asukaji mit seinem Stab Siegel zeichnete, und die riesigen Dämonen verloren das Gleichgewicht. Sikvah senkte ihren langen Speer, galoppierte auf einen der Giganten zu und stieß just in dem Moment zu, als der Koloss noch nach einem festen Halt suchte.

Der zwanzig Fuß große Dämon wurde voll in den Bauch getroffen und sank auf ein Knie. Aber der Stoß, der einen gemeinen Felsendämon vielleicht getötet hätte, schien ihm kaum etwas anzuhaben. Sikvah wollte den Speer wieder herausreißen, doch es gelang ihr nicht. Der Dämon nutzte diese kurze Ablenkung aus und brachte mit einem schnellen Stoß Sikvahs Pferd zu Fall.

Sikvah sprang rechtzeitig aus dem Sattel, rollte sich am Boden ab und schnellte wieder in die Höhe. In einer Hand hielt sie ihren Schild, in der anderen einen kurzen Stoßspeer. Mit schier übermenschlicher Schnelligkeit griff sie den Dämon an, tänzelte um ihn herum und wich seinen Prankenschlägen aus. Immer und immer wieder stach sie mit dem gläsernen Speer zu, traktierte den Koloss mit magischen Blitzen, die ungeheuer schmerzhaft sein mussten. Doch die Attacken schienen dem *alagai* nur lästig zu sein.

Asukaji hämmerte so lange mit Aufprallsiegeln auf den anderen Giganten ein, bis er zu Boden stürzte. Sofort waren die *chi'Sharum* zur Stelle und schleuderten Ketten, in denen sich die Beine des Dämons verhedderten. Siegel flackerten auf, als der Koloss sich abmühte, die Fesseln zu sprengen.

Jarvah und Sharu stürzten herbei, Bruder und Schwester kämpften Seite an Seite, während sie auf die mächtige Brust des Dämons einhackten. Der Gigant fegte mit nur einem Arm mehrere *Sharum* von den Füßen. Als er mit den Beinen um sich trat, wurden die Krieger, die verzweifelt die Ketten festhielten, hin und her geschüttelt wie Glocken an einem Seil.

Jarvah und Sharu ließen sich nicht beirren. Sie schützten sich gegenseitig mit ihren Schilden und teilten sorgfältig gezielte Schläge aus.

Doch ähnlich wie bei Sikvahs Attacken schienen auch diese Hiebe dem Dämon nicht ernsthaft zu schaden. Bis Sharu gezielt zuschlug und das Felsensiegel auf seinem Stock den Brustpanzer des Dämons durchdrang und zum Leben erwachte. Es entzog dem *alagai* Energie und bildete eine Bannzone. Das Symbol erstrahlte in einem immer helleren Glanz, bis die Linien miteinander verschmolzen und die Brust des Scheusals zerplatzte.

Nun fielen die Krieger über den anderen Dämon her wie Ameisen über eine Melonenschale und hackten ihn buchstäblich in Stücke. Inevera ging zu seinem toten Artgenossen, steckte ihren *hora*-Stab in den zerfetzten Brustkorb und ließ dessen Magie in ihren Stab hineinströmen, um den leeren Speicher zu füllen.

Ihr Arm brannte wie Feuer, und die Hand, die den Stab hielt, schmerzte. Ein Mensch konnte nicht unbegrenzt Magie in sich aufnehmen und diesen Energieschwall überleben. Schon jetzt waren ihre Augen sowie ihr Mund und Hals ausgetrocknet, und ihre Muskeln schienen in Flammen zu stehen.

Aber jetzt war nicht der richtige Zeitpunkt, um über ihre Grenzen nachzusinnen. Moordämonen überschwemmten die Straßen, von keiner Mauer mehr zurückgehalten. Wie lange dauerte der Kampf bereits? Wie viele Stunden waren es noch bis zur Morgendämmerung? Während des Gemetzels war ihr jedes Zeitgefühl abhandengekommen. Es kam ihr vor als seien Tage vergangen, seit sie zweihundert singende *Sharum'ting* in die Schlacht geführt hatte. Und was davor geschehen war, schien in einem anderen Leben passiert zu sein.

Es waren zu viele Dämonen.

»Alle Kämpfe sofort beenden und den Rückzug in den Bannbereich antreten!« Mit Hilfe ihrer Ohrringe sandte Inevera den Befehl an ihre Schwestergemahlinnen, die ihn an ihre *kai'Sharum* weitergeben sollten.

Sikvah hob den Kopf, als Signalhörner dröhnten. »Drei *Sharum*-Einheiten sind in der dritten Ebene gefangen.«

Inevera zog ihren beinahe wieder aufgefüllten *hora*-Stab aus der Brust des Dämons. Mit einem schmatzenden Geräusch kam der Stab frei. »Bring uns hin!«

Ineveras Arm war bleischwer, der *hora*-Stab hatte auch den letzten Rest von Magie abgegeben. Mit schmerzender Kehle brüllte sie Befehle, und ihre Muskeln wollten ihr kaum noch gehorchen.

Die Krieger spürten nichts von alledem. Jedes Mal, wenn ihre versiegelten Waffen mit einem Dämon in Berührung kamen, strömte ein wenig von dessen Energie in sie ein. Doch wer im Kampf *hora* benutzte, verschliss bei jedem Einsatz auch seine eigenen Kräfte. Asukaji stützte sich schwer auf seinen Stab, und seine Aura hatte sich gefährlich eingetrübt.

»So kannst du nicht weitermachen«, warnte sie ihn. »Benutze deinen Stab wie einen Fechtstock und setz deine silbernen Schlagringe ein. Aber zeichne keine Siegel mehr.«

»Und was ist mir dir?«, fragte Asukaji. »Deine Aura verrät mir, dass du auch am Ende deiner Kräfte bist, *Damajah*.«

»Ich bin daran gewöhnt, ich mache so etwas schon viel länger als du, Neffe«, entgegnete Inevera. Doch sie wusste, dass er recht hatte.

»Im Nahkampf, Mensch gegen Dämon, können wir nicht siegen«, sagte Asukaji.

In der Tat verschlechterte sich ihre Situation mit jeder Minute. Inevera stand auf einem kleinen Hügel und verschaffte sich einen Überblick über das Schlachtfeld. Sie sah die zertrümmerten Tore und die Heerscharen von Dämonen, die sich davor stauten und sich in dem Bemühen, in die Stadt zu gelangen, gegenseitig anrempelten. Das Labyrinth war verloren. *Alagai* drängten die Verteidiger langsam aber sicher in die Richtung des Kissenthrons, dessen Bannbereich sich immer mehr abschwächte. Wasserdämonen brachten die Bucht zum Schäumen.

Doch dann zerriss ein Hornstoß die Nacht, begleitet von einem polternden Donner. Hinter den Trümmern der Stadtmauer flammte Magie auf, als dreihundert Speere die hinteren Reihen der Dämonen angriffen.

Jurim war mit Everams Wölfen gekommen, um die *alagai* niederzumähen.

Die *dama'ting* überwachten das Einsammeln der leblosen, aber immer noch vor Magie triefenden Körper der *alagai*, die noch vor Tagesanbruch vom Schlachtfeld entfernt werden mussten, um nicht von der Sonne verbrannt zu werden. Man schleifte sie in Scheunen und Lagerhallen, zerhackte sie und fing das schwarze Blut in Bottichen auf.

Traditionsgemäß wurde das Dämonenfleisch mit Säure verbrannt. Die Knochen behandelte man in einem langwierigen Verfahren, um sie später mit Siegeln zu versehen. Doch für einen solchen Aufwand reichte die Zeit nicht. Die Kraft des Kissenthrons musste gestärkt werden. *Sharum*-Bannzeichner nahmen das rohe Dämonenfleisch und errichteten damit neue Fallen im Labyrinth.

Normalerweise erneuerte sich die Energie des Kissenthrons in jeder Nacht, indem er die Umgebungsmagie in sich hineinsog. Aber seine Reserven waren nahezu erschöpft, und es konnte Monate dauern, bis er seine Macht auf diese natürliche Weise wiedererlangte. Inevera ließ die Fenster des Thronsaals verdunkeln und befahl Asukajis *dama*, diesen Vorgang mit Hilfe von *hora* zu beschleunigen.

Die *dama'ting* richteten im Untergeschoss von Jayans ausgebranntem Palast ein neues Feldlazarett ein. Dort arbeiteten sie in völliger Dunkelheit und flickten in Everams Licht die Verwundeten zusammen. Die Siegel, die sie mit Dämonenblut um die Verletzungen malten, sorgten dafür, dass selbst Schwerstverletzte in kürzester Zeit genasen.

Inevera arbeitete ebenfalls an den Operationstischen, erteilte ihren Schwestergemahlinnen Ratschläge und kümmerte sich persönlich um die schwierigsten Fälle. Alle Frauen waren erschöpft. Vom Schlachtfeld waren sie direkt in das Lazarett geeilt, ohne sich auszuruhen. Sie hatten sich lediglich die Zeit genommen, sich gründlich zu waschen und saubere Gewänder anzulegen.

Doch egal, wie sehr sich Inevera auf den vor ihr liegenden Patienten konzentrierte, ständig nahm sie am Rande ihres Blickfelds Auren wahr. Das matte Glühen in den Auren der ausgelaugten *dama'ting*. Das flackernde Licht der Verletzten. Die plötzliche Leere, wenn einer von ihnen den letzten Atemzug tat. Viele waren ehemalige Speere des Erlösers, Krieger, die fünfundzwanzig Jahre lang an der Seite ihres Gemahls *alagai* getötet hatten.

Everams Wölfe hatten schwere Verluste erlitten. Jurims Attacke an der Spitze von dreihundert ausgeruhten *dal'Sharum*-Kriegern hatte die entscheidende Wende im Kampf mit den Dämonen gebracht. Das Chaos, das nach dem tollkühnen Angriff ausbrach, hatte den sorgsam ausgeklügelten Plänen der *alagai ka* ein Ende bereitet.

Aber in der Abenddämmerung, in der zweiten Nacht des Erlöschenden Mondes, würden die *alagai* zurückkehren. Die äußeren Verteidigungslinien hatten sie bereits zerstört und die Kampfkraft der Menschen geschwächt. Und die wenigen, die beim nächsten Sonnenaufgang vielleicht noch lebten, würden die dritte Nacht des Erlöschenden Mondes ganz sicher nicht überstehen.

Die aus mehreren Schichten bestehenden schweren Samtvorhänge, die verhinderten, dass auch nur ein einziger Sonnenstrahl in den Raum fiel, in dem die *dama'ting* ihre heilenden Zauber wirkten, bewegten sich.

»Sprich«, sagte Inevera.

»*Damajah*, du wirst an den Docks gebraucht.« Sikvah nutzte die Magie ihres Halsbands, damit ausschließlich Inevera sie hören konnte.

Inevera überließ ihren Patienten einer anderen *dama'ting* und schlüpfte durch die Vorhänge in den Waschraum, wo sie unverzüglich ihre blutbefleckten Gewänder ablegte. »Berichte.«

»Die Fischmenschen sind eingetroffen«, sagte Sikvah und reichte ihr ein Stück Seife.

»Bei Everams Hoden.« Inevera spuckte Blut in den Abfluss des Waschbeckens. »Wie viele sind denn gekommen?«

Dienerinnen eilten herbei, um sie abzutrocknen und ihr in ein frisches Gewand aus dunkelblauer Seide zu helfen.

»Alle«, sagte Sikvah.

Inevera blinzelte im hellen Tageslicht, als sie aus der provisorischen Kammer der Schatten trat. Die Sonne stand hoch am Himmel und spiegelte sich glitzernd im Wasser.

Obwohl kaum etwas davon zu sehen war. Hunderte von Schiffen drängten sich in der Bucht, schwammen inmitten der Trümmer der krasianischen Flotte. Inevera hätte sich nicht träumen lassen, dass es so viele Boote überhaupt geben konnte.

»Hätten die Würfel dich nicht davor warnen müssen?«, bemerkte Asukaji.

»Vielleicht hätten sie es ja getan, wenn ich mir die Mühe gemacht hätte, sie zu fragen. Von sich aus geben die *alagai hora* nichts preis, Neffe. Wenn ich in der letzten Woche die *hora* auswarf, dann drehten sich meine Fragen um die Dämonen und wie wir sie abwehren könnten. An die Fischmenschen habe ich keinen Gedanken verschwendet.«

Durch diese Auskunft gab sie sich eine Blöße und brachte ihren eigenen Anspruch auf Unfehlbarkeit ins Wanken, aber der Junge hatte diese Lektion verdient. Die *dama* experimentierten bereits mit den Siegeln der Weissagung.

»Selbst unsere abgekämpften Krieger können ihnen noch schwer zu schaffen machen, sollten sie das Ufer zurückerobern wollen«, sagte Sikvah. »Aber letzten Endes werden die Fischmenschen uns überwältigen. Es sind einfach zu viele.«

Asukaji spuckte ins Wasser. »Sie sind nicht besser als die Diener der Nie. Sie greifen an, nachdem die *alagai* uns geschwächt haben.«

»Beim Kampf um Dockstadt haben wir ihnen dasselbe angetan«, sagte Qeran. »Bevor wir angriffen, ließen wir ihre Reihen durch die *alagai* ausdünnen. Auf diese Weise könnten wir abermals siegen. Wenn wir die Laktoner bis zum Anbruch der Nacht in der Bucht festhalten …«

Inevera schüttelte den Kopf. »Nein. So etwas darf nie wieder geschehen. Jene Nacht wird Everam dir zum Vorwurf machen, wenn du dereinst den einsamen Weg beschreitest, Exerziermeister. Du solltest dafür sorgen, dass du einen Ausgleich schaffst, der diese Schuld wieder aufwiegt.«

Qeran kniete nieder und legte die Hände auf den Boden. »Ich bin bereit, mich Everams heiligem Richtspruch zu stellen, *Damajah*.«

»Ich glaube dir.« Inevera wusste, dass Qeran damals diesen perfiden Plan in die Tat umgesetzt hatte, doch die Idee stammte vom *khaffit*. Nicht zum ersten Mal fragte sie sich, warum sie für eine derart heimtückische Kreatur so viel riskierte. »Wenn es zum Schlimmsten kommt, verlassen wir diese Gegend und kehren nach Everams Füllhorn zurück.« Die Worte schmeckten bitter auf ihren Lippen. »Ich lasse nicht zu, dass unsere Streitmacht im Kampf um eine ohnehin verlorene Stadt vollends zerstört wird.«

Aber die Laktoner waren nicht gekommen, um die Docks zu stürmen. Zwei große Schiffe lösten sich aus dem Flottenverband, segelten bis dicht ans Ufer heran und ließen Beiboote zu Wasser, auf denen die weiße Flagge gehisst war.

Ineveras behelfsmäßiger Palast stand immer noch, eine Insel inmitten eines Trümmermeers. Das untere Geschoss war durch die Überflutung verwüstet, doch die oberen Etagen waren trocken und sicher.

Sie aalte sich auf dem Kissenthron und genoss es, ihn in seinem alten Glanz erstrahlen zu sehen. Riesige Mengen *hora* hatten seine Macht wiederhergestellt.

Die gegnerische Flotte hatte zwei Abgesandte geschickt, einen Mann und eine Frau, um mit ihnen zu verhandeln. Die Frau kannte sie bereits von den überall aushängenden Steckbriefen. »Willkommen, Kapitänin Dehlia. Es ist mir eine Ehre, dich kennenzulernen. Der Name deines stolzen und ruhmreichen Schiffs, *Sharums Wehklage*, ist in aller Munde.«

Ihr Blick wanderte zu dem Mann, in dessen Aura Flammen züngelten. Gekleidet war er in vornehme Gewänder, in denen er sich jedoch unwohl zu fühlen schien, als sei er nicht an sie gewöhnt. »Und wer bist du?«

Der Mann trat vor. »Ich bin Herzog Isan von Lakton. Erst heute Morgen wurde ich vom Rat der Kapitäne in diesen Rang erhoben.«

»Herzog Reechard ist tot?«, fragte Inevera.

»Er kam letzte Nacht ums Leben«, sagte Isan.

»Mein Volk behauptet, ihr Fischmenschen seid feige, aber es ist sehr mutig von dir, Herzog Isan, persönlich zu mir zu kommen.« Inevera nickte ihm anerkennend zu. »Gründet sich dein Selbstbewusstsein darauf, dass ihr in der Überzahl seid?«

»Ich musste kommen«, sagte Isan. »Ich will dir in die Augen sehen.«

Inevera wölbte eine Augenbraue. »Oh?«

»Du bist die Mutter des Dämons von Dockstadt«, fuhr der Herzog auf Krasianisch fort. »Jayan asu Ahmann am'Jardir am'Kaji, der meine Familie abgeschlachtet hat.«

»Isan ...« Der Name klang vertraut.

»Isan asu Marten«, sagte der Herzog. »Dein Sohn warf meinen Vater, der bereits kniete, mit einem Fußtritt auf den Rücken. Als er nackt und hilflos am Boden lag, befahl er einem seiner Männer, sein Geschlecht zu einem blutigen Brei zu treten. Erst danach brachte er ihn vor den Augen meiner Mutter und ihrer Begleiter um.

Isan asu Isadore. Der Leichnam meines Vaters war noch nicht kalt, da zwang Jayan asu Inevera meine Mutter, ihn zu heiraten. Als sie den Ehevertrag unterschreiben sollte, stieß sie ihm die Schreibfeder in ein Auge. Die blutigen Überreste meiner Mutter ließ er dann am Flaggenmast aufhängen, damit jeder sie sehen konnte.

Isan, Bruder von Marlan. Dein Exerziermeister«, mit einer Kopfbewegung deutete der Herzog auf Qeran, »schleuderte Teer auf das Schiff meines Bruders. Wasserdämonen zerrten ihn und über hundert Männer in die Tiefe hinunter.«

Qerans Aura krümmte sich vor Scham bei diesen Worten, doch er schwieg.

Inevera stand auf. »Mein Exerziermeister hat in Everams Augen gesündigt, als er euch den *alagai* aussetzte«, sagte sie. »Der Schöpfer wird über ihn richten.«

Langsam schritt sie die Stufen hinunter. »Mein Sohn hat schwere Verbrechen begangen. Er hat sich an euch versündigt, und dafür wird Everam ihn strafen.«

Sie nahm die letzte Stufe und näherte sich Isan. Sämtliche Anwesenden spannten sich an. »Aber ich war diejenige, die den Angriff auf euer Volk befohlen hat.«

»Um den Erntezehnten zu erbeuten«, sagte Isan.

»Um *euch* zu erbeuten«, stellte Inevera richtig. »Ihr sollt euch uns im Kampf gegen Nie anschließen.«

Sie rückte dicht zu Isan auf. Der sah aus als würde er am liebsten zurückweichen, doch er blieb stehen und blickte ihr fest in die Augen. In Everams Licht konnte sie die Klinge sehen, die er unter seinem Rock verborgen trug.

»Ich trage die Verantwortung für das, was dir und deinen Leuten angetan wurde.« Inevera breitete die Arme aus, und in ihren dünnen Seidengewändern wirkte sie ungemein verletzlich. »Willst du den ersten Schlag führen und unsere beiden Völker in den nächsten Krieg stürzen, während *Alagai Ka* die Nacht beherrscht?«

In Isans Augen trat ein wilder Blick. Seine Hand wanderte in Richtung der Klinge. Selbst jetzt noch wäre es für Inevera ein Leichtes gewesen, sich zu wehren, sie konnte sein Handgelenk brechen, noch ehe er die Waffe zu fassen bekam. Doch der Herzog fing sich wieder und senkte die Hand.

»Jetzt hast du mir in die Augen gesehen, Herzog Isan von Lakton«, sagte Inevera. »Was hast du über mich erfahren?«

»Ich weiß, dass du kein Horcling bist«, sagte Isan. »Ich weiß, dass du über den einzigen Zufluchtsort am Seeufer gebietest, der groß genug ist, um meine Leute zu schützen. Und jetzt frage ich dich, willst du dich wirklich mit uns verbünden?«

»Ja, ich will es, Everam sei mein Zeuge«, sagte Inevera. »Wir werden die Bedingungen sorgfältig aushandeln, aber in der kommenden Nacht steht euch unsere Zuflucht offen.«

Isan verbeugte sich steif. »Ich danke dir ... *Damajah.*«

»Und nun erzählt mir, was passiert ist«, bat Inevera.

»Wochenlang verhielten die Dämonen sich seltsam ruhig«, ergriff Dehlia das Wort. »Aber letzte Nacht, nach Sonnenuntergang, begann das tiefe Wasser zu brodeln. Anfangs hielten wir es für einen ganz natürlichen Vorgang, doch dann sprangen die gigantischen Leviathane immer wieder aus dem See und ließen sich in das Wasser zurückfallen. Auf diese Weise erzeugten sie eine Welle nach der anderen, die obendrein ständig größer wurden.

Als wir endlich begriffen, was auf uns zukam, hatten wir kaum noch Zeit, Alarm zu schlagen. Die *Sharums Wehklage* segelte so schnell wie möglich zur Stadt, aber gegen eine solche Katastrophe konnten wir kaum etwas ausrichten.«

»War die Insel überflutet?«, fragte Inevera.

»Sie war untergegangen«, erklärte Isan. »Aber die Insel machte ja nur einen winzigen Teil von Lakton aus. Drei Viertel der Stadt bestanden aus Hunderten von aneinandergebundenen Schiffen, die die Insel in einem Ring umgaben. Die einzelnen Boote waren durch Laufplanken und Brücken miteinander verbunden.

Wir zerhackten die Taue, um möglichst viele der heftig schaukelnden Boote freizubekommen. Als dann die erste Riesenwelle über uns hinwegrauschte, wurden die Schiffe mitgerissen und in alle Richtungen zerstreut.«

»Wie viele Boote gingen verloren?«, fragte Inevera.

Isan hob die Hände. »Das weiß keiner. Einige waren bloß angedockt, nahmen Flüchtlinge an Bord und konnten schnell lossegeln. Andere waren seit hundert Jahren oder noch länger nicht mehr frei geschwommen. Und die, welche den Riesenwellen trotzen konnten, wurden die ganze Nacht lang von Wasserdämonen gejagt.«

»Ihr habt alle anderen Häfen verbrannt«, sagte Dehlia mit harter Stimme. »Die Dämonen haben die Blockade vernichtet, und wahrscheinlich gelang es ihnen, das Kloster einzunehmen. Außer Dockstadt gibt es keinen Ort mehr, an den wir flüchten könnten.«

7

Hardens Hain

334 NR

»Die letzte Wegestation ist gefallen«, verkündete Mutter Jone.

Die letzte, dachte Ragen. Also waren die anderen bereits vernichtet worden, ohne dass der Hof Kenntnis davon erhalten hatte. Seit Ragens Rückkehr waren aus dem Süden keine Meldungen mehr eingetroffen. Kuriere, die in die Region der zerstörten Wegestation reisten, ließen nie wieder von sich hören.

Unter den im großen Saal Anwesenden machte sich Gemurmel breit, doch als niemand das Wort ergriff, trat Ragen einen Schritt vor und verbeugte sich. Euchor seufzte, aber er wedelte gnädig mit der Hand. »Sprich.«

»Seine Gnaden erteilt dem Neuen Grafen des Frühen Tages das Wort!« Jone knallte ihren Stock auf den Boden, und im Raum herrschte Stille.

»Gab es Überlebende?«, fragte Ragen.

»Nein«, sagte Euchor mit verkniffenen Lippen. Die Wegestationen spielten eine bedeutende Rolle bei der Ausdehnung seines Machtbereichs. Angiers gehörte ihm praktisch schon, und die Krasianer zogen sich vor seinen Feuerwaffen zurück. Sein Traum, König von Thesa zu werden, schon zum Greifen nahe, schien ihm wieder zu entgleiten.

Ragen wählte seine nächsten Worte mit Bedacht. »Euer Gnaden, vielleicht wäre es jetzt an der Zeit, eine Evakuierung von Hardens Hain in Betracht zu ziehen.«

»Was für ein ungeheuerliches Ansinnen!« Graf Brayan trat ebenfalls vor und stellte sich neben Ragen. »Seit die Straße nach Süden geschlossen ist, beziehen wir den größten Teil unserer Nahrungsmittel aus Hardens Hain. Und die Saat auf den Äckern beginnt gerade erst zu sprießen. Auf die Ernte können wir gar nicht verzichten.«

»Ist das Getreide wichtiger als die Menschen, die dort leben?« Ragen wusste, dass viele der bei Hof Anwesenden in Hardens Hain ihr Geld angelegt hatten und am liebsten mit Ja geantwortet hätten, aber keiner traute sich, seine Kaltschnäuzigkeit laut kundzutun. »In wenigen Tagen haben wir Neumond. Wenn die Horclinge dann angreifen, werden sie Hardens Hain sicher nicht verschonen. Wir müssen die Leute von dort wegbringen.«

»Unsinn!«, widersprach Brayan. »Hardens Hain hat schon Tausende Neumondphasen überlebt. Der Ort ist durch starke Siegel geschützt.«

»Die Wegestationen hatten noch viel mächtigere Siegel«, sagte Ragen. »Dort lebten keine Frauen und Kinder, lediglich die Gebirgsspeere, Elitesoldaten. Und die brauchten nicht mal Äcker und Felder zu verteidigen. Dennoch sind die Stationen eine nach der anderen gefallen. Welche Chance haben da die Bewohner von Hardens Hain?«

»Welche Überlebenschance haben wir, wenn wir unsere Wintervorräte einfach aufgeben?«, entgegnete Brayan. »Und wo sollen diese Leute bleiben? In Hardens Hain leben über fünfhundert Menschen, Neuer Graf Ragen. Wirst du sie in der Grafschaft des Frühen Tages ansiedeln?«

Tresha verschränkte die Arme, und Ragen wusste, dass es ihm nicht zukam, Versprechen dieser Art zu machen. Aber Elissa ging zu ihrer Mutter und stieß sie leicht in die Rippen.

Gräfin Tresha sah ihre Tochter einen Moment lang an, dann blickte sie gleichmütig in die Runde. »Wenn die anderen Grafschaften zu engherzig sind, um ihren Anteil zu leisten, dann nimmt die Grafschaft des Frühen Tages das ganze Dorf auf, und der Schöpfer möge über uns alle richten.«

»Die Gräfin des Frühen Tages ist äußerst großzügig«, sagte Euchor. »Aber dieses Angebot kommt verfrüht. Der Graf von Brayans Gold hat recht. Wir können Hardens Hain nicht kampflos aufgeben.«

Zufrieden verschränkte Brayan die Arme vor der Brust, und Ragen knirschte mit den Zähnen. »Euer Gnaden, Graf Brayans Worte klingen scheinbar vernünftig, aber keiner, der nicht selbst gesehen hat, wie die Horclinge an Neumond wüten, kann sich eine Vorstellung davon machen, welcher Gefahr Hardens Hain ausgesetzt ist.«

»Dem stimme ich zu!« Euchor hieb mit seinem Armschützer gegen die metallene Lehne seines Throns, und das Geschepper hallte laut durch den Saal. »Der Neue Graf des Frühen Tages wird sich um die Verteidigung von Hardens Hain kümmern!«

Ragen blickte von Euchor zu Brayan und fühlte, wie die Falle zuschnappte. Das hier war eine abgekartete Sache zwischen den beiden gewesen, und er war ihnen glatt auf den Leim gegangen. »Ich bin kein Soldat, Euer Gnaden.«

»Du bist der Neue Graf des Frühen Tages«, schaltete sich Mutter Jone ein. »Durch Eid verpflichtet, zum Speer zu greifen, sollte der Thron dies von dir fordern.«

»Aber vielleicht denkt der Neue Graf ja daran, an seiner statt seine ältliche Schwiegermutter nach Hardens Hain zu schicken«, spottete Brayan, und erntete Gelächter.

Ragen machte eine steife Verbeugung. »Wie viele Gebirgsspeere werde ich befehligen?«

»Ich dachte an zweihundert«, sagte Euchor.

»Euer Gnaden …«, hob Ragen an.

»Mobilisiere Leute aus deiner eigenen Grafschaft, wenn du mehr Soldaten brauchst«, schlug Euchor vor. »Das Beste wäre natürlich, wenn du die Einwohner von Hardens Hain rekrutierst.«

»Ganz recht«, sagte Brayan. »Drück diesen Bauern Waffen in die Hand und lass sie selbst kämpfen. Nimm dir ein Beispiel an deinem angenommenen Sohn, der die Angieraner auf Trab brachte. Er verteidigte das Tal der Holzfäller mit weniger als hundert Leuten, heißt es.«

Ragen holte tief Luft und war froh, dass Yon dies nicht hören konnte. »Wie Euer Gnaden befiehlt.«

Als sie den Herzogspalast verließen, wartete Yon an der Kutsche auf sie.

»Ich komme mit dir«, sagte Elissa, sobald die Pferde anzogen.

»Den Horc wirst du tun!«, brummte Ragen.

»Du brauchst mich«, beharrte Elissa.

»Wohin geht ihr denn?«, fragte Yon.

Ragen achtete nicht auf ihn, sondern starrte Elissa an. »Miln braucht dich noch viel mehr. Das hier ist erst der Anfang. Die Dämonen werden die Stadt belagern. Jemand muss hierbleiben und die Verteidigung vorbereiten.«

»Ay!«, schrie Yon. »Dürfen wir anderen vielleicht erfahren, was hier vorgeht?!«

»Sämtliche Wegestationen wurden zerstört«, sagte Elissa. »In drei Tagen haben wir Neumond, und Euchor schickt Ragen nach Hardens Hain, um dort die Stellung zu halten.«

»Die Stellung halten?«, wiederholte Yon. »An Neumond kann man einen solchen Ort nicht halten. Man muss die Leute von da wegholen.«

Elissa sah Ragen mit finsterer Miene an. »Wage es ja nicht, da draußen zu sterben!«

Ragen stieß den Atem aus. »Was soll ich dir darauf antworten, Lissa? Ich bin nicht der Schöpfer. Irgendwann wird mich irgendetwas umbringen. Dasselbe blüht dir. Aber das hält uns nicht davon ab, das Richtige zu tun. Die Bewohner von Hardens Hain brauchen mich, und die Grafschaft des Frühen Tages braucht dich. Das Gesetz erlaubt es uns, eine Bürgerwehr auszuheben. Yon und seine Holzfäller bleiben hier und bilden die Rekruten aus ...«

»Darauf kannst du pissen!«, polterte Yon. »Ohne uns wirst du nicht nach Hardens Hain gehen.«

»Das ist nicht dein Kampf, Yon«, sagte Ragen.

»Oh doch! Das ist jedermanns Kampf. Hat der Erlöser selbst gesagt. Von mir aus kannst du bis in den Horc hinunterreiten. Solange ich bei dir bin, kommen die Holzfäller mit und geben dir Rückendeckung.«

Ragen hätte gern widersprochen, aber er wusste, dass er den Mann nicht umstimmen konnte. Außerdem fühlte er sich sicherer, wenn Yon Gray an seiner Seite kämpfte.

»Das wird alles nicht ausreichen«, sagte Elissa. »Mit zweihundert Gebirgsspeeren und nicht einmal zwanzig Holzfällern könnt ihr Hardens Hain nicht verteidigen.«

»Ich habe bereits Verstärkung angefordert«, sagte Ragen, als die Kutsche in den Hof ihres Anwesens einbog.

Gildemeister Malcum hatte sich in eine Rüstung gezwängt, die er seit zwanzig Jahren nicht mehr getragen hatte. Jetzt stand er an der Spitze einer Truppe, die aus fünfzig Kurieren und rund hundert Karawanenbegleitern bestand. Alle trugen auf Hochglanz polierte Rüstungen und Lanzen aus versiegeltem Stahl.

Derek führte eine Gruppe aus rund zwanzig Bannzeichnern an. Diese Leute waren an die Arbeit in einer ruhigen Werkstatt gewöhnt und kannten sich auf der offenen Straße und in der ungeschützten Nacht nicht aus. Sie hielten ihre Speere unbeholfen, aber Ragen wusste, dass sie mehr zur Verteidigung der Ansiedlung beitragen würden als die Krieger, wenn sie sich geschickt anstellten.

Auch Leutnant Woron und Sergeant Gaims hatten sich eingefunden.

»Bist du sicher, dass du dir das zumuten kannst, Mann?«, fragte Ragen. »Als du hier ankamst, warst du halb tot.«

»Und dank euch haben wir überlebt«, erwiderte Woron. »Euchor hat nach Freiwilligen unter den Gebirgsspeeren verlangt. Jeder Mann, den ihr zurückgebracht habt, kommt mit euch.«

Das wunderte Ragen nicht. Von diesen Männern hatte er nichts anderes erwartet.

Mit wem er nicht gerechnet hatte, war Keerin.

Doch der Herold stand auf dem Hof, umringt von seinen Lehrlingen. Im Augenblick kämpften sie mit den komplizierten Tonfolgen von Achtfingers Musik. Ragen ging zu ihm, und Keerin ließ das Spiel abbrechen. »Uns bleibt nicht mehr viel Zeit zum Üben, Gildemeister.«

»Euchor setzt dich vor die Tür, wenn er erfährt …«

»Ich habe ihm den Dienst aufgekündigt«, sagte Keerin. »Ich begleite euch.«

Ragens Kehle schnürte sich zusammen. Noch vor knapp einem Monat hatte er diesen Burschen verachtet. Und jetzt … Er betrachtete die Lehrlinge. Vielen stand die Angst ins Gesicht geschrieben. »Sind deine Schüler bereit?«

»Ich müsste lügen, wenn ich sagte, *ich* sei bereit«, entgegnete der Jongleur. »Meine Frau hält mich für verrückt. Aber fünfzehn Jahre lang habe ich mich mit fremden Federn geschmückt und mich für Heldentaten feiern lassen, die Arlen aus Tibbets Bach vollbracht hat. Bei der Nacht, ich ließ ihn sogar von meinen Lehrlingen verprügeln, als er es wagte, mich in der Öffentlichkeit bloßzustellen.« Ein paar der jungen Leute senkten verlegen den Blick, aber keiner widersprach.

»Ich war bei dir auf der offenen Straße und habe dasselbe erlebt wie du«, fuhr Keerin fort. »Die Dämonen sind im Anmarsch. Wir haben gemeinsam den Stein ins Rollen gebracht, als wir Arlen unterwegs auflasen und mitnahmen. Und eine gute Geschichte wird es nur, wenn wir das Ganze gemeinsam durchstehen – notfalls bis zum bitteren Ende.«

»Es muss kein bitteres Ende geben«, mischte sich Elissa ein. »Wenn du nach der ersten Neumondnacht glaubst, es sei unmöglich, die Dämonen mit eurer Musik zurückzuhalten, dann bringst du die Einwohner von Hardens Hain hierher nach Miln und quartierst sie in unserem Anwesen ein. Von mir aus können sie unsere Speisekammern plündern und uns um Haus und Hof futtern. Hauptsache, sie sind in Sicherheit.«

»Wir werden es schaffen«, behauptete Ragen. »Ich bin kein Märtyrer, und ich habe nicht vor, für Euchors Dünkel zu sterben.«

»Ragen!«, rief Amon Hain. »Dem Schöpfer sei Dank, dass ihr gekommen seid. Die Dämonen rennen gegen die Siegel an, als hätten sie Bitterkraut geraucht. Seit auch noch die letzte Wegestation gefallen ist, sind mehr als die Hälfte der Dörfler bereit, die Siedlung zu verlassen.«

Ragen nickte. Anstatt abzusitzen, ließ er Schattentänzer im Kreis traben und verschaffte sich einen Überblick über das Gelände. »Gut möglich, dass wir evakuieren müssen, Amon.«

Der alte Mann schnappte nach Luft. »Du hast fast so viele Soldaten mitgebracht, wie es Einwohner in diesem verfluchten Ort gibt. Willst du sagen, das reicht nicht, um uns zu schützen?«

»Ich sage, es wäre das Klügste, wenn die Leute schon mal anfingen, ihre Taschen zu packen, damit wir notfalls in aller Eile von hier aufbrechen können. Keine schweren Sachen, nur Proviant und Kleidung. Wenn wir den Ort aufgeben, dann müssen wir in einem einzigen Tagesmarsch Miln erreichen.«

»Bei der Nacht!«, murmelte Amon.

»Das Schlimmste kommt erst noch.« Ragen schwang sich vom Pferd, zog aus der Satteltasche eine Landkarte und zeigte sie Amon.

»Die Saat auf den Äckern ist gerade erst aufgegangen«, bemerkte Ragen. »Das erleichtert unsere Arbeit. Wir müssen Großsiegel in eure Felder pflügen.«

Amon beugte sich blinzelnd über die Karte. Dann riss er die Augen weit auf. »Dann wird ja die halbe Ernte untergepflügt!«

»Siebenundzwanzig Prozent, nach unseren Schätzungen«, sagte Derek.

»Ay, nur siebenundzwanzig Prozent?« Amon fuchtelte wild mit den Händen. »Dann ist ja alles eitel Sonnenschein, nicht wahr?«

»Wenn wir diese siebenundzwanzig Prozent nicht opfern, wird es keine Menschen mehr geben, die den Rest der Ernte essen können, Amon«, sagte Ragen. »Ich bin nicht hier, um den Dorfrat über irgendetwas abstimmen zu lassen. Ich habe ein Schreiben von Euchor höchstselbst, das mich ermächtigt, alle kampftauglichen Männer einzuziehen und diesen Ort zu befestigen. Tu uns beiden den Gefallen und stell dich nicht quer, ay? Mit langen Debatten verschwenden wir nur Tageslicht.«

Amon betrachtete Yon und die Soldatentruppe. »Mir bleibt wohl nichts anderes übrig, oder?«

»Du bist ein wackerer Mann«, sagte Ragen.

Die akkurat über die Felder und Obstgärten verteilten Siegelpfosten machten es den Bannzeichnern leicht, die Großsiegel abzustecken und die Männer anzuleiten, welche die Furchen pflügten. Malcums Karawanenbegleiter folgten mit Schaufeln und füllten die Rinnen mit zermahlenem Kalkstein. Die weißen Furchen hoben sich gut sichtbar von dem dunklen Boden ab. Alle gingen mit äußerster Vorsicht zu Werke, aber Ragen konnte bereits sehen, dass viel mehr des keimenden Saatguts zertrampelt wurde als ursprünglich geschätzt.

Leutnant Woron ließ die Gebirgsspeere hinter den äußeren Begrenzungslinien der Bannzone Gräben ausheben, sodass sie aus einer gewissen Deckung heraus ihre Waffen abfeuern konnten. Der innere Erdwall war so niedrig, dass die Soldaten über ihn hinwegspringen konnten, sollten sie zum Rückzug gezwungen sein.

Drei Tage lang schufteten sie, hielten sich jede Nacht kampfbereit und warteten auf einen Angriff der Dämonen. Doch nichts tat sich.

Sie warten die Neumondphase ab, erkannte Ragen.

In der dritten Nacht begann der Zyklus, und als die Sonne tief am Himmel stand, kletterten Ragen und Yon auf den Glockenturm des Heiligen Hauses, um sich einen Überblick über die Schutzmaßnahmen zu verschaffen. Die Großsiegel waren perfekt angelegt und deutlich zu sehen. Sie hatten eine machtvolle Bannzone geschaffen, aber würde das genügen?

»Ich kenn das Gefühl«, sagte Yon, als er Ragen beobachtete, der rastlos auf und ab schritt.

»Ay?«, fragte Ragen. »Ich weiß selber nicht genau, wie ich mich fühle.«

»Als würd's einen irgendwo jucken, und man kann sich nicht kratzen«, sagte Yon. »Vor dem, was kommt, hat man solche Angst, dass man sich wünscht, es würd' schnell passieren, damit man's hinter sich hat.«

»Ja, so ungefähr fühlt es sich an«, gab Ragen zu. »Aber was ist, wenn die Horclinge sich gar nicht um Hardens Hain kümmern? Wenn sie Miln angreifen, während wir hier auf Gespensterjagd gehen?«

Yon hob und senkte seine massigen Schultern. »Behalt deine Gedanken lieber für dich. Klar, dass du dir Sorgen machst, aber die Leute sehen zu dir auf. Was sie brauchen, ist ein starker Anführer, kein Zweifler.«

Ragen blickte nach unten. Dieses Mal betrachtete er nicht die Verteidigungsanlagen, sondern die Männer und Frauen, die im Falle eines Kampfes dort zum Einsatz kommen würden. Mehr als ein Augenpaar schaute zu ihm hinauf.

Er drückte das Kreuz durch und gab sich zuversichtlicher, als er sich fühlte. »Was hätte Arlen jetzt getan?«

Yon gluckste in sich hinein. »Er hätt' eine seiner Reden gehalten, den Leuten gesagt, sie alle seien Erlöser oder so'n Dämonenscheiß. Etwas in der Art hätt' er gesagt.«

»Du glaubst nicht, dass er der Erlöser ist?«, fragte Ragen.

Wieder zuckte Yon die Achseln. »Arlen war immer ein bescheidener Bursche. Das mochten die Leute ja so an ihm. Sie hörten es gern, wenn er ihnen sagte, auf sie selbst käme es an, und der Schöpfer wüsste, dass sie sich selbst retten könnten. Aber es gibt nur einen einzigen Erlöser.«

Das letzte Tageslicht erlosch, und die Siegel auf Ragens Helm erwachten zum Leben. Und mit dem einsetzenden magischen Blick sah er, wie die Dämonen aus dem Boden aufstiegen.

»Ich war noch nie ein großer Redner.« Ragen drehte sich um und eilte zur Treppe. »Jeder weiß, was er zu tun hat.«

»In Deckung!«, brüllte Ragen.

Während die Gebirgsspeere sich in Sicherheit brachten, zeichnete eine junge Bannzeichner-Gehilfin ein Aufprallsiegel, das den Gesteinsbrocken zertrümmerte, ehe er über das Großsiegel rollen und die Linien verwischen konnte. Ein paar der Verteidiger konnten nicht rechtzeitig ausweichen, gerieten in den Energiestrom und wurden von Trümmerstücken getroffen.

Ragen wusste, dass die junge Frau das einzig Richtige getan hatte, doch sie stand wie gelähmt da und starrte verstört auf die Männer, die sie durch ihr Bravourstück verletzt hatte. Sie merkte nicht einmal, dass ein anderer Dämon mit einem Stein auf sie zielte.

»Cara!« Ragen hob seinen magischen Griffel, doch die Frau wurde von dem Stein zerschmettert, noch ehe er ein Siegel zeichnen konnte. Die Bannzeichner lernten schnell, mit *hora*-Magie umzugehen, aber sie hatten noch keine Erfahrungen auf dem Schlachtfeld gesammelt.

Im nächsten Moment krachte etwas gegen Ragen, trieb ihm die Luft aus den Lungen und warf ihn um. Er spürte den Luftstrom, als ein Stein dicht an ihm vorbeisauste.

Yon wälzte sich von ihm herunter und zog ihn mitsamt seiner schweren Rüstung wieder auf die Füße. »Wär' besser, du kämpfst nicht an vorderster Front. Die Dämonen ha'm dich auf'm Kieker.«

Und tatsächlich, jedes Mal, wenn Ragen sich zeigte, schienen die Horclinge eigens ihn anzuvisieren. Sie wussten, dass sie ihre Angriffe auf die Bannzeichner konzentrieren mussten, aber nicht einmal Derek wurde von ihnen dermaßen attackiert wie Ragen. Er hüllte sich in seinen Tarnumhang und zog sich langsam zurück, bis er das Schutzgebiet erreichte, das Keerin und seine Lehrlinge vor dem inneren Verteidigungswall aufrechterhielten.

Drei der Großsiegel, die Hardens Hain umgaben, waren schon zerstört. Die Dämonen hatten sie planvoll nacheinander vernichtet. Dadurch schufen sie eine breite ungeschützte Fläche, auf der sie angreifen konnten, anstatt schmale Breschen, die sich einfacher verteidigen ließen. Noch waren die Horclinge nicht so weit, den Wall in seiner ganzen Länge zu stürmen, doch die Menschen, die ihn sicherten, waren bereits arg in Bedrängnis.

Die Gebirgsspeere hatten das Feuer eingestellt. Sie wollten sich die Munition für die Abschirmung des inneren Walls aufsparen. Eine Hälfte der Männer stürzte sich mit aufgepflanzten Bajonetten in den Nahkampf, während die übrigen am Wall in Position gingen.

Hunderte von Dorfbewohnern folgten den Kriegern. Mit landwirtschaftlichen Gerätschaften, auf die Siegel gemalt waren, töteten sie die verletzten Horclinge.

Schon jetzt spürten einige Dörfler die Magie, die sie dadurch in sich aufnahmen. Amon Hain stützte sich nicht länger auf seinen Rechen. Der Alte hackte damit auf einen am Boden liegenden Felddämon ein, wie er als junger Mann einen steinharten Grund bearbeitet haben mochte. Die mit Stichsiegeln verstärkten Zinken gruben sich tief in den Bauch der Bestie.

Jüngere Leute packte der Übermut, als die Magie der Nacht in ihnen brodelte, sie wollten nicht mehr hinter den Gebirgsspeeren aufräumen, sondern sie stürzten sich mit den Soldaten in den aktiven Kampf. Man hätte sie tapfer nennen können, aber Ragen wusste, dass sie sich in einem Taumel befanden, einer Mischung aus Angst, magischer Energie und Blutrausch. Menschen in diesem Zustand rannten in den Tod, wenn sie vollends die Beherrschung verloren.

Eine Druckwelle aus Magie riss eine Gruppe von Verteidigern um. Niemand wurde ernsthaft verletzt, doch als sie sich wieder aufrappelten, schienen ein paar von ihnen verändert. Sie versteiften sich, dann richteten sie ihre Waffen gegen ihre Kameraden. Die meisten Betroffenen waren Gebirgsspeere. Sie schossen mit ihren Feuerwaffen auf berittene Kuriere. Aber auch einfache Dörfler fingen an, mit Forken und Hacken auf Leute loszugehen, die sie ihr Leben lang gekannt hatten.

Ragen sah, dass diese Angreifer ihre Kopfbedeckungen mit den Gedankensiegeln verloren hatten. Hastig spähte er in die Runde, konnte aber keinen Seelendämon entdecken. Doch allein diese Suche machte ihn schon schwindelig … verwirrt.

Er schüttelte sich, hob seinen magischen Griffel und zeichnete Siegel. Dadurch ließ er einen Luftstrom entstehen, den er auf den pulverisierten Kalkstein richtete, der die Furchen des mittlerweile toten Großsiegels ausfüllte. Die Brise wirbelte eine Staubwolke auf, und dann sah er mitten im Siegel eine menschenähnliche Gestalt, klein und mit einem kegelförmigen, knotigen Kopf.

»Seelendämon!«, brüllte er, zeichnete ein lektrisches Siegel und ließ so viel Energie hineinströmen wie nur möglich.

Der Blitzstrahl traf den Dämon mit voller Wucht. Er wurde auf den Rücken geworfen, und das ihn umgebende Tarnfeld brach zusammen. Derek und drei weitere Bannzeichner beteiligten sich an dem Beschuss, doch ein Felddämon kam angerannt und wurde mit jedem Sprung größer. Seine Hautschuppen verdickten sich zu dem harten Panzer eines Felsendämons, als er sich schützend vor seinen Gebieter stellte und ihn vor den Schlägen abschirmte.

»Feuert auf ihn, mit allem, was ihr habt!«, donnerte Ragen. Pfeile und Armbrustbolzen bohrten sich in den Mimikry und verliehen ihm das Aussehen eines Igels. Bannzeichner schleuderten Kältesiegel. Die Gebirgsspeere schossen Kugeln auf das Scheusal ab, und Risse durchzogen den hartgefrorenen Panzer wie Spinnweben.

Ragen verschwendete den letzten Energierest seines magischen Griffels an ein Aufprallsiegel und zerschmetterte den schildkrötenartigen Panzer, den der Mimikrydämon gebildet hatte, doch da war es bereits zu spät. Der Mimikry zerbröselte, aber von seinem Gebieter war nichts mehr zu sehen.

Der Seelendämon war vom Schlachtfeld geflüchtet.

Sofort änderten die Horclinge ihr Verhalten. Sie gingen nicht mehr zielgerichtet vor, sondern folgten ausschließlich ihren wilden Trieben, während Keerin und seine Musikanten mehr Macht über sie gewannen.

Die Jongleure legten ein Feld der Verwirrung über das Land. Yon, Malcum und Woron gaben ihre Deckung auf, stürmten in das Gebiet hinter den Großsiegeln vor und machten kurzen Prozess mit jedem Dämon, den sie trafen. Jeder dieser blitzschnellen Ausfälle hinterließ eine Spur von verkrüppelten oder toten Horclingen.

Dadurch gewannen sie Zeit, aber auch das reichte nicht. Nach einer Weile hatte der Seelendämon sich wieder erholt, und in die Reihen der Feinde kehrte Ordnung ein. Abermals handelten die Dämonen nach einem schlauen Plan. Schon eine Stunde später mussten die Menschen sich hinter den inneren Wall zurückziehen, um dort die Stellung zu halten.

Als Ragen durch das Tor lief, passte Derek ihn ab. »Ich habe die Bannzeichner weggeschickt, damit sie sich ausruhen können. Viel länger halten sie nicht durch.« Mit zitternden Fingern hob er seinen magischen Griffel. »Und wir sind auch bald am Ende.«

Ragen nickte. Der Umgang mit so viel Energie hatte ihn ausgebrannt. Er zückte seine Uhr. In einer Stunde würde der Himmel heller werden und die Seelendämonen in die Flucht schlagen. In zwei Stunden mussten selbst die kühnsten Horclinge das Feld räumen.

»Verteidigt den Wall!«, schrie er und zeichnete Siegel, um seine Worte durch den ganzen Ort hallen zu lassen, während er zurück an die vorderste Front hetzte. »Der Morgen naht! Kämpft für euer

Dorf, für eure Familien! Haltet durch, und wir alle werden die Sonne sehen!«

»Felsendämon!«, brüllte einer der Wächter. Ragen raste die Treppe zur Wallkrone hinauf und sah den Dämon, der sich zu einem Steinwurf rüstete. Er hob seinen Griffel, doch ein Schwindelanfall überkam ihn, und seine Zeichnung wurde fehlerhaft. Der Stein krachte gegen das Tor, verbog den Stahl und zerstörte eine der Angeln. Das beschädigte Tor hing schief und wurde von den restlichen Angeln nur notdürftig gehalten.

Die Gebirgsspeere eröffneten das Feuer, als Horclinge zu der Bresche in den Siegeln flitzten, aber es war abzusehen, dass der Strom der Dämonen sich nicht lange aufhalten lassen würde.

»Zum Tor!«, donnerte Ragen. Er schob den magischen Griffel in eine Tasche unter seiner Rüstung, während jemand mit Schattentänzer am Zügel angerannt kam. Am Geschirr des Hengstes hingen sein Speer und sein Schild.

Keerin tauchte mit seinen Lehrlingen auf, doch die anrückenden Dämonen ließen sich von ihrer Musik nicht beeindrucken. Sie attackierten das ramponierte Tor und rissen es mit vereinten Kräften aus den Angeln.

Die Jongleure stimmten eine neue Melodie an. Dieses Mal erzeugten sie ein scharrendes, misstönendes Geräusch, das die Dämonen aus dem Gleichgewicht brachte. In diesem Moment gingen die Verteidiger zum Gegenangriff über.

Ragen wusste nicht, wie viel Zeit verging, während der Kampf tobte. Noch mehr Breschen wurden in den Wall gerissen, und er galoppierte auf Schattentänzer von einer zur anderen, um die Männer anzufeuern.

Ein heller Schimmer stieg über den Horizont, als sie sich gezwungen sahen, den Wall aufzugeben. Sie verschanzten sich auf dem Dorfplatz, wo die Siegel noch intakt waren. Hier, in der Enge zwischen den Häusern, wurde die Musik der Jongleure von dröhnendem Widerhall verstärkt, und die Dämonen, die sich durch die schmalen Gassen schoben, waren für die Kämpfer eine leichte Beute.

Doch dann schnappte sich ein Steindämon einen Brocken Schutt und schmetterte ihn Ragen gegen die Brust. Seine Rüstung schützte ihn, aber er fiel von Schattentänzers Rücken, und als er auf dem Boden aufschlug, kugelte er sich den Arm aus.

In seinen Ohren rauschte es, als er versuchte, sich auf die Beine zu stellen, während das gigantische Streitross sich schützend vor ihm aufbäumte. Und dann vernahm er in all dem Lärm und Getöse einen Laut, der schöner war als alles, was er sich vorstellen konnte.

Ein Hahn krähte.

Der Morgen brach an.

Ragen grub die Zähne in das Leder und zappelte in Malcums und Dereks Griff, als Yon mit einem heftigen Ruck an seinem Arm zog, ihn dabei drehte und ihn wieder in das Schultergelenk drückte.

Ächzend spuckte Ragen den gepolsterten Handschuh aus. Er schmeckte Öl und Schweiß, Blut und das eitrige schwarze Dämonensekret. »Bei der Nacht, Yon! Wie lange ist es her, seit du bei einer Kräutersammlerin in der Lehre warst?«

Yon zuckte die Achseln. »Hab nie so was wie eine *Ausbildung* gehabt. In einem Haushalt voller Jungs gibt es ständig kaputte Knochen. Da muss man sich zu helfen wissen.«

»Beim Schöpfer!« Ragen stöhnte laut.

»Du kannst von Glück sagen, dass Yon zur Stelle war«, bemerkte Malcum. »Die hiesigen Kräutersammlerinnen und ihre Schülerinnen kümmern sich um die anderen Verletzten. Für dich hätten sie gar keine Zeit gehabt.«

»Wie schnell können wir von hier aufbrechen?«, fragte Ragen. »Es kommt auf jede Minute an.« Wenn ein Kurier zu Pferde im Morgengrauen von Hardens Hain losritt, konnte er Miln am frühen Nachmittag erreichen. Aber die Dörfler waren erschöpft, viele von ihnen verwundet, und die meisten würden zu Fuß gehen müssen. Mit viel Glück erreichten sie die Stadt bei Anbruch der Nacht.

»Wir verfrachten gerade die Verletzten auf Karren«, sagte Malcum. »Was ist mit dir? Kannst du reiten?«

Ragen nickte. »Es wird schon gehen.«

»Das ist gut«, sagte Malcum. »Dein monströses Ross strotzt immer noch vor Kraft. Wenn du ein scharfes Tempo vorlegst, kannst du …«

»Nein!«, schnitt Ragen ihm das Wort ab. »Ich überlasse diese Menschen nicht sich selbst, wenn sie auf offener Straße unterwegs sind. Schattentänzer ist nicht das einzige Pferd, das vollgepumpt ist mit Magie, weil es mit seinen versiegelten Hufen Dämonen niedergetrampelt hat. Schick zwei Kuriere los, die im Galopp nach Miln reiten sollen, einer zum Herzog, der andere zu Elissa. Sie sollen melden, dass wir Hardens Hain verlassen.«

Ragen führte den erbärmlichen Zug auf der Straße an. Die Leute hatten kaum mehr bei sich als Trinkwasser und die Kleidung, die sie am Leib trugen. Hinter ihnen lag das Dorf, das viele Generationen lang ihre Heimat gewesen war. Jetzt bestand es nur noch aus brennenden Ruinen.

Kleine Kinder und alte Menschen, die den Fußmarsch aus eigener Kraft nicht bewältigen konnten, klammerten sich an Fuhrwerke, in denen man die Verwundeten transportierte. Ragen trieb die Dörfler zur Eile an, doch als dann endlich die Stadt in Sicht kam, herrschte bereits Zwielicht.

Die Mauern von Miln standen noch, aber sie waren stark beschädigt, und an ihrem Fuß häuften sich Berge von Schutt und Trümmern. Von der Mauerkrone hingen Geschirre, in denen sich Bannzeichner abseilten, die emsig dabei waren, zerstörte Siegel auszubessern. Der Gestank von in der Sonne verschmorten Horclingen verpestete die Luft.

Aus der Ferne drang das Geläut der Abendglocke an Ragens Ohren. Er drehte sich zu den abgekämpften Flüchtlingen um. »Strengt euch an, holt das Letzte aus euch heraus! Wenn es dunkel wird, schließen sie die Tore und machen sie erst am nächsten Morgen wieder auf!«

»Die Tore werden geschlossen!«, brüllte der Wächter auf der Mauerkrone Ragen zu, der an der Spitze des Flüchtlingstrecks in die Stadt einritt.

»Wenn du diese Leute aussperrst, komm ich da hoch und schmeiß dich von der Mauer!«, schrie Ragen zurück. Die ersten Dörfler passierten bereits das Tor, doch die Schlange von ermatteten Menschen zog sich noch weit die Straße hinunter. Der Himmel verdunkelte sich rasch.

»Euchor hat es so befohlen, Neuer Graf!«, krähte der Wächter.

Ragen spuckte aus. Die langsamsten und schwächsten Dörfler befanden sich am Ende der Schlange, doch wegen der vielen Menschen, die durch das Tor drängten, konnte Ragen nicht auf Schattänzer zurückreiten und ihnen helfen. Er vergaß seinen verletzten Arm, schwang sich aus dem Sattel und wäre um ein Haar gestürzt, als ihn ein stechender Schmerz durchzuckte.

Yon hielt ihn mit seiner gewaltigen Pranke fest. »Immer mit der Ruhe!«

»Bringt die Dörfler auf mein Anwesen«, sagte Ragen zu Derek und Yon. »Es wird ein bisschen eng werden, aber für eine Nacht können wir alle aufnehmen. Morgen früh sehen wir dann weiter.«

»Und wohin gehst du?«, fragte Yon.

»Zurück auf die Straße. Um zu helfen«, sagte Ragen.

»Glaubst du, dass du mit deinem verletzten Arm was bewirken kannst?«, zweifelte Yon.

»Darum geht es nicht«, erwiderte Ragen. »Aber wenn die Wachen den Neuen Grafen des Frühen Tages draußen vor der Mauer sehen, überlegen sie es sich vielleicht zweimal, ob sie den anderen das Tor vor der Nase zuknallen.«

Ragen pflügte sich durch das Gedränge zum Tor zurück. Die Wachen stellten sich ihm in den Weg, aber schon war Yon da und schubste sie zur Seite wie Kinder.

Unter den Dörflern draußen war Panik ausgebrochen. Die berittenen Truppen, Malcums Kuriere, Dereks Bannzeichner und Worons Gebirgsspeere hatten die Vorhut gebildet und auf ihren Pferden möglichst viele Frauen und Kinder mitgenommen. Die Karren, überladen und in den meisten Fällen nicht für längere Wegstrecken gebaut, bewegten sich nur im Kriechtempo voran. Eine arme Stute, die allein einen Karren mit Verwundeten zog, war zusammengebrochen und hielt die ganze Kolonne auf.

Yon durchschnitt das lederne Geschirr, ließ seine Axt auf den Kopf des Pferdes niedersausen und ersparte ihm so einen langsamen, qualvollen Tod. Dann schlang er sich die Zugriemen um die Brust und fing tatsächlich an, den Karren selbst zu ziehen.

Ragen rannte an der Kolonne entlang und trieb die Leute zur Eile an. Ein alter Mann lag auf der Straße. Ein Junge, höchstens sechs, zerrte an ihm und flehte ihn an, aufzustehen.

»Geh weiter«, sagte der Alte zu dem Jungen. »Wenn du dann in der Stadt bist, suchst du deine Mutter und deine Schwestern.«

»So läuft das hier nicht, Graubart«, sagte Ragen. »Wir lassen keinen zurück.«

»Hab mir den Knöchel verstaucht«, sagte der alte Mann. »Ich bitte dich, sorge dafür, dass mein Enkelsohn in die Stadt hineinkommt.«

Ragen blickte stirnrunzelnd auf den Jungen. Er traute es sich nicht zu, ihn auf den verletzten Arm zu nehmen und zu tragen und gleichzeitig den Alten zu stützen. Er ging in die Hocke und sprach im Dialekt von Hardens Hain. »Hopp, Bengel, spring auf meinen Rücken, ich nehm dich Huckepack. Und jetzt hurtig wie ein Eichhörnchen, nun mach schon!«

»Ich lass Großvater nicht allein!«, heulte der Junge.

»Den nehmen wir mit, aber wenn du nicht auf der Stelle parierst, werden die Horclinge uns alle fressen!«, schnauzte Ragen. Der Junge sprang auf die Füße und kletterte seinen Rücken hinauf. Ragen schob seinen unverletzten Arm unter die Achselhöhle des Graubarts.

»Ich kann nicht ...«, begann der Alte.

»Halt die Klappe und steh auf!«, unterbrach Ragen ihn in demselben Tonfall, den er bei dem Jungen angeschlagen hatte. Die derbe Sprache wirkte auch bei dem Alten, der sich nicht länger sträubte. Stöhnend richtete Ragen sich auf und hievte die beiden mit in die Höhe.

»Ay!«, schrie der Alte und zuckte beim ersten Schritt zusammen.

»Du kannst alle viere von dir strecken, wenn wir in der Stadt sind«, bellte Ragen. Leute eilten herbei, um zu helfen, doch die Sonne war mittlerweile unter den Horizont gesunken. Jeden Moment konnten die Horclinge auftauchen. Voller Sorge blickte er auf das Tor, aber seine Männer, auch Woron und die Gebirgsspeere, hatten es blockiert und hielten es für die Nachzügler geöffnet, die sich mit letzter Kraft vorwärtsschleppten.

Aus dem Boden stiegen Nebelschwaden auf und verdichteten sich. »Rennt!«, brüllte Ragen. Das schiere Entsetzen verlieh ihm, obwohl er kurz vor einem Kollaps stand, neuen Schwung. Er fiel in einen holprigen Laufschritt, wobei er den alten Mann mit sich ziehen musste, bis Cal und Nona Holzfäller ihn erreichten. Cal nahm ihm den Jungen ab, und Nona warf sich den Alten über eine Schulter wie einen Sack Äpfel.

Die Mauerwächter bliesen in ihre Hörner und kämpften darum, die Torflügel schließen zu können. Im Rennen blickte Ragen sich um. Die kleineren Horclinge hatten bereits ihre stoffliche Gestalt angenommen, Felddämonen und Flammendämonen sausten auf das offene Tor zu. Er zog den magischen Griffel unter seiner Rüstung hervor und blieb kurz stehen, um hastig eine Reihe Siegel in die Luft zu zeichnen.

In dieser Nacht benutzte er den Griffel zum ersten Mal, doch die Magie versengte jetzt schon seine Haut wie kochendes Wasser. Er biss die Zähne zusammen und schickte einen kräftigen Schwall Energie in die Siegel, denn er wusste, ihrer aller Leben hing von deren Wirksamkeit ab.

Die Dämonen krachten gegen die Barriere, als wären sie in vollem Lauf gegen eine Ziegelmauer geprallt. Die Wirkung würde sich abschwächen, doch es verschaffte ihnen genug Zeit, um die letzten Dörfler in die Stadt zu bringen und hinter ihnen das Tor zu schließen.

Ragen schickte die anderen vor und stieg zusammen mit Woron, Gaims und Yon auf die Mauer. Ihnen bot sich ein erschreckendes Bild. Vollständig ausgeformte Felsendämonen stöberten in dem Schutt nach Steinen, die groß genug waren, um als Wurfgeschosse zu dienen. Die Siegel stärkten die Steinmauer, aber wenn das Bombardement nur lange genug andauerte, würden auch sie versagen.

Die Gebirgsspeere kümmerten sich darum, dass dies nicht passierte. Wenn die Horclinge sich bis auf Wurfweite näherten, konnte man sie mit den schweren Geschützen auf der Mauerkrone beschießen. Die eisernen Kanonenkugeln trugen Siegel. Ragen sah, wie eine in den mächtigen Brustpanzer eines Felsendämons einschlug und ihn umwarf. Im Siegellicht glühte das Scheusal immer noch, aber dann erlosch seine Aura. Der Dämon war tot.

Ragen betrachtete den Munitionsvorrat. Er war nicht sehr groß, viele Kugeln waren abgesplittert und wiesen Brandspuren auf. Offensichtlich hatte man sie bereits letzte Nacht abgeschossen und dann bei Tageslicht vom Schlachtfeld geborgen.

Ein anderer Felsendämon holte zu einem Wurf aus, doch die Geschützmannschaft zielte zu hastig und verfehlte ihn. Ragen wartete, bis der Dämon seinen Arm nach vorn schwenkte, dann zeichnete er ein kräftiges Aufprallsiegel und gab ihm gerade mal so viel Energie mit, um den Stein aus den Krallen der Bestie zu reißen. Und trotzdem hatte er das Gefühl, als hätte ihm jemand einen Hieb in die Magengrube verpasst.

Der Dämon taumelte, drehte sich um und bückte sich dann nach dem Stein. Eine andere Geschützmannschaft nutzte die Gelegenheit, um ihm eine zwölf Pfund schwere versiegelte Eisenkugel in den Rücken zu jagen.

Nichtsdestotrotz tauchten immer mehr Horclinge auf. Ihre Schar war größer als die, welche der Horc ausgespien hatte, um Hardens Hain zu vernichten. Ragen wandte sich an Yon. »Rückzug! Zu meinem Anwesen!«

Schattentänzer und Yons riesiges Wildpferd holten die Flüchtlinge im Nu ein. Horclinge konnten bearbeiteten Stein nicht durchdringen, und das Siegelnetz auf den Dächern wehrte Winddämonen ab. Auf den gepflasterten Straßen hätten sie in Sicherheit sein müssen, doch von allen Seiten dröhnten plötzlich Hörner.

»Was is' los?«, fragte Yon.

»Dämonen sind in der Stadt«, erwiderte Ragen.

»Wie ist das möglich?«, wunderte sich Gaims. »Gerade noch standen wir auf der Mauerkrone, und nirgends gab es eine Bresche.«

»Ich weiß es nicht«, sagte Ragen, »aber deine Männer sollen sich auf einen Kampf vorbereiten.«

Woron nickte und brüllte Befehle. Seine Männer waren genauso erschöpft wie die Flüchtlinge, außerdem hatten sie keine Munition mehr. Wenn sie kämpfen mussten, dann mit Bajonetten und schierer Muskelkraft.

Immer mehr Hornsignale ertönten. Hier und da flammten Blitze auf, wenn Dämonen die Siegel einzelner Gebäude angriffen.

»Was zum Horc ...« Ragen unterbrach sich mitten im Satz, als plötzlich vor ihnen ein riesiges Loch im Boden klaffte. Die Straße war weggebrochen. Flüchtlinge und Soldaten stürzten in einer Lawine aus Pflastersteinen, Mörtel und Dreck in die Tiefe. Ragen, Yon und Woron rissen an den Zügeln ihrer Pferde. Die Gäule bäumten sich auf und entgingen im letzten Moment einer Katastrophe.

In dem Loch wimmelte es von Dämonen. Sie stürzten sich auf die unglückseligen Opfer und zerfetzten sie mit Zähnen und Krallen.

»Sie stecken in den alten Abwasserkanälen!«, schrie Ragen.

»Sind die nicht abgesperrt und durch Siegel geschützt?«, fragte Woron.

»Ay«, sagte Ragen. »Und zwar seit die Dämonen diese List schon mal angewandt haben. Entweder hat Euchor bei der Instandhaltung der Schutzmaßnahmen gespart, oder die Seelendämonen haben einen Weg gefunden, die Absperrungen zu umgehen.«

Derek und Malcum befanden sich zusammen mit dem größten Teil der Flüchtlinge auf der anderen Seite des Kraters. »Weitergehen!«, schrie Ragen. »Wir kommen später nach!«

Aus dem Krater tauchten Dämonen auf. Ragen trieb Schattentänzer an, ritt durch die Seitenstraßen weiter und holte nach einer Weile Dereks Gruppe ein. In der nächsten Straße klaffte ebenfalls ein riesiger Trichter im Boden, aus dem Horclinge herausströmten.

Ragen schlang die Zügel um das Handgelenk seines verletzten Arms und vertraute darauf, Schattentänzer allein durch Schenkeldruck lenken zu können. Mit seinem Griffel zeichnete er Siegel und errichtete eine behelfsmäßige Bannzone über dem Krater. Die Anstrengung machte ihn schwindelig, doch er trieb Schattentänzer zu einem Galopp an. Der Hengst preschte los und zerschmetterte mit seinen Hufen zwei Felddämonen, die sich ihm in den Weg stellten.

Die Dämonen versuchten, die Siegel auf vereinzelten Gebäuden zu durchbrechen, aber Ragens Gilde hatte vortreffliche Arbeit geleistet. Ohne Felsendämonen und Baumdämonen, die zu groß waren, um sich durch die Abwasserkanäle zu zwängen, konnten die kleineren Dämonen nicht allzu viel ausrichten.

Doch die Erleichterung währte nicht lange, denn die Horclinge merkten schnell, dass sie nicht in die Häuser eindringen konnten, und sie hielten Ausschau nach leichterer Beute. Sie fanden sie in den Flüchtlingen, die den Hügel hinaufrannten, um sich auf Ragens Anwesen in Sicherheit zu bringen. Ragen sandte ein Stoßgebet gen Himmel, dass die Siegel seines Domizils halten mochten.

Wenigstens war keine Spur von einem Seelendämon zu entdecken. Die Horclinge ließen sich nur von ihren brutalen Trieben leiten, ohne Vernunft und Kalkül. Die Horclingprinzen schienen sich selbst nicht in Gefahr bringen zu wollen, bei den vielen noch intakten Schutzmaßnahmen der Stadt war ihnen das Risiko wohl zu groß.

Eine Schwadron Gebirgsspeere erschien. Die Männer schossen zeitlich versetzt ihre Waffen ab, damit das Sperrfeuer nicht durch Nachladen unterbrochen wurde. Die Kugeln waren jedoch nicht mit Siegeln versehen, deshalb richteten sie keinen nennenswerten Schaden an. Ein paar Horclinge starben, doch die meisten trugen nicht einmal Verletzungen davon. Diesen Soldaten fehlte die Kampferfahrung von Worons Männern. Sie verschwendeten Munition, indem sie planlos in breiter Streuung schossen, anstatt auf lebenswichtige Organe zu zielen. Und nicht wenige verirrte Kugeln trafen die Flüchtlinge.

»Zielt auf den Kopf und den Bauch!«, brüllte Woron. Seinen eigenen Männern gab er ein Zeichen, die verletzten Dämonen mit ihren Bajonetten zu töten, bevor sie sich erholen und weiterkämpfen konnten.

Doch der Beschuss durch Feuerwaffen versetzte die Dämonen in Raserei, und auf diese entfesselte Wildheit waren die Gebirgsspeere nicht vorbereitet. Die Soldaten trugen Helme, aber ihre Feuerwaffen hatten die üblichen Rüstungen überflüssig gemacht. Ihre in Blau und Grau gehaltenen Uniformen färbten sich rot von dem Blut, das aus ihren Wunden strömte.

Felddämonen und Flammendämonen flitzten Häuserwände hoch, spuckten Feuer und sprangen mitten in einen Trupp Soldaten hinein. Die Männer hatten keine Zeit mehr, Bajonette aufzupflanzen, und sie schrien, als die Horclinge sich mit Zähnen und Krallen über sie hermachten. Einem Mann wurde das Bein abgerissen. Ein anderer brannte lichterloh wie eine Fackel – ein Flammendämon hatte die Munition in seinem Bandelier in Brand gesteckt. Die Wucht der Explosion schmetterte Mann wie Dämon zu Boden. Der Horcling rappelte sich hoch, schüttelte sich und nahm den Kampf wieder auf. Der Soldat verbrannte jämmerlich bei lebendigem Leib.

Ragen zeichnete ein Nässesiegel und schleuderte es dem Dämon hinterher. Wieder wurde ihm schwindelig, und ihm drehte sich der Magen um, doch das nahm er gern in Kauf, als er sah, wie die Schuppen des Dämons unter lautem Zischen zu dampfen anfingen.

Das Siegel zog Feuchtigkeit aus der Luft und fügte dem Flammendämon unsägliche Schmerzen zu. Ragen rammte Schattentänzer die Fersen in die Flanken und galoppierte davon, während der Dämon sich kreischend auf dem Boden wand.

Wieder preschten sie durch Seitengassen, um zu Derek und den Flüchtlingen aufzuschließen. Sie sahen berittene Kuriere, die die Leute zusammenhielten und sie über Straßen führten, die noch nicht zum Einsturz gebracht worden waren. Keerin war auch da und bemühte sich nach Kräften, mit seiner Musik einen schützenden Schild zu errichten. Viele Häuser längs der zerstörten Straßen waren beschädigt, und die Dämonen stürzten sich auf die geschwächten Siegel.

Ein Mann und eine Frau rannten schreiend aus einem dieser Häuser. Beide trugen ein Kind auf dem Arm. Eine Horde geifernder Felddämonen war ihnen dicht auf den Fersen.

»Yon!«, schrie Ragen.

»Vorwärts!«, brüllte Yon und trieb sein Pferd an. Cal und Lary folgten ihm. Die drei Holzfäller räumten unter den Horclingen auf und machten es der Familie möglich, sich den Flüchtlingen anzuschließen.

So ging es weiter, bis endlich Ragens Anwesen in Sicht kam. Dämonen attackierten die Mauern, aber sie wurden immer wieder von den starken Siegeln zurückgeschleudert. Obwohl Ragen am Ende des Zuges ritt, konnte er Elissa auf der Mauerkrone stehen sehen. Sie leuchtete hell vor Magie, als sie mit ihrem Griffel silberne Siegel in die Luft zeichnete, unter den Horclingen Verwirrung stiftete und den Flüchtlingen den Weg freimachte.

Das Tor ging auf, und Ragens Dienerschaft kam mit langen, versiegelten Speeren herausgestürmt. Die Leute bauten sich in Abwehrformation auf und trieben die Dämonen mit Speerstößen zurück, damit die Flüchtlinge ungehindert auf das Anwesen gelangen konnten.

Die Bewohner von Hardens Hain, die Kuriere, die Bannzeichner und die Soldaten drängten sich dicht an dicht auf dem ummauerten Innenhof, doch als das Tor mit lautem Klirren hinter ihnen zufiel, waren sie in Sicherheit.

Ragen nahm sich die Freiheit, sich einfach von seinem Pferd fallen zu lassen.

»Sie rücken immer noch vor!«, rief einer der Mauerwächter.

Ragen versuchte, aus der Schwärze aufzutauchen und sich hochzustemmen, aber Elissa, die gerade mit Siegeln seinen Arm heilte, drückte ihn wieder runter.

»Ich kann mich jetzt nicht von dir bemuttern lassen, Liss«, sagte Ragen. »Ich muss …«

»Du musst dich ausruhen. In deinem derzeitigen Zustand bist du zu nichts nütze.«

Das Eingeständnis fuchste ihn, aber Elissa hatte recht. Der Innenhof schien sich um ihn zu drehen, und seine Muskeln brannten durch den übermäßigen Gebrauch von Magie. Trotzdem ließ er nicht locker. »Bei so vielen Dämonen halten die Siegel vielleicht nicht stand. Wenn sie draußen eine Straße zum Einsturz bringen …«

Abermals schubste Elissa ihn zurück. Dieses Mal noch resoluter. Sie strahlte vor Magie und sprang mit ihm um wie mit einem Kind. »Damit komme ich zurecht.«

Sie rief nach Margrit. »Leinentücher! Alle, die wir haben! Die weißen sind die besten!«

Margrit stellte keine Fragen, obwohl Ragen keinen blassen Schimmer hatte, wozu Leinentücher gut sein sollten.

Mit ihrem Griffel zeichnete Elissa ein Schallsiegel und verstärkte ihre Stimme um ein Hundertfaches. »Jeder von euch sieht jetzt nach unten auf seine Füße! Die Linien, die auf den Boden gemalt sind, müssen frei und gut zu sehen sein! Wer sich innerhalb eines Bereichs befindet, der von Linien umgeben ist, reckt seine Hände in die Luft! Alle anderen setzen sich hin!«

Die verängstigten Menschen stellten keine Fragen, sondern befolgten einfach die Befehle, und bald nahmen die auf das Steinpflaster gemalten Großsiegel wieder Gestalt an. Elissa und die Bannzeichner eilten über den Hof und bugsierten die Leute in die richtige Position.

Flimmernd erwachte das Siegel wieder zum Leben, als die Bediensteten mit weißen Leinentüchern angerannt kamen.

»Alle, die stehen, nehmen sich ein Tuch und halten es hoch über den Kopf!«, schrie Elissa.

Danach erstrahlte das Siegel bald wieder in dem üblichen hellen Glanz, sog Umweltmagie an und brachte die Auren der Menschen, die sich entlang der Linien aufgestellt hatten, zum Leuchten. Die Leute schöpften frische Kraft, richteten sich zu voller Größe auf, und die Umrisse des Siegels kamen noch deutlicher zum Vorschein.

Die Dämonen draußen fingen an zu kreischen, als die Magie sich verstärkte. Der Bannbereich trieb sie immer weiter zurück, bis sie sich auf der Jagd nach leichterer Beute in die Stadt flüchteten.

8

Schneesturm und Erdbeben

334 NR

Wieder wurde Ragen aus der Dunkelheit geholt, dieses Mal durch sanftes Schütteln. Als er die Augen öffnete, sah er im Licht der Morgendämmerung Elissa. Er lächelte, trotz seiner hämmernden Kopfschmerzen.

»Wie lange habe ich geschlafen?«

»Fast die ganze Nacht, Liebster.« Elissa strich mit der Hand über seinen Bart. »Ich wünschte, du könntest noch ein wenig länger ruhen, aber wir wurden an den Hof beordert.«

Ragens Muskeln waren verspannt und schmerzten, aber er schaffte es, sich aus dem Bett zu wälzen und auf die Füße zu stellen. Er trug immer noch das wattierte Wams und die lederne Unterkleidung seiner Rüstung. Die Sachen stanken nach Schweiß und Blut.

»Reicht die Zeit für ein Bad?«

»Leider gibt es kein Wasser«, sagte Elissa. »Die Leute aus Hardens Hain haben die Speisekammern leer gefuttert und die Brunnen leer getrunken.«

»Sie hätten nirgendwo anders hingehen können, Liss.«

Elissa streichelte seine Wange und küsste ihn. »Das weiß ich doch. Du hast das Richtige getan, aber ohne Unterstützung können wir so viele Menschen auf Dauer nicht beherbergen.«

»Wenn es sein muss, können sie auch noch die nächste Nacht hier verbringen«, meinte Ragen. »Auch wenn wir alle dann auf Essen, Trinken und ein Bad verzichten müssen.«

Elissa nickte und zeigte auf ein kleines Tablett. »Margrit hat das Kunststück zustande gebracht, etwas Verpflegung für uns auf die Seite zu schaffen. Iss.«

Ragen setzte sich an den Tisch, auf dem das Tablett stand, und stürzte sich auf das Essen. Das Wasser trank er direkt aus dem Krug, und das Brot stopfte er sich in den Mund. Er wandte sich an Elissa, die auf die Tür zusteuerte. »Wohin gehst du?«

»Euchor hat befohlen, dass der Rat der Mütter sich außerhalb seines Hofs versammelt. Dadurch soll verhindert werden, dass die gesamte Führerschaft der Stadt an einem Ort festsitzt, sollte es in der nächsten Nacht noch schlimmer kommen.«

»Und wo versammelt ihr euch?«

»In Graf Brayans Residenz.«

Als Ragen und Yon im Hof von Euchors Festung eintrafen, wurden sie dort bereits von Derek und Malcum erwartet.

»Sie lassen mich nicht mal rein, um sie zu sehen«, knurrte Derek. »Ich darf meine eigene Frau nicht sehen, verflucht noch mal! Auch nicht meinen Sohn, beim Horc! Brayan hat seine Festung so dichtgemacht wie Mutter Jone ihren Arsch!«

Ragen und Malcum schauten in die Runde, aber anscheinend war niemand da, der sie belauschte. Abgeschirmt von Yon und Malcum beugte Ragen sich zu Derek vor. »Sprich leise! Ich weiß, dass du dir Sorgen um deine Familie machst. An deiner Stelle ginge es mir genauso. Aber im Augenblick sind uns die Hände gebunden, wir können nichts daran ändern. Brayans Festung gehört zu den am besten geschützten Gebäuden in ganz Miln. Stasy ist dort sicher aufgehoben. Elissa ist bereits auf dem Weg zu Brayans Residenz, weil sich ebenda der Rat der Mütter versammelt. Sie wird Stasy aufsuchen und sich davon überzeugen, dass sie und Jef wohlauf sind.«

Derek zog eine grimmige Miene, aber wenigstens hielt er den Mund und nickte bloß. Ragen klopfte ihm auf die Schulter.

Euchors Thronsaal war leer, eine höchst ungewöhnliche Maßnahme. Der Herzog saß am Kopfende seines kleinen Ratstisches und empfing lediglich die mächtigsten Lords und Gildemeister.

»Neuer Graf«, brummte er, als Ragen und Derek ihre Plätze einnahmen. »Dein ... Gehilfe soll draußen warten.«

»Ich habe Derek zum stellvertretenden Gildemeister ernannt«, sagte Ragen. »Heute wird er im gesamten Stadtgebiet die Einsätze der Bannzeichner aufeinander abstimmen. Da wäre es das Beste, wenn er seine Befehle direkt von Euch erhält.«

»Moment mal!«, brauste Vincin auf. »Du kannst nicht ...«

»Ich kann sehr wohl!« Ragen zückte eine Pergamentrolle voller Unterschriften. »Da du dich geweigert hast, eine Zusammenkunft der Gilde einzuberufen, haben die Meister ohne dich abgestimmt und mich als Meister der Bannzeichnergilde wieder eingesetzt.«

Vincin wandte sich an Euchor. »Euer Gnaden! Dieser Mann sollte in Eisen gelegt werden, anstatt die Verteidigung der Stadt anzuführen! Die Wachen sagen, letzte Nacht hätte er um ein Haar Dämonen in die Stadt hineingelassen.«

»Und wo warst *du* gestern Nacht?«, fragte Ragen. »Hast du dich in deiner Festung verschanzt, während ich auf offener Straße gegen Horclinge kämpfte?«

»Das reicht!« Euchor knallte seinen Armschützer auf die Tischplatte. »Die Gilde hat abgestimmt, Vincin. Ich will deinen eingeölten Spitzbart nicht mehr zucken sehen, es sei denn, dein Gildemeister erteilt dir das Wort.«

Vincin fiel die Kinnlade runter. Unter anderen Umständen hätte Ragen sich an dem Anblick ergötzt, doch jetzt wollte bei ihm keine Heiterkeit aufkommen. Wenn sie alle überleben wollten, dann mussten die Bannzeichner der Stadt zusammenhalten – alle.

»Vincin hat nicht ganz unrecht, Ragen«, fuhr Euchor fort. »Mit deiner gestrigen Heldentat hast du uns alle in Gefahr gebracht, und das nur, um ein paar Bauern zu retten.«

»Siebenhundert Seelen, darunter Bannzeichner, Kuriere und Eure Elitetruppe, die Gebirgsspeere«, sagte Ragen. »Aber was spielt das für eine Rolle, da die Dämonen doch durch die Abwasserkanäle in die Stadt gelangt sind?«

Graf Brayan öffnete den Mund, aber Euchor brachte ihn mit einem Wink zum Schweigen. »Damit befassen wir uns später. Zuerst kümmern wir uns um die anstehenden Probleme. Dieses ... Erlöschen des Mondes ... geht es heute Nacht so weiter?«

»Das auf jeden Fall, aber es könnte sogar noch länger andauern«, sagte Ragen. »Die Seelendämonen können nur während der Neumondphase an der Oberfläche auftauchen, aber ihre Generäle, die Mimikrydämonen, scheinen nicht daran gebunden zu sein. Sie werden uns dort angreifen, wo unsere Verteidigung am schwächsten ist, und versuchen, uns nach und nach zu zermürben. Selbst wenn Miln in den kommenden Nächten nicht fällt, heißt das noch lange nicht, dass wir die nächste Neumondphase erleben werden.«

Euchor lehnte sich zurück und formte mit den Händen ein Dach. »Können wir die Abwasserkanäle zum Einsturz bringen? Um den Horclingen diesen Weg zu versperren?«

»Im Stadtkern ginge das vielleicht«, sagte Brayan. »Aber wir müssten Feuerwerk benutzen, das wir dringend für die Geschütze brauchen.«

»Außerdem würden die Explosionen die Siegel an den Wänden und den Grundmauern der Gebäude schwächen«, gab Ragen zu bedenken. »Und die Wirkung auf die Dämonen wäre mehr als fraglich. Felsendämonen sind ohnehin zu groß, um sich durch die Tunnel zwängen zu können, aber Lehmdämonen und Steindämonen können sie mühelos passieren. Und durch Schutt und Trümmer graben sie sich durch wie Wühlmäuse durch Gartenerde.«

»Was können wir überhaupt unternehmen?«, drängte Euchor. »Wir müssen verhindern, dass die Horclinge in die Stadt eindringen.«

»Natürlich«, pflichtete Ragen ihm bei. »Ich denke, wir sollten Männer in die dunklen Kanäle schicken, um dort neue Siegel anzubringen. Meine Werkstätten werde ich anweisen, Stichel herzustellen und jeden Tropfen Farbe in der Stadt einzusammeln. Wir haben einen kleinen Vorrat an *hora* aus toten Dämonen geborgen, bevor die Sonne sie verbrannte. Damit ließen sich die Symbole verstärken und zu einem größeren Bannbereich verbinden.«

»Wird das ausreichen?«, wollte Euchor wissen.

Ragen zuckte die Achseln. »Die Bannzeichner, die seinerzeit die Kanäle mit Siegel versahen, haben gute Arbeit geleistet. Mit etwas Glück können wir die Schwachstellen ausbessern und die neu entstandenen Lücken versiegeln. Meine größte Sorge ist, ob die Tunnel leer sind.«

Euchor wurde blass. »Was meinst du mit leer?«

»Viele dieser Kanäle liegen seit hundert Jahren in völliger Finsternis«, erklärte Ragen. »Vielleicht haben die Dämonen diesen Angriff ja seit Langem geplant und vorbereitet. Vielleicht flüchten sie sich tagsüber in den Horc und tauchen nachts wieder auf. Nicht auszuschließen, dass sie dicht unter der Oberfläche bleiben und dort auf der Lauer liegen.«

»Bei der Nacht«, sagte Euchor. »Wenn die Tunnel verseucht sind …«

»Wir können Spiegel benutzen«, warf Malcum ein.

»Hä?«, fragte Euchor.

»Ein alter Kuriertrick«, erläuterte Ragen. »Mit Spiegeln lenken wir Licht in die Tunnel, um die Horclinge zu vertreiben.«

»Dazu bräuchten wir sämtliche Spiegel der Stadt«, meinte Brayan.

»Und noch ein paar mehr«, sagte Ragen. »Und wir brauchen auch die Gebirgsspeere, die die Bannzeichner beschützen.«

»Die Gebirgsspeere sind unabkömmlich. Sie müssen die Stadtmauer bewachen«, sagte Euchor.

»Sie haben schon gestern Nacht die Stadtmauer bewacht«, erwiderte Ragen. »Trotzdem sind die Dämonen durch die Straßen gerannt. Wir müssen möglichst viele Einwohner evakuieren. Aber es reicht nicht, sie in den Stadtkern zu verfrachten. Sie müssen in die am besten geschützten Villen und Festungen gebracht werden. In diesen Palast. In meine Residenz. In Graf Brayans und Gräfin Treshas Festungen. In die Herzogliche Bibliothek.«

»Eher soll der Horc mich holen, als dass ich Bettler in meine Bibliothek und meine Residenz lasse, Neuer Graf«, brauste Euchor auf.

»Wir können die Türen zur Bibliothek verriegeln, Euer Gnaden«, ergriff nun Ronnell das Wort. »Die Steinernen Wächter werden die Ausgeburten des Horc von der Hügelkuppe fernhalten. Sollten sie dennoch durchbrechen, können wir die Menschen in der Kathedrale unterbringen. Und falls es nötig wird, in die Bibliothek zu flüchten …« Er zuckte mit den Schultern. »Nun, dann sind schmutzige Fingerabdrücke auf den Büchern die geringste unserer Sorgen.«

»Miln hat nicht einmal sechzigtausend Einwohner, Euer Gnaden«, fuhr Ragen fort, als Euchor nicht auf Ronnells Bemerkung einging. »Jeder, der kämpfen kann, sollte mit irgendeiner Waffe ausgerüstet werden. Die übrigen lassen sich gewiss auf die herrschaftlichen Residenzen verteilen. Für eine Nacht wird es schon gehen, auch wenn es ein bisschen eng wird.«

»Na schön.« Euchor gab seinem Pagen einen Wink. »Schick einen Eilläufer zu Jone. Sie soll dafür sorgen, dass die unteren Stadtteile evakuiert werden. Jeder Einwohner Milns, der über ein geschütztes Haus verfügt, muss so viele Menschen bei sich aufnehmen, wie seine Räumlichkeiten es erlauben. Es gibt keine Ausnahmen.«

»Euer Gnaden …«, hob Brayan an.

Euchor funkelte ihn wütend an. »Müsste es nicht *Ja, Euer Gnaden* heißen?«

Brayan prallte zurück und blinzelte, aber er fing sich schnell wieder und verbeugte sich. »Natürlich, Euer Gnaden. Eurem Befehl wird Folge geleistet.«

»Kampflos gebe ich die Stadt nicht auf«, entschied Euchor. »Meine Familie hat Miln dreihundert Jahre lang vor den Horclingen beschützt. Ich werde nicht in einer einzigen Neumondphase vor dem Bösen kapitulieren!«

»Das ist empörend!«, schimpfte Tresha, als ihre Kutsche sich durch die Grafschaft Gold den großen Hügel hinauf quälte, auf dessen Gipfel, umgeben von einer tiefen Schlucht, Graf Brayans Festung thronte. »Mein Anwesen ist genauso sicher wie Brayans Burg. Mit welchem Recht hat Mutter Jone …«

»Was spielt das für eine Rolle, Mutter?«, fauchte Elissa. »Jetzt ist nicht die Zeit für politisches Kalkül.«

Tresha blickte sie von oben herab an. »Lass mich nicht bereuen, dass ich dich zu meiner Erbin ernannt habe, Mädchen. Für politisches Kalkül ist immer Zeit, vor allem in schwierigen Zeiten.«

»Dann sollten wir als Erstes Mutter Stasy und ihren Sohn befreien«, sagte Elissa. »Sie gehören zu Derek, der in meinem Haus weilt.«

»Nach allem, was man so hört, wurde dein Haus in der letzten Nacht beinahe von Dämonen gestürmt.« Tresha deutete auf die wuchtigen Mauern von Brayans Festung. Man hatte sogar den Felsen, auf dem sie stand, mit Siegeln versehen. Die gigantischen Symbole waren in den gewachsenen Stein gemeißelt worden. Eine Bogenbrücke aus Beton und Stahl bildete den einzigen Zugang zur Burg, und die Stützpfeiler erzeugten einen machtvollen Bannbereich. »Hier sind die beiden ganz sicher besser geschützt.«

»Ich bete, dass du recht hast«, sagte Elissa. »Haben deine Bannzeichner ...«

»Sie haben die Abwasserkanäle dreimal überprüft und meine wunderschönen Höfe und Gärten mit Farbe beschmiert«, fiel Tresha ihr ins Wort.

»Sie werden immer noch wunderschön sein, wenn die Rasenflächen erst von Kiespfaden durchzogen sind, die ein Großsiegel formen.«

»Das hoffe ich doch sehr«, sagte Tresha. »In dieser verdammten Stadt gibt es nichts als Stein. Die Gärten waren meine letzte Zuflucht.«

»Im Krieg müssen alle Opfer bringen.« Elissa spähte in die Schlucht hinunter, als sie die Brücke überquerten.

Das Burgtor stand offen, und im Hof wurden sie von Bediensteten in Graf Brayans Livree begrüßt. Unverzüglich führte man Tresha und Elissa in den Versammlungsraum, in dem die anderen Mütter bereits warteten.

Mutter Jone und Mutter Cera steuerten auf sie zu, um sie willkommen zu heißen, doch Elissa entdeckte Stasy auf der anderen Seite des Saals und machte einen Bogen um die anderen Frauen, um sie abzufangen. Es war ein Affront, für den man sie büßen lassen würde, doch das war ihr egal. Sie wollte Stasy unbedingt allein sprechen.

»Elissa!«, rief Stasy und umarmte sie.

»Ich freue mich ja so, dich zu sehen, meine Liebe!« Elissa drückte die junge Frau an sich. In glücklicheren Zeiten, als Derek noch in Cobs Bannzeichnerwerkstatt arbeitete, hatten sie sich häufig getroffen. Obwohl Elissa damals keinerlei Kontakt mit ihrer Mutter hatte, galt sie immer noch als eine Frau von adliger Herkunft und konnte als Gleichgestellte mit Stasy verkehren, ohne einen Skandal zu provozieren. »Wirst du auch gut behandelt? Derek ist außer sich vor Sorge.«

Stasy seufzte. »Man behandelt mich genauso wie immer, nur darf ich jetzt die Festung nicht mehr verlassen.«

»Möchtest du denn gehen?«, fragte Elissa. »Ist es dein Wunsch, den kleinen Jef mitzunehmen und bei Derek zu wohnen?«

»Ach, Mutter Elissa, du kennst mich doch«, sagte Stasy. »Ich habe nie etwas anderes gewollt, als mit Derek zusammen zu sein. Aber Vater und Cousin Brayan erlauben es mir nicht.«

»Ich weiß, meine Liebe, aber ich wollte es noch einmal von dir hören.« Elissa drückte ihre Schulter und bemerkte, dass Mutter Cera, gefolgt von Jone und Tresha, in ihre Richtung eilte. »Ich denke, jetzt können wir euch helfen. Derek wurde zum stellvertretenden Gildemeister ernannt, und außerdem bekleidet er einen Sitz an der Siegelbörse.«

»Ich war fassungslos, als Derek mir erzählte, Arlen hätte ihm einen Sitz an der Siegelbörse vererbt«, sagte Stasy. »Dieser Mann hat uns immer geholfen, von Anfang an, und nur zum Preis von ein paar Donnerstöcken.«

»Arlens Freundschaft und Loyalität kann man nicht kaufen«, sagte Elissa. »Und du und Derek, ihr habt ein bisschen Glück verdient.« Cera hatte sich ihnen bis auf wenige Schritte genähert. »Wirst du deinen Wunsch, von hier fortzugehen, vor dem Rat beschwören? In Anwesenheit deiner Tante? Man hat dich benutzt, um Ragens Einfluss zu schmälern, und man wird dich nicht so einfach gehen lassen.«

»Wenn es sein muss, schreie ich es von den Türmen«, sagte Stasy, doch sie senkte ihre Stimme zu einem Flüstern, da sich ihre Cousine nun in Hörweite befand.

»Da bist du ja, meine Liebe.« Mutter Cera legte ihre Hand schwer auf Stasys Schulter. »Vielleicht solltest du dich jetzt wieder in deine Räumlichkeiten zurückziehen. Der Rat der Mütter tritt gleich zusammen.«

Elissa zeigte der Frau die Zähne, doch sie tat es mit einem scheinheiligen Lächeln. »Mutter Stasy ist die Tochter eines Barons, und deshalb hat sie im Rat eine Stimme.« Sie sprach nicht laut, aber doch so vernehmlich, dass andere Frauen sie hören konnten.

»Selbstverständlich darf sie bleiben«, warf Tresha ein. »Heute kommt es auf jede Stimme an. Jede Mutter, die etwas zu sagen hat, muss Gehör finden.«

Ceras Augenlid zuckte, aber sie saß in der Falle, und das war ihr bewusst. Man befand sich in ihrem Haus, aber Tresha hatte den Vorsitz über den Rat. Elissa hütete sich, diesen Trumpf vorzeitig auszuspielen, aber sie behielt Stasy in ihrer Nähe, als der Rat zusammentrat und die Sitzung eröffnet wurde.

Stundenlang sprach man über die Verluste der letzten Nacht, bereitete Evakuierungen vor und kümmerte sich um die Lebensmittelversorgung mit Proviant. Ohne das sonst übliche Gezänk und Gezerre verteilte man Geld und Waren. Man setzte Schreiben auf, die die Gilden ermächtigten, zinslose Darlehen aufzunehmen oder zu gewähren. Ein steter Strom von Eilläufern passierte in beiden Richtungen die Brücke.

Die Sonne stand tief am Himmel, als Elissa das letzte Dokument unterschrieben hatte. Sie richtete sich aus ihrer gebeugten Haltung auf und drückte eine Hand ins Kreuz, um die Verspannung zu lindern. Die Straßen waren mit Sicherheit verstopft. Wenn sie in ihr eigenes Haus zurückkehren wollte, musste sie sich beeilen. Sie stand auf, doch plötzlich verlor sie das Gleichgewicht und fiel hin.

Zuerst glaubte sie, ihre Beine wären eingeschlafen, doch dann sah sie überall Frauen am Boden liegen. Die Wände wackelten, und ein gewaltiges Dröhnen erfüllte die Luft.

»Was …?!« Elissa blieben die Worte im Hals stecken, als sie Treshas reglosen Körper sah. Um ihren Kopf bildete sich eine Blutlache. »Mutter!«

Sie eilte zu Tresha und wollte ihren magischen Griffel zücken, aber solange Sonnenlicht durch die Fenster fiel, konnte sie ihn nicht benutzen. »Holt eine Kräutersammlerin! Die Gräfin des Frühen Tages braucht dringend Hilfe!«

Baroness Cate, die aus dem Fenster schaute, kreischte: »Die Brücke ist eingestürzt!«

Elissa achtete kaum auf die Worte, da sie damit beschäftigt war, ihre Mutter in eine Lage zu bringen, die ihr das Atmen erleichterte. Dann drückte sie ein zusammengefaltetes Taschentuch auf die blutende Wunde an der Schläfe. Treshas Puls war schwach und ungleichmäßig.

»Mutter!«, schrie Elissa. »Mutter, kannst du mich hören?«

Tresha stöhnte, aber Elissa vermochte nicht zu sagen, ob es eine Antwort auf ihre Frage war oder der Druck auf die Schläfenwunde ihr Schmerzen bereitete. Cera schickte ihre persönliche Kräutersammlerin zu Tresha, während deren Schülerinnen sich um andere verletzte Mütter kümmerten.

»Ist sie tot?«, fragte Cera.

Elissa sah sie wütend an, während die Kräutersammlerin Treshas Puls fühlte. »Sie lebt, aber vorerst wird sie nicht in der Lage sein, dem Rat der Mütter vorzustehen.«

»Dann geht die Führung an mich«, erklärte Cera.

Elissa reckte das Kinn vor. »Ich bin Treshas Erbin.«

Cera schnaubte. »Das mag ja sein, Kind, aber du sitzt erst seit knapp einem Monat im Rat. Du genießt kein Ansehen, die Mütter werden dir nicht folgen.«

Elissa hätte gern widersprochen, aber Cera hatte recht. Ein Streit wäre sinnlos gewesen.

»Noch ein bisschen tiefer, sachte, sachte!« Ragen sah zu, wie Yon und Cal den schweren versilberten Spiegel kippten, um Sonnenlicht in das Loch im Boden zu lenken. Unten fing ein anderer Spiegel den Strahl auf und leitete ihn noch ein Stück weiter in die Tiefe.

»Der Gang scheint frei zu sein!«, rief Derek.

»Jetzt seid ihr dran«, sagte Ragen zu einer Gruppe Arbeiter, die mit Handspiegeln ausgerüstet auf ihren Einsatz warteten. Die Männer tauschten nervöse Blicke, dann kletterten sie in das Loch, reflektierten mit erhobenen Spiegeln das Licht und lenkten es in die Tunnel. Als alles ruhig blieb, wurden weitere Männer nach unten geschickt, die die Gänge noch tiefer ausleuchteten. Die Bannzeichner griffen nach ihrer Ausrüstung und stiegen hinab, um ihr Werk zu beginnen.

Und dann hörte man die ersten Schreie.

Die Arbeiter, die im oberen Bereich des Kraters standen, ließen den schweren Spiegel fallen, hievten sich auf die Straße und ließen die Männer in den Tunneln im Dunkeln zurück.

Ragen fackelte nicht lange. Seine Müdigkeit war wie weggeblasen, als er in das Loch sprang, sich von einem Trümmerstück abstieß und direkt neben dem Spiegel landete. Der üppig verzierte Messingrahmen hatte ihn geschützt, als die Arbeiter ihn fallen ließen, aber der Spiegel wog gut über hundert Pfund, und Ragen quälte sich ab, um ihn allein anzuheben.

Cal und Lary Holzfäller sprangen ihm hinterher, packten den Rahmen und richteten ihn ohne Mühe so aus, dass der Spiegel wieder das Sonnenlicht reflektierte.

In der Kanalisation lagen Leichen, deren Blut sich mit dem stinkenden Abwasser vermischte. Über einen der Toten machte sich ein Dämon her, doch als der Lichtstrahl die Bestie traf, explodierte sie in einer Stichflamme. Kreischend ergriffen andere Horclinge die Flucht, und ein paar Arbeiter schafften es, sich nach oben in Sicherheit zu bringen.

»Beim Horc, verflucht noch mal!«, tobte Ragen. Sie hatten die Tunnel gefunden, durch die die Dämonen von draußen in die Stadt hinein und später wieder hinausgelangten, und diese Zugangswege versperrt. Aber offenbar hatten viele Horclinge die Stadt bei Anbruch der Morgendämmerung gar nicht verlassen. Und sie aus den finsteren, engen Tunneln herauszuholen schien ein Ding der Unmöglichkeit zu sein, zumal das Tageslicht bereits verblasste.

»Gildemeister!«, gellte eine Stimme von oben, während ein Trupp Wächter sich in den Gang hineinwagte, um Überlebende und Leichen zu bergen.

Ragen ergriff Yons ausgestreckte Hand und ließ sich von ihm aus dem Einsturzkrater heraushelfen. Der kräftige Holzfäller zog ihn mit einem Ruck auf die Straße zurück, wo ein Eilläufer wartete.

»Gildemeister!«, krähte der Junge.

»Was ist los?« Der Energieschub, der Ragen zum raschen Handeln befähigt hatte, flaute schon wieder ab, und er fühlte sich erschöpfter als zuvor. Noch mehr schlechte Nachrichten würde er nicht verkraften.

»Gefangen?«, fragte Derek. »Was, bei der finstersten Nacht, soll das heißen?«

»Es scheint, als hätten die Dämonen die Brückenpfeiler unterhöhlt«, sagte Ragen.

Derek hieb mit der Faust auf das wuchtige Schreibpult, doch er ließ sich nicht anmerken, ob seine Hand schmerzte. »Beim Horc! Ich hätte das Tor dieser verdammten Festung aufsprengen sollen!«

»Damit hättest du den Dämonen nur den Weg in die Burg freigemacht«, sagte Ragen. »Sie hätten die Brücke nicht einstürzen lassen, wenn sie geglaubt hätten, in die Mauern ließen sich Breschen schlagen. Sie wollen den Rat der Mütter von der restlichen Stadt abschneiden. Sie wissen um die führende Rolle dieses Gremiums.«

»Schon möglich«, sagte Derek. »Aber vielleicht wollen sie die Festung heute Nacht angreifen und verhindern, dass Hilfe eintrifft.«

Ragen knirschte mit den Zähnen. Derselbe Gedanke war ihm auch schon gekommen, aber nach außen hin musste er Ruhe bewahren. Bald würde sich die Nacht herabsenken, und wenn die Dämonen noch bei Tageslicht die Grafschaft Gold attackieren konnten, dann war man nirgendwo mehr sicher.

»Könnte man den Leuten, die in der Festung eingeschlossen sind, nicht ein Tau oder so was in der Art rüberwerfen?«, grübelte Yon.

»Mit einer krasianischen Skorpionschleuder ginge das wohl«, meinte Ragen. »Aber wir haben gerade keine zur Hand. Und nicht mal du, Yon, könntest ein Tau über diese Schlucht werfen. Und nur mal angenommen, du schaffst es doch, was dann? Sollen sich diese alten Frauen eine Viertelmeile weit Hand über Hand an einem Tau bis auf die andere Seite des Abgrunds hangeln?«

»Schätze, das wär zuviel verlangt«, grummelte Yon. »Aber wir können auch nicht bloß rumsitzen und nix tun.«

Ragen schwieg eine geraume Weile. Die Anzahl der Menschen, die auf seinem Anwesen Zuflucht gefunden hatten, war durch die

Evakuierungen noch größer geworden. Mit ihren gebleichten und weiß gefärbten Decken, welche die Großsiegel verstärken sollten, kauerten sie dicht an dicht am Boden. Jetzt war er der Neue Graf des Frühen Tages, nicht der Kurier Ragen oder der Meister der Bannzeichnergilde. Er trug die Verantwortung für all diese Menschen.

Aber die Dämonen hielten Elissa gefangen.

»Nein«, sagte er schließlich, »wir können nicht einfach rumsitzen und nichts tun.«

»Waren das die Dämonen?«, fragte Gräfin Cera, als sie von der Mauerkrone auf die zertrümmerte Brücke hinabblickte. Noch immer schwebte eine Staubwolke über dem Berg aus zerbröseltem Beton.

»Heute sind sehr viele Leute über die Brücke gelaufen«, sagte Elissa, »aber ich glaube nicht, dass sie deshalb eingestürzt ist. Wir haben Neumond, und das kann kein Zufall sein. Wir müssen davon ausgehen, dass die Seelendämonen uns in dieser Nacht angreifen werden. Aus irgendeinem Grund wissen sie, dass der Rat der Mütter sich hier trifft. Sie wollen die Frauen beseitigen, die in Miln das Sagen haben. Der Widerstand der Stadt soll geschwächt werden.«

Aus Mutter Jones Gesicht wich jede Farbe. »Seine Gnaden …«

»Seine Gnaden befindet sich wahrscheinlich in höchster Gefahr«, fiel Elissa ihr rüde ins Wort. »Aber wir müssen uns um unsere eigenen Probleme kümmern.« Man hatte Tresha in ein abgedunkeltes Zimmer gebracht, wo Elissa ihre Verletzung versorgen konnte. Aber sie hatte das Bewusstsein immer noch nicht wiedererlangt, und keiner konnte sagen, wann sie wieder zu sich kommen würde – falls sie überhaupt aufwachte –, oder in welcher

Verfassung sie sich dann befinden würde. Elissa erinnerte sich an Meisterin Anets Worte, die gesagt hatte, Magie allein reiche nicht immer aus.

Sie wandte sich an Gräfin Cera, kniff die Lippen zusammen, spreizte die Röcke und sank in einen Knicks. »Mutter. Ich bitte dich um Entschuldigung, weil ich dein Recht auf den Ratsvorsitz infrage gestellt habe. Dies hier ist dein Heim, und du übernimmst die Führerschaft, bis meine Mutter sich wieder erholt hat. Aber ich bitte dich, erlaube mir, deine Bannzeichner anzuweisen und die Maßnahmen zu unserem Schutz zu überwachen. Deine Hausgarde ist zweifellos sehr tüchtig, doch ich habe praktische Erfahrungen gesammelt, über die sie gar nicht verfügen können.«

Cera sah Jone an. Die beiden Frauen schienen sich allein mit Blicken zu verständigen. Nach einer gefühlten Ewigkeit drehte sich Cera wieder zu Elissa um und nickte knapp. »Was können wir tun?«

»Die Dienerschaft und alle Ratsmitglieder, die sich noch an den Bannzeichenunterricht aus der Mütterschule erinnern, sollen zusammenkommen«, sagte Elissa. »Wir benötigen Tinte, Farbe und jeden Fetzen weißen Stoff, der sich in dieser Burg befindet. Außerdem sämtliche Gegenstände, die man als Waffe benutzen kann: Besenstiele, Schürhaken, Nudelhölzer, was immer sich auftreiben lässt.« Während sie sprach, wanderten ihre Blicke über die Siegel an der Mauerkrone. Die Festung erhob sich weit über das Siegelnetz der Stadt, aber zusätzliche Windsiegel sollten Dämonen davon abhalten, während der Nacht von oben auf die Burganlage herabzustoßen. Eine Idee keimte in Elissa auf – was sie sich vorstellte, war drastisch, aber es konnte wirken.

»Was kann man mit einem Besenstiel gegen einen Dämon ausrichten?«, fragte Jone.

»Magie, die von einem Horcling in eine versiegelte Waffe einströmt, macht den Gegenstand stärker. Wenn man einen Menschen mit einem Besenstiel schlägt, bricht das Holz möglicherweise entzwei. Versieht man den Besen jedoch mit Aufprallsiegeln, wird er hart wie Stahl, weil die Symbole sich bei der Berührung mit einem Dämon mit Energie aufladen. Jeder Gegenstand, der eine bestimmte Länge hat und sich anspitzen lässt, kann mit Stichsiegeln verstärkt werden. Auf diese Weise kann man Horclinge zurückdrängen.«

»Erwartest du von den Müttern, dass sie sich in den Kampf stürzen?«, fragte Cera entgeistert.

»Wir wollen hoffen, dass es nicht dazu kommt«, sagte Elissa. »Aber wir müssen uns auf das Schlimmste einstellen. Wenn die Dämonen die äußeren Verteidigungslinien durchbrechen, können wir nicht mehr so tun, als seien Frauen zu schwach, um ihr eigenes Leben zu verteidigen. Und jetzt möchte ich gern in das Kellergewölbe hinabsteigen.«

Kurz vor Sonnenuntergang beugte Elissa sich über die Mauer der Goldfestung und spähte in die Tiefe. Die Mütter Cera, Stasy und Jone standen neben ihr an den Zinnen und spähten ebenfalls nach unten.

Im Siegellicht konnte Elissa sehen, dass auf dem Grund der Schlucht Dämonen auftauchten, sobald die Schatten sich verdichteten, doch sie formten sich nicht aus Nebelschwaden. Sie strömten aus Rissen im Boden rings um die eingestürzten Brückenpfeiler.

»Sie waren den ganzen Tag über hier.« Bei der Vorstellung verkrampfte sich Elissas Brust, und sie bemühte sich, gleichmäßig zu atmen.

»Bei der Nacht«, flüsterte Stasy.

»Wenn dein Ziehsohn tatsächlich der Erlöser ist, Elissa«, sagte Cera, »dann wäre jetzt der richtige Moment, um hier in Erscheinung zu treten.«

»Ich habe zwar immer abgestritten, dass er der Erlöser ist, aber ich wäre überglücklich, wenn ich mich geirrt hätte«, bemerkte Jone.

»Ich würde mich nicht darauf verlassen, dass Arlen uns zu Hilfe kommt«, sagte Elissa.

Noch immer strömten die Horclinge durch die Spalten. Aus Dutzenden wurden Hunderte, bis sie den Boden der Schlucht komplett ausfüllten. Sie schwärmten zum Fuß der Felsklippe, doch die tief in den Stein gehauenen Siegel flammten auf und schleuderten die Bestien zurück.

Zum Schluss zwängte sich ein halbes Dutzend massiger Felsendämonen aus den Tunneln, die den Boden aushöhlten. Die verloren keine Zeit, sondern schnappten sich große Trümmerstücke von der zerborstenen Brücke und schmetterten sie gegen die Steilwand. Die Siegel wurden beschädigt, und abermals strömte eine wahre Flut von Dämonen dorthin und kratzte mit den Krallen an den Symbolen, bevor sie unter Funkenschauern zurückgeworfen wurde.

»Wir müssen die Felsendämonen loswerden«, sagte Elissa und drehte sich zu den Hauswachen um, die eine der schweren Kanonen bedienten, auf die Brayan und Euchor so stolz waren. »Heda, Männer! Könnt ihr die Felsendämonen da unten erschießen?«

»Bitte um Vergebung, Mutter, aber das ist unmöglich«, bekam sie zur Antwort. »Die Kanonen lassen sich nur auf Ziele jenseits der Schlucht richten, aber nicht auf welche am Boden. Wenn wir versuchen würden, mit den Rohren senkrecht nach unten zu zielen, würden die Geschütze von der Mauer kippen.«

Elissas Blick fiel auf die sechzehn Pfund schweren, versiegelten Eisenkugeln, die neben dem Pulverfass an der Mauer aufgestapelt waren. Sie ging hin, hob eine Kugel auf und visierte einen der in der Schlucht tobenden Felsendämonen an. Dann ging sie ein paar Schritte zurück, nahm Anlauf und warf die Kugel über die Mauer.

Elissa sah zu, wie die Kugel mehrere Hundert Fuß tief hinunterfiel und schließlich aus ihrem Blickfeld verschwand. Sie bekam sie wieder zu Gesicht, als sie mit flammenden Siegeln unten aufprallte und eine ganze Horde von Felddämonen in Stücke riss. Den Felsendämon, den sie eigentlich hatte treffen wollen, hatte sie um ein gutes Stück verfehlt, trotzdem fand sie die Wirkung zufriedenstellend.

Sie wandte sich an den Kanonier. »Wir könnten uns die Schwerkraft zunutze machen.«

Der Mann hüstelte. »Ay, Mutter. Wir werden es weitersagen.«

»Nichts von alledem kann diese Felsendämonen aufhalten.« Jones Stimme klang ungewöhnlich schrill. Elissa hörte Angst heraus. Verzweiflung. Sie sah sich um und bemerkte dasselbe Entsetzen in Mutter Ceras Gesicht. Auch Stasy fürchtete sich. Selbst die Wachen auf der Mauerkrone hatten Angst.

Elissa zückte ihren silbernen Griffel und befestigte die Kette an ihrem Handgelenk. »Ich kümmere mich um die Felsendämonen.« Sie sprach so laut, dass mehrere Geschützmannschaften sie hörten.

Alle Augen richteten sich auf Elissa, als sie in leuchtender silberner Schrift eine Reihe von Siegeln in die Luft zeichnete. Nach dem letzten Symbol öffnete sie die Spitze des Griffels, um Magie in die Siegel einströmen zu lassen, und lenkte sie dann gegen zwei Felsendämonen.

Die miteinander verketteten Symbole sausten los wie eine Schwertklinge, wobei sie im Flug größer wurden und immer heller strahlten, bis sie gegen die Dämonen prallten und sie glatt durchschnitten. In Fetzen fielen die Horclinge tot zu Boden.

»Beim Schöpfer im Himmel!«, schrie Cera.

Elissas Triumph hielt nicht lange an, denn ein heftiger Schwindel packte sie. Um sicherzugehen, dass die Dämonen gleich beim ersten Schlag starben, hatte sie zu viel Magie benutzt. Sie taumelte, doch Stasy zerrte sie an ihrem Gürtel zurück, ehe sie von der Mauer fallen konnte.

»Geht es dir nicht gut?«, fragte Stasy leise.

»Mir fehlt nichts.« Der Schwindelanfall flaute bereits ab. Zum Glück schien nur Stasy etwas bemerkt zu haben. Alle anderen in ihrer Nähe starrten sie verblüfft an.

Leute, die ein wenig weiter weg standen, zeigten mit Fingern auf sie, und Rufe wurden laut. Elissa wusste, dass die Nachricht von ihrem Bravourstück sich mit Windeseile verbreiten würde. Es hatte sich gelohnt, das Risiko einzugehen, wenn sie anderen dadurch Hoffnung machte. Aber sie konnte nicht ständig solche Zauber wirken.

»Geht wieder auf eure Posten!« Mithilfe eines Siegels verstärkte sie ihre Stimme. Mit frischem Mut beobachteten die Männer, was sich unten am Boden der Schlucht tat, schleppten schwere Kanonenkugeln herbei und schleuderten sie in das Gewimmel von Dämonen.

»Mütter!« Elissa richtete den Blick auf Jone und Cera. »Ihr habt alles gesehen, was es von der Mauer aus zu sehen gibt. Ich halte es für das Beste, wenn ihr euch wieder nach drinnen begebt.«

Die Frauen zögerten einen Augenblick, dann erschauerte Cera und nickte. »Du hast ja recht. Komm mit, Stasy.« Sie wandte sich zum Gehen.

Elissa hielt Stasy am Arm fest. »Diese junge Mutter bleibt bei mir. Sie muss mir helfen.«

Cera sah aus, als wollte sie protestieren, doch gerade hatte sie erlebt, wie Elissa mit Hilfe ihres silbernen Griffels zwei Felsendämonen in Stücke gerissen hatte. Jone zog an ihrem Arm, und eilig stiegen die beiden Frauen von der Mauer hinunter.

Stasy spähte wieder in den Abgrund. »Ich bin mir nicht sicher, ob ich mich jetzt bei dir bedanken sollte, Mutter.«

»Ich will keinen Dank.« Elissa zückte einen zweiten Griffel, der schlichter gestaltet war als ihr eigener, aber über starke Magie verfügte. Die Bannzeichnergilde stellte sie jetzt in großen Mengen her, und in Hardens Hain waren sie wirkungsvoll zum Einsatz gekommen. »Ich will deine Hilfe. Du bist die einzige Person in dieser Festung, der ich einen magischen Griffel anvertrauen kann.«

Stasy streckte die Hand nach dem Griffel aus, dann zog sie sie wieder zurück und rieb die Fingerspitzen aneinander. »Es ist lange her, seit ich in Meister Cobs Bannzeichnerwerkstatt gearbeitet habe.«

»An die Grundlagen wirst du dich schon noch erinnern, da bin ich mir sicher, meine Liebe.« Elissa drückte ihr den Griffel in die Hand und blickte ihr in die Augen. »Wenn wir diese Felsendämonen nicht töten, wird jeder, der sich in dieser Festung aufhält, sterben. Ich brauche dich. Die Mütter brauchen dich. Dein *Sohn* braucht dich.«

Stasy nickte. »Ay, Mutter. Was muss ich tun?«

Elissa zeigte ihr, mit welchen Siegeln man die Spitze öffnete und wie der Energiefluss reguliert wurde. »Fange mit etwas Einfachem an.«

»Ein Aufprallsiegel?«, fragte Stasy und fixierte einen Felsendämon, der im Siegellicht schimmerte.

»Nein, das wäre noch zu schwierig. Zuerst musst du üben.« Elissa sah, wie ein Wächter eine eiserne Kanonenkugel über die Mauer schleuderte, und hatte eine Idee. Sie visierte den Felsendämon an, der der Kugel am nächsten sein würde, und zeichnete ein Magnetsiegel.

Sie verloren das Geschoss aus den Augen, doch plötzlich war es von einem magischen Funkenschauer umgeben. Die Kugel wurde von ihrer natürlichen Bahn abgelenkt und knallte gegen die Brust des Felsendämons. Der verletzte Horcling torkelte nach hinten, aber er lebte.

Stasy nickte und zeichnete ebenfalls ein Magnetsiegel. Sie speiste zu viel Energie ein, und ein halbes Dutzend Kanonenkugeln, die gerade von der Mauer geworfen wurden, trafen einen einzigen Dämon und zerschmetterten ihn. Elissa rüstete sich, die junge Frau zu stützen, doch der Zauber schien Stasy nicht zu beeinträchtigen.

»Ach ja, man müsste noch mal fünfundzwanzig sein«, seufzte Elissa.

»Was soll das heißen, Mutter?«, fragte Stasy.

»Nichts. Komm mit, meine Liebe.«

Sie liefen auf der Mauerkrone hin und her und halfen den Männern, mit den Eisenkugeln Dämonen zu treffen, doch egal wie viele Felsendämonen sie töteten, unentwegt tauchten neue auf. Allmählich gewannen die Horclinge an Boden und fingen an, die Klippe hinaufzuklettern. Wenn das so weiterging, würden sie die Mauer der Festung in so großer Zahl erreichen, dass das Siegelnetz versagen konnte.

»Winddämonen!«, brüllte einer der Wächter.

Das Geschwader rauschte heran und ließ kleinere Gesteinstrümmer auf die Festungsanlage fallen. Ein paar Brocken zersplitterten an den Zinnen, doch etliche der Wächter wurden durch den Beschuss von der Mauer gefegt. Wer Glück hatte, schlug auf dem zwanzig Fuß tiefer liegenden Steinpflaster auf. Die Glücklosen landeten in der Schlucht bei den Dämonen.

Elissa erkannte, dass es den Winddämonen nicht darauf ankam, die Menschen zu töten. »Beim Schöpfer! Sie zielen auf die Siegel. Schießt sie ab!«

Die Wächter hoben ihre Feuerwaffen und nahmen das Geschwader unter Beschuss. Kugeln explodierten wie Feuerwerkskörper und richteten unter den Winddämonen verheerende Schäden an. Horclinge, die gerade noch mit unglaublicher Anmut herangeschwebt waren, kreischten und zuckten. Manche ließen die Steine vorzeitig fallen, andere verloren an Höhe und krachten in das Siegelnetz der Festung.

Noch vor wenigen Stunden hatten Windsiegel eine bloße Barriere gebildet, auf der ein toter Dämon mitten in der Luft liegen blieb, bis die Sonne ihn verbrannte. Ein lebender Dämon wäre an dem Schirm abgeglitten, wütend und unter Schmerzen, aber im Grunde unversehrt.

Aber Elissa hatte Schneidesiegel in das Netz eingewoben. Ein Winddämon, der gegen den Bannbereich prallte, wurde in Stücke geschnitten. Schwarzes, eitriges Blut, Fetzen der ledrigen Schwingen und noch zuckende Fleischbrocken regneten auf den Hof hinunter und ließen die grob auf das Pflaster gezeichneten Großsiegel aufflackern.

Ein Dämon entdeckte Elissa, schwenkte von seinem Kurs ab und näherte sich ihr mit einem schweren Stein in den Klauen. Sie hob ihren Griffel und zeichnete ein Aufprallsiegel, das jedoch nicht größer war als der Kopf eines Hammers. Das Symbol knallte gegen das schmale Schultergelenk der linken Schwinge, der Horcling konnte seinen Flug nicht mehr steuern und landete mit plumpem Schwingenschlag im Siegelnetz, das ihn zerfetzte.

Im Hof stachen Wachen mit versiegelten Hellebarden auf alles ein, was noch zappelte. Danach verteilten Bannzeichner die blutigen Überreste der Horclinge nach einem bestimmten Plan auf dem Boden, um die Großsiegel gleichmäßig mit Energie zu füttern. Zudem sammelten sie *hora* ein. Für Männer und Frauen, die normalerweise mit Tinte und Schnitzwerkzeugen arbeiteten, war es eine ekelhafte Arbeit, und der saure Gestank von Erbrochenem vermischte sich mit den widerwärtigen Ausdünstungen des Dämonenbluts. Elissa tauchte ein Tuch in Wasser und band es sich über Mund und Nase, aber der Brechreiz ließ nicht nach.

Man schleppte die Gedärme und das Blut der Horclinge eimerweise in die Kellergewölbe, um die Siegel der Abwasserkanäle zu stärken. Wenn die Dämonen es geschafft hatten, die Brückenpfeiler zu zerstören, dann musste man davon ausgehen, dass sie sich bereits in den Tunneln unter der Festung befanden und nach einer Schwachstelle suchten.

Unterdessen rückten die Horclinge langsam, aber stetig gegen die Felswand vor. Nicht einmal die kräftigen Felsendämonen konnten vom Grund der Schlucht aus Steine bis auf die Spitze der Klippe werfen. Also fingen sie an zu klettern, rissen Brocken aus dem Gestein und schleuderten sie in die Höhe. Sie kamen nur stockend voran, aber es war abzusehen, dass sie irgendwann den oberen Rand der Klippe erreichen und dann mit dem Angriff auf die Festungsmauer beginnen würden.

Elissa blickte zu einer Gruppe von Wächtern hinüber, deren Vorrat an Kanonenkugeln rapide schwand. »Werft das Pulverfass über die Mauer!«

»Das würde gar nichts nützen, Mutter«, sagte einer der Kanoniere. »Feuerpulver entzündet sich nicht beim Aufprall.«

Elissa hob ihren Griffel. »Ich werde ein bisschen nachhelfen.«

Der Mann grinste, und gemeinsam mit seinen Kameraden kippte er das Fass über die Mauer. Elissa sah zu, wie es nach unten fiel, und kurz bevor es aus ihrem Blickfeld verschwand, zeichnete sie ein Hitzesiegel. Das Fass explodierte und fegte die Dämonen von der Felswand. Horclinge konnten sich von den schlimmsten Verletzungen erholen, aber Elissa glaubte nicht, dass sie einen Sturz aus so großer Höhe überleben würden.

Die Verteidiger brachen in Jubel aus und fassten neuen Mut. Doch dann ertönte ein Donnergrollen wie bei einem Erdbeben, und ein Teil des Hofes stürzte ein. Dämonen hatten den Boden ausgehöhlt. Teile der Großsiegel rutschten in den Trichter, der sich im Steinpflaster auftat, und ihre Energie erlosch.

»Bresche!« Elissa spürte, wie die Mauer, auf der sie stand, wankte, als der Sockel zerbarst. Soldaten und Bannzeichner rannten zur

Treppe. Sei es Glück oder Absicht, aber Elissa und Stasy waren weit von einem Ausgang entfernt, als ihr Abschnitt der Mauer anfing, sich in Richtung Abgrund zu neigen.

Elissa erstarrte, aber Stasy handelte geistesgegenwärtig. Sie zeichnete Windsiegel, packte Elissa bei der Hand und sprang mit ihr in den Hof hinunter.

Stasys Windsiegel erwachten zum Leben und dämpften ihren Aufprall. Trotzdem landeten sie so hart auf dem Steinpflaster, dass es ihnen die Luft aus den Lungen trieb. Am nächsten Morgen würde Elissa voller blauer Flecken sein, falls sie dann überhaupt noch lebte.

Sie hätte ihren Griffel verloren, wäre er nicht mit einer Kette an ihrem Handgelenk befestigt gewesen. Nun sog sie ein bisschen Magie in sich ein, um sich zu stärken.

Zwei Steindämonen krochen aus dem geplatzten Fundament des beschädigten Mauerabschnitts. Ihnen folgten jedoch keine Felddämonen oder Flammendämonen, wie Elissa erwartet hatte, sondern etwas, das sie nur aus Geschichten kannte.

Schneedämonen, deren weiße Schuppen im Siegellicht schillerten, brausten in den Hof wie ein Wintersturm. Elissa riss den Griffel hoch, um Hitzesiegel zu zeichnen, doch die Dämonen achteten weder auf sie noch auf die anderen Verteidiger. Sie hetzten schnurstracks zu den unbeschädigten Teilen der Mauer und besprühten diese mit Frostspeichel. Weißer Raureif überzog den Beton, obwohl Elissa anfing, die Dämonen bei lebendigem Leib zu verbrennen.

Wachen mit Feuerwaffen bildeten Schützenketten und nahmen die Horclinge unter Beschuss. Viele der Schneedämonen heulten vor Schmerzen und kippten um, aber der Schaden war angerichtet. Die Steindämonen erwiesen sich als immun, was den Beschuss und die Hitzesiegel anging, und griffen die Mauer an. Mit Prankenschlägen, die die gesamte Festung zum Beben brachten, hämmerten sie auf den gefrorenen Stein ein.

Schneestürme und Erdbeben, hatte Arlen prophezeit. Und er behielt recht. Die Steindämonen zerschmetterten die Mauern und ließen die Nacht in den Hof eindringen. Kreischend strömten die Horclinge durch die Bresche.

»Zurück in die Burg!« Mithilfe von Magie verstärkte Elissa ihre Stimme, doch das wäre gar nicht nötig gewesen. Die wenigen Soldaten, die ihre Waffen hatten nachladen können, eröffneten ein Sperrfeuer, um ihre Kameraden zu decken, die durch den Hof auf das Gebäude zurannten.

Panik brach aus, als die flinken Schneedämonen die Verfolgung aufnahmen. Noch nie hatte Elissa ein solches Chaos gesehen.

»Bleibt in den Großsiegeln!«, schrie Elissa. An einigen Stellen des Hofs glühten noch Siegel, die ihre Wirksamkeit nicht eingebüßt hatten, und jene Dämonen, die den dorthin flüchtenden Menschen nachsetzten, wurden von der magischen Barriere zurückgeworfen.

Elissa und Stasy konnten sich nicht auf diese Weise in Sicherheit bringen, denn beim Sprung von der Mauer waren sie auf dem zerbrochenen Teil des Steinpflasters gelandet.

Aus dem Augenwinkel sah Stasy eine Bewegung. Reflexhaft drehte sie sich um, zeichnete ein Aufprallsiegel und wehrte einen Winddämon ab, der durch die Lücke im Siegelnetz auf sie herabstieß. Binnen Sekunden würden weitere Winddämonen diese Bresche nutzen.

Eine Horde Schneedämonen schwenkte in völligem Gleichtakt herum, und ihre schwarzen Augen richteten sich auf Elissa. Die zeichnete ein Hitzesiegel und schleuderte es auf die Gruppe, doch die Horclinge wichen rechtzeitig aus. Dann fächerten sie sich auf und rückten von mehreren Seiten auf die beiden Frauen zu.

»Nichts wie weg hier!« Mit der freien Hand raffte Elissa ihre Röcke, und sie und Stasy rannten zum Eingang des Burghauses. Die Dämonen jagten hinter ihnen her und hätten sie auch eingeholt, doch Elissa zeichnete Schneesiegel und warf das gesamte Rudel über den Haufen. Gerade als es aussah, als würden sie das rettende Haus erreichen, stellte sich ihnen ein Schneedämon in den Weg.

Abrupt blieben sie stehen und hoben die silbernen Griffel. Aber in diesem Moment spie einer der Schneedämonen, die sie verfolgt hatten, eine Ladung Frostspeichel aus und traf damit Elissas Beine. Mit einem gellenden Schrei stürzte sie auf das Pflaster. Ein brennender Schmerz, wie sie ihn noch nie erlebt hatte, fraß sich durch ihre Gliedmaßen.

»Elissa!«, schrie Stasy.

»Lauf weg!« Elissa stemmte sich mit einer Hand vom Boden ab, hob den Griffel und zeichnete mit zitternden Fingern ein Hitzesiegel. Es versengte ihr eigenes Gesicht, während es den Schneedämon, der in ihre Nähe gekommen war, verbrannte.

»Den Horc werd' ich tun!« Mit einem hastig gezeichneten Schutzsiegel hielt Stasy den Steindämon auf Abstand. Dann bückte sie sich und schlang sich Elissas freien Arm über die Schulter. Sie hievte sich in die Höhe und schaffte es, Elissa mit sich hochzuziehen. Eines von Elissas Beinen brannte fürchterlich, aber sie konnte sich darauf stützen. Das andere war völlig taub. Mehr als ein mühsames Hinken brachte sie nicht zuwege.

Sie taumelten in eines der Großsiegel, aber der Steindämon riss einen Pflasterstein aus dem Boden und schmiss ihnen den Brocken entgegen. Stasy fuhr herum und zerrte Elissa dabei mit sich, aber sie war nicht schnell genug, um das Geschoss mit einem Schlagsiegel zu zertrümmern. Der Stein traf sie mitten auf der Brust und warf sie und Elissa zu Boden.

»Stasy!« Elissa zeichnete ein Aufprallsiegel und benutzte viel von ihrer noch verbliebenen Energie, um es zu wecken. Der Steindämon wurde auf den Rücken geschleudert, und über seinen Panzer zogen sich spinnwebartige Risse.

Elissa fühlte Stasys Puls. Ihre halbe Brust war eingedrückt, und das Gesicht war blutverschmiert.

Überall gellten Schreie. Männer, Frauen und Dämonen starben, aber viele der verletzten Horclinge erholten sich bereits wieder. Sie kratzten an der Bannzone des Großsiegels, und ihre Krallen zogen Streifen aus silbernem Licht hinter sich her, während sie nach Lücken in der Barriere suchten. Ganz in ihrer Nähe entdeckte Elissa den anderen Steindämon, der ein Trümmerstück aufklaubte und sie ins Visier nahm.

Auf dem gesamten Hof drehten sich die Dämonen nach ihr um. Sie spürte, wie sie von zig Augenpaaren beobachtet wurde, und sie wusste, dass ein Seelendämon aufgetaucht war.

Mit einem gequälten Schrei kämpfte Elissa sich auf die Füße. Ein Bein zitterte heftig, und das andere war gefühllos wie ein Stück Holz. Doch es half ihr, das Gleichgewicht zu halten. Mit einem Aufprallsiegel schlug sie dem Dämon den Stein aus den Krallen, dann hinkte sie auf die Burgtür zu.

Zwei Wachen holten sie ein. Sie legten sich ihre Arme über die Schultern, hoben sie ohne viel Federlesens hoch und rannten mit ihr zum Burghaus.

Die Dämonen griffen an, aber die Kraft der Großsiegel wuchs rasch und speiste die Symbole an den Außenwänden der Burg mit Magie. Mittlerweile strahlten sie in einem gleißenden Licht und entzogen den außer Rand und Band geratenen Dämonen Energie. Ein Felsendämon schmetterte einen riesigen Stein gegen das Haus, doch das Siegel, auf das der Horcling gezielt hatte, sprühte grelle Funken und zerbröselte das Geschoss noch in der Luft.

Durch die schiere Masse der Dämonen und die von ihnen ausgehende Magie hatten die Großsiegel ihre kritische Masse erreicht. Rings um das Burghaus überlappten sich ihre Felder. Die Dämonen versuchten, die Bannzone zu durchdringen, doch jeder Angriff sorgte dafür, dass die Barriere nur noch stärker wurde. Sie stemmten sich gegen die Magie, wie Kinder ihre Gesichter an eine Fensterscheibe drücken, während die Wächter vom Dach des Hauses aus mit Kanonen und Feuerwaffen auf sie schossen und den Hof in ein Schlachtfeld verwandelten.

»Beeilt euch!« Mutter Cera persönlich stand an der Tür. In einer Hand hielt sie einen Speer, die andere streckte sie Elissa entgegen. Elissa wurde ins Haus gezerrt, und hinter ihr schloss sich scheppernd die Tür.

Nur vage nahm sie wahr, dass man sie auf ein Sofa legte. Man wickelte sie in Decken, obwohl im Kamin ein Feuer prasselte. Doch sie fror erbärmlich und konnte nicht aufhören zu schluchzen. Ständig hatte sie Stasys Bild vor Augen, wie sie mit zertrümmerter Brust auf den Steinen lag.

Jemand drückte ihr einen Becher in die Hand, und sie trank den heißen Tee, der ihre Kehle zu versengen schien. Zitternd lag sie da, als die Kräutersammlerin ihr Kleid anhob, aber sie fühlte nichts.

»Bei der Nacht!«, hauchte die Kräutersammlerin.

Dann setzte die Wirkung des Tees ein, Elissa fielen die Augen zu, und dankbar suchte sie im Schlaf Vergessen.

Als Elissa mit einem Ruck wach wurde, war es immer noch Nacht. Sie war in Schweiß gebadet, in ihrem Kopf pochte es, die Kehle war trocken. Sie litt entsetzliche Qualen. Draußen wurde immer noch gekämpft.

»Wie spät ist es?«

»Sie ist wach!«, rief jemand. »Holt Mutter Jone!«

Elissa schüttelte sich und versuchte vergeblich, sich aufzurichten. Nur mit Mühe konnte sie den Kopf heben, als die Kräutersammlerin zu ihr kam. »Bleib ruhig liegen, Gräfin.«

Gräfin? Sie erschrak. War ihre Mutter gestorben?

Kurz darauf erschien Jone. »Elissa. Dem Schöpfer sei Dank.« Mutter Cera stand hinter ihr und sah weniger erfreut aus. Kein Wunder. Elissa hatte ihr Stasy weggenommen, und durch ihre Schuld war die junge Frau getötet worden.

»Was ist mit meiner Mutter?«, krächzte Elissa.

»Sie lebt«, antwortete Jone. »Aber sie hat das Bewusstsein noch nicht wiedererlangt. Die Kräutersammlerin sagt, je länger diese Ohnmacht andauert, umso wahrscheinlicher wird es, dass sie bleibende Schäden davonträgt. Bis sie wieder zu sich kommt, bist du die Gräfin des Frühen Tages.«

»Und die Dämonen?«

»Deine Großsiegel und meine noch verbliebenen Wachen halten sie in Schach – jedenfalls bis jetzt noch«, sagte Jone. »Aber man kann hören, wie sie unter der Festung Tunnel graben, und wir wissen nicht, was wir tun sollen.«

»Ich muss mir selbst ein Bild von der Lage verschaffen.« Wieder wollte Elissa aufstehen, doch es klappte immer noch nicht. »Kräutersammlerin … ich kann meine Beine nicht mehr fühlen.«

Der starre Blick der Kräutersammlerin verriet ihr alles. Mit bebenden Fingern zog Elissa die Decken zurück.

»Gräfin!« Die Kräutersammlerin rüstete sich zum Einschreiten, aber Elissa schlug ihre Hand beiseite und entblößte ihre Beine. Wenn sie sie bewegte, zuckten sie, aber sie waren völlig taub. Die Haut war bleich und mit grauen und kalkweißen Dellen übersät.

Elissa stiegen die Tränen in die Augen, aber sie biss die Zähne zusammen und zwang sich, nicht zu weinen. »Kannst du mir helfen?«

Wieder dieser starre Blick, doch Elissa starrte unverwandt zurück. Schließlich warf die Kräutersammlerin die Hände in die

Höhe. »Das sind Erfrierungen, Gräfin. Das Fleisch ist abgestorben, tot. Mit der Zeit wird eine Verbesserung deines Zustands eintreten, aber vermutlich wirst du nie wieder laufen können.«

Elissa sah an sich hinunter und merkte, dass sie nicht mehr ihre eigene Kleidung trug. »Wo ist mein Griffel?«

»Du bist nicht in der Verfassung …«, hob Jone an.

»Gebt mir meinen Griffel. Sofort!«, unterbrach Elissa sie. »Andernfalls wird es hier bald von Horclingen wimmeln, die durch die Kellergewölbe eingedrungen sind.«

Jone machte eine verkniffene Miene und zog einen in ein Seidentuch gewickelten Gegenstand aus einer Tasche ihres Kleides. Sie hielt ihn mit spitzen Fingern, als wäre er glühend heiß.

Elissa schnappte sich das Ding und wickelte ihren silbernen Griffel aus. Der Vorrat an Magie war nahezu erschöpft, doch sie betete, dass es noch genug sein möge für ihre Zwecke. Ihre Fingerkuppen wanderten über die Siegel, und sie versuchte, ein wenig von der Magie direkt auf sich übergehen zu lassen.

Sie atmete tief durch, als die Energie in sie einströmte. Ihre Kopfschmerzen flauten ab, und zum ersten Mal seit Stunden konnte sie wieder klar denken. Sie fühlte sich ein bisschen stärker. Dann wollte sie sich auf die Füße stellen, aber ihre Beine gehorchten ihr nicht so, wie sie sollten. Sie verhedderten sich miteinander und standen schief vom Körper ab.

»Gräfin …«, warnte die Kräutersammlerin, aber Elissa achtete nicht auf sie. Mit dem Griffel zeichnete sie Siegel direkt auf ihre Beine, dann öffnete sie die Spitze und ließ die restliche Energie ausströmen.

Die Siegel flammten auf, und das Taubheitsgefühl ließ ein wenig nach. Auch die weißen und grauen Flecken gingen leicht zurück, aber von einer völligen Heilung konnte nicht die Rede sein. Früher hatte sie bessere Ergebnisse erzielt.

Aber vielleicht war es ähnlich wie bei Worons Verletzung, und Magie allein reichte nicht aus.

Elissa verdrängte den Gedanken und versuchte noch einmal, vom Sofa aufzustehen. Es gelang ihr, das rechte Bein fest auf den Boden zu stellen, doch das linke knickte dauernd ein, und als sie sich hochstemmte, konnte sie es nicht vollständig belasten. Einen Moment lang balancierte sie auf einem zitternden Bein, dann kippte sie wieder nach hinten.

»Steht nicht rum und gafft«, schnauzte sie. »Bringt mir lieber einen Gehstock!«

Jedes Mal, wenn Elissa das rumpelnde Geräusch hörte, verkrampfte sie sich. Sie war mit ihren Nerven fast am Ende. Staub rieselte von den Wänden und der Decke und erschwerte das Atmen in der ohnehin vom Blutgestank verpesteten Luft.

Elissas Bannzeichner hatten Großsiegel auf den Boden gemalt und sie mit Magie aus den Überresten von Horclingen aufgeladen. Auf dieselbe Weise füllte Elissa nun ihren Griffel. Dann stand sie da, auf Mutter Jones Arm gestützt, und starrte die Wand an, den mit *hora*-Magie angefüllten Griffel hoch erhoben.

Es war ein sehr alter, versiegelter Zugang zu den Abwasserkanälen, wo ein Durchbruch der Horclinge offenbar kurz bevorstand. Eigentlich hätten die Dämonen nicht bis zu den machtvollen Bannzeichen vordringen dürfen, doch die Geräusche von berstendem Gestein hielten an.

Plötzlich trat Stille ein. Mit angehaltenem Atem sah Elissa zu, wie die Wand sich mit einer Raureifschicht überzog. Ein schrilles Jaulen ertönte, als die im Felsen enthaltene Feuchtigkeit zu Eis gefror. Ein gewaltiger Knall ließ alle zurücktaumeln. Elissas Beine knickten unter ihr ein, und beim Sturz auf den Steinboden prellte sie sich die Hüfte. Die Wand zerbarst, und aus den Trümmern trat … Derek.

»Ich bin durch!« Dereks Blick huschte suchend durch den Raum und heftete sich dann auf sie. »Elissa ist hier! Sie lebt!«

Ragen drängte sich an ihm vorbei und stieß verstörte Bannzeichner zur Seite, ehe er neben ihr niederkniete. »Lissa! Bist du wohlauf?«

Sie wollte ihn nicht belügen, aber in diesem Moment erschien ihr die Wahrheit nebensächlich. »Es geht mir gut. Wie seid ihr hierhergekommen?«

»Auf demselben Weg, den die Dämonen benutzen. Durch die Abwasserkanäle.« Ragen deutete mit einem Kopfnicken auf Yon und Woron, die über den Schutt kletterten, gefolgt von einem Trupp Gebirgsspeere. »In den engen Tunneln hat sich der Einsatz von Feuerwaffen bewährt.«

Derek erspähte Mutter Cera, die an Jones Seite stand. »Wo ist Stasy?« Er steuerte auf die Frauen zu. »Wo ist mein Sohn?«

»Du kannst nicht …«, setzte Cera an, aber Derek hob seinen magischen Griffel und zielte damit direkt auf ihre Nase.

»Du wirst dich nicht länger hinter deinem Adelstitel verstecken, Gräfin«, knurrte Derek. »Und schon gar nicht heute Nacht. Du bringst mich auf der Stelle zu meiner Frau.«

»Oder was?«, fauchte Jone. »Hast du vor, die Gräfin Gold vor aller Augen zu ermorden, wenn sie nicht pariert?«

Jetzt richtete Derek den Griffel auf sie. »Treib mich nicht zum Äußersten, alte Frau!«

»Stasy ist tot«, sagte Cera. »Ein Steindämon hat sie getötet.«

Bei diesen Worten taumelte Derek nach hinten. Sein Gesicht war schmerzverzerrt. Doch dann stürmte er mit hoch erhobenem *hora*-Griffel vor. »Wegen dir! Es war deine Schuld!«

Mutter Cera wich rückwärts aus, stolperte und fiel hin, als Derek sich ihr in drohender Haltung näherte. »Nein! *Sie* ist schuld!« Sie zeigte auf Elissa. »Mutter Elissa ließ sie auf der Mauer gegen Dämonen kämpfen, anstatt ihr zu erlauben, im Haus bei den anderen Müttern Zuflucht zu suchen!«

Dereks Blick huschte zu Elissa. Sie konnte ihn nicht belügen. »Heute Nacht hat Stasy sehr vielen Menschen das Leben gerettet.«

Derek rang nach Luft, dann schloss er die Augen und schüttelte den Kopf. Als er sich wieder gefangen hatte, zielte er mit seinem Griffel wieder auf Cera. »Hättest du sie nicht wie eine Gefangene behandelt, wäre sie gar nicht hier gewesen. Und jetzt bring mich zu meinem Sohn!«

»Ich werde nichts dergleichen tun, solange du …«

Derek zeichnete rasch ein Siegel, und der Steinboden unter der Gräfin bekam Risse. Hastig stand sie auf.

»Du gehst mit ihnen, Yon, ay?«, sagte Ragen. »Pass auf, dass Derek nicht …«

»… irgend ’ne Dummheit macht«, beendete Yon den Satz. »Hab schon kapiert.«

»Ich lasse diesen Wahnsinnigen in Ketten legen!«, schäumte Jone, nachdem Derek, Cera und Yon gegangen waren.

»Du solltest dich besser mit Wichtigerem beschäftigen als mit dem Auftreten eines Mannes, der gerade seine Frau verloren hat und sich jetzt vergewissern will, dass es seinem einzigen Kind gut geht«, knurrte Ragen.

»Euchors Festung steht in Flammen!«

9

Die Brut des Bösen

334 NR

Pressen!«, befahl Leesha.

»Du dummes Ding!« Elona lag mit hochgestemmten Beinen auf dem Gebärtisch. Ihr Haar war schweißnass. »Was glaubst du wohl, was ich die ganze Zeit tue, verdammt?!« Die Wehen dauerten bereits mehrere Stunden an, und nichts tat sich.

»Leesha will dir doch nur helfen, Liebling.« Erny versuchte, nach Elonas Hand zu greifen, doch sie schlug nach ihm.

»Hau ab!«

Erny machte ein bestürztes Gesicht. »Aber …«

»Halt die Klappe!«, fauchte Elona. »Du bist hier genauso nutzlos wie in meinem Bett! Mit deinem stummeligen schlappen Schwanz hast du das Kind ganz sicher nicht gezeugt, das wissen wir beide!«

»Liebling!« Erny lief rot an und sah sich verlegen um. Darsy und Favah hielten die Blicke gesenkt und gaben vor, nichts gehört zu haben.

»Raus hier!«, kreischte Elona. »Raus! Raus! Raus!«

Leesha fasste ihren Vater beim Ellbogen. »Dad.«

Erny brauchte keine weitere Aufforderung und ließ sich von ihr aus dem Zimmer lotsen.

»Sie meint es nicht so.«

Gleich neben der Tür stand eine Sitzbank, auf die Erny sich mit hängenden Schultern fallen ließ. »Ach, Leesha. Und ob sie es so meint.«

Leesha seufzte. Es hatte keinen Sinn so zu tun als wüsste sie nicht Bescheid. Schließlich kannte sie ihre Mutter und hatte hautnah miterlebt, wie sie mit Erny umsprang. »Warum gehst du nicht in eure Räume zurück? Bis das Kind kommt, können noch Stunden vergehen. Ich lasse dich holen, wenn es da ist.«

Erny schüttelte den Kopf. »Vielleicht ist das Kind von mir, vielleicht auch nicht. Aber deine Mum ist meine Frau. Ich warte hier.«

Leesha drückte seine Schulter. »Du bist viel zu gut für sie, Dad.«

Erny gluckste in sich hinein. »Aber ihr war ich nie gut genug. Damit habe ich mich abgefunden, doch es tut trotzdem weh.«

»Unsinn«, sagte Leesha. »Mutter schleudert dir Kränkungen ins Gesicht, weil sie dich verletzen will. Aber die Wirklichkeit sieht anders aus. Du hast ihr die Gelegenheit gegeben, dich wegen Steave zu verlassen, aber sie hat sie nicht genutzt. Sie würde sich niemals von dir trennen. Im Vergleich mit anderen Männern hast du immer besser abgeschnitten, und du solltest von ihr verlangen, dass sie dich so behandelt, wie es dir gebührt. Man beurteilt einen Mann nicht nach der Größe seines Baums. Um ein richtiger Kerl zu sein, muss er schon mehr zu bieten haben. Und wenn sie das nicht begreifen will, soll sie doch mal versuchen, das Kind allein großzuziehen.«

Erny schüttelte den Kopf. »Ich liebe sie, Leesha. Ich habe sie immer geliebt und werde nie aufhören, sie zu lieben. Für mich hat es nie eine andere Frau gegeben. Und deshalb bleibe ich. Ich bleibe hier auf dieser Bank sitzen, und ich bleibe bei deiner Mum. Wir haben ein Gelöbnis abgelegt …«

»Aber nur du hältst dich daran«, sagte Leesha.

Erny runzelte die Stirn. »Sind wir nur dann an unsere Versprechen gebunden, wenn andere auch zu ihrem Wort stehen? Dürfen wir wortbrüchig werden, wenn andere es auch sind? Ich denke, ich habe dich gelehrt, dass ein Schwur etwas Heiliges ist, Leesha. Man hält sich daran, egal, was die anderen tun.«

»Ay, Dad. So hast du es mir beigebracht.« Leesha lächelte und drückte einen Kuss auf seinen Scheitel, wo das Haar sich bereits stark lichtete. Dann ging sie in die Gebärkammer zurück und schloss hinter sich die Tür.

»Pressen!« Darsy hatte Leeshas Platz zwischen den Beinen ihrer Mutter eingenommen.

»Ich presse ja, du blöde Kuh!«, bellte Elona.

»Aber nicht genug, du böse alte Hexe«, murmelte Darsy.

»Du selbst wirst ja nie erfahren, wie das ist«, knurrte Elona. »Ein Mann braucht nur deine saure Fresse zu sehen, und sein Baum schrumpft ein.«

Darsy wurde rot, aber sie war so klug, sich eine Erwiderung zu verkneifen. Sie war daran gewöhnt, andere Leute einzuschüchtern, und sie ließ sich nichts gefallen, aber keiner konnte einen Streit so ausufern lassen wie Elona Papiermacher. Was immer sie sagen würde, Leeshas Mutter würde noch eins draufsetzen.

»Sei wie die Palme und beuge dich, damit dieser Wind über dich hinwegstreicht«, riet Favah. »Worte, die eine Gebärende von sich gibt, fallen bei Everam nicht ins Gewicht.«

»Du kennst meine Mutter nicht, wenn du glaubst, die Geburt sei der Grund für ihre Gehässigkeiten«, wandte Leesha ein. »Sie ist immer so.«

Favah wollte anscheinend noch etwas sagen, doch Elona knurrte wie ein wütender Bär, und Darsy stieß einen Schrei aus. »Ich kann das Köpfchen sehen!«

Leesha eilte zu ihr und schob eine dankbare Darsy sachte beiseite. Dann sah auch sie das helle Haar des Kindes. Mit sanften

Massagebewegungen versuchte sie, das Baby aus dem Geburtskanal herauszuholen. »Gleich hast du es geschafft, Mum. Du musst nur noch einmal …«

»Ich schwöre beim Schöpfer, wenn du *pressen* sagst, werde ich …«

»Was du machst, ist mir egal, Hauptsache, du *presst*!«, fauchte Leesha. Elona knirschte mit den Zähnen, und vor Anstrengung platzten ein paar feine Blutgefäße in ihrem Gesicht. Dann rutschte der Kopf nach draußen, und der Rest glitt hinterher.

»Ich habe es!« Leesha wollte Mund und Nase des Kindes säubern, aber das war nicht nötig. Das Baby strampelte in ihren Armen und fing laut an zu brüllen.

Tränen traten ihr in die Augen. »Dieses Geräusch zu hören, ist das Schönste, was es auf der Welt gibt.«

»Warte ein Weilchen …« Elona keuchte und rang nach Luft. »… bald werden wir alle …« Sie tat den nächsten hechelnden Atemzug, »… uns nach Ruhe sehnen.«

Leesha achtete nicht auf sie. Behutsam tastete sie das Kind ab, prüfte den Herzschlag, die Hautspannung, wie kräftig es sich bewegte, wie es atmete. Favah kam zu ihr, band mit geübter Hand die Nabelschnur ab und durchtrennte sie mit einer scharfen, gekrümmten Klinge.

Leesha blickte tiefer in die Aura des Kindes hinein, erforschte sie im Licht der Siegel. Sie schluchzte. Ganz gleich, welche schlimmen Dinge Elona gesagt und getan hatte, dieses Kind war eine unverdorbene Seele, die noch nicht mit den Bürden des Lebens belastet war.

»Was ist es?«, fragte Elona, als sie Leeshas Tränen sah. »Stimmt was nicht?«

»Das Kind ist kerngesund. Und wunderschön.«

»Nun sag schon endlich«, drängte Elona. »Ist es ein Junge?«

Leesha schüttelte den Kopf. »Es ist ein Mädchen. Ein vollkommenes, kräftiges Mädchen.«

»Bei der Nacht, nicht schon wieder!« Elona hieb mit der Faust auf den Gebärtisch, aber Leesha war in Gedanken ganz woanders. Sie erinnerte sich an etwas, das Amanvah vor Monaten gesagt hatte, als sie für Gareds Braut die Würfel auswarf.

Sie wird ihm starke Söhne gebären, aber seine Nachfolge wird seine Tochter antreten.

Ob enttäuscht oder nicht, Elona streckte die Arme nach dem Kind aus. Leesha wickelte das Baby in eine Windel und legte es dann auf Elonas Brust.

»Wie wirst du sie nennen?«, fragte Favah.

»Selene, nach meiner Mum.« Auf Elonas Gesicht lag ein Ausdruck, den Leesha noch nie bei ihr gesehen hatte. Konnte es Liebe sein?

»Ein Name, der Stärke verheißt«, sagte Favah und schickte sich an, das abgetrennte Stück Nabelschnur wegzuschaffen. Leesha behielt sie jedoch im Auge, und als Favah dem Gebärtisch den Rücken zukehrte und sie dann auch noch ein verräterisches Licht aufblitzen sah, ging Leesha ihr hinterher.

Sie ertappte Favah dabei, wie sie die Würfel auswarf, die sie mit dem Blut von der Nabelschnur benetzt hatte. Es war eine Verletzung der Privatsphäre, doch Leeshas Neugier siegte über ihren Unmut, und sie beugte sich nach vorn, um die Bahn der Würfel zu beobachten. Die *hora* rollten aus und bildeten ein Muster.

Das Symbol für Holz überkreuzte sich mit einem Schneidesiegel.

»Holzfäller«, hauchte sie so leise, dass weder Darsy noch ihre Mutter sie hören konnten.

Favah nickte. »Die *Jiwah Ka* des Barons wird sich freuen, dass es ein Mädchen ist.«

Über das Ausmaß ihrer Freude bin ich mir nicht so sicher, dachte Leesha, aber sie behielt den Gedanken für sich. Aufmerksam studierte sie das übrige Muster.

»Ay!«, bellte Elona. »Für wie blöd haltet ihr mich, wenn ihr glaubt, ich wüsste nicht, was ihr da treibt? Ich will die Würfel auch sehen!«

Favah schnappte sich die *hora* und steckte sie wieder in den Beutel. »Es ist schon schlimm genug, wenn eine *chin* die geweihten Würfel sehen darf. Ich werde nicht dulden, dass eine zweite Ungläubige sie zu Gesicht bekommt.«

»Und?«, fragte Elona, als Leesha zu ihr zurückkehrte. Erny öffnete ungebeten die Tür, als Leesha antwortete.

»Sie ist Gareds Kind.«

Leesha betrat ihre Amtsstube, und zu ihrer Verwunderung saß Araine an ihrem Schreibpult. Lord Arther, Pawl und Tarisa gingen ihr zur Hand, während sie sich mit einem dicken Stapel Papieren beschäftigte. Melny saß am anderen Ende des Zimmers auf dem Sofa, und in den Armen hielt sie Olive.

Sah so die Loyalität ihres engsten Umfelds aus? Erst vor zwei Tagen war Araine eingetroffen, und schon nahm sie Leeshas Platz ein. Sie öffnete den Mund, um zu protestieren, doch in diesem Augenblick streckte Olive, kaum drei Monate alt, ihre Ärmchen aus, hielt sich an Melnys Ausschnitt fest, zog sich hoch und stellte sich auf ihrem Schoß hin.

»Beim Schöpfer!« Leeshas Groll verpuffte, und sie rannte zum Sofa.

»Da staunst du, was?« Melny strahlte über das ganze Gesicht. »Das macht sie schon den ganzen Morgen lang!« Olive drehte sich um, blickte Leesha in die Augen und lachte fröhlich.

Eigentlich hätte Leesha besorgt sein müssen, denn die meisten Kinder konnten erst mit neun Monaten stehen, doch unwillkürlich stimmte sie in das Lachen ein. Olive Papiermacher war nun mal anders als die meisten Kinder.

Die Kleine ließ den Ausschnitt los, bevor Melnys üppiger Busen herausquellen konnte, und reckte Leesha die Ärmchen entgegen. Eine Weile hielt sie sich auf den Füßen, aber dann knickten die Beinchen unter ihr ein. Sie plumpste auf den Hintern und lachte wieder.

Leesha nahm sie auf den Arm und küsste sie. »Heute habe ich deiner Tante auf die Welt geholfen. Wenn du so weitermachst, kannst du schon rennen, bevor sie gelernt hat, sich in ihrer Wiege umzudrehen.« Olive kommentierte diese Bemerkung, indem sie Leesha in die Nase kniff.

Papiere raschelten, und Leesha blickte Richtung Tisch. Araine widmete sich immer noch irgendwelchen Dokumenten und murmelte Pawl etwas zu, der fleißig Notizen machte. Wenigstens Arther und Tarisa hatten den Anstand, eine schuldbewusste Miene aufzusetzen.

»Meisterin.« Der Erste Minister verbeugte sich, als Leesha mit Olive in den Armen auf den Schreibtisch zukam. »So früh hatten wir dich nicht zurückerwartet.«

»Ist das die einzige Entschuldigung dafür, dass du mir gegenüber wortbrüchig geworden bist?«, schnauzte Leesha. »Du hast mir geschworen, kein Unbefugter erhielte Einsicht in die Angelegenheiten des Tals!«

»Pah!« Erst jetzt hob Araine den Blick. »Du selbst hast gesagt, es gäbe keine Staatsgeheimnisse mehr.«

»Es war die Rede von *deinem* Staat«, schoss Leesha zurück. »Dies hier ist *mein* Staat!«

»Ich habe der Herzogin keinen Einblick in vertrauliche Dokumente gewährt«, verteidigte sich Arther. »Die Herzoginmum hat lediglich gefragt, ob sie bei der Versorgung der angierianischen Flüchtlinge behilflich sein kann. Schließlich sind es ihre Leute …«

Araine wedelte mit der Hand, und Arther verstummte. »Du kannst nicht von mir erwarten, dass ich den ganzen Tag nur herumsitze und Melnys Bauch massiere, Leesha. Auf dem Schlachtfeld bin ich zu nichts zu gebrauchen. Ich kann weder Bannzeichnen noch Kranke pflegen oder als Hebamme arbeiten. Aber mit Papierkram, mit der Führung von Geschäften, bin ich vertraut.«

Leesha stieß den Atem aus. Sie hatte guten Grund, sich über diese Eigenmächtigkeit zu ärgern, gleichzeitig brauchte sie aber tatsächlich etwas Entlastung. Und es gab nur wenige Menschen, die in der Verwaltung erfahrener waren als die Herzoginmum. »Und zu welchen Erkenntnissen bist du gelangt?«

»Wie ich sehe, ist dein Herz bei Weitem größer als deine Geldschatulle«, sagte Araine. »Es ist ein Wunder, dass das Tal noch nicht bankrott ist, bei all den Geschenken, die du an jeden Bettler verteilst, der hierherkommt.«

Mit schmalen Augen wandte sich Leesha an Arther. »Sagtest du nicht, du hättest ihr keine vertraulichen Dokumente gezeigt?« Der Mann sah aus, als wollte er sich in seinen gestärkten Hemdkragen verkriechen. Leesha benötigte in der Tat Hilfe, aber Araine brauchte nicht zu wissen, wie es um die Finanzen des Tals bestellt war, das sich mitten in einem Krieg befand und an vielen Fronten zugleich kämpfte.

»Man muss kein Genie sein, um zu begreifen, was hier los ist«, fuhr Araine fort. »Es genügt, zu wissen, wie viel du allein in den beiden letzten Tagen für meine Leute getan hast. Du gibst deine Klats schneller aus, als man sie stanzen und lackieren kann.«

»Wir haben schon vor Monaten aufgehört, sie zu lackieren.« Olive zog an ihrem Kleid. Leesha entblößte eine Brust und ließ das Kind trinken. Arther gab einen erstickten Laut von sich und drehte sich so hastig um, dass sie fürchtete, er könnte sich den Rücken verrenken.

»Trotzdem …« Araine deutete auf die Papiere.

»Wozu rätst du mir?«, fragte Leesha schnippisch. »Soll ich deine Leute auf meiner Türschwelle verhungern lassen, so wie du den Flüchtlingen aus Rizon jeden Beistand verweigert hast, als sie um Hilfe flehend vor deinen Toren standen?«

»Natürlich nicht!«, versetzte Araine. »Ich wollte dir meine Bewunderung aussprechen, Mädchen, aber du fällst mir ja dauernd ins Wort. Du bist auf einem sehr schmalen Grat gewandert, und dennoch braucht in der Talgrafschaft niemand zu hungern.«

Die alte Frau schüttelte den Kopf. »Der erste Rhinebeck trieb Angiers in den Bankrott, um sicherzustellen, dass die Lords von Angiers ihm nach dem Tod meines Vaters zum Thron verhalfen. Hast du das gewusst?«

»Rojer sprach mal davon.«

»Natürlich! Jeder Jongleur verbreitet mit Vorliebe Klatsch und Tratsch. Was hat er dir denn erzählt?«

»Dass der erste Rhinebeck eine Maschine erfand, um Klats zu stanzen«, sagte Leesha. »Und dass er jeden fünften Klat in seine eigene Tasche steckte.«

Araine schnaubte. »Es waren sogar noch viel mehr. Und nachdem das gesamte Vermögen für Bestechungsgelder draufgegangen war, starb dieser alte Narr. Seinem Sohn und mir hinterließ er eine fast leere Schatzkammer, dafür aber jede Menge Schulden. Mein Rhinebeck verbrachte seine Zeit mit Jagen und Herumhuren. Er überließ es Janson und mir, die Staatspleite geheimzuhalten und dafür zu sorgen, dass Angiers wieder auf die Beine kam.«

Die alte Frau streckte ihre runzelige Hand aus und packte mit überraschend kräftigem Griff Leeshas Arm. »Du hast deine Sache gut gemacht, Kind, viel besser, als ich es jemals gekonnt hätte. Du kannst stolz auf dich sein. Meine Stadt wurde zerstört – vermutlich für immer. Ich erhebe keinen Anspruch auf deinen Thron, nicht für mich und auch nicht für Melnys Kind, aber ich kann dir behilflich sein, wenn du es zulässt.«

Das Sonnenlicht flutete in den Raum, deshalb konnte Leesha nicht in Araines Aura lesen. Aber die Aufrichtigkeit in ihrem Blick genügte ihr.

»*Alagai Ka*«, sagte Leesha.

»Lass dich von dem, was du sehen willst, nicht so ablenken, dass du die angrenzenden Symbole übersiehst«, sagte Favah.

Leesha kniff die Augen zusammen, legte den Kopf schräg und betrachtete die Würfel von allen Seiten. »Neu.« Sie zeigte mit dem Finger. »Geburt.«

Sie dachte einen Moment nach. »Frisch geschlüpfte Horclinge? Junge Seelendämonen?«

Favah nickte. »Und was verrät dir das Muster?«

Leesha wusste, dass die Greisin sich bereits eine Meinung gebildet hatte. Sie wollte Leesha prüfen, wie immer. Manchmal stimmten sie in ihrem Urteil überein. Manchmal machte Leesha Fehler.

Und manchmal gelangten sie zu völlig unterschiedlichen Ansichten, wobei beide recht haben konnten, je nachdem, welche Abweichungen vorlagen.

Leesha studierte die einzelnen Symbole und setzte sie in Gedanken zusammen wie bei einem Puzzlespiel. »Der Seelendämon, der über Angiers herrscht, schickt frisch geschlüpfte Horclinge seiner Art ins Tal. Sie sollen uns einschließen, während wir unsere Streitkräfte in Stellung bringen.« Die Angriffe auf die Außenbezirke des Großsiegels häuften sich bereits. Besonders gefährdet waren die Gebiete mit den schwächsten Siegeln. Was würde passieren, wenn Seelendämonen auftauchten und diese blindwütigen Attacken mit Verstand steuerten?

Favah verneigte sich vor ihr. Mittlerweile fiel ihr diese Geste leichter als noch wenige Wochen zuvor. »Dem stimme ich zu. Wenn du noch vor dem Erlöschen des Mondes eine größere Streitmacht auf den Weg schicken willst …«

»Dann darf ich nicht länger zögern«, beendete Leesha den Satz.

10

Alas Speer

334 NR

Was kannst du erkennen, *Par'chin*?«, fragte Jardir. »Steht die Festung noch, oder liegt sie in Trümmern?«

»Alas Speer scheint völlig intakt zu sein.« Die Stimme klang erstickt. Als ob der *Par'chin* weinte. »Die Tore sind geschlossen. Beim Schöpfer, Ahmann, die Festung strahlt so hell wie die Sonne.«

»Ich muss dorthin«, sagte Jardir. »Sofort.«

»Selbstverständlich, Onkel«, erwiderte Shanvah. »Wir bewachen den Gefangenen. *Alagai Ka* wird uns nicht entkommen.«

Jardir nickte. Shanvah ging zu dem Dämon und ihrem Vater zurück, während er anfing, sich seiner Gewänder zu entledigen, um ins Wasser eintauchen zu können.

»Moment mal, beim Horc!«, brüllte Renna. »Bevor du abhaust und mich und Shanvah mit diesem verdammten *Alagai Ka* allein lässt, verrätst du mir vielleicht, was Alas Speer überhaupt ist!«

»Alas Speer ist der größte *csar*, der je gebaut wurde«, sagte Jardir. »Im Evejah steht geschrieben, dass diese Festung von Kaji selbst gegründet wurde. Sie diente ihm als Stützpunkt, von dem aus er seinen Feldzug gegen Nies Abgrund plante und ausführte.«

Renna blinzelte. »Oh.«

Jardir fuhr fort, seine Kleidung abzulegen. »Du verstehst gewiss, warum ich Alas Speer unbedingt sehen muss.«

»Sicher, aber du gehst nicht allein«, bestimmte Renna. »Du selbst hast gesagt, dass wir zusammenbleiben müssen. Keiner darf mit dem Dämon allein sein.«

»Schwester«, sagte Shanvah. »Das ist Alas Speer ...«

»Ich bin nicht blöd, Shanvah. Ich hab schon kapiert, wie wichtig dieser Ort für euch ist.« Renna musterte Jardir scharf. »Aber dieser *csar*, oder wie immer ihr so was nennt, steht seit dreitausend Jahren da. In den nächsten paar Stunden wird er schon nicht verschwinden, falls es so lange dauert, wenn wir alle mitkommen.«

Jardirs Blick wanderte zu *Alagai Ka* und Shanjat. Der Dämon sah zufrieden aus, trotz seiner Ketten. Mit der Macht seiner Krone sorgte er dafür, dass der Dämon ihn nicht hören konnte, doch diese Kreatur beherrschte sicherlich die Kunst des Lippenlesens. Außerdem musste der Dämonenprinz wissen, dass sie sich in unmittelbarer Nähe zu Alas Speer befanden.

War das der Moment, auf den *Alagai Ka* gelauert hatte? Hoffte er darauf, dass Jardir in seiner Begeisterung über diese Entdeckung die Bewachung des Gefangenen vernachlässigte? Jardir dachte an den letzten Fluchtversuch des Dämons. Er kam ganz plötzlich, und obwohl sie gut vorbereitet gewesen waren, hatte er Shanjat überwältigt und um ein Haar die gesamte Gruppe getötet.

Er verneigte sich tief vor Renna. »Ich bitte dich um Vergebung. Du hast recht. *Alagai Ka* zu bewachen ist unsere oberste Pflicht. Ich danke dir, dass du mich daran erinnert hast, meine persönlichen Wünsche hintan zu stellen. Der Sharak Ka geht vor.«

»Ay.« Rennas Aura hatte ihre Streitlust widergespiegelt, und Jardirs unverhofftes Einlenken machte sie noch reizbarer. »Dann wären wir uns ja einig, denke ich.«

Shanvah war nur mit Kopftuch, Schleier und Bido bekleidet, als sie immer tiefer in den Tümpel hinabtauchte, um die Würmer einzufangen. Jardir staunte, wie viel Magie in diesen Kreaturen steckte, und während Shanvah bei der Arbeit war, stapfte er ungeduldig am Rand des Gewässers auf und ab.

In ihrer Gruppe war Shanvah diejenige mit der mattesten Aura, deshalb wurde sie von den Würmern nicht so schnell bemerkt. Die Vernunft gebot es, dass sie gewissermaßen die Vorhut bildete und den Weg freimachte. Er und die *jiwah* des *Par'chin* bewachten den Gefangenen, aber Jardirs Muskeln waren aufs Höchste angespannt. Alles in ihm drängte danach, diese Felsen zu durchdringen und vor Alas Speer zu stehen.

»Beim Schöpfer«, brummte Renna, als sie auf einem der Würmer herumkaute. »Die schmecken sogar noch besser als euer Couscous.«

Jardir glaubte ihr. Ihre Aura wurde heller, während sie aß und die in dem Wurm enthaltene Magie in sich aufnahm. Sie alle sollten sich stärken, wenn der Weg erst frei war, doch selbst wenn Jardir sich hätte überwinden können, diese vom Abgrund besudelten Lebewesen zu essen, hätte er darauf verzichtet. Er verspürte keinen Hunger. Er war einzig und allein von dem Wunsch beseelt, den Speer zu erreichen.

Einer der Würmer, die Shanvah abgeerntet hatte, befreite sich in seinem Bestreben, ins Wasser zurückzukommen, von seiner Hülle und glitt auf *Alagai Ka* zu, der ihn hungrig anstarrte.

Shanvah hatte ihre Waffen griffbereit auf die Felsen gelegt. Jardir schleuderte ein Wurfglas und nagelte den Wurm am Boden fest, bevor die mit Magie angefüllte Kreatur in die Nähe des Dämons gelangen konnte. *Alagai Kas* Aura war schwach, und das sollte auch so bleiben.

Ein platschendes Geräusch ertönte, aber es war nicht Shanvah, die aus dem Tümpel auftauchte. Der *Par'chin* schnappte nach Luft, als er ans Ufer watete. Seine Haut wies Abschürfungen auf, doch seine Magie war stark, und die Verletzungen heilten bereits ab.

Jardir sah seinen Freund an, doch der *Par'chin* hatte nur Augen für den Dämon. Er näherte sich ihm, als pirsche er sich an eine Beute heran. Dann schoss sein Arm vor, er packte den Dämon beim Hals, schleifte ihn zu dem angeketteten Shanjat und stieß ihn gegen den Mann.

»Ich lebe noch«, knurrte der *Par'chin.*

Shanjats Blicke flackerten über den triefend nassen Körper. »Offensichtlich.«

»War das ein Versuch, mich zu töten?«, fragte der *Par'chin.* »Du wusstest von diesen Würmern im Wasser.«

Shanjat grinste. »Ich habe alle deine Fragen ehrlich beantwortet, Entdecker. Die Schuld liegt bei dir, wenn du nicht die richtigen Fragen stellst. Ich bin dein Gefangener, nicht dein Freund.«

»Dämonen haben keine Freunde«, grunzte Renna.

»Deshalb sind wir ja so stark.« Shanjat beäugte Jardir. »Gefühle sind reine Verschwendung und führen nur zu unüberlegtem Handeln.«

»Ein Freund hat mich daran gehindert, unüberlegt zu handeln, Dämon«, sagte Jardir. »Deine Sticheleien können mich nicht treffen.«

Shanjat zwinkerte ihm zu. »Dieses Mal nicht. Vielleicht ein anderes Mal.«

Der *Par'chin* straffte die Schultern, holte tief Luft, und beim Ausatmen lockerte er seine geballten Fäuste. Er wandte sich an Jardir.

»Beeile dich da unten im Wasser, dann können die Würmer, die noch in den Tunneln sind, sich nicht an dir festsaugen.«

Jardir nickte. Er legte bis auf den Bido sämtliche Kleidung ab. Die Krone behielt er auf dem Kopf, und mit beiden Händen umklammerte er den Speer des Kaji. Dann watete er in den Tümpel hinein.

Kaum berührte der Speer das Wasser, ergriff eine Macht von Jardir Besitz. Kajis geweihte Festung, dieser großartige *csar* aus grauer Vorzeit, zog ihn an wie ein Magnet, und seine Kraft hallte in seiner Seele nach. Er ließ Energie in den Speer einströmen, tauchte unter und vertraute darauf, dass die Magie ihn genauso sicher durch das Wasser fliegen ließ wie durch die Luft.

Auf der anderen Seite des Tunnels stieg Jardir aus der Lagune. Unter seinen Füßen knirschten die scharfkantigen Überreste der Röhrenwürmer, die der *Par'chin* am Strand zurückgelassen hatte. Er merkte es nicht einmal. All sein Sinnen und Trachten richtete sich auf Alas Speer, für nichts anderes war in seinen Gedanken Platz. In der Dunkelheit erstrahlte die Festung in einem hellen Glanz, jubilierte vor triumphaler Allmacht. Bei ihrem Anblick fiel er auf die Knie.

Es stimmte also.

Alas Speer war Wirklichkeit.

Die Heiligen Schriften des Evejah lenkten seit Jahrtausenden die Geschicke seines Volks. Zweifelsohne hatten die Geistlichen die Texte im Verlauf der Jahre ausgeschmückt, bestimmte Dinge übertrieben oder Passagen hinzugefügt, wenn es ihnen politisch günstig erschien. Doch im Kern entsprach das, woran er und sein

Volk glaubten, der Wahrheit, und vor ihm lag nun der Beweis. Kaji war hier gewesen, an diesem Ort, um eine Bastion gegen die Finsternis zu errichten. Und dieses Bollwerk gegen Nies Streitmacht hatte sich dreitausend Jahre lang behauptet.

Alas Speer rief ihn zu sich. So ähnlich hatte der *Par'chin* ihm den Lockruf des Horc beschrieben. Auf Jardirs Stirn pulsierte die Krone des Kaji, ein Schlüssel, der darauf brannte, ein Schloss zu öffnen, das viel zu lange verriegelt gewesen war. Innerhalb dieser Mauern würde seine Macht so stark sein wie Everams Hand, und wehe dem Feind, der es wagen sollte, sich ihm zu widersetzen.

Bald darauf tauchte Shanvah aus dem Wasser auf und ging zu ihrem Onkel, um an seiner Seite niederzuknien, ungeachtet ihrer kaum bedeckten Körper. »Erlöser«, flüsterte sie.

Jardir nahm ihre Hand und drückte sie sachte. »Nichte.« Er hätte gern mehr gesagt, doch das, was auf ihre Sinne einstürmte, konnte man nicht in Worte fassen. Shanvahs Lippen bewegten sich in einem stummen Gebet, und dann fing auch Jardir an zu beten.

Everam, wenn ich wirklich Dein auserwählter Diener bin, gewähre mir Kraft, damit ich mich meiner Aufgabe würdig erweise. Lass mich das Werk des großen Kaji erfolgreich zu Ende bringen. Mir steht keine Streitmacht zur Verfügung, aber … wieder drückte er Shanvahs Hand … *ich vertraue auf die Unterstützung und Beständigkeit meiner Weggefährten, die gleichfalls zu Deinen Auserwählten gehören.*

In der Lagune hinter ihnen wogte plätschernd das Wasser. Jardir und Shanvah sprangen auf die Füße. Shanjat tauchte auf, mit *Alagai Ka* auf dem Rücken. Der Dämon fauchte und wandte beim Anblick von Alas Speer den Kopf ab. Angesichts der von Everam selbst ausgehenden Macht verlor der Dämon viel von seinem dreisten Gebaren.

Wenige Augenblicke später stieg Renna aus dem Wasser. »Arlen kommt mit dem Gepäck nach. Kann nicht mehr lange dauern.«

Jardir nickte und ging auf *Alagai Ka* zu. »Was weißt du über diesen Ort?«

»Er ist verflucht«, sagte Shanjat. »Bewohnt von Gespenstern. Hier werdet ihr keine ruhige Zuflucht finden.«

»Erspare mir deine Lügen«, knurrte Jardir. »Die Tore sind immer noch verschlossen. Das kann ich fühlen. Die Festung ist unversehrt. Wie ist das möglich?«

»Wir haben gewartet«, sagte der Dämon. »Darauf, dass der Eine, euer Kavri, an die Oberfläche zurückkehrt, um noch mehr Drohnen für den Kampf hierher zu bringen.«

Jardir packte seinen Speer so fest, dass seine Fingerknöchel weiß hervortraten. »Und dann?«

»Das Großsiegel des *csar* war zu mächtig für uns«, krächzte Shanjat. »Aber wir bündelten all unsere Magie und ließen den Tunnel einstürzen, durch die dein Vorfahr seine Truppen führte. Wir zerstörten die Brücken. Vernichteten seine Vorräte. Als Kavris Armee dann zurückkehrte, um in die untere Welt hinabzusteigen, war der Weg versperrt. Wir versprengten seine Streitmacht, und seine Krieger waren hier unten gefangen.

Oh, wie er getobt hat! Wie er darum kämpfte, wieder zu ihnen zu gelangen, um sie zu …«, Shanjat lächelte böse, »… *erlösen*. Aber sein Werk war zum Scheitern verurteilt.«

»Und was wurde aus den eingeschlossenen Menschen?«, fragte Jardir.

Shanjat zuckte gleichgültig die Achseln. »Da sie von jedweder Unterstützung abgeschnitten waren, konnten die Drohnen mühelos die unteren Tunnel zurückerobern oder zum Einsturz bringen. Zum Schluss waren die Bewohner des *csar* zu geschwächt, um noch zu kämpfen, deshalb verriegelten sie die Tore für immer.«

Jardirs Brust krampfte sich zusammen, und er merkte, dass er den Atem angehalten hatte. »Also könnte dort noch jemand leben.«

»Wohl kaum. Wer nicht verhungert ist, wurde von den Kriegshunden aufgefressen.« Shanjat fletschte die Zähne. »Beides hässliche, ehrlose Todesarten. Vielleicht waren sie ja auch so klug, sich in ihre Speere zu stürzen.«

»Sie hätten sich vom geweihten Couscous ernähren können.« Jardir wusste, dass er sich an eine Handvoll Sand klammerte, aber er konnte nicht anders.

Shanjat schnaubte. »Fünftausend Jahre lang?

»Wenn auch Frauen da waren ...« Gewiss hatte es in dem *csar* auch Priesterinnen gegeben, und sei es nur, um die *alagai hora* zu befragen.

Shanjat lachte höhnisch. »Nicht einmal eure *dama'ting*, die für ihre Herumhurerei bekannt sind, wären imstande gewesen, für ausreichend Nachwuchs zu sorgen, um den *csar* am Leben zu erhalten.«

Bei dieser Lästerung packte Shanvah ihren Speer fester, aber Jardir bezwang seine Wut. »Das sind nur Worte, Vater der Lügen. Wir werden selbst nachschauen.«

Endlich tauchte der *Par'chin* aus dem Wasser auf und schleifte ihr Gepäck hinter sich her. Er blickte in die Runde. »Bei der Nacht!«

Sein Tonfall beunruhigte Jardir. »Was ist, *Par'chin*?«

Der *Par'chin* betrachtete die Felsen. »Vor nicht ganz zwei Stunden habe ich hier überall abgenagte Wurmhäute zurückgelassen. Wo sind die geblieben?«

Verwirrt sah Jardir sich um. Tatsächlich, nur die harten Röhren lagen noch da. »Aasfresser?«

Just in diesem Moment erklang in der Ferne ein Heulen, das ihm das Blut in den Adern gefrieren ließ.

Shanjat verging das Lächeln. »Wir sollten diese Stätte schleunigst verlassen, ehe die Kriegshunde uns angreifen. Im Gegensatz zu den Kriegern haben die Hunde überlebt. Sie ernährten sich von toten Drohnen, ehe sie ihre Herren auffraßen.«

»Gegen Nachtwölfe können wir uns wehren«, sagte Arlen.

»Nicht gegen diese, Entdecker«, widersprach Shanjat.

Jardir schüttelte den Kopf. »Wir gehen nirgendwohin, ehe wir uns nicht Einlass in Alas Speer verschafft haben.«

»Ich habe noch nie einen Ort gesehen, der so gut durch Siegel geschützt ist wie dieser«, sagte Renna. »Wenn wir einen Dämon dort hineinschleppen, stirbt er. Aber wir können dieses Scheusal auch nicht einfach hier draußen lassen, selbst wenn wir es mit Ketten fesseln und in ein Loch stecken.«

Der *Par'chin* seufzte. »Du gehst in die Festung, Ahmann. Aber nimm Shanvah mit. Renna und ich bleiben hier und bewachen den Gefangenen.«

Shanvah verneigte sich tief. »*Par'chin*, du solltest meinen gesegneten Onkel begleiten.«

»Ehrlich gesagt gäbe es nichts, was ich lieber täte.« Der *Par'chin* wirkte sehr ernst. »Aber ich gehöre nicht an diesen Ort. Aus den Vorfällen in Anochs Sonne habe ich gelernt. Für euer Volk ist Alas Speer geweihter Boden. Die heiligste Stätte, die eure Religion kennt. Wer nach so langer Zeit zum ersten Mal wieder einen Fuß auf diesen gesegneten Boden setzt, sollte dem evejanischen Glauben angehören.«

»Dem wird auch so sein«, stimmte Jardir zu. »Du und deine *jiwah*, ihr beide bringt für den Sharak Ka große Opfer. Ihr seid Evejaner, auch wenn ihr es vielleicht nicht so seht. Sogar Shanjat zählt zu den Frommen, obwohl der Vater des Bösen sich seiner bedient.«

Alagai Ka stieß ein wütendes Fauchen aus. »Es wäre mein Tod, wenn ihr mich in das Großsiegel hineinbringt. Vor uns liegt noch ein sehr langer Weg, Erbe. Ihr braucht mich, um euch zu führen.«

Jardir lächelte. »Deine Furcht ist berechtigt, Vater des Bösen. Mit meiner Krone vermag ich dich zu beschützen, aber vergiss nie, dass ich dir jeden Augenblick meinen Schutz entziehen kann.«

»Was, wenn deine Wachsamkeit nachlässt? Eine winzige Nachlässigkeit genügt, und ich bin tot. Das Großsiegel wird mich verbrennen«, sagte Shanjat.

Jardir zuckte mit den Schultern. »Dann ist es *inevera.*«

Als sie sich dem *csar* näherten, wurde das unheimliche Heulen lauter. Schon seit geraumer Zeit hatten die Kreaturen sie eingekreist. Möglicherweise wollten sie sich davon überzeugen, dass ihrer kleinen Gruppe kein größerer Verband folgte. Dass sie angreifbar waren.

Plötzlich verstummten die Hunde. Jardir konnte sie fühlen, so wie er Dämonen im Labyrinth wahrnahm, doch trotz der magischen Sicht seiner Krone blieben die Kreaturen verborgen.

Alagai Ka krümmte sich und fauchte, während sie auf die Festung zugingen. Die Aura des Dämons gab normalerweise nichts preis, nun jedoch war seine Angst offenkundig.

Jardir war in Hochstimmung. Mit jedem Schritt verstärkte sich das Band zwischen ihm und Alas Speer. Die Festung sprach mit ihm, erzählte ihm ihre Geschichte, so wie die Ablagerungen einer Felsformation in der Wüste dem Kundigen von ihrer Vergangenheit berichten.

Er wandte sich an den *Par'chin*: »Hattest du das gemeint, *Par'chin*, als du sagtest, Anochs Sonne hätte zu dir gesprochen?«

Er hatte erwartet, dass sein Freund dieses Wunder ebenfalls erlebte, doch der *Par'chin* blieb stehen, lauschte, und schüttelte dann den Kopf. »In Anochs Sonne hatte ich das Gefühl, ein Teil von etwas Höherem zu sein. Ich kann die Macht, die von Alas Speer ausgeht, spüren, aber der Ort spricht nicht zu mir.«

Jardir warf einen prüfenden Blick auf die anderen, und ihm wurde klar, dass nur er allein auf diese übersinnliche Weise mit Alas Speer verbunden war. Dann fingen die Juwelen in seiner Krone an zu pulsieren, und Jardir dämmerte die Erkenntnis. Irgendwo im Herzen dieser Festung gab es Edelsteine, die denselben Ursprung hatten wie die seinen. Und ihre Macht wurde gebündelt durch das Gebein desselben Dämonenprinzen, dessen *hora* in seine Krone eingearbeitet waren. Diese Juwelen antworteten nun auf den Ruf, den die Krone des Kaji aussandte.

Sobald sie einen Fuß auf das Großsiegel setzten, fühlte Jardir, wie dessen Magie ihn einhüllte und sich seinem Willen unterwarf.

»Wie sollen wir da reinkommen?«, fragte der *Par'chin* und musterte die gewaltigen, verriegelten Tore. »Über die Mauer klettern?«

»Das wird nicht nötig sein, *Par'chin.*« Jardir schwenkte lässig seinen Speer, und die wuchtigen Torflügel schwangen polternd auf.

Hinter ihnen ertönte ein schabendes Geräusch, wie wenn Krallen auf Fels schlugen. Jardir drehte sich um, sah aber nichts.

Der Dämon knurrte leise. »Schnell«, drängte Shanjat. »Sie haben uns fast erreicht!«

Jardir traute dem Dämon nicht, aber sein Tonfall verriet, dass er die Wahrheit sprach, und sie rannten in die Festungsstadt hinein. *Alagai Ka* fauchte vor Schmerzen, als sie das Tor passierten. Jardir gab den Torflügeln das Zeichen, sich wieder zu schließen, doch kurz bevor es so weit war, tauchten direkt vor der Mauer Fratzen auf.

Es waren verzerrte Hundegesichter, aber Jardir erkannte sie sofort. Auch jetzt noch bevorzugten krasianische Krieger diese Rasse – *gwilji*, Wüstenrenner – als Jagdgefährten und Beschützer von Brunnen und Frauen.

Doch diese Tiere waren wesentlich größer als die *gwilji* in Krasia. Sie schnappten und geiferten wie ausgehungerte Hunde, die man in eine Kampfgrube wirft.

Aber das Erschreckendste an ihnen war, dass sie keinen Körper hatten. Sie bestanden nur aus Klauen und Zähnen, die in der Finsternis zu schwimmen schienen, als die Torflügel endlich zuknallten.

»Was sind das für Bestien, verflucht noch mal?«, fragte Renna.

»Mit dieser Art von Bestie wird Evin Holzfäller sich herumschlagen müssen«, sagte der *Par'chin*, »wenn er seinen Wolfshund Schatten weiterhin Dämonenfleisch fressen lässt.«

Shanjat schüttelte den Kopf. »Ihr habt ja keine Ahnung, was auf euch zukommt, Entdecker. Seit Jahrtausenden pflanzen sich diese Kreaturen weit entfernt vom Licht der Sonne fort und ernähren sich nur von dem, was die Finsternis ihnen gewährt. Kräfte, die ihr kaum zu verstehen imstande seid, sind für sie genauso selbstverständlich wie das Atmen.«

»Das spielt keine Rolle«, sagte Jardir. »Hier können sie uns nichts anhaben. An diesem Ort sind wir völlig sicher.«

In der Tat floss ein steter Magiestrom in ihn hinein, während er sie durch die leeren Straßen lotste. In Gedanken sah er das Großsiegel, kannte all seine Linien, spürte jede Tür, jede Mauer und jedes Dach. Obwohl er noch nie in Alas Speer gewesen war, kam ihm alles so vertraut vor wie die Gassen der Stadt, in der er seine Kindheit und Jugend verbracht hatte. Er wusste, dass in diesem *csar* niemand mehr lebte, und er wusste auch, wo er die sterblichen Überreste der letzten Bewohner finden konnte.

Er führte sie zum Sharik Hora.

Auf seinen Gedankenbefehl hin öffnete sich die gigantische Flügeltür. Der Tempel war das schlagende Herz des *csar*, seine Macht erhielt die Straßen und Gebäude in tadellosem Zustand, er sorgte dafür, dass die Mauer unbezwingbar blieb. Als sie in das Heiligtum eintraten, krächzte *Alagai Ka*, wand sich auf Shanjats Rücken und verkroch sich tiefer in dessen Gewändern.

Genau wie in den entsprechenden Tempeln in Everams Füllhorn und im Wüstenspeer war auch der Innenraum dieses Sharik

Hora angefüllt mit den Relikten gefallener *Sharum*. Ihre kunstvoll angeordneten Gebeine schmückten die Wände. Teppiche und Wandbehänge aus gefärbtem, zu üppigen Mustern gewebtem Menschenhaar schienen die Jahrtausende unberührt überstanden zu haben. Die kräftigen Farben hatten nichts von ihrer Frische eingebüßt.

Die Sitzbänke, Stühle und Tische bestanden aus Menschenknochen. Aus menschlicher Haut hatte man die Sitzpolster hergestellt.

Alles trug Siegel von wahrhaft atemberaubender Schönheit. Die Zeichen waren in Knochen eingeritzt, aus Haaren geflochten, mit Blut aufgemalt. Und das Ganze bildete ein Netz, das wiederum mit dem Herzen des *csar* verbunden war – mit *ihm*, Jardir, verbunden war. Er konnte fühlen, wie all dies im Einklang mit seiner Seele stand.

Sogar die anderen erstarrten vor Ehrfurcht. Die Blicke des *Par'chin* huschten hin und her, als er versuchte, alles gleichzeitig in sich aufzunehmen – ein Ding der Unmöglichkeit. Seine *jiwah*, die genauso überwältigt schien wie er, verhielt sich völlig anders. Sie flitzte von einem Gegenstand zum nächsten, studierte ihn einen Moment lang gründlich, gab verblüffte Laute von sich und hetzte dann weiter.

Shanvah hingegen, die treue Shanvah, hielt den Blick unverwandt auf ihren Vater gerichtet. In ihrer Aura konnte er sehen, wie Shanjat über ihr schwebte wie eine Geistererscheinung.

Sie trägt die Bürde seiner Ehre, vergegenwärtigte sich Jardir. *Sie fühlt sich für die Taten ihres Vaters verantwortlich, selbst jetzt, obwohl der Dämon von ihm Besitz ergriffen hat.*

»Lass Ruhe in dein Gemüt einkehren, Nichte. An dieser Stätte kann nicht einmal *Alagai Ka* uns ein Leid antun.« Seine Worte strömten in ihre Aura ein, es waren die Worte des *Shar'Dama Ka*. Sie gestattete sich ein paar flüchtige Blicke durch den großartigen

Tempel, doch ihre Aufmerksamkeit galt auch weiter vor allem ihrem Vater und dem Dämon auf seinem Rücken.

Von den prachtvollen Leuchtern starrten die Augen der Helden auf sie herab, sie glühten in dem Licht, das die weiten Säle füllte. Wenn Jardir sich ihnen zuwandte, blitzten sie auf, aber ein Gedanke von ihm dämpfte wieder ihre Leuchtkraft. Der Tempel war erwacht, als die Krone sich ihm näherte, und er gehorchte seinen Befehlen als wären es heilige Worte.

Springbrunnen sprudelten immer noch, gesegnetes Wasser spritzte aus ausgehöhlten Knochen und sammelte sich in den auch nach so langer Zeit noch kristallklaren Becken. Jardir und die anderen tranken daraus und fühlten sich augenblicklich erfrischt.

Im magischen Licht der Krone sah Jardir die Kraft, die von den Gebeinen ausging. Sie pulsierte und atmete im selben Rhythmus wie das Herz des Tempels, im selben Rhythmus wie die Juwelen auf seiner Stirn. Unzählige Krieger waren für Everam und für den Sharak Ka gefallen, und diese Einigkeit, dieses gemeinsame, gerechte Ziel, hatte sich in ihre sterblichen Überreste eingeprägt.

Im Gegensatz zu den Sharik Horas an der Oberfläche, wo ein beträchtlicher Teil dieser Kraft von der Sonne verbrannt wurde, waren die Gebeine dieser Helden in der Finsternis eingeschlossen gewesen und hatten sich die ihnen innewohnende Magie nicht nur bewahrt, sondern sie zudem noch gestärkt.

»Alles sieht so frisch und neu aus«, bemerkte Renna. »Wo sind die Leute, die hier lebten, geblieben?«

»Ich fürchte, wir haben sie vor unseren Augen«, sagte Jardir und ging gemessenen Schrittes zu der großen, von einer Kuppel überdachten Halle, in der sich die Frommen zum Gebet versammelten.

Vor dem riesigen Eingangsportal hingen aus Knochen gefertigte Käfige. Darin brachte man Gefangene unter, die auf Everams Richtspruch warteten.

Jardir warf einen Blick auf *Alagai Ka*, der sich in Shanjats Gewändern verkroch. Jetzt sah er zum ersten Mal, wie der Dämon mit seinem Freund verbunden war. Es glich einer Seuche, die sich an den Stellen ausbreitete, an denen sich ihre Körper berührten, und die die beiden miteinander verschmelzen ließ.

Doch hier, gestärkt durch die Macht dieses Ortes, löste Jardir diese Verbindung mühelos mit einem gedanklichen Befehl. Er schnippte mit den Fingern, und Shanjats Gewänder öffneten sich. Eine einfache Handbewegung genügte, um den zu Tode erschrockenen Dämonenkönig von Shanjat abzustreifen wie einen schmutzigen Verband. Nur gehalten von einem hochgereckten Finger schwebte er in der Luft.

»In den inneren Tempel kannst du nicht hinein, Prinz der Nie, und du darfst auch nicht den geweihten Boden des Sharik Hora besudeln.« Jardir wedelte mit der Hand, und der Dämon flog zu einem der hängenden Käfige. Der beugte sich Jardirs Willen, öffnete sich, um den Gefangenen aufzunehmen, und ging dann wieder zu.

»Ist er dort auch sicher verwahrt?«, zweifelte der *Par'chin*.

Abermals schnippte Jardir mit den Fingern. Knochen lösten sich von den Wänden und umgaben den Käfig von allen Seiten, wobei ihre spitzen, tödlichen Enden nach innen wiesen. Der Dämon fauchte, aber er konnte sich nirgendwohin flüchten und stand wie erstarrt mitten im Käfig.

»Auf der gesamten Ala gibt es kein besseres Gefängnis für einen Diener der Nie, *Par'chin*.« Das Geflecht aus Knochen verdichtete sich, bis der Dämon nicht mehr zu sehen war. »Der Vater des Bösen bekommt nichts von dem mit, was sich außerhalb des Käfigs abspielt. Sollte er dennoch versuchen zu entkommen, werde ich es wissen, und der *csar* selbst wird ihn vernichten.«

Der *Par'chin* betrachtete ihn eine geraume Weile. »Ich bin froh, dass wir Freunde sind, denn manchmal machst du mir echt Angst.«

Jardir lächelte. »Genauso geht es mir mit dir, mein *zahven.*«

Der *Par'chin* blickte hoch, als sich das Portal zur Gebetshalle öffnete. »An jedem anderen Ort mag das ja so sein. Aber hier, im Sharik Hora, bist du unbestreitbar der *Shar'Dama Ka.*«

Der *Par'chin* ging nicht so weit, Jardir als den Erlöser zu bezeichnen, aber seine Aura verriet, dass er diesen Gedanken durchaus zuließ. In diesem Moment gerieten sowohl seine Überzeugungen als auch seine Zweifel ins Wanken.

Jardir legte ihm eine Hand auf die Schulter. »Bewahre dir deinen Seelenfrieden, mein Freund. Sollte ich an diesem Ort tatsächlich der Erlöser sein, dann denke daran, dass ich ohne dich niemals hierhergekommen wäre.«

Er drückte noch einmal die Schulter des *Par'chin*, dann wandte er sich dem offenen Portal zu.

Shanvah packte Shanjat am Arm. Seine Hände waren immer noch gefesselt. »Komm mit mir, Vater.« Der Krieger ließ sich von ihr führen, und endlich konnte Shanvah die Wunder des Tempels bestaunen. Ihre Augen wurden immer größer, und schließlich glitzerten Tränen darin.

Jardir erfuhr vieles, während der *csar* weiterhin zu ihm sprach. In Shanvahs Aura enthüllte sich ihm ihr ganzes Leben. Er sah, wie sie in einem dunklen unteren Palast groß wurde. In einer solchen Umgebung hatte auch er einen Teil seiner Jugend verbracht. Er sah, wie man sie nur die freudlosen Lektionen des Krieges lehrte. Er sah, wie stolz sie war, als er sie zur *Sharum'ting* ernannte, und er sah auch, wie erniedrigt sie sich fühlte, als sie schon bald darauf von der *jiwah* des *Par'chin* besiegt wurde. Ihren nächsten glorreichen Moment erlebte sie in Anochs Sonne, wo sie gemeinsam gegen die Seelendämonen kämpften. Doch auch an dieser Ehre konnte sie sich nicht lange erfreuen, denn dann unterwarf der Prinz der Nie ihren Vater.

Aber nun, da *Alagai Ka* in einem Käfig hockte, aus dem es für ihn kein Entrinnen gab, strahlte ihr Gesicht wieder in ehrfürchtigem

Staunen. Jardir betrachtete sie eine Weile, um sich dieses Bild einzuprägen, ehe er sich umdrehte und als Erster durch das prunkvolle Portal schritt. Hinter ihnen fielen die Türflügel donnernd zu, und sie waren am heiligsten Ort auf der ganzen Ala eingeschlossen.

Der riesige Saal bot Platz für Tausende von Kriegern, die knien oder auf Bänken aus glattpolierten Knochen sitzen konnten, die den Altar von allen Seiten umgaben. Auf dem Altar erhob sich ein Schädelthron, ähnlich dem in Everams Füllhorn. Die Gebeine, aus denen er bestand, waren mit Elektron beschichtet und mit Edelsteinen geschmückt. Diese Juwelen verbanden sich mit den Steinen in seiner Krone wie Liebende, die sich nach langer Trennung wieder vereinten.

Und genau wie in Everams Füllhorn befand sich auch hier neben dem Schädelthron ein Ruhelager aus Kissen. Darauf lag eine uralte Frau, als ob sie schlafen würde, und an ihre Brust presste sie eine Schriftenröhre aus Knochen, die mit einem großen Rubin verschlossen war.

Die anderen blieben stehen, während Jardir zu dem Altar schritt. Bereits aus der Entfernung sah er, dass die Frau tot war, aber dieser heilige Ort hatte ihren Körper konserviert. Ihre runzlige Haut war grau, jedoch ohne verwest zu sein. Sie sah aus als hätte sie erst vor wenigen Augenblicken ihren letzten Atemzug getan.

Ihre Gewänder waren weiß, bis auf das schwarze Kopftuch, welches sie als *Damaji'ting* auswies. Diese Frau hatte in der krasianischen Gemeinschaft einen hohen Rang bekleidet, vielleicht war sie gar die letzte Anführerin gewesen.

Jardir kniete nieder und streckte andächtig die Hand nach der Schriftrolle aus. Einen Moment lang berührten seine Finger die der Toten, und in seinem Geist spulte sich blitzschnell ihr ganzes Leben ab. Sie war in dem *csar* geboren worden und hatte die Festung nie verlassen. Sie hatte weder die Sonne noch den Mond gesehen. Ihr Dasein bestand aus Gebeten und harter Arbeit. Sie hatte geholfen, diesen Tempel zu errichten, hatte den Sharik Hora mit Knochen, Haaren und Haut der Menschen geschmückt, die nach und nach gestorben waren. Ihre letzten Jahre hatte sie in völliger Einsamkeit verbracht, eingeschlossen in dem prachtvollen Tempel, der zu ihrem Gefängnis wurde.

Er schluchzte angesichts dieses Opfers, fühlte das Wesen dieser Frau mit einer so lebhaften Eindringlichkeit, dass er einen Moment lang glaubte, er könne durch sie hindurchfassen, kraft seines Willens den einsamen Weg überbrücken und ihre Seele zurückholen.

Dann hörte er in Gedanken die Stimme seiner Mutter. *Du willst eine Frau, eine Braut des Everam, aus dem Himmel zerren?*

Er dachte darüber nach und gab sich die Antwort. Ja. Um im Ersten Krieg siegreich zu sein, würde er sogar den Platz einer Frau im Himmel opfern. Sogar von dem ungeborenen Kind, das im Schoß der Gemahlin des *Par'chin* heranwuchs, verlangte man das größtmögliche Opfer, das ein Mensch zu geben imstande war.

Aber vielleicht war es ja gar nicht erforderlich, diese Frau von Everams Seite zu reißen – falls so etwas überhaupt möglich war. Behutsam löste Jardir die Schriftrolle aus den Händen der Toten.

Die Rolle steckte im ausgehöhlten Oberschenkelknochen eines groß gewachsenen Kriegers. Der Knochen war glänzend poliert und trug die erlesensten Siegel, die Jardir je gesehen hatte. Die ineinander verschlungenen Energielinien machten das Rohr nahezu unzerstörbar. Und der Rubin, der es verschloss, saß unverrückbar fest. Niemand konnte die Röhre öffnen.

Mit Ausnahme desjenigen, der die Krone des Kaji trug. Der Rubin auf Jardirs Stirn fing an zu pochen, als seine Finger sich um den Verschluss legten und ihn so drehten, dass die Fäden aus Magie, die ihn festhielten, sich auflösten.

In dem Knochen steckte ein einziges Blatt Pergament. Dieses Material war Jardir aus seiner Zeit im Sharik Hora noch gut in Erinnerung. Menschenhaut.

Und auf die Haut eines Helden hatte diese Frau mit Blut ihre letzten Worte geschrieben.

Shar'Dama Ka,
ich bin Kavrivah, deine Urenkeltochter. Wir sind einander nie begegnet, aber ich habe dich in meinem Herzen gefühlt, seit ich ein kleines Mädchen war.
Dies ist das letzte Blatt Pergament im csar. *Alle anderen wurden dazu benutzt, die Geschichte von Alas Speer aufzuschreiben, seit wir von dir getrennt wurden. Sie werden in der Bibliothek aufbewahrt, geschützt wie dieser letzte Brief. Dort warten sie auf den glorreichen Tag, wenn du die Mauern durchbrichst und zurückeroberst, was dir gehört, in diesem Leben oder in einem anderen.*
Denn eines sollst du wissen, Erlöser, auch wenn wir versagt haben, so waren wir niemals wankend in unserer Treue zu dir oder zu Everam.
Es heißt, dass zehntausend Sharum *zurückgelassen wurden, um während deiner Abwesenheit Alas Speer zu bewachen. Angeführt wurden sie von deinem Sohn Sharach und deiner Tochter Kavrivah, nach der ich benannt wurde.*
Aber dann brachten die alagai *die Tunnel zum Einsturz und versammelten sich in der Kaverne. Immer wieder führte Sharach Truppen nach draußen, die versuchen sollten, die Tunnel freizugraben, aber die Arbeiten waren mühsam und gingen nur langsam voran. Hinzu kamen die dauernden Angriffe der* alagai, *gegen die sich die arbeitenden Krieger kaum wehren konnten. Jeder dieser Versuche kostete Menschenleben, und auch dein Sohn starb. Man sagt, er sei im Kampf gegen die* alagai *gefallen, Erlöser, mit Everams Namen auf den Lippen. Andere Männer wurden in die Finsternis verschleppt, an Orte*

fernab von Everams Sicht. Wir haben nie aufgehört, für die alamen fae *zu beten.*
Nicht einmal mehr tausend von uns waren noch am Leben, als Kavrivah die Tore versiegeln ließ und ihre Herrschaft begann. Zu der Zeit gab es in dieser Festung weniger als tausend Krieger und nur sieben dama'ting.
Diese vermählten sich mit mehreren Männern, in dem Bestreben, mit den stärksten und weisesten von ihnen Kinder zu zeugen. Aber weder ihre Klugheit noch die Würfel bereiteten sie auf den Tag vor, als die gwilji *sich gegen ihre eigenen Herren wandten und dann in die Kinderstuben eindrangen. Die einzigen Frauen, die dieses Gemetzel überlebten, waren meine Mutter und ich.*
Ich gebar viele Kinder, Erlöser, doch es war inevera, *dass alle vor mir starben. Und nun, nach zweihundertundelf Jahren, erhält mich nicht einmal mehr das heilige Couscous am Leben.*
Nimm zur Kenntnis, Erlöser, dass ich dich von ganzem Herzen liebe.
Möge Everam durch dich sprechen.

Kavrivah vah'Ajasht am'Kavri am'Kras.

Kras. Der sagenumwobene Stamm zu Zeiten des Kaji, bevor der Erlöser starb und seine Nachfolger festlegten, wer der krasianischen Völkerschaft angehören sollte.

»Everams Segen sei mit dir, Ahnin«, flüsterte er, »wenn du in seiner prächtigen Himmelshalle an seiner Tafel speist. Dein Opfer wird die gebührende Anerkennung finden.«

Er steckte das Pergament in die Röhre zurück, schob diese in seinen Gürtel und erhob sich. Langsamen Schrittes näherte er sich dem Schädelthron. Als er darauf Platz nahm, schien die Krone auf seinem Haupt zu brennen. Er spürte, wie die gebündelte Macht des *csar* – die Großsiegel, die Seelen der Gefallenen, Everam Höchstselbst – ihn durchströmte.

Dann dehnte er seinen Geist aus, aber nicht entlang des Pfades, der Kavrivah von den Lebenden trennte, sondern er beschritt einen Weg, der ihm noch ferner erschien, und der zurück an die Oberfläche von Ala führte. Durch das Getöse der sprudelnden Magie hindurch brachte er ihn nach endlos vielen Meilen zum Rachen des Abgrunds. Draußen herrschte Nacht, und Jardirs Geist überbrückte mit der Geschwindigkeit eines Gedankens die Entfernung.

»*Jiwah.*«

Inevera antwortete unverzüglich. »Mein Gemahl, bist du es wirklich?«

»Bis zum Tage unserer Vermählung wusste ich deinen Namen nicht«, erwiderte Jardir. »Und als ich ihn dann erfuhr, begriff ich, dass ich ihn die ganze Zeit über gekannt hatte.«

»Du hast mir gefehlt, Geliebter«, sagte Inevera.

»Ich habe dich auch vermisst, Sonne meines Lebens«, flüsterte Jardir. »Doch nun spreche ich mit der *Damajah*. Wir sind mit Shanvah, dem *Par'chin* und seiner *Jiwah Ka* verbunden.«

»*Damajah.*« Der *Par'chin* verneigte sich, obwohl die Frau tausend Meilen von ihm entfernt war. »Bitte vergib mir, dass ich deinen Gemahl von einer Felsklippe stürzte.«

Inevera lachte traurig, aber es war ein wohltuender Laut. »An dem Tag, als du uns den gestohlenen Speer aus Kajis Grab brachtest, bat ich meinen Gemahl, dich mit vergiftetem Tee töten zu dürfen, *Par'chin*. Hast du das gewusst?«

»Ja. Ahmann hat es mir erzählt.«

»Ich habe oftmals bereut, dass ich damals auf ihn hörte und nicht eigenmächtig handelte, *Par'chin*. Jetzt weiß ich, wie klug sein Rat war. Everams Wille lenkt unser aller Leben. Was geschehen ist, sollte geschehen.«

»Wieso strengen wir uns dann eigentlich so an, wenn wir sowieso keine Wahl haben?«, fragte Renna.

»Man hat immer eine Wahl, Renna, Gemahlin des Arlen«, sagte Inevera. »Unsere Entscheidungen sind es, die letzten Endes die Zukunft gestalten. Aber Everam weist uns den Weg, um die richtigen Entscheidungen zu treffen. Man könnte es mit einem Brettspiel vergleichen – alles kommt auf den richtigen Zug an.«

Renna verdrehte die Augen, aber sie sagte nichts mehr.

»Knie mit mir vor dem Thron nieder«, wisperte Shanvah ihrem Vater zu, und beide sanken nebeneinander auf die Knie.

»Shanvah?«, fragte Inevera. »Nichte, bist du es?«

»Du begleitest deinen Vater«, zitierte Shanvah. *»Gehorche ihm und sorge für seinen Schutz. Sein Auftrag ist auch der deine. Kommt nicht ohne den Erlöser oder verlässliche Nachrichten über sein Schicksal zurück, und wenn es tausend Jahre dauert.«*

Sie legte ihre Hände auf den Boden, beugte sich nach vorn und drückte ihre Stirn gegen die Gebeine der Helden. »Ich werde meine Pflicht getreulich erfüllen, *Damajah*, sogar in tausend Jahren noch.«

»Deine Ehre kennt keine Grenzen, Nichte«, sagte Inevera, und Shanvah begann lautlos zu weinen.

»Es gibt eine weitere Person, mit der wir uns in Verbindung setzen müssen«, sagte Jardir.

Inevera stieß langsam den Atem aus. »Leesha Papiermacher.«

»Ist das ein Problem?«, fragte der *Par'chin*. »Immerhin befinden wir uns im Sharak Ka.«

»Du ahnst ja nicht, wie zutreffend deine Worte sind, *Par'chin*«, erwiderte Inevera. »Überall in Thesa lodern Brände, und Städte werden zerstört.«

Der *Par'chin* riss erschrocken die Augen auf, aber Jardir gab ihm nicht die Zeit, weiterhin mit Inevera zu sprechen. Er dehnte seinen Geist noch weiter aus, fand über Hunderte von Meilen hinweg Leeshas vertraute Aura und erzeugte rings um sie her Siegel des Schalls.

Waren die Seelendämonen auf diese Weise miteinander verbunden? Konnten sie sich gedanklich ständig austauschen, sofern sie dies wollten? Waren sie nie wirklich getrennt? Eine absonderliche Vorstellung, fand Jardir.

»Gräfin Papiermacher.« Er wählte die formelle Anrede, aber sein Herz sprach eine andere Sprache. Leesha hatte ihm ein Kind geboren. Er würde sie immer als seine Gemahlin betrachten, und jeder wusste das.

Sie alle hörten den unterdrückten Aufschrei. »Ahmann?«

»Ay, und ich bin auch hier«, warf der *Par'chin* ein.

»Und ich und Shanvah ebenfalls«, ergänzte Renna.

»Außerdem noch ...«, begann Jardir.

»... Inevera«, sagte seine *Jiwah Ka*, und ihre Stimme klang, als würde ein Dolch durch Seide schneiden.

»Beim Horc, verflucht noch mal!«, stöhnte der *Par'chin*, nachdem Leesha sie ins Bild gesetzt hatte.

»Die Lange Nacht des Sharak Ka«, sagte Jardir. »Angiers und Dockstadt werden noch unsere geringsten Sorgen sein, wenn die Finsternis lange genug andauert, um das Herz unserer Macht zu verdunkeln.«

»Es gibt nur einen Weg, wie wir dies verhindern können!« Renna packte den Griff ihres Messers.

»Und gar keine Nachrichten aus Miln?« Der *Par'chin* konnte sein Entsetzen nicht verbergen. »Nicht mal Tavernengerede?«

»Die Dämonen haben die Verbindungswege in den Norden gekappt«, sagte Leesha. »Kundschafter, die sich allerdings nicht sehr weit vorgewagt haben, berichten, dass die *alagai* in den Vorbergen von Miln Großsiegel angelegt haben. Kein Kurier kommt da durch. Was immer in Miln passiert, die Menschen dort sind auf sich allein gestellt.«

Man hörte das Klappern von Ineveras Würfeln. Alle schwiegen.

»Ich sehe eine Stadt in den Bergen«, flüsterte Inevera. »Nies Macht ist dort sehr groß.«

»Um das zu wissen, brauchen wir keine Würfel«, blaffte Renna. Shanvah starrte sie entgeistert an, aber Jardir war sein Leben lang ein Gefangener der *alagai hora* gewesen und konnte ihre Abneigung gut verstehen.

Er streckte eine Hand aus. »Beruhige dich, Renna.«

Inevera kümmerte sich nicht um ihren Zorn, sondern fuhr fort, den Würfeln Geheimnisse zu entlocken. »Die *alagai* haben die große Mauer zerschmettert und sind in die Stadt eingedrungen.«

Der *Par'chin* ballte eine Faust, und Jardir bemerkte, wie er unbewusst Magie aus dem Großsiegel in sich einsog. Mühelos unterbrach Jardir den Strom und sah seinem Freund in die Augen. »Atme, *Par'chin*. Umarme den Schmerz.«

Sein *ajin'pal* nickte und richtete den Blick ins Leere, während sich seine verkrampften Muskeln entspannten.

»Ich sehe eine Stadt, die in ein *Sharum*-Labyrinth verwandelt wurde«, sagte Inevera. »Ich sehe, wie Dämonen mit Menschen um einen Thron kämpfen.«

Renna fasste den *Par'chin* bei der Hand. »Die Kämpfe gehen weiter, also ist noch nichts entschieden.«

»Nie rechnete mit einem leichten Sieg«, sagte Inevera. »Aber Everam hat seine Kinder nicht verlassen.«

»In Miln gibt es viele Häuser aus Stein«, sagte der *Par'chin*. »Ganze Häuserzeilen ziehen sich auf Terrassen den Berg hoch.

Die Stadt ist vollständig durch Siegel geschützt. Man hat massenhaft Möglichkeiten, Hinterhalte und Zufluchtsorte anzulegen …«

»Vertraue darauf, dass deine Leute zu kämpfen verstehen«, riet Jardir.

»Ich weiß, wie sehr Kuriere jetzt gebraucht werden, Leesha.« Rennas Stimme klang ungewohnt ängstlich. »Aber wenn du einen nach Tibbets Bach schicken könntest …«

»Gleich nach dem Angriff haben wir einen losgeschickt«, sagte Leesha. »Aber es ist ein weiter Weg, selbst wenn das Pferd versiegelte Hufeisen trägt.«

Renna gab einen brummenden Laut von sich. »Das weiß ich selbst. Vor dem nächsten Neumond brauchst du gar nicht mit einer Antwort zu rechnen.«

Abermals klapperten die Würfel, und dieses Mal hielt Renna den Atem an. Eine geraume Weile verging, ohne dass Inevera etwas sagte.

»Was ist?!«, schrie Renna, als sie das Schweigen nicht länger ertragen konnte. »Was siehst du?!«

»Manchmal lässt sich die Zukunft nicht …«, hob Inevera an.

»Spar dir den Dämonenscheiß!«, brüllte Renna. »Ich bin doch nicht blöd! Bei diesem Gespräch hab ich ’ne Menge gelernt, auch über dich. Ich weiß, dass du lügst. Du hast was geseh’n und willst es nicht sagen!«

Inevera atmete tief durch. »Du hast recht. Ich entschuldige mich für meinen Versuch, dich zu täuschen. Damit habe ich uns beide beschämt. Bitte vergib mir.«

»Mit diesem Scheiß kann ich nichts anfangen«, fauchte Renna. »Sag jetzt endlich, was du gesehen hast!«

Inevera tat den nächsten tiefen Atemzug. Die *jiwah* des *Par’chin* war eine Plage, aber sie hatte tatsächlich recht. »Ich sehe ein Dorf, dessen Bewohner sich wie Marionetten bewegen, und ein Dämon zieht an den Fäden. Ich sehe, wie der Bruder seine Schwester umbringt, und wie der Vater den eigenen Sohn tötet.

Ich sehe eine leere Wiege.«

Sie berieten sich noch stundenlang, doch da weder Leesha noch Inevera etwas sagten, fühlte Jardir, wie an der Oberfläche die Morgendämmerung heraufzog. Noch spürte er das Licht wie einen sanften Druck, der sich jedoch schon bald zu einem unentrinnbaren Zwang verstärken würde.

»Die Nacht war lang, und der Morgen graut«, sagte Jardir schließlich. »Vielleicht wird dieses Gespräch unser letztes sein, und ich würde gerne ein paar vertrauliche Worte mit meiner *Jiwah Ka* wechseln.«

Der Abschied fiel kurz aus, und Jardir kappte die Verbindungen so mühelos als würde er Kerzenflammen ausblasen.

»Führen sich Asome und Asukaji angemessen auf?«, fragte Jardir, als er nur noch mit seiner Gemahlin verbunden war.

»Nun, da die Jungen begriffen haben, wo ihr Platz ist, haben sie sich als gute Anführer erwiesen.«

»Ich bin erleichtert«, sagte Jardir. »Mir scheint, in meinem Bemühen, dich vom Abgrund fernzuhalten, habe ich den Abgrund zu dir geschickt.«

»Wir werden die Stellung halten, während du Nies schwarzes Herz durchbohrst, Geliebter«, sagte Inevera.

»Seit ich erwachsen bin, stehst du mir mit deinem Rat zur Seite«, sagte Jardir. »Ich wusste gar nicht, wie sehr ich mich immer auf dich verlassen habe.«

»Ist das deine Art, mir zu sagen, dass du mich gern bei dir hättest?«

»Das ist meine Art, zu sagen, wie sehr ich mich fürchte, *jiwah*. Und dass deine Nähe mir viel von meinen Ängsten nimmt.«

»Ach, Geliebter«, flüsterte Inevera. »Everam selbst hätte keine schöneren Worte finden können.«

»Erlöser.« Shanvah berührte mit ihrer Stirn den Boden. Shanjat, der neben ihr kniete, folgte ihrem Beispiel.

»Erhebe dich, Nichte.« Jardir wusste bereits, worum sie ihn bitten würde. Er hatte gespürt, wie sie all ihren Mut zusammennahm, um offen zu sprechen.

»Hier, im Allerheiligsten dieses Sharik Hora, stehen wir nicht mehr unter *Alagai Kas* Einfluss«, begann sie.

Jardir nickte. »So ist es.«

»Und deine Macht ist stärker als je zuvor.«

»Das stimmt.«

»Vielleicht wäre es dir dann möglich, an diesem Ort meinem Vater zu helfen.«

»Vielleicht ginge es«, sagte Jardir. »Aber was wird aus unserem Vorhaben, wenn es mir gelingt, ihn zu heilen? Wer wird für *Alagai Ka* sprechen, der nach wie vor unser Wegführer sein wird?«

»Ich weiß es nicht«, sagte Shanvah. »Ich verfüge nicht über die Weisheit des Erlösers. Aber ich weiß, dass mit Everams Segen alles möglich ist.«

»Alles ist möglich«, mischte sich Renna ein. »Doch das bedeutet noch lange nicht, dass es auch wahrscheinlich ist.«

»Wenn mein Vater geheilt wird und *Alagai Ka* immer noch eine Stimme braucht, dann werde ich ihm als seine Sprecherin dienen«, sagte Shanvah.

»Nichte …«, hob Jardir an.

»Es wäre meine freie Entscheidung«, fiel Shanvah ihm mutig ins Wort. »Mein Vater hingegen hatte keine Wahl. Er war ein bedeutender Mann. *Kai* der Speere des Erlösers. Ich bin ein Mädchen und ertrinke im Meer seines Ruhms.«

»Deine Worte verschleiern die Wahrheit, Shanvah vah Shanjat«, sagte Jardir. »Dein Ruhm ist ebenso grenzenlos wie der deines Vaters. Für den Sharak Ka hat er ein großes Opfer gebracht. Er würde sich ganz gewiss nicht wünschen, dass dieses Opfer ihm wieder genommen wird.«

Shanvah ergriff die schlaffe Hand ihres Vaters. »Er soll selbst entscheiden.«

»Ich halte das für keine gute Idee«, fuhr Renna dazwischen. »Shanvah kennt all unsere Geheimnisse …«

»Welche Geheimnisse, Renna, Gemahlin des Arlen?«, fragte Shanvah. »Dass wir wie eine Kerze sind, die in einen Brunnen ohne Boden geworfen wird? Dass wir uns fürchten? Das alles weiß der Dämon längst. Und mit diesem Wissen verhöhnt er uns. Soll er doch in meine Geheimnisse eingeweiht werden, wenn das der Preis ist, um meinen Vater von den wandelnden Toten zurückzuholen.«

Jardir sah den *Par'chin* an, und sein *ajin'pal* nickte ihm zu. »Ich denke, wir sind es Shanjat schuldig, es wenigstens zu versuchen. Wir finden schon einen anderen Weg, um den Dämon zum Sprechen zu bringen.«

»Ich danke dir, *Par'chin*«, sagte Shanvah.

»Aber es ist nicht nur eine Frage der Macht«, sagte der *Par'chin*. »Um eine echte Heilung zu bewirken, wissen wir zu wenig über Shanjats Zustand.«

»Wirst du denn versuchen, ihm zu helfen?«, flehte Shanvah Jardir an.

Jardir nickte. »Erhebe dich, Shanjat.«

Als Shanjat aufstand, forschte Jardir in seiner Aura. Ohne *Alagai Kas* Einfluss würde sein Schwager jeden Befehl ausführen.

Jardir sah, wie seine Worte die gleichförmige Aura in Bewegung brachten. Sie lösten mehr aus als einen bloßen Muskelreflex. Shanjats gesamtes Wesen wurde aufgeweckt und glänzte in schillernden Farben.

»Zitiere den vierten Vers des Evejah«, befahl Jardir.

Früher wäre diese Frage für Shanjat eine härtere Herausforderung gewesen als ein Kampf, nun jedoch sagte er den vierten Vers fehlerfrei auf. Doch das leuchtende Farbenspiel in seiner Aura warf auch Schatten.

»Schaut euch das an.« Jardir zeigte mit dem Finger darauf.

Die anderen hatten sich ein Stück weit zurückgezogen, nun jedoch trat der *Par'chin* vor. »Ich kann es sehen.«

Renna stellte sich an seine Seite. »Ay. Wie Wolken an einem blauen Himmel.«

»Ich sehe nichts«, meldete sich Shanvah.

»Es ist so, wie wir befürchtet haben«, sagte Jardir. »*Alagai Ka* hat nicht nur den Willen deines Vaters gebrochen. Er hat seinen Geist besudelt.«

Shanvah ließ den Kopf hängen. »Sogar hier, wo Everams Macht am stärksten ist, ist mein Vater noch vom Geist des Dämons besessen?«

»Was wir hier sehen, ist nicht *Alagai Kas* Geist«, erklärte der *Par'chin*. »Es sind eher … Gebote. *Wenn dieses oder jenes passiert, dann musst du dies oder das tun.*«

»Dann hat er meinen Vater dressiert wie einen *gwil*!« Über Shanvahs Haupt erschien ein Bild. Es zeigte, wie sie sich über *Alagai Ka* beugte und so heftig auf ihn einschlug, dass sein schwarzes Blut in Fontänen hochspritzte. »Jetzt ist er nicht mehr als ein Hund, dem sein Herr ein paar Tricks beigebracht hat.«

»Du hast darauf gedrängt, dass ich versuche, zu deinem Vater durchzudringen, Nichte«, rief Jardir ihr in Erinnerung. »Verliere jetzt nicht die Fassung.«

Shanvah nickte, und ihre Aura entspannte sich. »Ich werde ruhig bleiben, Onkel.«

Jardir wandte sich wieder Shanjat zu. »Mit wem hast du bei dem Fest gekämpft, das ich anlässlich meiner Besteigung des Schädelthrons ausrichten ließ?«

»Mit Qeran«, antwortete Shanjat. Lichter flirrten durch seine Aura, doch die Schatten verschwanden nicht.

»Warum?«, wollte Jardir wissen. »Deine Aussichten auf einen Sieg wären größer gewesen, wenn du dir Hasik als Gegner ausgesucht hättest. Hasik hatte bereits eine Menge Couzi getrunken.«

»Hasik hätte sich mit einem bloßen Sieg nicht zufriedengegeben«, sagte Shanjat. »Er hätte alles darangesetzt, um mich vor den anderen *Sharum* zu demütigen. Ich wusste, dass Qeran mir niemals meine Ehre nehmen würde.«

Früher hätte Shanjats Stolz es nie zugelassen, so aufrichtig zu sprechen, doch da er keinen freien Willen mehr hatte, gab er etwas zu, für das er sich sonst geschämt hätte. Die Dunkelheit, die in seinem Geist schlummerte, verflüchtigte sich jedoch nicht.

»Und wen würdest du dir jetzt als Gegner aussuchen, wenn man dich aufforderte zu kämpfen?«, wollte Jardir wissen.

Die Frage drang in Shanjats Aura ein, und in einem fernen Winkel seines Geistes blitzte ein farbiges Licht auf. Doch der Funke erlosch, ohne eine Antwort zu erzeugen.

»Shanjat«, sagte der *Par'chin.* »Sollen wir unseren Weg hinunter in den Horc fortsetzen, oder sollen wir lieber an die Oberfläche zurückkehren?«

Auch diese Frage berührte Shanjats Geist, ohne dass eine Reaktion erfolgte.

»Da!« Renna zeigte mit dem Finger, aber was immer sie gesehen hatte, verschwand, ehe Jardir sein Augenmerk darauf richten konnte.

»Vater, lässt der Dämon dich Lügen aussprechen, um mir weh zu tun?«, fragte Shanvah.

Ein Funke übersprang einen grauen Abgrund. »Nein.«

Äußerlich blieb Shanvah gelassen, aber Jardir wusste, dass dieser Moment sie noch lange verfolgen würde.

»Möchtest du sterben?«, warf Renna ein.

Bei der Frage loderte eine Stichflamme auf, doch sie sank gleich wieder in sich zusammen, und zurück blieb eine graue Wand.

»Genau dort!«, sagte Renna. »An dieser Stelle hat der Dämon seinen Willen durchtrennt.«

Shanvahs Aura verriet, dass sie nicht verstand, was Renna meinte. Zwar konnte sie das Licht der Magie sehen, aber sie hatte nicht gelernt, wirklich in einer Aura zu lesen. Lediglich die oberflächlichsten Gefühle offenbarten sich ihr. »Und was bedeutet das?«

»Es bedeutet, dass der Geist deines Vaters nicht den einsamen Weg gegangen ist«, sagte Jardir. »Er ist der Mensch geblieben, der er immer war. Er hat seine Erinnerungen. Seine Fertigkeiten. All das hat der Dämon ihm gelassen, um sich dessen zu bedienen. Aber den freien Willen, den hat er ihm genommen.«

»Also ist sein Körper ein Gefängnis für seinen Geist«, folgerte Shanvah.

»Was würdest du tun, wenn *Alagai Kai* in diesem Moment eine Gefahr drohte?«, fragte Jardir.

Diese Worte bewirkten mehr als einen Funken, der die graue Kluft überbrückte. Das Böse, mit dem der Dämon Shanjats Geist infiziert hatte, zuckte wie ein Blitz durch das finstere Gewölk.

»Ich würde mich der Gefahr entgegenstellen und ihn beschützen, es sei denn, einer von euch würde ihn bedrohen«, sagte Shanjat.

Jardir war überrascht. »Du darfst uns kein Leid antun?«

»Nicht ohne den Befehl«, sagte Shanjat.

»Welchen Befehl?«, hakte Jardir nach.

Daraufhin drang ein Geräusch aus Shanjats Kehle, das tief aus dem Inneren seiner Brust zu kommen schien. Es klang wie eine Mischung aus Knurren und Fauchen und ließ die Luft selbst erzittern.

»Und was machst du, wenn du diesen Befehl erhältst?«, fragte Jardir, obwohl er die Antwort bereits in Shanjats Aura gelesen hatte.

»Dann töte ich jeden, der sich mir in den Weg stellt, ergreife den Dämon und fliehe.«

Jardir streckte die Hand aus und berührte den Kopf seines Freundes. Seine Finger wanderten über die akkuraten, straffen Zöpfe, die Shanvah geflochten hatte, und strichen dann über Shanjats Stirn. Die Berührung war wie ein Funke, und er ließ seinen eigenen Willen in Shanjat hineinfließen. Er konnte den Geist seines Freundes spüren, seinen Körper, und er dachte sich, dass *Alagai Ka* ähnlich empfinden musste. Shanjat war nichts weiter als eine fremdbestimmte Marionette.

Aber Jardir wollte weder in den intimsten Erinnerungen seines Schwagers stöbern, noch hätte er seinen Körper entweiht, indem er ihn sinnlose Befehle ausführen ließ. Stattdessen übersprang er die Kluft in Shanjats Geist und griff die Schatten an, die der Dämon ihm eingepflanzt hatte.

Erst jetzt fand er den Mut, so zu handeln. Noch vor wenigen Stunden hätte er eher seinen Speer in Shanjats Kopf gerammt. Nun jedoch ging er so behutsam zu Werke wie eine *dama'ting*, die mit ihrem Skalpell faulendes Fleisch wegschneidet.

Aber der Dämon war äußerst gerissen gewesen. Die dunklen Stellen verwoben sich mit Shanjats Geist wie Palmwedel, die man zu einem Korb geflochten hat. Und als Jardir anfing, sie herauszuschneiden, erkannte er, welchen Schaden er anrichten würde, wenn er sich anschickte, das Geflecht aufzulösen. Er brauchte etwas, womit er die Lücken füllen konnte, wenn er die Schatten entfernte.

Doch was konnte er anstelle der Finsternis einsetzen? Irgendwelche Befehle? Wäre das nicht dasselbe, was der Dämon getan hatte? Wie sollte das Shanjats altes Selbst wiederherstellen?

Er zog sich zurück, ohne die Schatten auch nur anzutasten. Dafür widmete er sich nun dieser Kluft in Shanjats Geist. Sein eigener Wille hatte sie mühelos überbrückt, und an ihren Rändern entdeckte er *Alagai Kas* Spuren wie einen schaumigen Ölfleck auf klarem Wasser. Wenn Shanjat einen Befehl erhielt oder etwas eintrat, worauf der Dämon ihn dressiert hatte, fing der Schaum an zu brodeln, und Flammen züngelten auf, welche die Kluft übersprangen.

Es war eine höchst verzwickte Magie. Sie entzog sich nicht gänzlich Jardirs Verständnis, aber er konnte nicht damit umgehen. Er versuchte, ein Buch umzuschreiben, das in einer Sprache verfasst war, von der er nur wenige Worte begriff.

Er wünschte sich, Inevera wäre jetzt bei ihnen. Die *dama'ting* beherrschten die Kunst des Heilens, und keine verstand sich besser darauf als seine *Jiwah Ka*.

Aber würde sie ihm sagen können, wie man aus dem Nichts den Willen eines Menschen erschuf? Wo Wünsche entstanden, und wie man sie in Taten umsetzte? Nur Everam Höchstselbst kannte die Antworten auf solche Fragen.

Jardir folgte einer plötzlichen Eingebung, bündelte seine Kräfte und streckte seinen Geist dem Himmel entgegen. Er wusste nicht einmal, was er zu finden hoffte oder wohin er überhaupt wollte, er reckte sich nur immer höher und höher.

Everam, Schöpfer von allem, das da ist, betete er. *Zeige mir den Weg, wie ich meinen Freund von der Krankheit heilen kann, mit der Nie ihn geschlagen hat. Gib mir die Kraft, ihn von dieser Heimsuchung zu erlösen.*

Doch obwohl er sich im Zentrum der Macht befand, die sich hier, in Alas Speer, angesammelt hatte, verweigerte der Himmel ihm eine Antwort. Everam, der Seinen ewigen Krieg gegen Nie ausfocht, hatte keine Zeit, sich um die Gebete der Menschen zu kümmern.

Sofern Er überhaupt zuhört.

Der Gedanke stahl sich in seine Seele wie ein Dieb und flüchtete dann wie ein Feigling, als er sich ihm zuwandte. Er wollte Nie die Schuld geben. Er wollte *Alagai Ka* die Schuld geben. Er wollte jedem die Schuld geben, nur nicht sich selbst, doch in diesem Moment erkannte er, dass er zweifelte.

Was, wenn der Par'chin *doch recht hat? Was, wenn der Himmel eine Lüge ist?*

Er ließ seinen Willen wieder aus Shanjat herausströmen, und dann richtete er das Wort an Shanvah.

»Ich kann ihm nicht helfen, Nichte. Ich könnte das Böse, das der Dämon in ihn eingepflanzt hat, um ihn zu lenken, aus ihm herausreißen, doch wenn ich diese Besessenheit durch nichts anderes ersetze, büßt dein Vater noch mehr von seinem Leben ein. Wenn sein Wille irgendwo gefangen ist, so vermag ich ihn nicht zu finden, und Everam allein kann aus Nichts etwas schaffen.«

Falls es Everam überhaupt gibt, flüsterte die Stimme in seinem Kopf.

Er senkte den Speer und fühlte sich unendlich müde, obwohl eine nahezu unerschöpfliche Kraft ihn durchflutete. »Wir sollten diesen toten Ort, diese Leere, verlassen.«

11

Getrennt

334 NR

Jeder Augenblick in diesem Kerker aus menschlichem Gebein war eine Tortur. Die Religion der Kreaturen, die unter dem Antlitz der Sonne lebten, war ein erbärmliches Hirngespinst, voller Unvereinbarkeiten und Widersprüche. Aber eine Tatsache ließ sich nicht leugnen. Die emotionale Überzeugung aller, die an Kavri glaubten, beseelte ihre Relikte mit einer ungeheuer kraftvollen Magie.

Der, welcher sein Volk geeint hatte, ihr *Erlöser*, hatte in den Gedanken der Menschen stets an erster Stelle gestanden, ihr Leben lang spielte er in ihren Gebeten und Hoffnungen eine herausragende Rolle. Selbst nach Tausenden von Jahren war der Glaube an Kavri noch lebendig, und deshalb hatten die Dämonen die verhasste Festung niemals wirklich erobern können. Die Zeit war es, die den Feind tötete. Die Zeit und die Kriegshunde. Jahrhundertelang hatte dieser Ort im Schlummer gelegen – ein schlafender Gigant, zu nahe am Stock, um in Vergessenheit zu geraten.

Kavris Hexenkönigin hatte den Glauben ihres Volkes mit dem Träger der Insignien der Macht verbunden, dem Speer und der Krone des *Shar'Dama Ka*. Und durch seine Ankunft hatte der Erbe diese Macht geweckt.

Im *csar* war diese Macht erschreckend groß – größer als die Macht, die *Alagai Ka* im Zentrum des Seelenhofs ausübte. Da seine Drohnen über keinen Verstand verfügten, konnten sie ihre Magie nicht bündeln und auf ein gemeinsames Ziel richten, so wie die Menschlinge es vermochten.

Vom Schädelthron aus, der sich mitten im *csar* befand, hätte der Erbe den Stock vernichten können, sofern es ihm gelungen wäre, seine Macht bis dorthin auszudehnen.

Doch auch seine Kräfte waren begrenzt, selbst an diesem Ort.

Jeder Moment innerhalb des Großsiegels bedeutete für *Alagai Ka* eine unglaubliche Qual, auch wenn der Erbe ihn beschützte.

Doch das Schlimmste war die Unwägbarkeit. Der Erbe, von seiner Machtfülle berauscht, konnte entscheiden, dass der Königliche Gemahl nicht länger gebraucht würde, und ihn umgehend töten. Es war auch nicht auszuschließen, dass er seine Macht dazu nutzte, sich mit dem Geist des Dämons zu verbinden. An jedem anderen Ort hätte *Alagai Ka* diesen Versuch begrüßt und darauf vertraut, dass kein menschlicher Wille stärker war als der seine. Hier jedoch wäre er dem Erben ausgeliefert, der in seine Erinnerungen eindringen konnte wie eine Dämonenkralle, die sich in weiches Fleisch bohrt.

Aber selbst das würde keine Rolle spielen, wenn er in diesem Käfig starb. Er bekam weder Nahrung noch Luft. *Alagai Ka* zapfte seine schwindenden Energiereserven an, um am Leben zu bleiben, doch von seinen Vorräten war kaum noch etwas übrig. Die spitzen Knochen, die den Käfig wie ein Netz umgaben, stachen auf ihn ein und sogen Magie aus ihm heraus.

Und deshalb verspürte *Alagai Ka* Angst. Er, der den Seelenhof länger beherrscht hatte als jeder andere Königliche Gemahl vor ihm, der ein hartes Regiment führte und kein Erbarmen kannte, lernte die Furcht kennen. Ihn packte ein kaltes Grausen, wie es sonst nur niedere Kreaturen durchlitten.

Er hatte es versäumt, früh genug zu fliehen. Alles wäre besser gewesen, sogar ein Kampf mit den Kriegshunden, als in diesem Käfig elend zu krepieren, und das nur, weil diese unterentwickelten Kreaturen ihrem Idealismus frönten.

Ein Geräusch ertönte. *Alagai Ka* versteifte sich. Bei dem Versuch, sich den Knochendornen zu entziehen, hatte sich sein Körper verspannt.

Das beinerne Geflecht um sein Gefängnis teilte sich, und im ersten Moment durchrieselte ihn ein Gefühl der Erleichterung. Doch gleich darauf setzten neue Qualen ein, als er abrupt auf den Boden geschleudert wurde und seine Augen in der Helligkeit wie Feuer brannten.

Es versetzte ihn immer wieder in Erstaunen, wieso diese primitiven Kreaturen so viel Wert auf dieses Licht legten, das nur stark eingeschränkte Informationen preisgab. Dadurch erfuhren sie viel weniger von ihrer Umgebung, als wenn sie sich freiwillig die Augen verbunden und die Ohren mit Wachs verstopft hätten. Dieses Licht, das ihnen so viel bedeutete, verbarg mehr Wissen vor ihnen, als es enthüllte.

Alagai Ka hustete und schnappte gierig nach Luft, um nicht länger auf die in seinem Körper gespeicherte Energie zurückgreifen zu müssen. Seine Haut war bleich geworden, die Muskeln hatten ihre Spannung verloren. Mühsam versuchte er, sich aufzurichten, um mit Würde vor seinen Häschern zu stehen, doch er schaffte es nicht.

»Heb ihn hoch«, befahl der Erbe. Shanjat bückte sich, packte *Alagai Ka* wie ein frischgeschlüpftes Junges und benutzte sein Gewand als Trageschlinge, um ihn auf seinem bloßen Rücken festzuhalten.

Bei der ersten Berührung mit seiner Haut wollte sich *Alagai Ka* wieder in den Geist der Menschendrohne einnisten.

Er erschrak, als ihm dies nicht sogleich gelang, und er fragte sich, ob er bereits so weit geschwächt war, dass nur noch die Große Leere auf ihn wartete.

Er fragte sich, welcher der noch lebenden Seelendämonen letzten Endes siegen würde, und er merkte, dass es ihm einerlei war. Ihn gäbe es dann ja ohnehin nicht mehr.

Die Angst verlieh ihm die Kraft, es noch einmal zu versuchen. Dieses Mal gelang es ihm, Shanjats Geist in Besitz zu nehmen, und er legte den Körper der Drohne an wie ein Kleidungsstück. Die Menschen hatten am Geist der Drohne herumgepfuscht, doch der Schaden war gering und ließ sich leicht beheben.

Doch dieser stümperhafte Versuch verriet *Alagai Ka* eine ganze Menge. Sie hatten nach einer Möglichkeit gesucht, auf ihn als Wegführer zu verzichten, und hatten feststellen müssen, dass sie auf ihn angewiesen waren. Jedenfalls noch eine ganze Weile.

Doch wenn sie diese Kaverne erst hinter sich gelassen hatten, würden die Dinge sich ändern. Denn dann befanden sie sich bereits in den Randgebieten des Stocks.

»Keine Schmähungen?«, fragte der Erbe. »Keine Lügen oder Halbwahrheiten, um uns zu verwirren?«

»Vielleicht hat er endlich kapiert, wo sein Platz ist«, bemerkte die Jägerin. *Alagai Ka* starrte sie zornig an. Zu gegebener Zeit wäre sie die Erste, die sterben würde.

Die Drohne Shanjat lächelte hinter ihrem Gesichtsschleier und senkte den Blick.

Ihr Kind wird noch vor ihr sterben, korrigierte sich der Dämon. *Und der Kummer über seinen Tod wird ihrem Geist eine Würze verleihen, die ihn erst richtig schmackhaft macht.*

Renna wollte der Blick nicht aus dem Kopf gehen, den Shanjat ihr zugeworfen hatte. Aus ihm sprach der pure Hass. Und wie er auf ihren Bauch geschaut hatte. Sie musste an sich halten, um dieses Scheusal nicht auf der Stelle zu töten.

Aber sie konnte die Tatsache nicht leugnen, dass sie den Dämon brauchten. Zwar hatte sie das Gehirn des Seelendämons verzehrt, der ein Nachfahre dieses Ungeheuers war, doch dadurch hatte sie keinerlei Informationen über ihre Reise hinab in die Unterwelt erhalten. Nicht einmal Jardir, der in der Festung auf eine nie gekannte Machtfülle zurückgreifen konnte, hatte einen Weg gefunden, wie sie ihr Ziel ohne den Dämon erreichen konnten.

Das grausige Heulen setzte wieder ein, als sie den Sharik Hora verließen. Und es klang viel zu laut. Offenbar hatten diese *gwilji* sich ihnen genähert. Der Sharik Hora stand weit von der Mauer entfernt, die die Kriegshunde abhielt, und dennoch hallte das Geheul durch die Straßen des *csar*, und sein Echo brach sich an den Wänden der Gebäude. Renna spürte, wie sich ihre Nackenhaare aufrichteten.

»Beeilt euch!« Jardir, der vor angestauter Energie hell glühte, führte sie in Richtung des großen Stadttors.

»Was hast du vor?«, fragte Renna.

»Du und der *Par'chin* hattet die Willenskraft, euch nicht zum Missbrauch eurer Macht verführen zu lassen, als ihr das Fleisch der Dämonen verzehrt habt«, sagte er, den Blick nach vorne gerichtet. »Die *gwilji* konnten sich nicht frei entscheiden, und deshalb fielen sie über die Menschen her. Wenn wir das Tor öffnen, will ich diese Ungeheuer von Ala tilgen, und Everam möge über sie richten.«

Renna dachte an Schatten, Evin Holzfällers Wolfshund, der Dämonenfleisch gefressen hatte und so groß geworden war wie ein Bär. Im Kampf gebärdete sich der Hund wie eine Bestie, aber er leckte seinem Herrn immer noch das Gesicht ab und beschützte Evins Familie mit der sprichwörtlichen Treue eines Hundes.

Dann dachte sie an die Siegelkinder, und wie gewalttätig und gefährlich sie geworden waren, als man sie sich selbst überließ.

Sie erinnerte sich, wie oft sie in einem durch Magie erzeugten Wutausbruch Arlen geschlagen hatte, den Mann, den sie doch über alles liebte.

»Vielleicht sind ja nicht alle diese Hunde bösartig«, sagte sie. »Vielleicht kann man sie wieder geradebiegen ... oder so. Durch Erziehung dafür sorgen, dass sie lernen, wen sie angreifen dürfen und wen nicht.«

Jardir schüttelte den Kopf. »Bei den ursprünglichen *gwilji* wäre das wohl möglich gewesen. Aber diese Hunde sind die Nachkommen ihrer Nachkommen, Generationen von ihnen wurden in der Finsternis geboren und haben das Licht der Sonne nie kennengelernt. Unsere Mission ist viel zu wichtig, als dass wir uns von ihnen behindern lassen dürfen.«

Das Heulen verstärkte sich. Von allen Seiten drang es auf sie ein. Renna schwieg und legte eine Hand auf ihren Bauch. Manchmal musste man Erbarmen zeigen, aber dann musste man auch wieder in erster Linie an sich selbst denken.

Hinter ihnen ertönte ein schabendes Geräusch, wie von Krallen auf Stein. Die anderen hörten es auch. Doch als sie sich umdrehten, war nichts zu sehen. Dann kam das Klicken von der Seite. Der Lärm kam auch von vorne und von oben. Renna strengte sich an, im Siegellicht etwas zu erspähen, doch es war zwecklos.

»Die *gwilji* haben uns eingekreist«, sagte Arlen. »Sie machen Jagd auf uns.«

»Unmöglich«, entschied Jardir. »Die Mauern hindern sie doch daran, in die Festung einzudringen.«

Der *gwil*, der von einem Dach herabsprang und mit seinen Krallen nach ihm schlug, bewies Jardir, wie sehr er sich geirrt hatte. Obwohl sie die Kreatur sehen konnten, schien sie keine feste Gestalt zu haben. Kein Laut drang aus ihrer Kehle, und das Dach, von dem sie sich im Sprung abgestemmt hatte, bog sich weder durch, noch gab es irgendein Geräusch von sich. Alles blieb geräuschlos wie ein Schatten.

Trotz seiner Überraschung riss Jardir den Speer hoch und stach zu. Doch der *gwil* glitt durch die Spitze und den Schaft hindurch, als bestünde er aus Rauch.

Dafür waren seine Krallen umso härter. Der Schlag mit der Pranke traf Jardir mit voller Wucht. Er taumelte, und Blut tropfte auf das uralte Steinpflaster.

»Sie sind überall. Die *gwilji* haben uns gestellt.« Shanjat klang so gleichmütig, als rede er über das Wetter. Aus allen Richtungen hörte Renna das Klappern dieser scharfen, obsidianschwarzen Krallen. Wenn man die *gwilji* direkt ansah, waren sie schwer zu erkennen, doch wenn man sie aus dem Augenwinkel anvisierte, nahm man sie wahr.

Und sie stanken. Hauptsächlich ihre widerwärtige Ausdünstung verriet ihr, wo sie sich befanden. Es waren mehrere Dutzend, die sich mit der Geschmeidigkeit von Katzen an sie heranpirschten.

Jardir erholte sich schnell, hob den Speer und schoss einen magischen Blitz auf die Kreatur ab, die bereits ihre Pranken zum nächsten Schlag erhob. Er traf den Dämon genau in der Mitte, doch er schoss durch ihn hindurch, ohne ihn zu verletzen. Dann sprang die Bestie schon wieder.

Ein anderer *gwil* stürmte aus einer Seitengasse herbei. Geistesgegenwärtig riss Shanvah ihren Schild hoch, und mit einem ohrenbetäubenden Kreischen glitten die Krallen über das Metall. Sie prügelte mit dem Speer auf den Dämon ein, doch der klammerte sich hartnäckig an den Schild, während die Hiebe nicht das Geringste ausrichteten. Genauso gut hätte sie gegen Rauchschwaden kämpfen können.

Drei weitere *gwilji* hechteten von einem Dach herunter und stürzten sich auf Renna und Shanjat. Renna zeichnete ein Windsiegel, das die Kreaturen ein wenig verlangsamte, sodass sie und Shanjat seitwärts ausweichen konnten. Aber die Kriegshunde hatten zu wenig Masse, um davon wirklich aufgehalten zu werden, und sobald der Windstoß verpuffte, gingen sie wieder zum Angriff über.

Zwei der Hunde fielen Arlen an. Doch im Schutz des Großsiegels löste er sich zusammen mit diesen Kreaturen in Nebel auf. In dem Zustand des Dazwischen, wo Körperkraft keine Rolle spielte und es nur auf Willensstärke ankam, packte er sie bei den Kehlen. Er zwang die Dämonen dazu, eine stoffliche Gestalt anzunehmen, dann brach er ihnen mit einem heftigen Ruck das Genick.

»Rücken an Rücken!«, schrie Arlen und ging dicht neben Renna in Position. Shanjat gehorchte und gab ihr von der anderen Seite Deckung. Renna wäre es lieber gewesen, wenn einer der Kriegshunde an ihrer Seite gestanden hätte.

Shanvah wehrte die nächste Attacke des *gwil* ab und hielt ihn lange genug auf Abstand, um sich neben Shanjat in die Formation einzureihen. Jardir ließ den Speer des Kaji wirbeln, während er sich eilig zwischen Shanvah und Arlen stellte und den Kreis schloss.

»Die Krone!«, brüllte Arlen, als er sich den nächsten Hund schnappte und ihn dazu brachte, sich zu verfestigen, damit er ihm den Kiefer herausreißen konnte. »Treib sie mit der Krone zurück!«

»Hältst du mich für einen Idioten, *Par'chin*?«, donnerte Jardir. »Die Krone stößt sie genauso wenig ab, wie sie dich abstößt!«

»*Deshalb* war die Mauer kein Hindernis für sie!«, schrie Shanvah.

»Hier hausen Gespenster, ich hatte euch gewarnt«, knurrte Shanjat. »Gebt dieser Drohne eine Waffe!«

»Nie und nimmer!«, zischte Renna.

Shanjat stieß frustriert den Atem aus. Diese Geste wirkte so menschlich, dass man leicht vergessen konnte, wer ihn in Wahrheit lenkte. »Dann gebt ihr wenigstens einen Schild!«

Jardir runzelte die Stirn, aber er nahm Shanjats Schild von seinem Rücken und warf ihn seinem Schwager zu.

Sofort beteiligte der sich an den Kämpfen, setzte den Schild mit dem Geschick eines *Sharum* ein und wehrte die angreifenden Krallen ab. »Ihr müsst ihnen die Krallen abhacken! Sie sind das Einzige an den *gwilji*, das sie noch mit der stofflichen Welt verbindet! Ohne sie …«

»Können sie dem Sog des Horc nicht widerstehen«, beendete Renna den Satz. Dem nächsten angreifenden *gwil* verpasste sie einen Fußtritt. Sie löste ihr Bein einen kurzen Moment lang in Nebel auf, um ihn überhaupt zu erwischen, dann stach sie mit ihrem Messer zu, und blutige Krallen fielen auf den Boden. Der Kriegshund jaulte, während er sich endgültig verflüchtigte und in den Horc hineingesogen wurde wie Staub in einen Blasebalg.

Jardir schnitt dem *gwil*, der ihn attackierte, die Krallen ab, und sah zu, wie er auf ähnliche Weise verschwand. Andere Kriegshunde rasten auf sie zu, lautlos bis auf das Schaben der Krallen. Jardir hob seinen Speer, und die Steine, mit denen die Straßen gepflastert waren, wurden lebendig. Sie sprangen in die Luft und bildeten einen Wall, den die Krallen nicht zu durchdringen vermochten. Die Kriegshunde stimmten ein wütendes Geheul an, aber Renna glaubte nicht, dass sie lange aufgehalten werden konnten. Rings um sie her kamen weitere *gwilji* herbeigerannt.

»Wir müssen die Festung verlassen!«, kreischte der Dämon durch Shanjats Mund. »Die Kriegshunde fürchten sich vor den tieferen Tunneln!«

Er sagte nicht, warum, doch das war auch nicht nötig. In den unteren Gängen hausten Dämonen, und das in einer so hohen Anzahl wie die Oberflächenbewohner es vielleicht nie für möglich gehalten hätten. Drohnen, die der Dämonenprinz vermutlich auch jetzt noch beeinflussen konnte.

»Bis zum Tor ist es noch weit, und um die Tunnel zu erreichen, müssen wir zuerst diese Höhle durchqueren«, bemerkte Renna.

»Überlasst das mir.« Jardir biss die Zähne zusammen, und seine Aura gewann an Glanz. Die üblichen Wirbel und Strömungen verdichteten sich, während er seine Energie bündelte.

Von allen Seiten erklang das Trommeln der Krallen auf Stein. Für Renna hörte es sich an, als würden Tausende dieser Kriegshunde durch die Festung rennen und sich zum tödlichen Angriff auf die Beute rüsten.

Der Lärm schwoll an und vermischte sich mit anderen Geräuschen wie dem Klirren von Stahl, dem Knarzen von Holz und dem Pfeifen von Zugluft.

In der gesamten Festung flogen Fenster und Türen auf und Speere sausten heraus, als Antwort auf Jardirs Ruf. Sie schwirrten durch die Luft, ballten sich zu Wolken zusammen und fegten durch die Straßen.

Jardir sah zu, wie die kreiselnden Klingen einem Rudel *gwilji* die Krallen abschnitten und die Kreaturen in den Horc schickten. »Wenn man die Kriegshunde nicht mit Magie töten kann, dann sollen sie durch die Speere der Menschen erlegt werden, an denen sie Verrat begangen haben!«

Während die Speere in einer undurchdringlichen Wolke um die Hunde herumtanzten, führte Jardir seine Gruppe in zügigem Tempo durch den *csar*. *Gwilji* jaulten und winselten, und die Straßen waren übersät mit blutigen schwarzen Krallen. Das Hämmern der Pranken verebbte, als die überlebenden Hunde vor dem Massaker flüchteten.

Mit einem Signal seines Speers öffnete Jardir das Tor, und sie traten hinaus in die Kaverne. Ein Rudel Kriegshunde lauerte ihnen auf, doch die Sturmwolke aus Klingen zerfetzte die Kreaturen. Ein paar Hunde klammerten sich an Tropfsteine, die von der Höhlendecke herunterhingen oder aus dem Boden aufragten, und in wilder Raserei versuchten sie, die Menschen anzuspringen. Aber Jardir konnte ihre Körper fühlen, Speere scherten aus der Wolke aus, trennten ihnen mitten im Sprung die Krallen ab und überließen sie dem Horc.

Alagai Ka hörte das Geräusch, sobald das Tor in der Mauer sich öffnete, doch es war nicht das Heulen der Kriegshunde.

Die Königin gurrte.

Die Menschen hörten nichts. Sie spürten nichts. Doch selbst in seinem geschwächten Zustand nahm der Dämon diesen Laut war, der in jedem Stein widerhallte. Die Königin hatte mit der Eiablage begonnen, und aus ihrem Leib entlud sich ein endlos scheinender Strom aus Drohneneiern. Es waren nicht genug, um die anderen Seelendämonen zurückzulocken, die verzweifelt danach trachteten, ihre eigenen Stöcke zu gründen, doch im nächsten Zyklus würde sie ein paar wertvolle Mimikrys erzeugen, eine kleine Gruppe von Seelendämonen und sechs Königinnen, die vom Augenblick ihres Schlüpfens an eine tödliche Gefahr darstellten. Zuerst würden sie sich von der Magie der Königin nähren und immer stärker werden. Dann käme unweigerlich der Moment, in dem sie mit Klauen und Stacheln aufeinander losgehen und um die Vorherrschaft kämpfen würden.

Es sei denn, ein Königlicher Gemahl wäre zur Stelle, um sie zu töten, ehe sie zu stark wurden – so wie *Alagai Ka* es in der Vergangenheit unzählige Male getan hatte. Oder seine kräftigsten Nachkommen stahlen jeder ein Ei und flüchteten damit. Sollte es dazu kommen, konnte es Jahrtausende dauern, bis der Königliche Gemahl seine Machtposition am Seelenhof zurückgewann, falls es ihm überhaupt gelänge.

Er durfte nicht länger zögern. Er musste seinen Häschern entfliehen und an den Seelenhof zurückkehren, solange seine Nachkommen noch weit genug entfernt waren. Seine größten Rivalen waren bereits vernichtet. Sowie er sich wieder in seinem ureigensten Machtbereich befand, wäre er jedem möglichen Gegenspieler überlegen.

Er behielt die Drohne Shanjat fest im Griff und gab durch nichts zu erkennen, was in ihm vorging, obwohl sich sein Innerstes zusammenkrampfte. Trotzdem war er erleichtert und holte mit seinen eigenen Lungen tief Luft, als sie das Großsiegel des *csar* verließen. Die Schmerzen, die ihn während der vergangenen Tage gequält hatten, flauten ab, und was ihm noch vor wenigen Augenblicken unmachbar erschienen war, rückte wieder in den Bereich des Möglichen.

Aber er musste vorsichtig sein. Der Erbe stellte seine Machtfülle in erschreckendem Ausmaß zur Schau. Sogar die unbeseelten Objekte des *csar* führten seine Befehle aus, und das nur wegen der abstrusen Magie des menschlichen Glaubens. Kraft seines Willens hatte der Erbe dafür gesorgt, dass zahllose Waffen sich miteinander vereinten und gemeinsam gegen einen bestimmten Gegner kämpften. Und dieser Akt hatte sich sogar noch gesteigert. Die wirbelnden Speere wirkten wie ein Siegelnetz und schützten die Menschen von allen Seiten zugleich.

Das Oberflächenvieh war stark geworden, und Stärke verführte zu Kühnheit.

Der Erbe fragte nicht nach dem richtigen Weg, als er seine Leute durch die Kaverne führte. Zielbewusst steuerte er auf den Tunnel zu, durch den man den Stock am schnellsten erreichte. Offenbar hatten sie während ihres Aufenthalts in diesem Tempel aus Menschenknochen etwas gelernt. Möglicherweise waren sie sogar zu schlau geworden.

Das Heulen der verwundeten und flüchtenden *gwilji* erstarb, und der Erbe, der sich der Macht des *csar* mit jedem Schritt weniger leicht bedienen konnte, schickte die Speere über die Festungsmauer zurück, wo sie sicherlich an die Orte zurückkehrten, an denen sie jahrtausendelang geruht hatten.

Als auch der letzte Speer im Inneren des *csar* verschwunden war, gönnte sich der Erbe eine Atempause, während die anderen die Umgebung scharf im Auge behielten.

Und in diesem Moment, hinter der Deckung seines Schildes, griff Shanjat in sein Gewand und zog das Tränenfläschchen seiner Tochter heraus. Geschickt zerbrach er den Verschluss und benetzte seine Finger mit den Tränen, die durch starke Emotionen erzeugte Magie in sich bargen. Rasch zeichnete er ein Siegel auf seine Brust und ein paar weitere Symbole auf die Kette, die ihn fesselte.

Die Siegel flammten kurz auf, doch die Glut verblasste, als die Tränen verdunsteten. Shanjats Blicke huschten hin und her, aber seine Häscher schienen seine List nicht bemerkt zu haben. Vermutlich würden sie auch weiterhin arglos bleiben, denn die Magie, die nun von ihm abstrahlte, roch nach Menschlichkeit, nach Liebe, nach Gefühlen und all den anderen Schwächen, mit denen seine Häscher geschlagen waren. Vielleicht nahmen sie die Magie sogar wahr, doch sie würden sie nicht als eine Gefahr betrachten.

Tatsächlich stellte diese Magie für sie auch keine Bedrohung dar. Sie war ein Lockmittel und eine Fährte, trug die Ausdünstung menschlicher Ohnmacht und ermutigte einen Mimikrydämon, Shanjat anzugreifen.

Der Plan war riskant. Der Königliche Gemahl hatte nicht genug Hautschichten nachwachsen lassen können, um die Tätowierungen abzustoßen, und ein angreifender Mimikry konnte ihn versehentlich mit einem Krallenhieb töten.

Aber selbst eine flüchtige Berührung würde ausreichen, um den Mimikry unter seine Kontrolle zu bringen. Mit einer derart mächtigen Drohne konnte er an einen sicheren Ort flüchten, um sich dort endgültig der Siegel auf seiner Haut zu entledigen. Und danach würde ihn nichts mehr daran hindern, den verwaisten Seelenhof aufzusuchen.

Bis diese minderbemittelten Kreaturen ohne seine Führung den Weg in die Tiefe gefunden hatten – sofern sie ihr Ziel überhaupt erreichten –, wäre der Königliche Gemahl wieder im Vollbesitz seiner Macht. Er wäre genesen und würde sich von unzähligen Drohnen bewachen lassen, während er der neuen Generation seine ganz persönliche Prägung verlieh.

Zwei Tage lang marschierten sie durch die unteren Tunnel, ehe *Alagai Ka* den Mimikry spürte.

Zwei Tage lang stiegen sie immer tiefer hinab, benutzten Siegel und die grausige Stimme der Sängerin, um sich unbemerkt an Hunderten von Drohnen vorbeizustehlen, die in den höher gelegenen Kavernen Jagd auf unterirdische Lebewesen machten und diesen gelegentlich auch selbst zum Opfer fielen.

Der Erbe dehnte das Siegelfeld seiner Krone nicht weit aus, um die Dämonen nicht auf sich aufmerksam zu machen. Die Menschlinge pressten sich mit dem Rücken an die Tunnelwände, wenn Dämonenhorden durch die Gänge pirschten, und sorgten mithilfe von subtiler Magie dafür, dass die Drohnen nicht mit dem Feld in Berührung kamen.

Durch ihre mangelnde Intelligenz ließen sich die Drohnen gut lenken, aber wenn es darum ging, gegen die Menschen Krieg zu führen, war ihre Dummheit von Nachteil. Der Stock war nur unzureichend geschützt.

Vor ihnen wartete der Mimikry. Er hatte sich um einen großen Tropfstein gewickelt, und sein Körper verschmolz perfekt mit dem

Felsen, bis hinunter zu den Ablagerungen auf dem Boden und dem Schleim, den das tröpfelnde Wasser hinterließ. Seine Magie war nach außen hin abgeschirmt, und nicht einmal der Erbe würde ihn auf Anhieb entdecken.

Der Mimikry war nahe. Zum Greifen nahe. Doch entweder durch einen unbewussten Impuls oder durch puren Zufall lotste der Erbe sie auf einen Weg, der den Mimikry knapp außerhalb seiner Reichweite brachte. Nicht einmal diese mit einer gewissen Schläue ausgestattete Drohne vermochte die Tarnung zu durchdringen, die die Sängerin und die Siegel seiner Häscher erzeugten. Dafür witterte der Mimikry die menschliche Ausdünstung der Tränen, die Shanjat auf seiner Haut verschmiert hatte. Die Drohne spürte die Nähe der Beute, doch sie konnte sie weder sehen noch hören. Noch nicht.

Der Königliche Gemahl verringerte Shanjats Tempo. Der Erbe und der Entdecker, deren Sinne nach vorne gerichtet waren, merkten gar nicht, wie sie ihn überholten und aus dem Blickfeld ihrer Gefährten entschwanden.

Nur wenige Schritte entfernt lag der Mimikry auf der Lauer, aber zwischen ihm und Shanjat befand sich dessen Tochter. Als sie an einem anderen Tropfstein vorbeigingen, ließ der Königliche Gemahl Shanjat ein bisschen straucheln. Die anderen marschierten weiter und verloren ihren Gefangenen vorübergehend aus dem Blick.

Er sprengte die geschwächten Glieder der Kette, und die Hände und Füße der Drohne waren frei. Shanvah reagierte schnell, aber nicht schnell genug. Die Drohne hatte nichts von ihrer Kampfkraft und Geschicklichkeit verloren.

Sie überrumpelte Shanvah, nahm sie in einen Würgegriff und schlug mit der freien Faust auf sie ein. Knochen wurden zertrümmert, Gelenke brachen. Nur Sekunden später schleuderte er die schlaffe Gestalt zur Seite und stürmte auf den Mimikry zu.

Die jähe Bewegung machte die Wirkung der Tarnsiegel zunichte, doch der Mimikry rührte sich nicht, als er sich ihm näherte. Völlig reglos lauerte er in seinem Hinterhalt, wie eine Spinne in ihrem Netz. Sobald er sich in seiner Reichweite befand, würde er zuschlagen, und dann blieben dem Dämon höchstens ein paar Augenblicke, um Shanjats Geist zu verlassen und in den des Mimikry hineinzuschlüpfen. Er mobilisierte seine letzten Kraftreserven für diesen Übergang.

Die Jägerin bemerkte, wie er losstürmte. Blitzschnell hetzte sie los, um sich ihm in den Weg zu stellen, und nichts ahnend kehrte sie dabei dem Mimikry ihren Rücken zu. Ihr Messer lag in ihrer Hand, und ihre Aura war frei von Erbarmen. Sie würde ihn töten, wenn sie konnte.

Die Frau war eine Närrin, weil sie in diesem Kampf ihren Körper und ihr Messer einsetzen wollte. Sie hätte einfach stehen bleiben und Siegel zeichnen können. Hätte sie die Tätowierungen auf seiner Haut mit ausreichend Magie gefüttert, wäre er auf jeden Fall gestorben. Die Menschen waren mächtig, doch ihr unterentwickelter Verstand vertraute mehr auf Stahl als auf Magie.

Die Jägerin stürzte sich auf ihn, doch trotz all ihrer Kraft und Gewandtheit war sie dieser Drohne nicht gewachsen. Er packte ihr Handgelenk und verdrehte es, bis die Klinge in ihren tauben Fingern zitterte. Sie konzentrierte sich so sehr darauf, das Messer nicht fallen zu lassen, dass die Drohne sich mit den Füßen vom Boden abstemmen und ihr mit voller Wucht die geballte Faust in den geschwollenen Leib rammen konnte.

Die Jägerin schrie auf und fiel zu Boden. Der Königliche Gemahl warf sich über sie und traktierte sie mit einem Hagel von Schlägen, die alle auf dieselbe verletzliche Stelle zielten.

Renna fluchte in Gedanken, und der schwere Sturz auf den Boden trieb ihr die Luft aus den Lungen. Sofort war Shanjat über ihr und schlug wie ein Besessener auf sie ein. Diese Hiebe waren nicht vergleichbar mit dem geschmeidigen *sharusahk* seiner Tochter. Die *sharukin* der *Sharum* waren primitiver, aber nicht weniger wirkungsvoll. Renna hielt sich für eine hervorragende Kämpferin, aber er spielte mit ihr wie die Katze mit einer Maus.

Doch während der Dämon Shanjats Körper völlig beherrschte, schien er sich nicht um sein Schmerzempfinden zu kümmern. Als er dann endlich sein Versäumnis bemerkte, war Shanjats Hand zertrümmert.

»Denkst du, ich bin blöd?« Mithilfe von machtvoller Magie hatte Renna ihre Bauchmuskeln verhärtet. Ihr Kind schwamm so sicher in ihrem Leib, als wäre es von einem Panzer aus versiegeltem Glas umgeben. »Ich hab doch gesehen, wie du im *csar* meinen Bauch angestarrt hast.«

Der Dämon zögerte kurz, und Renna nutzte die Gelegenheit, um Shanjat ihre Faust gegen die Brust zu rammen. Die Schlagsiegel flammten auf, und sie spürte, wie unter dem Schlag Rippen brachen. Shanjat wurde nach hinten geschleudert und landete mit überraschender Geschmeidigkeit auf dem Boden.

Renna sprang auf die Füße und griff ihn an. Der beinerne Griff ihres Messers pochte vor angestauter Energie.

»Ich würde dir gern sagen, dass ich nicht dein persönlicher Feind bin«, krächzte Shanjat. »Dass es einzig und allein ums Überleben geht. Dass es ein Kampf ist zwischen meiner Rasse und der deinen, und dass ich gar nicht anders kann.«

Sie war schneller, und sie war stärker. Und dennoch wehrte Shanjat jede ihrer Attacken ab, bis er ihren Messerarm zu fassen bekam und ihn umdrehte. Langsam drückte er das Messer in ihrer Faust gegen ihren Bauch. Diese Klinge, angefüllt mit Magie, war die einzige Waffe, die Renna fürchtete.

»All das würde ich dir gern sagen«, wisperte Shanjat, »aber es wäre gelogen.«

In diesem Moment blitzte eine Erinnerung in Renna auf. Als sie fünf war, hatte sie sich zum ersten Mal an diesem Messer geschnitten. Harl hatte ein Tier geschlachtet, und sie sollte die Klinge säubern. Doch schon damals war das Messer sehr scharf gewesen, es durchschnitt glatt den Putzlappen und ritzte eine dünne Linie in ihre Handfläche.

Ihre Mutter hatte aufgeschrien, doch Harl gab bloß einen Grunzer von sich und hielt seine Frau davon ab, zu dem Mädchen zu eilen. Stattdessen griff er nach Rennas Hand und zwang sie, sich die blutende Wunde anzusehen.

Ein Messer ist wie ein böser alter Hund, hatte Harl gesagt. *Er beißt jeden, auf den du ihn hetzt, aber wenn du nicht aufpasst, wird er auch dich beißen.*

Renna biss die Zähne zusammen und drückte die Klinge zurück. Sie hörte, wie Arlen und Jardir ihr zu Hilfe eilten, aber sie würden sie nicht rechtzeitig erreichen.

Sie atmete tief ein und stellte sich in Gedanken den Ablauf ihrer Bewegungen vor, so wie Shanvah es sie gelehrt hatte. Dann befreite sie sich mit einem jähen Ruck aus Shanjats Umklammerung und drehte den Spieß um.

Der Boden ist das wahre Schlachtfeld, Schwester, lautete ein Grundsatz der *Sharum'ting. Bring deinen Gegner zu Fall und unterwerfe ihn, indem du ihn bluten lässt oder ihm die Luft abschnürst.*

Jetzt lag Shanvah reglos da, vielleicht war sie bereits tot. Es wurde höchste Zeit, *Alagai Ka* den Garaus zu machen, selbst wenn dies bedeutete, dass sie den Weg in den Horc allein finden mussten.

Das hieß jedoch nicht, dass auch Shanjat sterben musste. Renna hielt seine zappelnden Gliedmaßen fest und schob dann ihren Fuß zwischen Shanjat und den Dämon. Mit einem kräftigen Tritt zerriss sie Shanjats Gewand und schleuderte den Dämon so weit weg, dass sie seine Tätowierungen mit Magie angreifen konnte, ohne Shanjat zu töten.

»Ich werd dich brennen lassen als würdest du in der Sonne schmoren«, knurrte sie. Arlen und Jardir tauchten auf, beide strahlten vor Energie. Der Dämonenkönig konnte ihnen nicht entkommen.

Alagai Ka flog in hohem Bogen durch die Luft, wobei er ein plumperes Bild abgab als Shanjat, und krachte gegen einen Tropfstein. Renna wollte sich schon auf *Alagai Ka* stürzen und ihm den Todesstoß versetzen, doch plötzlich bewegte sich der Tropfstein und wickelte sich um den Dämon.

»Ein Mimikry!«, brüllte sie, was aber bereits allen klar war.

Ich bin eine dämliche Kuh, verwünschte sie sich selbst. *Das Scheusal hat das Ganze geplant! Und ich hab ihm noch geholfen!*

Renna, Arlen und Jardir schossen magische Blitze in Richtung des Tropfsteins, doch der Dämon wehrte sie ab. Er selbst blieb unverletzt, obwohl der Stalagmit in einer Trümmerwolke zerplatzte. Ohne zu zögern rannten alle drei in den Gesteinshagel hinein.

»Ich habe ihn im Kraftfeld der Krone gefangen!«, schrie Jardir. »Er kann nicht flüchten!«

Der Dämon verschwand nur für einen kurzen Moment aus ihrem Sichtfeld, doch als Renna ihn wieder erblickte, hatte der Mimikry sich zu einer ungeheuren Größe aufgebläht. Er schützte sich mit dem dornigen Panzer eines Felsendämons und den gehörnten Tentakeln eines Wasserdämons. Aus seinem Maul, das groß genug war, um einen Menschen zu verschlingen, wuchsen mehrere Reihen vier Zoll langer Zähne.

»Der Seelendämon wird noch durch die Tätowierungen gefesselt!«, brüllte Arlen. »Er ist irgendwo da drin und versteckt sich in dem Mimikry wie in einer Rüstung.«

Er zeichnete ein Mimikrysiegel und schmetterte den Dämon mit voller Wucht gegen den Rand des magischen Feldes. Der Leib der Kreatur flachte sich ab, und in der Mitte entdeckte Renna einen Klumpen. Mit vorgerecktem Messer schnellte sie vor. Sie würde nicht länger zögern.

Doch der Mimikry entwich ihr. Tentakel schossen nach vorn und schleuderten sie alle zurück. Renna und Jardir hatten damit gerechnet und hackten auf die Fangarme ein. Mimikrys konnten Verletzungen sofort heilen, aber abgetrennte Körperteile wuchsen nicht wieder nach.

Alagai Ka wusste das. Der Fangarm war dicker als Rennas Messerklinge. Der Dämon kümmerte sich nicht um die Wunde, sondern ließ den Tentakel im Bogen durch die Luft sausen und dann auf Rennas Rücken niedergehen. Sie wurde auf die Knie geworfen, und aus dem Augenwinkel sah sie Arlen.

Arlen hätte dem Tentakel, der nach ihm schlug, ausweichen oder ihn mit Magie vom Körper des Mimikry abtrennen können, doch er wählte einen anderen Weg. Er packte ihn mit beiden Händen und hielt den langen, kräftigen Muskel fest, während er tödliche Energie hindurchströmen ließ. Plötzlich entdeckte er Renna, und seine Augen weiteten sich. »Ren!«

Der Dämon nutzte die Ablenkung. Aus dem Tentakel, den Arlen festhielt, spross ein weiterer Fangarm, und der zeichnete in Windeseile ein Siegel in die Luft, das Arlen zu Boden warf. Ein zweites Siegel ließ einen Teil der Höhlendecke über ihnen einstürzen.

Was sich sonst noch abspielte, bekam Renna gar nicht mehr mit. Der Dämon kämpfte unbeirrt weiter, ließ neue Tentakel wachsen, dann wieder zusammenschmelzen. Mal waren diese Fangarme hart wie Stahltrossen, dann wieder weich wie Gelee. Renna wollte ein Siegel zeichnen, doch ein Tentakel landete klatschend auf ihren Händen und machte den Versuch zunichte. Gleichzeitig setzte der Dämon alles daran, sie in einem Würgegriff zu umschlingen.

Am liebsten hätte Renna sich in Nebel aufgelöst. Es wäre ja so einfach gewesen. Doch in dieser großen Tiefe waren die Stimmen des Horc, die sonst dem verführerischen Plätschern eines Bächleins glichen, zu einem brausenden Strom angeschwollen. Das einst betörende Lied klang nun wie die entfesselten Fluten eines Flusslaufs während der Frühlingsschmelze. Konnte sie in einer derart reißenden Strömung überhaupt schwimmen? Wäre sie imstande, sich und das Ungeborene in ihrem Schoß wieder aus diesem Mahlstrom zu befreien?

Nein. Sie musste ihren stofflichen Körper behalten.

Jardir kämpfte offenbar mit den gleichen Widrigkeiten wie sie. Er war schnell, wehrte sich gegen Angriffe und verpasste seinerseits dem Dämon wuchtige Hiebe, doch von der nahezu grenzenlosen Macht, über die er im *csar* verfügt hatte, war kaum noch etwas übrig geblieben.

Mittlerweile waren dem Dämon an die zwanzig Tentakel gewachsen. Jardirs Speer verschwamm vor Rennas Augen, so schnell wirbelte er ihn herum, aber mehr als ein Fangarm durchstieß seine Deckung. Da die Magie der Krone darauf gerichtet war, *Alagai Ka* in ihrem Energiefeld gefangen zu halten, konnte Jardir sie nicht gegen den Mimikry einsetzen. Die Tentakel zerfetzten sein Gewand, bis sein Oberkörper praktisch nackt war. Die Siegel, die seine Haut vernarbten, glühten in einem magischen Licht. Der Dämon konnte seinen Körper nicht direkt berühren, doch indem er immer wieder gegen die Siegel schlug, bekam Jardir die volle Wucht der zurückprallenden Magie zu spüren. Noch steckte er die Schläge weg, aber sehr viel länger würde er diese Attacken nicht durchhalten.

Aus einem halben Dutzend ineinander verknäuelter Tentakel löste sich ein einzelner Fangarm, schoss nach vorn und schleuderte einen Stein. Der Brocken erwischte Jardir an der Stirn und fegte ihm die Krone vom Kopf. Sie flog durch die Luft und landete ein paar Schritte hinter ihm klirrend auf dem felsigen Höhlenboden.

Im selben Moment stellte der Dämon seine Angriffe ein. Er zog seine Tentakel zurück, schnellte in die Höhe und verwandelte sich in der Luft in einen großen Felddämon. Als er wieder auf dem Boden landete, hetzte er durch den Tunnel davon.

Jardir warf einen Blick auf die Krone, doch er hatte nicht die Zeit, um sie zu bergen. Mit hoch erhobenem Speer nahm er die Verfolgung des Dämons auf.

Renna schüttelte sich, bündelte Magie, um ihre Kräfte zu stärken, dann packte sie ihr Messer und rannte hinterher.

Jardir hatte den Dämon fast eingeholt, und sie war ihm dicht auf den Fersen, als ein Tentakel aus dem Rücken des Dämons herausschoss und ein Siegel in die Luft zeichnete. Ein gewaltiger Donnerschlag ertönte, und vor ihnen stürzte die Tunneldecke ein. Renna verlor Jardir aus den Augen. Sofort befürchtete sie, die Gesteinsmassen hätten ihn lebendig begraben.

»Ahmann!« Sie wunderte sich, wie verzweifelt sie klang. Hustend schob sie das Messer in das Futteral zurück, weil der herabrieselnde Staub in ihre Kehle drang, doch ohne zu Zögern griff sie nach dem nächstbesten Stein und wälzte ihn zur Seite. Sie grub wie eine Besessene, um Jardir freizuschaufeln. Und mit jedem Stein, den sie forträumte, wuchs ihre Furcht. Der Dämon hatte ganze Arbeit geleistet. Trotz ihrer übermenschlichen Kraft würde es zu lange dauern, Jardir aus der Steinlawine herauszuholen.

Shanjat und Shanvah waren vermutlich tot, und vielleicht war auch Arlen nicht mehr am Leben. Würde Jardir unter all diesen Gesteinsmassen sterben? Wäre sie die letzte Überlebende?

»Tut mir leid, mein Schatz.« Sie legte eine Hand auf ihren Bauch und bereitete sich darauf vor, sich in Nebel aufzulösen. »Aber jetzt müssen wir zwei die ganze Welt retten.« Durch die Steinlawine war es nur ein kleiner Sprung. Zu kurz, um in den Horc hinabgezogen zu werden.

Jedenfalls hoffte sie das.

»Ren, warte!« Arlen packte ihren Arm, und eine unendliche Erleichterung durchflutete sie. In einer Hand hielt er die Krone des Kaji. »Ich werde ihn suchen. Shanvah lebt noch, aber sie wird bald sterben. Kümmere dich um sie, ich bleibe nicht lange fort.«

»Das will ich dir auch geraten haben!«, schnauzte sie, doch er hatte sich bereits in Nebel verwandelt und drang in die Schuttlawine ein.

Renna zögerte. Alles in ihr drängte danach, Arlen zu folgen und ihm zu helfen. Aber das Kind bewegte sich in ihrem Bauch, und Shanvahs Aura flackerte in einem trüben Licht.

Ich muss einfach darauf vertrauen, dass er es auch ohne mich schafft.

Dann rannte sie zu Shanvah, legte die junge Frau flach auf den Boden, ließ Magie durch sie hindurchfließen und las in ihrer Aura. Shanvah hatte etliche Knochenbrüche erlitten und blutete aus vielen Wunden. Es grenzte an ein Wunder, dass sie überhaupt noch lebte.

»Ich …«, keuchte Shanvah.

»Sprich jetzt lieber nicht«, sagte Renna.

»Ich bin …«, Shanvah schnappte nach Luft, »bereit für den … einsamen … Weg …«

Renna spuckte aus. »Den Horc bist du! Es gibt noch viel zu tun, Mädel! Du kannst nicht einfach sterben und dich vor deinen Pflichten drücken!«

Renna wünschte sich, sie hätte eine Ausbildung als Kräutersammlerin oder zumindest Arlens Talent dafür, mithilfe von Magie zu heilen. Aber zum Lamentieren hatte sie keine Zeit. Sie sog Energie in sich auf, während sie Shanvahs Hand hielt und die magische Heilkraft in die *Sharum'ting* einfließen ließ.

Danach begann sie, die gebrochenen Knochen zu richten und den verletzten Körper zu massieren, wobei die einströmende Energie die Heilung beschleunigte. Sie sorgte dafür, dass das Herz und die Lunge gestärkt wurden, sie schob die abgesplitterten Schädelknochen an die richtigen Stellen zurück und ließ die Schwellung des Gehirns abklingen.

Während sie arbeitete, verlor sie jedes Gefühl für die Zeit. Als sie zu blinzeln anfing und merkte, dass ihre Augen trocken wurden und brannten, wusste sie, dass sie Gefahr lief, sich zu verausgaben. Sie hatte gesehen, wie viel Kraft es Arlen kostete, wenn er Menschen heilte. Wenn sie so weitermachte und zu schwach wurde …

Shanvah hielt die Augen geschlossen, aber nun atmete sie wieder gleichmäßig. Ihr Körper war genesen, aber noch sehr geschwächt. Renna zog sich zurück. Dennoch behielt sie einen Rest überschüssiger Magie für sich, obwohl ihre Muskeln allmählich wie Feuer brannten. Jeden Moment konnten Arlen, Jardir oder eine Horde Dämonen durch die Geröllhalde von der eingestürzten Tunneldecke platzen.

Angespannt, mit geschärften Sinnen, wartete sie eine geraume Weile, doch nichts tat sich.

Ein Röcheln ließ sie zusammenfahren. Sie wirbelte herum, das Messer in der Hand. Shanjat lag immer noch da, wo er während ihres Kampfes hingestürzt war. Wenn ihm niemand befahl, aufzustehen, würde er dort liegen bleiben, bis er starb.

Lange würde er nicht mehr leben. Renna hatte sein Brustbein zertrümmert, und in seiner Hand gab es keinen einzigen heilen Knochen mehr. Der Seelendämon hatte sich nicht um Shanjats Verletzungen gekümmert, sondern nur seine eigene Flucht geplant.

Selbst jetzt noch konnte sie ihm helfen. Er war nicht so schwer verwundet wie Shanvah. Doch wozu ihn retten? Selbst Jardir auf dem Gipfel seiner Macht war nicht imstande gewesen, den Geist dieses Mannes zu heilen. Wenn Arlen ohne den Seelendämon zurückkam, war Shanjat zu nichts mehr nütze. Und falls Arlen *Alagai Ka* mitbrachte, würde der gewiss nur versuchen, sich ein weiteres Mal durch Shanjat seiner Gefangenschaft zu entziehen. Und auch ihr ungeborenes Kind wäre gefährdet.

Rennas Hand schloss sich um den Griff ihres Messers. Die Berührung machte ihr Mut. Ihr Blick huschte zu Shanvah. Das Mädchen beobachtete sie mit großen Augen. Ihre Pupillen glänzten zwischen dem Kopftuch und dem Gesichtsschleier. Die beiden Frauen starrten einander an, und Worte waren nicht mehr nötig.

Mühsam wälzte Shanvah sich auf die Seite, stemmte sich auf dem Ellbogen in die Höhe und winkelte ein Knie an. »Wenn es getan werden muss, Schwester, dann sollte ich diejenige sein, die es tut.«

Renna wollte ihr beim Aufstehen helfen, aber das Mädchen winkte ab. Sie kämpfte sich auf die Füße und schwankte ein wenig, bis sie ihr Gleichgewicht fand. Ein Krummdolch mit gläserner Klinge blitzte in ihrer Hand auf, und steifbeinig näherte sie sich Shanjat.

Lange Zeit stand sie über ihren Vater gebeugt da. Dann sank sie auf die Knie und barg seinen Kopf auf ihrem Schoß.

»Ist deine Seele bereit für den einsamen Weg?«, flüsterte sie.

»Nur Everam vermag über eine Seele zu richten.« Shanjats Stimme war bar jeden Gefühls.

Shanvah blinzelte. In ihrer Aura zeigten sich Schmerz und Verwirrung. Es war eine rituelle Frage gewesen.

»Möchtest du den einsamen Weg gehen?«, fuhr sie fort. Renna sah die Tränen in ihren Augen, aber sie machte keine Anstalten, sie aufzufangen. Dieser Moment war zu intim. Er gehörte einzig Shanvah und ihrem Vater. Abermals richtete sie ihre Sinne nach außen. Wie lange war Arlen schon fort? Minuten? Stunden? Noch länger?

Sie hatte keine Möglichkeit, es festzustellen, genauso wenig, wie sie die letzten Worte zwischen Vater und Tochter überhören konnte.

»Ich habe keine Wünsche mehr«, erwiderte Shanjat in demselben, abgestumpften Ton.

»Was hast du dir denn früher gewünscht?«, fragte Shanvah.

»Ich wollte dem *Shar'Dama Ka* dienen, der uns von Nies Geißel erlöst«, sagte Shanjat. »Ich wollte meine Tochter beschützen, die mir mehr Ehre gemacht hat als jeder Sohn.«

Die Stimme klang kalt, aber Shanvah schluchzte und drückte ihren Vater an sich.

»Schwester«, bat Shanvah, und Renna eilte an ihre Seite. »Ich kann diese Bürde nicht tragen. Du musst … du musst …«

Behutsam nahm Renna ihr den gläsernen Dolch aus der Hand. Die Blicke der beiden Frauen trafen sich, und Renna schob die unbenutzte Klinge in das Futteral unter Shanvahs Gewänder zurück.

»Du hast gehört, was er gesagt hat.« Renna achtete nicht auf den brennenden Schmerz in ihren Gliedmaßen, sondern sog frische Magie in sich auf, um Shanjat zu heilen. »Man kann nicht einfach sterben und sich vor seinen Pflichten drücken.«

Es dauerte Stunden, bis Renna genug Felsbrocken beiseite geräumt hatte, um sich durch die Trümmerhalde zu zwängen. Doch auf der anderen Seite des Einsturzes war keine Spur von den anderen zu entdecken.

Wenn sie unter den Steinen begraben worden wären, dachte sie, *hätte es irgendwelche Hinweise gegeben. Ich hätte es gespürt.*

Arlen und Jardir waren durch den Einsturz der Tunneldecke nicht ums Leben gekommen. Doch was war dann aus ihnen geworden? Hatte der Dämon Jardir getötet? War Arlen in den Horc hinab gesogen worden? Kam *Alagai Ka* noch einmal hierher zurück, eine Drohnenarmee im Gefolge?

Sie kletterte wieder in die Kaverne, in der Shanvah und Shanjat lagen. Von ihren Verletzungen hatten sie sich zwar halbwegs erholt, doch um wieder auf die Beine zu kommen, brauchten sie Nahrung.

Auch sie musste dringend etwas essen. Das Kind zappelte und trat mit den Füßen, wie immer, wenn sie lange keine Mahlzeit zu sich genommen hatte. Sie ging zu ihrem Gepäck, nahm die Schalen, die Jardir zu benutzen pflegte, und füllte sie mit Erdreich, das sie sorgsam festdrückte und glättete.

»Schwester, was hast du vor?«, erkundigte sich Shanvah.

»Ich mach uns was zu essen.«

»Das heilige Couscous und das gesegnete Wasser zu erzeugen, gehört zu den schwierigsten Übungen der *dama'ting*«, warnte Shanvah. »Wenn es nicht richtig gemacht wird, enthält diese Nahrung ein starkes Gift. Angeblich genügen ein Krümel Couscous und ein Tropfen Wasser, um einen Menschen zu töten.«

Rennas Magen verkrampfte sich vor Furcht, aber betont lässig zuckte sie die Schultern. »Und wenn wir hier unten gar nichts mehr essen, sterben wir auch. Das lasse ich auf keinen Fall zu.«

Sie zeichnete die Siegel, die sie sich bei Jardir abgeguckt hatte. Ihr Körper schien in Flammen aufzugehen, als die Magie in sie hineinströmte, aber sie schien es richtig zu machen. Das Erdreich in einer Schüssel verwandelte sich in dampfendes Couscous, und in der anderen glitzerte sauberes Wasser.

Trotzdem starrte sie die Schalen voller Misstrauen an. Shanvahs Warnung ging ihr nicht aus dem Kopf. Aber essen und trinken mussten sie, und andere Verpflegung gab es nicht. Schließlich gab sie einen knurrenden Laut von sich und streckte die Hand nach einer Schale aus.

»Schwester, lass mich zuerst kosten!«, rief Shanvah. »Du trägst ein Kind in dir. Warum zwei Leben gefährden? Ich werde den Anfang machen.«

»Und wozu soll das gut sein?«, fragte Renna. »Wenn ich aufhöre zu essen, verhungere ich, und das Kind stirbt mit mir.«

»Das muss nicht sein«, widersprach Shanvah. »Sollte ich vergiftet werden, kannst du immer noch zu Alas Speer zurücklaufen. Das ist zu schaffen. In der Festung gibt es immer noch die Siegel, die Nahrung erzeugen, und im Tempel wärst du sicher.«

»Toll«, maulte Renna. »Ich soll mich an einem Rudel Kriegshunde vorbeischleichen, nur um dann in irgendeiner vom Schöpfer verlassenen Festung an Altersschwäche zu sterben?«

»Wenn der Erlöser zurückkehrt, wird er dich und dein Kind retten«, erwiderte Shanvah.

»Ich will aber den Krieg nicht verpassen«, erklärte Renna. »Wenn ich mich vor den Kämpfen hätte drücken wollen, wäre ich gleich daheimgeblieben. Kannst du mir einen besseren Grund nennen, warum ich nicht als Erste von diesem Couscous essen soll?«

»Ich bin entbehrlicher als du.« Mit monotoner Stimme beantwortete Shanjat diese rhetorische Frage.

Renna und Shanvah tauschten einen Blick. Schließlich nickte Shanvah und holte die kleine Schale, den winzigen Trinkbecher und die Essstäbchen aus ihrem Gepäck. Sie kniete sich vor ihren Vater, wie schon so viele Male zuvor, und beide sprachen das Dankgebet. Auf ihren Befehl hin trank Shanjat dann das gesegnete Wasser, nahm die Essstäbchen und schob sich einen Happen Couscous in den Mund.

Renna merkte, wie sie den Atem anhielt. Sie stieß ihn erst wieder aus, als Shanjat sich nicht in Krämpfen am Boden wand. Dann fiel sie über das Essen her wie ein Dämon über eine frisch geschlagene Beute.

Später, gestärkt von der Mahlzeit, schulterten die drei ihr Gepäck und zwängten sich durch die Steinlawine. Sie stiegen den abschüssigen Tunnel hinunter, bis sie in die nächste Kaverne gelangten. Ein großes Loch war in den Boden gesprengt worden, die

Wände fielen mehrere Hundert Fuß tief senkrecht ab und trafen auf eine gigantische Schlucht.

Waren sie alle in die Tiefe gestürzt? War es eine Falle, die Arlen oder Jardir gewittert hatten? Oder handelte es sich gar um eine Abkürzung, die direkt in den Horc führte? Es gab keine Möglichkeit, das herauszufinden. Renna bemühte sich, in den Strömen der Magie zu lesen, aber diese waren derart überfrachtet mit Wissen, dass sie das Wesentliche, worauf es ihr ankam, in all dem Tumult nicht finden konnte.

»Dämonenscheiße!«, grummelte sie und ließ ihre Beine über den schaurigen Abgrund baumeln. An dieser Stelle tat sich nicht nur das Loch im Boden auf, sondern es zweigten auch noch mehrere Gänge in verschiedene Richtungen ab. An die Karte, die sie gesehen hatte, konnte sie sich nicht erinnern. Es gab nur die eine, die Arlen in sein Notizheft gezeichnet hatte, aber Arlen war mitsamt seinen Aufzeichnungen verschwunden. »Falls sie nicht in dieses Loch gefallen, sondern durch einen Tunnel gegangen sind, welcher führt dann in den Stock?«

Füße scharrten, und Shanjat bewegte sich von ihnen weg. Entschlossenen Schrittes steuerte der Krieger auf den dritten Tunnel von links zu und marschierte hinein.

Renna und Shanvah tauschten einen langen Blick, dann gaben sie sich einen Ruck und folgten ihm.

12

Rauch und Nebel

334 NR

Leesha drehte sich im Sattel um und sah in der Ferne ihre Mutter, die Olive auf dem Arm trug. Und wieder fragte sie sich, ob sie vielleicht den größten Fehler ihres Lebens beging.

Wonda merkte, wie Leesha den Kopf schüttelte, um diesen Gedanken zu vertreiben. »Alles in Ordnung, Meisterin?«

»Mir geht es gut«, sagte Leesha. »Ich verschwende nur meine Zeit, indem ich an Tod und Misserfolg denke.«

»Solche Gedanken sind keine Zeitverschwendung, Meisterin«, sagte Micha. Leesha blickte sie an. Im Allgemeinen war Micha so still, dass man ihre Anwesenheit leicht vergaß. Selbst jetzt weigerte sie sich, ihre Verkleidung abzulegen, und trug die Gewänder einer gewöhnlichen *dal'ting*. Sie ritt im Damensattel hinter Kendall, ihre Speere und ihren Schild hatte sie im Gepäck versteckt.

»Welchen Nutzen hat es denn, sich mit Niederlagen und Fehlschlägen zu befassen?«, fragte Leesha.

»Mein Lehrmeister verlangte von meinen Schwestern und mir, jeden Tag zu meditieren und uns dabei unseren eigenen Tod vorzustellen«, sagte Micha. »Wie wir einen glorreichen Tod durch *alagai*-Krallen sterben. Wie wir nächtens ermordet werden. Wie eine Rivalin uns vergiftet. Wie jemand uns von einer Felsklippe stößt. Wie ein Wasserdämon uns in die Tiefe zerrt. Wir sollten uns alle möglichen Todesarten ausdenken.«

»Das ist ja entsetzlich«, entschied Leesha. »Wozu sollte das gut sein?«

»Ein *Sharum* muss ständig mit seinem Tod rechnen, Meisterin«, sagte Micha. »Das dürfen wir niemals vergessen, damit wir im Geiste rein bleiben und bereit sind, den einsamen Weg zu gehen. Wir müssen uns stets vor Augen halten, dass das Leben ein vorübergehendes Geschenk von Everam ist, und dass der Tod uns alle trifft. *Inevera*, wenn sich der einsame Weg vor mir öffnet, werde ich ihn beschreiten, ohne einen Blick zurückzuwerfen.«

»In deinen Worten steckt Weisheit«, sagte Leesha, um eine taktvolle Formulierung bemüht. »Aber ich stelle mir lieber vor, dass ich Erfolg habe, und dann setze ich alles daran, diesen Wunschtraum wahr werden zu lassen.«

Micha verneigte sich. »Natürlich, Meisterin. Wir sind deine Werkzeuge. Der Hammer kritisiert nicht den Schmied, der damit arbeitet.«

Leesha blinzelte. War das aus ihr geworden? Jemand, der das Schicksal formte, so wie ein Schmied Metall zurechtbog? Sie dachte an die Weissagungen ihrer Würfel und an die Pläne, die sie anhand dieser Prophezeiungen entwickelte. Pläne, die Tausende von Menschen in Lebensgefahr brachten, wobei die Aussicht auf einen Sieg äußerst gering war. »Möchtest du denn nicht mehr sein als bloß ein Werkzeug in der Hand eines anderen?«

»Besser, man ist der Hammer, als das Stück Blech, auf das er einschlägt.« Der junge Pawl ritt neben Kendall und Micha auf einem schlanken Pony. »Mein Vater sagte immer, wahre Macht entsteht nur dann, wenn man gemeinsam mit anderen einem höheren Ziel dient.«

Gared erwartete sie, als sie von Leeshas Festung in das eigentliche Tal der Holzfäller ritten. Bei ihm waren Obermeisterin Darsy, Hauptmann Gamon und Inquisitor Hayes.

»Irgendwelche Nachrichten von Stela oder Franq?« Leesha kannte die Antwort, trotzdem konnte sie sich die Frage nicht verkneifen.

»Seit Tagen hat man von den Siegelkindern nichts mehr gehört oder gesehen«, sagte Gared. »Ihr Lager ist verlassen.«

Wonda spuckte aus. »Hab gleich gewusst, dass man nicht auf sie zählen kann!«

»Wir brauchen sie nicht«, sagte Gared. »Wir haben zweihundert Lanzenträger, fünfhundert Holzfäller und fast zehntausend Talsoldaten. Dazu kommen noch Bannzeichner und Kräutersammlerinnen. Egal, was den Dämonen einfällt, wir werden mit allem fertig.«

»Ach komm, Gar«, spottete Wonda. »Wieso musst du das noch aussprechen? Das versteht sich doch von selbst!«

Ein berittener Kurier konnte Angiers in einer Woche erreichen. Aber die Talsoldaten liefen zu Fuß und mussten ihr Tempo den langsamen Versorgungskarren anpassen. Sie schmetterten *Schürt das Feuer im Kamin*, um tagsüber im Gleichschritt zu marschieren und nachts das Lager zu beschützen.

In der ersten Nacht griffen die Dämonen das Lager nicht an. Auch in der zweiten Nacht ließen sie sich nicht blicken.

»Wir müssten uns mehr beeilen«, sagte Leesha bei der Abendmahlzeit, nachdem sie eine Woche unterwegs gewesen waren. »Bis zum Erlöschen des Mondes sind es nur noch vier Nächte.«

»Wir kommen zügig voran«, meinte Gared. »Ist ja auch noch nichts passiert, was uns aufhalten könnte. Alles ist viel zu ruhig, wenn du mich fragst. Seit Monaten versammeln sich die Dämonen am Rand der Talgrafschaft. Dann verlassen wir das Großsiegel, und sie lassen uns einfach in Ruhe?«

»Vielleicht haben sie nicht damit gerechnet, dass wir so kämpferisch vorgehen«, sagte Darsy.

Seelendämonen sind selbstsüchtig. Leesha fiel ein, was Arlen ihr einmal gesagt hatte. *Sie kämen gar nicht auf den Gedanken, dass jemand sein eigenes Leben riskieren könnte, um anderen zu helfen.*

»Gar hat recht, Meisterin«, sagte Wonda. »Hat man schon mal gehört, dass Dämonen darauf verzichten, etwas anzugreifen, das sich direkt vor ihren Krallen befindet? An Neumond, ay, da benehmen sie sich mitunter seltsam, aber seit einer Woche verhalten sie sich so ungewohnt ruhig.«

»Ein Seelendämon ist bei ihnen«, sagte Leesha.

»Und worauf warten sie dann noch?«, fragte Wonda.

»Das wüsst' ich auch gern«, knurrte Gared. »Mir jedenfalls wär' ein anständiger Kampf lieber als diese Warterei.«

»Na ja, ich will mich nicht beklagen«, warf Kendall ein. »Ich ziehe das Warten einem Kampf allemal vor.«

»Ich denke, wir alle werden noch in genügend Kämpfe verwickelt werden, und zwar schon bald.« Leesha sog schnuppernd die vom Rauch zahlloser Kochfeuer verpestete Luft ein.

Auch Darsy war stutzig geworden. Irgendetwas stimmte nicht. Sie ging zur Zeltklappe und riss erschrocken die Augen auf. In diesem Moment gellten die ersten Alarmschreie durch das Lager. »Bei der Nacht!«

»Was ist los?« Leesha stürzte zum Zeltausgang und sah die dichten Qualmwolken. Zwischen den Bäumen am Waldsaum glühte ein unheilvolles orangerotes Licht. »Beim Schöpfer! Gared! Sie haben den Wald in Brand gesteckt! Gib den Befehl zum Aufbruch, bevor die Flammen auf das Lager überspringen!«

Gared rannte nach draußen und schnauzte Befehle, aber Leesha wusste, dass das nicht ausreichen würde. Immer wieder unterschätzten sie die Gerissenheit der Horclinge. Warum bei einem Angriff Drohnen opfern, wenn eine Handvoll Flammendämonen die Streitmacht mit Rauch und Feuer vernichten konnte?

»Darsy, trommle möglichst viele Leute zusammen, die mit *hora* umgehen können, und beeil dich!«

Die halbe Nacht lang stolperten die Talbewohner die Straße entlang.

Leesha war schwindelig und ihre Lungen brannten, aber nicht von dem Rauch. Sie und die anderen Talbewohner, die sich auf den Gebrauch von *hora* verstanden, hatten sehr viele Dämonenknochen verbraucht, um Feuerschneisen zu schaffen und Windböen zu erzeugen, mit denen sie Qualm und Funken in eine andere Richtung lenkten.

Die Strapazen blieben nicht ohne Folgen. Viele dieser *hora*-Benutzer wurden ohnmächtig, manche mussten aufhören, wenn die Schmerzen unerträglich wurden. Nur Leesha und Darsy hielten durch, und bis Sonnenaufgang waren es noch Stunden.

Fettige Asche verschmutzte alles und schwächte die Siegel. Leesha überholte einen abgekämpften Trupp Talsoldaten, der den Anschluss an seine Kompanie verloren hatte. Manche sangen immer noch *Schürt das Feuer im Kamin*, aber halb erstickt vom Qualm und der Asche fiel es ihnen schwer, den Ton zu halten.

Kendall spielte auf Rojers Fiedel, und mithilfe der in die Kinnstütze eingelassenen *hora* verstärkte sie den Klang um ein Hundertfaches. Das seidene Tuch, das Amanvah ihr gegeben hatte, trug sie über Mund und Nase gebunden, um sich vor der vergifteten Luft zu schützen.

»Winddämonen!« Wonda hob ihren Bogen und schoss einen Pfeil ab. Eine Sekunde später hatte sie den nächsten angenockt und die Sehne gespannt.

Leesha blickte hoch und sah das Geschwader Winddämonen, das auf sie herabstieß. Der Anführer des Schwarms wich Wondas erstem Pfeil geschickt aus. Auch dem zweiten entkam er. Der dritte traf, und der Dämon fiel neben Kendalls Pferd zu Boden.

Leesha riss ihren *hora*-Stab in die Höhe und zeichnete ein machtvolles Windsiegel, das in der Luft aufblitzte, als die anderen Dämonen dagegenprallten.

Doch dann stieß Kendall einen schrillen Schrei aus. Leesha fuhr herum und sah, dass der Winddämon sich in einen Felsendämon verwandelt hatte, der sich vor den Hufen ihres Pferdes aufrichtete. Ehe sie oder Micha etwas unternehmen konnten, drehte sich der Horcling um, ließ seinen wuchtigen Schwanz herumwirbeln und zerschmetterte ihrem Pferd die Beine. Kendall ließ Fiedel und Bogen fallen, als sie zu Boden stürzte.

Der Mimikry fing an zu kreischen, und von allen Seiten lösten sich Dämonen aus den Rauchschwaden und griffen die Straße an. Ein paar Siegel blitzten auf und schleuderten die Horclinge zurück, doch viele Symbole waren beschädigt, und die Dämonen durchbrachen die Reihen der erschöpften Talsoldaten.

Das versprengte Trüppchen war ganz in der Nähe und eilte herbei, um Leesha und den anderen zu helfen, aber sie wusste, dass diese Soldaten gegen einen Mimikry machtlos waren. »Zurückbleiben!«, schrie sie, als Gared sich auf den Dämon stürzte.

Der Mimikry schlug mit einem Arm nach ihm, der sich zu einem peitschenden Tentakel verlängerte. Aber damit hatte Gared gerechnet. Mit seiner Machete hackte er den Tentakel ab, ohne auch nur eine Spur langsamer zu werden. Derweil feuerte Wonda dicke hölzerne Pfeile in den Dämon.

Der Mimikry erwischte Gared mit einem schweren Schlag, aber dessen Rüstung schützte ihn, und er konnte dem Dämon seine Axt in die Flanke rammen.

»Meisterin, gib acht!« Aufgeregt deutete Pawl über ihre Schulter.

Leesha hatte den Kampf so angespannt verfolgt, dass sie die Soldaten nicht bemerkt hatte, die nun mit erhobenen Speeren auf sie zugerannt kamen. Ein Blick in ihre Gesichter genügte ihr, um zu wissen, dass mit diesen Leuten etwas nicht stimmte. Sie richtete ihren *hora*-Stab auf die Gruppe und zerstreute sie mit einem Aufprallsiegel.

Speere und Schilde flogen klirrend zur Seite, als die Soldaten umkippten. Ihre Uniformen schienen zu schmelzen und verwandelten sich in Schuppenpanzer, während ihnen gleichzeitig Krallen und lange, spitze Zähne wuchsen.

Mimikrys. Fast ein Dutzend. Wie hatten sie sich ihr nur so weit nähern können?

»Mimikrys auf der Straße!« Darsy hob ihren eigenen *hora*-Stab. »Beschützt die Gräfin!« Ihre Bewegungen ließen jede Eleganz vermissen, und die Mimikrysiegel fielen plump aus, doch sie waren mächtig, und die Dämonen wurden aufgehalten.

Gareds persönliche Garde reagierte zuerst auf Darsys Ruf. Holzfäller, die Leesha ihr Leben lang gekannt hatte. Samm Säge und Tom Keil, Linder Holzfäller, Evin und sein riesiger Wolfshund Schatten. Ein Dutzend weitere, darunter der Stille Jonn. Hartgesottene Kämpfer in versiegelten Rüstungen, von denen jeder Hunderte Horclinge getötet hatte.

Doch hier hatten sie es nicht mit gewöhnlichen Horclingen zu tun. Schatten sprang einen der Mimikrys an, fünfhundert Pfund Zähne und Krallen und stark wie ein Nachtwolf. Der Dämon packte den Kopf des Hundes und schmetterte ihn zu Boden. Schatten jaulte einmal kurz auf und blieb reglos liegen.

Evin und Linder nutzten den Vorfall, um sich dem Dämon zu nähern, doch dessen Körper wurde zu einer zähflüssigen Masse, in der die Äxte der Männer stecken blieben. Mit einem hörnerbewehrten Tentakel schleuderte er Evin zur Seite, dann hob er den hünenhaften Linder hoch wie eine Puppe und warf ihn in Leeshas Richtung.

Widerstandslos segelte der Mann durch die Mimikrysiegel hindurch und krachte gegen die Beine des Pferdes, auf dem Leesha saß. Leesha hörte, wie Stößels Knochen brachen, und sie selbst wurde aus dem Sattel geschleudert. Darsy kreischte, als auch sie von Mörsers Rücken fiel. Einige Dämonen schmuggelten sich an Darsys Siegel vorbei, aber die übrigen Holzfäller stellten sich ihnen entgegen.

Samm konnte mit seiner großen Säge einem Baumdämon im Nu den Kopf abschneiden, aber gegen einen Mimikry war die Waffe zu langsam. Am Ellbogen seiner Rüstung befand sich ein Spalt. Der Dämon schob seine Krallen hinein, trennte den Arm ab und schleuderte Samm quer über die Straße. Tom Keil schwang seinen wuchtigen Schmiedehammer, doch der Dämon glitt um die Waffe herum, riss sich einen Stachel aus dem Leib und stieß ihn durch den Augenschlitz von Toms Helm. Seine Söhne schrien auf und griffen die Kreatur an.

Leesha sog Energie aus ihrem *hora*-Stab und stärkte ihre Kräfte, bevor sie sich wieder aufrappelte. Aus einem Beutel an ihrer Taille holte sie versiegelte Klats und streute sie in hohem Bogen aus. Die hölzernen Münzen blitzten, versprühten Funkenschauer, und hielten die Dämonen auf Abstand. Sie zeichnete Aufprallsiegel und Mimikrysiegel, um die Horclinge abzuwehren, doch es waren zu viele, und die Magie ihres *hora*-Stabs war beinahe verbraucht.

Ein Mimikry entdeckte eine Lücke in den silbernen Siegeln, die in der Luft schwebten. Ihm sprossen Schwingen aus dem Leib, mit zwei mächtigen Flügelschlägen überwand er den Schutzwall und ließ sich von oben auf Leesha herabfallen.

Sie konnte rechtzeitig ausweichen, aber sie schaffte es nicht mehr, ihren *hora*-Stab einzusetzen. Der Dämon hätte sie erwischt, doch dann hörte sie einen misstönenden Schrei, und eine schwere Breitaxt fegte den Mimikry zur Seite. Benommen sah Leesha, wie der Stille Jonn an ihr vorbeistürmte und mit seiner Axt immer wieder auf den Dämon einhackte.

Der Mimikry kreischte, und seine Gestalt begann sich aufzulösen. Aber plötzlich wickelte er einen Tentakel um den Hünen und riss ihn von den Füßen. Leesha zeichnete ein Mimikrysiegel, doch zwei weitere erspähten die Lücke im Bannbereich, und im nächsten Moment schwebten sie über ihr.

Kendall und Micha erschienen auf der Bildfläche, Fiedel und Gesang perfekt aufeinander abgestimmt. Micha verstärkte ihre Stimme durch die Siegel an ihrem Halsband, um nicht von Kendalls Spiel übertönt zu werden.

Die Dämonen wichen ein Stück zurück, aber sie kannten die Macht der Musik und nahmen Gestalten an, die keine Ohren hatten.

Leesha sah sich suchend nach Wonda um. Das Mädchen kämpfte Seite an Seite mit Gared, und ihr Augenmerk richtete sich auf den Mimikry. Sowohl sie als auch Gared hatten ihre Waffen verloren und setzten nur noch auf ihre Körperkraft. Wonda teilte Hiebe mit ihren Händen aus, auf die mit Schwarzstängelsaft Siegel gemalt waren, und Gared verließ sich auf seine derben, versiegelten Kampfhandschuhe. Griff der Dämon einen von ihnen an, stürzte sich der andere sofort auf ihn. Leesha hatte Wondas und Gareds Rüstungen persönlich mit Siegeln versehen, und die Schläge der Kreatur blieben ohne Wirkung. Langsam, aber sicher prügelten sie den Horcling zu Tode.

Leesha selbst nützte das jedoch nichts. Drei Mimikrys rannten in ihre Richtung, rissen mit ihren Krallen die Straße auf und bewarfen sie mit harten Dreckklumpen und losem Erdreich. Sie wurde dadurch nicht verletzt, war aber einen Moment lang geblendet. Deshalb bekam sie nicht mit, wie sich ein Tentakel um sie schlang, und sie konnte ihren *hora*-Stab nicht rechtzeitig einsetzen. Sofort wuchsen dem Dämon Schwingen. Mit kraftvollen Flügelschlägen hob er ab und versuchte, Leesha davonzutragen.

Ein Nebelschwaden wirbelte vorbei, etwas traf den Dämon und holte ihn auf den Boden zurück. Der Tentakel, der Leesha umklammerte, wurde weiß, und eine mit Siegeln tätowierte Faust zerschmetterte ihn.

»Ay, tut mir leid, wenn wir zu spät kommen.« Stela zerrte den noch zuckenden Tentakel von Leesha herunter und warf ihn zur Seite. Der Dämon versuchte, sich neu zu formen, aber wieder erschien ein Strudel aus Nebel, und Bruder Franq war zur Stelle. Mit einem gewaltigen Satz sprang er den Mimikry an, um ihn zurückzutreiben. Sein hastig gezeichnetes Siegel bohrte einen Blitzstrahl in den Leib der Kreatur.

Überall wimmelte es jetzt von Siegelkindern. Callen Holzfäller. Keet Schenk. Jarit und ihre *Sharum*. Dieser Ansturm traf die Mimikrys völlig unvorbereitet, und sie versuchten zu fliehen. Die Siegelkinder versperrten ihnen jedoch sämtliche Fluchtwege, kreisten die Horclinge zuerst mit Mimikrysiegeln ein und fingen dann an, sie zu töten.

Stela streckte ihre Hand aus, und Leesha ließ sich von ihr beim Aufstehen helfen. »Wir haben uns im Hintergrund gehalten, wie du es von uns verlangt hast, aber dann sah es ganz danach aus, als hättet ihr Schwierigkeiten.«

»Ihr habt genau das Richtige getan, meine Liebe«, sagte Leesha. »Deshalb hatte ich euch ja gebeten, uns zu folgen.«

»Die Flammendämonen erwischten wir erst, nachdem sie das Feuer gelegt hatten. Tut mir leid.«

»Ihr habt dafür gesorgt, dass es nicht noch schlimmer kam. Danke.«

Längs der Straße gewannen die Talbewohner allmählich wieder die Oberhand. Die abgekämpften Soldaten frischten ihre Kräfte auf, indem sie Horclinge töteten, und ohne die Mimikrys gingen die Dämonen nicht mehr planmäßig vor und wurden davongejagt.

Kundschafter fanden sie am nächsten Morgen.

»Bauerngarten gibt es nicht mehr«, sagte Gared. »Es scheint, als sei einigen Dörflern die Flucht geglückt, aber das Dorf wurde dem Erdboden gleichgemacht. Am Angiersfluss versammeln sich Dämonen. Für uns wird das Vorankommen schwierig. Sie haben die Brücke zerstört. Wir müssen eine Furt suchen, und sobald die Sonne untergeht, warten sie schon auf uns.«

»Reite du mit deinen Leuten voraus«, sagte Leesha. »Sie sollen euch sehen.«

Gared starrte sie an. »Auf gar keinen Fall! Ich bleibe bei dir!«

»Darüber haben wir schon gesprochen«, sagte Leesha.

Gared schüttelte den Kopf. »*Du* hast darüber gesprochen. Ich hab kein Wort gesagt.«

»Das ist keine Bitte, *General*!«, blaffte Leesha. »Es ist ein Befehl!«

»Ist mir egal.« Gared ballte seine riesige Faust. »Einmal hab ich deinem Befehl gehorcht und dich in Angiers allein gelassen. Und jetzt ist Rojer tot. Du kannst mir befehlen, was du willst, aber eher soll der Horc mich holen, als dass ich dich ohne meinen Schutz in ein Nest voller Seelendämonen spazieren lass. Egal, wohin du gehst, ich bin bei dir und geb dir mit meiner Axt Rückendeckung!«

Bei diesen unverstellten Worten schnürte sich Leeshas Kehle zusammen. So lange sie sich zurückerinnern konnte, war Gared immer in ihrer Nähe gewesen, um sie zu beschützen. Gewiss, er gab ihr oft Grund, sich über ihn zu ärgern, aber wenn er an ihrer Seite war, fühlte sie immer so etwas wie Geborgenheit.

Doch in der gegenwärtigen Situation lagen die Dinge anders. »Diese Mission ist nichts für dich, Gared. Favah und ich haben die Würfel befragt. Ausschließlich Frauen dürfen handeln. Ein einziger Mann genügt, um das ganze Unterfangen zum Scheitern zu bringen.«

»Aber ihr nehmt Pawl mit!«, protestierte Gared.

»Er ist nur ein Junge«, sagte Leesha. »Außerdem kennt er Leute aus dem Widerstand. Wir brauchen ihn, damit er uns reinschmuggelt, aber ein sieben Fuß großer Holzfäller in Rüstung bleibt nicht unbemerkt. Du wirst hier gebraucht, um den Angriff zu führen. Ich verlasse mich darauf, dass du das Stadttor sprengst, bevor ich ernsthaft in Gefahr gerate.«

Wonda legte eine Hand auf Gareds Schulter. »Solange ich bei Meisterin Leesha bin, wird ihr nichts zustoßen, Gar.«

Leesha hörte, wie Gared mit den Zähnen knirschte. »Hoffentlich! Denn wenn doch, dann ist der Horc los!«

13

Jessas Mädchen

334 NR

Zwei Tage und Nächte lang wanderten Leesha, Wonda, Kendall und Pawl durch unberührten Urwald und legten nur dann eine Rast ein, wenn die Erschöpfung sie dazu zwang.

Sie alle trugen Tarnumhänge, doch dieser Schutz wurde nur selten gebraucht. So weit entfernt von menschlichen Siedlungen gab es nur wenige Dämonen, und wenn sie mal auf welche trafen, verscheuchte Kendall sie durch ihre Musik. Ihr Spiel erinnerte Leesha so stark an Rojer, dass sie das Gefühl hatte, ihr alter Freund wache über sie bei dieser letzten, verzweifelten Mission.

Südlich von Angiers schlugen sie ihr Lager auf. Hier gab es einen kleinen Teich, dessen Wasser Leesha mit Hitzesiegeln erwärmte, damit sie abwechselnd darin baden und sich frische Kleidung anziehen konnten. Jetzt kam alles darauf an, sich möglichst unauffällig in die Stadt hineinzuschmuggeln.

»Nimm du als Erste ein Bad, Meisterin«, schlug Wonda vor. »Ich pass auf, dass dich nichts und niemand stört.«

Leesha widersprach nicht. Sie lockerte ihre schmerzenden Muskeln in dem heißen Wasser, während sie ihre Milch in den Teich hineinspritzte. Viele Meilen weit entfernt im Süden nuckelte Olive an Elonas Brust, und bei dieser Vorstellung traten ihr Tränen der Rührung in die Augen.

Die Sonne ging auf, als Leesha ein nach angierianischer Mode geschnittenes Kleid anlegte. Kendall trug die knallbunte Tracht der angierianischen Jongleure, und Pawl verkleidete sich als einfacher Gassenjunge. Wonda behielt ihre Rüstung an und streifte lediglich einen angierianischen Wappenrock über.

»Hier lang«, sagte Pawl. »Wir treffen uns gleich hinter dem nächsten Hügel.«

Sie blieben im Schutz des Waldes, als die Stadt in Sicht kam. Dann wartete eine Überraschung auf Leesha. Zu ihrem maßlosen Erstaunen erkannte sie ihre Schülerin Roni, die sich an einen Baum lehnte und einen Apfel mampfte. Erst vor wenigen Monaten hatten sie sich das letzte Mal gesehen, aber Roni wirkte um Jahre älter. Sie zählte erst achtzehn Sommer, doch sie machte den Eindruck einer wesentlich reiferen Frau, was zusätzlich betont wurde durch den tiefen Ausschnitt ihres Kleides und die dicke Puderschicht auf dem Gesicht.

»Meisterin Leesha!« Roni sprach in einem rauen Flüsterton, doch sie konnte einen leisen Freudenschrei nicht unterdrücken, warf sich in Leeshas Arme und drückte sie fest an sich. »Dem Schöpfer sei Dank, dass du gekommen bist!«

»Schätze, ihr habt wohl Probleme.«

»Bei der Nacht, das kann man laut sagen!«, bestätigte Roni.

Leesha zupfte an einer der sorgfältig gedrehten Locken, die Ronis angemaltes Gesicht umrahmten. Die Strähne ließ sich glatt ziehen, ringelte sich aber wieder in die alte Form, als Leesha sie losließ. »Was hat das zu bedeuten?«

»Bin ich nicht hübsch, Meisterin?« Roni nahm eine gezierte Pose ein und schüttelte ihre unnatürlichen Locken. »Jessas Mädchen haben uns gezeigt, wie man sich schminkt und seine Figur vorteilhaft zur Geltung bringt.«

Leesha drehte sich zu Pawl um, der sich unter ihren wütenden Blicken wand. »Jessa? Meinst du diese Kräuterhexe Jessa, die Herzog Rhinebeck vergiftet hat?«

Pawl scharrte verlegen mit den Füßen. »Ihre Gnaden hat damit gerechnet, dass du nicht begeistert sein würdest.«

Leesha verschränkte die Arme. »Du musstest es also bis zum letzten Augenblick vor mir verheimlichen!«

»Ihre Gnaden war von der Entwicklung der Dinge genauso wenig angetan wie du, Gräfin«, sagte Pawl. »Aber die Bordelle waren das einzige sichere Versteck, bis wir sie heimlich aus der Stadt hinausbringen konnten.«

»So übel ist Meisterin Jessa gar nicht«, sagte Roni. »Sie und Jizell kümmern sich gut um die Leute, seit es ... diese Veränderungen gegeben hat.«

Leesha stieß den Atem aus. »Ich freue mich schon auf sie. Kannst du uns in die Stadt reinschleusen?«

»Ay, Meisterin. Es gibt ein paar kleinere Seitenpforten, die nur von einer Handvoll Wächter bewacht werden.« Roni grinste. »Die Männer fühlen sich einsam und sind gelangweilt, seit die großen Stadttore geschlossen wurden. Wir bringen ihnen Mahlzeiten und plaudern mit ihnen.«

Mit einem Kopfnicken deutete Leesha auf Ronis tief ausgeschnittenes Dekolleté. »Und während sie sich mit euch unterhalten ...«

Roni kicherte. »Schlüpfen wir abwechselnd nach draußen. Wenn die Mädchen den Wächtern heute die Abendmahlzeit bringen, machen sie die Pforte einen Spaltbreit auf, und ich lotse uns rein.«

»Und die Wachen bemerken es nicht, wenn drei fremde Frauen und ein Junge an ihnen vorbeigehen?«, zweifelte Leesha.

Roni griff in ihren Ausschnitt und zog ein winziges Kästchen aus Holz hervor. »Riech mal.«

Leesha öffnete das Kästchen, das mit einem weichen roten Wachs angefüllt war. Es duftete nach Rosen, doch auch nach … »Bitterkraut und Himmelsblüten! Noch so ein Trick, den Jessas Mädchen euch beigebracht haben?«

Roni zwinkerte verschmitzt. »Manchmal wollen die Kerle mehr als Plaudern. Wir streichen das Wachs auf unsere Lippen, und nach ein paar Küssen sehen die Burschen alles doppelt.«

Leesha wollte dieses Vorgehen tadeln, aber sie musste in die Stadt gelangen, und Roni war schon immer verrückt nach Männern gewesen. Anscheinend genoss sie es sogar noch, die Wachen auf diese Weise hinters Licht zu führen.

»Gut gemacht, Roni«, sagte sie deshalb, anstatt das Mädchen zu rügen. »Ich bin stolz auf dich.«

Die Schatten wurden lang, während sie in einem kleinen Waldstück in der Nähe der Stadtmauer warteten. Leesha hatte genügend Zeit, um über das Gelingen ihres Plans nachzugrübeln. Was, wenn sie auch nach Sonnenuntergang noch außerhalb der Stadt waren? Dies war die erste Nacht des Erlöschenden Mondes, und wie eine Spinne inmitten ihres Netzes spürten die Seelendämonen vielleicht ein Vibrieren in ihrem Gespinst aus Siegeln, wenn die Pforte bei Nacht geöffnet wurde.

Sie fragte sich, wo Gared und die anderen jetzt sein mochten. Ob es ihnen gut ging. Ob ihre List Wirkung zeigen würde und die Seelendämonen sich überrumpeln ließen.

Plötzlich ertönte ein dumpfes Knarren, und die Pforte öffnete sich ein kleines Stück.

»Das ist mein Zeichen!« Mit einer Geste, die Leesha unzählige Male bei ihrer Mutter gesehen hatte, steckte Roni einen Finger in den Kleiderausschnitt und schob ihn noch weiter nach unten, während sie mit der anderen Hand ihren Busen anhob. Dann zurrte sie die Schnüre ihres Mieders fest, um alles an seinem Platz zu halten. »Wartet hier!«

Gleich darauf flitzte sie los und huschte durch die Pforte.

Die Minuten zogen sich in die Länge. Leesha beobachtete die Schatten und rechnete sich aus, dass nicht mehr als eine Viertelstunde vergangen war, doch es fühlte sich an wie mehrere Tage. Das Herz hämmerte in ihrer Brust.

Endlich ging die Pforte wieder auf, und ein bekanntes Gesicht lugte durch den Spalt. Meisterin Jizell, Leeshas ehemalige Lehrerin, streckte einen drallen Arm nach draußen und winkte hektisch. »Zu mir! Schnell!«

Sie sausten los und schlängelten sich im Gänsemarsch durch den Einlass. Jizell machte die Pforte wieder zu und zog eine zweite Tür aus versiegeltem Stahl ins Schloss. Nachdem sie beide Eingänge sorgfältig verriegelt hatte, steckte sie den Schlüssel in ihren Ausschnitt.

Im Torhaus trafen sie auf einen Wächter, der bewusstlos über einem Tisch zusammengesunken war. Gerade wischte Roni das rote Wachs von seinen Lippen. Sie nahm einen halbvollen Bierkrug, kippte ein wenig von dem Inhalt über dem Tisch und dem Wächter aus und drückte ihm dann den Humpen in die Hand. Durch eine geöffnete Tür hörte Leesha Gelächter.

Leesha breitete die Arme aus, um ihre alte Lehrmeisterin an sich zu drücken, doch Jizell nahm eilig ein Tablett voller Bierkrüge vom Tisch und hielt es ihr entgegen. »Wir können uns später umarmen, wenn wir in Sicherheit sind, Mädchen.«

Reflexhaft griff Leesha nach dem Tablett. Jizell nutzte den Moment, da ihre Hände nicht frei waren, um in Leeshas Ausschnitt zu greifen und ihren Busen genauso zu präsentieren wie Roni ihre Reize zur Schau stellte. Seit Stunden hatte Leesha nicht mehr ihre Milch abgepumpt, und man musste nicht viel nachhelfen, um ihre prallen Brüste zu einem Blickfang zu machen, dem kein

Mann widerstehen konnte. »Geh da rein, als ob du zu uns gehörst, und fang an zu servieren.«

Leesha sah, dass Roni sich in derselben Weise an Kendall zu schaffen machte. Die Brust der jungen Jongleurin war seit einem Dämonenangriff vernarbt, und daran hätten sich die Wächter später erinnern und das Mädchen beschreiben können. Deshalb verkürzte Roni ihren Rock und zerzauste ihre Haare zu einer frivolen Frisur. Pawl war bereits verschwunden. Wonda stand linkisch da und wusste nicht, was sie tun sollte.

Jizell kniff Leesha in den Hintern, um sie loszuscheuchen. Vor Überraschung quiekte Leesha auf, und dann wurde sie schon durch die Tür geschubst.

Sie tänzelte hin und her, damit sie das Gleichgewicht nicht verlor, setzte ein strahlendes Lächeln auf und rauschte in die Wachstube. »Hat jemand Durst?«

Die Männer johlten vor Begeisterung. Einige schwankten schon leicht auf ihren Stühlen, während Jessas Mädchen, von denen Leesha einige wiedererkannte, sich an die Arbeit machten. In einer Ecke des Raums drückte Kadie, auch eine von Leeshas ehemaligen Schülerinnen, einen Wächter, der kaum noch stehen konnte, gegen die Wand, während er träge versuchte, sie zu betatschen.

»Die Feier ist ein bisschen ausgeufert.« Sie zwinkerte Leesha zu. Leesha schüttelte den Kopf und fing an, leere Bierkrüge gegen volle auszutauschen.

Jizell segelte in die Stube hinein. »Heute Abend hab ich eine Überraschung für euch, Jungs. Wenn sie nicht die hübscheste Jongleurin von ganz Angiers ist, bin ich ein Horcling.«

Während alle Augen auf Jizell ruhten, trat Kendall mit wiegenden Hüften durch die Tür. Sie schien nur aus langen Beinen und einer wogenden Haarmähne zu bestehen. Sie machte einen Salto rückwärts, legte den Bogen auf die Saiten der Fiedel und spielte eine lebhafte Weise. Die Männer brachen in Hochrufe aus.

Als nächste versuchte Wonda, das Torhaus zu verlassen. Doch der Sergeant drehte sich zufällig um und entdeckte sie. »Ay!« Schwankend zeigte er mit dem Finger auf das erschrockene Mädchen.

Leesha erstarrte. Sie stand direkt hinter dem Mann, in der Hand einen schweren Tonkrug. Sie konnte …

»Deine Schicht is' ers' in 'ner hal'n Stunne vorbei, Ames!«, bellte der Sergeant. »Mach, dasse widder ins Torhaus komms'!«

»Ay.« Wonda senkte den Blick, bemühte sich um eine tiefe Stimme und verkroch sich in ihre Rüstung. »Zu Befehl, Sergeant!« Dann lief sie zurück ins Torhaus.

Der Sergeant grunzte zufrieden und starrte wieder in Leeshas Ausschnitt. »Is' schon komisch, wie verdammich groß der Junge auf 'n Mal gewor'n is'.«

Auf ihrem Weg zu Jizells Hospital hielten sie sich auf den belebten Marktstraßen. Bei flüchtiger Betrachtung hätte es ein ganz normaler Tag sein können. Leute eilten geschäftig hin und her, erledigten letzte Besorgungen oder wollten schnell noch etwas verkaufen, ehe die Sperrstunde eingeläutet wurde.

Doch wenn man genauer hinschaute, bemerkte man die Angst und die Verwirrung in den Gesichtern der Menschen. Die Verkaufskarren waren abgegrast, und die letzten, minderwertigen Produkte wurden zu horrenden Preisen angeboten. Wenn Holzsoldaten oder Gebirgsspeere vorbeistapften, machte man ihnen hastig und mit offensichtlicher Nervosität Platz.

Die Sonne ging bereits unter, als sie das Hospital erreichten. Jizell öffnete die Tür zu ihrem persönlichen Treppenaufgang. »Schnell, beeilt euch! Jeden Moment können die Horclinge auftauchen, und wenn das passiert, müssen wir von der Straße weg sein!«

Hinter der Wand des Treppenaufgangs hörte Leesha gewaltigen Lärm. »Früher konnte ich die Anzahl belegter Betten anhand der Geräusche erkennen, die durch diese Wand drangen. Aber ein solches Getöse habe ich noch nie gehört.«

Jizell schnaubte. »Natürlich nicht. Je zwei Patienten teilen sich jetzt ein Bett, und manche müssen sogar noch mit dem Fußboden vorliebnehmen.«

»Bei der Nacht!«, stöhnte Leesha.

»In dieser ersten Neumondphase wurden viele Leute durch Horclinge verletzt«, sagte Jizell. »Wir verstehen unser Handwerk und konnten fast jeden retten, der es bis hierher geschafft hatte, aber wir mussten darauf achten, keine Aufmerksamkeit zu erregen, besonders nachts. Wenn jemand sehr schwer verletzt ist, warten wir das Tageslicht ab und behandeln den Patienten dann in einem abgedunkelten Raum mit Magie. Die anderen müssen auf natürlichem Weg genesen. Unser Vorrat an *hora* ist ohnehin bald aufgebraucht.«

Sie öffnete die Tür zu ihrem Dienstzimmer, scheuchte sie hinein und schloss hinter ihnen ab. Die Frau, die am Schreibpult saß, stand auf und kam ihnen entgegen, um sie zu begrüßen.

»Gräfin.« Jessa war stark geschminkt, wie ihre Mädchen, ihr Haar war tadellos frisiert. Sie spreizte die Röcke ihres seidenen Kleides und sank in einen vollendeten Knicks. »Welch große Freude …«

Leesha ließ sie nicht ausreden, sondern verpasste der Kräuterhexe einen Boxhieb direkt auf die Nase.

Allen im Zimmer fiel die Kinnlade runter. Leesha konnte es ihnen nicht verdenken. Sie hatte erwartet, dieses Weibsstück hier anzutreffen, aber keineswegs vorgehabt, sie zu schlagen. Doch als sie dann Jessas selbstgefällige Miene sah, hatte sie sich vergessen.

Es liegt an der Magie, redete sie sich ein. In letzter Zeit hatte sie viel magische Energie in sich eingesogen, und sie wusste, wie leicht man dann die Beherrschung verlor. Aber war es wirklich die Magie, die ihren Zorn derart anfachte? Leesha konnte ihre Genugtuung nicht leugnen, als Jessa mit dem Hintern auf den Boden plumpste.

Jessa hielt sich die blutende Nase und nuschelte: »Warum haddu dat gemacht, ssum Horc nochmah!«

Thamos' Worte fielen ihr ein. *Manchmal muss ein Anführer hart bleiben, selbst dann, wenn er sich im Irrtum befindet.* Damals hatte Leesha ihm nicht zugestimmt, doch jetzt erkannte sie, dass er recht gehabt hatte. »Das war für Bekka, die du um ein Haar getötet hast, und für alle anderen, die den Preis für deine Hinterlist bezahlen mussten.«

Jessa zückte ein Taschentuch, schnaubte blutigen Schleim aus und betastete ihre Nase, um festzustellen, ob etwas gebrochen war. Dann kniff sie mit zwei Fingern in ihre Nasenwurzel, damit die Blutung aufhörte.

»Du has' Nerven, Määchen! Wenn Bruna hier wär', würd sie dir mit ihr'm Stock auf die Finger hau'n. Heuchelei war ihr ssuwidder.«

»Ay, so kannst du mit Meisterin Leesha nicht reden!« Wonda rückte auf Jessa zu.

Jizell legte besänftigend eine Hand auf Wondas Brustpanzer, und das Mädchen blieb stehen. »Halt du dich da raus, Wonda. Das war lange überfällig und muss jetzt seinen Lauf nehmen.«

»Du bist diejenige, die Bruna rausgeschmissen hat, Jessa«, fauchte Leesha. »Mich hat sie behalten.«

Jessa riss die Hände hoch. »Ich geb ja alles ssu! Ich hab versucht, das Geheimnis des flüssigen Dämonenfeuers ssu stehlen. Weissu ei'ntlich, warum?«

»Weil du egoistisch und machtgeil bist!«, ereiferte sich Leesha.

»Weil Araine es mir befahl!«, zischte Jessa. »So wie sie Bruna befohlen hatte, mich als ihre Schülerin anssuneh'm! Glaubssu, das war ein Ssufall?«

Leesha war baff. Das alles ergab Sinn, und es erklärte, warum Araine dieser Frau so sehr traute. »Und wo blieb deine Loyalität, als du ihren Sohn mit Kräutern unfruchtbar gemacht hast?«

Jessa stemmte die Hände in die Hüften. »Du wills' mich für alles Schlechte verantwortlich mach'n, was in den lessten Monaten passiert is'. Das seh' ich dir doch an!«

»Und das wundert dich noch?«, schnauzte Leesha. »Wenn du nicht diese hinterhältigen Intrigen gesponnen hättest, wäre ich nie in diese verfluchte Stadt zurückgekehrt. Euchor hätte seine Feuerwaffen nicht in den Süden verfrachtet, und Rojer wäre noch am Leben!«

Jessa verpasste ihr eine deftige Ohrfeige. Der Schlag hallte wie Donner in Leeshas Kopf, ihre Wange brannte, und sie taumelte nach hinten. »Wage es nicht, Rojers Namen zu erwähnen!«, kreischte Jessa. »Der Junge war für mich wie ein Sohn! Glaubst du, ich wollte, dass ihm all das Schreckliche angetan wurde? Dass ich mich lieber versteckt hätte, als ihm bei seiner Bestattung die letzte Ehre zu erweisen?«

Wütend stach sie mit dem Finger auf Leesha ein. »Ich habe dafür gesorgt, dass Rhinebeck unfruchtbar war, ay. Dieser Sohn des Horc hatte nichts Besseres verdient. Aber zwischen Rojer und Jasin herrschte schon böses Blut, noch ehe du ihn vom Tal wieder hierhergeschleppt hast. Und Euchor wollte schon König werden, da warst du noch nicht mal geboren!

Du hingegen, du hattest den Dämon aus der Wüste nackt in deinen Armen liegen. Du hättest ihn vergiften oder ihm ein Messer zwischen die Rippen stoßen können. Das hätte seinem Eroberungswahn ein Ende gesetzt. Stattdessen hast du dich von ihm vögeln lassen, ehe er weiterzog, um halb Lakton zu ermorden und die andere Hälfte zu versklaven.

Bildest du dir ein, *du* könntest mich verurteilen, Leesha Papiermacher? *Du* könntest auf meine Mädchen herabblicken? Du bist genauso eine Hure wie ich und meine Mädchen, bloß sind die schlau genug, ihren Pomeranzenblättertee zu trinken.«

Die Vorwürfe trafen sie härter als die Backpfeife, denn sie legten Leeshas geheimste Ängste bloß. Unzählige Menschen hatten ihr Leben verloren, aber was zwischen ihr und Ahmann passiert war, bereute sie nicht. Nicht, seit sie Olive geboren hatte.

Und den Angriff auf Lakton hatte Ahmanns Sohn geführt. Daran zumindest trug sie keine Schuld.

»Man trifft in seinem Leben ständig irgendeine Wahl, Leesha, und mit diesen Entscheidungen müssen wir leben«, sagte Jessa. »Aber was wir getan haben, spielt ohnehin keine Rolle mehr. Jetzt heißt es nur noch: wir gegen die Dämonen.«

Wie oft hatte Leesha dieselben Worte ausgesprochen oder gehört, wie Arlen sie einer versammelten Menge zurief? Sie waren ihr Glaubensbekenntnis, und nun stand Jessa vor ihr und schleuderte sie ihr entgegen.

Und Jessa hatte recht.

»Du hast recht«, sagte Leesha. »Es tut mir leid.«

»Während deiner Abwesenheit hat sich in Angiers so manches verändert«, mischte sich Jizell ein. »Kräutersammlerinnen und Kräuterhexen sind zu der Einsicht gelangt, dass wir mehr gemeinsam haben als gedacht. Wir sind der Widerstand.«

»Die Seelendämonen haben die Hälfte der männlichen Einwohner von Angiers hypnotisiert«, sagte Jessa. »Sie haben dafür gesorgt, dass man seinem eigenen Bruder nicht mehr trauen kann. Aber die Frauen ließen sie in Ruhe. Solange keine versucht, tagsüber zu fliehen oder den Siegeln, die die Männer rings um den Palast errichten, zu nahe zu kommen, können die Frauen so ziemlich tun und lassen, was sie wollen.«

»Und bei Nacht?«, fragte Leesha.

»Die Dämonen haben aufgehört, die Mauern zu attackieren«, sagte Jizell. »In der Stadt tauchen gelegentlich immer noch Felddämonen und Baumdämonen auf, und sie töten jeden, der im Dunkeln draußen unterwegs ist. Aber sie greifen weder die Siegel der Stadtmauer an noch die Männer, die auf den Wällen Wache stehen.«

»Sie wollen, dass ihr am Leben bleibt«, folgerte Leesha.

»Warum?«, fragte Jessa.

Leesha blieb ihr die Antwort schuldig. »Was werden die Männer, die die Stadtmauer bewachen, eurer Ansicht nach tun, wenn Gared mit seiner Armee anrückt?«

»Sie werden euch als Feinde betrachten und mit Feuerwaffen auf euch schießen«, sagte Jessa. »Es gibt bereits Jongleure, die Geschichten über die Siegelhexe aus dem Tal verbreiten. Angeblich plant sie eine Invasion des Nordens, um ihren Anspruch auf den Thron durchzusetzen.«

»Welchen Anspruch?«, wunderte sich Leesha. »Pether ist tot. Wer sitzt jetzt auf dem Thron?«

»Na ja, keiner kann beweisen, dass er tatsächlich gestorben ist«, sagte Jizell. »Der Palast wurde völlig von der Außenwelt abgeschottet, nachdem wir die Herzoginmum herausgeschmuggelt hatten. Man sagt, diese Abriegelung geschehe zum Schutz des Herzogs. Auf dem Stadtplatz verkünden Herolde neue Gesetze, die Herzog Pether erlassen haben soll, unter anderem geht es um eine strikte Ausgangssperre. Alles läuft darauf hinaus, uns von der Mauer und dem Großsiegel, an dem gearbeitet wird, fernzuhalten.«

»Bei der Nacht!« Leesha zückte ihren *hora*-Stab und zeichnete Siegel der Stille und der Tarnung. »Habt ihr Patienten, die unter dem Einfluss der Seelendämonen stehen?«

»Ja, aber es sind nur wenige«, sagte Jizell. »Die Schülerinnen befragen jeden, der hier aufgenommen wird, und versuchen herauszufinden, ob er von einem Seelendämon gelenkt wird. Dem

Schöpfer sei Dank, dass die Seelendämonen keinen Wert darauf legen, Verletzte unter ihre Kontrolle zu bringen, deshalb gab es bei dem ersten Angriff keinen, dessen Geist sie verseucht hatten. Erst spätere Neuzugänge waren von den Seelendämonen besessen: Wächter, die von Flüchtenden verletzt wurden, oder die Arbeiter, die zu Schaden kamen, als ein Teil des Plankenwegs einstürzte, während sie an dem neuen Großsiegel arbeiteten. Wir haben sie von den übrigen Patienten abgesondert.«

Leesha nickte. »Wir müssen sie geschickt aushorchen. Vor allen Dingen diejenigen, die am Großsiegel gearbeitet haben.«

»Viel wirst du nicht aus ihnen herausbekommen«, meinte Jessa. »Sie geben sich recht zugänglich, nur wenn man sie zu ihrer Arbeit befragt, werden sie maulfaul. Du darfst das Thema nicht direkt ansprechen, sondern musst sie mit List und Tücke dazu bringen, dass sie sich irgendwann mal verplappern.«

Leesha nickte und sah Pawl an. »Glaubst du immer noch, dass du uns in den Palast einschleusen kannst? Die Geheimgänge, die vom Bordell dorthin führen, sind sicherlich versperrt.«

»Mag sein«, stimmte Pawl zu. »Aber es gibt noch andere Schleichwege, die nur der herzoglichen Familie bekannt sind, und den gesamten Palast durchziehen.«

»Was hast du vor, Mädchen?«, fragte Jizell.

Leesha überhörte die Frage. »Hast du Feuerwerk?«

»Dies ist ein Hospital!«, versetzte Jizell.

»Ich habe welches.« Jessa blinzelte ihr zu. »Die Herzoginmum legte viel Wert auf einen persönlichen Vorrat.«

»Der zweifellos verschwand, nachdem ihre Kräutersammlerin sie verriet und dann ihr Heil in der Flucht suchte«, folgerte Leesha.

»Endlich hast du die Spielregeln kapiert«, sagte Jessa. »Wie viel brauchst du?«

»Alles, was du hast.«

»So viel Feuerwerk wird eine Menge Aufmerksamkeit erregen«, warnte Jessa.

»Die Phase des Erlöschenden Mondes hat bereits begonnen«, sagte Leesha. »Wer weiß, was die Seelendämonen just in diesem Moment tun. Vielleicht kämpfen Gared und die Talsoldaten gerade um ihr nacktes Überleben. Wir können es uns nicht leisten, unseren Plan in aller Stille durchzuziehen.«

Jizell verschränkte die Arme. »Was für einen Plan? Wovon sprichst du?«

»Bei Tagesanbruch werden Jessas Mädchen das Großsiegel in die Luft sprengen«, sagte Leesha. »Und während das Augenmerk aller darauf gelenkt wird, schleichen wir uns in den Palast und töten den Seelendämon.«

Im Zwielicht vor der Morgendämmerung strolchten immer noch Horclinge durch die Straßen von Angiers, aber Leesha wusste, dass die Seelendämonen bereits vor dem heller werdenden Himmel geflüchtet waren. Getarnt durch Kendalls Musik eilten sie zu dem Versteck, in dem Jessa das Feuerwerk hortete, dann erhielten die Mädchen ihre genauen Anweisungen.

»Nachdem der letzte Dämon sich in Nebel verwandelt hat, dauert es vielleicht fünfzehn Minuten, bis die Morgenschicht eintrifft«, sagte Jessa. »Zeit genug, um einen Donnerstock zu platzieren, die Lunte anzuzünden und sich schleunigst davonzumachen.«

Die übrigen aus der Gruppe gingen weiter zu Jessas früherer Schule, in der nun eine Garnison Holzsoldaten untergebracht war. Roni und ein paar der anderen Mädchen waren schon vor ihnen eingetroffen. Sie schäkerten mit den Wachen, denen sie als

Morgenmahl leckere Pasteten servierten und dazu Kaffee, dem eine hohe Dosis Bitterkraut und Himmelsblüten beigemischt war. Leesha und ihr Gefolge mischten sich unter die Leute, während Wonda, die wieder einen angierianischen Wappenrock über ihrem Harnisch trug und den Helm tief ins Gesicht gezogen hatte, Posten bezog.

»Was …?«, keuchte einer der Wächter, als seine Männer der Reihe nach umkippten. Torkelnd näherte er sich Wonda. »Schnell, Mann! Gib Alarm!«

Wonda tat so, als wolle sie ihn stützen, dann stopfte sie ihm einen Lappen in den Mund und warf ihn zu Boden.

»Beeilt euch!« Jessa zog an einem verborgenen Hebel. Ein Bücherregal glitt zur Seite und gab den Blick auf eine nach unten führende Wendeltreppe frei.

Im selben Moment bebte der Boden, als mit einem gewaltigen Krachen die Donnerstöcke die Plankenwege der Großsiegel in die Luft jagten.

»Was geht da oben vor sich?«, fragte jemand.

Leesha goss zwei chemische Lösungen in eine Flasche, die sie mit einem Korken verschloss und kräftig schüttelte. Dann warf sie die Flasche die Treppe hinunter, sodass sie beim Aufprall unten zerplatzte. Das auslaufende Gemisch zischte, und ätzende Dämpfe stiegen auf. Von unten hörte man gedämpfte Rufe und Husten.

Wonda stieg als Erste die Treppe hinab. Sie trug eine schützende Maske vor dem Gesicht, und die Siegel auf ihrem Helm ermöglichten es ihr, durch den Dunstschleier zu sehen. Sie war schnell, und Leesha hörte das Brechen von Knochen, als sie den Weg für die anderen freimachte. Selbst wenn die Männer wieder aufwachten, wären viele von ihnen nicht imstande, ihnen zu folgen.

Leesha zog den *hora*-Stab aus ihrem Gürtel und betrat mit angehaltenem Atem den dunklen Treppenschacht. Sie zeichnete

Luftsiegel, und ein Windstoß fegte den Nebel beiseite, während sie die Stufen hinunterstiegen.

»Kendall!« Die Jongleurin klemmte sich die Fiedel unter das Kinn und fing an zu spielen, als Jessa die Tür zu dem Geheimgang öffnete, den der Adel seit zwei Generationen benutzte, um vom Palast aus ins Bordell zu gelangen.

Leesha gab Jessa und Jizell ein Zeichen. »Ihr geht raus. Sammelt die Mädchen ein und bringt sie in Sicherheit.«

Jizell umarmte sie flüchtig. »Der Schöpfer sei mit dir, Mädchen.«

»Ay«, sagte Jessa. »Viel Glück.«

Dann lotste Pawl sie in die Dunkelheit hinein.

Kendalls Musik schützte sie wie ein Tarnumhang, als Leesha, Wonda und Pawl an den Horclingen vorbeihuschten, die in den Katakomben herumlungerten. Schließlich öffnete Pawl eine Geheimtür, die sich in einer unauffälligen Wand verbarg, und sie verließen die von Dämonen verseuchten Tunnel. Sie landeten in einem engen, mit Teppichen ausgelegten Korridor, der zu Araines Schreibzimmer im Frauenflügel des Palasts führte.

Doch der Ort war nicht mehr so, wie Leesha ihn in Erinnerung hatte. Die Fenster waren schwarz angestrichen und mit schweren Vorhängen verdeckt. Ohne die magische Sicht, die ihre Siegel ihnen verliehen, hätten sie in völliger Finsternis gestanden. Von Wänden und Fußböden waren sämtliche Siegel entfernt worden, stattdessen sah man überall tiefe Kratzspuren von Krallen.

»Um in den nächsten Korridor zu gelangen, müssen wir die große Halle durchqueren«, flüsterte Pawl.

Getarnt durch Kendalls Musik verließen sie das Schreibzimmer. Die große Halle war in ähnlicher Weise verwüstet. Auf dem Boden schliefen Dämonen, und Leesha wagte nicht einmal zu atmen, als sie sich auf Zehenspitzen an ihnen vorbeistahlen. Pawl brachte sie in einen Raum und schleuste sie durch einen kalten Kamin in den nächsten Gang hinein.

»Wir sind gleich da«, wisperte der Junge und deutete auf eine Tür am Ende der schmalen Passage.

Hinter ihnen ertönte ein Knurren. Leesha drehte sich um, sah aber nichts. »Beeilung!«

Pawl nickte, rannte zur Tür und öffnete sie. Just in diesem Augenblick wurden die Wände und der Boden hinter ihnen lebendig. Farben und Teppiche veränderten ihre Form, trieben harte, scharfkantige Schuppen aus und verwandelten sich dann in Dämonen.

»Schneller!«, schrie Leesha und stürmte durch die Tür in den dahinterliegenden Thronsaal. Sie spürte, wie sich die Gedankensiegel auf ihrem silbernen Haarnetz erhitzten, und noch ehe die Symbole des Bannkreises ringsherum aufblitzten, wusste sie, dass sie in eine Falle gelaufen waren.

Wonda schoss einen Pfeil auf die sich nähernden Dämonen ab, doch er prallte gegen die Siegel und landete vor ihren Füßen. Kendall, noch in vollem Lauf, rannte in das Siegelnetz hinein. Stichflammen loderten auf, und sie schrie ängstlich, als sie zurückgeschleudert wurde und dabei die Fiedel losließ.

Leesha hob ihren *hora*-Stab, doch in der Luft erschien ein Aufprallsiegel und schlug ihr den Stab aus der Hand, der außerhalb des Kreises landete. Etwas zerrte heftig an ihrem Gürtel, und ihr wurde auch noch der *hora*-Beutel entrissen. Wonda hämmerte laut brüllend mit den Fäusten auf die Siegel ein. Bei jedem Schlag schrie sie vor Schmerzen. An dem magischen Netz, das sich wie Spinnweben in der Luft ausbreitete, konnte Leesha erkennen, dass es darin keine einzige Schwachstelle gab.

Pawl kam in den Saal geschlendert, während die Mimikrydämonen anfingen, um den Bannzirkel herumzuhuschen – schemenhafte Umrisse, in der Dunkelheit kaum zu sehen.

»Du kleiner Wichser!« Wonda trommelte immer noch mit den Fäusten auf die Siegel ein, trotz der Schmerzen. »Warte nur, wenn ich dich in die Finger krieg …!«

Pawl warf den Kopf zurück und lachte. Leesha lief ein eisiger Schauer über den Rücken. Als er sprach, klang seine Stimme härter, älter. »Was bildest du dir überhaupt ein? Du bist auch nicht klüger als die dümmste Felsendrohne, die sich selbst umbringt, indem sie immerzu auf Siegel einschlägt.«

»Pawl?«, fragte Leesha.

»Der Geist des Knaben enthält eine Menge Würze, wenn man bedenkt, wie jung er noch ist«, sagte Pawl. »Wir werden uns daran gütlich tun, wenn wir keine Verwendung mehr für ihn haben.«

Leesha legte den Kopf schräg. »Wie konntet ihr von Pawl Besitz ergreifen? Ich habe seine Gedankensiegel selbst angefertigt.«

Einer der Mimikrys war plötzlich in flirrendes Licht getaucht, und als er auf die Siegel zuspazierte, setzte Leeshas Herz einen Takt aus. Sie hatte den Eindruck, als sei Rojer von den Toten auferstanden. »Köstlich, wie dumm sie doch sind.«

Ein anderer Mimikry fing an zu flimmern und nahm Thamos' Gestalt an. Er sah ihm so täuschend ähnlich, dass Leeshas Augen feucht wurden. »Selbst jetzt kapieren sie immer noch nichts.«

»Ihr habt von Anfang an in dem Jungen gesteckt«, begriff Leesha. »Seit der ersten Nacht. Araine ist nicht geflohen. Sie sollte fortgehen.«

»Andernfalls wäre es schwierig gewesen, dich von deinem Machtzentrum wegzulocken«, bestätigte Pawl.

»Es war viel einfacher, eine Karotte vor deiner Nase baumeln zu lassen, so wie man ein Maultier auf Trab bringt«, sagte Rojer.

»Der Junge hat nicht gewusst, dass er von uns benutzt wurde, als er euch hierher führte«, legte Thamos nach.

»Und was passiert jetzt?«, fragte Leesha. »Wollt ihr uns töten? Unsere Gehirne auffressen?«

Pawl fletschte die Zähne. »Ja. Sobald ihr überflüssig geworden seid.«

»Sie kapieren immer noch nichts«, wiederholte sich Thamos voller Staunen. »Wie erbärmlich.«

»Wir sind erbärmlich?!«, schrie Wonda. »*Ihr* seid jämmerlich, weil ihr euch hinter Kindern und Gestaltwandlern versteckt!«

Wie als Antwort darauf erstrahlte der Raum plötzlich im Licht unzähliger Siegel. Leesha hob den Blick und sah einen Dämon, der sich auf dem Efeuthron rekelte und sie aus hervorquellenden Augen anglotzte. Der Horcling verströmte einen so grellen Schein, dass Leesha blinzeln musste.

Am Fuß der Treppe, die zum Thron führte, standen zwei weitere Seelendämonen. Sie hatten schmächtige, dürre Körper und große, kegelförmige Köpfe. Die Stirn war umkränzt von kurzen Hörnern und Knochenkämmen, die in einem unheilvollen Glanz pulsierten.

Thamos ließ einen Arm vorschnellen, der sich in einen langen Tentakel verwandelte und sich um Leesha wickelte.

»Meisterin Leesha!« Wonda wollte sie festhalten, aber der Dämon war stärker als sie. Mit einem heftigen Ruck riss er Leesha aus dem Bannzirkel, während Wonda nach hinten geschleudert wurde.

Thamos zog Leesha eng an sich und setzte dieses spezielle Lächeln auf, mit dem er sie immer angeschaut hatte, wenn sie allein waren. Er streichelte ihre Wange, und es fühlte sich an, als würde Thamos' Hand sie liebkosen. Er roch sogar wie Thamos. Behutsam fing er an, die Nadeln aus dem silbernen, versiegelten Haarnetz zu ziehen, das Leesha vor Seelendämonen schützte.

Sie schlug nach ihm, doch Thamos grinste nur. »Wehre dich nicht, meine Liebste. Gleich wirst du solches Kopfweh haben, dass du mich um eine Berührung anflehst.« Er beugte sich über sie und küsste sie. Alles erinnerte sie an Thamos, sogar sein Atem. Leesha bemühte sich, ihren Abscheu zu verbergen, doch zweifellos zeigte sich in ihrer Aura, wie sehr sie sich ekelte.

»Wenn ihr diesen Ort verlasst, werdet ihr voller Geschichten stecken, die unsere Niederlage schildern«, ergriff Rojer das Wort. »Ihr werdet diese Geschichten selbst glauben und euch an bestimmte Dinge erinnern, als wären sie tatsächlich passiert. Man wird euch als Retter feiern, und ihr werdet wieder das Kommando über eure Armeen erhalten.«

»Ihr werdet tagsüber marschieren und nachts euren Geist mit Siegeln schützen, während ihr von innen heraus eure Abwehr schwächt«, sagte Pawl.

»Und dann gehört das Tal uns«, sagte Thamos.

Jetzt war es Leesha, die lächelte. »Ich glaube nicht.«

»Ihr könnt es gar nicht verhindern.« Thamos zog die letzte Haarnadel aus dem Netz.

Der Knabe mit der Blutschuld wird euch in das Netz der Spinne führen, hatten Leeshas Würfel gesagt. *Und erst dann dürft ihr zuschlagen.*

»Es kann losgehen, meine Lieben«, sprach sie in ihren versiegelten Ohrring.

Die Dämonen stutzten, doch eine Weile tat sich gar nichts.

Dann gab es einen ohrenbetäubenden Knall, der sowohl Menschen als auch Dämonen von den Füßen riss. Sogar der Dämon auf dem Podest klammerte sich krampfhaft an den Efeuthron. Es folgten weitere Explosionen, die Leesha durch das Klingeln in ihren Ohren nur gedämpft wahrnahm.

Staubwolken breiteten sich im Thronsaal aus und erschwerten das Atmen. Und plötzlich geschah das Unfassbare: Helles Morgenlicht flutete durch die zerborstenen Fenster, von allen Seiten strömten Sonnenstrahlen in den Raum und überkreuzten sich in der Luft. Die Seelendämonen kreischten und flüchteten sich in schattige Winkel. Doch nirgends waren sie vor dem Licht sicher, und ihre Gliedmaßen fingen an zu qualmen.

Micha erschien in einem der Fenster und schleuderte einen Speer aus versiegeltem Glas. Die Spitze bohrte sich in die Brust des Mimikrys, der Thamos' Gestalt angenommen hatte.

Stela Schenk sprang durch ein anderes Fenster und beförderte Rojers Mimikry mit einem Fußtritt in einen Sonnenstrahl, der den Dämon in Flammen aufgehen ließ. Dann schnappte sie sich den zappelnden Pawl, ehe er noch mehr Unheil anrichten konnte.

Leesha befreite sich von dem Tentakel, während Kendall ihre Fiedel aufhob und Wonda aus dem nun wirkungslosen Zirkel herausstürmte.

Die übrigen Mimikrys und Seelendämonen konnten sich im Sonnenlicht nicht in Nebel auflösen und in den Horc flüchten. Sie hasteten zu den Ausgängen, aber Stela überholte sie und versperrte ihnen den Weg. Die Dämonen zerstreuten sich, doch vor dem nächsten Ausgang stand Bruder Franq. Ella Holzfäller riegelte den dritten Fluchtweg ab.

»Ich möchte euch meine Siegelkinder vorstellen«, rief Leesha den Dämonen zu, die schrille Schreie ausstießen und nach den Flammen schlugen, die sich auf ihrer Haut entzündeten.

»Es passt uns nicht, wie ihr Mum behandelt habt«, sagte Stela.

14

Sharak Ka

334 NR

»*Damajah*. Deine heilige Mutter ist eingetroffen.«

Inevera drehte sich um. Sie war so in Gedanken versunken gewesen, dass sie Jarvahs Eintreten nicht bemerkt hatte. Fahrlässigkeiten wie diese konnten sie das Leben kosten. »Führ sie zu mir.«

Sie wandte sich wieder dem Fenster zu, als Manvah den Raum betrat und sich neben sie stellte. Jarvah schloss von außen die Tür und ließ die beiden Frauen allein. Seite an Seite standen Mutter und Tochter da und blickten hinunter auf die erneuerten Kaianlagen. Dort arbeiteten Laktoner und Krasianer Hand in Hand, um beschädigte Schiffe instand zu setzen und Teile jener Boote zu bergen, die sich nicht mehr reparieren ließen.

»In meinen kühnsten Träumen hätte ich mir keinen derartig großen Oasensee vorstellen können. Und dass es so viele Schiffe gibt, hätte ich auch nicht gedacht«, sagte Manvah.

»Obwohl die Flotte wahrscheinlich noch zu klein ist, um alle von hier wegzubringen, falls wir die Stadt beim Erlöschen des Mondes verlassen müssen«, entgegnete Inevera.

Manvah sah sie an. »So schnell würdest du vor Nie kapitulieren?«

»*Schnell* ganz gewiss nicht«, sagte Inevera. »Wenn wir Everams Brunnen um den Preis meines Lebens halten können, wird meine

Ehre grenzenlos sein. Aber wenn ich meine Würde opfern muss, damit unsere Leute lange genug überleben, um auch nur eine einzige Nacht weiterkämpfen zu können, tue ich es gern und aus voller Überzeugung.«

Manvah nickte und schaute wieder aus dem Fenster. »So gefällst du mir, Tochter.«

»Wie war deine Reise?«, fragte Inevera.

»Unterwegs wurden wir von *alagai* angegriffen«, sagte Manvah. »Aber zehntausend *Sharum* wurden mit ihnen fertig.«

Inevera nickte. Nun, da die *alagai* wussten, dass sie Everams Brunnen verteidigen wollten, konnte sie Verstärkung anfordern. Doch sie wagte es nicht, zu viele Krieger vom Füllhorn abzuziehen. Amanvah und Asome berichteten von Kämpfen am Rande der Stadt. Immer mehr Dämonen tauchten auf, angeführt von gerade geschlüpften Seelendämonen, doch wie im Tal, so waren auch in Everams Füllhorn mächtige Siegel am Werk, die noch verhinderten, dass die Dämonen eine echte Gefahr für diese beiden Machtzentren darstellten.

»Wie steht es um die *chin*-Rebellion?«, erkundigte sich Inevera. »Asome und Amanvah sagen, die Lage hätte sich beruhigt, aber du hörst Dinge im Basar, die nicht bis zu ihnen vordringen.«

»Seit die *alagai* die Siegel an der Stadtmauer zerkratzen und verbrennen und Kuriere aus dem Tal Angiers' Untergang melden, verspüren die *chin* nicht mehr den Wunsch, gegen jene anzukämpfen, die am besten geeignet sind, sie zu beschützen.«

»*Wenn der Sharak Ka beginnt, endet der Sharak Sun*«, zitierte Inevera.

»Dem scheint so zu sein.« Manvah deutete auf die Krasianer und Laktoner, die gemeinsam im Hafen arbeiteten. »Diese *chin* haben die Rebellion angezettelt, und jetzt fressen sie dir aus der Hand.«

Inevera senkte den Blick. »Das ist nicht … die ganze Wahrheit.«

»Wie bitte?«, fragte Manvah.

»Nachdem Ahmann verschollen war, brauchte ich einen Feind, um die *Damaji* bei der Stange zu halten«, sagte sie leise. »Einen Sündenbock für die *chin*-Rebellion. Abban drängte darauf, Dockstadt anzugreifen und den Winterzehnten zu erbeuten, nämlich das Getreide und die Vorräte, die für die Stadt im See bestimmt waren. Deshalb …«

»Hast du auf deinem Kissenthron gesessen und gelogen«, beendete Manvah den Satz. »In Everams Namen hast du diese Menschen verfrüht in den Sharak Sun gestürzt, nur weil es deinen eigenen Interessen diente.«

Inevera nickte. »Zur Strafe verlor ich meinen ältesten Sohn und einen großen Teil von Everams Streitmacht. Und das alles nur, um in diesen stinkenden Sümpfen Fuß zu fassen.«

»Manchmal genügt es, Fuß zu fassen, damit einem ein großer Sprung gelingt«, sagte Manvah. »Aus deinen Worten höre ich heraus, dass du mit einem Tadel von mir rechnest. Aber es steht mir nicht zu, dich darüber zu belehren, was falsch und was richtig ist. Dir hat Everam die Bürde der Macht auferlegt, und nach allem, was ich gesehen habe, hast du sie mit Weisheit getragen.« Sie drehte sich um und lächelte. »Meistens jedenfalls. Niemand weiß, was beim letzten Erlöschen des Mondes passiert wäre, wenn du nicht hierhergereist wärst, zu Everams Brunnen. Lakton wäre vielleicht so oder so verloren gewesen. Nun jedoch besteht zumindest die Möglichkeit, diese Inselstadt neu zu errichten.«

»Hast du die Listen mitgebracht?«, fragte Inevera.

Manvah nickte und zog ein Bündel Papiere aus ihren Gewändern. »Lebensmittel, Bauholz, Pech und andere Waren. Genug, um Dockstadt wiederaufzubauen. Tausende von *dal'ting*-Handwerkerinnen können sofort mit der Arbeit beginnen, sofern sie aus dem Zeltlabyrinth herausfinden, das du hast anlegen lassen.«

»Fünfzigtausend Menschen finden innerhalb von Dockstadts Mauern keinen Platz«, sagte Inevera. »Die Zelte sind so aufgestellt, dass sie Großsiegel bilden. Dadurch werden die *alagai* in Schach gehalten, während wir neue Schutzvorrichtungen anlegen.«

»Ich werde das Ganze überwachen.« Manvah hatte rasch an Einfluss gewonnen, nachdem bekannt wurde, dass die tüchtigste Händlerin im Großen Basar tatsächlich die Mutter der *Damajah* war. Es gab niemanden, den Inevera in diesen schweren Zeiten lieber an ihrer Seite gesehen hätte als ihre Mutter.

Es klopfte an der Tür, und Jarvah führte Asukaji in den Raum. Als er Manvah sah, zuckte er zusammen. »Heilige Mutter, ich wusste nichts von deiner Ankunft ...«

»Mach den Mund wieder zu, Junge«, sagte Manvah. »Demnächst werden wir zwei uns noch oft genug begegnen.«

Asukaji verneigte sich noch tiefer, dann richtete er sich wieder auf. Er war ein hilfloser Krüppel gewesen, als Asome sie gefangen nahm und Kasaad tötete, aber jeder wusste, dass er diesen Plan unterstützt hatte.

»Es ist so weit, *Damajah*«, sagte Asukaji. »Die Fischmenschen warten vor dem Thron.«

Inevera nickte und rauschte aus dem Zimmer. Manvah, Jarvah und Asukaji folgten ihr. Die drei stellten sich zu den übrigen Krasianern, Ineveras Schwestergemahlinnen, Sikvah, Sharu und Qeran, während Inevera die Stufen zum Kissenthron emporstieg.

Gegenüber der krasianischen Abordnung standen Herzog Isan, Kapitänin Dehlia und die noch verbliebenen Hafenmeister. Sowie Inevera ihren Platz eingenommen hatte, trat Isan vor den Thron und deutete eine Verbeugung an. »*Damajah*. Dies ist ein bedeutsamer Tag für unsere beiden Völker.«

Sie konnte seine Aura nicht sehen, aber er war zweifellos immer noch zornig über ihre Anwesenheit und verachtete sich selbst, weil er sich vor ihr verbeugte. Dennoch schienen seine Worte aufrichtig gemeint zu sein. Er zeigte zwei Rollen Pergament, beide mit derselben akkuraten Handschrift beschrieben. Ein Text war in krasianischer Sprache abgefasst, der andere auf Thesanisch. »Das sind die fertigen Verträge.«

»Dann müssen sie nur noch unterschrieben werden. Mit Blut.« Inevera erhob sich, schwebte die sieben Stufen hinunter und zog die gekrümmte Klinge aus ihrem Gürtel. Isan betrachtete sie argwöhnisch, obwohl auch er ein Messer zückte. Jarvah brachte das Gefäß mit der Tinte, öffnete es und stellte es auf das kleine Schreibpult, das man vor dem Thronpodest aufgestellt hatte.

»Wir haben gemeinsam in der Nacht Blut vergossen, Isan asu Marten asu Isdore«, sagte Inevera. Dann schnitten sich die beiden Anführer in die Finger und pressten jeweils sieben Tropfen aus der Wunde, um sie mit der schwarzen Tinte zu vermischen. »Möge unser beider Blut ein neues Zeitalter des Friedens zwischen unseren Völkern einleiten.«

Jarvah rührte das Blut in die dickflüssige Tinte ein und trat vom Schreibpult zurück. Als nächstes hoben Inevera und Isan ihre Schreibfedern, die ähnlich aussahen wie die, mit der Isans Mutter Jayan ein Auge ausgestochen hatte, und tunkten sie in das Gefäß.

»Ich ernenne dein Volk zum Stamm der Seebewohner, dem vierzehnten Stamm von Krasia«, verkündete Inevera, während sie ihr Exemplar des Vertrages unterschrieb. »Und dich ernenne ich zum *Damaji* Isan. Du wirst über dieses Land und seine Menschen herrschen und einzig dem Thron von Krasia untertan sein. Wenn der Sharak Ka beendet ist, und falls wir als Sieger aus diesem Krieg hervorgehen, kehre ich mit dem größten Teil meiner Leute nach Everams Füllhorn zurück. Es werden nur jene hierbleiben, welche gewillt sind, in Frieden mit euch zusammenzuleben. Das schwöre ich vor Everam, bei Seinem Licht und meiner Hoffnung, in den Himmel zu kommen.«

»Inevera vah Ahmann am'Jardir.« Isan sprach Krasianisch mit einem schweren Akzent, doch es war verständlich. »Ich erkenne dich an als *Damajah*, welche den Kissenthron von Krasia einnimmt.

Ich verpflichte mich, dir und dem *Shar'Dama Ka*, dem Herrn des Schädelthrons von Krasia, in Treue zu dienen. Gemeinsam werden wir in der Nacht kämpfen.« Er schrieb seinen Namen, und dann tauschte Jarvah rasch die Pergamente aus, damit sie vom jeweils anderen Anführer gegengezeichnet werden konnten.

Danach streute Jarvah ein Pulver über die Pergamente, damit die Tinte schneller trocknete. Sie verschloss das Tintengefäß und steckte es in eine Tasche. Die Mischung aus Ineveras und Isans Blut konnte für eine höchst brisante Weissagung sorgen.

»Und nun, *Damajah*«, Isan deutete auf die großen Fenster, »ein Geschenk vom Stamm der Seebewohner, um unser Bündnis zu besiegeln.«

Eine große Laktoner Galeere, die Inevera noch nie zuvor gesehen hatte, glitt in die Bucht hinein und steuerte mit hoher Geschwindigkeit die Anleger an. Auf dem Deck befanden sich Geschütze. Inevera blickte Isan an und rechnete damit, dass er ihr seine Schreibfeder ins Auge stoßen würde. »Was ist das?«

Isan bedrohte sie jedoch nicht, sondern stellte sich ans Fenster. Schweigend sahen sie zu, wie das Schiff anlegte und vertäut wurde. Die Seeleute öffneten den Frachtraum, und Hunderte von *Sharum*-Kriegern ergossen sich in den Hafen. Die Männer wirkten verdreckt, aber sie waren kräftig. Gesund. Kampftauglich.

»Nachdem die Stadt verloren war, schickte ich ein Schiff los, um die gefangenen Mannschaften von der Gefängnisinsel zu holen«, sagte Isan. »Die Hafenmeister waren dagegen, ein Schiff zu gefährden, um Leute zu retten, die uns angegriffen hatten. Aber hätten wir sie einfach den Horclingen überlassen, wären wir vielleicht selbst zu Dämonen geworden.«

Inevera war so verblüfft, dass sie eine Weile brauchte, um angemessen zu reagieren. Dann verneigte sie sich, und die anderen anwesenden Krasianer folgten hastig ihrem Beispiel, wobei sie ihren Respekt durch noch tiefere und längere Verbeugungen zum

Ausdruck brachten. »Deine Ehre ist grenzenlos, *Damaji* Isan. In der Nacht sind wir alle die Kinder des Schöpfers.«

– *Alagai Ka* schwimmen nicht. –

Inevera brütete über den Symbolen. Diese Deutung erklärte vielleicht, warum die Flotte der Laktoner erhalten blieb, obwohl deren Stadt vernichtet wurde. Der Evejah'ting lehrte, dass Wasser Magie nur schlecht leitete. Die Seelendämonen hatten ihre Leviathane wie stumpfe Waffen eingesetzt, um die Stadt im See kurz und klein zu schlagen, aber sie überwachten das Werk der Zerstörung nicht selbst.

Wenn es eine Grenze gab, die die Macht der Seelendämonen über ihre Drohnen einschränkte, dann war das tiefe Wasser des Sees womöglich sicherer als die Uferzone. Irgendwo zwischen der Bucht von Dockstadt und Lakton verlief wahrscheinlich eine Scheidelinie, an der der Einfluss der Seelendämonen endete, andernfalls hätten die Wasserdämonen die gesamte Flotte zertrümmert.

Die Leviathane stellten für Dockstadt die größte Bedrohung dar. Trotz der zusätzlichen *dama'ting* und *shar'dama*, die mit Hilfe von *hora* Zauber wirkten, war es einfacher, gegen *alagai* zu kämpfen als gegen das Wasser selbst. Jetzt verfügte der Kissenthron über mehr Macht als beim vorherigen Erlöschen des Mondes, aber vor der zerstörerischen Kraft dieser Riesenwellen bot er keinen Schutz.

»Hole Qeran.«

»Sofort, *Damajah*.« Geräuschlos glitt Jarvah aus dem Raum.

»Du hast nach mir geschickt, *Damajah.*« Qeran berührte mit seiner Stirn den Boden.

»Der Plan findet nicht deine Billigung.« Inevera sah es in seiner Aura.

»Es steht mir nicht zu, Kritik an dem zu üben, was *inevera* ist«, sagte Qeran. »Aber die *Damajah* sollte sich nicht dieser Gefahr aussetzen. Du wirst hier gebraucht, in der Stadt. Du musst die Kämpfenden anführen.«

»Dafür haben wir das Blut des Erlösers, Exerziermeister.«

Alle hatten gekämpft, doch Nacht für Nacht, wo immer die Schlacht am ärgsten tobte und es Anzeichen dafür gab, dass *alagai*-Generäle zugegen waren, erschienen Kajivahs Enkel und häuften Ruhm und Ehre auf sich. Sikvah, Asukaji, Sharu und Jarvah. Das Blut des Erlösers. *Sharum* wie *chin* sprachen ihre Namen mit Ehrfurcht aus.

Qeran schien trotzdem nicht zufrieden zu sein. »Sprich.«

Er senkte den Blick. »Das tiefe Wasser ist ... erbarmungslos, *Damajah.* Everams Kinder sind ihm gleichgültig. Ein Krieger, der im Labyrinth zu Boden fällt, kann immer noch atmen – um Hilfe rufen. Er weiß, wo oben und wo unten ist. Der Boden trachtet nicht danach, ihn zu töten. Im Gegensatz zu dem See. Das Wasser will uns umbringen, *Damajah.*«

»Das wollen die *alagai* auch«, sagte Inevera. »Du sprichst weise, Exerziermeister, und ich nehme deinen Rat zur Kenntnis. Aber unsere neuen Verteidigungsanlagen können uns nicht schützen, wenn die Dämonen uns mit Riesenwellen angreifen. Das haben mir die Würfel verraten.«

»Lass mich an deiner Stelle gehen«, schlug Qeran vor. »Mit den Schiffen *Gelber Speer*, *Gelber Schild* und *Gelbe Rüstung* werde ich die Leviathane jagen. Ich töte sie und schicke sie hinunter in die Tiefe.«

»*Wir* werden sie jagen und töten«, mischte Kapitänin Dehlia sich ein. »Ich mache mit der *Sharums Wehklage* Jagd auf sie.«

»Und ich schließe mich mit der *Isadore* an«, sagte *Damaji* Isan. Inevera warf ihm einen überraschten Blick zu.

»Ich wollte nie Hafenmeister werden«, sagte Isan. »Auch nicht Herzog oder ein *Damaji*. Nur Kapitän, und ich verstehe mein Handwerk. Wenn die Wasserdämonen die größte Bedrohung für meine Leute darstellen, dann ist es meine Pflicht, sie auszurotten.«

Inevera nickte. »Es ist unser aller Pflicht.« Sie sah Sikvah an. »Du und *Damaji* Asukaji werdet den Sharak an Land anführen, Nichte. Umshala befehligt die *dama'ting*. Ich werde mit Qeran auf der *Gelber Speer* segeln. Qasha segelt mit Dehlia auf der *Sharums Wehklage*. Justya begleitet *Damaji* Isan auf der *Isadore*.«

Es war ein seltsames Gefühl, über das schaukelnde Deck zu laufen, als sie in der Abenddämmerung des Erlöschenden Mondes Segel setzten. Noch trauten die *alagai* sich nicht an die Oberfläche, doch unter den Wogen wimmelte es bereits von ihnen. Sie brachten das Wasser zum Brodeln, und die Planken unter Ineveras Füßen waren in dauernder Bewegung. Es fiel ihr nicht schwer, die Balance zu halten, aber ihr Magen rebellierte.

Sie schloss die Augen und stellte sich eine Palme vor, die im Wind schwankt. Das Deck war etwas Beständiges. Dann ließ sie die Palme Wurzeln in die Planken treiben, um auf diese Weise eins zu werden mit dem Schiff. Ihr Magen beruhigte sich. Sie öffnete die Augen und schickte sich an, die Geschütze an Bord zu inspizieren. *Sharum*-Seeleute, die an einen so hohen Besuch nicht gewöhnt waren, ließen alles stehen und liegen und warfen sich zu Boden, wenn sie an ihnen vorbeiging.

»Sag ihnen, sie sollen damit aufhören.« Qeran nickte, drehte sich um und brüllte den Männern Befehle zu. Inevera spähte über die Bordwand und sah die Reihen von Skorpionstacheln auf dem unteren Deck. Und ein Stück tiefer lauerte das dunkle Wasser.

Das tiefe Wasser fordert deinen Tod.

Inevera konnte schwimmen, doch als das Land allmählich hinter ihnen zurückblieb, begriff sie, das es ihr nichts nützen würde. Jedes von Everams Kindern, das bei Nacht in die schäumenden Wogen fiele, wäre unrettbar verloren. Selbst sie.

Sie verdrängte die Gedanken an den Tod und betrachtete die wuchtigen Skorpionkatapulte an Deck, mit denen sie in dieser Nacht Jagd auf die Leviathane machen wollten. Die Skorpionstachel, massive Bolzen, trugen Widerhaken und waren von ihren Schwestergemahlinnen mit Siegeln verstärkt worden. Diese gigantischen Speere hatten Kerne aus Siegelglas und am hinteren Ende einen Ring. Daran befestigt waren starke Trossen, die wiederum mit großen Winden verbunden waren, welche von der Schiffsmannschaft bedient werden konnten. Am Achter- und Vorderkastell standen Bogenschützen vom Stamm der Mehnding bereit. Unter dem Bugspriet durchpflügte ein scharfer Rammsporn aus Siegelglas das Wasser. Seine Siegel hatte Inevera mit eigener Hand angebracht.

Die *Gelber Speer* wurde flankiert von ihren beiden Geleitschiffen *Gelber Schild* und *Gelbe Rüstung*. Bauweise und Bewaffnung der drei Schiffe war beinahe gleich, doch nur das Flaggschiff war mit einem Rammsporn ausgestattet.

Vor ihnen wartete der Stamm der Seebewohner, *Damaji* Isan an Bord der *Isadore* und Kapitänin Dehlia mit ihrem Schiff *Sharums Wehklage*. Sie bewachten eine sorgfältig berechnete Grenze, von der Inevera glaubte, dass hier der Einflussbereich der Seelendämonen endete.

Sie sah zu, wie die Sonne im See versank, ein schaurig-schöner Anblick. Das Erlöschen des Mondes nahte.

Als es dunkelte, begannen überall auf dem Schiff Siegel zu glühen. Die Edelsteine, die manch einen *Sharum*-Turban zierten, die Siegel zur Abwehr von Wasserdämonen am Schiffsrumpf, die Siegel der magischen Sicht und des Schutzes an den Helmen der Besatzung. Die Mannschaft konnte in Everams Licht sehen und kämpfte in der finstersten Nacht genauso gut wie am helllichten Tag.

Doch auch das Wasser fing an zu leuchten, als die *alagai* aus der Tiefe emportauchten. Einige waren schnelle, quirlige Dinger, die das Auge kaum wahrnahm. Andere wiederum ...

Lange brauchten sie nicht zu warten. Der Feind gierte danach, Dockstadts Widerstand ein für alle Male zu brechen. Auf einmal funkelte der gesamte See, das Licht wurde immer greller, bis das Wasser in Flammen zu stehen schien. Wellen rauschten heran, und das Deck schlingerte, aber Qeran und die anderen Kapitäne wussten, was zu tun war, und richteten den Bug des Schiffs direkt in die Wogen hinein. Sie ritten auf den Brechern, als der erste Leviathandämon aus dem Wasser schnellte und hoch in den Nachthimmel emporsprang.

Das Bild war erhebend und schrecklich zugleich, ein uraltes, gigantisches Wesen, das im Glanz der Magie strahlte. Das riesige Maul hätte mit einem einzigen Biss das halbe Schiff verschlingen können. Mit dem Schwanz konnte das Ungeheuer ein Gebäude zertrümmern. Die scharfen, knochigen Ränder seiner Flossen waren imstande, einen Schiffsrumpf zu durchschneiden, ohne dass der Leviathan auch nur um eine Spur langsamer geworden wäre.

Aber der Gigant sah die drei Schiffe nicht. Die Tarnsiegel verbargen sie vor den im Wasser wimmelnden Dämonen. Mit angehaltenem Atem wartete die Mannschaft auf Befehle.

Der Leviathan schien eine Weile in der Luft zu schweben, dann wirbelte er mit einem Schlag seines mächtigen Schwanzes herum und wollte wieder abtauchen.

»Feuer!«, brüllte Inevera. Die Skorpionmannschaften auf den anderen Schiffen schossen die Katapulte ab. Wuchtige Bolzen drangen von allen Seiten in den Koloss ein. Man ließ die Trossen abrollen, als der Dämon auf das Wasser krachte und eine enorme Woge erzeugte, dann drehte man mit aller Kraft an den Winden, um das Schiff beim Anprall der Welle ruhig zu halten und dafür zu sorgen, dass der Dämon an Ort und Stelle blieb.

Lediglich die *Gelber Speer* feuerte nicht. Die Segel waren längst eingeholt. Jetzt legten sich kräftige Eunuchen, zusätzlich gestärkt durch *hora*-Magie, gewaltig in die Riemen, und das Schiff erklomm den Wellenberg. Sie erreichten den Kamm der Woge und schossen mit furchterregender Geschwindigkeit wieder hinunter.

Inevera schleuderte Schneidesiegel in die Luft und schwächte die dicke, uralte Hautschicht des Leviathans, ehe der Rammsporn sich in das Monstrum hineinbohrte.

Es gab einen entsetzlichen Ruck. Selbst die erfahrensten Seeleute riss es von den Füßen, und etliche gingen über Bord. Vorsichtshalber hatten sie sich an Deck festgebunden, doch die belastbaren Stricke aus Seidenfäden und die stählernen Haken wurden aufs Äußerste beansprucht. Stricke rissen, Haken lösten sich aus der Verankerung, und schreiende Krieger stürzten in die kalten Fluten.

Schwarzes Blut spritzte aus der Wunde, die der Rammsporn in den Panzer des Dämons gerissen hatte, und ergoss sich über die Mannschaft im Vorderkastell. Doch die Siegel am Rammsporn und am Rumpf wurden gestärkt und machten das Schiff robuster, während der Dämon wild um sich schlug und ein schrilles Jaulen ausstieß, das sich im Wasser fortpflanzte.

Die Mannschaften blieben nicht müßig, sondern schossen von den unteren Geschützdecks aus weiterhin Bolzen und Pfeile auf den Dämon ab. Qeran selbst richtete den großen Skorpion an Deck der *Gelber Speer* aus und feuerte einen massigen Bolzen in das Auge des Dämons, das in einer gewaltigen Blutfontäne zerplatzte.

Die Ruderer pullten, was das Zeug hielt, aber der Rammbock steckte im Hautpanzer des Leviathans fest. Mit ihrem *hora*-Stab zeichnete Inevera Schneidesiegel rings um die Verletzung und vergrößerte sie so stark, dass selbst dieser uralte Gigant sie nicht ohne Weiteres heilen konnte. Dann zeichnete sie Wassersiegel und nutzte die Bannzone, um das Schiff in die entgegengesetzte Richtung zu stoßen.

Die Kreatur peitschte mit ihrem Rumpf das Wasser auf und drohte, die anderen Schiffe in die Tiefe zu ziehen. Auf ein Zeichen Qerans hin wurden die Trossen gekappt, aber der Dämon bäumte sich noch einmal auf, öffnete das riesige Maul und schoss auf das Schiff zu.

Inevera sog an der Energie, die das Deck überflutete, und nutzte die Magie des Dämons, um Hitze- und Aufprallsiegel zu stärken, die sie ihm dann in den aufgesperrten Rachen schleuderte. Der Bauch des Dämons blähte sich auf, zerplatzte wie eine übervolle Blase, und das Ungeheuer sank in die Tiefe.

Die Mannschaften jubelten, aber zum Feiern hatten sie keine Zeit. Entlang der Grenzlinie zwischen Lakton und Dockstadt sprangen immer mehr Leviathane in den nächtlichen Himmel und ließen sich auf das Wasser zurückfallen. Wellen türmten sich auf und gewannen zusehends an Höhe und Wucht. Bald wäre der Punkt erreicht, an dem sie die Stadt zerschmettern konnten.

Der Tentakel, der so breit und so lang war wie eine Straße, klatschte gegen den Rumpf. Mit Hörnern gespickte Saugnäpfe fraßen sich fest. Wassersiegel blitzten und sorgten weiterhin für Schutz, doch das Schiff wurde herumgewirbelt wie ein Kinderspielzeug. Inevera tänzelte, um das Gleichgewicht zu halten, doch ihr drehte sich der Magen um und sie konnte nichts dagegen tun. Sie klammerte sich an die Reling und erbrach sich ins Wasser. Ihr *hora*-Stab baumelte ungenutzt an seiner Lektronkette, die an ihrem Handgelenk befestigt war.

Sie hatte keine Zeit, sich den Mund abzuwischen oder den Magen vollständig zu entleeren. Drei weitere Riesententakel schnellten aus dem Wasser und griffen blindlings nach dem Schiff. Der Dämon richtete sich nach seinem Instinkt, da er wegen der Tarnsiegel nichts sehen konnte. Bogenschützen spickten die Gliedmaßen mit Pfeilen, doch die schlängelten sich weiter, als wäre nichts geschehen. Die Skorpionmannschaften, die nicht bereit waren, kostbare Bolzen an etwas zu verschwenden, das sich so schnell bewegte, feuerten stattdessen auf ein Ziel im Wasser, das sie für den eigentlichen Körper des Dämons hielten.

Inevera schnitt einen Tentakel ab, bevor er zuschlagen konnte, doch den nächsten vermochte sie nicht abzuwehren. Die Siegel am Hauptmast waren geschwächt, weil hohe Wellen und die ständig sprühende Gischt Segel sowie Takelage zerfetzt hatten. Ein wuchtiger Hieb mit dem Fangarm zersplitterte den Mast, und er kippte um.

Der Tentakel wurde durch die Siegel an der Reling zurückgehalten, doch er peitschte am Rand der Bannzone entlang und fegte über das Deck. In dem verzweifelten Versuch, sich unter dem Fangarm wegzuducken, warfen Inevera und die *Sharum* sich auf die Planken. Viele verloren dabei ihre Waffen und ließen die Taue los, an denen sie sich festgeklammert hatten. Wer sich nicht rasch wieder einen sicheren Halt verschaffen konnte, wurde von hohen Brechern über Bord gespült und trat seine Reise auf dem einsamen Weg an.

Weitere Masten brachen, Segel flatterten auf das Deck, schwächten die Siegel und vergrößerten das Chaos. Inevera bemühte sich, nicht von den schaukelnden Planken ins Wasser zu rutschen, doch dann fiel ein großes Segel herunter und begrub sie unter sich.

Sie zückte ihr Messer und durchtrennte die grobe Leinwand mit einem einzigen glatten Schnitt. Aber behindert durch die ineinander verwickelten Stoffmassen, schaffte sie es nicht mehr, rechtzeitig den *hora*-Stab zu heben, als sich ein dritter Tentakel über dem Schiff aufbäumte. Er war so gewaltig, dass er den Blick auf die Sterne versperrte.

Everam, deine Braut ist bereit, dir zu begegnen, betete sie. Doch noch war nicht alles verloren.

Die *Sharums Wehklage* pflügte sich zwischen der *Gelber Speer* und dem Dämon durch das Wasser und kappte den Tentakel mit ihrem Rammsporn. Die Seeleute ruderten wie besessen, und trotzdem wären sie um ein Haar von dem riesigen Fangarm getroffen worden, der dicht neben dem Schiff ins Wasser klatschte.

Inevera beobachtete, wie das Licht unter den Wellen verblasste, als die sterbende Kreatur in die Tiefe zurücksank.

Plötzlich kehrte Ruhe ein. Der See war immer noch aufgewühlt, aber längst nicht mehr so stark wie vorher. Einen gesegneten Augenblick lang tauchte kein *alagai* auf.

Das Geleitschiff *Gelber Schild* war verloren und sank ebenso auf den Grund des Sees wie der mit Tentakeln bewehrte Dämon. Die *Gelbe Rüstung* und die *Isadore* hatten den Schauplatz der Schlacht verlassen müssen und waren schwer angeschlagen nach Dockstadt zurückgesegelt, verfolgt von kleineren Wasserdämonen. Inevera hatte die Schiffe aus den Augen verloren und wusste nicht, was aus ihnen geworden war.

Qeran kam zu ihr. »*Damajah* …«

Ein Blick in seine Aura genügte ihr, um zu wissen, was er auf dem Herzen hatte. Er wollte ihre Erlaubnis zum Rückzug. »Ich habe Augen im Kopf, Exerziermeister.«

Sie drehte an einem Ohrring und nahm Verbindung zu Qasha auf der *Sharums Wehklage* auf.

»*Damajah*«, meldete Qasha sich prompt.

»Wir müssen den Rückzug antreten«, sagte Inevera. »Die *Gelber Speer* kann nicht noch einen Angriff abwehren. Sie würde untergehen.«

»Kapitänin Dehlia ist mit dir einer Meinung«, sagte Qasha nach einer Weile. »In dieser Nacht haben die *chin*-Seeleute Ruhm und Ehre auf sich gehäuft, aber die *Sharums Wehklage* kann den Kampf nicht fortsetzen. Sie hat keine Munition mehr, außerdem muss sie wegen schwerer Schäden dringend überholt werden.«

Inevera nickte Qeran zu. »Gib den Befehl.«

Als der Kapitän sich eilig entfernte, wobei er sich auf seinem Metallbein sicherer bewegte als die Matrosen, die zwei gesunde Beine hatten, unterbrach Inevera die Verbindung mit Qasha und versuchte dann mit Sikvah Kontakt aufzunehmen.

Sie wartete lange, aber sie erhielt keine Antwort. Schließlich rief sie Asukaji.

»*Damajah.*« Die Verbindung mit ihrem Neffen klappte auf Anhieb.

»Ich kann Sikvah nicht erreichen«, sagte Inevera.

»Komm zurück so schnell du kannst«, sagte Asukaji. »Sikvah ist gefallen.«

Inevera brüllte den Ruderern zu, sie sollten sich mehr anstrengen, und mit Hilfe von *hora* sprang sie auf den Pier, noch ehe das Schiff angelegt hatte. Die Straßen verschwammen vor ihren Augen, als sie zu der Kammer der Schatten rannte, wo Asukaji sie erwartete.

»Lebt sie noch?«

Ihr Neffe verneigte sich, aber in seiner Aura loderte Zorn. »Sie atmete nicht mehr, als wir sie zu den *dama'ting* brachten, aber sie wirken immer noch ihre Zauber über sie. Ihr Schicksal ist … *inevera.*«

Inevera machte sich auf alles gefasst und schob sich an ihrem Neffen vorbei. *Dama'ting* sowie ihre Schülerinnen blickten hoch, als sie die Kammer betrat, aber keine traute sich, ein Wort zu sagen.

Inevera wusste, warum sie schwiegen, als sie die Aura der Frau sah, die auf dem Operationstisch lag. Der Geist der Gesegneten Sikvah, *Sharum'ting Ka* von Krasia, war den einsamen Weg gegangen, doch Umshala hatte ihren Körper durch Magie am Leben erhalten, um des ungeborenen Kindes willen.

Ich werde mich beugen wie die Palme im Wind, schwor Inevera sich in Gedanken, während sie ihre Schwestergemahlinnen anblickte. Die *dama'ting* und *nie'dama'ting*, die sich um die Verletzten kümmerten. *Ich bin die* Damajah. *Ich muss ihnen Halt und Stütze sein.*

Doch selbst die biegsamste Palme konnte im Sturm zerbrechen, und auch die *Damajah* durfte weinen, wenn ihr Kummer groß genug war. Das Opfer, das Sikvah gebracht hatte, war jede Träne wert. »Eine Phiole.«

Ein Mädchen, das noch den Bido trug, erschien mit einem Tränenfläschchen. Ihre Lippe bebte und ihre Augen waren feucht, aber ihre Hände blieben ruhig, als sie Ineveras Tränen auffing.

Hinterher umfasste Inevera das Kinn des Mädchens mit ihrer Hand. »Wie heißt du?«

»Minnah vah Shaselle, *Damajah*«, sagte das Mädchen.

»Wir alle können uns an Minnah ein Beispiel nehmen«, verkündete Inevera mit lauter Stimme. »Der Sharak Ka fordert unzählige

Opfer. Um die Toten dürfen wir weinen, doch unsere Hände müssen stark bleiben.«

Sämtliche Frauen verneigten sich. Inevera verließ die Kammer und kehrte zu dem wartenden Asukaji zurück. Er hielt Sikvahs Speer umklammert, der mit schwarzem Dämonenblut besudelt war, darunter jedoch vor Magie hell glänzte, und starrte die Klinge an, als berge sie Geheimnisse, die er zu enträtseln versuchte.

»Berichte«, forderte Inevera ihn auf.

»Jurim hat überlebt, aber die meisten seiner Wölfe sind tot«, sagte Asukaji. »Nachdem Sikvah fiel, wurden die Zeltstadt-Großsiegel überrannt. Ich ordnete die Evakuierung an und hielt die Mauer, bis die *alagai* ihre Attacken abbrachen. Sharu hat jetzt das Kommando, aber ich glaube nicht, dass die Dämonen so kurz vor Sonnenaufgang noch einmal angreifen werden.«

Inevera nickte. »Du hast dich wacker geschlagen, *Damaji.* Bis auf Weiteres wirst du unsere Streitkräfte befehligen. Kehre zur Mauer zurück und verteidige sie bis zur Morgendämmerung, danach meldest du dich wieder bei mir.«

Sie wandte sich bereits von ihm ab, als sie die Aufsässigkeit in seiner Aura bemerkte. Äußerlich ruhig drehte sie sich noch einmal um, wobei sie ihm jedoch ihr Profil zukehrte und ihre Hand wie zufällig in die Nähe ihres *hora*-Stabs wanderte. »Gibt es noch etwas, Neffe?«

»Hast du es gewusst?«, fragte Asukaji leise.

»Was soll ich gewusst haben?«

»Der Erlöser hat mir befohlen, dir zu gehorchen, *Tante*, und das werde ich auch tun.« Asukaji rückte dicht an sie heran. »Aber du entwürdigst uns beide, wenn du vorgibst, nicht zu wissen, wovon ich spreche. Wusstest du, dass meine Cousine gesegneten Leibes war, als du ihr das Kommando übertrugst?«

Inevera reckte das Kinn. »Ja, ich wusste es.«

»All diese Wochen.« Asukaji mimte Fassungslosigkeit. »Ein Kampf nach dem anderen, im Labyrinth, auf der Mauer, draußen, außerhalb der Siegel. Immer und immer wieder schicktest du sie an den Rand des Abgrunds, mit einem unschuldigen Leben in ihrem Schoß. Genauso rücksichtslos bist du mit meiner Schwester und Kaji umgesprungen.«

»Sollen wir endlich einmal darüber sprechen, Asukaji, wer von uns beiden Ashia größeres Unrecht zugefügt hat?«

Asukaji fletschte die Zähne. »Ich weiß, was ich getan habe, Tante. Aus Eifersucht wollte ich meine Schwester töten, und für dieses Verbrechen hat Everam mich gezüchtigt. Aber der Erlöser hat mich geheilt. Er hat mir vergeben. Und du willst mich immer noch bestrafen.«

»Du glaubst, ich will dich bestrafen?«, fragte Inevera entgeistert.

»Du hast mir untersagt, meiner Schwester und meinem Neffen zu helfen. Im Sharak hast du lieber Sikvah und ihr ungeborenes Kind an vorderster Front kämpfen lassen, anstatt mir den Oberbefehl zu übertragen.«

»Du hast eine übertriebene Vorstellung von deinem eigenen Wert, Neffe«, sagte Inevera. »Du wurdest im Sharik Hora erzogen. Was weißt du davon, wie man im Labyrinth Truppen anführt? Was weißt du vom *sharak*? Du hast erst ein paar Wochen in der Nacht gekämpft, und schon glaubst du, du seist deiner Schwester und deiner Cousine ebenbürtig. Aber die beiden haben jahrelang bei Exerziermeister Enkido das Kämpfen gelernt, wie wahre *Sharum*. Dein Vater war ein bedeutender Mann, und du hältst es für selbstverständlich, dass du genauso bist wie er, obwohl du deinem Geliebten geholfen hast, ihn zu ermorden. Sikvah war geeigneter und fähiger als du. Deshalb übertrug ich ihr das Kommando.«

Nun rückte sie auf Asukaji zu, der vor ihr zurückwich. »Beim Sharak Ka geht es nicht darum, Ruhm und Ehre auf sich zu häufen, Junge. Der eigene Stolz ist unwichtig. Deine Cousine und deine

Schwester haben das verstanden, aber anscheinend siehst du es nicht ein. Die *alagai* greifen uns nicht an, weil ihnen daran gelegen ist, Krieger zu töten. Sie bringen jeden um, die Schuldigen wie die Unschuldigen. Der Sharak Ka verlangt Opfer – von jedem von uns.«

»Und dennoch bin ich jetzt derjenige, der den Kampf anführt«, sagte Asukaji. »Während Sikvah zu dieser seelenlosen Leere verurteilt ist, in der Hoffnung, wenigstens ihr Kind retten zu können.«

»*Inevera*«, sagte die *Damajah*. »Wirst du hier herumstehen und auch dieses Los beklagen, oder gehst du und verteidigst die Mauer?«

»Wenn die *alagai* sie noch einmal mit voller Wucht angreifen, wird es Breschen geben«, sagte Asukaji. »Noch eine Nacht ohne umfangreiche Instandsetzung und ohne Verstärkung durch weitere Krieger halten wir nicht durch.«

»Lass so viel wie möglich instand setzen«, sagte Inevera. »Aber auf Verstärkung können wir nicht hoffen. Wir dürfen es nicht riskieren, noch mehr Krieger aus Everams Füllhorn abzuziehen, und der Stamm der Talbewohner hat seine Aufmerksamkeit gen Norden gewandt. Wir sind auf uns allein gestellt, und wir müssen darauf vertrauen, dass Everam und der *Shar'Dama Ka* ein Wunder geschehen lassen.«

15

Pfeifers Geist

334 NR

Dawns Schrei ließ Abban von der harten Schlafpritsche in seiner Zelle hochfahren.

Jetzt ging es jeden Morgen so. Hasik hatte erkannt, wie wichtig es war, dass Abban bei guter Gesundheit blieb. Er brauchte den *khaffit* für die anfallenden Schreibarbeiten, aber er ließ ihn nie vergessen, dass zwischen ihnen eine untilgbare Blutschuld bestand. Abban war seiner Strafe nicht entgangen. Doch sie hatten sich darauf geeinigt, die alltägliche Züchtigung auf jemand anderen zu übertragen.

Kurz darauf betrat Dawn seine Zelle und brachte ihm das Frühstück. Ihr Gesicht war von Narben entstellt. Dort, wo ihre Nase gewesen war, klaffte ein Loch, und die Kiefer waren geschwollen, weil Hasik ihr nach und nach die Zähne herausriss. An beiden Händen waren die kleinen Finger abgehackt, sie schlurfte und konnte auf einem Fuß kaum auftreten.

Die Frau hielt den Blick gesenkt, und dafür war Abban dankbar. Sie war immer nur gut zu ihm gewesen, und im Gegenzug hatte Abban sie verraten. Hasik wusste, wie sehr ihn das quälte, und deshalb musste Dawn ihm jeden Morgen das Frühstück bringen. Jedes Mal, wenn Abban sie ansah, wurde er daran erinnert, dass er sie an seiner Stelle leiden ließ.

»Hungrig, *khaffit?*«, fragte Hasik und erschien in der Tür der kleinen Kammer, die Abban als Arbeitsraum und Kerker zugleich diente. Es gab ein Schreibpult, eine Pritsche und einen winzigen Abtritt – kaum mehr als ein durch einen Vorhang abgetrennter Alkoven, der ein Brett mit einem Loch enthielt. Darunter befand sich eine Latrinengrube, und wo deren Inhalt letzten Endes landete, wusste Everam allein.

Abban durfte die Kammer nur in Hasiks Begleitung verlassen. Die Wachen vor der Tür hatten sich als unbestechlich gezeigt, seit Hasik einem *Sharum* das Ohr abgeschnitten hatte. Der Mann hatte sich leicht gebückt, um ein paar geflüsterten Worten des *khaffit* zu lauschen.

Hasik nahm seine Mahlzeiten zusammen mit Abban ein. So stellte er sicher, dass er der Einzige war, zu dem sein Gefangener einen persönlichen Kontakt hatte.

Und das war die allerschlimmste Tortur.

Dawn stellte die Tabletts mit dem Essen ab und humpelte aus dem Raum.

»Wenn ich noch mehr von dem einen Fuß abschneide, ist sie als Dienerin nicht mehr zu gebrauchen«, meinte Hasik.

»Du bist hier der Gebieter«, sagte Abban. »Du kannst Erbarmen zeigen.«

»Bah!«, spuckte Hasik aus. »Es ist einfacher, sie zu töten und mit einer ihrer Töchter von vorne anzufangen.«

Abban erschauerte. Hasik lachte und schob ihm das Tablett zu. »Iss, *khaffit*! Du bist ja gar nicht mehr fett!«

Das Essen sah unappetitlich aus. Ein Becher mit saurem, gewässertem Wein, eine harte Brotkruste voller Steinchen. Eine Scheibe halb vergammeltes Fleisch, ein grüner, zu früh gepflückter Apfel. Und dennoch wurde Abban besser verpflegt als viele andere in dem Kloster, wenn er den Angaben auf seinen Listen vertrauen durfte.

Hasik speiste wie ein Prinz aus dem Norden. Auf seinem Teller lag ein Berg gekochter Muscheln in Buttersauce. Das Aroma trieb Abban fast in den Wahnsinn, während er zusah, wie der brutale Krieger diese Köstlichkeiten verschlang.

»Bei Nies Zitzen, ich staune immer wieder, wie gut die *khaffit* essen«, sagte Hasik. »Die *dama* erzählten uns, ihr wäret verflucht, und dabei habt ihr jahrhundertelang Schlemmermahlzeiten wie Schweinefleisch und Grundeln gegessen, habt Couzi getrunken und heimlich eure Gebieter ausgelacht.«

»Die *dama* sind bestrebt, andere zu unterdrücken«, sagte Abban. »Sie wollen Macht ausüben. Deshalb verbieten sie den Menschen sämtliche Vergnügen, bis auf die, von denen sie behaupten, sie seien Everam gefällig.«

Hasik rülpste und pfefferte die nächste leere Muschelschale auf den stetig wachsenden Haufen. Sie besaßen nur noch ein einziges Boot – die anderen hatten die Laktoner und die Dämonen zerstört –, doch anstatt es zu Erkundungszwecken zu nutzen, schickte Hasik die Mannschaft zum Fischen los.

»Haben deine Kundschafter den Tunnel entdeckt, der zu der geheimen Bucht der *chin* führt?«, fragte Abban. Hasiks Krieger hatten die *chin* getötet, als diese in die unteren Gewölbe eindrangen, doch wie sie hereingekommen waren, blieb bis jetzt ein Rätsel. Der Felsen, auf dem das Kloster stand, war durchzogen von einem natürlichen Labyrinth aus Gängen und Höhlen.

»Ich lasse meine Männer nicht länger suchen, dazu traue ich ihnen zu wenig«, sagte Hasik. »Wer diesen Tunnel kennt, kann meine Festung überfallen. Ich forsche selbst danach.«

Abban blickte hoch und vergaß zu essen. »Du begibst dich ganz allein auf die Suche?«

»Ich … finde meinen Frieden in der Einsamkeit.«

Abban blinzelte. »Frieden zu finden ist gut und schön, aber in den Tunneln könnten sich *alagai* verstecken.«

»Sollte das der Fall sein, dann waren sie schlau genug, mich in Ruhe zu lassen.«

»*Alagai* sind nicht gerade für ihre Intelligenz bekannt«, meinte Abban.

»Wieso sorgst du dich um mich, *khaffit*?«, fragte Hasik. »Wenn die Dämonen mich kriegen, bist du endlich frei.«

Abban zog die Nase hoch. »Vergib mir, aber auf die Barmherzigkeit deiner *kai* möchte ich mich nicht verlassen.«

Hasik lachte. »Das solltest du auch nicht! Du hättest noch Glück, wenn du hier in deinem Kerker bleiben könntest, um den Schreibkram zu erledigen. Einige der Männer haben seit dem Verlust ihrer Männlichkeit neue Gelüste entwickelt, um sich zu befriedigen. Sie fragen sich, wie ein Mann, der sich mit *khaffit*-Speisen eine Wampe angefressen hat, wohl schmecken würde.«

Abban versuchte, einen Schauder zu unterdrücken. Aber Hasik bemerkte es, und sein Grinsen wurde breiter. Er lutschte die letzten Muschelschalen leer, dann stapfte er durch den Raum, während Abban aß. Mit seinen fettigen Fingern fummelte er in den Papieren herum, als wüsste er, was die Zeichen darauf bedeuteten.

Abban gab vor, nichts zu sehen, und beendete hastig seine Mahlzeit. Hasik ergötzte sich daran, Essen auf den Boden zu schmeißen, nur um den verkrüppelten *khaffit* zu schikanieren. Schließlich läutete Hasik eine Glocke, und Dawn kam hereingehinkt, um die Tabletts abzuräumen. In der Tür tauchte ein Wächter mit Abbans Räderstuhl auf.

Hasik nahm ihm das Vehikel ab und rollte es zu Abban. »Komm, *khaffit*, schnapp dir die Listen. Wir haben eine Besprechung.«

Abban war dankbar, seiner Zelle wenigstens für kurze Zeit entrinnen zu können. Er hängte sich eine Tasche mit seinem Schreibzeug über die Schulter, nahm seine Krücken und stemmte sich in die Höhe. Dann humpelte er zu dem Stuhl, den Hasik absichtlich ein gutes Stück von ihm entfernt hingestellt hatte.

Mehr als einmal hatte dieser Sadist sich eine Freude daraus gemacht, den Stuhl plötzlich zurückzuziehen, wenn Abban sich daraufsetzen wollte, doch heute brachte er für dieses Spiel keine Geduld auf. Abban ließ sich auf das Vehikel sinken, und noch ehe er richtig saß, schob Hasik ihn eilig aus dem Raum.

Es war ein strahlender Sommertag, beinahe erquicklich, wäre da nicht dieser allgegenwärtige Gestank der Leute gewesen, die das Kloster bevölkerten. Am stärksten roch es nach Pisse. Fünfzehnhundert Männer, die ihren Urin nicht halten konnten, verbreiteten einen bestialischen Mief. Hasik hatte behauptet, man würde sich daran gewöhnen, doch jedes Mal, wenn Abban seine Zelle zu einem kurzen Ausflug verlassen durfte, wurde ihm bei diesem Gestank übel.

Doch in diesem Eunuchenkloster stank es nicht nur nach Urin. Die Krieger trainierten hart und kümmerten sich gut um ihre Waffen, aber von Körperpflege hielten sie nicht viel. Da sie sich keinen fleischlichen Genüssen mehr hingeben konnten, legten die meisten Männer keinen Wert mehr darauf, sich zu baden, Haare und Nägel zu schneiden oder ihre Kleidung zu waschen. *Sharum* wie Sklaven starrten vor Dreck, und ohne ausreichende Verpflegung wirkten ihre Gesichter eingefallen.

Hasik hatte sich in den Räumlichkeiten des Hirten einquartiert, die vor ihm *Dama* Khevat bewohnt hatte, nachdem er das Kloster in Besitz genommen hatte. Abban sperrte er in einer der winzigen Schreibstuben ein. Khevat war in das Hinterzimmer einer kleinen Kapelle umgezogen, die am anderen Ende der Anlage stand.

Während sie sich in Khevats Machtbereich begaben, entdeckte Abban ein paar Hinweise auf Disziplin. Kastrierte Männer glotzten immer noch mit leerem Blick in die Ferne, wenn sie nicht gerade irgendeiner Tätigkeit nachgingen, aber Khevat hatte die Krieger dazu gezwungen, ihre Uniformen halbwegs in Schuss zu halten, auch wenn sie schmutzig waren.

Wachen sprangen herbei und öffneten die Türen. Sie verneigten sich vor Hasik, als er Abban in Khevats Amtsstube rollte, wo der *dama* und Icha, der Sohn des Erlösers, auf sie warteten.

Verstohlen, damit Hasik nichts bemerkte, berührte Abban eine verdeckte Falte in seiner Pluderhose, in der sich ein winziges Stück Papier verbarg. Er musste sehr flink sein, sofern er es überhaupt wagte, es weiterzugeben. Während der letzten Monate hatte er viele Male versucht, den Mut dazu aufzubringen. Und immer hatte seine Feigheit gesiegt.

Seit Kurzem beschränkte Hasik seine Quälereien und Demütigungen auf Kleinigkeiten, und das Schlimmste bekam Dawn ab. Abban hatte einen gewissen Wert, vor allen Dingen für einen Anführer, der weder lesen noch schreiben konnte, und der zum Abzählen Finger und Zehen brauchte, wobei er über zwanzig nicht hinauskam. Doch wenn Khevat ihn verriet …

Abban brach der Schweiß aus, und er fragte sich, auf welche raffinierte Folter der sadistische Hasik dann verfallen würde.

Khevat sah Abban an. Der *dama* hatte ihm immer Furcht eingeflößt, wenn er ihn so von oben herab anblickte, als sei Abban ein Käfer, der auf einem Haufen Scheiße herumkrabbelt. Ungeziefer, das er nach Lust und Laune zertreten konnte.

Aber seit Hasik Khevat entmannt hatte, war dieser hochmütige, verächtliche Ausdruck in seinen Augen verschwunden.

Die Kastration verwischte die Rangunterschiede zwischen den Männern. Jeder Mann, ob *dama* oder Sklave, ob alt oder jung, erlitt diese Schande – eine ständige Erinnerung an Hasiks absolute Macht. Die meisten der so Erniedrigten vergaßen ihren Stolz. Nur den verrohtesten *Sharum* machte diese Schmach nichts aus – genau die Sorte von Abschaum, den Hasik in seiner Bande brauchte.

»Ich danke dir, dass du zu mir gekommen bist, Eunuch Ka.« Khevat verneigte sich höflich.

Hasik grunzte zufrieden. Als er noch ein Junge gewesen war, hatte Khevat ihn tyrannisiert, und er wurde es nie leid, ihn zu demütigen. »Das ist doch selbstverständlich, *Dama*. Wie können wir dir helfen?«

»Du hast die Berichte der Kundschafter gehört, die aus Dockstadt zurückgekommen sind«, sagte Khevat. »Die *alagai* scheinen zu triumphieren.«

»Ja, und?«, spottete Hasik. »Der Ort liegt mehrere Tagesritte weit von uns entfernt. Hier sind wir sicher.«

»Davon bin ich nicht überzeugt«, widersprach Khevat. »Auf jeden Fall braucht Dockstadt Verstärkung.«

»Die haben sie doch bereits«, sagte Hasik. »Die *Damajah* höchstselbst befindet sich in Everams Brunnen, und da Ahmann nicht mehr bei ihr ist, lädt sie die Fischmänner in ihr Kissenzimmer ein.«

Khevat biss die Zähne zusammen, und eine Ader an seinem Hals pochte. Diese Worte waren eine Blasphemie, aber Hasik provozierte ihn mit Absicht, und der alte *dama* war klug genug, diesen Köder nicht zu schlucken.

»Wo war Dockstadt, als diese Festung von den *chin* angegriffen wurde?«, fragte Hasik. »Wo war die unendliche Güte der *Damajah*, als der *khaffit* mich am Hof des Erlösers geschmäht hat? Wir sind ihnen nichts schuldig.«

»Hier geht es nicht nur um Loyalität gegenüber dem Thron.« Khevats Stimme klang gepresst. »Es spielen auch praktische Belange eine Rolle. In Dockstadt lagern viele Vorräte, Eunuch Ka, und wir sollten unseren eigenen Proviant aufstocken, ehe die große Kälte einsetzt.«

Noch vor Kurzem hätte der *dama* diese Worte gebrüllt, Hasik einen Dummkopf genannt und ihm offen gedroht.

Aber niemand, den Hasik hatte kastrieren lassen, war so töricht, seinen Peiniger anzuschnauzen.

»Bah!« Hasik spuckte aus. »Bis die Kälte kommt, sind es noch Monate! Und so schlimm ist es um unsere Vorräte nicht bestellt. Sag's ihm, *khaffit.*«

Khevats Fingerknöchel wurden weiß, als Hasik seinen Rat rundheraus ablehnte und stattdessen dem *khaffit* das Wort erteilte. Abban wusste, dass er jetzt sehr vorsichtig sein musste. Umständlich verteilte er seine Schreibsachen auf Khevats Pult und ließ die Spannung ein wenig abflauen. Er stellte das Tintenfässchen hin und befeuchtete seine Schreibfeder mit der Zunge, bevor er sie in die Tinte tauchte und das Hauptbuch aufschlug.

Danach tat er so, als studiere er ausführlich die Listen, obwohl er sie alle auswendig kannte. Allmählich kühlte sich die aufgeheizte Stimmung im Raum ab.

»Der verehrte *dama* hat nicht ganz unrecht, Hasik. Deine Männer haben dieses Land zu sehr ausgeplündert. Die paar *chin*-Dörfer, die noch bewohnt sind, produzieren so wenig, dass nicht mal die eigenen Leute satt werden. Uns können sie nicht auch noch versorgen.«

»Ich werde mich darum kümmern«, knurrte Hasik. »Die *chin* kriegen nur dann was zu essen, wenn etwas übrig bleibt.«

In Khevats Augen blitzte Zorn auf, aber seine Stimme klang ruhig. »Wenn die Sklaven verhungern, wird es überhaupt keine Nahrungsmittel mehr geben, Hasik.«

Hasiks Augen wurden schmal. Vielleicht überlegte er, ob er Khevat bestrafen sollte, weil er ihn nur mit seinem Namen anredete. »Ich schicke keine Eunuchen in den Tod, um der *Damajah* zu helfen. Und ich krieche auch nicht vor den Kissenthron und flehe sie an, uns die Überreste von ihrer Tafel zu geben.«

Abban räusperte sich. »Vielleicht gibt es ja viel einfachere Lösungen für unsere Probleme.«

Hasik fasste sich an die Stirn. »Bin ich schon so tief gesunken, dass der Einzige, der zu mir hält, ein *khaffit* ist? Komm, Abban, teile uns deinen brillanten Plan mit. Schlägst du womöglich vor, wir sollten Angiers noch einmal plündern?«

Abban holte tief Luft. Er hatte in seinem Leben viele Fehler gemacht, doch der Angriff auf Angiers war der bei Weitem kostspieligste gewesen – für ihn und für das krasianische Volk. »Nichts derart Kühnes, Eunuch Ka. Ich habe lediglich festgestellt, dass gesunde Sklaven, die in Sicherheit ihrer Arbeit nachgehen, mehr produzieren als solche, die nur Haferschleim und die Peitsche kennen.«

»In dieser Welt gibt es keine Sicherheit, *khaffit*«, sagte Hasik. »Vor allem nicht für Sklaven.«

»Ich glaube, Abban meint die *alagai.*« Es war seltsam, Khevat seinen Namen aussprechen zu hören, und nicht seine Kaste.

»Hä?«, fragte Hasik.

»Es ist Sommer«, sagte Abban. »Auf den Feldern der *chin* müsste jetzt das Korn reifen, aber deine Eunuchen nahmen ihnen das Saatgut weg und brannten die Höfe nieder.«

»Sie können neues Getreide aussäen«, sagte Hasik.

»Ganz recht«, pflichtete Abban ihm bei. »Doch ohne ausreichenden Schutz sind die *chin* viel zu sehr damit beschäftigt, der Nacht zu trotzen, um ihrer Arbeit auf den Feldern nachzugehen.«

»Was geht mich das an?«, fragte Hasik.

»Sie sind deine Leibeigenen«, sagte Khevat. »Im Evejah steht geschrieben, dass wir unsere Sklaven genauso vor den *alagai* schützen müssen wie uns selbst.«

»Du zitierst aus dem Evejah?!« Hasik lachte. »Und wohin hat der Evejah uns gebracht? Ahmann berief sich auf den Evejah, als er uns in diesen hirnrissigen Feldzug gegen die Dämonen führte. Er wurde von einer Klippe gestoßen, und sein Sohn ist in den Landen der *chin* gefallen. Der Rest von uns, schwanzlos und schmutzig, müsste befürchten, dass uns in den kalten Monaten die Eier abfrieren, wenn wir noch welche hätten. Ich will vom *alagai'sharak* nichts mehr wissen.«

»Natürlich hast du recht«, sagte Abban. »Es bringt keinen Profit, sich nach der Heiligen Schrift zu richten, nur um Everam gefällig zu sein. Aber manche Sprüche im Evejah sind gar nicht mal so dumm. Es wäre ein Leichtes, Eunuchentrupps loszuschicken, um die Felder der *chin* von *alagai* zu säubern. Unsere Belohnung wären volle Bäuche.«

»Dein Bauch ist voll genug«, grollte Hasik.

Abban verneigte sich unterwürfig. »Es war ja nur ein Vorschlag.«

»Abgelehnt«, sagte Hasik. »Die *alagai* lassen uns in Ruhe, seit wir aufgehört haben, sie zu bekämpfen.«

»Dafür suchen sie die Umgebung vermehrt heim«, sagte Khevat. »Noch attackieren sie die Dörfer und Dockstadt, aber wer weiß, was passieren wird, wenn ihre Zahl weiterhin ansteigt? Du hast selbst gesehen, was sie den Fischmenschen angetan haben.«

»Na und?« Hasik lachte schallend. »Soll ich die Vernichtung meiner Feinde etwa beklagen?«

»Allerdings!«, versetzte Khevat. »Wenn es Nie ist, die triumphiert.«

»Nie!«, bellte Hasik. »Everam! Ihr Geistlichen kennt nur diese beiden Wörter und führt sie ständig im Mund! Nie gibt es nicht! Everam gibt es nicht! Es gibt auch keine Dauerfehde zwischen dem Licht und der großen Leere! Die *alagai* sind Tiere. Man sollte sie loben und ihnen den Kopf kraulen, weil sie die Fischmenschen und ihre Flotte in Brand gesteckt haben.«

Für Abban sprach aus seinen Worten der Wahnsinn. Er verstand nicht, wie Hasik die Dämonen nicht fürchten konnte. Schließlich hatte er selbst gesehen, mit welch kaltem Kalkül sie die Laktoner zugrunde gerichtet hatten.

Auch Khevat schien fassungslos zu sein. Er riss die Hände hoch. »Also gut, Eunuch Ka. Wie sollen wir deiner Meinung nach unsere knappen Vorräte ergänzen?«

»Meine Männer sollen mehr Raubzüge unternehmen. Und du wirst Jesan, Orman und den anderen *kai* ausrichten: Wer mit der kleinsten Beute zurückkommt, verliert die linke Hand.«

»Genial.« Abban wurde übel.

»Weise.« Khevat knirschte mit den Zähnen.

Hasik lächelte. »Und wir schicken weiterhin Kundschafter in den Süden. Wenn die *Damajah* ihren Rückhalt in Dockstadt verliert, marschieren wir dort ein und stürzen sie von ihrem Kissenthron.«

»Bei Everams Bart«, flüsterte Icha.

»Tu nicht so überrascht, Junge«, sagte Hasik. »Was hat denn dein Bruder anderes getan, als er Melan und Asavi dazu anstiftete, diese schamlose *heasah* zu töten? Wenn du mich fragst, dann ist es höchste Zeit, dass die *Damajah* ein bisschen Demut lernt. Vielleicht lass ich ihr die Scheide zunähen und behalte sie als Sklavin.«

Khevat und Icha erbleichten bei diesen Worten. Hasiks Geduld war am Ende, und er sprang auf die Füße.

Abban streckte die Hand nach seinen Schreibsachen aus und stieß dabei scheinbar versehentlich das Tintenfässchen um. Die schwarze Flüssigkeit verteilte sich auf dem Pult und hinterließ einen Fleck auf dem Ärmel von Khevats zerschlissenem weißem Gewand.

»Pass doch auf, du Trottel!«, knurrte der greise *dama* und riss seinen Arm zurück.

»Ich bitte vielmals um Vergebung, *Dama*.« Abban zückte ein halbwegs sauberes Tuch und tupfte den Ärmel ab. Dabei drückte er Khevat den winzigen Papierschnipsel in die Hand.

Khevat versteifte sich ein wenig, aber er verriet Abban nicht. Er schloss die Faust um das Stück Papier und schob seine Hand in die Falten seines Gewandes, während er den beschmutzten Ärmel demonstrativ in Augenschein nahm. »Verschwinde, *khaffit*. Ich kümmere mich selbst darum.«

Hasik schnaubte und zog Abbans Stuhl vom Schreibpult weg. »Unser Gespräch war mir wie immer ein Vergnügen, *Dama*.«

Als Hasik den Räderstuhl umdrehte, sah Abban den alten Geistlichen an, und sie tauschten einen wissenden Blick.

»Ich wundere mich ein bisschen«, begann Abban vorsichtig, während sie den Rückweg antraten.

»Worüber wunderst du dich, *khaffit*?«, fragte Hasik.

»Dass du deine Männer auf Raubzüge schickst, ohne dich ihnen anzuschließen.«

Hasik lachte. »Willst du mich loswerden, Abban? Glaub ja nicht, ich würde dich allein hier lassen, damit du irgendwelche Ränke schmiedest. Wenn ich mitreite, dann bist du auch dabei. Ich würde dich wieder wie einen vollen Sack über den Rücken meines Pferdes legen, genauso wie am Anfang.«

»Ich vermisse diese Zeiten«, log Abban, und Hasik gluckste vergnügt. »Obwohl ich froh bin, ein Dach über dem Kopf zu haben. Aber diese Raubzüge schienen dich immer so … glücklich und zufrieden zu machen.«

»Jetzt bin ich glücklich, wenn ich Schweinefleisch und Grundeln esse«, sagte Hasik. »Und Befriedigung verschaffe ich mir, indem ich den Menschen, die mich verärgert haben, Schmerzen zufüge. Vergiss das nie, *khaffit*.«

Abban nickte. »Ganz bestimmt nicht, Eunuch Ka.«

Mit vollem Bäuchlein schlummerte Kaji auf Ashias Rücken, während sie und Dorn den Kriegertrupp beobachteten, der vom Kloster wegritt.

»Sie ziehen los, um Dörfer zu überfallen«, sagte Ashia. »Ihnen gehen die Vorräte aus.«

»Wer'n aber mit leeren Händen zurückkommen«, sagte Dorn. »Gibt nix mehr zu stehlen.«

Ashia fing an, die Seidentücher zu lockern, die Kajis Ranzen auf ihrem Rücken festhielten. Dorn blickte verwirrt drein, als sie ihm das Kind in die Arme drückte. »Kaji wird noch ein paar Stunden schlafen. Bring ihn in unser Versteck.«

»Un' was machst du?«, wollte Dorn wissen.

»Viele Krieger haben die Festung verlassen«, sagte Ashia. »Die Gelegenheit ist günstig, sich drinnen umzusehen.«

Dorn machte keine Anstalten, sich den Ranzen auf den Rücken zu schnallen. »Ich geh rein.«

»Deine Ehre ist grenzenlos, Dorn asu Relan«, sagte Ashia. »Aber ich kenne einige Leute in der Festung, und du nicht. Ich muss es selbst tun.«

Dorn zögerte, und Ashia half ihm, den Ranzen anzulegen, ehe er noch mehr sagen konnte. »Wenn sie dich schnappen …«

»Das werden sie nicht«, versprach Ashia. »Bei dem ganzen Trubel klettere ich unbemerkt die Mauer hoch, und vor Einbruch der Nacht bin ich wieder zurück.«

»Pass gut auf dich auf«, warnte Dorn.

Ashia drückte ihm einen Kuss auf die Wange. »Darauf gebe ich dir mein Wort, Cousin.« Sie gab ihm einen Klaps auf den Hintern, und der Junge rannte los zu ihrem sicheren Schlupfwinkel, einer verborgenen Höhle in der Klippenwand. Sie hatten sie so wohnlich eingerichtet, dass sie sie bereits als ihr Zuhause betrachteten und keine große Lust mehr verspürten, ihre Mission zu beenden.

Aber die *Damajah* verließ sich auf sie, und der Sharak Ka war in vollem Gange.

Ashia zog ein schwarzes Tuch aus ihrer Kluft und wickelte es über ihrem weißen Kopftuch zu einem Turban, wie Männer ihn trugen. Ein schwarzer Schleier hing lose um ihren Hals.

Suche den khaffit *mit Hilfe des Vaters deines Vaters.*

Das konnte nur eines bedeuten. *Dama* Khevat, der vor Hasiks Ankunft über diese Festung geherrscht hatte, war noch am Leben.

Es war ein Leichtes, sich um die Festung herumzuschleichen und die Mauer an der Westseite zu erklimmen, mit dem See in ihrem Rücken. Sie befand sich im Schatten, und aller Augen richteten sich auf die Krieger, die durch das Tor ritten. *Hora* in ihren Stiefeln und fingerlose Handschuhe machten es ihr möglich, an der lotrecht abfallenden Außenmauer hochzuklettern wie eine Spinne.

Sie hielt sich im Schatten, als sie über die Mauerkrone kroch, und legte mit Hilfe der *hora* in ihrer Halskette eine Sphäre der Stille um sich. Dadurch verschmolz sie mit ihrer Umgebung, und wer genau hinschaute, sah sie nur als einen verschwommenen Fleck.

Diese Vorsichtsmaßnahme wäre gar nicht nötig gewesen. Die wachhabenden Krieger waren lasch und wähnten sich hinter den hohen Mauern in Sicherheit. Mühelos schlüpfte Ashia an ihnen vorbei und gelangte auf den Innenhof.

Hier türmten sich Schmutz und Abfälle, es stank nach Urin und ungewaschenen Körpern, aber die Müllberge boten ihr reichlich Deckung, als sie die Anlage erkundete. Und wenn sie einmal über eine freie, sonnenbeschienene Fläche laufen musste, wirkte sie wie irgendein halb verhungerter *dal'Sharum*, und ihre mit *alagai'viran* vollgesogene Kluft war genauso dreckig wie das Zeug der anderen Männer.

Sie brauchte nicht lange, um die Kapelle zu finden, in der ihr Großvater hauste, und sich an den Wachen vorbeizuschmuggeln. Doch als sie ihn schließlich aufspürte, war er nicht allein. Ihr

Cousin Icha war bei ihm. Sie richtete sich darauf ein, zu lauschen und abzuwarten, bis Icha verschwand. Erst dann wollte sie sich ihrem Großvater zu erkennen geben.

»Er ist ein *khaffit*«, sagte Icha gerade. »Vertraust du ihm etwa?«

»Natürlich nicht«, entgegnete Khevat. »Abban würde das Blaue vom Himmel herunterlügen, wenn es seinen Zwecken dient.«

»Dann kannst du nicht wissen, ob seine Behauptung wahr ist«, sagte Icha.

»Aber ich glaube, dass es sich genauso abgespielt hat«, sagte Khevat. »Dein Bruder, der erstgeborene Sohn des Erlösers, fiel nicht in der Schlacht von Angiers. Er wurde ermordet von diesem ... diesem ...«

»Und wenn schon, was dann? Wäre dies endlich ein Verbrechen, das so ungeheuerlich ist, dass wir aufbegehren müssten?« Icha stieß ein bitteres Lachen aus. »In einer Hinsicht hat Hasik recht: Wir haben uns schon vor langer Zeit von Everam abgewandt. Was spielt es da für eine Rolle, wer wen getötet hat?«

»In der Tat, was spielt das jetzt noch für eine Rolle.« Khevat seufzte.

Es schmerzte, die Mutlosigkeit in ihren Stimmen zu hören. Ihr Großvater war immer eine beeindruckende, furchterregende Persönlichkeit gewesen. Das Oberhaupt der Sippe, dessen Entscheidungen sich jeder zu beugen hatte. Sein Wort war Gesetz.

Jetzt war er nur noch ein ganz gewöhnlicher alter Mann. Sein weißes Gewand hatte vorne gelbe Flecken und roch nach Urin. Anscheinend stimmten die Gerüchte. Hasik hatte sämtliche Männer in der Festung kastrieren lassen.

Die Schande, die dadurch über ihre Familie gekommen war, hätte sie zum Weinen bringen können. Aber Tränenfläschchen füllte man nur, wenn man die Toten betrauerte, alles andere wäre ehrlos. Aber Ashia schwor sich, Hasik zu stellen und ihn für diese Schmach mit seinem Blut bezahlen zu lassen.

Bald darauf entfernte sich Icha, und sie schlich ihrem Großvater hinterher, als er seine persönliche Kammer aufsuchte. Sie stand im Begriff, ihn anzusprechen, als er plötzlich seufzte. »Wenn du mich töten willst, *Sharum*, dann mache dich auf etwas gefasst. So leicht bin ich nicht umzubringen.«

Ashia blinzelte. Er konnte sie unmöglich bemerkt haben.

»Großvater.« Sie löste das schwarze Seidentuch von ihrem Turban und enthüllte ihr weißes Kopftuch und ihren Schleier.

»Ashia?!« Khevat wirbelte herum und starrte sie an. »Bei Everams Bart, Mädchen, was tust du hier?«

»Die *Damajah* schickt mich. Die Würfel sagten ihr, ich solle den *khaffit* mit Hilfe des Vaters meines Vaters suchen.«

Das bisschen Leben, das in Khevat aufgeflackert war, schien ihn nun wieder zu verlassen. Seine Aura trübte sich ein, und er ließ die Schultern hängen. »Ich kann mir nicht vorstellen, aus welchem Grund Everam dich an diesen verfluchten Ort entsenden sollte.«

»Es heißt, das Kloster sei Nie anheimgefallen«, sagte Ashia. »Wenn das kein Grund ist ...«

»Ich streite es ja nicht ab«, sagte Khevat. »Hasik hat den *alagai'sharak* aufgegeben. Vielleicht kämpft er nicht für Nie, aber er leistet auch keinen Widerstand. Er unternimmt nichts gegen Nies Wirken, sondern lässt Sie gewähren. Wie ein Feigling aus dem Norden benimmt er sich.«

»Was ist mit dem *khaffit*?«, fragte Ashia. »Die Würfel sagen, er hätte noch eine wesentliche Rolle zu spielen.«

»Der *khaffit* lebt, aber so ohne Weiteres kommst du nicht an ihn heran. Hasik behält ihn immer in seiner Nähe und kümmert sich selbst um ihn. Für ihn ist der *khaffit* von großem Wert. Sofern man ihn überhaupt zu Gesicht bekommt, ist Hasik stets bei ihm.«

»Ich habe den Auftrag, ihn zu befreien«, sagte Ashia. »Wirst du mir helfen?«

»Die Würfel haben dich hierhergeschickt, damit ich gemeinsam mit dir den *khaffit* befreie?« In Khevats Aura loderte eine Stichflamme auf. »Mein Leben lang habe ich Everam gedient, und doch schätzt die *Damajah* diesen jämmerlichen Abban höher ein als mich?«

»Abban ist ein *khaffit*«, sagte Ashia. »*Hannu Pash* hat ihn als jämmerlichen Feigling gebrandmarkt, also ist er genau das. Und was ist deine Entschuldigung, Großvater?«

Khevats Augen weiteten sich. »Was unterstehst du dich, Mädchen …?!«

»Hasik hat meinen Cousin ermordet. Dich hat er entmannt, und er hat seinen Pakt mit Everam gebrochen. Er wendet sich vom *alagai'sharak* ab, obwohl der Sharak Ka bereits begonnen hat. Und was machst du? Anstatt etwas zu unternehmen, ziehst du vor ihm den Kopf ein und gehorchst seinen Befehlen.«

»Wer sich gegen Hasik auflehnt, stirbt«, sagte Khevat.

»Hast du mir nicht eingeschärft, dass man nur dann in den Himmel kommt, wenn man in Everams Namen den Tod findet?«, fragte Ashia.

Khevat stieß den Atem aus. »Selbst wenn ich dir helfen wollte, ist es praktisch unmöglich, Abban zu befreien. Der *khaffit* ist immer noch fett, hat ein lahmes Bein, und der Fuß des anderen Beins ist zertrümmert. Mit Hilfe von *hora* könntest du sein Gewicht womöglich tragen, aber der Mann ist … unhandlich, und Hasik würde sofort die Verfolgung aufnehmen.«

»Vielleicht ist es dann an der Zeit, Hasik zu beseitigen«, sagte Ashia.

»Hasik ist mächtig, Kind.« Traurig spreizte Khevat die Hände. »Und ich … bin nicht mehr der, der ich einmal war.«

»Früher warst du in unserem Haus die Stimme, die uns sagte, was richtig und was falsch ist. Der ganze Stamm hat sich auf dein Urteil verlassen. Und jetzt willst du den Mann, der den Sohn des

Erlösers ermordet hat, nicht zur Rechenschaft ziehen, weil du dich vor dem Tod fürchtest?«

»Ich hoffe, du wirst nie am eigenen Leib erfahren, dass es Schicksale gibt, die schlimmer sind als der Tod, Enkeltochter.«

Ashia spuckte aus. »Enkido hat mich unterwiesen. Der Kampfgeist meines Lehrers war ungebrochen, obwohl er ein Eunuch war, und sein *sharusahk* war meisterhaft. Wenn du zu feige bist, diesen tollwütigen Hund zu töten, dann tue ich es.«

In Khevats Aura knisterten abermals Funken. »Erzähl du mir nichts von Enkido, Mädchen. Ich kannte deinen Lehrer schon, da warst du noch nicht mal geboren. Ich kannte ihn, als er noch ein dünner Knabe war, der einen gelbbraunen Bido trug. Ich wählte die Exerziermeister aus, die ihn im *Hannu Pash* trainierten, und als er seinen Bido ablegte, nahm ich ihn in den Sharik Hora auf und unterrichtete ihn selbst. Ich habe gesehen, wie er mit seinen Speerbrüdern durch das Labyrinth hetzte, den Mond anheulte und bei jedem *alagai*, den er tötete, vor Stolz platzte. Ich beriet ihn, nachdem seine Leidenschaft abflaute und der Kampf im Labyrinth ihn nicht mehr ausfüllte.«

Urplötzlich schnellte seine Hand vor, und er packte Ashia am Arm. Sie wollte ausweichen, doch ihr Großvater war geschickter als sie gedacht hatte. Er nahm sie in einen Würgegriff und schmetterte sie mit dem Gesicht voran gegen eine Steinwand. »Deshalb solltest du mir glauben, wenn ich dir sage: Hüte dich vor dem Eunuch Ka! Wenn du ihn unterschätzt, und sei es auch nur für eine Sekunde, dann bist du tot.«

Ashia stemmte einen Fuß gegen die Wand, stieß sich ab und traf einen Konvergenzpunkt im Arm ihres Großvaters. Der lockerte seinen Griff, und Ashia reichte das, um sich loszureißen.

»Dann hilf mir!«, forderte sie.

In Khevats Augen blitzte ein Funke auf, und etwas von seiner früheren Stärke kroch in seine Züge. »Die *chin* benutzten einen

Geheimgang, der von unten in die Festung hineinführt. Hasik hat in dem Gewirr aus Tunneln danach gesucht, bis jetzt anscheinend vergeblich. Wenn die Würfel der *Damajah* einen Hinweis geben könnten, wo sich dieser Gang befindet …«

Ashia schüttelte den Kopf. »Die Würfel werden uns hier nicht weiterhelfen. Aber ich kenne jemanden, der das kann.«

Für kurze Zeit herrschte in dem Versteck in der Felsklippe eine fröhliche Stimmung. Dorn und Kaji waren nur entfernt miteinander verwandt, aber schon jetzt hingen sie aneinander wie Brüder. Dorn kümmerte sich rührend um den Jungen, spielte in der Höhle Haschen mit ihm, brachte ihm neue Wörter bei und ergötzte sich an seiner kindlichen Unschuld.

Aber er vergaß keinen Moment lang, dass Ashia in höchster Gefahr schwebte, solange sie das Kloster auskundschaftete. Als Kaji endlich einschlief, wanderte Dorn wie ein Nachtwolf in der Höhle hin und her, und vor Nervosität ballte er immer wieder die Fäuste.

Hatte Dehlia sich auch so gefühlt, wenn er zu seinen Erkundungstouren aufbrach? Waren das die Sorgen, von denen Ragen und Elissa sprachen? Es war quälend. Unerträglich. Er verstand nicht, wie Menschen so etwas aushalten konnten. Sein Blick fiel auf den schlafenden Kaji. Konnte er den Jungen allein lassen? Nur für ein Weilchen, während er …

»Ashia kann auf sich selbst aufpassen«, knurrte er vor sich hin. Diese Kriegerin brauchte keinen Beschützer. In dieser Hinsicht war sie wie er. Sie konnte sich schnell und lautlos bewegen und verstand, sich zu tarnen. Sie wusste, wie man ungesehen an Wachen vorbeikommt. Sie war genauso stark wie er und obendrein eine bessere Kämpferin. Vermutlich war sie schon in Sicherheit, und falls nicht, dann war ihre Lage so brenzlig, dass er bei dem Versuch, sie zu retten, wahrscheinlich selbst gefangen genommen würde. Und was sollte dann aus Kaji werden?

Also wanderte er hin und her.

Es dunkelte bereits, als ein Rascheln in den Eberwurzranken ihn aufhorchen ließ. Im Nu stand er am Höhleneingang und entdeckte Ashia, die den Felsen hinunterkletterte.

»Dorn. Alles in Ordnung?«

Dorn nickte. »Was haste rausgefunden?«

»Mein Großvater lebt. Desgleichen mein Cousin Icha. Sie werden uns helfen, aber wir müssen uns beeilen, denn das Erlöschen des Mondes steht kurz bevor. Der *khaffit* kann sich nur noch in einem Stuhl auf Rädern fortbewegen und wird in einer der Zellen gefangen gehalten, in denen früher die Gehilfen des Hirten wohnten. Weißt du, wo diese Räume liegen?«

Dorn nickte. »Um von dort an die Mauer zu kommen, muss man den Hof überqueren. Wird nich' leicht sein mit 'nem Räderstuhl. Kann dein Großvater die kleine Pforte öffnen?«

»Schon, aber das würde auffallen. Und keiner darf uns bemerken«, sagte Ashia. »Er sprach von einem Geheimgang, der die Festung mit den unteren Gewölben verbindet und nach draußen führt.«

»Ay«, bestätigte Dorn. »Den kenn ich. Bis auf wenige knifflige Stellen käm man mit 'nem Räderstuhl ganz gut durch. Könnt klappen, aber nich', wenn wir von Speeren verfolgt werden.«

»Großvater sagt, bis jetzt hätten sie den geheimen Tunnel noch nicht gefunden. Wenn wir ungesehen hineinkommen und unsere Spuren verwischen, werden sie uns in diesem Labyrinth aus Gängen niemals fangen.«

Dorn zog die Stirn kraus. »Kapier ich nich'. Die Tunnel da unten sind 'n bisschen verwirrend, aber wenn die *Sharum* von dem Geheimgang wissen, müssense ihn auch entdeckt ham. Der Gang war nur so lange sicher, wie keiner was von ihm gewusst hat.«

»Anscheinend will Hasik, dass dieses Wissen wieder in Vergessenheit gerät«, mutmaßte Ashia. »Er erlaubt seinen Kriegern nicht, das Labyrinth zu erforschen.«

»Oder er hat ihn doch gefunden, und dein Großvater führt dich in 'nen Hinterhalt.«

Ashia machte den Mund auf, um die Ehre ihrer Familie zu verteidigen, doch dann klappte sie ihn wieder zu. Sie war verunsichert. Entschlossen verschränkte sie die Arme. »Morgen Nacht erlischt der Mond, Dorn. Wenn wir den *khaffit* morgen nicht befreien, bietet sich uns womöglich keine zweite Chance mehr.«

Dorn zuckte die Achseln. »Na und? Diesen ganzen Schlamassel hat er uns doch eingebrockt. Warum sollen wir drei unser Leben riskieren, nur um seins zu retten? Is' er das überhaupt wert?«

»Meine Mission …«, hob Ashia an.

»Zum Horc mit deiner Mission!«, blaffte Dorn. »Wir können …«

»*Was* können wir?!«, fiel Ashia ihm ins Wort. »Ins Tal fliehen? Uns in die Berge flüchten, nach Miln, wo man Feuerwaffen herstellt, um unser Volk niederzumähen? Vor dem Sharak Ka kann man nicht davonlaufen, Dorn. Dieser Krieg holt uns ein, und wenn wir bis ans Ende der Ala rennen. Du hast gesehen, was die Dämonen mit den Fischmenschen und ihren Booten gemacht haben. Irgendwann sind auch wir dran. Von mir aus kannst du dich in deinem Schlupfwinkel verkriechen und zusehen, wie sie die Welt rings um dich her in Brand stecken, aber das ist nicht mein Weg. Die *Damajah* sagt, die Rettung des *khaffit* wird den *alagai* eine schwere Niederlage bescheren, und dafür riskiere ich gern mein Leben. Und auch Kajis Leben. Das ist es mir wert.«

Kaji rührte sich, als sein Name fiel. »Mama?«

Ashia ging zu ihm und öffnete ihre Kleidung, um eine Brust zu entblößen, aber den Blick hielt sie unverwandt auf Dorn gerichtet. »Jetzt musst du dich entscheiden, ob auch du in dieser Sache bereit bist, dein Leben zu riskieren.«

Die Morgendämmerung hatte die *alagai* vertrieben, als Ashia und Dorn die Felswand hinunterkletterten. Kaji steckte in seinem Ranzen auf Ashias Rücken, und ihr Atem ging ruhig und gleichmäßig, selbst wenn sie in die schwindelerregende Tiefe blickte. Wäre sie allein gewesen, hätte sie den Abstieg sorglos bewältigt und keinen Gedanken darauf verschwendet, in welch großer Höhe sie sich befanden. Doch da sie ihr Kind bei sich hatte, war sie froh, dass die Klippenwand im Schatten lag und die *hora* in ihren Stiefeln und Handschuhen es ihr ermöglichten, sich fest an den Felsen zu klammern.

Ein schmaler Streifen Strand schmiegte sich an den Fuß der Klippe, und hinter Strauchwerk und einigen dicken Ranken *alagai'viran* verbarg sich eine winzige Höhle.

»Ist das der Eingang?«, fragte sie. »So nahe bei unserem Versteck?«

Dorn schüttelte den Kopf. Seit ihrem Wortwechsel in der vergangenen Nacht war noch schweigsamer als sonst. Er bog die Ranken zur Seite, und in der flachen Höhle dahinter lag ein kleines Boot. Er zog es auf den Strand, prüfte es gründlich und schob es dann ins Wasser.

»Kletter rein.« Er hielt das Boot fest, als Ashia behände hineinsprang. Mühelos bewahrte sie die Balance, als der Kahn unter ihrem Gewicht heftig zu schaukeln begann.

Dorn stieß sich mit den Füßen ab und hüpfte ebenfalls hinein, genauso gelenkig wie Ashia, auch ohne deren Training. Sie unterwies ihn in *sharusahk*, und er lernte schnell, aber sie staunte immer wieder, wie viel die Nacht den Jungen gelehrt hatte.

Er griff nach den Rudern und fing an zu pullen. Bald verfiel er in einen steten Rhythmus, der sie geschmeidig durch das Wasser gleiten ließ. Ashia wusste, dass unter dem Licht der Morgensonne keine Dämonen im Wasser schwammen, trotzdem spähte sie misstrauisch über die Bordwand und pries Everam, weil Dorn in Sichtweite der Küste blieb.

»Ist es noch weit?«, fragte sie. Über ihnen erhob sich unheilvoll das Kloster auf dem Felssporn, aber sie waren so weit von der Festung entfernt und obendrein so nahe am Ufer, dass man das winzige Boot nur schwer hätte entdecken können.

Dorn schüttelte den Kopf. »Sin' gleich da. Auf'm letzten Stück kriegen wir nasse Füße.«

Ashia blickte ihn neugierig an, doch sie ließ sich ihre Furcht nicht anmerken, als Dorn im tiefen Wasser den Anker auswarf.

»Hier lang.« Dorn sprang vom Boot ins Wasser, und Ashia hielt den Atem an. Sollten sie etwa ans Ufer schwimmen?

Aber Dorn ging nicht unter. Das Wasser umspülte seine Knöchel, doch er blieb stehen.

»Was für eine Magie ist das?«, staunte Ashia.

»Hat nix mit Magie zu tun. In der Nähe der Höhle kann man nich' ankern. Die Fürsorger ham Crannogs ins tiefe Wasser reingebaut. Wenn man sich auskennt, kann man von hier bis ans Ufer laufen. Wenn nich' …« Er nahm seinen Speer und hielt ihn nur wenige Zoll von seinem Standort aus ins Wasser. Der Schaft, der länger war als er, tauchte völlig unter. »Setz deine Füße nur da auf, wo ich auch hintrete.«

Ashia nickte, atmete einige Male tief durch und verdrängte ihre Angst. Dann zog sie ihre Stiefel aus und folgte Dorn. Das Wasser war kalt, aber dicht unter der Oberfläche befand sich ein fester Weg, ein Pfad aus Steinen, der vom dunklen Wasser verdeckt wurde. Dorn lief hurtig über diesen Damm, und sie hielt mit ihm Schritt, wobei sie akribisch seiner Spur folgte. Ein falscher Tritt würde sie ins Wasser befördern, und Kaji mit ihr.

Der Weg war voller Biegungen und Schleifen, die dazu gedacht waren, etwaige Verfolger ins tiefe Wasser zu schicken, aber Dorn zögerte kein einziges Mal, und die Klippe kam rasch näher. Es gab so gut wie keinen Strand, nur schroff aufragenden Fels, gesprenkelt mit ein paar Nischen voller Erdreich und Gestrüpp. Dorn sprang in die Höhe, krallte sich mit den Fingern an einen Vorsprung und zog sich in einen dunklen Felsspalt hinein.

Ashia kletterte ihm hinterher und sah, dass die Spalte viel tiefer ging, als vom Wasser aus zu erkennen war. Drinnen ging es im Dunkeln steil bergauf. Es hätte sich um einen natürlichen Riss im Gestein handeln können, wären da nicht die matt glühenden Schutzsiegel gewesen, die man in die Wände der Kluft geschlagen hatte.

Sie holte Dorn ein, als dieser das Ende des Tunnels erreicht hatte. Der Auslass war mit einem schweren, mit Siegeln versehenen Stein versperrt. Dorn stemmte sich mit dem Rücken dagegen und hob ihn an. Trotz seiner beachtlichen Körperkraft fiel es ihm schwer, ihn zu bewegen. Ashia half ihm, und gemeinsam wuchteten sie den Stein zur Seite. Dahinter erstreckte sich eine größere Höhle, die man in ihrem natürlichen Zustand belassen hatte. Nirgendwo war ein Siegel.

Sie betraten die Kaverne und schoben den Stein an seinen Platz zurück. Er passte sich so gut in seine Umgebung ein, dass man ihn für eine natürliche Felsformation halten musste.

Es war Tag, doch der finstere Tunnel machte sie argwöhnisch. Sie zog die gläsernen Schäfte ihrer Kurzspeere aus Kajis Ranzen und ließ mit einem Ruck aus dem Handgelenk die Klingen vorschnellen. Dann stimmte sie das *Lied vom Erlöschen des Mondes* an und forschte in Everams Licht nach *alagai*, während Dorn sie den Weg hinaufführte.

»Frühstück, *khaffit*!«, krähte Hasik und riss krachend die Tür auf.

Abban zuckte zusammen und stieß mit dem Gesicht gegen die harte Pritsche. Hasik polterte in die Zelle, in den Händen ein Tablett.

»Wo ist Dawn?« Abban schüttelte seine Benommenheit ab und richtete sich mühsam auf.

Hasik warf ihm etwas zu, das mit einem feuchten Klatschen gegen seine Brust prallte. Instinktiv griff er danach, und als er hinunterblickte, sah er einen blutigen Skalp. Die mit grauen Strähnen durchsetzten Locken waren unverkennbar.

Sie hatten Dawn gehört.

Entsetzt warf Abban die Abscheulichkeit auf den Boden. Hasik legte den Kopf in den Nacken und brüllte vor Lachen.

»Deine *chin*-Freundin hat sich nicht so verzweifelt ans Leben geklammert wie du, *khaffit*«, sagte Hasik. »Ich fand sie, wie sie am Deckenbalken ihrer Zelle baumelte.«

Traurig betrachtete Abban den Skalp. *Everam, Spender von Licht und Leben, ich gehörte nie zu deinen treuesten Dienern, aber ich bin auch kein* alagai, *wie dieses Ungeheuer hier. Gib mir noch ein einziges Mal die Gelegenheit, diesen Dämon zu töten, und ich schwöre, ich bringe ihn um.*

Doch falls Everam sein Gebet hörte, so gab Er ihm kein Zeichen. »Komm, *khaffit*.« Hasik wedelte mit der Hand. »Iss dein Frühstück, bevor es kalt wird.«

»Ich wundere mich, dass du mir den Skalp persönlich gebracht hast.« Abban gab sich gleichmütig, obwohl sich ihm der Magen umdrehte. »Der Hasik, den ich mal kannte, hätte ihre Tochter damit zu mir geschickt.«

»Ich denke, ich werde ihre Tochter vorläufig in Ruhe lassen«, sagte Hasik.

Abban hob erstaunt eine Augenbraue. »Du wirst doch nicht etwa weichherzig?«

Hasik gluckste und zog einen kleinen Hammer aus seinem Gürtel. »Natürlich nicht. Ich finde bloß, dass du eine Zeitlang deine Strafe wieder selbst in Empfang nehmen solltest.«

Abban spürte, wie sein Gesicht kalt wurde. »Eunuch Ka. Wenn du mich verschonst, gebe ich dir ...«

»Jetzt bettelst und feilschst du ja wieder!« Hasik lachte. »Oh, *khaffit*, wie ich das vermisst habe! Der mitleidige Funke, den du vielleicht für diese *chin*-Frau verspürt hast, reichte nicht aus, um mir mit Bestechung zu kommen!«

Abban schluckte. Es waren harte Worte, aber er konnte nicht leugnen, dass sie der Wahrheit entsprachen. Er hielt sich für einen besseren Menschen als Hasik, aber war er das wirklich?

Hasik hob den Hammer. »Also, *khaffit*. Was bietest du mir im Tausch gegen deinen Daumen an?«

Abban zögerte. Ja, was wohl? Seit er in dieser winzigen Zelle festsaß, hatte er nichts mehr. Sein Vermögen in Krasia war in Jameres Händen, seine Güter im Tal wurden von Shamavah verwaltet. Sogar wenn er Zugriff darauf gehabt hätte, hätten ihm all seine Reichtümer nichts genützt. Womit konnte er diesen Mann reizen, der sich nur dann wirklich glücklich fühlte, wenn Abban vor Schmerzen schrie?

»Komm schon, *khaffit*, spiel mit.« Hasik packte Abbans Hand und drückte sie mit eisernem Griff auf die Tischplatte, während er den kleinen Hammer zwischen den Fingern herumwirbeln ließ.

»Bitte!«, quiekte Abban. Auf seine Füße, seine Beine, konnte er verzichten. Aber was wäre er ohne seine Hände? »Wenn ... du meine Hände verschonst, verrate ich dir, wo die Elektronmine des Erlösers liegt.«

Hasik stutzte. »Blödsinn! Du lügst!«

Abban schüttelte den Kopf. »Ich war derjenige, der Ahmann überhaupt erst von dem heiligen Metall erzählt hat, Hasik. Die Mine liegt sehr abgelegen und wird nur von wenigen Männern bewacht. Deine Eunuchen könnten sie problemlos einnehmen und sie mit nur wenigen Kriegern endlos lange halten.«

Hasik setzte sich aufrecht hin und legte den Hammer auf den Tisch zurück. Abban spürte zaghafte Zuversicht in sich aufsteigen. Besaßen die Eunuchen erst einmal Waffen aus Elektron, konnten sie sich ohne Weiteres zur vorherrschenden Macht in den Sumpfgebieten aufschwingen. »Wie weit liegt die Mine von hier entfernt?«

»Sie wäre in ungefähr vierzehn Tagesritten zu erreichen.« Abban zuckte die Achseln, als sei die Reise eine Kleinigkeit.

Hasik spuckte aus. »Das ist zu weit, um zu überprüfen, ob du die Wahrheit sagst. Ich kann keine Krieger dorthin schicken, nur weil ein *khaffit*, der Angst um seine Finger hat, irgendetwas behauptet.«

»Töte mich, wenn ich lüge.«

Hasik stutzte wieder. »Das ist ja ganz was Neues.«

»Ich bluffe nicht, Hasik. Aber wenn ich mich nicht mit *chin*-Sklaven von der Folter freikaufen kann, dann will ich es mit dem edelsten aller Metalle tun.«

Hasik betrachtete Abban und tippte mit dem Hammer leicht gegen seinen Kiefer. Er legte den Kopf schräg, als lausche er den Worten eines unsichtbaren Ratgebers. Schließlich stand er auf, ohne sein Frühstück aus gekochten Muscheln auch nur angerührt zu haben. »Bringt den Räderstuhl des *khaffit*!«

»Ich kann einen Lageplan von der Mine zeichnen …« Abban unterbrach sich, als Hasik ihn hochhob und in den Räderstuhl verfrachtete. Der Ausdruck in den Augen des Kriegers ängstigte ihn sogar noch mehr als der Hammer.

»Was hast du vor …« Dieses Mal verstummte er, als Hasik ihm einen Schlag gegen den Hinterkopf verpasste.

»Halt's Maul!«, knurrte Hasik. »Es gibt noch einen anderen Weg, um nachzuprüfen, ob du die Wahrheit sagst.«

Abban fragte sich, ob er nicht einen schrecklichen Fehler gemacht hatte, aber er hütete sich, seine Proteste fortzusetzen. Hasik rollte ihn aus der Zelle und durch die Flure, bis sie eine bewachte Tür erreichten. Dort ließ er den Räderstuhl stehen und warf sich Abban über die Schulter wie einen Sack Getreide. Hinter der Tür befand sich eine Treppe, die aussah wie die Pforte zu Nies Abgrund. Sie führte tief hinein in die Katakomben unter dem Kloster.

Irgendwann hörten die Stufen auf, und sie standen vor einer Tür, die von ein paar Eunuchen bewacht wurde. Bei Hasiks Auftauchen nahmen sie zackig Haltung an. Mit vorgereckten Speeren öffneten sie die Tür, als erwarteten sie, der Abgrund würde einen Schwall Dämonen ausspucken.

Die Wachen beäugten Abban voller Misstrauen, sagten jedoch nichts, als Hasik mit ihm auf der Schulter durch die offene Tür stapfte. In dem matten Lichtschimmer, der aus der Kaverne mit den Wächtern drang, erkannte man von Menschenhand angefertigte Stützbalken und Bodenplanken. Bereits kurz dahinter begann wieder der natürliche Gesteinstunnel. Die Balken und Planken hatten Siegel getragen, die nun jedoch beschädigt und zerkratzt waren. Die Eunuchen schlossen die Tür, und sie standen im Dunkeln.

»Hasik«, begann Abban.

»In den letzten Monaten hast du mir oft genug die Ohren vollgeschwafelt, *khaffit.*« Der Edelstein an Hasiks Turban strahlte in einem trüben Glanz und ermöglichte es ihm, im Dunkeln zu sehen. Abban jedoch wurde von der Finsternis verschlungen und konnte lediglich das schwach beleuchtete Gesicht seines Peinigers erkennen. »Jetzt bist *du* mit Zuhören an der Reihe.«

»Sprich. Ich bin ganz Ohr«, sagte Abban, als er Hasiks darauffolgendes Schweigen nicht länger ertrug.

»Du sollst nicht *mir* zuhören.« Hasik ließ Abban auf den harten Steinboden plumpsen. »Sondern dem wahren Herrn und Meister.«

»Und der wäre?«, fragte Abban.

Als Antwort darauf erwachte ein Lichtsiegel an der Höhlendecke zum Leben. Blinzelnd erkannte Abban, dass direkt vor ihnen jemand stand.

Er erschrak maßlos, als er in dieser Gestalt sich selbst erkannte. »Everam steh uns bei!«

Sein Gegenüber entsprach jedoch nicht in allen Einzelheiten dem echten Abban. Dieser andere war körperlich in Höchstform und stakste nun auf zwei gesunden Beinen durch die Höhle. So hätte Abban sein können, wäre er als Junge im Labyrinth nicht von einer Mauer gestürzt.

Der unechte Abban umkreiste ihn und starrte ihn an, wie eine Katze eine Maus fixiert. Abban fing an zu zittern, und ihm brach der Schweiß aus. Er hob eine Hand, um ein Siegel in die Luft zu zeichnen.

Hasik schlug seine Hand weg. »Mach das noch mal, *khaffit*, und ich schneide dir den Arm ab. Der Meister braucht deinen Körper nicht. Nur deinen Geist.«

»Meister?« Abban blickte hoch und sah im Halbdunkel die flirrende Silhouette eines zweiten Dämons.

»*Alagai Ka.*« Hasik fiel auf die Knie und berührte mit der Stirn den Boden, während der Dämon ins Licht trat.

Der Dämon war klein, sogar noch kleiner als Abban. Er hatte spindeldürre Arme und Beine, und sein Rumpf sah aus, als hätte man schwarzes Leder über ein Skelett gespannt. Auf dem großen, kegelförmigen Kopf mit den riesigen schwarzen Augen saß ein Kranz aus verkümmerten Hörnern.

Der knotige Schädel des Dämons schien zu pulsieren.

Der unechte Abban verwandelte sich und zerlief wie ein Spiegelbild im Wasser, in das man einen Stein wirft. Im nächsten Moment stellte er Hasik dar – oder wie Hasik sich vor seiner Kastration selbst gesehen hatte. Dieser falsche Hasik war nackt, und sein Glied, groß wie der Arm eines Kindes, pendelte zwischen seinen Lenden.

»Ich glaube, hier stimmt was nicht«, sagte Abban. »Hasiks schlaffer Speer war nicht so beeindruckend, als meine Gemahlinnen und Töchter ihn festhielten und kastrierten.«

Hasik funkelte ihn wütend an, doch wie Abban es sich gedacht hatte, blieb er auf den Knien liegen.

»Deine Sprache ist kühn, *khaffit*«, sagte der falsche Hasik und imitierte die Stimme und sein Gebaren mit beklemmender Genauigkeit.

»Was spielt das für eine Rolle?« Abban lachte. Zu seiner eigenen Überraschung merkte er, wie seine Angst verflog. Dieser Kampf erforderte nicht den Einsatz seines Körpers, nur den seines Verstandes. Er blickte den falschen Hasik an und sprach mit ihm, als wäre er der echte. »Wenn ich hier bin, Hasik, dann doch nur, weil dein Meister mich braucht. Daraus folgere ich, dass mein Schicksal nicht länger in deinen Händen liegt.«

»Sei dir da nicht so sicher, *khaffit*«, knurrte der falsche Hasik. »Vielleicht kommst du wieder in meine Gewalt, wenn der Meister mit dir fertig ist.«

»Vielleicht«, räumte Abban ein.

»Falls er dein Gehirn nicht verspeist, nachdem er sich deiner Gedanken bemächtigt hat«, ergänzte der falsche Hasik lächelnd.

Abban zuckte die Achseln. »Das ist unwichtig geworden, Hasik. Du magst davon träumen, ein Herr und Gebieter zu sein, aber wir beide wissen, dass du nie mehr warst als ein Hund. Ich war dabei, als du im *sharaj* von den Exerziermeistern und Khevat geprügelt wurdest. Als Nachtvater Jesan dich misshandelt hat. Ich weiß, wie Ahmann mit dir verfuhr. Sobald einer mit einem größeren Schwanz in deiner Nähe ist, hast du keinen Ehrgeiz mehr außer der Befriedigung deiner Triebe.«

»Du lügst, *khaffit*!« Der unechte Hasik zog ruckartig das Kinn in seine Richtung, aber Abban ließ sich nicht einschüchtern. »Ich bin *Alagai Kas* treuer Diener und werde meine Belohnung erhalten.«

Abban blickte ihm in die Augen. »Und was kriegst du zur Belohnung? Muscheln und Schweinefleisch? Mich, damit du mich foltern kannst? Einen neuen Speer zwischen den Beinen? Mit deiner Vorstellungskraft war es noch nie weit her, Hasik.«

Der echte Hasik hätte ihn jetzt geschlagen, aber der Mimikry zerschmolz und nahm wieder Abbans Gestalt an. »Was hätte deine Mutter dazu gesagt, dass du den Kunden verprellst, noch ehe das Feilschen begonnen hat?«

»Du scheinst meine Mutter nicht sehr gut zu kennen«, sagte Abban.

Nun verwandelte der Mimikry sich in Omara, Abbans Mutter. Im Gegensatz zu dem falschen Hasik und dem unechten Abban war sie täuschend echt dargestellt, bis hin zu den Augenfältchen und ihrem Lieblingsparfüm.

»Du kannst stolz sein, mein Sohn. Du bist mehr wert als jeder *Sharum*-Köter.« Sie sprach mit Omaras Stimme, mit ihren Gesten, mit ihrer Betonung.

Aber Omara war tausend Meilen weit entfernt, und Abban hatte dafür gesorgt, dass Hasik ihr nie begegnete. Wie konnte der Dämon sie so perfekt imitieren?

Und dann spürte er es, er konnte den Willen des Dämons fühlen, der sich durch seine Erinnerungen tastete. Er war nicht hierher verschleppt worden, damit man ihm Fragen stellen konnte. Das Verhör hatte längst begonnen.

Doch nun, da er sich des Dämons bewusst war, verdrängte er alles rings um sich her und richtete alle seine Sinne nach innen. Er folgte dem Dämon, der sich einen Weg durch seine Gedanken bahnte, und sah Szenen aus seiner Vergangenheit, die so lebendig wirkten, dass er sie noch einmal durchlebte: Wie man ihn aus Omaras Armen riss und ihn in den *sharaj* schleifte. Wie Hasik ihn an diesem Tag und an den folgenden Tagen verprügelt hatte. Die Erniedrigung. Die Schmerzen.

Seine Qualen schien der Dämon in sich aufzusaugen wie Couzi, und er stieß einen mentalen Seufzer der Befriedigung aus.

Es war eine unsägliche Tortur. Abban stemmte sich gegen den Willen des *alagai* und versuchte, ihn aus seinem Geist zu vertreiben.

Alagai Ka nahm kaum Notiz davon. Er fegte seinen plumpen Widerstand mit derselben Leichtigkeit beiseite, mit der Hasik Abbans Gegenwehr abgeblockt hatte, als sie noch Knaben im *sharaj* waren.

Wieder tauchte der Dämon in seine Erinnerungen ein. Dieses Mal ging es um den Sturz von der Mauer im Labyrinth, bei dem er sich beide Beine gebrochen hatte. Die sich daraus ergebenden Demütigungen, wenn sein Körper ihm den Dienst versagte. Noch einmal erlebte er, wie er seinen einzigen Freund immer wieder enttäuschte und Ahmann zwang, sich zwischen Freundschaft und Pflicht zu entscheiden, bis er schließlich eine endgültige Wahl treffen musste.

Wie hätte sein und Ahmanns Leben aussehen können, wenn er damals nicht von der Mauer gefallen wäre? Wäre Ahmann vielleicht jetzt noch an seiner Seite? Wenn er nicht in den Basar zurückgekehrt wäre, dem *Par'chin* die Landkarte nicht gegeben hätte …

Plötzlich schien der quirlige Wille des Dämons in Abbans Geist zu erstarren. Er konzentrierte sich auf diese Gedanken und zerrte so heftig an ihnen, dass Abban schwindelig wurde. Sein Körper wand sich in Zuckungen, als der *alagai* jeden Geruch und jedes Geräusch herausriss, und seine Erinnerungen an den *Par'chin* Stück für Stück zerpflückte.

In diesem Moment wusste Abban, dass es bei dieser Begegnung nicht allein um die Elektronmine ging. Es ging um etwas viel Gefährlicheres, etwas, das nicht nur sein Ende besiegeln konnte, sondern auch den Untergang der gesamten Ala bedeutete.

Der Dämon wollte alles über Ahmann wissen. Er wollte alles über den *Par'chin* wissen. Und im tiefsten Inneren seiner Seele – falls es so etwas wie eine Seele gab – begriff Abban, dass er dies verhindern musste, und wenn es sein eigenes Leben kostete.

Diese Erkenntnis wirkte auf ihn wie eine Befreiung, während er seine ganze Willenskraft aufbot. Abban liebte seine Gemahlinnen und seine Kinder, er liebte Reichtum und Luxus, aber vor allem liebte er sein Leben. Wenn er bereit war, dies in einem Tauschgeschäft zu opfern, dann musste er mit allen ihm zu Gebote stehenden Mitteln kämpfen.

In diesem Augenblick verstand er zum ersten Mal Ahmann und den *Par'chin*. Er konnte nachvollziehen, was sie antrieb.

Oh, meine Freunde, ich habe euch unrecht getan. Ihr wart von Anfang an auf dem richtigen Weg.

Und mit diesem Gedanken rammte Abban seinen Willen gegen den dämonischen Spuk in seinem Kopf.

Mit diesem neuerlichen Angriff hatte der *alagai* nicht gerechnet. Er hielt Abban für feige und schwächlich. Abban platzte durch seine Deckung und drängte ihn aus seinen Erinnerungen hinaus. Dann fing er damit an, den Willen des Dämons allmählich aus seinem Körper zu vertreiben.

Die Kreatur glotzte ihn verblüfft an. Nicht der Mimikry, der immer noch Omaras Gestalt hatte, sondern der *alagai*-Prinz selbst. Er legte den Kopf schräg und musterte ihn aus diesen großen Augen, wobei er einen verstörten Eindruck machte, als hätte eine Ameise versucht, ihn zu zertreten.

Abban sah sein Spiegelbild in den schwarzen Augen. Er sah, wie er zitterte und der Sabber ihm aus dem Mund lief, doch nichts davon zählte. Nur der Dämon und dessen Wille waren wichtig.

Was ist dein Anliegen, fragte Abban ihn in Gedanken, und plötzlich folgte er der Kreatur, als sie sich in sich selbst zurückzog.

In dem fremden Geist sah er sie, *Alagai'ting Ka*, die Mutter der Dämonen. Er hörte ihr Stöhnen und Gurren, roch ihre Ausdünstungen in der feuchten, heißen Luft. Eier quollen aus ihrem Leib, und bald würde sie Königinnen hervorbringen. Königinnen, die sich nach ihrem Schlüpfen hastig vollfressen würden, bis sie eine gewisse Größe und Macht erreicht hatten.

Um ihre Fressgier zu befriedigen, brauchten sie Menschen. Viele Menschen.

Zum Beispiel diese Scharen von Dummköpfen, die sich in einem Kloster verschanzt hatten.

Oder in diesen ummauerten Städten. Diese Orte waren keine Festungen, sie waren Speisekammern.

Der Dämon schlug zurück, und Abban merkte, dass er sich von dieser neuen Erkenntnis hatte ablenken lassen. Er wurde aus dem fremden Geist herausgeschleudert, aber der Kampf war noch nicht vorbei. In dem freien Raum zwischen ihnen fand ein mentales Ringen statt. Es ging darum, wer die Oberhand gewinnen würde, Mensch oder Dämon.

Jetzt verstand Abban seinen Gegner. Wie beim Feilschen im Basar hatte er ihn durchschaut und seine Wünsche erkannt. Und wenn man erst wusste, was der Käufer wollte – was er dringend benötigte –, war es ein Kinderspiel, ihn einzuwickeln und ein profitables Geschäft zu machen.

Der Dämon sträubte sich wie ein aufgeklärter Kunde. Er wiederum kannte Abbans Schwachpunkte, und sein Wille war ungeheuer stark.

Doch nichts liebte Abban mehr als hartnäckiges Schachern.

Der Kampf ging weiter, und langsam verlor Abban an Boden. Der Wille des Dämons bot ihm Paroli. Abban hatte nichts zu verlieren, aber für den Dämon ging es ums Ganze. Darüber hinaus war er an mentale Kämpfe gewöhnt, während Abban die Regeln erst noch lernen musste. Schritt für Schritt rückte der Dämon vor und zwang Abbans Willen in dessen Körper zurück.

Der *alagai* brauchte ihn noch nicht einmal zu besiegen. Sowie Abban eine Lücke in seiner Abwehr öffnete, würde der Dämon Hasik oder dem Mimikry befehlen, ihn bis zur Bewusstlosigkeit zu würgen, um dann in seinen wehrlosen Geist einzudringen.

Doch dann hörte Abban ein ihm wohlbekanntes Lied, und ihn überkam so etwas wie eine Offenbarung. Er brauchte den Dämon gar nicht zu bezwingen. Er musste ihm nur noch wenige Augenblicke lang Widerstand leisten.

Mit ruhiger Stimme sang Ashia das *Lied vom Erlöschen des Mondes*, während sie, Dorn und Kaji sich durch die Melodie getarnt an *Alagai Ka* heranpirschten.

Enkido hatte sie gelehrt, dass es beim Kämpfen darauf ankam, einen kühlen Kopf zu bewahren. Man musste sämtliche Gefühle unterdrücken, denn nur so konnte ein Krieger sich auf seinen Gegner konzentrieren und den Kampf von allen Seiten betrachten.

Ashia war imstande, sich einer Horde Felsendämonen mit eiskalter Ruhe zu nähern.

Aber dieser Gegner war *Alagai Ka*, der Vater der Dämonen, der schon vor Tausenden von Jahren mit Kaji selbst gekämpft hatte. Was konnte sie mit ihrem kläglichen Gesang, ihren kurzen Speeren, gegen einen derart übermächtigen Feind ausrichten?

Dennoch schlich sie langsam vorwärts, die Speere zum Zustoßen bereit, während der Dämon sich mit Abban beschäftigte. Hasik lag immer noch auf den Knien, die Hände auf den Boden gestützt. Die alte Frau – wer immer sie sein mochte – stand in schlaffer Haltung da, wie eine Marionette mit gekappten Fäden.

Dorn befand sich nur einen Schritt hinter ihr, als sie den Schutz des Tunnels verließen, der in dieser Höhle mündete. Der Dämon bemerkte sie immer noch nicht.

Angriff. Schnell, wandte sie sich in Zeichensprache an Dorn. Dann rannte sie mit vorgereckten Waffen los.

Hasik sog witternd die Luft ein und blickte hoch. »Meister!«

Der Dämon sah Ashia erst, als sie mit beiden Speeren zustieß. Die Kreatur drehte sich, und die Klingen trafen ins Leere. Dann zeichnete der Dämon ein Siegel in die Luft, das Ashia wie ein kleines Kind zurückschleuderte. Um ein Haar wäre sie gegen Dorn geprallt, aber der Junge wich ihr geschickt aus und hob seinen Wasserschlauch.

Der Dämon erwartete, dass der Knabe mit dem prall gefüllten Schlauch nach ihm werfen würde, und es erwischte ihn eiskalt, als Dorn ihn mit Eberwurztee bespritzte. Kreischend kippte das Scheusal nach hinten. Auf seiner Haut und den Augen bildeten sich zischende Blasen.

Der Dämon landete auf dem Rücken und starrte die Eindringlinge wütend an, doch dann richtete sich sein Blick überrascht auf Abban. Welcher Art die Verbindung, die zwischen den beiden bestand, auch sein mochte, sie blieb bestehen, und der *khaffit* griff erneut an.

Ashia wollte sich die Ablenkung zunutze machen und auf den Dämon losgehen, doch ehe sie ihn erreichen konnte, sprang die alte Frau sie an. Sie war schneller als eine *Sharum'ting* und stärker als ein Felsendämon. Sie brachte Ashia zu Fall, dann schmetterte sie sie gegen die Höhlenwand, als wäre sie leicht wie eine Puppe.

Mit einer Fontäne aus seinem Wasserschlauch zog Dorn die Aufmerksamkeit der Frau auf sich. Ihre runzlige Haut zerfloss, und sie verwandelte sich in einen Felddämon, dessen schmaler, geschmeidiger Körper sich bestens für einen Kampf in dieser kleinen Höhle eignete. Plötzlich wuchsen die harten, scharfkantigen Panzerplatten eines Felsendämons aus seinem Leib heraus, und die Augen und das Maul glühten feurig.

Der Mimikry griff Dorn an. Der Junge warf sich gerade noch rechtzeitig auf den Boden und rollte sich ab, um nicht von dem Feuerspeichel getroffen zu werden, den der Dämon in seine Richtung spuckte.

Das Gesicht des Mimikrys zerschmolz und formte sich wieder neu, dieses Mal als langer Schnabel eines Blitzdämons, der einen schrillen Schrei von sich gab und einen Strahl aus Lektrizität auf Dorn abschoss.

Dorn riss seinen Schild hoch und wehrte den Angriff größtenteils ab. Aber Ashia sah, dass Schmerzen durch seine Aura zuckten. Der Junge brüllte, Ashia fauchte, und gemeinsam stürzten sie sich auf die Kreatur.

Als erste Waffe setzte sie ihre Stimme ein, ein grelles Kreischen, das sie endlos lange beibehalten konnte und das durch die *hora*-Steine in ihrem Halsband verstärkt wurde. Das Geräusch hallte durch die Kaverne, der Mimikry taumelte und jaulte vor Schmerzen. Selbst der Seelendämon presste die dürren, skelettartigen Hände auf seine Ohröffnungen.

Ashia schob die Enden ihrer beiden kurzen Speere ineinander und erhielt so eine sechs Fuß lange Waffe mit Klingen aus versiegeltem

Glas. Von allen Seiten stach sie auf den Mimikry ein und versuchte, möglichst viel von seinem Körper wegzuschneiden, solange er noch benommen war.

Aber die Wunden, die sie ihm zufügte, bluteten nicht, und der Mimikry nahm eine noch größere, noch bedrohlichere Gestalt an.

Ashia kümmerte sich nicht um diese neue Gefahr, sondern konzentrierte sich auf die Magie in der Aura dieses Wesens. Die Selbstheilung und die Verwandlung des Körpers verbrauchten ungeheure Mengen magischer Energie. Jetzt kam es darauf an, die Kreatur so schnell wie möglich zu schwächen. Sie hatten nur dann eine Chance, wenn ihre Kräfte restlos verschlissen waren.

Plötzlich spross ein Tentakel aus dem Dämon, den er gegen Ashia schnellen ließ wie eine Peitsche. Er hätte sie glatt erwischt, doch Dorn rammte der Kreatur seinen Schild in die Seite, und die in den Stahl eingeritzten Mimikrysiegel sorgten für eine vorübergehende Lähmung.

Diesen Umstand nutzte Ashia, indem sie der Kreatur ihren Speer ins Herz stieß und ihr weitere Magie absaugte.

Dann bohrte auch Dorn seinen Speer in das Herz. Als nächstes ließen beide ihre Waffen los, deren Siegel tödliche Magie in den Dämon hineinpumpten.

Ashia setzte die *sharukin* ein, die sie ihr Leben lang trainiert hatte, und stach mit den Fingern auf die Konvergenzpunkte in der Aura des Dämons ein. Ihre Fingernägel, die mit Siegeln bemalt und durch Lack verstärkt waren, hämmerten gegen seinen Panzer. Jeder Schlag ließ ein wenig von der Magie des Dämons in sie einströmen. Während sie immer stärker und schneller wurde, verblasste die Aura des Mimikrys. Sogar der kleine Kaji bekam eine Dosis Magie ab. Er lachte ausgelassen, ohne etwas von der Gefahr zu ahnen, in der sie sich befanden.

Auch Dorn verließ sich jetzt auf seine bloßen Hände. Seine Schlagsiegel und Drucksiegel erfüllten denselben Zweck wie Speer und Schild, als er die Angriffe des Dämons abwehrte und ihm dann kurze, schnelle Schläge mit den offenen Handflächen verpasste. An der Aura des Dämons konnte Ashia ablesen, wie sehr ihm diese Attacken zusetzten.

Sie prügelten so lange auf die geschwächte und halb betäubte Kreatur ein, bis Ashia ihre Chance erkannte. Mit einem Ruck riss sie ihren Speer aus dem Leib des Mimikrys, schwenkte ihn in hohem Bogen und schlug dem Dämon den Kopf ab.

Dann wirbelte sie herum und schleuderte den Speer auf den Seelendämon. Doch die Waffe prallte von einem Schild ab und landete klirrend am anderen Ende der Höhle. Hasik schob sich schützend vor den Dämon.

»Everam hat mir noch einmal seine Gunst gewährt«, sagte der Krieger. »Keiner wird mich besiegen.«

»Du hast dich von Everam losgesagt, Onkel.« Ashia zog noch eine Strebe aus Kajis Ranzen, versiegeltes und mit Elektron beschichtetes Glas. Die *Damajah* selbst hatte diese Waffe hergestellt. Ein Ruck aus dem Handgelenk, und die Klinge einer kurzen Sichel schnellte hervor. Als nächstes griff sie nach ihrem gläsernen Schild. »Einem wie dir gewährt Er gar nichts.«

»Wir werden ja sehen, kleines Mädchen.«

Mit ungezügelter Wildheit griff Hasik an. Ashia fing seine Hiebe mit dem Schild ab oder lenkte sie mit der Sichel zur Seite, doch mit dieser Hemmungslosigkeit hatte sie nicht gerechnet. Hasik gebärdete sich wie ein Besessener. Eine Zeit lang musste sie sich darauf beschränken, seinem rasant wirbelnden Speer auszuweichen. Mit Kaji auf dem Rücken konnte sie keine gewagten Manöver riskieren, und so verlor sie an Boden und suchte verzweifelt nach einer Schwäche in Hasiks Deckung.

Dorn erkannte ihre aussichtslose Lage und fiel Hasik in den Rücken. Ashia hatte sich nichts anmerken lassen, aber Hasik duckte sich im allerletzten Moment, und Dorns Schlag traf nur die leere

Luft. Dann versetzte der Krieger dem Jungen einen wuchtigen Tritt, der Dorn auf den Rücken beförderte.

Ashia stürmte vor, doch Hasik ließ sich keine Sekunde lang ablenken. Selbst als er den Jungen außer Gefecht gesetzt hatte, vernachlässigte er nicht seine Deckung. Er und Ashia rangen miteinander, bis er ihr seine Stirn ins Gesicht rammte, und als sie rückwärts taumelte, brach er in schallendes Gelächter aus.

Seinem nächsten Schlag wich sie aus, indem sie sich fallen ließ. Sie schleuderte ihren Schild nach ihm, rollte sich ab und zog eine dünne Kette aus dem Griff ihrer Sichel. Mit einem Ruck aus dem Handgelenk warf sie die Kette nach Hasik. Die wickelte sich um seinen Knöchel, als er sich bückte, um nicht von ihrem Schild getroffen zu werden.

Ashia zerrte an der Kette, aber Hasik kannte diesen Trick. Er nutzte ihren Schwung und ihre Kraft, um sich ein Stück heranziehen zu lassen, dann trat er ihr mit voller Wucht ins Gesicht. Ein Schwenk mit dem gepanzerten Knöchel riss ihr die Sichel aus der Hand, die über den felsigen Boden schlitterte.

Ashia schleuderte Wurfglas nach ihm, während er taumelnd versuchte, sein Gleichgewicht wiederzufinden. Aber Hasiks Schild wehrte sämtliche Geschosse ab bis auf eines, das gegen seinen gläsernen Brustharnisch prallte.

Da Ashia keine Zeit hatte, nach einer anderen Waffe zu greifen, nahm sie eine *sharusahk*-Pose ein und rüstete sich für Hasiks nächsten Angriff.

Diese Geste ließ den Eunuchen innehalten. Er warf einen Blick auf Dorn, aber der Junge lag immer noch auf dem Rücken und stöhnte. An seiner Aura erkannte Ashia, dass seine Hüfte gebrochen war. Mit den Händen drückte er die Knochen zusammen, damit die Magie sie heilen konnte, aber auf seine Hilfe konnte sie nicht bauen.

»Nimm das Kind von deinem Rücken«, sagte Hasik. »Biete mir einen richtigen Kampf.«

»Niemals!«, fauchte Ashia.

Hasik nahm sein Halstuch ab. »Leg das Kind irgendwo ab, und ich verzichte auf Speer und Schild.«

»Und wozu das Ganze?«, fragte Ashia.

»Ich will sehen, was Enkido dir beigebracht hat«, sagte Hasik. »Was er meiner Tochter beigebracht hat.«

»Deine Tochter hat sich für dich geschämt«, sagte Ashia. »Noch bevor der *khaffit* dich kastriert hat, erzählte Sikvah, du hättest tagtäglich Schande über dein Haus gebracht. Nicht einmal die großzügige Entlohnung, die dir als Speer des Erlösers zustand, reichte aus, um die Familie durchzubringen, weil du das gesamte Geld mit Glücksspiel und Hurerei durchgebracht hast. Du hast jeden verprügelt, vom geringsten Sklaven bis zu deiner *Jiwah Ka*.«

Hasik warf seinen Speer zu Boden. »Zeig mir, was Enkido dir beigebracht hat, bevor ich dich mit meinen bloßen Händen töte.«

»Und was wird aus meinem Sohn?«

Hasik lächelte. »Wenn du versagst, töte ich auch ihn und deinen stinkenden Freund.«

»Dann werde ich nicht versagen.« Langsam ging Ashia zu ihrem Schild, der gegen die Höhlenwand gerollt war. Mit dem Fuß drehte sie ihn um, nahm den Ranzen mit Kaji von ihrem Rücken und legte das Kind in den Schutzzirkel hinein. Es war ihr zuwider, den Jungen allein zu lassen, aber Hasiks Vorschlag hatte etwas für sich. Sie konnte es sich nicht leisten, diese Gelegenheit ungenutzt verstreichen zu lassen.

»Bleib ganz still liegen und strampele nicht so viel, mein Sohn«, flüsterte sie. »Mein Schild wird dich beschützen, bis ich wieder bei dir bin. Ich hab dich lieb.«

Eine Träne löste sich aus ihrem Auge und landete auf seiner Wange. Erst da merkte Ashia, dass sie weinte. Sie blinzelte, und noch mehr Tränen regnete auf den Jungen herab.

Kaji lächelte. »Mommy kämpft.«

Ashia nickte und wischte sich die Tränen ab. Bei dieser Gelegenheit schob sie verstohlen die letzte Strebe von Kajis Ranzen in ihren Ärmel. »Ja, mein Liebling. Sei tapfer.«

»Mommy tapper«, stimmte Kaji zu.

Als sie sich von ihrem Sohn entfernte, schob Hasik mit dem Fuß seinen Speer und Schild zur Seite und nahm eine *sharusahk*-Pose ein. Hinter ihm starrten Abban und der Dämon einander an, gefangen in irgendeinem unheiligen Krieg. Die Aura zwischen ihnen brodelte in einer Weise, die Ashia völlig fremd war. Sie wurde nicht schlau daraus, und sie hatte nicht die geringste Ahnung, wie lange der *khaffit* die Kreatur noch in Schach halten konnte.

Sie ging ebenfalls in Kampfhaltung und stellte sich Hasik gegenüber.

Hasik zeigte seine Zahnlücke und stieß einen Pfiff aus. »Fang an!«

Am liebsten hätte Dorn laut geschrien, als er sah, wie Ashia sich an Hasik heranpirschte. Aber er wusste, was passierte, wenn ein Knochen falsch verheilte. Er musste stillhalten und Druck auf seine Hüfte ausüben, bis sich die Bruchstelle geschlossen hatte.

Als der Kampf begann, waren die Bewegungen so schnell, dass er ihnen kaum zu folgen vermochte. Ashia und Hasik wirkten wie Tänzer mit einer eingeübten Routine. Viele ihrer Züge und Techniken waren gleich – wohlüberlegt und präzise. Ashia war die Schnellere, Gewandtere, und sie hielt besser die Balance. Doch es reichte nicht für einen raschen Sieg. Sie behauptete sich, aber Hasik landete mehr Treffer als sie. Die meisten Schläge wurden von den Siegelglasplatten in ihrer Kluft abgefangen, doch jeder

Hieb fügte ihr Schmerzen und Prellungen zu und schwächte ihre Abwehr. Nach einer Weile würde sie mit ihren Kräften am Ende sein.

Ein Knurren ertönte. Dorn drehte sich um und erblickte einen Sanddämon, der seine Schnauze aus einem der Tunnel steckte, die in die unteren Kavernen führten. Er nahm eine Hand von seiner Hüfte, schnappte sich seinen Speer und warf ihn. Die Spitze bohrte sich in den nur dürftig gepanzerten Bauch der Bestie. Mit einem Jaulen kippte der Dämon auf die Seite, dann stieß er ein Gebrüll aus, das aus den Tiefen des Tunnellabyrinths vielstimmig beantwortet wurde.

Er robbte zu den Tunnelmündungen, wobei er darauf achtete, die verletzte Hüfte nicht zu belasten. Dann öffnete er die Schnüre einiger kleiner Beutel, in denen sich Eberwurzpulver befand. Die offenen Beutel warf er in die Tunnel hinein und erzeugte eine stinkende, ätzende Wolke, vor der die Dämonen zurückscheuen würden. Nach einer gewissen Zeit würde die Wirkung des Pulvers verfliegen, und nach den Geräuschen zu urteilen, die von unten heraufhallten, konnte allein der Druck der hinteren Reihen dafür sorgen, dass die Meute zu ihnen durchstieß. »Uns läuft die Zeit davon, Ashia!«

Ashia, die verbissen mit Hasik kämpfte, gab keine Antwort. Als Dorn zu seinem Speer gekrochen war, fühlte er sich bereits kräftiger. Er packte den Schaft, dessen Spitze noch in dem sterbenden Sanddämon steckte, und spürte, wie ein Strom von Magie durch die Siegel an seinen Händen floss.

Er hob den Speer an und trieb die Spitze so fest in den Dämon hinein, dass sie an der anderen Seite herauskam. Der Tod der Bestie wurde beschleunigt, als er den Schaft wie eine Krücke benutzte, um sich hochzustemmen. Er prüfte, ob seine gebrochene Hüfte sein Körpergewicht tragen würde, und stellte fest, dass der Knochen stark genug war.

Sein Blick wanderte von den beiden Kämpfenden zu dem *khaffit* und dem Seelendämon. Dann riss er den Speer aus dem toten Dämon heraus und hob den Arm zu einem Wurf.

Etwas schlug gegen seinen Arm, als er ihn nach vorn schnellen ließ. Er wollte den Speer loslassen, doch dann merkte er, dass das nicht ging. Eine Art Spinnenseide verklebte seine Hand mit dem Schaft. Gerade als er den Blick nach oben richtete, fiel der Höhlendämon von der Decke der Kaverne auf ihn herab.

Mit den Armen fing Ashia einen Boxhieb ab, dann blockierte sie mit dem Oberschenkel einen Tritt, ohne die Balance zu verlieren. Dafür gab sie ihre Deckung auf, und Hasiks nächster Schlag traf ihre Rippen.

Die Glasplatten in ihrer Kluft dämpften die Wucht des Aufpralls, aber ihr wurde der Atem aus der Lunge gepresst, sie erlitt Prellungen, und ein paar Knochen brachen. Hasik hatte schon mehrere Male auf diese besondere Stelle gezielt.

Trotzdem gab sie sich kurz darauf wieder eine Blöße. Doch als Hasik dann zuschlug, packte sie sein Handgelenk, verdrehte es und duckte sich unter seinen Arm hindurch. Ohne ihn loszulassen, rannte sie seinen Schenkel hoch und schlang die Beine um seinen Hals.

Es war ein perfekt ausgeführter Zug, um jemanden zu Boden zu werfen, aber Hasik war schwer und stark wie ein Felsendämon. Er tänzelte hin und her, blieb auf den Füßen und traktierte sie mit wuchtigen Hieben. Ashia versetzte ihm ein paar Schläge auf den Kopf, aber sie musste sich von Hasik lösen, als sie merkte, dass sie ihn nicht in die Knie zwingen konnte.

»Ich bin dem legendären Enkido niemals begegnet«, spottete Hasik. »Jedenfalls nicht, bevor er sich selbst den Schwanz und die Zunge abschnitt. Doch bereits damals war sein Name geachtet und gefürchtet.« Er spuckte Blut auf den Höhlenboden. »Schämen würde er sich für dich.«

Ashia stieß ein Knurren aus und stürzte sich wieder auf ihn. Allmählich bekam sie Angst, er könnte recht haben. Suchend blickte sie sich nach Dorn um, und sie sah, dass er mit einem achtbeinigen Dämon kämpfte, der einer riesigen, gepanzerten Spinne glich. Für den Jungen war es ein Kampf auf Leben und Tod.

Abermals hieben sie und Hasik aufeinander ein. Hasiks Brustharnisch bestand aus beinahe unzerstörbarem Glas und gab nicht nach wie ihre eigene Panzerung. Es war, als würde sie gegen eine Mauer hämmern, während Hasik sie nur auslachte.

Allerdings gab es an manchen Stellen seiner Rüstung Lücken, um Bewegungsfreiheit zu gewähren, vor allen Dingen an den Gelenken. Auf diese Punkte zielte sie und schwächte somit die Energielinien seines Körpers, aber der dadurch gewonnene Fortschritt war langsam verglichen mit den wuchtigen Schlägen, mit denen er sie traktierte, die ihre Zähne aufeinanderschlagen ließen und ihr die Luft raubten. Genau wie sie wartete Hasik darauf, einen alles entscheidenden Hieb anbringen zu können, der den Gegner kampfunfähig machte.

Und dann erhielt Hasik die Gelegenheit, auf die er gelauert hatte. Er bekam einen ihrer Arme zu fassen, zog daran und schleuderte sie von sich weg. Ashia spürte, wie ihre Schulter aus dem Gelenk sprang, als sie auf den Boden krachte und wie betäubt liegen blieb.

Hasik hätte sie in diesem Moment töten können, doch plötzlich erklangen hinter der Tür, durch die man in die Festung gelangte, Schreie und Kampflärm. Ashia erkannte die Stimme ihres Großvaters, die den Tumult übertönte.

Geistesgegenwärtig nutzte Ashia diesen kurzen Augenblick der Ablenkung und ließ ihre Sichel aus dem Ärmel ihres unverletzten Arms gleiten. Mit einem Ruck aus dem Handgelenk fuhr sie die Klinge aus und zog sie durch den schmalen Spalt an der Körpermitte von Hasiks Rüstung.

Hasiks Griff um ihren Arm lockerte sich, als sie seinen Bauch aufschlitzte. Ashia wand sich vollends aus seiner Umklammerung, drehte sich einmal um die eigene Achse und wollte ihm mit der Sichel die Kehle durchschneiden.

»Tu es nicht!«, befahl ihr eine vertraute Stimme. Erschrocken sah Ashia sich um und entdeckte Kaji, der nur wenige Schritte von ihr entfernt stand. Er hatte sich in den Besitz ihrer zweiten Sichel gebracht und hielt die Klinge an seinen Hals.

Ashia schnappte nach Luft und taumelte von Hasik weg, ohne den tödlichen Hieb geführt zu haben. Einer ihrer Arme hing kraftlos von der gebrochenen Schulter herab, doch mit der unversehrten Hand umklammerte sie ihre Waffe.

»Lass die Klinge fallen, Mommy«, sagte Kaji. »Oder ich bringe mich um.«

»Leg die Sichel auf den Boden, mein kleiner Liebling.« Sie würgte die Worte hervor.

»Nein.« Das war Kajis Lieblingswort. Damit konnte er Macht ausüben.

»Kaji asu Asome am'Jardir am'Kaji!« Ashia legte einen schärferen Ton in ihre Stimme. »Du legst sofort die Sichel auf den Boden!«

»Nein!« Kaji drückte die scharfe Klinge gegen seinen Hals.

Ashia ging auf den Jungen zu. Sie näherte sich ihm so weit, dass sie die Spuren ihrer Tränen auf seinem Gesicht sehen konnte, aber war nicht nahe genug bei ihm, um ihn daran zu hindern, sich die Kehle aufzuschneiden. Sie senkte ihre eigene Klinge, obwohl Hasik, der einen Arm gegen seine hervorquellenden Eingeweide presste, sich gerade auf die Füße stemmte.

»Bitte, mein Sohn«, flehte sie. »Sei tapfer.«

Sie forschte in seiner Aura und sah die Finsternis, die in ihn eingedrungen war. Der Junge stand unter dem Einfluss des Dämons, und mit Worten allein konnte sie diese Fessel nicht zerreißen.

Doch dann fingen die Tränenspuren auf Kajis Gesicht an zu leuchten. Ashias Tränen lockten die Umweltmagie an, den Anstoß dazu gab ihr Wunsch, ihr Kind zu retten. Das Licht breitete sich aus und verscheuchte den Schatten des Dämons.

Sogar die Palme weint, wenn der Sturm sie peitscht. Die Tränen, die Everams Speerschwestern weinen, sind umso kostbarer, weil sie so selten vergossen werden.

Kaji drehte sich um und blickte den Seelendämon an. Die Sichel fiel aus seiner winzigen Hand. »Nein.«

Das Wort schien den Dämon körperlich zu verletzen. Er erschauerte, und schwarzes Blut rann aus seinen Gesichtsöffnungen. Gleichzeitig bluteten Abbans Nase und seine Ohren, während Mensch und Dämon immer noch einander anstarrten.

Hasik stürmte vor, in der Hand ein langes Messer, aber Ashia war bereit. Mit der Sichel fegte sie seine Hand beiseite und verpasste ihm einen kräftigen Tritt gegen die Bauchwunde. Trotzdem warf er sich noch gegen sie und riss sie mit sich zu Boden, wo der Kampf weiterging.

Dorn rollte sich von einer Seite zur anderen und machte die unmöglichsten Verrenkungen, um den flinken Schlägen des Höhlendämons auszuweichen. Dessen Spinnenbeine waren mit Stacheln versehen, um sich an den nackten Fels klammern zu können. Die

Kreatur hatte sich auf ihren hinteren Gliedmaßen aufgebäumt, während die vorderen Beinpaare einen tödlichen Rhythmus auf den Steinboden trommelten.

Dorn gelang es, seinen Schild über seinen Arm zu ziehen. Jetzt konnte er die Angriffe des Dämons leichter abwehren, aber der Horcie hatte mit seinen Beinen eine größere Reichweite. Versuchte er hingegen, auf den gewölbten Bauch der Spinne zu zielen, kam er nicht bis an den Rumpf heran.

Dann fiel sein Blick auf das andere Ende der Höhle. Er sah Kaji, wie er sich eine Klinge an den Hals setzte. Dorn erstarrte vor Schreck, und um ein Haar hätte die Spinne ihn erwischt. Er schaffte es kaum, sich vor der nächsten Salve der hämmernden Beine in Sicherheit zu bringen. Der Horcie witterte einen leichten Sieg und fing an, mit den kräftigen Zangen, die sein Maul umgaben, nach Dorn zu schnappen. Das Gift, das er dabei verspritzte, landete zischend auf Dorns Schild.

»Nein!«, krähte Kaji, ließ die Sichel fallen und drehte sich zu dem Seelendämon um. Einen flüchtigen Moment lang folgte Dorn seinem Blick und bekam mit, wie der Dämon erschauerte.

Den Schild in der erhobenen Hand, löste Dorn den Wasserschlauch von seinem Gürtel und warf ihn der Spinne entgegen. Der Horcie fing den Schlauch mit seinen Beißzangen auf, und aus der Öffnung spritzte ein Schwall Eberwurztee. Während die Spinne kreischend zurückwich, rannte Dorn los und knallte ihr seinen Schild gegen den Rumpf, sodass sie hintenüberkippte.

Dann schwenkte er herum und schleuderte seinen Speer mit aller Kraft auf den Kopf des Seelendämons.

Er wartete nicht ab, um sich zu vergewissern, ob er getroffen hatte, sondern hetzte seiner Waffe sofort hinterher. Der Speer durchbohrte den großen Schädel des Seelendämons, und im nächsten Moment war Dorn zur Stelle, um dem Scheusal seine Hand mit dem Aufprallsiegel gegen den Hals zu klatschen. Als der Horcie stürzte, fiel Dorn auf ihn und hielt ihn mit einem Knie am Boden fest. Dann packte er den Speer, der zu beiden Seiten des Schädels herausragte. Mit einer gewaltigen Kraftanstrengung drehte er den Speer herum wie eine Winde, bis der Hals des Dämons mit einem lauten Knacken brach.

Der Seelendämon gab einen letzten Schrei von sich, die Höcker an seinem Schädel pulsierten, und sein Körper wand sich in Zuckungen. Plötzlich heulte die Spinne laut auf, fiel auf den Rücken und rollte die Beine ein.

Auch Hasik brüllte gellend und erschlaffte, sodass Ashia ihn in einen Würgegriff nehmen konnte. Abban stöhnte und bedeckte sein Gesicht mit einer Hand.

Im nächsten Moment platzten Khevat und Icha durch die aufgesprengte Tür. Ihre Gewänder waren von Blut durchtränkt.

Hasik schüttelte den Kopf, wie um seine Gedanken zu klären. Khevat, Icha und ihre Krieger umringten ihn. Er lag auf den Knien und stützte sich mit einer Hand am Boden ab, während er mit der anderen versuchte, seine Gedärme festzuhalten, die aus dem aufgeschlitzten Bauch herausquollen. Aber trotz allem war er immer noch ein sehr gefährlicher Gegner, und jeder wusste das.

Ashia sammelte ihre Speere ein. Ihr verletzter Arm war immer noch taub. Kaji tapste auf sie zu und schlang seine Ärmchen um ihr Bein. Die vom Blut nasse Seide ihrer Kluft schien ihn nicht zu stören. »Mama.«

»Du warst sehr tapfer, mein Sohn«, sagte Ashia.

»Tapper wie Mama«, bekräftigte Kaji.

Abban lag kraftlos am Boden. Dorn ging zu ihm, schleifte ihn bis zur Höhlenwand und setzte ihn aufrecht hin. »Alles in Ordnung so weit?«

Abban schnüffelte und rümpfte die Nase. »Der Spion.«

»Hab dein Leben gerettet«, erinnerte Dorn ihn.

»Was soll das Ganze?!«, blaffte Hasik. »Holt die Kräutersammlerin der *chin*. Ich brauche ...«

Ashia setzte ihm ihren Speer in den Nacken. »Du brauchst gar nichts, Diener der Nie!«

Noch mehr Männer strömten in die Höhle. Nicht alle von ihnen gehörten zu Khevats Kriegern, und viele erweckten den Eindruck, als wollten sie weiterkämpfen und ihren Anführer befreien.

Doch dann packte Dorn den Leichnam des Dämonenprinzen und zerrte ihn neben Hasik. Entsetzt starrten die Männer auf die Kreatur, das Sinnbild all dessen, was man sie von Kindesbeinen an zu hassen und zu fürchten gelehrt hatte.

»Ich bin Ashia vah Ashan, *Sharum'ting Ka* von Krasia!«, brüllte Ashia. »Ihr habt euch täuschen und verführen lassen, Krieger Everams, aber ich biete euch die Gelegenheit, euren Fehler wiedergutzumachen. In diesem Augenblick bringen die *alagai* die Streitkräfte der *Damajah* in arge Bedrängnis. Everams Brunnen ist in höchster Gefahr, von der Brut des Abgrunds eingenommen zu werden. Viele von euch haben Freunde in Dockstadt. Familie. Reitet mit mir dorthin, und euch wird vergeben werden. Wer hier bleibt, bekommt den Zorn des Erlösers zu spüren, nachdem der Sharak Ka gewonnen ist!«

»Dazu müsste er aus diesem Krieg erst einmal als Sieger hervorgehen!«, höhnte Hasik. »Aber der Erlöser ist tot. Sein Sohn ...«

»Sein Sohn wurde von dir ermordet!«, donnerte Khevat.

Ashia nickte. »Hasik, Schandfleck deiner Familie, wegen Mordes an meinem Schwager, Prinz Jayan, und weil du aus der Armee des Erlösers desertiert bist, verurteile ich dich hiermit zum Tode!«

Hasik hatte seine Kräfte aufgefrischt. Blitzschnell wirbelte er herum, aber er war nicht schnell genug. Ashia stieß mit ihrem Speer zu und durchtrennte seine Wirbelsäule. Der Körper des Eunuchen erschlaffte, und er sackte zu Boden. Ehe jemand etwas unternehmen konnte, riss sie ihren Arm zurück, stieß noch einmal zu und hackte Hasik mit dem Speer den Kopf ab.

»Nehmt seinen Kopf mit nach oben, und auch den Kopf des Dämons. Alle sollen sehen, wem sie gefolgt sind, als sie ihre Entscheidung trafen.«

16

Alamen fae

334 NR

Der Mimikry hatte Beine, solange die Tunnelwände es zuließen. In rasendem Lauf rannte er vor der einstürzenden Decke davon. Die Steinlawine würde seine Verfolger nur für eine kurze Weile aufhalten, doch dem Seelendämon genügte es, um sie in dem Labyrinth aus Gängen und Höhlen abzuschütteln.

Trotzdem war der Erbe ungeheuer schnell. Er hetzte am größten Teil des Einsturzes vorbei und schleuderte einen Felsbrocken gegen den Rücken des Mimikry. Der Panzer der Drohne hielt, aber sie wurde von den Füßen gerissen.

Der Königliche Gemahl blickte zurück. Der Erbe war allein, von seinen Gefährten durch das Trümmerfeld des Höhleneinsturzes getrennt. Seinen Speer und seinen Umhang hatte er bei sich, nicht jedoch die verhasste Krone. Es war eine selten günstige Gelegenheit, sich von der Geißel dieses Seelentöters zu befreien.

Der Erbe wurde überrumpelt, als der Mimikry sich von der Tunnelwand abstemmte und ihn angriff. Wie der Königliche Gemahl vermutet hatte, konnte der Erbe während seines Fluges die listenreiche Attacke nicht abwehren. Er fiel auf den Boden zurück, um die sich ständig wiederholenden Gesten auszuführen, auf denen die Kampfkunst der Menschlinge beruhte.

Der Königliche Gemahl hatte im Geist der Drohne *sharusahk* erforscht und kannte die Stärken und Schwächen dieser Technik. Nun beobachtete er den Erben genau.

Der Menschling versuchte, die Angriffe des Mimikry abzublocken. Seine Aura quoll über vor Angriffslust, doch er verlor niemals die Beherrschung. Er wusste, dass er von seinen Gefährten abgeschnitten war, dass er geschwächt war. Er wich zurück, als der Mimikry ihm zusetzte, dann warf er seine gepanzerten Gewänder ab und entblößte die siegelförmigen Narben auf seiner Haut.

Der Mimikry spuckte ihm den klebrigen, ätzenden Speichel einer Sumpfdrohne ins Gesicht. Seine Abwehrsiegel hätten ihn geschützt, doch wie erwartet zuckte er zurück und war einen Moment lang unkonzentriert. Derweil sprossen etliche Gliedmaßen aus der Drohne, die alle in einem scharfen, harten Dorn endeten. Der Königliche Gemahl sog die Energie aus diesen Dornen, bis sie keinerlei Magie mehr enthielten und gegen die Kraft der Abwehrsiegel gefeit waren.

Der Erbe duckte sich unter dem säurehaltigen Schleimklumpen weg, doch ein Dorn traf ihn in die Seite. Die Verletzung war zu oberflächlich, um ihn zu töten, und irgendwie brachte er es fertig, die drei nächsten Attacken abzublocken, doch der vierte Dorn bohrte sich tief in seinen Schenkel.

Aber er kämpfte weiter, hackte den nächsten Dorn ab und zeichnete ein Mimikrysiegel, welches die Drohne gegen die Felswand schmetterte und das Kampffeld erweiterte. Der Erbe hetzte an der Drohne vorbei, um ihr den Fluchtweg zu versperren, sodass der Königliche Gemahl zwischen dem Erben und der Steinlawine gefangen war.

Auf seinem Speer flammten Schneidesiegel auf, als er den Mimikry damit angriff, und jetzt war der Königliche Gemahl an der Reihe, sich verzweifelt zu verteidigen. Jede Gliedmaße, die in die Nähe der wirbelnden Klinge geriet, wurde abgeschnitten. Die Drohne verlor ihre Kraft, und dem Königlichen Gemahl wurde die in ihrem Körper gespeicherte Energie geraubt.

Doch obwohl der Königliche Gemahl sich gegen den Speer nur schwer behaupten konnte, war der Erbe keineswegs übermächtig. Ohne die Krone war er fast blind. Der Königliche Gemahl ließ den Panzer der Drohne mit der Tunnelwand verschmelzen. Der Mimikry nahm eine längliche Form an, floss den Felsen hinauf und verteilte sich an der Decke, um sich in eine vorteilhaftere Position zu bringen.

Viel konnte der Erbe nicht sehen, aber er folgte seinem Instinkt, erriet den Plan und zeichnete große Mimikrysiegel in Richtung der Decke. Die Drohne wurde gegen den Felsen geschmettert, verlor ihren Halt und stürzte auf den Tunnelboden.

Der Königliche Gemahl ließ im Rachen der Drohne spezielle Drüsen wachsen, die man nur bei einer besonderen Art von Wasserdämonen fand, und die eine dicke, zähflüssige Tinte produzierten. Er entzog der Tinte sämtliche Magie und spie die tote Flüssigkeit in hohem Schwall aus.

Dieses Mal zuckte der Erbe nicht zurück, und die Flüssigkeit, die ihn endgültig blendete, traf ihn mitten ins Gesicht. Entsetzen durchzuckte seine Aura, aber er geriet nicht in Panik, sondern stieß seinen Speer mitten in den Dämon hinein und verfehlte den darin versteckten Königlichen Gemahl nur um wenige Zoll.

Der Erbe wollte ihn nicht mehr gefangennehmen. Er wollte ihn töten.

In diesem Moment begriff der Königliche Gemahl, wie dumm, wie hochmütig er gewesen war. Gewiss, der Erbe war geschwächt und allein, aber er war immer noch der Seelentöter, und der Königliche Gemahl hatte selbst viel von seiner Kraft eingebüßt.

Er sandte magische Schwingungen aus und erkundete das ihn umgebende Felsgestein. Gar nicht weit unter ihm befand sich eine gigantische, weit verzweigte Höhle. Dort konnte er sich so lange verstecken, bis er die Siegel von seiner Haut entfernt hatte. Und danach würde er sich in das Zentrum seiner Macht zurückbegeben.

Der Erbe öffnete die Augen. Sie sprühten vor Magie, und die ätzende Tinte verbrannte mit einem Zischen. Seine Wunden schlossen sich bereits. Er jagte einen Blitz durch seinen Speer, der sowohl den Mimikry als auch den Seelendämon erschreckte, dann riss er den Schaft heraus und rüstete sich für den nächsten Stoß.

Der Königliche Gemahl blockte den Schlag ab und griff selbst an. Er ließ Dorne, die bar jeder Magie waren, auf den Erben einprasseln, und zwang ihn, zurückzuweichen.

Als er genügend Raum hatte, ließ der Königliche Gemahl einen sehnigen Tentakel wachsen, speiste ihn mit Magie und zeichnete Siegel, während die anderen Fangarme ihre Attacken fortsetzten. Da ihm nur wenig Magie zur Verfügung stand, platzierte er jedes einzelne Siegel so, dass Risse im felsigen Untergrund entstanden.

Doch ehe er sein Vorhaben beenden konnte, tauchte der nebelhafte Schemen des Entdeckers aus der sich immer noch in Bewegung befindlichen Steinlawine auf. Indem er diesen Weg wählte, hatte er viel riskiert. In so großer Tiefe türmten sich im Strom der Magie hohe, unberechenbare Wellen auf, die den Unbesonnenen in den Horc schwemmen konnten, aus dem es kein Zurück mehr gab.

Obendrein war der Entdecker im Dazwischen anfällig für mentale Attacken, und der Königliche Gemahl bedauerte nur, dass seine Kräfte im Augenblick für einen derartigen Angriff nicht ausreichten. Mimikrys konnten die Fähigkeiten der geringeren Drohnen vollendet nachahmen, aber sie waren außerstande, den höchst komplexen Geist eines Dämonenprinzen zu imitieren.

Der Entdecker kannte die Gefahr, in der er schwebte, und ging kein Risiko ein. Er befand sich kaum auf der anderen Seite des Einsturzes, da nahm er auch schon seine stoffliche Gestalt an. In einer Hand hielt er die verhasste Krone.

Hätte der Entdecker sie auf sein Haupt gesetzt, wäre das der Untergang des Königlichen Gemahls gewesen, doch wieder einmal rettete ihn die Schwäche der Menschen.

»Ahmann!« Der Entdecker warf dem Erben die Krone zu, während er mit der anderen Hand Siegel zeichnete, um die Dämonen festzusetzen.

Der Erbe fing die Krone auf, doch ehe er sie auf seine Stirn drücken konnte, zeichnete der Königliche Gemahl sein letztes Siegel, und unter ihnen brach der Boden ein.

Der Königliche Gemahl war darauf vorbereitet. Er ließ dem Mimikry Schwingen wachsen und verpasste ihm einen schlangenähnlichen Leib. Während der Dämon auf einem Luftstrom durch die Kaverne segelte, stürzten seine Feinde in die Tiefe.

Inmitten eines Gesteinshagels rauschte Arlen nach unten. Wind peitschte sein Gesicht, und Felsbrocken prasselten auf ihn ein. Er sah, dass es Jardir nicht anders erging, während der Dämon davonrauschte.

Und wieder riskierte er es, sich in Nebel aufzulösen. An der Oberfläche strömte die Magie in sanften Wirbeln und Schwaden über den Boden. Dort erklang der Ruf des Horc aus weiter Ferne, wie das Große Horn in Tibbets Bach. Hier unten jedoch dröhnten die Stimmen des Abgrunds wie gewaltiges Donnergrollen, und der magische Fluss schoss mit Sturmwellen dahin, die ihn mitreißen und in den Horc zerren konnten.

Er beobachtete die Strömungen, fand eine, die nach oben führte, und verankerte sich mit seinem Willen daran. Er ritt auf dem Wellenkamm der Magie, wobei er sich nicht vollständig auflöste, um dem Sog des Horc widerstehen zu können.

Jardir ließ den Speer los, als sein Fall in die Tiefe sich beschleunigte, während er sich gleichzeitig mit der Krone abmühte. Endlich gelang es ihm, sie fest auf seine Stirn zu drücken, und danach zeichnete er hurtig eine Reihe von Siegeln, die seinen Speer zurückriefen. Der Speer schien sich beinahe begierig in seine Faust zu pressen, und auch Jardir verwandelte dann seinen Sturz in einen Flug, den er steuern konnte.

Arlen entdeckte den Mimikry, der geschwind durch die Kaverne glitt. Er zeigte ihn Jardir, der seinen Kurs änderte und die Verfolgung aufnahm. Ohne zu zögern bündelte Arlen seine Energie und raste auf den Dämon zu wie eine von Leeshas Feuerwerksraketen.

Rücksichtslos verausgabte Jardir seine Magie, als er *Alagai Ka* hinterherhetzte. Die Krone und der Speer des Kaji vermochten magische Energie nicht unbeschränkt zu speichern, doch sämtliche Opfer, die er und seine Gefährten in den vergangenen Monaten auf sich genommen hatten, wären vergebens, wenn dem Dämon die Flucht gelänge. Das würde Alas Untergang besiegeln.

Doch jetzt kämpfte der *Par'chin* an seiner Seite, und die Krone saß fest auf seinem Haupt. Als der Horc losbrach, hatte er die Nerven behalten, und Everam war wieder mit ihnen.

Die Meilen flogen vorbei, während die Verfolgungsjagd andauerte. Nach und nach holte Jardir auf, bis der Dämon sich fast im Bannbereich der Krone befand. *Alagai Ka* spürte, dass sein Vorsprung dahinschmolz, der Mimikry legte die Schwingen dicht an den Leib und sackte wie ein Stein in eine tiefe Schlucht, sodass Jardir ihn vorübergehend aus den Augen verlor.

Der *Par'chin* tauchte hinterher. Jardir sprang in die Tiefe und beschleunigte selbst sein Tempo, ohne sich auf die Schwerkraft zu verlassen. Er sah, wie der *Par'chin* in der Luft schwebte und verzweifelt nach dem Vater der Dämonen Ausschau hielt. So tief unter der Oberfläche verdichtete sich die Umgebungsmagie, und Jardir wusste, dass der Dämon sich darin verbergen konnte wie ein Kundschafter im Schatten.

Doch obwohl *Alagai Ka* sich den Blicken des *Par'chin* zu entziehen vermochte, so blieb er für Jardir immer noch sichtbar. Dafür sorgte die Krone des Kaji. Jardir gab vor, den Dämon nicht zu bemerken, der an der Wand der Schlucht kauerte, wobei der Mimikry eins zu sein schien mit dem Felsen. Er wandte den Kopf in eine andere Richtung, um der Kreatur Hoffnung zu machen, ehe er herumwirbelte und den Mimikry mitsamt dem Seelendämon durch Bannsiegel gegen die Felswand schmetterte.

Der halb betäubte Dämon ließ sich von Jardir überrumpeln, der zu ihm hetzte und ihn in das magische Feld der Krone einschloss. Der *Par'chin* sprang den Dämon an und bekam ihn zu fassen, während die Siegel auf seiner Haut Funkenschauer versprühten. Kämpfend stürzten Mensch und Dämon in die Tiefe.

Jardir folgte ihnen und schnürte das Bannfeld enger. Als sie auf den Grund der Schlucht krachten, hatte der Dämon kaum noch Bewegungsspielraum. Der *Par'chin* löste sich aus der Umklammerung und rollte zur Seite. Er blutete aus vielen tiefen Wunden, die der Dämon ihm mit seinen magielosen Dornen gerissen hatte.

Doch die Verletzungen seines *ajin'pal* schlossen sich bereits, als er und Jardir sich an den Dämon heranpirschten. Ihrer vereinten Kampfkraft war der geschwächte Mimikry nicht gewachsen. Der *Par'chin* säbelte einen mit Dornen bewehrten Fangarm glatt ab. Jardir entzog sich den zuschlagenden Tentakeln und schnitt dem Dämon einen dicken Brocken Fleisch aus dem Rücken.

Schwarzes Blut spritzte hoch und ergoss sich über die beiden, doch es machte sie nur noch stärker. Im Kampf verlor Jardir jedes Zeitgefühl, doch allmählich bezwangen sie den Feind.

Schließlich war der Mimikry so entkräftet, dass er seine Gestalt nicht mehr verändern konnte und in seinem verkrüppelten Zustand verharren musste. Dann zerfloss er zu einer stinkenden Lache, die sich über den felsigen Untergrund ausbreitete, und der Seelendämon war seiner schützenden Umhüllung beraubt.

Jardir zielte mit dem Speer auf ihn und stürmte los, aber dann tat der Seelendämon etwas völlig Unerwartetes. Er kniete nach krasianischer Sitte nieder, die Hände auf den Boden gedrückt, den Blick gesenkt.

»Es ist genug«, krächzte er mit rauer Stimme. »Ich ergebe mich.«

»Seit wann kannst du sprechen?!« Der *Par'chin* hielt erstaunt inne. Auch Jardir stoppte seinen Angriff.

Der Dämon zuckte mit den Schultern, eine Geste, die beinahe menschlich anmutete. »Als ich mich in eurem Turmversteck auflöste aber nicht entfliehen konnte, stattete ich meine neue Gestalt mit einer Kehle und einer Zunge aus, die es mir ermöglichten, eure primitiven Grunzlaute zu imitieren.«

Jardir hob seinen Speer. »Und Shanjat …«

Noch ein Schulterzucken. »Shanjat war eine nützliche Drohne.«

In Jardir brodelte Zorn hoch, und er sog Magie in sich ein, um die Todessiegel damit zu speisen, die immer noch auf der Haut des Dämons eintätowiert waren.

»Hättest du dich anders verhalten, Kind des Kavri?«, fragte der Dämon. »Wann hätte deine Rasse jemals mit meinesgleichen Erbarmen gehabt?«

Jardir schüttelte den Kopf. *Erlaube* Alagai Ka *nicht zu sprechen,* gebot der Evejah. *Denn er ist der Vater der Lügen, der den Menschen mit silberner Zunge weismacht, die Nacht sei der Tag, und der Freund sei der Feind.*

Doch der *Par'chin* trat vor. »An unserem Plan hat sich nichts geändert, Ahmann. Wir brauchen ihn immer noch, wenn wir das hier durchziehen wollen.«

»Das mag schon sein«, erwiderte Jardir. »Aber was wollen wir wirklich, *Par'chin*?«

»Ay?«, fragte der Nordländer.

»Er ist der Vater der Lügen, *Par'chin*«, sagte Jardir. »Er hat uns bei jeder Gelegenheit belogen und betrogen, er war nie so hilflos, wie er vorgab zu sein. Er hat Shanjat ausgehöhlt wie eine Melone, von der nur noch die Schale übrig ist, er hat Shanvah getötet …«

Der *Par'chin* schüttelte den Kopf. »Shanvah ist nicht tot. Renna ist bei ihr.«

»Und wo sind die beiden jetzt?«, fragte Jardir. »Überhaupt, wo befinden wir uns, du und ich? Wir haben eine sehr weite Strecke zurückgelegt, seit diese wilde Jagd anfing, aber wo sind wir gelandet?«

Seine Zweifel spiegelten sich in der Aura des *Par'chin*, der sich umdrehte und zurückblickte. »Vielleicht kann ich unsere Spuren zurückverfolgen …«

»Angenommen, es wäre möglich«, sagte Jardir. »Sollen wir dann umkehren und an die hundert Meilen marschieren, bis wir wieder an unserem Ausgangspunkt angelangt sind?«

Der *Par'chin* runzelte die Stirn. »Ein Grund mehr, warum wir den Dämon am Leben erhalten müssen.«

»Ich kann euch immer noch zum Seelenhof führen«, sagte der Dämon. »Er liegt ganz in der Nähe. Die Drohne und eure Weibchen würden euch jetzt nur aufhalten.«

Die Aura des Dämons war frei von Lügen. Jardir glaubte, sie jetzt, da der Dämon selbst sprach, anstatt sich Shanjats Stimme zu bedienen, besser deuten zu können.

»Er wird wieder versuchen zu fliehen«, sagte Jardir.

»Natürlich, was denn sonst«, bestätigte der Dämon. »Dasselbe würdet ihr an meiner Stelle auch tun. Trotzdem werde ich euch in den Stock führen.«

»Und in den nächsten Hinterhalt«, ergänzte Jardir.

»Der Seelenhof ist keineswegs schutzlos«, sagte *Alagai Ka*. »Ob ihr ihn lebend erreicht, ist, wie ihr so schön sagt, *inevera*.«

Jardir hob einen Finger und schickte Energie in die Tätowierungen des Dämons, bis er kreischte und sich vor Schmerzen wand. »Sprich nie wieder dieses Wort aus, Sklave der Nie!«

Er ließ den quälenden Energiestrom versiegen, und der Dämon glotzte ihn aus seinen riesigen schwarzen Augen an. »Ich bin niemandes Sklave.«

»Was wird deine *jiwah* tun, wenn wir nicht zurückkehren?«, fragte Jardir, als sie durch die Schlucht marschierten und in Tunnel gelangten, die noch tiefer hinabführten.

Mit dem Daumen fuhr Arlen über die Siegel auf seinem Trauring. »Keine Ahnung. Sie wird schäumen vor Wut, hauptsächlich, weil sie sich Sorgen macht. Ich hoffe, sie wird zusammen mit Shanvah an die Oberfläche zurückgehen, aber … sie ist stur.«

Jardir lachte. »Genau wie du.«

»Du hast gut reden«, knurrte Arlen. »Es ist ja nicht dein Baby, das in höchster Gefahr schwebt.«

»Sprich nicht so mit mir, *Par'chin*«, erwiderte Jardir warnend. »Ich habe bereits meinen ältesten Sohn im Sharak Ka verloren, und im Tal hast du Seite an Seite mit meiner ältesten Tochter gekämpft. Bringst du ein größeres Opfer als ich?«

»Jayan und Amanvah haben ihre Entscheidungen selbst getroffen, als erwachsene Menschen.« Arlens Kehle schnürte sich zusammen. »Aber mein Sohn …«

Jardir legte eine Hand auf seine Schulter. »Ein Vater hört nie auf, sich um seine Kinder zu sorgen, *Par'chin*. Auch dann nicht, wenn sie erwachsen sind.«

Arlen nickte. »Ay, schätze, das ist so. Ich wollte dich nicht …«

Jardir drückte seine Schulter. »Ich weiß, *Par'chin*.«

»Eure Gefühlsduselei ist widerlich«, krächzte *Alagai Ka*, der sich auf seinen spindeldürren Beinen abmühte, mit ihnen Schritt zu halten. »Letztlich wird sie euch umbringen.«

Die Worte sollten verletzen, aber Arlen fühlte sich nicht getroffen. »Ich hab gesehen, wie deinesgleichen kämpft. Als ich einen von euch tötete, hat keiner seiner Brüder auch nur Anstalten gemacht, ihm zu helfen. Ich möchte lieber durch meine Gefühlsduselei, wie du es nennst, sterben, als in einer Welt ohne Gefühle leben.«

Je länger sie unterwegs waren, umso stärker wurde die Umweltmagie, bis Arlen das Gefühl hatte, darin zu schwimmen. Seine Tätowierungen sogen ständig Magie an und ließen sie in seinen Körper einströmen. Auch Jardir glänzte vor magischer Energie. Nur der Dämon strahlte keine Helligkeit ab. Er wehrte sich gegen den Ansturm der Magie, aus Angst, die Siegel auf seiner Haut könnten geweckt werden.

Arlen ging verschwenderisch mit seiner Energie um und zeichnete im Gehen Siegel in die Luft. Siegel der Stille, der Verwirrung, der Tarnung. Dadurch stellte er sicher, dass die zahlreichen Dämonen, denen sie begegneten, sie nicht wahrnahmen.

Aber nicht nur der Glanz ihrer Auren spendete Licht. Nach einer Weile fiel Arlen auf, dass er mit seinen natürlichen Augen sehen konnte, wenn auch nicht besonders deutlich. Die Felswände schimmerten in einem sanften Grün. Bei näherem Hinsehen entdeckte er Flechten, die sich an das feuchte Gestein klammerten. Die in ihnen enthaltene Magie sonderte den grünlichen Schein ab.

Als das Licht heller wurde, verflüchtigte sich der Gestank der Dämonen. Aber schon bald verseuchten Ausdünstungen die Luft, die noch unerträglicher waren.

»Igitt!«, sagte Arlen. »Was stinkt denn hier so bestialisch?«

»Wir befinden uns in der Vorratskammer«, sagte der Seelendämon.

»*Alamen fae*«, flüsterte Jardir, der sich an Kavrivahs Brief erinnerte. *Die, welche Everam nicht sieht.* »Kajis Krieger, die vor fünftausend Jahren gefangengenommen wurden.«

»Wie viele Generationen sind das? Zweihundert?« Arlen schüttelte den Kopf. »Selbst die Talbewohner, die nicht kämpften, wurden stärker als normale Menschen, nachdem sie ein Jahr lang auf einem Großsiegel gelebt hatten. Was mag aus Menschen geworden sein, die so lange in der Nähe des Horc gehaust haben?«

»Das werdet ihr bald sehen«, zog der Dämon sie auf. »Wir sind in das Gebiet eines ihrer Stämme gelangt. Sie haben uns umzingelt.«

»Du hättest uns warnen müssen«, protestierte Arlen.

»Ihr habt doch gewusst, was auf euch zukommt«, sagte der Dämon. »Wenn ihr nicht entsprechend vorbereitet seid, ist es allein eure Schuld.«

»Hast du keine Angst, dass du bei dieser Begegnung selbst zu Schaden kommst?«, fragte Arlen.

»Das Vieh weiß, wie sinnlos es ist, sich meinesgleichen zu widersetzen«, sagte der Dämon. »Und bei Zusammenstößen mit anderen Herden greifen wir so gut wie nie ein. Man wird euch töten und auffressen.«

»Sie sind Menschenfresser?«, fragte Jardir. Im selben Augenblick sirrte ein Pfeil durch die Luft und bohrte sich in Arlens Schulter.

»Beim Horc, verflucht noch mal!«, brüllte Arlen und riss den Schaft heraus. Er bestand aus einer zähen, faserigen Pflanze, und die rasiermesserscharfe Spitze war aus Obsidian.

Aus den Felsen lösten sich gebückte Gestalten. Einige liefen auf zwei Beinen, doch die meisten bewegten sich auf allen vieren voran. Andere wiederum hangelten sich durch die oberen Gesteinsschichten wie Affen. Ihre Zähne und ihre Nägel waren dick und scharf. Die schmutzigen Leiber waren nackt, bis auf ein paar Beutel und Riemen aus Leder, mit denen sie sich behängt hatten. Manche dieser Kreaturen trugen primitive Bögen aus Knochen und Därmen, andere waren mit Speeren und Keulen bewaffnet.

Ihre Körper schienen nur aus drahtigen Muskeln zu bestehen, und ihre Auren strotzten vor Magie.

Jardir dehnte sein Siegelfeld aus, aber die Kreaturen wanderten unbehelligt durch die Barriere. Arlens Tarnsiegel waren wirkungslos, als die Krieger des Stammes sich anpirschten und auf Arlen und Jardir zuhielten.

Arlen warf einen Blick auf die Aura seines Freundes. Darin vermischten sich Unschlüssigkeit mit Schuldgefühlen. Waren dies tatsächlich die Nachkommen von Kajis Armee, und wenn ja, was gebot dann die Ehre? Musste er sie retten? Sollte er ihnen einen anständigen Tod gewähren? Oder waren diese Kreaturen für immer Everams Blicken entschwunden?

Arlen trat an die Spitze ihrer kleinen Gruppe. »Behalte du den Dämon im Auge, Ahmann. Ich kümmere mich um das Problem.«

»*Par'chin* …« Jardirs Stimmen hatte einen warnenden Unterton.

»Ich werde keinen von denen töten«, sagte Arlen. »Aber umbringen lass ich mich auch nicht. Das will ich nur klarstellen.«

»Na schön.« Jardirs Aura war immer noch nicht zur Ruhe gekommen. Er war froh, vorläufig in die Rolle des Beobachters schlüpfen zu können.

Der größte und kräftigste der Horcbewohner brüllte Arlen dröhnend an und hob seine riesige Keule, einen mit Obsidiansplittern gespickten Knochen. Die Auren der Stammesangehörigen zeigten, dass er der Anführer war. In dessen Aura wiederum flackerte die triebhafte Besessenheit, diese Fremdlinge zu unterwerfen. Mit der freien Faust trommelte er auf seinen Brustkasten.

Arlen verdunkelte seine Siegel, hämmerte auf seine Brust ein und trat ein paar Schritte vor. Die Kampfansage verfehlte ihre Wirkung nicht, und der Anführer stürzte sich auf ihn. Er war schwerer als Arlen, seine langen Arme verschafften ihm eine gefährliche Reichweite, und hinsichtlich Kraft und Schnelligkeit war er Arlen beinahe gewachsen.

Aber auch nur beinahe. Der Angriff des Horcbewohners war genauso primitiv wie seine Waffe. Mühelos wich Arlen ihm aus und versetzte ihm einen Hieb gegen die Rippen.

Der Schlag hätte einen normalen Mann zu Boden gehen lassen, doch der Horcbewohner steckte ihn mit einem Grunzen weg und schwang seine Keule.

Arlen duckte sich, und die Waffe fegte ins Leere. Gleichzeitig packte er das dicke, behaarte Handgelenk des Angreifers, verhinderte, dass er die Keule noch einmal schwingen konnte, und rammte ihm dreimal sein Knie in den Bauch.

Auch diese Schläge schienen dem Horcbewohner nicht viel auszumachen. Er senkte den Kopf und biss Arlen in die Schulter. Arlen schrie auf, als sich die scharfen Zähne in sein Fleisch gruben. Der Horcbewohner zerkratzte ihn mit seinen scharfen Fingernägeln, doch Arlen schlug seinen Arm beiseite und zertrümmerte ihm mit einem Aufwärtshaken den Kiefer. Ein Fußtritt ließ den Rohling nach hinten taumeln, bis er gegen einen Felsen prallte.

Doch auch diese Attacke schüttelte der Horcbewohner ab. Hauptsächlich schien er sich für den Blutgeschmack in seinem Mund zu interessieren. Er wischte sich das Blut von den Lippen und schnüffelte daran wie ein Tier. Seine Aura zeugte von Verwirrung, aber den Geschmack von Blut kannte er. Mit ihren primitiven Waffen hatten diese Kreaturen jedoch noch niemals einen Dämon bluten lassen.

Er hob die Hand, stieß einen kehligen Laut aus, und ein Pfeilhagel rauschte heran. Arlen zeichnete ein Siegel in die Luft, und die Salve wurde abgeschmettert.

Von oben ertönte ein Schrei. Einer der Horcbewohner ließ sich mit vorgerecktem Speer auf Jardir fallen. Instinktiv wich Jardir dem Hieb aus, spießte mit seiner Waffe den Angreifer auf und knallte ihn auf den Boden.

Jardirs Aura füllte sich mit Entsetzen. Der Angreifer war ein Mädchen, fast noch ein Kind. Er zog den Speer aus ihrem Körper und wollte sie retten, aber er hatte ihr Herz durchbohrt. Das Mädchen hustete Blut, und ihre Aura erlosch wie eine Kerze.

»Bei Everams Bart!« Mit zitterndem Finger deutete Jardir auf das Mädchen. »Es stimmt tatsächlich!«

Das Mädchen hatte übermäßig große Ohren und Augen und extrem lange Finger und Zehen, um sich in der Dunkelheit vortasten und festhalten zu können. Nun, da ihre Aura erloschen war, erkannte Arlen ihren typisch krasianischen Gesichtsschnitt.

Der Anführer hatte sich bereits wieder erholt, und seine Magie war stark. Ein tierisches Gebrüll entlud sich aus seiner Kehle, in das seine Kameraden augenblicklich einstimmten. Der gesamte Stamm, Männer wie Frauen, rückte mit Keulen, Speeren und Bögen auf Jardir und Arlen zu.

Ein paar von ihnen trugen Kinder auf dem Rücken, aber ihre Augen waren genauso kalt wie die Blicke der Krieger. Eine Frau hielt mit einer Hand einen Säugling, der an ihrer Brust trank, mit der anderen schwenkte sie eine derbe Keule.

»Es reicht!«, brüllte Jardir, stampfte mit seinem Speer auf und erzeugte einen magischen Donnerknall. Seine Krone schoss Blitze, welche die Kaverne mit Licht überfluteten.

Die Horcbewohner erstarrten. Ihre riesigen Augen blinzelten und tränten in der ungewohnten Helligkeit. Dann wandten sie ihre Aufmerksamkeit Jardir zu, und Arlen verkrampfte sich.

»Erram!«, grunzte der Anführer, kniete nieder und drückte Hände und Stirn nach krasianischer Sitte auf den Boden.

»Erram!« Sofort folgten die anderen seinem Beispiel. Der ganze Stamm lag auf den Knien und intonierte wieder und wieder dieses Wort.

»Erram?«, fragte Arlen. »Ob sie damit meinen …« Ein Blick in ihre Auren ließ ihn verstummen.

»Sie glauben, ich sei Everam«, flüsterte Jardir.

Der Seelendämon zischelte vergnügt vor sich hin. »Dies ist eure Religion, Erbe. Ihr wart nie etwas anderes als Tiere, die im Finstern etwas angrunzen, das sie nicht verstehen.«

Die Frauen, auch die mit Kindern, standen auf und näherten sich Arlen, um ihn ausgiebig zu beschnüffeln. Zu Jardir hielten sie Abstand, als würden sie sich vor ihm fürchten. Die Frauen stießen schnurrende Laute aus, und Arlen bemerkte die sexuelle Erregung in ihren Ausdünstungen. Eine bückte sich und bot ihm ihre Scham an.

»Ay, das geht zu weit!« Er ließ die Siegel auf seiner Haut aufflammen.

»Erram!« Die Frauen sanken wieder auf die Knie. »Erram! Erram!«

»Ay, toll!«, murmelte Arlen. »Jetzt sind wir beide Everam.«

»Oder keiner von uns«, sagte Jardir leise. Arlen blickte auf seine Aura und fing an, sich Sorgen zu machen.

Er ist der Vater der Lügen, rief Jardir sich in Erinnerung.

Doch was hatte das schon zu bedeuten, wenn der Evejah nichts weiter war als irgendein Buch?

Krieg beruht im Wesentlichen auf Täuschung, hatte *Dama* Khevat gelehrt. *Ein kluger Anführer behält seine Ränke und Listen für sich. Erst unmittelbar vor dem Angriff gibt er sie preis.*

Von Abban hatte Jardir gelernt, dass man die Menschen oftmals am wirkungsvollsten in die Irre führte, wenn man ihnen die Wahrheit sagte. Der Dämon versuchte, ihn zu provozieren, so viel stand fest, doch das hieß noch lange nicht, dass er log.

»Erram!«, leierten die *alamen fae.* Jardir fragte sich, ob seine Ahnen in ferner Vergangenheit dasselbe getan hatten, indem sie den Himmel zu einer Gottheit erhoben und Geschichten spannen, um sich in der Nacht geborgener zu fühlen.

Schon als kleiner Junge hatte Jardir gelernt, Everam zu preisen. Zuweilen zweifelte er daran, dass Ineveras Würfel Everams Willen wiedergaben, aber er hatte niemals die Existenz des allmächtigen Schöpfers infrage gestellt. Niemals in Zweifel gezogen, dass Er vom Himmel auf Seine Kinder herabschaute, ihre Wege lenkte und am Ende des einsamen Pfades auf sie wartete.

Bis *Alagai Ka* Gift in seine Ohren träufelte.

Jardir hatte nach dem Himmel gesucht, als er in Alas Speer im Vollbesitz einer scheinbar göttlichen Macht war, doch er hatte nichts gefunden.

»Erram!«, sangen die Kreaturen.

»Wie konnte Everam so etwas zulassen, *Par'chin*?«, fragte er. »Seine Kinder kämpften Seinen Krieg, und dennoch wurden sie von den *alagai* in die Tiefe gezerrt, wo Sein Blick niemals hinfällt. Seit Hunderten von Generationen hausen sie fern von Everams Licht, dazu verdammt, zu leben und zu sterben wie …«

»… Vieh.« Der *Par'chin* zuckte die Achseln. »Darüber habe ich schon diskutiert, da kannten wir beide uns noch nicht einmal, Ahmann.«

»Und vielleicht hast du recht.« Jardir spürte, wie er von Kälte gepackt wurde, als er diese Worte aussprach. Noch nie hatte er sich so einsam und verletzlich gefühlt.

Der *Par'chin* sah ihn an, doch in seiner Aura lag keine Spur von Genugtuung. »Was spielt das für eine Rolle, Ahmann?«

»Wie kannst du so etwas fragen?«

»Angenommen, ich habe recht. Ändert das etwas an unserer Mission? Es ist doch völlig egal, ob wir im Namen irgendwelcher Gottheiten kämpfen, oder ob wir bloß ein Nest von gefährlichen Tieren ausräuchern, die darauf aus sind, uns und unseresgleichen zu fressen.«

Jardir klammerte sich an diese Worte wie an einen Rettungsanker. »Richtig. Es ist in der Tat egal.«

»Und das heißt, dass wir jetzt eine Entscheidung treffen müssen.«

»Ich verstehe nicht, was du meinst«, sagte Jardir.

»Wir haben nicht die Zeit, um diese Leute hier zu retten«, sagte der *Par'chin.* »Aber wir können ihnen beibringen, sich selbst zu helfen.«

Arlen deutete auf die Felsen über ihnen, wo sich Steindämonen versammelten.

»Die Hirten sahen das Licht und gingen hin, um nach ihren Herden zu schauen.«

»Wir müssen sie sofort töten«, sagte Jardir. »Sie dürfen die Botschaft nicht weitergeben, dass sie uns gesehen haben.«

Arlen schüttelte den Kopf und prüfte die Auren der Dämonen. »Sie können uns nicht sehen. Unsere Siegel haben bei den Horcbewohnern keine Wirkung, aber die Dämonen nehmen nur einen hellen Schein wahr.«

Er und Jardir dämpften das Siegellicht, das von ihnen abstrahlte. Jardir zog das magische Feld seiner Krone enger um den *Par'chin* und *Alagai Ka*.

Arlen ging zu dem vierschrötigen Mann, der den Stamm der Horcbewohner anführte, und streckte die Hand aus. »Gib mir deinen Speer.«

Der Häuptling trat zögerlich einen Schritt vor, drückte die Waffe hastig in Arlens Hand und fiel wieder auf die Knie. Der ganze Stamm verfolgte den Vorgang mit höchster Anspannung.

»Stichsiegel.« Arlen hob einen Finger, der im magischen Licht glühte, und zeichnete das Symbol in die Luft. Dort schwebte es in einem silbernen Glanz. Mit Magie verhärtete er einen Fingernagel und ritzte das Zeichen in die Obsidianspitze des Speers.

Er speiste Energie in das Siegel ein und reckte dann den Speer in die Höhe, damit alle es sehen konnten. Das Symbol spiegelte sich in den weit aufgerissenen Augen. »Stichsiegel.«

Dann drehte er sich um und schleuderte den Speer auf einen der kleinen Steindämonen, die näher kamen, um den Stamm in Augenschein zu nehmen. Eingehüllt in eine magische Stichflamme durchbohrte die Waffe den Dämon, der von oben herunterpurzelte und zu Füßen der Horcbewohner landete. Arlen ließ Magie in das Siegel gegen Steindämonen an seinem Fuß fließen und nagelte die zappelnde Kreatur am Boden fest, während er den Speer herauszog.

Das Siegel an der Spitze versprühte Funken, weil es mit dem Blut des Dämons in Berührung gekommen war. Arlen gab dem Häuptling die Waffe zurück und deutete mit ausgestrecktem Finger auf den Dämon. »Töten!«

Der Horcbewohner erstarrte. Arlen merkte, dass er den Befehl verstand, auch wenn er das Wort nicht kannte. Doch selbst dieser hartgesottene Wilde hütete sich, einen Dämon anzugreifen. Sein Blick huschte zu dem Scheusal, das sich unter Arlens Fuß krümmte.

Und es blutete. Der Horcbewohner tauchte einen Finger in das schwarze, eitrige Sekret an der Speerspitze und leckte ihn ab.

»Töten!«, wiederholte Arlen, dieses Mal auf Krasianisch.

Ein raubtierhafter Ausdruck trat in den Blick des Horcbewohners, und er rammte seinen Speer in den Dämon hinein. Die mit dem Stichsiegel verstärkte Spitze durchstieß den Panzer, der als undurchdringlich galt, und der Mann gab einen gellenden Schrei von sich, als Magie in seine Arme schoss.

Arlen wandte sich an eine Frau und deutete auf die drei Pfeile, die an einer Schlaufe von ihrer Schulter baumelten. Sie gab ihm die Pfeile, und vor ihren Augen ritzte Arlen auch in diese Obsidianspitzen Siegel ein.

»Stichsiegel«, sagte er noch einmal.

»Ticktiggel«, grunzte sie ehrfürchtig und betrachtete die Linien aus silbernen Licht, die sich von dem schwarzen Grund abhoben.

Einen Pfeil gab er ihr zurück. Sie begriff, was er wollte, suchte die Felswand ab und entdeckte einen weiteren Dämon. Nachdem sie den Pfeil auf ihren Bogen gelegt hatte, zielte sie sorgfältig und feuerte. Der Dämon kreischte und fiel von seinem Hochsitz herunter.

»Ticktiggel!« Andere Horcbewohner eilten herbei und hielten Arlen ihre Waffen entgegen. Immerzu skandierten sie das Wort, während Arlen die Spitzen mit Siegeln versah. Zum ersten Mal seit Tausenden von Jahren erhielten diese Menschen Waffen, mit denen sie gegen ihre Peiniger aufbegehren konnten.

»Was willst du damit bezwecken?«, fauchte der Seelendämon. »Selbst wenn diese Tiere lernen, wie man primitive Siegel in Stein ritzt, werden sie die Hüter des Stocks nicht bezwingen können.«

Arlen lächelte. »Wahrscheinlich nicht. Aber sie werden sie mit Sicherheit ablenken.«

»Ticktiggel!« Die Greisin reckte den Speer in die Höhe, und der neue Stamm ahmte ihre Geste nach. Unter triumphierendem Gebrüll fuchtelten Männer wie Frauen mit ihren schlicht versiegelten Waffen in der Luft herum.

»Erram!«, skandierten sie. »Ticktiggel!«

Die ältesten Frauen der *alamen fae* erzählten dem Stamm Geschichten, die sie ausschmückten wie *chin*-Jongleure. Sie bedienten sich einer Mischung aus Pantomime, Geräuschen und eines altertümlichen krasianischen Dialekts, den Jardir zum größten Teil verstand.

Mit jedem Stamm, dem sie begegneten, vergrößerte sich die Anzahl der Frauen, die die Geschichte von Errams Rückkehr verbreiteten. Und sie erzählten, wie er die Heiligen Siegel mitgebracht hatte. Schon jetzt besaßen Hunderte von Horcbewohnern Waffen mit eingekerbten oder aufgemalten einfachen Siegeln. Sie brannten darauf, sie anzuwenden, und mit jedem getöteten *alagai* wurden sie stärker.

Alagai Ka war sehr still geworden angesichts der Wende, die die Ereignisse genommen hatten. Aber Jardir hegte immer noch seine Zweifel.

»Diesen Gegner können sie nicht besiegen«, sagte er. »Retten wir die *alamen fae*, oder bringen wir einen Fluch über sie?«

»Beim Horc, wenn ich das nur wüsste«, knurrte der *Par'chin*. »An den Himmel habe ich nie geglaubt, aber ich wollte immer mit einem Speer in der Hand sterben. Dasselbe haben diese Leute verdient. Vielleicht entspricht das ja Everams Willen, vielleicht aber auch nicht.«

»Früher warst du dir sicher, dass es Everam nicht gibt«, sagte Jardir.

Der *Par'chin* seufzte. »Dieser Tage bin ich mir bei nichts mehr sicher. Aber die Horcbewohner können uns helfen – sie können im Stock für Aufruhr sorgen, während wir unsere Mission zu Ende bringen. Wenn wir Erfolg haben, wird es diesen Menschen besser gehen. Wenn nicht, werden sie aufgefressen, sobald die Dämonenkönigin mit der Eiablage fertig ist.«

Jardir sah ihn durchdringend an. In diesem Moment schien sich die Kluft, die all die Jahre zwischen ihnen bestanden hatte, zu schließen. »In der Tat, was spielt es für eine Rolle, ob Everam uns zusieht oder nicht.«

»Früher warst du dir absolut sicher, dass Everam die Menschheit im Auge behält, über Seine Kinder wacht«, sagte Arlen. »Du warst sogar bereit, mich wegen meiner abweichenden Meinung zu töten.«

»Dieser Tage bin ich mir bei nichts mehr sicher«, zitierte Jardir den *Par'chin.* »Bis auf eine Ausnahme. Ich weiß, dass ich dir unrecht getan habe, mein wahrer Freund.«

»Ay, schon möglich.« Der *Par'chin* blickte verlegen zur Seite. »Schätze, umgekehrt ist es genauso richtig. Ich hab dir auch unrecht getan. Aber lassen wir die Vergangenheit ruhen. Es lohnt sich nicht, darüber nachzugrübeln.«

17

Licht der Berge

334 NR

Die Brände in der Festung des Herzogs waren gelöscht, aber die Tore wurden bei Sonnenaufgang nicht geöffnet. Gebirgsspeere bemannten die Wälle und feuerten auf jeden, der sich näherte. An der Mauer hingen Bannzeichner in Geschirren und änderten Siegel so ab, dass sie seltsame neue Formen annahmen. Ragen hatte keinen Zweifel, dass im Innenhof ein Großsiegel entstand.

In den Kloaken wimmelte es von Horclingen. Die Milneser konnten nichts dagegen tun, höchstens ihre Bewegungen verfolgen. Diese Zusammenrottung von Dämonen wurde schlimmer, je näher man Euchors Festung kam.

Es gab tausend Orte, an denen Ragen jetzt hätte sein müssen, tausend Dinge, die er dringend zu erledigen hatte. Stattdessen wanderte er in einem Warteraum hin und her, eingepfercht mit einer Gruppe von Männern, die einander verabscheuten.

Derek und Graf Brayan schienen sich über den Kopf des zehn Jahre alten Jef hinweg mit Blicken erdolchen zu wollen. Heute sollte über das Schicksal des Knaben entschieden werden, doch der Junge machte den Eindruck, als wolle er mit keinem der beiden Männer mitgehen.

Brayan wartete zusammen mit seinem und Euchors Enkelsohn, Prinzessin Hypatias Sohn Toma. Fürsorger Ronnell wachte über den jungen Symon, Prinzessin Aelias Ältesten. Die beiden halbwüchsigen Knaben waren berüchtigte Taugenichtse, nun jedoch saßen sie brav da und starrten auf den Teppich.

Überall im Raum saßen Vertreter des Hochadels und warteten mit stummer Furcht. Dieser Tag, von dem sie lange geträumt hatten, entwickelte sich langsam zu einem Albtraum.

»Beim Horc, warum dauert das so lange?« Ragen schlug mit der Faust in die offene Hand. »Ich habe Wichtigeres zu tun als mir hier die Beine in den Bauch zu stehen, während die da drin plauschen.«

»Wie arrogant.« Graf Brayan schürzte die Lippen. »Du denkst wohl, du hast schon gewonnen.«

»Es ist mir egal, wer gewinnt«, sagte Ragen. »Was bedeutet irgendein Beschluss des Mütterrats, wenn die Dämonen sich mitten in Miln einen Zugang zum Horc geschaffen haben?«

Die Tür zum Ratssaal ging auf. Keerin konnte Ragen nicht in die Augen sehen. »Man ist jetzt bereit, euch zu empfangen, meine Lords.«

Im Saal hatte Mutter Jone den Vorsitz. Sie hatte Ragen noch nie gemocht, und die Abneigung beruhte auf Gegenseitigkeit. Hypatia und Aelia machten finstere Mienen, während Mutter Cera teilnahmslos dreinblickte. Elissa, deren Gesicht reglos war wie das einer Porzellanpuppe, saß auf einem Sessel neben dem Rollstuhl ihrer Mutter.

Tresha war halbseitig gelähmt und lehnte schwer an einer Seite ihres Stuhls. Doch die unversehrt gebliebene Gesichtshälfte drückte eindeutig ihre Zufriedenheit aus.

»Der Rat ist zu einem Beschluss gelangt«, verkündete Jone. »Ragen Kurier soll der neue Herzog von Miln sein.«

»Ragen der Erste, Herzog des Frühen Tages, Licht der Berge, Hüter von Miln.«

Tausende hatten sich für die Zeremonie versammelt, füllten die Kathedrale und drängten sich den Hügel hinunter. Es gab ernste Gesichter, viele davon schmutzig, die meisten ängstlich. Die Leute hielten den Atem an, als die Worte gesprochen wurden.

Derek fehlte, was Anlass zur Sorge gab.

Ragen kniete nieder, und Fürsorger Ronnell setzte ihm die Krone auf. Ragens persönliche Bannzeichner hatten das Stück angefertigt, ein Helm aus versiegeltem Glas mit zwei schlichten Spitzen an den Schläfen, die für die Zwillingsberge von Miln standen.

Eine zweite Krone wurde gebracht, ein schmaler, mit Siegeln verzierter Reif. Da Elissa nicht niederknien konnte, blieb sie einfach sitzen, während der Oberste Bibliothekar ihr die Krone aufs Haupt setzte. »Mutter Elissa, Herzogin des Frühen Tages, Licht der Berge, Kammerfrau von Miln.«

»Möge der Schöpfer den Herzog und die Herzogin des Frühen Tages segnen!«, rief jemand, und die gediegene Menge brach in donnernden Applaus aus. Der Lärm brauste durch das Kirchenschiff, hallte durch das offene Portal und war sogar noch auf den Straßen zu hören, wo die Menschen dicht an dicht standen.

Ragen stand auf, um den Leuten einen Funken Hoffnung zu geben, obwohl die Zeit gegen sie arbeitete. Auf jede Sekunde kam es an.

»Brüder und Schwestern von Miln.« Die ungewöhnliche Akustik der Kathedrale verstärkte seine Stimme, sodass sie selbst das Toben der Menge draußen übertönte. Die Leute verstummten und lauschten begierig jedem seiner Worte.

»Seit mehr als dreihundert Jahren gilt Fort Miln als die großartigste aller Freien Städte. Unsere Mauern waren stark, und genauso stark war unser Wille, unsere Bibliothek zu schützen, welche seit der Rückkehr die größte Sammlung menschlichen Wissens enthält. Miln ist das Licht, das die Menschheit daran hindert, in das Zeitalter der Finsternis zurückzufallen.

Doch dieses Licht wird schwächer. Inmitten von Miln gedeiht das schwarze Herz des Bösen und pumpt Dämonen wie eine Seuche in die Adern unserer Stadt. Wenn wir überleben wollen, müssen wir diesen Krankheitsherd ausmerzen. Wir können nicht dulden – wir *dürfen* nicht dulden –, dass unser Licht erlischt.«

Nun erhob Elissa ihre Stimme: »Solange eine Gefahr besteht, kann sich jeder in den Schutzbereich der Bibliothek und der Wächter begeben. Kindern, Alten, Kranken und deren Betreuern steht die Kathedrale offen. Hinter den mächtigen Kirchensiegeln sind sie sicher, und der Schöpfer höchstselbst möge sie behüten.«

»Aber alle anderen, die sich selbst als kampffähig betrachten, werden andernorts gebraucht«, fuhr Ragen fort. »Wer mit einem Speer umgehen oder auch nur eine Armbrust halten kann, wer ein Instrument spielen, singen oder mit ruhiger Hand Siegel zeichnen kann, wird gebraucht. Miln braucht jeden einzelnen von euch, wenn wir es schaffen wollen, den nächsten Morgen zu erleben.«

Ragen sah Furcht in vielen Augen, und mit erhobenen Händen bat er um Schweigen. »Ich bin keiner, der euch von seinem Thron herab befiehlt zu kämpfen. Ich gehöre nicht zu denen, die aus sicherer Entfernung zuschauen, wie andere in ihrem Namen sterben.« Er reckte seinen Speer in die Höhe. »Im Kampf um Miln stehe ich an vorderster Front, aber allein bin ich machtlos.«

Ragen stützte das Ende seines Speers auf dem Boden ab und sank auf ein Knie nieder. »Und deshalb bitte ich euch, schließt euch mir an, denn nur vereint können wir siegen.«

Drückende Stille trat ein, und jede Sekunde schien sich zu Minuten auszudehnen. Ragen merkte, dass er den Atem anhielt.

Plötzlich schrie ein Mann: »Ay, wir kämpfen mit dir!« Von überall in der Kathedrale wurden zustimmende Rufe laut.

Ragen erhob sich wieder. »Werdet ihr für Miln kämpfen?«

Dieses Mal hatten die Leute es eiliger, ihre Zustimmung kundzutun. Manche jubelten oder stampften mit den Füßen.

Ragen schwenkte seinen Speer und brüllte mit donnernder Stimme: »Werdet ihr füreinander kämpfen?«

Die Antworten gingen im allgemeinen Getöse unter, als die Leute in einen wahren Begeisterungstaumel verfielen.

Yon, der hinter Ragen stand, schnaubte durch die Nase. »Und der hat mal gesagt, er sei kein großer Redner! Beim Horc, verdammmich!«

Früher hatte Elissa die prächtige Marmortreppe in der Eingangshalle ihrer Residenz geliebt. Kein Besucher kam daran vorbei. Elissa konnte die Leute von oben herab abkanzeln, aber sie konnte auch die Stufen hinuntereilen und einen lieben Gast umarmen. Ausschließlich Familienmitglieder und ausgewählte Dienstboten durften bis ganz nach oben, und wenn der Tag lang wurde, bot die höchste Etage der Villa eine ruhige Zuflucht.

Doch nun war jeder Schritt für sie eine Qual. Es gelang ihr, sich nicht allzu viel anmerken zu lassen, aber Ragen und die engste Dienerschaft wussten Bescheid. Ohne Hilfe kam sie die Treppe nicht mehr hinauf.

»Ganz langsam.« Margrit stützte Elissa mit einem Arm, der sich hart wie Stein anfühlte. »Wir haben keine Eile.«

Aber Elissa hatte es eilig. Sie hatte das hier viel zu lange vor sich hergeschoben, und jetzt war es fast schon zu spät. Endlich erreichten sie das oberste Stockwerk. Schwer auf Margrit gestützt, schleppte sie sich zum Gästeflügel.

»Ich will aber nicht in einer Bannzeichnerwerkstatt wohnen!«, schrie Jef. »Ich will nach Hause!«

»Bei mir bist du zu Hause«, sagte Derek. »Ich bin dein Dad.«

»Ich will meine Mutter zurückhaben!«, brüllte Jef.

»Ay, glaubst du, ich wollte das nicht?«, schnauzte Derek. »Aber sie kommt nicht wieder, und wir können nicht zu ihr.«

Elissa bog um die Ecke, und der Junge sah sie. Er wandte sich an seinen Vater. »Ich hasse dich!« Dann stürmte er in sein Zimmer und knallte Derek die Tür vor der Nase zu.

»Du kannst mich jetzt allein lassen, Mutter«, sagte Elissa.

»Ich glaube nicht …«

»Lass mich jetzt bitte allein.« Elissas Ton sorgte dafür, dass sie sich nicht noch einmal wiederholen musste. Margrit vergewisserte sich, dass sie, auf ihren Gehstock gestützt, sicher auf den Beinen stand, dann verschwand sie. In dem Moment hob Derek den Blick und bemerkte Elissa. Er sah aus als würde auch er am liebsten in sein Zimmer rennen und die Tür hinter sich zuschlagen, doch er blieb stehen, während sie mühsam auf ihn zuhinkte.

Derek machte einen Kratzfuß, ohne Elissa anzuschauen. »Euer Gnaden. Bitte vergebt mir den lauten Wortwechsel.«

»Sei doch nicht so förmlich, Derek. Wenn jemand das Recht hat, mich beim Vornamen anzureden, dann du.« Sie deutete auf Jefs Zimmer. »Und ihr braucht nicht hinter dem Laden zu hausen. Du und Jef seid hier immer willkommen.«

Derek konnte ihr immer noch nicht ins Gesicht sehen. »Du bist sehr großzügig, aber Jef und ich haben lange genug als Gäste bei anderen Leuten gewohnt. Es wird höchste Zeit, dass wir auf eigenen Füßen stehen.«

»Derek …« Sie wollte seine Schulter berühren, aber er zuckte zusammen und trat hastig einen Schritt zurück. Elissa geriet ins Taumeln und musste sich auf ihren Stock stützen, um das Gleichgewicht wiederzufinden. »Das alles tut mir schrecklich leid.«

Derek hob seine Hände, um Elissa nicht ansehen zu müssen. »Ich weiß, welche Belastung das für dich ist. Ich weiß, dass du nur die dir anvertrauten Menschen schützen wolltest.« Mit einer Hand deutete er auf ihre Beine und ihren Stock. »Und ich weiß, welch hohen Preis du gezahlt hast.«

Endlich ließ er die Hände sinken und blickte ihr direkt in die Augen. »Aber ich weiß auch, dass jede Mutter, die einen Sitz im Rat einnimmt, in der Schule der Mütter Bannzeichnen gelernt hat. Cera beschäftigte ihre hauseigenen Bannzeichner. Und trotzdem hast du Stasy diesen magischen Griffel gegeben.«

»Du hast recht.« Elissa spürte, wie ihre Augen feucht wurden. »Seit diesem Unglück frage ich mich unentwegt, warum ich das getan habe. Es mag ja sein, dass bessere Bannzeichner zur Verfügung standen, aber Stasy war die Bannzeichnerin, die ich persönlich gut kannte. Der ich vertraute. Vielleicht war ich egoistisch, aber mir fällt immer noch niemand ein, der sich tapferer geschlagen hätte als sie. Ohne ihr Eingreifen wäre ich jetzt tot. Wahrscheinlich hätte keiner in der Residenz überlebt.«

Derek tat einen langen, zittrigen Atemzug. »Ich verstehe, und weil ich dich immer sehr gern gehabt habe, vergebe ich dir. Aber Jef sollte nicht in dem Haus der Frau groß werden, die den Tod seiner Mutter zu verantworten hat. Er hat etwas Besseres verdient.«

»Hat doch alles keinen Zweck!« Yon spuckte auf das Kopfsteinpflaster. »Seit Wochen wird gekämpft, und wir verlieren immer mehr an Boden!«

»Obendrein haben wir heute Nacht Neumond«, erinnerte Derek, als ob Ragen dies hätte vergessen können. Der Mann sah völlig erschöpft aus, doch das taten sie alle, und in der Nacht kämpfte er wie ein Besessener. Viele meinten sogar, er würde übertreiben und unnötige Risiken eingehen.

»Noch vor Sonnenuntergang will ich die Festung stürmen«, sagte Ragen.

»Und wie?«, fragte Yon. »Wir kommen nicht nahe genug heran, ohne dass sie uns angreifen, und die Tunnel sind rappelvoll mit Dämonen, sogar am helllichten Tag.«

»Mit einer List, die ich von Dorn gelernt habe.« Ragen führte sie die Straße hinunter zu einer Gruppe von Kräutersammlerinnen und deren Schülerinnen, die sich um riesige, dampfende Kochkessel scharten.

»Sämtliche Kinder von Miln waren unterwegs, um Eberwurz zu sammeln«, sagte Ragen. »Wir kippen das Gebräu in die Abwässerkanäle und dringen von unten in die Festung ein.«

Derek trat vor, und seine Augen leuchteten in einem fanatischen Glanz. »Ich gehe als Erster!«

Die Dämonen kreischten, als der Eberwurzsud in die uralten Abflussrinnen gegossen wurde, die in die Kanäle mündeten. Das Gebräu verätzte Dämonenfleisch wie eine Säure, und Ragen hörte den Tumult der flüchtenden Horclinge.

Die Gebirgsspeere verhinderten, dass sie sich in Sicherheit bringen konnten. Sie verfolgten sie mit ihren Feuerwaffen und versiegelten Kugeln und richteten in den engen Durchlässen wahre Massaker an. Keerins Jongleure boten Unterstützung, indem sie hinter den Soldaten hereilten und musizierten. Der Klang ihrer Instrumente wurde durch *hora* verstärkt und hallte durch die Tunnel.

Eine Zeit lang schien alles bestens zu klappen. Die Meute der Dämonen dünnte sich aus, als sie in die Gänge nahe der Festungsmauern vordrangen.

Doch als sie um eine Ecke bogen, versperrten ihnen Euchors Gebirgsspeere den Weg und richteten ihre Feuerwaffen auf sie.

»Rückzug!«, schrie Ragen, aber es war bereits zu spät. Die Gebirgsspeere nahmen sie unter Beschuss, und die schmalen Gänge, die seine eigenen Leute bei ihrer Arbeit begünstigt hatten, gereichten ihnen plötzlich zum Nachteil.

In den ersten, chaotischen Augenblicken wurden Hunderte niedergemäht. Kugeln prallten von Ragens versiegelter Rüstung ab, und eine, die seinen Helm traf, schlug ihn beinahe bewusstlos.

»Ay, ich hab dich!« Yon packte Ragen beim Arm, riss ihn nach hinten und schützte ihn davor, von den in Panik flüchtenden Soldaten niedergetrampelt zu werden.

Die Nacht senkte sich herab, als sie endlich die offene Straße erreichten. Ragens Truppe, die nur darauf lauerte, dass die Kanalmannschaften die Tore öffneten, blickte entsetzt auf das Durcheinander.

Dann stürzten die Straßen rings um die Festung ein, und es schien, als würde sich der gesamte entfesselte Horc in die Gassen der Stadt ergießen.

»Obermeisterin! Sie erstickt!«, kreischte ein junges Mädchen, das in der Schule der Kräutersammlerinnen dazu abkommandiert worden war, die Verwundeten nach dem Grad ihrer Verletzung einzustufen.

»Was ist passiert?« Anet rannte zu einer Stadtwächterin, die zuckend und keuchend auf dem Boden lag. Ihr Gesicht verfärbte sich dunkel, während sie mühsam nach Luft rang. Elissa biss sich auf die Lippe, um nicht vor Schmerzen zu schreien, und kämpfte mit ihrem Gehstock, um mit Anet Schritt halten zu können.

»Wir waren unten auf der Mondstraße«, berichtete ein junger Wächter. Er war blass, verschwitzt und schmutzig, schien aber unverletzt zu sein.

»Ein Steindämon verpasste dem Sergeant einen Schlag gegen die Brust, aber ihr Harnisch hielt stand. Wir glaubten schon, sie hätte noch mal Glück gehabt, da kriegte sie plötzlich Atemnot und spuckte Blut …« Mit einem Schluchzer brach er ab. »Bitte, ihr müsst ihr helfen!«

Elissa hob ihren magischen Griffel. »Ich kann …«

»Nein!«, unterbrach sie Anet. »Wenn du versuchst, die Frau zu heilen, beschleunigst du nur ihren Tod. Nehmt ihr die Rüstung ab.«

Schülerinnen durchtrennten die Riemen des Brustpanzers und hoben ihn hoch. Dann schnitten sie die Frau aus der gepolsterten Jacke und der Bluse darunter. Der Wächter schnappte nach Luft und wandte sich ab.

»Das sind nur Brüste, mein Junge«, sagte Anet. »Deine Mutter hat dich an ihren Brüsten genährt. Schau hin. Du sollst sehen, was ein Dämon anrichten kann, auch wenn die Rüstung standhält.«

Der junge Wächter drehte sich um und sah seinen Sergeant an. Dann hielt er sich eine Hand vor den Mund und lief würgend davon.

Die Wächterin schlug noch wilder um sich. Mittlerweile war ihr Gesicht blau angelaufen, während sie verzweifelt versuchte, Luft in ihre sich schwarz verfärbende Brust zu saugen.

»Haltet sie fest.« Mutter Anet betupfte die Haut mit Alkohol, nahm eine lange, dünne Klinge und trieb sie in den Brustkorb hinein. Eine Blutfontäne spritzte hoch, und die Frau holte röchelnd Atem.

»Der Schlag hat ihr ein paar Rippen gebrochen und sie in den linken Lungenflügel gebohrt«, erklärte Anet. »Wenn du Magie benutzt hättest …«

»Hätte sich die Verletzung geschlossen, und die gebrochenen Rippen wären in der Lunge geblieben.« Erschrocken schlug Elissa eine Hand vor den Mund.

»Ich muss sie aufschneiden und die Rippen aus der Lunge entfernen, ehe du anfangen kannst, sie zu heilen«, sagte Anet. »Kannst du sie am Leben erhalten? Mir die Zeit verschaffen, die ich für den Eingriff brauche?«

»Ich bin mir nicht sicher«, gestand Elissa. »Aber ich kann es versuchen.«

»Ich bin mir keineswegs sicher, ob ich sie durch den Eingriff retten kann«, erwiderte Anet. »Doch eine Kräutersammlerin darf niemals aufgeben.«

Schülerinnen pressten der Frau mithilfe einer Pumpe Luft in die Lungen, während Anet operierte und Elissa Siegel zeichnete und mit Magie speiste, um die Aura und das Herz der Frau zu stärken. Mit einer Zange wurden die Knochen aus der Lunge gezogen und an der richtigen Stelle festgehalten, während Elissa mit ihrem magischen Griffel die Wunde von innen nach außen heilte.

»Unglaublich«, staunte Anet. »In diesem schmalen Stift steckt die Macht über Leben und Tod.«

Elissa stützte sich auf ihren Stock und stellte sich unter Qualen wieder aufrecht hin. »Glaube mir, Kräutersammlerin, auch Magie hat ihre Grenzen.«

Anet versteifte sich. Sie selbst hatte Elissas Beine untersucht und ihr auch nicht mehr Hoffnung gemacht als Ceras Kräutersammlerin. »Verzeih, Euer Gnaden. Ich wollte nicht …«

»Lass uns nicht darüber reden.« Elissa richtete das Wort an den jungen Wächter: »Und du kehrst zu deiner Einheit zurück.«

»Ay, Euer Gnaden.« Der Mann verbeugte sich, schulterte seinen Speer und machte sich wieder auf an die Front.

Von überallher schleppte man Verwundete herbei, von allen Seiten ertönte Gebrüll. Die Luft war überfrachtet mit Rauch und Blutgeruch, und Elissa schwindelte. Um sich zu stärken, sog sie ein wenig Energie aus ihrem Griffel, doch obwohl sie damit die ständigen Schmerzen und die Schwäche in ihren Beinen lindern konnte, ging beides nie wirklich weg.

»Euer Gnaden, geht es dir nicht gut?« Anets Tonfall wechselte von Besorgnis zu Strenge. »Wann war deine letzte Mahlzeit? Hast du auch genug getrunken?«

»Mir fehlt nichts«, sagte Elissa. »Ich ... brauche nur etwas frische Luft.«

»Natürlich«, sagte Anet. »Ich lasse eines der Mädchen ...«

»Bitte nicht«, fiel Elissa ihr ins Wort. »Ich muss einen Moment allein sein.«

»Wie du willst, Euer Gnaden.«

Elissa drehte sich hastig um, damit die Kräutersammlerin ihre schmerzverzerrte Miene nicht sah, als sie sich auf den Stock stützte und den ersten, quälenden Schritt tat. Sobald sie einen Rhythmus gefunden hatte, bewegte sie sich in einem stetigen, langsamen Gang fort, der ihr ein gewisses Maß an Würde bewahrte.

Durch die Flure der Kräutersammlerinnenschule gelangte sie auf den Innenhof des Bibliotheksgeländes. Es war Sommer, doch die Nächte waren frisch, und ein Windstoß riss ihr ein paar Haarnadeln aus der Frisur.

Die Frauen, die draußen herumgelungert hatten, eilten zu ihr. Alle hatten auf ihr Erscheinen gewartet und verlangten, von der Herzogin gehört zu werden. Sie sollte diese oder jene Liste billigen, auf Botschaften antworten, Streitereien schlichten und Probleme lösen.

»Nicht jetzt, meine Damen.« Elissa schlug einen resoluten Ton an. »Geht zurück in die Bibliothek und meldet euch bei Mutter Mery. Ich komme in Kürze nach, und dann befasse ich mich mit euren Anliegen. Einzeln und der Reihe nach.«

Die Frauen tauschten vielsagende Blicke, doch dann tauchte Mutter Jone auf und klatschte in die Hände. »Ihr habt gehört, was Ihre Gnaden gesagt hat!«

Die Frauen fielen fast über ihre eigenen Füße, als sie eilig knicksten und zur Bibliothek wieselten, bestrebt, einen günstigen Platz in der Schlange der Bittstellerinnen zu ergattern. Schon jetzt kabbelten sie sich wegen der Wichtigkeit ihrer Wünsche und versuchten, sich vorzudrängeln.

»Ich danke dir«, sagte Elissa.

Jone nickte und bot ihr ihren Arm. »Das war doch selbstverständlich.«

Dankbar nahm Elissa die Hilfe an und stützte sich auf die Frau, während sie in Richtung der Wächter schritten. Die kolossalen Statuen umringten das auf einer Hügelkuppe gelegene Gelände mit der Bibliothek und der Kathedrale und bildeten mit ihnen das mächtigste Siegelnetz der Stadt.

Am Rand des Areals patrouillierten Bibliothekswachen mit eisigen Mienen. Sie hörten das Kreischen der Dämonen, Keerins Musikanten und den Kampflärm, der durch die Straßen hallte.

Die Geräusche klangen nahe. Die Dämonen hatten um das Bibliotheksgelände und die Kathedrale einen weiten Bogen geschlagen, da sie die Macht der Wächterstatuen fürchteten. Aber jetzt war Neumond, und Elissa wusste besser als alle anderen, was das bedeutete.

Kaum hatte sie den Gedanken zu Ende gedacht, da rannte ein Flammendämon die Straße herauf und steuerte auf den Bannbereich zu. Einer der Wachleute durchbohrte ihn mit einem versiegelten Armbrustbolzen. Der Horcling zuckte noch, als auf einer anderen Straße ein Steindämon erschien und schwerfällig in Richtung des Siegelnetzes stapfte. Die Wachen schossen auf ihn, doch sein steinerner Panzer war dick, und die Bolzen waren dem Dämon eher lästig, als dass sie ihm schadeten. Er schlug gegen das Siegelnetz der Wächterstatuen und wurde prompt zurückgeschleudert.

Von allen Seiten strömten nun Horclinge herbei. Zwar gelang es auch ihnen nicht, die Barriere zu durchbrechen, doch unversehens fragte sich Elissa, wie mächtig die Wächterstatuen wohl sein mochten. Falls es Schwachstellen gab, dann würden die Dämonenprinzen sie entdecken.

Es juckte sie in den Fingern, ihren Griffel zu zücken und die Horclinge vom Bannbereich zu vertreiben, aber das Kämpfen stand ihr nicht mehr zu. Sollten die Dämonen die Siegel durchbrechen, dann wäre sie mit ihren verkrüppelten Beinen für die Verteidiger nur eine Belastung und keine Hilfe.

Sie war jetzt Herzogin, und wenn sie in der Bibliothek die Fragen der Frauen beantwortete, rettete sie vielleicht mehr Menschenleben als wenn sie an vorderster Front kämpfte.

»Fordere Verstärkung an«, sagte sie zu Jone. »Die Wachen sollen an jeden Waffen austeilen, der stark genug ist, um einen Speer zu halten.« Jone nickte und eilte los. Elissa ging langsam zur Bibliothek zurück, und durch vor der Öffentlichkeit abgeschirmte Flure begab sie sich in Mutter Merys Amtsstube.

Kurz bevor sie um die letzte Ecke bog, hörte sie einen wütenden Aufschrei. Und dann entdeckte sie Mery und ihren Ehemann, Jaik. Elissa hatte Jaik seit Jahren nicht mehr gesehen. Als sie ihm das letzte Mal begegnet war, waren er, Mery und Arlen noch jung und unzertrennlich gewesen. Das Paar stritt sich so heftig, dass Elissas Ankunft unbemerkt blieb.

»Ich *helfe* ja!«, schnauzte Jaik. »Die ganze Nacht lang habe ich Wasser zu den Verletzten geschleppt!«

»Herzog Ragen hat die Kampftauglichen nicht gebeten, Wassereimer zu schleppen«, brüllte Mery. »Er hat sie aufgefordert, zu den Waffen zu greifen und zu kämpfen. Die Bibliothekswachen brauchen Verstärkung.«

»Ich soll gegen einen Dämon kämpfen?« Jaik war fassungslos. »Bist du wahnsinnig? Ich würde mit Sicherheit umkommen.«

»Knaben, die halb so alt sind wie du, stehen Schlange, um sich als Freiwillige zu melden, während du dich unter der Kutte meines Vaters versteckst!«, höhnte Mery. »Du willst dich ja nicht mal den Jongleuren anschließen.«

»Meine Musik ist nicht besser als mein Umgang mit dem Speer«, sagte Jaik. »Du weißt doch, wie schwer mir das Lernen fiel.«

Mery verschränkte die Arme vor der Brust. »Ay, weil du zu faul warst zum Üben.«

»Du hast gut reden!«, schrie Jaik. »Nicht alle haben vom Zeitpunkt ihrer Geburt an Orgelunterricht in der Kathedrale bekommen!«

»Immer sind die anderen schuld«, sagte Mery. »Ich fange an zu begreifen ...«

»Was?«, schnauzte Jaik. »Was für ein Licht geht dir plötzlich auf?«

»Dass Arlen recht hatte, was dich betrifft«, keifte Mery. »Dass du keinen Ehrgeiz hast. Du drückst dich vor jeder Pflicht und machst immer nur das Allernötigste.«

Jaik zuckte zusammen. »Am Ende läuft es immer darauf hinaus, nicht wahr? Ständig vergleichst du mich mit Arlen, diesem Ausbund an Vollkommenheit. Bei der Nacht, ich kann von Glück reden, dass du immer zu heilig warst, um seine Hosen aufzuschnüren.«

Mery lachte hämisch. »Ich hab mich oft genug an seinen Lenden gerieben, um zu wissen, dass du auch in dieser Hinsicht nicht an ihn heranreichst.«

Jaik fletschte die Zähne. »Ay, aber verlassen hat er dich trotzdem. Was sagt dir das über dich?«

»Jetzt reicht es!«, bellte Elissa und ließ ihren Gehstock auf den Fußboden krachen.

Bei dem Knall wirbelten Mery und Jaik herum. »Euer Gnaden!« Mery spreizte ihre Röcke und machte einen Knicks, während Jaik linkisch ein Knie beugte.

Elissa stach mit dem Finger auf Jaik ein. »Wenn du schon ein so tüchtiger Wasserträger bist, Jaik: Es gibt viele Verletzte in der Schule der Kräutersammlerinnen, die Wasser brauchen.«

»Ay, Euer Gnaden.« Jaik nahm die Beine in die Hand und schien erleichtert zu sein, dass er nochmal so glimpflich davonkam.

»Ich bitte um Vergebung, Euer Gnaden«, sagte Mery. »Das war ... unschicklich.«

»Mir scheint, dieses Gespräch war längst überfällig«, meinte Elissa. »Aber ihr solltet es erst fortsetzen, wenn der Mond wieder zunimmt.«

Aus dem Flur ertönte ein gellender Schrei. Elissa klammerte sich an Mery und musste sich beherrschen, um vor Schmerzen nicht laut zu stöhnen, als sie sich anschickte, die Ursache für das Gebrüll zu erforschen.

Auf der breiten Empore, von der aus man die Regale mit den Büchern überblickte, trafen sie Jaik. Aus den unteren Etagen kamen Fürsorgeranwärter herbeigerannt.

»Dämonen!«, schrie ein Junge in einer Kutte. »Dämonen in den Katakomben!« Schüler, Mütter und Gelehrte ergriffen die Flucht, verstreuten Papiere und stießen Tintenfässchen um, während sie wie eine aufgescheuchte Herde durch den Saal hetzten. Geschmeidige Flammendämonen flitzten aus den Korridoren, die nach unten führten, und trieben die Leute zwischen die Bücherregale.

»Bei der Nacht!« Jetzt hatten die Dämonen sie in die Zange genommen. Die Horclinge, die sich außerhalb des Schutzkreises der Wächter sammelten, brauchten die Barriere gar nicht zu durchbrechen. Sie mussten nur verhindern, dass Menschen entkamen, während die Seelendämonen von innen heraus zuschlugen.

Die Flammendämonen spuckten Feuer, doch die Siegel, die Arlen vor vielen Jahren angebracht hatte, blitzten auf und verwandelten den Feuerspeichel in eine kühle Brise. Felddämonen stürzten sich auf die fliehenden Menschen, aber wieder erwachte Arlens Siegelnetz zum Leben und schützte jene, die sich zwischen den Regalen oder unter Tischen versteckten. Dämonen wurden durch die Luft gewirbelt wie Bälle, als Arlens Siegel sie von einem Regal zum nächsten schleuderte. Während sie dann benommen und verletzt am Boden lagen, gelang den Leuten die Flucht.

Draußen im Freien war die Gefahr größer, aber Elissa hatte schon ihren Griffel gezückt, ließ Flammendämonen zu Eis gefrieren und schmetterte Felddämonen mit Schlagsiegeln gegeneinander.

»Schnell!« Sie zeichnete eine kurze Siegelreihe über den nächsten Zugang zu den Katakomben. »In die Kathedrale!« Die Siegel des Heiligen Hauses waren vielleicht die stärksten von ganz Miln, aber eine noch viel größere Macht band Magie an die Steine. Der Glaube war es, der den Wänden Festigkeit verlieh.

Elissa blickte Mery an und sah wieder einmal Stasy vor sich. Trotzdem zog sie einen *hora*-Griffel aus ihrem Beutel und wollte ihn Mery geben. Die junge Mutter kreischte und wich zurück. »Ich fasse kein Dämonenbein an! Der Schöpfer verbietet es!«

»Nichts da! Es kann nicht der Wille des Schöpfers sein, all diese Menschen sterben zu lassen, nur weil du zu fromm bist, einen Griffel zu berühren!« Elissa drückte ihr den Stab in die Hand. »Jetzt halt die Klappe und fang an, Siegel zu zeichnen!«

Erschrocken starrte Mery sie an, aber sie ließ den Griffel nicht fallen. Die Tochter des Bibliothekars erwies sich als eine geschickte Bannzeichnerin, als sie die Treppe in den Hauptsaal hinunterstiegen. Dort scharten sie die verängstigten Menschen um sich, und angeführt von Elissa machten sie sich auf den Weg in die Kathedrale.

Aber aus den unteren Gängen tauchten immer mehr Dämonen auf und fanden die Lücken in Elissas und Merys eilig gezeichneten Bannsiegeln. Feuer konnten sie nicht entfachen, doch sie umkreisten die fliehenden Menschen und versuchten, ihnen den Weg abzuschneiden.

Ein Dämon sprang von der Empore herunter. Im letzten Moment zeichnete Mery ein Siegel und verhinderte, dass er auf Elissas Schultern landete. Der Horcling prallte von der Magie ab und landete stattdessen mitten in der Gruppe. Er schlitzte eine greise Mutter auf wie eine Kuh, dann griff er Jaik an, der hinfiel und sich zusammenkrümmte, als sich scharfe Zähne in seine Schulter gruben.

Elissa erwischte den Dämon mit einem Schlagsiegel, doch er riss einen großen Brocken aus Jaiks Schulter heraus, bevor er zur Seite gefegt wurde.

»Meisterin!«, schrie Mery. »Er muss …!«

»Er muss aufstehen und weiterrennen!«, schnauzte Elissa. »Los, alle miteinander! Wer es nicht bis zur Kathedrale schafft, ist tot!«

Vielleicht sterben wir so oder so. Sie sprach den Gedanken nicht laut aus. Mery zog den stark blutenden Jaik auf die Füße. Die beiden bewegten sich sogar noch langsamer als Elissa, während sich hinter ihnen die Horclinge zusammenscharten – nicht nur Flammendämonen, sondern mittlerweile auch Schneedämonen in ihrem weiß schillernden Panzer, stumpfgraue Steindämonen und schlanke, grün geschuppte Felddämonen. Diese rannten voraus und versperrten ihnen den Fluchtweg zur Kathedrale.

Doch plötzlich schwang das riesige Portal der Kathedrale auf. Sie sahen Fürsorger Ronnell, und hinter ihm aufgereiht Scharen von Gläubigen in wallenden Roben. Der Chor.

»Lauft!«, feuerte der Bibliothekar die Flüchtenden an. Mit einem Wink bedeutete er dem Chor, eine Gasse zu bilden. Gleichzeitig fingen die Gläubigen an zu singen. Die Dämonen, deren Augenmerk sich ausschließlich auf Elissa und ihre Schützlinge richtete, wurden vom *Lied des Erlöschenden Mondes* eiskalt erwischt. Kreischend wichen sie vor dem Gesang zurück, und die Horclinge, die auf zwei Beinen standen, hielten sich die Ohren zu.

»Nicht stehen bleiben!«, schrie Elissa, als einige ihrer Schützlinge verblüfft innehielten. »Rein ins Kirchenschiff!«

Die Chormitglieder sangen mit kräftigen Stimmen, doch aus der Nähe sah Elissa, wie den Frauen und Männern der Schweiß von der Stirn perlte, und beim Anblick der sich nähernden Dämonenhorden geriet manch eine Stimme ins Schwanken. Die meisten dieser Menschen, wenn nicht gar alle, standen zum ersten Mal einem Horcling gegenüber.

Das Lied dämmte die heranstürmende Dämonenflut ein, aber nur ganz knapp, und Elissa glaubte nicht, dass dies von Dauer sein würde. Ein Schneedämon spuckte Frostspeichel von einer Empore und traf einen Sänger am Bein. Der Mann taumelte vor Schreck, und als er hinfiel, zerschellte das zu Eis gefrorene Bein auf dem Marmorboden.

Der Sänger schrie sein Entsetzen heraus und störte die Harmonie des Liedes. Sofort schlugen die Dämonen zu. Frostspeichel und Feuerspeichel regneten auf den Chor herab, während Felddämonen mit vorgereckten Krallen angriffen.

Ein paar Chormitglieder wurden von den Siegeln auf ihren Roben geschützt, andere hatten weniger Glück. Die Kutte eines Fürsorgeranwärters fing Feuer. Verzweifelt schlug der Junge um sich und verbreitete die Flammen weiter. Zwei Schüler wurden von

Dämonenkrallen aufgeschlitzt, einige glitten auf dem blutigen Marmor aus.

»Zurück!«, brüllte Ronnell. Elissa zeichnete Schallsiegel über die Köpfe der Sänger, um ihre Stimmen zu stärken. Immerhin gelang es ihnen, die meisten Verwundeten in die Kathedrale zu schleppen und das Portal zu schließen.

Mehrere Tausend Menschen drängten sich bereits auf den Bänken. Sie suchten in der Kathedrale Schutz, nachdem sie ihre Häuser hatten verlassen müssen. Ihnen stand das Entsetzen ins Gesicht geschrieben, aber noch hielten die Siegel stand.

Jaik lag am Boden. Neben ihm kniete Mery in einer sich vergrößernden Blutlache, hielt ihren Mann umschlungen und weinte. Mühsam ließ sich Elissa auf die Knie sinken und zeichnete Siegel, um Jaik Kraft zu geben. Doch er hatte bereits zu viel Blut verloren, und Elissa konnte ihm weder neues Blut verschaffen noch das Stück von der Schulter nachwachsen lassen, das der Horcling ihm rausgebissen hatte. Sie brachte es fertig, den Blutstrom zu verlangsamen, aber Jaik rang immer verzweifelter nach Luft, bis er aufhörte zu atmen und sein Blick ins Leere ging.

Mary heulte auf und presste ihn an sich. Das Portal der Kathedrale dröhnte und bebte, als die Dämonen auf die Siegel eindroschen. Von oben rieselten Staub und kleine Trümmerstücke herunter. Ronnell sah hoch, und sein Blick fiel auf die gigantischen Orgelpfeifen.

»Singt weiter!« Er hetzte zur Treppe, die auf die Orgelempore führte. Elissa wusste, was er vorhatte, und humpelte ihm hinterher.

Wieder rasselten die Portalflügel unter dem Ansturm irgendeiner ungesehenen Kraft. Magie vermochte die Horclinge zurückzuhalten, aber trotzdem konnten sie das Portal so lange mit wuchtigen Marmorbrocken bombardieren, bis es nachgab.

Ronnell saß auf der Organistenbank, an drei Seiten umgeben von Manualen. Die Orgel bestand aus Tausenden von Pfeifen, die mit fünf Tastaturen bedient wurden und jeweils eigene Pedale hatten.

Er massierte seine zitternden Hände, um die Finger geschmeidig zu machen. Auf einem Ständer vor ihm lagen Rojers Musikblätter. Elissa versuchte, sie zu lesen, aber aus den Symbolen, mit denen Jongleure ihre Musik aufzeichneten, wurde sie nicht schlau.

Langsam erweckte der Fürsorger die große Orgel zum Leben und kämpfte sich durch eine Tonfolge, die dem *Lied vom Erlöschen des Mondes* glich. Aber die Musik war für Sänger und Saiteninstrumente geschrieben worden, nicht für diese kolossale Orgel mit Hunderten von Tasten. Das Instrument hatte wesentlich mehr Klangkraft, und die Töne hallten weit, doch Ronnell hatte Mühe, Keerins perlendes Lautenspiel oder die Stimmen des Chors nachzuahmen. Obwohl die Melodie erkennbar war, schien sie keinerlei Wirkung auf die Dämonen zu haben, die in die Kathedrale einbrechen wollten.

Elissa spähte aus einem Fenster und sah, wie Dämonen aus der Bibliothek strömten, um die auf dem Gelände verstreuten Menschen niederzumetzeln und die Bibliothekswächter am Rande der Bannzone anzugreifen. In den Straßen wurde gekämpft, und das Steinpflaster war blutig.

Ronnells schütteres Haar klebte schweißnass an seinem Kopf. Seine Hände bebten, und trotzdem spielte er weiter, in der Hoffnung, diesem sperrigen Instrument einen Hauch von Rogers Magie zu entlocken.

Mery erschien auf der obersten Treppenstufe. Ihr Kleid war blutdurchtränkt, und Tränenspuren zogen sich durch die roten Flecken auf ihrem Gesicht.

»Brauchst du vielleicht Hilfe?«, fragte Elissa. Ohne eine Antwort schob Mery sich an ihr vorbei und legte ihrem Vater sachte eine Hand auf die Schulter.

Ronnell drehte sich um, und in seinen Augen glitzerten Tränen. »Ich schaffe es nicht, Tochter. Mir fehlt das Talent. Der Erlöser hat mir dieses Geschenk versagt.«

Mery blickte ihn traurig an. »Was, wenn Arlen gar nicht der Erlöser ist, Vater?«

»Dann wird die Ausgeburt des Horc siegen«, sagte Ronnell. »Also musst du wenigstens dieses eine Mal fest an ihn glauben. Dass er wusste, wann die Finsternis über uns kommen würde, und dass er es eingerichtet hat, uns ein Licht zu schicken.«

»Wie kann er der Erlöser sein, wenn er tot ist?«, entgegnete Mery.

Elissa beugte sich so weit zu ihr vor, dass sie mit ihren Lippen beinahe ihr Ohr berührte. »Er lebt. In diesem Augenblick kämpft er für uns alle. Wenn du dieses verdammte Lied spielen kannst, dann wäre jetzt der rechte Moment, damit anzufangen.«

Mery blickte ihr forschend ins Gesicht. Dann nickte sie und gab ihrem Vater den *hora*-Griffel. Aufatmend machte Ronnell den Platz auf der Organistenbank für seine Tochter frei. Mery streifte ihre Schuhe ab, setzte sich auf die Bank und griff nach Rojers Aufzeichnungen. Beim Umblättern hinterließ sie blutige Fingerabdrücke auf dem Papier, und die ganze Zeit über lauschte sie mit schräg gelegtem Kopf dem Chor.

Abermals erklang ein irrsinniges Geschepper vor der Tür, und dann hörte Elissa ein lautes Knacken. »Gleich sind sie drin!«

»Dann halte sie doch zurück«, knurrte Mery und studierte die Musikblätter wie ein Bannzeichner-Grimoire.

In diesem Ton durfte eine junge Mutter nicht mit der Herzogin von Miln sprechen, aber die Entschlossenheit, die in der Stimme mitschwang, machte Elissa Mut. Rings um die Orgelbank zeichnete Ronnell Schutzsiegel in die Luft, während Elissa an die Brüstung der Empore hinkte und einen Blick in das Kirchenschiff hinunterwarf.

Mehrere Tausend Menschen drängten sich an die Wand gegenüber dem Portal, möglichst weit weg von den Dämonen. Die Leute in den hintersten Reihen schrien und stöhnten, weil die panische Menge sie zu zerquetschen drohte.

»Geht wieder zurück!« Elissa verstärkte ihre Stimme, die durch die Akustik der Dachkuppel zusätzliche Kraft gewann. »Wenn ihr andere zu Tode quetscht, hilft euch das auch nicht! Geht wieder an eure Plätze und stimmt in den Chor ein! Singt, als ob das Schicksal der Welt davon abhinge, denn heute Nacht geht es wirklich um alles!«

Die noch verbliebenen Mitglieder des Chors, zerschlagen und blutig, waren auf ihre eigene Empore zurückgekehrt, und die Kuppel kräftigte ihren kläglichen Gesang. Zaghaft stimmte die Menge ein, murmelte die unbekannten Worte und bemühte sich, mit den geübten Sängern mitzuhalten.

Eine Handvoll Wachen mit versiegelten Speeren und Schilden stellte sich wenige Schritte vom Portal entfernt im Halbkreis auf und wartete auf den Durchbruch, der jeden Moment erfolgen musste.

Elissa zeichnete Drucksiegel, um die Türflügel zu festigen. Genau in diesem Augenblick krachte ein weiteres Geschoss gegen das Portal. Die Siegel blitzten und fingen die größte Wucht des Aufpralls ab, doch das Holz splitterte trotzdem, und es bildeten sich Risse. Lange würde die Tür nicht mehr halten.

Aber dann erwachte die Orgel mit einem sanften Brummen wieder zum Leben. Mery fing ganz behutsam an, mit Tönen, die man eher als ein Vibrieren der Luft wahrnahm, anstatt sie zu hören. Anfangs folgte sie dem Gesang des Chors, doch als ihr Spiel nachdrücklicher wurde, entwickelte es allmählich eine eigene Seele. Die Töne schwollen an, durchdrangen jeden der anwesenden Menschen und sogar die Steine des Mauerwerks.

Jetzt übernahm Mery die Führung. Der Chor und der Gesang der Gläubigen bildeten den Hintergrund für das Brausen der Orgel, deren Klang sich immer weiter steigerte. Elissa hörte, wie draußen die Horclinge vor Schmerzen kreischten, und dann entfernten sich die Schreie. Das Donnern an der Tür hörte auf.

Elissa humpelte ans Fenster zurück und sah zu, wie die Horclinge vom Bibliotheksgelände flüchteten. Sie glichen Ratten, die vor einem Feuer davonrennen. Die Dämonen stürzten sich auf die Bibliothekswächter, die ihr Augenmerk auf die Horden außerhalb des Bannbereichs richteten und die Gefahr in ihrem Rücken nicht bemerkten.

Doch dann loderte ein Ring von Stichflammen auf, als die Wächterstatuen die in ihnen gespeicherte Magie ausströmen ließen, und die Horclinge wurden zurückgeworfen. Die Macht der Steinernen Hüter wirkte in alle Richtungen, und es entstand ein Bannbereich, indem die Verteidiger sicher waren.

Erst dann drehten die Dämonen die Köpfe und blickten voller Schrecken zurück auf die Kathedrale. In ihren primitiven Gehirnen dämmerte die Erkenntnis, dass sie in der Falle saßen.

Die Kraft der Magie wurde in dem Maße stärker, in dem Merys Zuversicht wuchs. Jaiks Blut hinterließ schmierige Flecken auf den Tasten und den Musikblättern, in denen sie Passagen entdeckt hatte, die einen Felsendämon zertrümmern und das Herz eines Schneedämons zum Schmelzen bringen konnten. Mit unterschiedlichen Orgelpfeifen spann sie ein magisches Netz aus Tönen, sie spielte auf mehreren Tastaturen gleichzeitig und bearbeitete mit ihren bloßen Füßen die Pedale.

Überall kippten Dämonen um, landeten auf ihren Knien oder Bäuchen, schlugen wild um sich und erfüllten die Luft mit ihrem Geheul. Elissa sah, wie ihnen das Blut aus Augen, Ohren und Nasen lief. Sie verreckten langsam, aber der Tod war ihnen genauso gewiss als hätte ein Speer ihr Herz durchbohrt.

Und noch immer gewann die Magie an Kraft. Miln schmiegte sich in ein Tal zwischen zwei hohen Bergen. Wie das Kuppeldach der Kathedrale, so fingen auch die beiden Bergkegel die Musik ein, warfen sie als ein gewaltiges Echo zurück und trugen sie durch die gesamte Stadt.

In der Ferne erscholl Hörnerklang und kündete von Triumph. Männer und Frauen brüllten ihre Erleichterung heraus, während die Schreie der Dämonen in den Straßen widerhallten.

18

Der Stock

334 NR

»Zehn Minuten.« Renna blieb an einer scheinbar gut zu verteidigenden Stelle stehen, doch die Tunnel schimmerten in einem matten Licht, das von merkwürdigen Pilzen an den Felsen abstrahlte. Das hieß, dass sie hier mit ihren natürlichen Augen sehen konnte – zum ersten Mal, seit sie Alas Speer verlassen hatten. Gleichzeitig fühlte sie sich schutzlos, trotz ihres Tarnumhangs und Shanvahs Gesang.

»Gut.« Shanvah streckte die Hand aus und hielt ihren Vater zurück. Dann knieten sich beide hin und beobachteten wachsam die Umgebung, während Renna das Couscous zubereitete.

»Möchtest du was?«, fragte Renna, als das Mahl in den Schüsseln dampfte.

»Nein, danke«, erwiderte Shanvah hastig, ohne einen Ton ihres Liedes zu verpassen.

»Ich benötige nichts.« Shanjats Stimme klang kalt.

Shanvah und ihr Vater konnten mühelos einen ganzen Tag mit einem einzigen Happen Couscous und einem kleinen Schluck Wasser auskommen, doch trotz ihrer Hast, Arlen und Jardir einzuholen – falls sie überhaupt noch lebten –, musste Renna auf das Kind in ihrem unnatürlich rasch anschwellenden Leib Rücksicht nehmen.

Je tiefer sie hinabstiegen, umso stärker wurde die Umweltmagie, welche das Wachstum ihres Sohnes beschleunigte. Früher hatte Renna sich gefragt, wieso die Dämonenkönigin so viele Eier ablegen konnte. Nun fing sie an, die Gründe dafür zu verstehen.

Bei jeder Rast vertilgte Renna zwei Schalen voll Couscous, und sie musste viel häufiger Nahrung zu sich nehmen als Shanvah und Shanjat. Kamen diese mit einer Mahlzeit am Tag aus, so brauchte sie drei. Renna hatte sich angewöhnt, die Zeit anhand dieser Essenspausen zu messen, und nach dieser groben Schätzung war eine gute Woche vergangen, seit Shanjat angefangen hatte, sie schweigend in den Bauch der Welt hineinzuführen.

Wenn man Shanjat fragte, so konnte er nur wenig über die Strecke erzählen. Es war, als hätte man lediglich eine Karte in sein Gehirn eingepflanzt. Er wusste nichts über das schimmernde Moos zu sagen, wo der Bewuchs möglicherweise aufhörte, oder wie weit es noch bis zum Stock war.

Wenn sie sich nicht schon mittendrin befanden.

Während ihrer Mahlzeit schwieg Renna, und sie spürte, wie das Kind durch diese Stärkung lebhafter wurde. Die harten Bauchmuskeln, die sie zum Schutz des Ungeborenen ausgebildet hatte, schützten sie nicht vor dessen kräftigen Tritten und Schlägen. Das Baby drückte auf ihre Blase, und Renna hockte sich schnell hinter einen Stein, um sich zu erleichtern. Der Junge war so groß geworden, dass sie fürchtete, die Niederkunft könnte bald bevorstehen.

Bleib noch ein bisschen länger in meinem Bauch, flehte sie in Gedanken. Was würde passieren, wenn das Kind jetzt auf die Welt käme? Konnte sie es überhaupt schützen?

Nachdem sie gegessen hatte, setzten sie eilig ihren Weg fort. Von vorne hörte Renna die vertrauten Geräusche eines Kampfes – Dämonen kreischten, Kampfsiegel zischten. Konnte das Arlen sein? Sie zog ihr Messer und rannte in die Richtung, aus der der Lärm kam.

»Vater, halte Schritt!«, rief Shanvah, die ihr hinterherlief. »Wenn wir angegriffen werden, verteidigst du uns und dich selbst!«

Der *Sharum* hatte keine Mühe, sich Rennas Tempo anzupassen, die mittlerweile mehr watschelte als rannte. Sie benutzte Magie, um schneller zu werden, und die Umrisse der drei Menschen verschwammen, als sie auf die Tunnelkreuzung zustürmten, an der gekämpft wurde.

Eine Gruppe von Menschen, die wie Wilde aussahen, umringte einen Höhlendämon und stach von allen Seiten mit Speeren auf ihn ein. Die Aura dieser Primitiven glühte vor Horcmagie, und die Kampfsiegel auf ihren Waffen schossen Blitze.

Auf Anhieb erkannte Renna, dass Arlen diese Siegel gezeichnet hatte, und ihr Herz hüpfte vor Freude. »Sie waren hier!«

Shanvah nickte. »Der *Shar'Dama Ka* und der *Par'chin* haben die *alamen fae* mit Waffen versorgt.«

Ein paar Schritte weiter stießen sie auf einen toten Höhlendämon mit abgehackten Beinen. Aus seinem aufgeblähten Bauch quollen Gedärme und Blut. In seiner Nähe lagen zwei dieser Horcbewohner. Ihre Auren waren kalt, lediglich das Gift in ihren Adern war noch zu erkennen. Eine Frau war mit Seidenfäden an die Felswand geklebt, und eine Hälfte ihres Kopfes war abgebissen.

Die Horcbewohner brachen in triumphierendes Geheul aus, nachdem sie den zweiten Dämon erlegt hatten. Magische Funken rannen knisternd an den Schäften ihrer Speere entlang, und schaudernd sogen diese Wilden noch mehr Energie in sich ein.

In den Augen der *alamen fae* brannte ein gefährliches Licht, als sie Renna, Shanvah und Shanjat entdeckten. Von allen Seiten pirschten sie sich an sie heran, so wie sie den Dämon umzingelt hatten. Sie stießen urtümliche Laute aus und trommelten mit den Fäusten auf ihre Brust.

Doch dann bemerkten sie Rennas gewölbten Bauch, und sofort ließ ihr aggressives Gebaren nach. Sie schlichen im Kreis um die

Neuankömmlinge herum, während sie in einer Sprache plapperten, die ein wenig wie Krasianisch klang. Dann teilte sich die Gruppe, und eine ältere Frau schlurfte nach vorn. Ihr Körper wirkte robust, aber ihr Haar war weiß, und in ihrer Aura sah Renna die Last ihrer Jahre.

Die Frau streckte die Hände nach ihr aus. Am liebsten wäre Renna zurückgewichen, doch sie wusste, dass die Alte ihr kein Leid antun wollte. Mit schwieligen aber überraschend sanften Händen betastete sie Rennas Bauch. Sie legte ein Ohr gegen die Wölbung und fing lauthals an zu lachen, woraufhin die Horcbewohner in eine Art Freudentaumel verfielen. Aus einem Beutel an ihrer Taille nahm sie ein paar der leuchtenden Pilze, gab sie in einen Becher mit Wasser und zeichnete ein Hitzesiegel über die dünne Erdschicht, die den felsigen Tunnelboden bedeckte.

»Renna«, sagte Shanvah argwöhnisch, als die Alte ihr den dampfenden Becher entgegenhielt.

»Keine Bange«, sagte Renna. »Sie meint es gut. So weit ich bis jetzt erkennen kann, glauben sie, ich würde ihnen Glück bringen.« Der Aufguss, den diese unter der Erde hausende Kräutersammlerin ihr gab, schmeckte scheußlich, aber Renna schluckte ihn mit angehaltenem Atem. Die alte Frau nickte und grunzte beifällig.

Danach richteten sich die Blicke der *alamen fae* auf Shanjat. Diesen kräftigen Mann stuften sie wohl als mögliche Bedrohung ein, doch als einer der männlichen Horcbewohner sich vor ihn hinstellte, Grunzlaute ausstieß und mit seinem Speer auf den Boden klopfte, verzog Shanjat keine Miene. Der Mann ging sogar so weit, Shanjat einen Schlag gegen die Brust zu verpassen. Auf ein Wort von Renna oder Shanvah hin hätte der *Sharum* dem Höhlenbewohner den Arm brechen können, doch ohne Befehl stand er nur teilnahmslos da, und der Horcbewohner verlor das Interesse an ihm.

Shanvah hingegen zog die Aufmerksamkeit mehrerer Männer auf sich. Geduckt krochen sie um sie herum, wobei sie sich auf den Handknöcheln am Boden abstützten. Sie sogen witternd die Luft ein und brummten. Renna, die das Ganze neugierig beobachtete, traten vor Staunen fast die Augen aus dem Kopf.

»Beim Horc, verdammt!« Peinlich berührt wandte sie den Blick ab. Die meisten Männer hatten eine gewaltige Erektion.

Einer der Horcbewohner streckte die Hand nach Shanvah aus, aber da riss ihr der Geduldsfaden. Sie packte sein Handgelenk und schleuderte ihn mit einem *sharusahk*-Wurf so heftig von sich weg, dass er sich mehrmals überschlug. Einem anderen Mann, der sich ihr nähern wollte, trat sie gegen das geschwollene Glied. Der rutschte auf dem glitschigen Untergrund aus und krümmte sich stöhnend am Boden.

Der Nächste wich hektisch zurück, als Shanvah ihn mit gebleckten Zähnen anknurrte. Die beiden Horcbewohner, die sie auf den Boden geschmettert hatte, rappelten sich wieder auf, und dann gingen sämtliche Männer, die Shanvah lüstern umkreist hatten, wieder zu ihren Stammesgenossen zurück.

Renna betrachtete diese Wilden – Frauen, Kinder und Männer, die sich nicht so aggressiv gebärdet hatten. Viele hatten Waffen, die Arlen und Jardir mit Siegeln verstärkt hatten. Sie überlegte, wie sie die Leute ansprechen sollte.

Noch ehe sie etwas sagen konnte, kam einer der brünstigen Kerle mit einer Fleischkeule zurück, die von irgendeinem unbekannten Höhlentier stammte. Er hielt sie der alten Kräutersammlerin entgegen, zeigte auf Shanvah und grunzte.

Shanvah riss Mund und Augen auf. »Will er …?«

»Ob er dich gegen eine Hochzeitsgabe eintauschen will?«, überlegte Renna, als die Kräutersammlerin mit der Keule zu ihnen kam, vielleicht, um die Verhandlungen zu eröffnen. »Ich denke schon. Wahrscheinlich hält er mich für deine Mam.«

»Ich fühle mich geschmeichelt«, brummte Shanvah. »Aber sag bitte Nein.«

Renna stand im Begriff, ihre Ablehnung kundzutun, als ein zweiter Mann vortrat, der Kräutersammlerin eine schuppige Tierhaut präsentierte und ebenfalls auf Shanvah deutete.

»Sollen wir abwarten und sehen, wie der Preis für dich in die Höhe getrieben wird?«, fragte Renna.

»Das ist nicht komisch, Schwester«, erwiderte Shanvah.

»Ay, ich lach ja auch nicht.« Renna ließ Energie in die Siegel auf ihrer Haut einströmen. Sie fingen an zu leuchten und erhellten den Tunnel. Dann richtete sie den Blick auf die beiden heiratswilligen Männer. »Sie steht nicht zum Verkauf, ihr geilen Böcke!«

Die Kerle wichen vor dem Lichtspektakel zurück und fielen auf die Knie. Der gesamte Stamm folgte ihrem Beispiel.

»Erram«, fingen sie in leierndem Ton an zu singen. »Erram.«

Ihre gemeinsame Aura veränderte sich. Renna sog daran und nahm eine Spur davon in sich auf, in der sie zu lesen versuchte. Bilder von Jardir und Arlen huschten durch ihren Kopf, und sie wusste, dass sie sich ganz in der Nähe aufhielten. Sie spürte sogar, in welchem Tunnel sie sich befanden.

Aber jetzt lag auch etwas Neues in der Luft. Eine Schwingung, die einem Geräusch glich, und dieser Ton war so laut, dass sie sich fragte, wieso sie ihn nicht schon früher wahrgenommen hatte. Plötzlich fiel ihr wieder ein, dass sie ja das Gehirn des Seelendämons verzehrt hatte, und dann wusste sie auch, woher der Lärm stammte.

»Schwester, was ist?«, fragte Shanvah.

»Jetzt weiß ich, wohin wir gehen müssen«, sagte Renna leise. »In meinem Kopf kann ich das Stöhnen der Dämonenkönigin hören. Sie ist dabei, ihre Eier abzulegen.«

Jardir und der *Par'chin* beobachteten die *alamen fae*, die hoch oben in den Felsen hockten und schweigend darauf warteten, dass der Haufen von spinnenähnlichen Höhlendämonen sich ihnen näherte.

Höhlendämonen gehörten zu den *alagai*, welche die Seelendämonen bevorzugt als Hüter der Speisekammern einsetzten. Sie passten auf Jardirs entfernte Verwandte auf, als wären sie eine Herde Kamele. Doch die Hirtendämonen waren misstrauisch geworden, seit die Gebiete der *alamen fae* für sie nicht mehr sicher waren. Die Kamele hatten angefangen, nach ihren Wächtern zu treten.

Trotzdem ließen sich die *alagai* überrumpeln, als die Horcbewohner von ihren Hochsitzen auf sie herabsprangen, laut brüllten und sie mit Speeren angriffen.

Die Horcbewohner verfügten über beachtliche Körperkraft, und sie stürzten sich voller Begeisterung in den Kampf, seit sie Waffen hatten, mit denen sie die *alagai* besiegen konnten. Jahrhundertelang waren sie den Dämonen ausgeliefert gewesen und hatten tatenlos zugesehen, wenn Stammesmitglieder ausgesondert, getötet oder zum Schlachten weggeschleppt wurden. Damit war es jetzt vorbei.

Die Höhlendämonen wehrten sich, aber ihre langen, gegliederten Beine konnten die Peiniger nicht erreichen, die auf ihren Rücken ritten. Die *alamen fae* bewegten sich ungeheuer flink, wichen den Schlägen der Spinnen aus und lenkten sie ab, während der Stamm zum Angriff überging. Männer, Frauen und Kinder beteiligten sich an dem Kampf. Die Obsidianspitzen ihrer Waffen trugen schlichte Siegel, und obendrein schützten sie sich mit Schilden. Jardir hatte ihnen beigebracht, sich aus Leder und Knochen welche zu fertigen.

Magische Funken flogen in einem wirren Taumel durch den Höhlengang, während mit Obsidiansplittern gespickte Keulen auf und niedersausten. Die Waffen waren längst nicht so wirkungsvoll wie welche mit komplizierteren Siegeln, doch das bremste die *alamen fae* nicht in ihrem Eifer. Die Hiebe mit schwachen Waffen stifteten Verwirrung unter den Dämonen, während die besser ausgerüsteten Stammesmitglieder den *alagai* die Knochen zertrümmerten und nach und nach deren Schädel einschlugen.

Die Ehre dieser Menschen war grenzenlos.

Einem Dämon gelang es, sich durch einen Sprung aus der Gefahrenzone zu bringen. Er landete im oberen Teil der Felswand und krabbelte schleunigst davon. Abprallende Pfeilspitzen schlugen Funken auf seinem Panzer, bis endlich der erste Pfeil stecken blieb, rasch gefolgt von einem zweiten.

Als der Dämon merkte, dass er nicht entkommen konnte, wappnete er sich zum Kampf. Er spannte sich an, um wieder nach unten zu springen, wo er mitten unter den Menschen landen würde. Der Tod war ihm gewiss, doch seine Angreifer sollten dafür büßen.

Jardir hob seinen Speer, um die Kreatur aufzuspießen.

»Ahmann, nein!«, schrie der *Par'chin* und fiel ihm in den Arm.

Jardir funkelte ihn wütend an. »Nimm deine Hand weg, *Par'chin*! Ich muss diesen Leuten helfen!«

»Das darfst du aber nicht!« Der *Par'chin* zog seine Hand zurück.

»Warum nicht?« Jardir sah, wie der Dämon inmitten der *alamen fae* landete.

»Was bist du doch für ein Narr!«, höhnte *Alagai Ka*. »Weil die Königin alles erfährt, was mit ihren Drohnen geschieht. Renitentes Vieh interessiert sie nicht. Aber der Erbe des Kavri schon.«

»Er hat recht, Ahmann«, sagte der *Par'chin*. »Bis jetzt haben die Krone und meine Siegel uns vor der Königin verborgen. Aber wenn wir hier unten machtvolle Magie entfesseln, kann es ihr nicht entgehen.«

Jardir packte seinen Speer so fest, dass seine Hände schmerzten, und der Dämon lachte zischend. »Es geht dir nahe, wenn Drohnen sterben müssen. Sogar mit diesen jämmerlichen Wilden hast du Mitleid.«

»Einst gehörten sie meinem Volk an.« Jardir sah die Blutspritzer an der Tunnelwand und wusste, dass ohnehin jede Hilfe zu spät käme.

»Kann die Königin die Gedanken ihrer Drohnen auch so weit entfernt vom Stock lesen?«, fragte der *Par'chin*.

Der Dämon legte den Kopf schräg und glotzte den *Par'chin* an. Jardir ahnte, dass dieser Blick keine Neugier ausdrückte, sondern Spott. Als würde *Alagai Ka* sich über soviel Dummheit wundern.

»Wir befinden uns schon seit Tagen im Inneren des Stocks, Entdecker«, sagte der Dämon. Jardir spürte, wie ihm das Blut in den Adern gefror. »Die Königin hat ihre Speisevorräte gern ihn ihrer Nähe. Wenn sie mit der Eiablage fertig ist, veranstaltet sie einen Festschmaus, bei dem Tausende eurer Drohnen verzehrt werden. Auf diese Weise kommt sie wieder zu Kräften. Die Verluste, die ihr durch diese albernen Aufstände entstehen, sind völlig bedeutungslos.«

»Das stimmt nicht«, widersprach der *Par'chin*. »Sie dienen einem höheren Ziel.«

»Ist das so, *Par'chin*?«, zweifelte Jardir.

»Du bist doch derjenige, der ständig vom Schicksal spricht«, sagte der *Par'chin*. »Von Everams Plan. Nun ja, vielleicht gibt es tatsächlich so etwas. Vielleicht hat Everam diese Leute doch nicht gänzlich aus den Augen verloren. Vielleicht hat Er sie hierhergeschickt, um uns zu helfen, wenn wir Hilfe am dringendsten brauchen.«

»Aber um welchen Preis, *Par'chin*?«, fragte Jardir.

»Der Preis ist unwichtig«, sagte der *Par'chin*. »Der Sieg ist jeden Preis wert. Hast du das nicht immer gesagt? War das nicht deine

Entschuldigung dafür, dass bei deiner Eroberung des Nordlandes so viele Menschen sterben mussten? Und ausgerechnet jetzt, da unser endgültiger Sieg zum Greifen nahe ist, bekommst du Gewissensbisse?«

Jardir ließ sich viel Zeit mit seiner Antwort. Er blickte seinen alten Freund an und versuchte, in dem abgebrühten, von Tätowierungen entstellten Mann den unschuldigen jungen Nordländer wiederzufinden, den er vor vielen Jahren kennengelernt hatte.

»Erinnerst du dich an unseren ersten Streit, *Par'chin*?«, fragte Jardir.

Der Sohn des Jeph nickte. »Ja, es war im Labyrinth.«

Jardir nickte ebenfalls. »Ein Grubenbannzeichner war von *alagai* verletzt worden und bereitete sich auf den einsamen Weg vor.«

Die Augen des *Par'chin* blitzten. »Er hatte einen Namen, Ahmann. Zaji asu Fandra am'Hessath am'Kaji. Er war mein Freund. Dieser Mann unterwies mich im Bannzeichnen und in einer besonderen Form von Magie. Ich hätte ihn retten können, aber du hast ihn ermordet.«

»Vergreife dich nicht im Ton, *Par'chin*«, entgegnete Jardir. »Ich kannte Zaji viel besser als du. Er hatte das erreicht, wovon jeder Krieger träumt – er stand im Begriff, einen ehrenvollen Tod zu sterben. Aber du wolltest ihm dieses göttliche Geschenk nehmen. Du wolltest ihn dazu verdammen, noch viele Jahre lang als Krüppel weiterzuleben. Was er selbst für sich wollte, interessierte dich nicht. Arlen asu Jeph kam es einzig und allein darauf an, den Dämonen nichts, aber auch gar nichts, zu überlassen.«

Die Aura des *Par'chin* fing an zu brodeln, und Jardir wusste, dass er einen Nerv getroffen hatte.

Arlen fühlte sich, als hätte man ihn geschlagen.

Niemals werde ich den Dämonen etwas überlassen. Das hatte er sich als Junge geschworen, und dieser Eid sollte sein ganzes späteres Leben bestimmen.

Trotzdem hatte er ihn gebrochen.

Arlen blickte auf die Horcbewohner, die den letzten Höhlendämon zur Strecke brachten. Einige hatten Verletzungen, die bereits zu heilen begannen, aber zwei dieser Menschen lagen tot am Boden, ihre Auren waren erloschen.

Jardir hatte recht. Früher hätte er nie tatenlos zugesehen, wie Horclinge jemanden töteten – und zum Horc mit dem höheren Ziel! Er war mit der Einstellung groß geworden, dass man den Dämonen nichts schenkte. Das hatte ihm seine Mutter beigebracht.

»An diesem Tag sagtest du mir, der Himmel sei eine Lüge«, fuhr Jardir fort.

»Genau. Der Himmel ist eine Erfindung.« Arlens Antwort kam reflexhaft, aber er klang nicht überzeugt. Was wusste er schon? Wer war er, um irgendwelche Behauptungen aufstellen zu dürfen? »Und wenn diese Welt die einzige ist, die wir haben, dann ist mir jedes Mittel recht, um sie zu retten.«

»Auch wenn dabei *alamen fae* ums Leben kommen?«, fragte Jardir.

»Wir haben sie nicht zum Kämpfen gezwungen, Ahmann«, sagte Arlen. »Sie haben sich aus freien Stücken dafür entschieden.«

»Weil sie uns für Götter halten«, sagte Jardir.

Arlen lachte. »Seit Jahren bezeichnest du dich selbst als den Erlöser, Ahmann! Diese Menschen kämpfen nicht unseretwegen gegen Dämonen. Sie wehren sich, weil sie es leid sind, Sklaven zu sein!«

»Sie sind Wilde«, sagte Jardir. »Verschaffen wir ihnen nur die Gelegenheit, um ihre Freiheit zu kämpfen, oder wollen wir uns ihrer bedienen, weil es unseren eigenen Zielen förderlich ist?«

Der Seelendämon stieß ein fauchendes Lachen aus, ein unheimlicher, bedrohlicher Laut. »Ihr seid fast ebenso unzivilisiert wie diese Wilden. Ihr klammert euch an sinnlose, unverständliche Fantasien.«

»Früher dachte ich genauso«, gab Arlen zu. »Aber je tiefer wir in diese Höhlen eindringen, umso mehr Dinge sehe ich, die ich niemals für möglich gehalten hätte.« Er suchte Jardirs Blick. »Eines ist gewiss: Wenn wir keinen Erfolg haben, werden die meisten dieser Menschen aufgefressen. Es ist besser, wenn sie mit dem Speer in der Hand untergehen.«

»Vielleicht hätten sie überleben können, wenn wir ihnen den Weg an die Oberfläche gezeigt hätten, anstatt sie mitten in den Stock hineinzuführen«, sagte Jardir. »Wenn du bereit bist, sie zu opfern, dann erweise ihnen wenigstens die Ehre, es offen zuzugeben.«

Mit diesen Worten hatte der *Par'chin* nicht gerechnet. Nie hätte er geglaubt, dass sein alter Freund ihn so verletzen könnte. Tatsächlich schienen sich ihre Rollen vertauscht zu haben, denn früher hatte Jardir in allem und jedem den Plan des Schöpfers gesehen, während Arlen von ständigen Zweifeln geplagt wurde.

Nun jedoch ... Nun jedoch war sein ganzer Körper durchdrungen vom Ruf des Horc, einer Melodie, die ihn mitriss wie ein gewaltiger Sturm. Dieses Lied war schiere Kraft, der Quell allen Lebens, und es sprach mit ihm, es lockte ihn mit der Entdeckung größerer Wahrheiten. Die Welt war aus den Fugen geraten, und es gab nur einen Weg, die Dinge wieder ins rechte Lot zu bringen.

»Ay!« Arlen spuckte aus. »Ist es das, was du hören willst? Dass sie gegen den Stock immer unterliegen werden, aber ihn ablenken können, damit wir unsere Mission vollbringen? Hier geht es nicht darum, dass ein Stamm dem anderen seine Brunnen stiehlt, Ahmann. Das hier ist der verfluchte Sharak Ka. Wenn wir nicht siegen, dann gewinnt keiner.«

Traurig blickte Jardir auf die toten *alamen fae*, doch er nickte. »Natürlich hast du recht, *Par'chin.*« Aber Zweifel verdüsterten seine Aura.

Verwirrt sah Arlen ihn an. »Kannst du es denn nicht hören?«

Jardir legte den Kopf schräg. »Was müsste ich denn hören?«

»Den Horc«, sagte Arlen.

Jardir schloss für einen kurzen Moment die Augen. »Ich höre nichts.«

Wieder stieß der Seelendämon sein unheimliches Lachen aus.

»Du darfst nicht mit den Ohren lauschen«, sagte Arlen. »Es ist kein echtes Geräusch. Es ist viel mehr. Schätze, wir haben kein Wort dafür. Es ist ein Lied, das sich anfühlt wie Magie, wenn sie einen durchströmt. Diese Melodie erzählt dir etwas, das man mit Worten nicht ausdrücken kann.«

Jardir atmete tief ein und aus. Seine Aura beruhigte sich, während er seine Sinne mithilfe der Krone ausdehnte. »Jetzt spüre ich die Nähe des Abgrunds. Ich fühle seine Macht. Ich kann seine Magie in mich aufnehmen und sie nach Belieben nutzen, aber … der Horc spricht nicht mit mir.«

»Vielleicht hörst du einfach nicht richtig zu«, sagte Arlen. »Denn der Horc hat dir eine Menge mitzuteilen.«

Jardir verschränkte die Arme. »Und was erzählt der Abgrund dir, *Par'chin*?«

»Dass er nicht das Ende von allem ist, nicht die ewige Verdammnis«, sagte Arlen. »Das Leben strömt aus ihm heraus, Ahmann, und nicht umgekehrt. Alles Lebendige enthält eine Spur von Magie, und die Sonne verbrennt sie.«

»Was willst du damit sagen, *Par'chin*?«, fragte Jardir.

»Vielleicht gibt es ja doch einen Schöpfer«, antwortete Arlen. »Wir haben ihn nur am falschen Ort gesucht.«

Lautlos folgten sie den *alamen fae*, verborgen durch Siegel der Tarnung und der Stille, die nicht einmal die Horcbewohner durchdringen konnten.

Jardir war dankbar für die Ruhe. Die Worte des *Par'chin* hatten sein seelisches Gleichgewicht erschüttert.

Konnte er recht haben? Waren Everam und Nie, der Himmel und der Abgrund, lauter Lügen? Der bloße Gedanke war Blasphemie. Wahnsinn. Und dennoch, als er den Himmel durchforscht hatte, war dort nur Leere gewesen, und die Dämonen wussten nichts von Nie.

Immer mehr Stämme schlossen sich ihnen an, als sie sich den Tunneln näherten, die in das Herz des Stocks hineinführten. Die Horcbewohner lernten schnell, und die einfachen aber wirkungsvollen Siegel, die Jardir und der *Par'chin* ihnen beibrachten, verbreiteten sich in Windeseile, bis zum Schluss jede Obsidianspitze welche trug.

Jardir konnte nicht leugnen, dass es ein erhebender Anblick war. Diese gepeinigten Seelen, deren Vorfahren seit Hunderten von Generationen in Gefangenschaft geboren wurden, ohne sich dessen bewusst zu sein, setzten sich endlich gegen ihre Unterdrücker zur Wehr.

Anfangs kämpften sie gut. Die Drohnen wurden von ihrer schieren Wildheit überrumpelt, und nie hätten sie damit gerechnet, mit welcher Geschwindigkeit sich die versiegelten Waffen verbreiteten. So stellten sie sich den Horcbewohnern in unzureichender Anzahl entgegen und wurden niedergemetzelt.

Schließlich betraten sie eine riesige, mit Tropfsteinen übersäte Kaverne. Einige waren nur wenige Fuß hoch, andere stürmten in die Höhe wie die Minarette des Sharik Hora. Und alle glühten vor Magie. Wurzelten sie womöglich im Abgrund?

Die *alamen fae* schienen nichts davon zu bemerken. Unbekümmert strömten sie in die Kaverne, als wäre sie ihnen gut bekannt.

»*Par'chin*«, sagte Jardir.

»Ay«, pflichtete der Sohn des Jeph ihm bei. »Das hier ist nicht der richtige Ort.«

Plötzlich schnellten Dämonen, die sich hinter den Tropfsteinsäulen verborgen hatten, aus ihren Verstecken hervor und griffen die Horcbewohner an. Felsendämonen tauchten auf und versperrten ihnen den Rückweg.

»*Alagai'ting Ka* weiß, dass wir kommen«, sagte Jardir.

»Schaut dort hin.« *Alagai Ka* zeigte auf eine kleine Höhle, die sich hoch oben am anderen Ende der Kavernenwand befand. »Von diesem Aussichtspunkt aus beobachten meine Brüder die Herden und wählen das Vieh aus, das geschlachtet wird.«

»Und dann fressen sie es auf«, sagte der *Par'chin*.

Der Dämon fauchte. »Mime nicht den Überheblichen, Entdecker. Du hast auch schon von meinesgleichen gekostet.«

»Ay, und das solltest du niemals vergessen.« Der *Par'chin* wandte sich an Jardir. »Du wartest hier. Sowie der Seelendämon tot ist, folgst du mir.«

Jardir nickte und sah zu, wie der *Par'chin* seine Gestalt gerade so weit auflöste, dass er in der Luft schweben konnte. Seine Tarnsiegel pulsierten, als er sich in die Höhe schwang und wie ein Pfeil auf den Eingang der kleinen Höhle zuschoss.

Die Höhle lag so weit entfernt, dass der mentale Tod des Dämons die Drohnen, die gegen die *alamen fae* kämpften, nicht umbringen konnte. Doch in dem Moment, als der *Par'chin* ihn tötete, verloren die *alagai* ihre Führung und verwandelten sich wieder in Tiere. Die Felsendämonen versperrten nicht länger den Fluchtweg, sondern stürzten sich begierig in den Kampf, obwohl die Horcbewohner einen Dämon nach dem anderen niedermähten. Die Kaverne füllte sich mit Lärm und magischen Blitzen, menschlichen Schreien und dem grellen Gekreische der Dämonen.

Jardir wusste nicht, wie der Kampf ausgehen würde, aber zum Grübeln blieb ihm keine Zeit. Er packte seinen Speer und sprang in die Luft. Während er in Richtung der Höhle flog, zog er *Alagai Ka* in dem Energiefeld seiner Krone mit sich.

Sie landeten auf dem Felsband am Höhleneingang und sahen den *Par'chin*, der den Kopf eines jungen Seelendämons hochhielt. Es sah aus, als hätte er ihn mit bloßen Händen vom Rumpf abgerissen.

»Hier entlang.« *Alagai Ka* gab vor, den toten Seelendämon nicht zu sehen. Er deutete in das dunkle Innere der Höhle, wo das Licht der schimmernden Moose und Flechten nicht hin reichte. »Wir werden zügig vorankommen.«

Jardir verkrampfte sich, als sie in den schmalen Gang eintauchten. Er konnte immer noch das Getöse hören, das die *alamen fae* veranstalteten, während sie kämpften und starben, um die Aufmerksamkeit von ihnen abzulenken.

Der Gedanke an das große Opfer, das sie brachten, bereitete ihm immer noch Seelenqualen. Und abermals fragte er sich, wie Everam hatte zulassen können, dass diese Menschen jahrtausendelang im Abgrund litten.

Falls es Everam überhaupt gab. Falls der Abgrund nicht nur glutflüssiges Felsgestein war, angefüllt mit Magie, wie sowohl der *Par'chin* als auch der Dämon glaubten.

Die Gänge hatten glatte Wände und knickten oftmals scharf ab. Manchmal weiteten sie sich, nur um sich bald darauf wieder zu verengen. Ganz deutlich spürte Jardir den Fluss der Magie, der sich mit den Strömungen in zahllosen anderen Tunneln vereinigte und ein gigantisches, dreidimensionales Großsiegel bildete.

Dieses Siegel stellte indessen keine Barriere dar, wie Jardir es von den Großsiegeln der Seelendämonen kannte, die Everams Füllhorn attackiert hatten. Deren Bannzonen hinderten Menschen daran, zu ihnen vorzudringen. Hier jedoch lag den Dämonen nichts daran, ihr Vieh zu beschützen. Das Großsiegel bündelte lediglich Energie und lenkte den Strom wie einen gewaltigen Strudel hinunter in die Mitte des Stocks, wo die Königin hauste.

Wie der Vater der Lügen angekündigt hatte, legten sie in raschem Tempo eine weite Strecke zurück. Doch dann fiel Jardir auf, dass etwas nicht stimmte. Die Mimikrydämonen, die als Wächter in den Tunneln postiert waren, hielten inne und prüften witternd die Luft, als suchten sie nach etwas Vagem, Unbestimmtem.

»Sie spüren uns«, sagte der *Par'chin.*

»Wie ist das möglich?«, wunderte sich Jardir. Die Krone und Leeshas Tarnumhang verbargen ihn, und die Tarnsiegel des *Par'chin* leuchteten hell. *Alagai Ka* war im Energiefeld der Krone gefangen und außerstande, sich bemerkbar zu machen.

»Eure Siegel sind auf geringere Drohnen abgestimmt«, sagte *Alagai Ka.* »Sogar meinesgleichen und ich sind bloß ein matter Abglanz der Macht, mit der die Königin ausgestattet ist.«

»Hat die Krone kein Königinnensiegel?«, fragte der *Par'chin.*

»Nicht einmal Kaji kannte eines, das er überliefern konnte«, erwiderte Jardir.

»Also fühlt sie etwas, weiß aber nicht, was es ist«, folgerte der *Par'chin.* »Und die Mimikrys wissen nur das, was sie auch weiß. Vielleicht können wir uns an ihnen vorbeischleichen.«

»Mit jedem Schritt, den ihr weitergeht, verstärkt sich die Macht der Königin«, sagte *Alagai Ka.* »Bald könnt ihr euch nicht mehr vor ihr verstecken.«

Und tatsächlich wurde schon kurz darauf ein scheinbar leerer Tunnel lebendig. Aus den Wänden sprossen Tentakel, die mit Dornen ohne jedwede Magie besetzt waren. Die Tentakel schlugen gegen das Energiefeld der Krone und wurden abgewehrt, die Dornen hingegen durchdrangen die Barriere, lösten sich ab und schossen los wie Pfeile. Jardir wirbelte seinen Speer herum und zerstreute sie, einer jedoch bohrte sich in seinen Schenkel.

Der unbewaffnete *Par'chin* bewegte sich mit unglaublicher Schnelligkeit. Er pflückte zwei dieser Dornen mitten aus der Luft, während er gleichzeitig den anderen Geschossen auswich. Die beiden Dornen, die er abgefangen hatte, schleuderte er an die Tunnelwand zurück, genau auf die Stelle, an der die Tentakel sich gebildet hatten. Beim Aufprall sprühten Fontänen aus schwarzem Blut hoch. Von der Felswand lösten sich Mimikrydämonen und bauten sich drohend vor ihnen auf.

Jardir verbiss sich den Schmerz, als er den Dorn aus seinem Schenkel zog, und heilte die Verletzung mit Magie. Er versuchte, die Mimikrys, die ihnen den Weg versperrten, mithilfe der Krone zu vertreiben, aber ein großer Teil ihrer Magie war in dem Energiefeld gebunden, das *Alagai Ka* festhielt, sodass er nur über eingeschränkte Macht verfügte. Am Ende des Tunnels drängten sich die Dämonen, und das Energiefeld hinderte ihn daran, sich ihnen zu nähern.

»Ich kann sie aus dem Weg räumen«, sagte der *Par'chin*.

»Nein«, erwiderte Jardir. »Wir müssen es gemeinsam tun.«

»Wenn du das Feld der Krone schwächst, entkommt *Alagai Ka*«, warnte der *Par'chin*.

»Vielleicht hat der Vater der Lügen uns bereits nahe genug an unser Ziel gebracht«, sagte Jardir und zielte mit seinem Speer auf den Dämon.

»Ihr glaubt doch nicht etwa, ihr findet die Brutkammer allein …«, hob *Alagai Ka* an.

»Schätze, du hast recht.« Der *Par'chin* ließ seinen kalten Blick auf dem Dämon ruhen. »Schätze, von jetzt an brauchen wir keinen Wegführer mehr.«

Der Königliche Gemahl las in ihren Auren und wusste, dass das Spiel aus war. Unter Aufbietung seiner letzten Kräfte verbrannte er sein eigenes Fleisch von innen nach außen und merzte die Tötungssiegel auf seiner Haut aus.

Ein unsäglicher Schmerz durchzuckte ihn, doch dann war er endlich frei.

Frei, aber verkrüppelt. Der Vorgang hatte ihn beinahe umgebracht. Sein Körper war extrem geschwächt, seine Aura spendete weniger Licht als die Flechten an den Tunnelwänden der Speisekammer. Ihm fehlte die Kraft zum Kämpfen.

Doch nun versetzte sich der Königliche Gemahl in den Zustand des Dazwischen und war immun gegen körperliche Angriffe. Noch war er im Energiefeld des Erben gefangen, aber jetzt konnten sie ihn nicht mehr berühren.

Der Plan war riskant. Das bisschen Magie, über das er noch verfügte, reichte nicht aus, um ihm seine Kraft zurückzugeben. Doch nur der Entdecker war imstande, sich in das Dazwischen zu begeben und nach ihm zu suchen, aber auf Kosten der Siegel, die ihm den freien Willen bewahrten. Der Königliche Gemahl hoffte, dass er töricht genug wäre, sich aufzulösen und ihm zu folgen. Aber anscheinend hatte auch die menschliche Dummheit ihre Grenzen.

Der Königliche Gemahl breitete sich als hauchfeiner Nebel in dem gesamten Energiefeld aus und erzeugte Schatten, die den Eindruck erweckten, er befände sich an einer ganz bestimmten Stelle. Seine Häscher fielen auf die List herein und feuerten gewaltige magische Blitze auf diesen Punkt. Die meiste Energie entlud sich knisternd am Rand des Feldes, obwohl ein Teil davon den Königlichen Gemahl traf und ihm große Schmerzen zufügte.

Für diese Attacke zahlten seine Häscher einen hohen Preis, denn sie hatten ihre Deckung aufgegeben und sich den Mimikrys vollständig gezeigt. Die Dämonen griffen erneut an, schleuderten Steine und ließen Schauer aus magielosen Dornen auf sie niederhageln.

Doch wieder einmal waren der Entdecker und der Erbe so schnell, dass sie nicht ernsthaft zu Schaden kamen. Allerdings waren sie abgelenkt, weil sie die Reaktion des Königlichen Gemahls fürchteten, wenn sie auch nur für einen kurzen Moment seine Spur verlören.

Aber der Königliche Gemahl befand sich nicht dort, wo sie ihn nach wie vor vermuteten. Mittlerweile hatten sie sich der Königin so weit genähert, dass diese unmittelbaren Zugriff auf ihre Wächter hatte und sie lenken konnte. Die Mimikrys zeichneten Aufprallsiegel in die Luft und rissen seine Häscher von den Füßen. Mithilfe von Hitze- und Drucksiegeln schleuderten sie die Menschen so lange im Tunnel hin und her, bis die Krone auf der Stirn des Erben verrutschte und das Energiefeld einen Moment lang instabil wurde.

Zuerst wollte der Königliche Gemahl sich zu den Drohnen flüchten. Doch selbst eine noch so kurze Berührung mit ihnen wäre einem direkten Kontakt mit der Königin gleichgekommen. Sie würde in seinen Erinnerungen lesen und wissen, dass er versagt hatte. Dass er den Stock verraten hatte. Schlimmer noch, sie würde seine Schwäche spüren. Es wäre sein Ende.

Erst wenn er wieder zu Kräften gekommen war, konnte er in den Stock zurückkehren. Also suchte er nach dem nächstbesten

Pfad an die Oberfläche und schlug ihn ein, ohne zu bedenken, wohin er führte. Tausende von Meilen legte er im Nu zurück. Er fand einen anderen Pfad, der in die Tiefe ging, einen, der sich wieder nach oben zog, er schwamm durch die Kruste des Planeten, bis er selbst nicht mehr wusste, wo er war, und der Entdecker ihm nicht mehr folgen konnte.

»Beim Horc, verflucht noch mal, er ist weg!«, brüllte Arlen.

»Und wir sind tot, wenn wir uns nicht endlich konzentrieren!«, knurrte Jardir.

Er hatte recht. Wohin der Dämon verschwunden war, konnten sie nicht wissen, aber die angreifenden Mimikrys waren gefährlich. Einzeln besaßen sie nicht so viel Macht wie Arlen oder Jardir, aber wenn sie im Verbund handelten, waren sie im Vorteil.

Als das Energiefeld zusammenbrach, stürmten die Mimikrys vor und wurden erst abgewehrt, nachdem Jardir die Krone wieder fest auf sein Haupt gedrückt hatte. Doch da waren sie nur noch wenige Schritte von ihnen entfernt. Das Feld, das Jardir nun errichtete, war klein und reichte kaum weiter als sein Speer.

Arlen prüfte die in der Luft schwebende Magie. Er las die Strömungen, wie wenn er ein Schriftstück übersetzte. Spürbar war die Nähe der Königin. Er fühlte ihre Macht, hörte in seinem Kopf ihr Stöhnen. Sie kratzte an den Gedankensiegeln und versuchte durchzubrechen, ohne dass es ihr gelang. Diese Dämonen hier stellten ihre letzte Verteidigungslinie dar.

»Wir sind gleich da, Ahmann«, sagte Arlen. »Wenn wir hier siegen, kann unsere Mission immer noch Erfolg haben.«

Jardir hob seinen Speer. »Dann dürfen wir uns durch nichts aufhalten lassen, mein Freund.« Er schmetterte einen Mimikry gegen sein Bannfeld, dann senkte er die Barriere, rannte los und spießte die Kreatur auf. Wellen von tödlicher Magie rannen durch den Speer des Kaji. Der Dämon ging in Flammen auf und verbrannte kreischend zu Asche.

Ein Mimikry baute sich vor Arlen auf, der ihn mit einem Schneidesiegel in zwei Teile hackte. Mimikrys konnten auch schwerste Verletzungen heilen, aber dieser Schlag machte ihm den Garaus. Einen Moment lang versuchten die beiden Hälften, sich wieder miteinander zu verbinden. Mit einem Fußtritt beförderte Arlen das eine Stück zur Seite, zeichnete dann rasch ein Mimikrysiegel und schleuderte das andere in die entgegengesetzte Richtung. Bei dieser großen Entfernung fanden die Teile nicht mehr zueinander und zerschmolzen zu stinkenden Pfützen.

Ein großer Stein traf Arlens Brust. Er schlang seine Arme um den Brocken, spreizte die Beine und schlitterte nach hinten. Dann warf er den Stein in die Richtung, aus der er gekommen war, und riss eine Bresche in die Dämonenhorde. Er flitzte in die Lücke hinein, dicht gefolgt von Jardir, und erst nachdem sie ein gutes Stück weit gelaufen waren, konnten die Dämonen ihnen den Weg wieder versperren.

Magielose Dornen flogen Arlen entgegen. Er duckte sich und wehrte die meisten ab, doch einer grub sich in seine Seite, ein zweiter durchstieß seine Schulter. Der Mimikry stürzte sich auf ihn, ringelte sich um ihn wie eine Schlange und fing an, ihn zu würgen.

Arlen weckte die Mimikrysiegel auf seiner Haut und zerfetzte den Dämon, dessen eitriges Blut auf seine Artgenossen herabregnete.

Jardir senkte das magische Feld seiner Krone, als ein Mimikry ihn angriff. Dann hob er es genau zwischen den Beinen der Kreatur wieder an und setzte eine Körperhälfte in der Bannzone fest. Mit einem Blitz aus seinem Speer verschmorte er den Teil, der innerhalb des Feldes steckte.

Arlen sog immer mehr Energie in sich auf, doch hier schien die Magie keine Grenzen zu kennen. Er fühlte sich, wie Jardir sich in Alas Speer gefühlt haben musste, und mähte selbst die kräftigsten Dämonen, die sich ihm in den Weg stellten, nieder wie wild wuchernde Schlingpflanzen.

Befreit von der Bürde des *Alagai Ka*, begann Jardir, mit dem Siegelfeld der Krone zu experimentieren. Er fing Mimikrys darin ein, und in dem engen Raum konnte er sie töten, ohne Attacken durch andere Dämonen fürchten zu müssen.

Allmählich verschafften sie sich Zugang zu den noch tiefer führenden Tunneln. Jetzt konnte Arlen die Königin bereits mit seinen natürlichen Ohren hören. Die Geräusche, die sie von sich gab, glichen denen eines gebärenden Tieres. Doch darunter mischten sich Laute der Panik und der Angst. Die Königin fürchtete sich vor ihnen.

Als die Mimikrys merkten, dass sie die beiden Menschen nicht länger aufhalten konnten, machten zwei von ihnen kehrt und zeichneten Hitze- und Aufprallsiegel, um den Tunnel zum Einsturz zu bringen. Arlen hielt mit Siegeln dagegen, die das herabfallende Felsgestein in Schlamm verwandelten, und dann setzten er und Jardir zum Endspurt an. Sie durchbrachen die letzten Reihen der Wächter und hetzten den Tunnel entlang, der in einer gigantischen Kammer mündete.

Darin lag die Dämonenkönigin mit aufgeblähtem, pulsierendem Leib.

Ihr kegelförmiger Schädel glich den Köpfen ihrer Prinzen, doch er war wesentlich größer, und mit ihrem Maul, das groß war wie ein Scheunentor, hätte sie Schattentänzer in einem Stück verschlingen können. Ihr Körper füllte den Raum nahezu aus. Sie schien fast nur aus dem grotesk aufgetriebenen Bauch zu bestehen, die Haut war mit schleimigen Schuppen bedeckt. Aus ihrem Leib quoll ein endlos scheinender Strom von Eiern. Ihre Beine waren kurze Stümpfe, die offenbar nicht der Fortbewegung dienten und diesen gewaltigen Körper gar nicht hätten tragen können.

Ihr hinteres Ende lief in einem langen, netzartigen Schwanz aus, der mit einem gespaltenen Stachel bewehrt war. Aus diesem Stachel tropfte ein Gift, das vor Magie glühte. Im Gegensatz zu den verkümmerten Beinen wirkte dieser Stachel geschmeidig und stark. Mit ihm würde die Königin ihre weiblichen Nachkommen töten, um zu verhindern, dass sie ihren Rang einnahmen.

Arlen wagte nicht, sich vorzustellen, wie sich ein Schlag dieses Stachels auf einen Menschen auswirken würde.

Kleine Arbeitsdrohnen sammelten emsig die Eier ein und schleppten sie fort. Diese Dämonen eigneten sich nicht zum Kämpfen, sie besaßen weder einen Panzer noch Krallen. Doch als Arlen und Jardir die Gebärkammer betraten, erstarrten sie kurz, um sich dann auf sie zu stürzen.

Die Dämonen krachten gegen das Siegelfeld der Krone, aber in diesem Moment spürte Arlen, wie der mentale Schrei der Königin ihn durchströmte, die Kruste des Planeten durchstieß und in die Außenwelt gelangte.

Die Antwort erfolgte prompt. Von allen Seiten ergossen sich Nebelschwaden in den Raum, formten sich zu Seelendämonen und deren Mimikryleibwächtern. Insgesamt tauchte fast ein Dutzend von ihnen auf, die letzten Prinzen des Stocks.

Seelendämonen waren von Natur aus feige. Sie kannten weder Tapferkeit noch Mitgefühl, aber anscheinend mussten sie dem Ruf der Königin folgen, wenn es darum ging, den Stock zu retten.

Am schwächsten waren sie während des Übergangs vom Dazwischen in einen stofflichen Zustand, und genau in diesem Moment schlugen Arlen und Jardir zu. Arlen ließ Energie in die Aufprallsiegel an seinen Fingerknöcheln einfließen und rammte sie mitten durch die Brust eines Seelendämons. Derweil hackte Jardir mit seinem Speer einem Dämon den Kopf ab.

Sonst waren beim Tod eines Seelendämons immer mentale Schmerzwellen freigesetzt worden, die andere Dämonen in der Nähe töten konnten. Doch hier, in Anwesenheit der übermächtigen Königin, wurde diese Wirkung aufgehoben. Der Mimikry, der neben Arlens letztem Opfer feste Gestalt annahm, schlug mit voller Wucht zurück. Arlen wurde nach hinten geworfen, und scharfe, magielose Auswüchse an den Tentakeln hinterließen tiefe Risse in seiner Brust.

Arlen wirbelte herum, während seine Wunden bereits heilten. Er speiste Energie in die Siegel an seinem Körper, die Seelendämonen und Mimikrys abwehren sollten, zeichnete weitere in die Luft und zerstreute seine Gegner.

Jardirs Siegelfeld dehnte sich aus und zog sich wieder zusammen wie ein schlagendes Herz, wobei es dem Rhythmus folgte, den sein Speer vorgab. Er trieb die Dämonen zurück, um sich mehr Bewegungsspielraum zu verschaffen, dann durchstieß er mit dem Speer sein Bannfeld, während seine Hände und sein Körper geschützt blieben.

Die ganze Zeit über stöhnte die Königin und zappelte mit ihren Beinstümpfen. Ihr geschwollener Leib bebte und fuhr fort, massenhaft Eier auszustoßen.

Ein Mimikry warf einen schweren Gesteinsbrocken nach Arlen. Der fing ihn auf und wollte ihn zurückschleudern, doch einer der Seelendämonen zeichnete ein Aufprallsiegel, der Fels explodierte in Arlens Händen, und er fiel auf den Rücken.

Sofort sprang ein anderer Mimikry ihn an. Er ließ sich magielose Panzerplatten wachsen, gegen die Arlens Mimikrysiegel machtlos waren. Arlen rollte sich nach hinten ab, winkelte die Beine an und speiste Magie in die Schlagsiegel an seinen Fersen. Mit einem heftigen Tritt wollte er sich von der Kreatur befreien. Aber deren mit Hörnern bestückte Tentakel krallten sich in den felsigen Untergrund, und der Leib spannte sich an wie eine Bogensehne.

Als Arlen mit aller Kraft zutrat und die Beine wieder zurückzog, schnellte der Dämon wie von einer Sprungfeder getrieben nach vorn, und die Dornen, die er sich hatte wachsen lassen, durchstießen Arlens harte Muskeln bis auf die Knochen.

Er wusste, dass er schrie, obwohl er sich selbst kaum hörte. Rasch weckte er seine Mimikrysiegel, fand den Dämon unter seiner magielosen Panzerung und schleuderte ihn von sich weg. Abermals spannte der Mimikry seinen Körper an, aber dieses Mal zeichnete Arlen Schneidesiegel und durchtrennte die Tentakel, mit denen er sich am Boden verankerte. Wie ein abgeschossener Pfeil sauste der Dämon zu seinem Meister zurück.

Es gab keine Atempause. Arlen rettete sich im letzten Moment, bevor der Boden unter seinem ausgestreckten Körper in einer Stichflamme explodierte. Als nächstes überzog sich der Untergrund mit einer dicken Eisschicht. Er rutschte aus und musste sich vor einem Schwall Säure schützen, der auf seinen Rücken gespritzt wurde.

Jardir ging es nicht besser. Die Dämonen konnten sein Siegelfeld nicht durchdringen, doch es schützte ihn nur unzureichend vor deren Magie und Geschossen. Kleine Steine flogen durch die Kaverne und wurden unweigerlich von der Krone angezogen.

Jardir hob schützend einen Arm vor das Gesicht und drückte sich die Krone fest auf die Stirn, während er dem Beschuss ausgesetzt war. Er senkte das Bannfeld und fing wieder einen Seelendämon mitsamt dessen Mimikry ein. Aus seinem Speer löste sich ein gewaltiger Energiestoß und verbrannte die beiden, doch während er abgelenkt war, erwischte ihn ein wuchtiger Stein im Rücken.

Als er zu Boden ging, rammte ein Mimikry einen Dorn in seinen rechten Unterarm, und sein Griff um den Speer lockerte sich. Er zertrümmerte den Dorn, bevor der Dämon seine Hand abschneiden konnte, aber ehe er seinen Arm freibekam, traf ein Aufprallsiegel den Speer und schleuderte ihn weg. Jardir sprang hoch und wollte ihn sich zurückholen, aber andere Seelendämonen beteiligten sich an dem Spiel und ließen die Waffe durch die Kammer tanzen, während ihre Mimikrys ihm den Weg versperrten. Er versuchte, dem Speer mithilfe von Siegeln zu befehlen, zu ihm zurückzukehren, aber die Dämonen entkräfteten seine Magie, und der Speer widersetzte sich seinem Ruf.

Es entspann sich ein Nahkampf zwischen Menschen und Dämonen. Arlen und Jardir kämpften mit den Siegeln an ihren Fäusten und Füßen, an ihren Knien und Ellbogen. Sie wichen aus, steckten Schläge ein und trotzten den magischen Salven, mit denen die Seelendämonen sie traktierten. Und ständig spürte Arlen ein Kribbeln in seinem Kopf. Die Dämonen strengten sich an, seinen Willen zu untergraben.

Nach einer Weile ließen ihre Kräfte nach. Arlen keuchte, seine Bewegungen wurden langsamer, er vernachlässigte seine Deckung. Er bekam mehr Hiebe ab, als er austeilte, und es fiel ihm immer schwerer, seine Verletzungen zu heilen. Selbst so nahe beim Horc, mitten im Großsiegel des Dämonenstocks, wo die Umgebung mit Energie übersättigt war, spürte er das Schwinden seiner eigenen Magie. Die Dämonen frischten ihre Kräfte von allen Seiten auf, unterstützt von der Königin, während seine inneren Reserven sich erschöpften.

Er sah, wie auch Jardirs Aura an Glanz verlor. Seine von Narben übersäte Haut blutete aus mindestens einem Dutzend Wunden, und sein Brustkorb hob und senkte sich hektisch, während er nach Atem rang.

Sie waren dabei, den Kampf zu verlieren. Und die gesamte Welt steuerte auf eine Katastrophe zu.

Ein Mimikry legte sich über ihn wie eine Decke. Arlen ließ es zu. Er löschte die Energie in seinen Mimikrysiegeln, umschlang die

Kreatur mit den Armen und sorgte dafür, dass seine Tätowierungen direkt mit dem unförmigen Körper in Berührung kamen. Ehe der Dämon sich in magieloses Fleisch hüllen konnte, um ihn gefangenzunehmen, saugte er mit seinen Siegeln die Magie aus dem Mimikry, wie man den Saft aus einer Orange lutscht. Seine Kräfte waren erfrischt, und er befreite sich aus der toten Haut des Dämons.

Bevor die Seelendämonen einschreiten konnten, wandte Arlen sich dem wachsenden Berg aus schleimbedeckten Eiern zu. Dämonenlarven wanden sich pulsierend in ihren durchsichtigen Hüllen. Arlen musste gegen einen Brechreiz ankämpfen, als er eine Reihe von Aufprallsiegeln zeichnete und einen großen Teil seiner Energie hineinfließen ließ.

Unzählige Eier zerplatzten in einem Sprühregen aus heißer, klebriger Flüssigkeit und sich krümmenden Larven. Bevor der Schauer auf den Boden niedergehen konnte, fügte Arlen ein paar mächtige Hitzesiegel hinzu. Die Symbole brannten heißer als Feuerspeichel, und Flammen leckten an der Flüssigkeit und an den Larven. Die ungeschlüpfte Brut quiekte und zappelte, strampelte mit den kaum entwickelten Gliedmaßen, während das Feuer sie verzehrte. Fettiger Qualm stieg zur hohen Kammerdecke empor.

Bei diesem Anblick kreischten die Seelendämonen entsetzt, doch das war nichts im Vergleich zu den Lauten, die die Königin von sich gab. Ihr Stöhnen verwandelte sich in lautes Gebrüll. Sie setzte ihre verkümmerten Beine in Bewegung und krabbelte in Arlens und Jardirs Richtung, bis sie in Reichweite ihres Stachels kamen.

Arlen wollte fliehen, doch die Königin schlug schneller zu, als er es für möglich gehalten hätte. Er weckte die Bannsiegel auf seiner Haut, doch diese Zeichen konnten ihn vor einer Königin nicht schützen. Die gegabelte Spitze des Stachels erwischte ihn an der Seite und pumpte heißes Gift in ihn hinein.

Es war, als würde er kochende Säure schlucken. Sein Inneres schmolz unter brennenden Schmerzen dahin, als das Gift sich in ihm ausbreitete. Seine Knie knickten ein, und er sackte zu Boden.

»*Par'chin!*« Im nächsten Moment war Jardir bei ihm und schlug seine Hand wie eine Axt in das netzartige Gebilde unter dem Stachel. Schneidesiegel blitzten an seinem kleinen Finger auf, und die Handfläche glühte vor Magie, als er der Königin die Schwanzspitze abhackte. Dann zog er den Stachel aus Arlens Körper. Er verspritzte immer noch Gift, das qualmend und zischend auf den Steinboden tropfte.

Mit dem letzten Rest seiner Magie wollte Arlen dem Gift die Wirkung entziehen, doch es widersetzte sich ihm und bekämpfte ihn mit seiner eigenen, dunklen Magie.

An Jardirs Aura erkannte er, wie verzweifelt sein Freund versuchte, ihm zu helfen. Aber Jardirs Aufmerksamkeit wurde abgelenkt, denn er musste sie beide gegen die Feinde verteidigen, die sie umzingelten. Und der Kreis wurde immer enger.

»Kämpfe, Sohn des Jeph!«, brüllte Jardir. »Das Schicksal der ganzen Ala steht auf dem Spiel!«

Doch Arlen merkte, wie seine Kampfkraft ihn verließ. Er quetschte Gift aus der Wunde, doch die schwarze Flüssigkeit rann über seine Haut wie Feuerspeichel und verwandelte sein Fleisch in eine stinkende Brühe. Noch mehr Gift kreiste in seinen Adern und schwächte sein Herz, während es ihn innerlich zerfraß.

Arlen stützte sich auf einen Arm. Jardir ließ ihn los, um allein gegen die vorrückenden Dämonen zu kämpfen. Mühsam wollte Arlen sich hochstemmen, aber die Kammer fing an, sich um ihn zu drehen, und er konnte kaum noch oben von unten unterscheiden. Er wusste nur eines – er würde nie wieder aufstehen können.

»Still jetzt!« Renna wickelte sich fest in ihren Tarnumhang, als sie, Shanvah und Shanjat in die Gebärkammer schlichen.

Shanvah hatte stundenlang gesungen, doch ihre Stimme klang immer noch rein und klar. Sie machte sie zu einem Teil des Tunnels, zu einem Teil der Finsternis, zu einem Teil der Felsen. Die Dämonen, die mit Arlen und Jardir kämpften, bemerkten sie nicht, als sie dicht an die Wand gedrückt die kolossale Kammer umkreisten.

Alles in Renna drängte danach, in den Kampf einzugreifen, aber ihr war klar, dass sie gegen so viele Feinde nichts ausrichten konnten. Sie und die beiden *Sharum* waren stark, und wenn sie Jardir und Arlen beistanden, konnten sie die Seelendämonen ein Weilchen länger aufhalten, doch das würde ihren Tod nur hinauszögern.

Sie zuckte zusammen, als der Stachel der Königin Arlen durchbohrte, aber sie biss sich auf die Zunge und ging weiter, den Blick auf die einzige Beute gerichtet, auf die es jetzt ankam.

Der Speer des Kaji lag vergessen auf dem Boden, weitab vom Kampfplatz. Jardir konnte ihn nicht erreichen, und die Dämonen konnten ihn nicht berühren. Deshalb blieb er unbeachtet, während die Kämpfe weitertobten.

Renna schluckte und zwang sich dazu, nicht einfach loszurennen. Die Königin und die Seelendämonen richteten ihre Aufmerksamkeit auf Arlen und Jardir, doch hier, im Herzen des Dämonenstocks, boten ihr Umhang und Shanvahs Lied ihr nur dürftigen Schutz. Ihre Magie war am wirkungsvollsten, wenn man stillstand oder sich nur ganz langsam bewegte.

Das Baby strampelte in ihrem Bauch, und wieder fragte sie sich, ob nicht doch all die Mühe vergebens war, ob nicht das Kind, sie selbst, ihr Ehemann und ihre Freunde so oder so sterben würden, selbst wenn sie sich noch so sehr anstrengte, um ihre Mission zu erfüllen.

Der Speer war noch ein Dutzend Yards entfernt. Dann zehn. Fünf. Nur noch ein Yard trennte sie von der geweihten Waffe.

Renna hob den Speer auf und spürte sofort die Kraft, die von ihm ausging. Sie spannte sich an, sog sich mit Magie voll und setzte zu einem gewaltigen Sprung an.

Im allerletzten Moment schoss der Blick der Königin in ihre Richtung. Blitzschnell schlug sie mit dem Schwanz nach Renna. Sie traf ihr Ziel, und normalerweise hätte das Rennas Ende bedeutet, doch Jardir hatte den Stachel abgetrennt. Der Stumpf versetzte ihr einen schmerzhaften Hieb und bespritzte sie mit schwarzem Blut. Renna drehte sich in der Luft, ohne ihr Ziel aus den Augen zu lassen.

Der Schrei der Königin gellte durch die Kammer, als Renna ihr den Speer des Kaji in ein Auge stieß.

Das Auge zerplatzte, und Flüssigkeit regnete auf Renna herab. Die Königin schwenkte wild ihren Kopf, und der riesige Rachen schnappte nach ihr. Renna bekam eines der vielen spitzen Hörner zu fassen, die den Kopf umkränzten, und klammerte sich daran. Mit den Füßen trat sie gegen die gigantischen Zähne, während sie mit einer Hand versuchte, den Speer noch tiefer in das Auge zu rammen.

Plötzlich schien der Speer des Kaji zum Leben zu erwachen. Seine Siegel erstrahlten in einem immer helleren Glanz, als sie sich mit der Magie der Königin vollsogen und diese in tödliche Wellen verwandelten. Der Speerschaft erhitzte sich so stark, dass Renna ihn loslassen musste. Seine Siegel hatten sich in ihre Handfläche eingebrannt.

»*Inevera!*«, brüllte Jardir, aber ob er seine Gemahlin oder seinen Gott anrief, vermochte Renna nicht zu sagen. Er schlug mit der Magie seiner Krone zu, trieb die Dämonen zurück, nahm drei Schritte Anlauf und sprang. Seine Hand knallte gegen das Ende des Speers und trieb die Spitze tief in den Schädel der Königin hinein.

Der Leib der Königin begann heftig zu zucken. Renna fühlte ihren mentalen Schrei, der die Seelendämonen und die Mimikrys in der Kammer zum Kreischen brachte. Sie wollten flüchten, aber Shanvah und ihr Vater warteten auf sie und stießen ihnen ihre Speere in die finsteren, kalten Herzen. Renna sprang von der zappelnden Königin herunter, landete in geduckter Haltung und zeichnete Hitze- und Aufprallsiegel, um die noch verbliebenen Horclinge zu zerstreuen.

Auch Jardir zeichnete Siegel. Er zertrümmerte den Eingang zum Haupttunnel, um den Horclingen den Fluchtweg abzuschneiden. Gleichzeitig wurden die orientierungslosen Dämonen von Renna und seinen *Sharum* niedergemetzelt. Arlen lag immer noch auf einen Arm gestützt am Boden, aber Renna sah, dass er Magie einsog und sich bemühte, das Gift der Königin zu verbrennen.

Einen Moment lang glaubte sie, sie hätten gesiegt.

Doch dann gab die Königin ein letztes Stöhnen von sich und brach zusammen. Ihr Leib platzte auf, und eine wahre Flut von Eiern ergoss sich über den Boden, getragen von einem Gemisch aus Schleim und Flüssigkeit, von dem stinkender Dampf aufstieg, der die Luft verpestete. Von der Woge schien keine Gefahr auszugehen, doch dann änderte sich alles.

Sechs Eier, groß wie Nachtwölfe, entluden sich aus dem Bauch und öffneten sich, sobald sie mit Luft in Berührung kamen. Renna wusste sofort, dass dies die jungen Königinnen waren, von denen *Alagai Ka* gesprochen hatte. Im Gegensatz zu dem reifen, aufgetriebenen Monstrum, das Renna getötet hatte, waren diese schlank und kampfeslustig. In kauernder Haltung standen sie auf kräftigen Gliedmaßen, ihre Schwänze bewegte sich, als hätten sie einen eigenen Willen, und aus den gegabelten Stacheln tröpfelte Gift.

Die noch verbliebenen Seelendämonen zischten vergnügt. Einer, der kühner war als seine Brüder, stürzte mit ausgestreckten Krallen vor, als wolle er sich eine der Dämonenköniginnen greifen und sie entführen.

Doch als er sich ihr näherte, stach sie zu. Der Seelendämon warf den Kopf in den Nacken, Schaum trat aus seinem Maul, er kippte um und wand sich zuckend am Boden.

Die jungen Königinnen waren immer noch klein, kaum größer als Renna. Das abrupte Schlüpfen hatte sie verwirrt, und sie waren verletzlich. Renna zog ihr Messer und pirschte sich an sie heran, um dem Grauen ein für alle Mal ein Ende zu bereiten.

Plötzlich begannen die Königinnen zu leuchten.

Mit Auren, die vor Kraft glänzten, nährten sich die jungen Königinnen von der Magie ihrer Mutter. Und dann fingen sie an zu wachsen. Binnen Sekunden waren sie so groß wie Pferde. Dann hatten sie die Ausmaße von Felsendämonen. Und immer noch floss die Magie in sie hinein.

Gleichzeitig drehten sich alle sechs zu Renna um, die von Panik getrieben zurückwich. In ihren Augen funkelte bedrohliche Intelligenz. *Alagai Ka* hatte gesagt, gleich nach dem Ausschlüpfen würden diese jungen Königinnen miteinander kämpfen und sich gegenseitig töten, bis nur noch eine am Leben war. Doch wie es schien, rückte dieser Machtkampf in den Hintergrund, wenn dem Stock Gefahr drohte.

Eine der Königinnen stürzte sich auf sie. Sie entfaltete ihre mit Schleim verklebten Flügel und flatterte zornig, während sie sich Renna näherte. Renna sog sich mit Magie voll, um für den Kampf gewappnet zu sein, doch plötzlich begann das Baby in ihrem Bauch heftig zu strampeln. Sie stolperte, und ihre Magie entwich.

»Töten!« Shanvah zeigte mit ihrem Speer auf die junge Königin. Shanjat rannte ihr entgegen und spießte sie mitten im Flug auf, ehe sie Renna erreichen konnte.

Shanjats Speer hatte eine tiefe Wunde in die Flanke der jungen Königin gerissen, doch das kümmerte diese anscheinend nicht. Der

Schild des *Sharum* bestand aus dickem, mit starken Siegeln verstärktem Stahl, aber die Königin zerfetzte ihn mit ihren Krallen, als wäre er aus Papier und riss dabei Shanjats Arm ab. Ihre Kiefer stülpten sich vor, sie packte den Krieger und verschluckte ihn mit drei schnellen Bissen.

Shanvah schrie. Es war nicht der Klagelaut einer Tochter, die um ihren Vater trauert, sondern ein Schrei mit der vollen Wucht ihrer durch Magie verstärkten Stimme. Sie versuchte, die Königin zurückzutreiben, während sie selbst angriff.

Doch der Schrei hielt die jungen Königinnen genauso wenig auf wie Shanjats Schild. Er schien sie höchstens noch zorniger zu machen. Eine sauste auf sie zu, und Renna musste hilflos mit ansehen, wie Shanvah in zwei Hälften zerrissen wurde.

19

Der Horc

334 NR

Eine neue Welle von Übelkeit packte Arlen. Er räusperte sich und versuchte, tief durchzuatmen. Etwas Brennendes sammelte sich in seinem Hals und drohte ihn zu ersticken. Er hustete krampfhaft und spie eine zähe, schwarze Flüssigkeit aus, die zischend und qualmend auf den Steinboden traf. Rings um ihn her drehte sich alles – Renna, Jardir und die restlichen Dämonen.

»Zu mir!«, donnerte Jardir und hob das Bannfeld der Krone an. Renna taumelte in den schützenden Bereich zurück, aber Arlen wusste, dass die Magie der Krone genauso wirkungslos sein würde wie Shanjats Schild und Shanvahs Gesang.

Es gibt kein Königinnensiegel. Und wenn nur ein einziger der Seelendämonen mit einer jungen Königin flüchtete, würde ganz Thesa darunter leiden. Gelang mehr als einem mit seiner kostbaren Beute die Flucht, würden alle Menschen, die Arlen kannte und liebte, mit ihrem Leben dafür bezahlen.

Alagai Ka war nirgendwo zu sehen. Hatte der Dämon das Ganze im Voraus geplant? Wusste er, was passieren würde, wenn sie die Königin töteten? Hatte er es bewusst darauf angelegt, um das Ende der letzten Herrscherin herbeizuführen und dann eine neue Dynastie zu gründen? Arlen sah sich suchend um, als müsste der Dämonenkönig gleich auftauchen, doch in dem tödlichen Chaos war keine Spur von ihm zu entdecken.

Ihm schien als würde die Zeit sich ausdehnen. Die Welt schwebte wie ein wirrer Strudel um ihn, eine Jongleurveranstaltung, auf die er gar nicht mehr achtete. Sah so das Ende aus?

Heftig schüttelte er den Kopf und versuchte, in die Gegenwart zurückzukehren. Stattdessen drifteten seine Gedanken in die Vergangenheit ab.

Ich gebe nicht vor, die Wege des Schöpfers zu kennen, hatte Fürsorger Jona ihm vor der Schlacht im Tal der Holzfäller gesagt, *aber es gibt ihn, den rechten Pfad. Eines Tages werden wir zurückblicken und uns fragen, wie wir ihn jemals verfehlen konnten.*

Damals hatte Arlen geglaubt, es seien die Worte eines Narren. Rückblickend schien nun jedoch jedes Ereignis in seinem Leben unbeirrbar zu diesem Moment geführt zu haben, als hätte das Schicksal es so bestimmt. Der Tod seiner Mutter; dass er den Speer des Kaji gefunden hatte; Jardirs Verrat; die Schleimflussepidemie im Tal der Holzfäller. Jeder Augenblick glich einem Trittstein, der seine Schritte hierhergelenkt hatte.

Doch all das verlor seine Bedeutung, wenn sie jetzt nicht siegreich waren.

Eine der Königinnen beschnupperte prüfend Jardirs Bannfeld. Es glitzerte wie Sonnenlicht auf Wasser und sandte Lichtkreise aus, als sie ihr Maul hineinsteckte. Sie zog sich zurück und schloss sich wieder ihren Schwestern an, die einander darin zu übertreffen versuchten, aus dem aufgeblähten Leib der alten Königin Magie abzuziehen. Bald würde die uralte Mutter der Dämonen völlig entleert sein, und danach gäbe es für die jungen Königinnen kein Halten mehr.

»Ren.«

Renna sank auf ein Knie, legte einen Arm um Arlen und hob ihn in eine sitzende Position. »Halt durch. Alles wird gut werden.«

»Nein.« Mit einer schwachen, zitternden Hand umklammerte er ihren Arm. »Das Gift bringt mich um.«

Renna schlang auch ihren anderen Arm um ihn. »Wir finden einen Weg, dir zu helfen. Wir finden einen Ausweg aus dem ganzen Schlamassel hier. Bis jetzt hatten wir immer Glück.«

Arlen hustete wieder. Sein Körper fing an zu zittern, und seine Muskeln verkrampften sich. Doch er biss die Zähne zusammen und presste hervor: »Es gibt einen Weg. Der Ruf wird immer drängender.«

Nach einer Pause fragte Renna: »Der Ruf des Horc?«

»Ay«, keuchte Arlen. »Mir scheint, es ist an der Zeit, dass ich ihm folge.«

Jardir drehte sich zu ihm um. *»Par'chin …«*

»Du spinnst wohl«, fauchte Renna. »Von da kommst du nie mehr zurück!«

»Ich weiß«, sagte Arlen.

Renna drückte ihn fest an sich, aber sein Körper wurde taub, und er fühlte es kaum. »Wenn du gehst, komme ich mit!«

»Nein«, flehte er.

»Ich habe mal geschworen, dass ich dich nie verlassen würde«, knurrte Renna. »Kommt gar nicht in Frage, dass du mich hierlässt, mein Ehemann!«

»Es geht nicht nur um dich.« Ungeschickt berührte er ihren Bauch. Sein Körper gehorchte ihm nicht mehr. Er sah, dass seine Hand auf ihrem Leib ruhte, aber er konnte nichts spüren. Sein Blick verschwamm, Tränen rannen über sein Gesicht und fingen an zu zischen, als sie sich mit dem Gift auf seinen Lippen vermischten.

»Ich will dich nicht verlieren«, sagte Renna. »Das halt ich nicht aus.«

»Du verlierst mich nicht«, sagte Arlen. »Wenn deine Zeit gekommen ist, zieht der Horc dich nach unten in die Tiefe, und dort werde ich auf dich warten. Bis dahin musst du unserem Sohn Vater und Mutter sein.«

Es war eine Lüge. Arlen wusste genauso wenig wie Renna oder Jardir, was sich auf der anderen Seite befand. Aber vielleicht war es auch die Wahrheit, und in diesem Moment entschieden sich alle dafür, an Arlens Worte zu glauben.

Renna schluchzte und umfasste sein Gesicht mit den Händen. »Ich gebe ihm alle Liebe, zu der ich fähig bin. Und die Menschen werden ihn lieben, weil sein Dad die Welt gerettet hat.«

»Wenn du recht hast, *Par'chin*«, sagte Jardir, »und der Himmel befindet sich unter uns, in der Tiefe, anstatt hoch oben, jenseits der Wolken, dann wirst du bald Everam begegnen und an Seiner prächtigen Tafel speisen.«

»Ich werd die Dinge regeln.« Arlen holte röchelnd Atem. »Das versprech ich.«

»Eines schwöre ich dir, *Par'chin*. Der Sharak Sun ist beendet.«

Arlen merkte, wie er davonglitt. Ihm schwanden die Sinne, und er war blind, taub und völlig empfindungslos.

Doch er spürte immer noch, wie der Horc durch seinen Körper brauste und die Magie in seinem Inneren zum Schwingen brachte.

Diese ihm innewohnende Kraft war sein wahres Ich. Sein Leib war nur eine vorübergehende, vergängliche Hülle gewesen.

Der Horc zerrte an ihm, bot ihm alles und nichts, erfüllte ihn mit wärmender Geborgenheit und der Verheißung unendlicher Möglichkeiten.

Seit Jahren rief der Horc ihn jede Nacht, und es war ihm immer schwerer gefallen, dieser Versuchung zu widerstehen.

Jetzt gab er endlich nach und folgte dem Ruf. Er löste sich auf und ließ sich in die Tiefe tragen.

Es ging tiefer und immer tiefer. Sie hatten Wochen gebraucht, um die Gebärkammer der Königin zu erreichen. Nun befand sie sich so hoch über ihm wie der Himmel, während er in den Horc hineinfiel, dessen Kraft in sich einsog, obwohl sie ihn schier zu zerreißen drohte.

Er fühlte keine Schmerzen, nur den Wunsch nach Ruhe und Frieden. Ohne Angst ließ er zu, dass die Strömung ihn mitriss, damit er ein Teil des großen Ganzen würde.

Und in diesem Augenblick sehnte er sich danach, teilzuhaben an dieser herrlichen, machtvollen Harmonie. Sie war der Quell allen Lebens, gütig und elementar, und sie reichte bis hinauf an die Oberfläche der Welt.

Er dehnte seinen Geist aus und las in der Magie, die auf unzähligen Pfaden in sämtliche Richtungen strömte – das Blut der Ala, ihr Lebenssaft.

Die Welt war größer, als er es sich je hätte träumen lassen. Die Länder, die er bereist hatte, bildeten nur einen winzigen Bruchteil ihrer grandiosen Weite. Es gab Ozeane und Inseln und Kontinente von nie gekannten Ausmaßen. Eine Zeit lang verweilte sein Geist an all diesen Orten gleichzeitig.

Er fühlte, wie der Horc an ihm zerrte, sein Bewusstsein noch mehr erweiterte und versuchte, es eins werden zu lassen mit dieser allwissenden, allmächtigen Verbundenheit.

Es war ein Augenblick der Erleuchtung. Er begriff, was Leben war, die schlichte Schönheit der Schöpfung in all ihrer Zerbrechlichkeit. Magie war nichts weiter als pure Kraft, aber sie hatte kein Bewusstsein, es fehlte ihr der Wille, sich zu etwas Stofflichem zu verbinden. Sie strömte aus dem Horc heraus und suchte nach bereits existierenden Dingen, und was sie nicht fand, erschuf sie sich selbst.

Anfangs waren es einfache Kreaturen, zu klein, um sie zu sehen. Dann folgten komplexere Lebensformen, und zum Schluss entstand ein echtes Bewusstsein, das sich der Welt nachhaltig aufdrücken konnte.

Nicht der Schöpfer war es, der den Menschen die Siegel gab. Die Menschen erfanden diese Symbole, als sie gebraucht wurden. Die Zeichen an sich besaßen keinerlei Macht. Sie bezogen ihre Stärke aus dem Geist ihrer Erschaffer, aus der Hoffnung und den Gebeten der Menschen, die sich Schutz suchend hinter ihnen versammelten.

Der gemeinsame Wille sog die Magie an und verlieh ihr eine Struktur. Und diese geformte, geprägte Magie floss zurück in den Horc und vermischte sich wieder mit dem Ganzen. Konnte irgendein Bewusstsein etwas so Kolossales gestalten? Es in eine vorgegebene Form zwingen? Eher hätte man die krasianische Wüste mit einem Rechen umformen können. Oder mit einem Eimer den Ozean leer schöpfen.

Als Arlen sich auflöste, verschwand die Gebärkammer der Königin. Doch der Vorgang des Zerfalls dauerte immer noch an. Von allen Seiten zerrte der Horc an seinem Willen. Ohne Erbarmen. Ohne Ende. Sich zu widersetzen, wäre sinnlos gewesen.

Hier gab es weder Leid noch Schmerzen. Immer hatte Arlen gegen den Tod gekämpft und alles darangesetzt, sich und anderen den einsamen Weg möglichst lange zu ersparen. Nun jedoch beschritt er ihn, und das leichten Herzens. Er überließ sich dem Tod, der ihn in das Herz von Ala bringen würde.

Arlen, lass mich nicht allein!

Die Worte schrammten an seinem Bewusstsein entlang und störten die vollkommene Harmonie, seine Bereitschaft, sich den Verführungen des Horc hinzugeben.

Hatte er wirklich Rennas Stimme gehört? Oder hatte er diesen Ausruf in der Strömung gelesen? War es vielleicht nur eine Erinnerung?

Spielte es überhaupt eine Rolle?

Noch einen Moment zuvor war er bereit gewesen für den einsamen Weg, bereit, Everam oder dem Schöpfer zu begegnen, oder auch irgendeiner namenlosen Leere anheimzufallen. Doch wie man sich an einen Traum erinnert, den man beim Aufwachen vergessen hatte, kehrten seine Gedanken nun zu Renna zurück. Zu Jardir. Zu seinem Sohn.

Wie viel Zeit war vergangen, seit er sich aufgelöst hatte? Sekunden? Tage? Jahre?

Er bündelte seine Willenskraft und zog sich in sich selbst zurück. Dann spürte er, wie er in der Ewigkeit dahintrieb. Es gab kein Zurück. Noch ein paar Augenblicke konnte er widerstehen, doch dann würde der Horc ihn vereinnahmen.

Mit größter Vorsicht dehnte er seinen Geist aus und durchforschte die Strömungen, die vom Dämonenstock aus nach unten flossen. Kaum ein Wimpernschlag war vergangen, und als würde er durch ein Fenster spähen, konnte er beobachten, was unzählige Meilen über ihm in der Gebärkammer passierte.

Wieder zeichnete Jardir Siegel, um den Speer des Kaji zu sich zu rufen, doch die Waffe steckte fest im Körper der Königin und konnte sich seinem Wunsch nicht fügen.

Mittlerweile hatten die jungen Königinnen ihrer toten Mutter auch den letzten Rest an Magie entzogen. Sie ragten hoch über den anderen Dämonen auf, als sie sich dem Bannbereich der Krone näherten. Von allen Seiten durchdrangen sie die Barriere. Die Magie fügte ihnen lästige Schmerzen zu, ohne sie dabei wirklich zu behindern.

Eine sprang Jardir an. Der packte ihre vorderen Krallen und riss sie herum, wobei er dem Stachel nur um Haaresbreite entging. Er wehrte sich mit kräftigen Schlägen, doch die Königin nahm sie hin und fegte ihn mit einem Hieb ihres Schwanzes zur Seite.

Jardir stürzte zu Boden, rollte sich ab und kam gerade noch rechtzeitig auf die Beine, um dem zweiten Stachelangriff zu entgehen.

Everam, begann er lautlos zu beten, doch mehr fiel ihm nicht ein. Wozu beten? Entweder es gab den Schöpfer, oder es gab Ihn nicht. Entweder würde Er ihnen in der Stunde der höchsten Not helfen, oder Er würde sie im Stich lassen.

Arlen saugte Magie von den jungen Königinnen ab. Er las sie – und er wusste über sie Bescheid. Jetzt erkannte er ihre Natur, ihr innerstes Wesen. Er kam sich vor wie ein Blinder, der zum ersten Mal etwas sieht.

Zu seinen Freunden konnte er nicht zurückkehren, aber er verfügte immer noch über ausreichend Willensstärke, um die Magie zu formen, die vom Horc aus in diese Kammer strömte.

Es gibt kein Königinnensiegel. Doch das bedeutete nicht, dass man keines erschaffen konnte.

Renna warf ihr Messer, das bebend im Auge der jungen Königin stecken blieb. Der Griff leuchtete vor Energie, entzog der Königin die Kraft und verwandelte sie in tödliche Magie.

Aber es reichte nicht aus, um die Königin abzuwehren, die nun mit ihrem Stachel ausholte. Renna duckte sich weg und schlang ihre Kette aus Flusskieseln um den giftigen Dorn. Die Kiesel hatte sie schon vor langer Zeit mit Bannzeichen verstärkt, und als sie in eine Furche des netzartigen Anhängsels fiel, zog Renna die Schlinge mit aller Kraft zu.

Aber der jungen Königin war sie nicht gewachsen. Das eine Ende der Halskette in der Faust, wurde Renna zu Boden geschleudert, und die Königin riss ihren Rachen auf.

Plötzlich lenkte ein Lichtblitz das Monstrum ab. In der Luft erschien ein Symbol, gezeichnet aus silbernem Feuer. Zu Anfang flirrten die Umrisse und verschwammen, wie bei einem Mimikrydämon, doch dann nahmen sie feste Konturen an. Die Königin stieß einen schrillen Schrei aus und zuckte zurück.

Noch mehr dieser seltsamen Zeichen tauchten auf und kreisten in der Kammer. Sie verbanden sich zu Siegeln, mit denen man Seelendämonen und Mimikrys bekämpfte, bis sie sich zu einem Bannzirkel aus tödlicher Magie zusammenschlossen, der sich immer enger zog.

Arlen verkleinerte den Durchmesser des Zirkels, während die kreischenden Dämonen sich vor Schmerzen krümmten und verbrannten. Als würde er Ameisen in der Faust zerquetschen, tötete er jeden Dämon in der Kammer, vom Ei bis zur Königin.

Vorerst waren Jardir und Renna in Sicherheit, aber das genügte nicht.

Er ließ die Kraft durch den gesamten Stock fließen, säuberte ihn von Drohnen und räucherte die Brutkammern aus. Auf diese Weise tötete er eine ganze Generation von Drohnen, die noch nicht einmal geschlüpft waren.

Aber es war immer noch nicht genug. Denn während des flüchtigen Augenblicks im Strom der Ewigkeit war Arlen mit jedem einzelnen Menschen in Thesa verbunden gewesen und hatte mit ihnen gegen den Schwarm gekämpft. Noch einmal tauchte er in diesen Fluss ein, fand seine Freunde und seine Feinde, und zwang der uferlosen Magie des Horc seinen Willen auf.

In Miln, wo die Dämonen sich unter der Stadt eingenistet hatten, um sich vor der Macht der großen Orgel zu schützen, schwemmten seine Siegel die Horclinge aus den Tunneln.

Am Angiersfluss, wo Gared Holzfällers Armee verzweifelt gegen eine Dämonenhorde kämpfte, zeigten sich Siegel in der Luft und verbrannten die Dämonen auf dem Feld.

Im Tal, wo Horclinge sich am Rand des Großsiegels drängten, mähte er die Kreaturen nieder wie Grashalme. In Tibbets Bach fegte er den gesamten Sprengel aus.

Inevera kämpfte in den Straßen von Dockstadt, als Arlen den Feind vernichtete.

Selbst in Everams Füllhorn, wo Amanvah und Asome die *Sharum* gegen die Legionen von Horclingen führten, die von den Dämonenprinzen gerufen worden waren, ließ er seine Magie wirken. Er schuf Siegel, die für die Dämonen absolut tödlich waren. Sie kippten um und rollten sich zusammen, während ihr Fleisch qualmte und ihr Blut zu kochen anfing.

Doch auch das reichte nicht aus. Noch immer gab es Dämonen auf der Welt. Arlen vergrößerte die Reichweite seiner Macht, bestrebt, sämtliche Dämonen zu vernichten.

Doch dann merkte er plötzlich, dass er zu weit gegangen war. Sein Wesen, sein Geist, waren in den Horc eingesickert, während er sich immer weiter ausgedehnt hatte. Und jetzt stellte er fest, dass von ihm selbst fast nichts mehr übrig war.

Hab schon wieder vergessen zu atmen.

Ein letztes Mal sog er die Strömung in sich ein, spürte Renna, spürte seinen ungeborenen Sohn. Dann überließ er sich der Magie.

20

In der Finsternis geboren

334 NR

»Arlen!« Die in der Kammer kreisenden Siegel verblassten und hinterließen nichts als flackernde Schemen hinter Rennas Lidern. »Arlen, du kommst sofort zu mir zurück! Ohne dich schaff ich das nicht!«

Sie war noch immer angespannt und fühlte sich hundeelend. Ihr war schwindelig und speiübel. Die einzigen lebenden Wesen in der Kammer waren sie und Jardir. Rings um sie her lagen die Leichen ihrer Freunde und ihre in Stücke gerissenen Feinde. Die Luft stank.

Jardir ging zu der uralten Königin und stieß seine Hand in ihr zerstörtes Auge. Er musste fast bis zu ihrer Schulter graben, ehe er den Speer des Kaji herausziehen konnte. Die Waffe war glitschig von schwarzem Blut und verbreitete ein gleißendes Licht.

Er ging zu Renna zurück und legte ihr eine Hand auf die Schulter. »Der Sohn des Jeph starb den glanzvollen Tod eines Helden. Die Ehre deines Gemahls war grenzenlos.«

»Das ist mir scheißegal«, fauchte Renna. »Ich will meinen Mann wiederhaben!«

»Ich glaube nicht, dass er zurückkommt«, sagte Jardir. »Und wir können nicht hierbleiben.«

Renna wusste, dass er recht hatte, doch der Boden unter ihren Füßen schien zu kippen, und das Gewicht der ungeheuren Felsmassen über ihr drückte sie nieder. Sie fiel auf die Knie, würgte und spürte einen Krampf in der Brust. Sie rang nach Luft.

Und etwas Nasses rann an ihren Schenkeln herab.

»Schöpfer, nein!«, flüsterte sie. Sie berührte die Flüssigkeit und sah, dass sie auf dem Boden eine Lache bildete. »Nicht hier. Nicht jetzt.«

Jardir sah sie prüfend an. Ein Juwel in seiner Krone glühte matt, und er wusste, was geschah. Sein Siegelfeld, das unter dem Angriff der Königinnen zusammengebrochen war, richtete sich rings um sie her wieder auf und bildete so eine geschützte Gebärkammer.

Er kniete neben Renna nieder, legte den Speer weg und nahm ihre Hände. »Sei ohne Furcht, Renna vah Arlen am'Strohballen am'Bach. Dein Gemahl war mein *ajin'pal*, mein Blutsbruder. Ich vermag ihn dir nicht zu ersetzen, aber es ist mir eine Ehre, seiner Gemahlin beizustehen. Du bist nicht allein.«

Seine Worte klangen freundlich, seine Aura zeugte von seiner Ehrlichkeit. Er würde sie beschützen wie eine seiner eigenen Gemahlinnen und ihr Kind behandeln wie seinen eigenen Sohn.

Renna wollte antworten, doch dann setzte die erste richtige Wehe ein. Sie biss die Zähne zusammen und stöhnte.

Er drückte ihre Hände, bis der Schmerz abflaute. Anstatt etwas zu sagen, atmete er betont rhythmisch und ermutigte sie, seinem Beispiel zu folgen.

»Du hast viele Kinder, nicht wahr?«, fragte sie, als der Krampf sich löste. »Hast du so was schon mal gemacht?«

Jardir schüttelte den Kopf. »Nein, noch nie. Geburtshilfe leisten ausschließlich die *dama'ting*. Aber ich kann mir nicht vorstellen, dass Everam und der Erlöser uns durch diese Finsternis gebracht haben, nur um uns jetzt zu verlassen.«

Renna erwiderte den Druck seiner Hände. »Wenn wir das erst hinter uns haben, Ahmann, dann betrachte ich dich als *meinen* Erlöser!«

Wochen später tauchte Jardir aus dem Rachen des Abgrunds auf. Einen Schritt hinter ihm ging Renna. An ihre Brust schmiegte sich ihr Sohn Darin, der mit vollem Milchbäuchlein zufrieden schlief.

Die Last der bedrohlichen Felsen über ihren Köpfen wich einem offenen Himmel, von dem die Sonne auf sie herabstrahlte. Jardir straffte die Schultern, und nach vielen Monaten atmete er zum ersten Mal wieder reine, frische Luft.

Auch Renna drückte das Kreuz durch. Sie blinzelte und reckte die Hände in die Höhe, als wolle sie die Sonne umarmen. »Ich wünschte, die Horcbewohner könnten das sehen.«

Jardir dachte an die vielen Tausend *alamen fae*, die nach etlichen Generationen der Sklaverei die Freiheit wiedererlangt hatten. »Die verlorenen Seelen von Kajis Armee sind noch nicht bereit, die Sonne zu schauen, doch eines Tages wird es so weit sein. Ich werde Streitkräfte hinunterschicken, die Alas Speer wieder in Besitz nehmen. Und ich entsende kluge Leute, die sich um die *alamen fae* kümmern. Wenn ich erst wieder auf dem Schädelthron sitze, sollen die Stämme an die Oberfläche geführt werden und ihren rechtmäßigen Platz in unserem Volk einnehmen.«

Renna nickte und streichelte sanft über Darins Köpfchen. »Ein Schritt nach dem anderen.«

»Wohin wirst du gehen?«

»Erst mal nach Hause, schätze ich, falls ich noch ein Zuhause habe. Der Junge hat Verwandte, die sicher ganz versessen darauf

21

Der Pakt

335 NR

Aus ganz Thesa und Krasia strömten sie ins Tal. Herrschaftliche Kutschen reihten sich längs der Straße zu Leeshas Palast, um ihre Passagiere abzusetzen.

Die ersten, die eintrafen, waren die Angieraner. Herzogin Araine, begleitet von Melny und ihrem kleinen Enkelsohn, Rhinebeck dem Vierten.

»Der Bengel plärrt Tag und Nacht«, grummelte Araine, aber Leesha merkte ihr an, dass sie es nicht böse meinte. Araine sah schon viel besser aus als noch vor einigen Monaten, und unter ihrer ruhigen Hand fing Angiers an, sich langsam zu erholen. Wie immer begleitete Pawl die Herzogin, und Leesha verspürte ein leichtes Unbehagen. Sie hatte nicht vergessen, was der Junge gesagt hatte, als er unter dem Einfluss der Dämonen stand.

Als nächste kamen die Laktoner, Isan mitsamt seinen wichtigsten Hafenmeistern sowie Kapitänin Dehlia und Kapitän Qeran.

»Willkommen, Herzog Isan.«

»*Damaji* Isan«, berichtigte Isan. »Jedenfalls so lange, bis der neue Pakt unterschrieben ist.«

Herzog Ragen und Herzogin Elissa trafen ein paar Tage später ein. Leesha wusste, was sie zu erwarten hatte, trotzdem schmerzte

es sie, Elissas schlurfenden Gang zu sehen, die sich schwer auf Ragens Arm stützte.

»Ich kann dir einen Stuhl auf Rädern bringen lassen«, flüsterte Leesha ihr ins Ohr, als sie sich umarmten.

»Nein, danke«, lehnte Elissa ab. »In letzter Zeit sitze ich ohnehin viel zu viel.«

»Wenn du nichts dagegen hast, würde ich dich nach der Zeremonie gern untersuchen«, schlug Leesha vor. »Vielleicht kann ich etwas für dich tun, das deinen Kräutersammlerinnen nicht möglich ist.«

Elissa drückte ihre Arme. »Vielleicht. Aber ich habe eingesehen, dass es Verletzungen gibt, gegen die auch Magie machtlos ist.«

Abban reiste vor seinem Gebieter an, um alles für Jardirs Ankunft vorzubereiten. Der fette *khaffit* ging jetzt an zwei Krücken, die beide mit einem Bügel ausgestattet waren, der wie ein Kamel geformt war. Doch er lächelte breit. »Bei Everams Bart, es tut wohl, dich zu sehen, Tochter des Erny!«

Leesha verdrängte ihre Wut über das ganze Unheil, das Abban angerichtet hatte, denn zu ihr war er immer ehrlich gewesen und hatte sie klug beraten. Außerdem hatte er für seine Vergehen bitter gebüßt.

»Ich freue mich, dass es dir wieder gut geht, Sohn des Chabin«, sagte sie auf Krasianisch.

Abban verneigte sich so tief, wie seine Krücken es erlaubten. »Ich staune immer wieder, wie schnell du unsere Sprache gelernt hast.«

Leesha zwinkerte ihm zu. »Ich hatte reichlich Gelegenheit zum Üben.«

»Ich muss dich warnen«, sagte Abban. »Die *Damajah* wird meinen Gebieter begleiten.«

»Selbstverständlich.« Damit hatte Leesha gerechnet. »Für den *Shar'Dama Ka* wäre es unschicklich, ohne seine *Jiwah Ka* hier aufzutauchen. Jemand muss doch über seine Tugend wachen.«

Abban verneigte sich wieder. »Ich sehe schon, du beherrschst nicht nur unsere Sprache, sondern du hast dich auch mit unseren Sitten und Gebräuchen vertraut gemacht.«

Nicht lange danach fanden sich die übrigen Krasianer ein. Ihre Ehrengarde aus *dal'Sharum* wurde von Gared und einer ebenbürtigen Anzahl Talsoldaten begrüßt. Leesha hieß die Abordnung in ihrer Empfangshalle willkommen, aber sie verließ ihren Thron, um ihnen in Freundschaft zu begegnen. Wonda und Stela nahmen sie in die Mitte und behielten alle wachsam im Auge.

Dorn gehörte der Delegation an. Er war kaum wiederzuerkennen in seiner schwarzen *Sharum*-Kluft und mit seiner sauberen, gepflegten Erscheinung. Auf dem Arm trug er ein Kleinkind, und an seiner Seite ging eine *Sharum'ting* mit einem weißen Turban.

»Wer ist die denn?«, flüsterte Stela.

Leesha gab keine Antwort. Ihr schnürte sich die Kehle zu, als sie Amanvah sah, mit einem kleinen Mädchen auf dem Arm. Bei ihr war Kendall mit dem Jungen.

Zum Schluss wurden Inevera und Ahmann angekündigt. Die Augen der *Damajah* blickten kalt, aber ihr Kopfnicken fiel respektvoll aus. Jardir, der unglaublich attraktiv und vornehm aussah, strahlte sie an und umarmte sie unter Ineveras argwöhnischen Blicken.

»Meine Zukünftige.«

»Hörst du nie auf, mich so zu nennen?«, fragte Leesha, aber sie lächelte.

»Doch, natürlich.« Ahmann verneigte sich. »Sobald du mit mir vermählt bist.«

»Darauf kannst du lange warten«, sagte Leesha. »Du hast hier etwas Wichtigeres zu unterzeichnen als einen Ehevertrag.«

Jardir spürte, wie Inevera bei diesen Worten wütend wurde.

»Aber nur, wenn wir uns darauf einigen …«

»Friede, *jiwah*«, sagte Jardir. »Die Verhandlungen sind endgültig abgeschlossen. Das ist mein Geschenk, um diesen Tag zu segnen.«

»Du verschenkst zu viel«, zischte Inevera, aber so leise, dass die Talbewohner es nicht hören konnten.

»Ich stimme mit der *Damajah* überein«, sagte Abban.

»Ich gab dem *Par'chin* ein Versprechen«, sagte Jardir mit lauter Stimme. »Dieses soll eingelöst werden, und zwar sofort.«

Die Zeremonie war kurz. Leeshas Minister legte fünf Exemplare des neu formulierten Pakts der Freien Städte vor, in dem der Krieg unter dem Antlitz der Sonne offiziell für beendet erklärt wurde. Die Unterzeichner dieses Abkommens erkannten das jeweilige Recht auf Selbstbestimmung an, sowie die Unabhängigkeit des neu gegründeten Talherzogtums und die Selbstverwaltung des wiederaufgebauten Herzogtums Lakton. Everams Füllhorn wurde an Krasia abgetreten, aber man führte ein paar neue Gesetze bezüglich des Handels und der Rechte der *chin* ein.

Der Pakt enthielt Passagen, in denen von Beistandspflicht gegen die Dämonen die Rede war, doch im Augenblick schienen sie kaum von Bedeutung zu sein. Die wenigen Dämonen, die es noch gab, hatten ihre Anführer verloren und wurden von den wachsenden Großsiegeln immer weiter verdrängt.

Nachdem die Verträge unterschrieben und die Unterschriften bezeugt worden waren, kam General Holzfäller und klopfte Jardir auf diese viel zu vertrauliche Art der Nordländer auf den Rücken. Jardirs Leibwächter verkrampften sich, aber er gab ihnen keinen Anlass zum Einschreiten.

»Die Männer gehen zum Trinken und Rauchen in den Salon«, sagte Gared. »Vielleicht wollt ihr ja mitkommen, du und Abban.«

Jardirs Blick huschte zu Inevera.

»Geh ruhig mit, Gemahl.« Nur er hörte die geflüsterten Worte in seinem Ohrring, aber hinter ihrem durchsichtigen Schleier sah er ihr schiefes Lächeln. »Ich werde die Tochter des Erny schon nicht umbringen, solange du weg bist.«

Abban, der die beiden beobachtete, bekam Jardirs kaum wahrnehmbares Nicken mit und wandte sich an Gared: »Aber natürlich schließen wir uns euch an, Sohn des Steave. Wir fühlen uns geehrt. Bitte, führe uns in den Salon.«

Die Nordländer gaben sich lässig. In dem verräucherten Salon hatten sich Männer aus den unterschiedlichsten gesellschaftlichen Schichten versammelt. Doch auch bei den *chin* blieben die Mitglieder des echten Adels für sich. Die Herzöge Ragen und Isan wirkten wie eine Insel inmitten der Menge.

Als sie näher kamen, wich Isan einen Schritt zurück. Ragen indes erwiderte die Geste, als Jardir zur Begrüßung nach Art der Nordländer sein Handgelenk umklammerte.

»Es ist mir eine Ehre, Herzog Ragen«, sagte Jardir. »Der *Par'chin* hat oft von dir gesprochen. Wenn nur ein Bruchteil von dem stimmt, was er mir über deinen Heldenmut erzählt hat, dann ist dir ein Platz im Himmel sicher.«

»Die Ehre ist ganz auf meiner Seite.« Ragens Aura drückte Vorsicht aus, doch die Erwähnung des *Par'chin* half, seine Skepsis ein wenig zu zerstreuen.

Auf einen Wink von Gared hin wurde ein Tablett mit nordländischem Bier gebracht. »Ich denke, wir sollten auf Arlen einen Trinkspruch ausbringen.«

Jardir hob eine Hand. »Vergib mir, Sohn des Steave, aber der Evejah verbietet …«

»Bei Nies schwarzem Herzen, Ahmann!«, brüllte Abban. Bei dem Aufschrei fuhren alle erschrocken zusammen – am heftigsten Jardir. Noch nie hatte Abban sich erdreistet, vor anderen in diesem Ton mit ihm zu reden.

»Du bist der *Shar'Dama Ka.*« Abban sprach jetzt zu ihm wie mit einem kleinen Kind. »Du kannst den Evejah umschreiben, wenn du willst. Wenn nur ein Bruchteil von dem stimmt, was du über den Heldenmut des *Par'chin* erzählst, dann solltest du wenigstens dieses eine Mal die Sitten seines Volkes ehren und auf ihn trinken!«

Jardir blinzelte. Es hatte ihm glatt die Sprache verschlagen. Stumm sah er zu, wie Abban in seine Weste griff und eine kleine Tonflasche sowie ein paar winzige Porzellanbecher zutage förderte. »Und ich habe genau das mitgebracht, was dazu nötig ist!«

Ragens Augen funkelten. »Ich kann mich nicht erinnern, wann ich das letzte Mal Couzi getrunken habe.«

»Grässliches Zeug!« Aber auch Gared starrte begehrlich auf das Fläschchen.

Abban teilte die Becher aus und füllte sie aus der kleinen Flasche. »Der *Par'chin* suchte meinen Pavillon oft auf, und bevor wir zum Geschäftlichen kamen, leerte jeder von uns drei Becher.«

Wortlos nahm Jardir den Becher an, den Abban ihm reichte. Als er das letzte Mal Couzi getrunken hatte, war es ihm schlecht ergangen. Hauptsächlich deshalb, und nicht weil der Evejah es verbot, hatte er später auf dieses Getränk verzichtet.

Abban hob seinen Becher. »Auf den Sohn des Jeph, der ein Meister im Feilschen war, aber niemals versucht hat, mich übers Ohr zu hauen.«

Alle lachten, stießen miteinander an und kippten den Couzi in einem Zug herunter. Jardir schnitt eine Grimasse, als das Getränk seine Zunge und den Hals verbrannte wie kochendes Wasser. Auch andere Männer in ihrem Kreis verzogen das Gesicht.

Abban füllte die Becher nach und Ragen hob den seinen. »Auf Arlen, der mir ein wahrer Sohn war, als wäre er mein eigen Fleisch und Blut.«

Abermals stießen sie an und gossen sich den Couzi in die Kehle. Dieses Mal verspürte Jardir kein Brennen, sein Mund war noch taub von dem ersten Schluck. Er entspannte sich und fand, dass sein Freund recht hatte. Der Pakt war nicht das Einzige, was er dem *Par'chin* schuldete.

Abban füllte die Becher ein drittes Mal, und dieses Mal war Jardir der Erste, der seinen Becher hob. »Auf den Erlöser, der einen Ehrenplatz an der himmlischen Tafel einnimmt.«

Jardir zögerte nicht, auch wenn die anderen Männer ihn verblüfft anstarrten. Er stieß mit dem an, der ihm am nächsten stand, und stürzte seinen dritten Becher Couzi runter.

Dieses Mal schmeckte er nach Zimt.

In der sicheren Geborgenheit des Frauenflügels nahm Leesha ihr Kind auf den Arm. Olive trank nur noch selten an ihrer Brust, sie verputzte feste Nahrung mit der gleichen Gier, mit der sie die Muttermilch in sich eingesogen hatte. Sie war jetzt knapp über ein Jahr alt, während Darin noch nicht einmal zehn Monate zählte, doch die beiden und der kleine Kaji jagten einander bereits durch das Zimmer.

Rojers Sohn Arick, der noch kein halbes Jahr alt war, musste immer noch gestillt werden. Leesha schluchzte, als er anfing zu trinken, und betrachtete den Kleinen, der wie eine Miniaturausgabe von Rojer aussah. Seine Haut war dunkler als die seines Vaters, doch der rote Haarschopf hatte genau dieselbe Farbe. Zufrieden schloss er beim Nuckeln die Augen.

Amanvah reichte ihre Tochter Rojvah an Inevera weiter und zückte ein Tränenfläschchen, mit dem sie sanft die Tränen von Leeshas Wangen schabte. »Du ehrst meinen Gemahl, indem du seinen Sohn nährst, Meisterin.«

Leesha schüttelte den Kopf. »Ich bin diejenige, die sich geehrt fühlt.«

»Sikvah wäre stolz, wenn sie dies sehen könnte«, sagte Amanvah. »Aber vielleicht schaut sie vom Himmel aus zu.«

»Es kann nicht leicht gewesen sein, zwei Kinder zu stillen«, sagte Leesha.

»Anfangs war es schwer«, räumte Amanvah ein. »Aber Ashia hat geholfen.«

»Es war das mindeste, was ich für das Kind meiner Speerschwester tun konnte«, sagte Ashia.

Leesha neigte den Kopf und drückte Arick einen Kuss auf das Köpfchen. »Du wirst einmal groß und stark werden, wenn du die Milch einer *Damaji'ting* und der *Sharum'ting Ka* getrunken hast.«

»Nicht zu vergessen die Milch der Herzogin des Tals«, mischte Elona sich ein und wiegte die kleine Selen, die gerade erst eingenickt war.

Inevera beobachtete die Frauen mit scharfem Blick, doch dann wisperte Araine ihr etwas zu, und die *Damajah* fing an, herzlich zu lachen. Es klang aufrichtig und unverstellt.

»Es ist schön, den Kindern zuzusehen, wie sie so friedlich ...!« Renna unterbrach sich mitten im Satz, rannte durch das Zimmer und fing im letzten Moment die Vase auf, die die Kinder von einem Beistelltisch gestoßen hatten. »Ay, ihr ungezogenen Gören! Nicht so wild!«

»Entschuldigung, Tante Ren!«, rief Olive. Darin schubste Kaji, der zu kreischen anfing, und alle drei rannten wieder los.

»Ich schwöre beim Schöpfer«, brummte Renna, als sie sich wieder auf ein Sofa setzte, »der Junge wird mich mehr Nerven kosten als sein Dad!«

»Na klar, von seiner Mum kann er diese Wildheit doch nicht geerbt haben«, bemerkte Leesha.

Renna blinzelte ihr zu. »Ganz sicher nicht!«

»Kaji ist auch kaum zu bändigen«, sagte Ashia. »Er bleibt nicht mehr in seiner Wiege. Der Junge klettert wie ein Aufpasser und schleicht sich mitten in der Nacht fort, um Dorn zu suchen.«

»Olive kann schon die Fensterläden aufmachen«, sagte Leesha. »Noch keine fünfzehn Monate alt und schon so stark wie ein Maultier.«

»Und wenn sie nach ihrem Vater kommt, ist sie doppelt so störrisch«, steuerte Inevera bei. Leesha lachte. Sie und Ahmanns *Jiwah Ka* würden vielleicht nie Freundinnen werden, aber sie waren auch keine Feindinnen mehr, und das war schon mal ein guter Anfang.

»Darin gibt sich gar nicht erst die Mühe, Fensterläden zu öffnen«, sagte Renna. »Nachts verwandelt er sich in Nebel und schwebt einfach hindurch. Ich habe schreckliche Angst, er könnte mal bis in die krasianische Wüste schlittern oder hinunter in den Horc, um seinen Dad zu besuchen.«

»Er kann sich in Nebel auflösen?!« Leesha versuchte, ihren Schrecken zu verbergen. Renna sorgte sich zu Recht. Sie warf einen Blick auf Olive und betete, ihre Tochter möge diese Fähigkeit nie erlernen.

»Ja, aber Stück für Stück, immer nur ein bisschen«, sagte Renna. »Wie eine Maus, die sich durch einen Spalt zwängt. Bis jetzt hat er sich noch nicht völlig aufgelöst, aber das ist nur eine Frage der Zeit.«

»Bei der Nacht!«, sagte Elissa. »Und ich dachte immer, Arlen wäre ein schwieriges Kind gewesen.«

Die Bemerkung brachte alle zum Lachen. Umgeben von Fröhlichkeit, dem Geplärr der Babys und dem Toben der Kinder, schöpfte Leesha neue Hoffnung. Sie glaubte an einen dauerhaften Frieden.

Grimoire der Siegel

SCHUTZSIEGEL

Schutzsiegel saugen Magie aus den Dämonen, um eine Barriere oder einen Bannbereich zu bilden, den die Horclinge nicht durchdringen können. Siegel wirken am stärksten, wenn sie gegen die spezielle Dämonenart verwendet werden, für die sie bestimmt sind, und meistens benutzt man sie zusammen mit anderen Siegeln in Schutzkreisen. Wird solch ein Zirkel aktiviert, werden sämtliche Dämonen mit Gewalt aus seinem Wirkungsbereich vertrieben. Eine gemischte Gruppe von Dämonen wird auch Bande genannt.

Baumdämonen

Baumdämonen hausen in Wäldern. Nach den Felsendämonen sind sie die größten und stärksten Horclinge, und wenn sie sich auf den Hinterbeinen aufrichten, messen sie im Durchschnitt fünf bis zehn Fuß. Sie besitzen kurze, muskulöse Hintergliedmaßen und lange, sehnige Arme, die sich vortrefflich zum Erklettern von

Bäumen und der Fortbewegung von Ast zu Ast eignen. Ihre kurzen, aber kräftigen Krallen durchbohren mühelos selbst die dickste Borke. Ihre Panzerung gleicht von der Struktur und Farbe her Baumrinde, und sie haben große, schwarze Augen. Gewöhnliches Feuer vermag Baumdämonen nichts anzuhaben, doch sie brennen lichterloh, wenn man sie in Kontakt mit Substanzen bringt, die eine stärkere Hitze entwickeln, wie etwa Feuerspeichel oder flüssiges Dämonenfeuer. Baumdämonen töten ohne zu zögern jeden Flammendämon, den sie sehen, und zum Jagen bilden sie oftmals Gruppen, die auch Rotten genannt werden.

Blitzdämonen

Blitzdämonen sind äußerlich kaum von ihren Vettern, den Winddämonen, zu unterscheiden. Aber ihr Speichel ist mit Elektrizität aufgeladen und kann das Opfer lähmen. Blitzdämonen versprühen während eines Sturzflugs ihren Speichel, packen ihre hilflose Beute, reißen sie mit sich in die Höhe und verschlingen sie bei lebendigem Leib. Eine Gruppe von Blitzdämonen nennt man Wolke.

Felddämonen

Mit ihrem schmalen Körperbau, den langen, kräftigen Gliedmaßen und einziehbaren Krallen sind Felddämonen in offenem Gelände oft die schnellsten Vierbeiner. Ihre Extremitäten und ihr Rücken sind mit zähen Schuppen bedeckt, die sie vor fast jeder Waffe schützen. Am verwundbarsten sind sie am Bauch. Eine Gruppe von Felddämonen nennt man Herde.

Felsendämonen

Felsendämonen sind die Giganten unter den Horclingen, und ihre Größe reicht von sechs bis zwanzig Fuß. Diese ungeschlachten Kolosse gleichen Bergen aus Sehnen und scharfen Kanten, und ihre wuchtigen Panzer sind mit knochigen Auswüchsen und Buckeln übersät. Ein Schlag mit ihrem stacheligen Schwanz kann Stein zertrümmern. Sie bewegen sich in gebeugter Haltung auf zwei mit Klauen bewehrten Füßen, und ihre langen, knorrigen Arme enden in Pranken, deren Krallen so groß sind wie Schlachtermesser. Ihr Maul ist mit mehreren Reihen dolchähnlicher Zähne ausgestattet. Keine bekannte physische Kraft kann einem Felsendämon etwas anhaben. Treten Felsendämonen in größeren Gruppen auf, spricht man von einem Erdbeben.

Flammendämonen

Flammendämonen besitzen Augen, Nüstern und Mäuler, die in einem trüben orangefarbenen Licht glühen. Sie sind die kleinsten Dämonen, ihre Körpermaße variieren zwischen der Größe eines Kaninchens bis zu der einer großen Katze. Wie alle Dämonen sind sie bewehrt mit langen, gebogenen Krallen und Reihen rasiermesserscharfer Zähne. Ihre Panzerung besteht aus starren, spitzen Schuppen, die einander überlappen. Flammendämonen können in kurzen Stößen Feuer spucken. Ihr feuriger Speichel brennt intensiv, sobald er mit Luft in Kontakt kommt, und kann fast jede Substanz entzünden, sogar Metall und Stein. Eine Anhäufung von Flammendämonen wird auch als Lohe bezeichnet.

Höhlendämonen

Höhlendämonen, auch unter der Bezeichnung Spinnendämonen bekannt, besitzen acht gegliederte Beine und können sehr schnell laufen. Höhlendämonen sondern eine klebrige Seide ab, die keine Magie enthält, das heißt, sie ist immun gegen magisches Sehen sowie gegen Schutzsiegel. Höhlendämonen bauen Fallen, in die Arglose hineintappen sollen, und legen sich auf die Lauer. Diese Dämonen steigen nur selten an die Oberfläche empor, es sei denn, ein Seelendämon fordert sie dazu auf. Meistens findet man sie in tiefen Höhlen und in den Tunneln eines Dämonenstocks. Sie sind die Hüter der Speisevorräte. Eine Gruppe von Höhlendämonen nennt man Haufen.

Lehmdämonen

Lehmdämonen sind beheimatet in den von der Sonne verbrannten Lehmebenen am Rande der krasianischen Wüste. Vom Körperbau her gleichen sie einem Hund mittlerer Größe, sie verfügen über kräftige Muskeln und sind durch dicke, überlappende Panzerschuppen geschützt. Ihre kurzen, harten Krallen ermöglichen es ihnen, fast jede Felswand hinaufzuklettern und sogar kopfüber unter einem Vorsprung zu hängen. Dank ihrer orangebraunen Färbung können sie, für Beobachter unsichtbar, mit einer Lehmziegelmauer oder einer Lehmfläche verschmelzen. Der stumpfe Kopf eines Lehmdämons ist so hart und widerstandsfähig, dass er damit nahezu jedes Material zertrümmern kann, er spaltet sogar Stein und zerbeult dünnen Stahl. Eine Gruppe von Lehmdämonen bezeichnet man mitunter auch als Verbund.

Mimikrydämonen

Mimikrydämonen sind die Eliteleibwächter der Seelendämonen. Da sie weniger lichtempfindlich sind als ihre Gebieter und intelligenter als gewöhnliche Dämonen, dienen sie den Seelendämonen als Leutnants. Sie können einfache Horclingdrohnen herbeirufen und ihnen ihren Willen aufzwingen. Ihre natürliche Form ist nicht bekannt, aber sie sind imstande, fast alles zu kopieren, was ihnen begegnet, angefangen von leblosen Gegenständen bis hin zu Lebewesen. Handelt es sich um Menschen, imitieren sie auch deren Kleidung und Ausrüstung. Einer ihrer Lieblingstricks besteht darin, die Namen ihrer Opfer herauszufinden und dann die Gestalt eines befreundeten Menschen anzunehmen. Anschließend täuschen sie eine Notsituation vor und lassen diesen Freund um Hilfe flehen. Das soll ihre Opfer dazu verführen, den Schutzbereich der Siegel zu verlassen, in dem sie in Sicherheit wären. Eine Ansammlung von Mimikrydämonen wird Truppe genannt.

Sanddämonen

Sanddämonen sind mit den Felsendämonen verwandt, allerdings haben sie kleinere, wendigere Körper. Dennoch gehören sie zu den kräftigsten und am stärksten gepanzerten Horclingen. Ihr Schutzkleid aus winzigen, scharfen Schuppen ist von schmutziggelber Farbe und bietet im körnigen Sand die perfekte Tarnung. Sie laufen auf vier Beinen, doch im Kampf richten sie sich auf den hinteren Gliedmaßen auf. Ihre kurzen Schnauzen sind mit mehrreihigen scharfen Zähnen bestückt, die schlitzförmigen Nüstern liegen weit hinten, direkt unter den großen, lidlosen Augen. Mächtige, von der Stirn ausgehende Hörner schwingen sich in einem Bogen hoch über den Kopf und münden in der geschuppten Haut. Sie zucken unablässig mit den Brauen, um ihre Augen frei von dem Sand zu halten, den der ewig wehende Wüstenwind vor sich her treibt. Sanddämonen jagen in Rudeln, die auch Sandsturm genannt werden.

Schneedämonen

Schneedämonen gleichen von der Gestalt her den Flammendämonen. Sie kommen vor in den kalten Regionen des Nordens und im Hochgebirge. Ihr Schuppenpanzer ist von einem dermaßen reinen Weiß, dass er bei Lichteinfall in allen Farben schillert. Im Schnee sind sie meistens nicht zu erkennen, und die Flüssigkeit, die sie spucken, ist von so niedriger Temperatur, dass alles, worauf sie trifft, sofort gefriert. Stahl, der mit Frostspeichel in Berührung kommt, wird mitunter so spröde, dass er zerbricht. Eine Gruppe von Schneedämonen nennt man Schneesturm.

Seelendämonen

Seelendämonen, auch als Horclingprinzen bekannt, sind die Generäle und Strategen der Dämonen. Sie stellen die einzige Kaste in der Dämonengesellschaft dar, die ein männliches Geschlecht hat. Körperlich sind sie schwach, und ihnen fehlt fast gänzlich die physische Panzerung, die die anderen Horclinge so unangreifbar macht, dafür besitzen sie ungeheure mentale und magische Kräfte. Sie können in den Verstand eines Menschen eindringen und ihn kontrollieren, sich telepathisch verständigen und den Geist einer Person dauerhaft manipulieren. Sie können Siegel in die Luft zeichnen und diese mit der ihnen innewohnenden Magie aufladen. Horclingdrohnen befolgen ohne zu zögern jeden ihrer mentalen Befehle, und um ihre Gebieter zu beschützen, opfern sie bereitwillig ihr Leben. Da selbst Mondlicht ihnen Qualen bereitet, steigen Seelendämonen nur während der drei Nächte andauernden Neumondphase an die Oberfläche, wenn die Dunkelheit absolut ist. Eine Versammlung von Seelendämonen nennt man Hof.

Steindämonen

Steindämonen sind die kleineren Vettern der Felsendämonen. Sie durchdringen festes Gestein, wenn sie an die Oberfläche aufsteigen. Ihre Panzerung ist gefleckt und gleicht einem Gemisch aus Steinen. Ihr gedrungener Körperbau macht sie verhältnismäßig langsam, aber sei gehören zu den stärksten und robustesten Dämonenarten. Da sie zum Aufsteigen keine spezielle Umgebung brauchen, sind Steindämonen häufiger anzutreffen als Felsendämonen. Eine Gruppe von Steindämonen bezeichnet man als Gemenge.

Sumpfdämonen

Sumpfdämonen findet man in Sümpfen und im Marschland. Es handelt sich um eine amphibische Form von Baumdämonen, die sowohl im Wasser als auch auf den Bäumen zu Hause sind.

Sumpfdämonen haben ein grün und braun geflecktes Äußeres, das es ihnen ermöglicht, völlig in ihrer Umgebung aufzugehen. Oftmals verstecken sie sich im Schlamm oder in flachen Gewässern, um auf Beute zu lauern. Sie spucken einen dicken, klebrigen Schleim, der jedes organische Material verwesen lässt. Eine Gruppe von Sumpfdämonen nennt man einen Pulk.

Uferdämonen

Werden auch Frösche oder Hüpfer genannt. Diese Dämonen gleichen gewöhnlichen fliegenden Fröschen, aber sie sind so groß, dass sie einen Menschen in einem Stück verschlingen können. Sie lauern in flachen Gewässern und springen nur heraus, wenn sich Beute nähert. Mit einem einzigen Sprung erreichen sie trockenes Land. Sie lassen ihre langen, kräftigen Zungen hervorschnellen, schlingen sie um ihre Opfer und zerren diese in ihr weit aufgesperrtes Maul hinein. Danach kehren sie ins Wasser zurück und ertränken ihre zappelnde Beute. Eine Gruppe von Uferdämonen wird manchmal auch als Heer bezeichnet.

Wasserdämonen

Wasserdämonen variieren stark in Größe und Aussehen, und man bekommt sie nur selten zu Gesicht. Manche ähneln vom Körperbau her einem schlanken, mit Schuppen bedeckten Menschen. Hände und Füße haben Schwimmhäute und sind mit scharfen Krallen bewehrt. Es gibt Wasserdämonen, die so groß sind, dass sie mit ihren massigen, mit Hörnern besetzten Tentakeln dreimastige Schiffe unter Wasser ziehen können. Die noch gigantischeren Leviathane sind imstande, aus dem Wasser zu springen und beim Wiedereintauchen riesige Wellen zu erzeugen. Wasserdämonen können nur unter Wasser atmen, doch sie können auch für kurze Zeit auftauchen. Eine Häufung von Wasserdämonen nennt man eine Woge.

Winddämonen

Winddämonen haben eine Schulterhöhe von bis zu sechs Fuß, aber die aus dem Kopf sprießenden rippenähnlichen Fortsätze ragen noch einmal sechs bis acht Fuß in die Höhe. In ihren gewaltigen, scharfen Schnäbeln verbergen sich mehrere Reihen von Zähnen. Ihre Haut ist ein zäher, elastischer Panzer, an dem die meisten Speerspitzen oder Pfeile abprallen. Diese widerstandsfähige Substanz reicht als dünnere Membran von den Flanken bis an die Unterseiten der Arme und bildet die Flughaut. Die Spannweite der Schwingen erreicht manchmal die dreifache Größe des Körpers. Auf dem Boden bewegen sich Winddämonen langsam und unbeholfen, aber in der Luft beweisen sie sich als wahre Flugkünstler. Die dünnen Knochen der Schwingen tragen an den Gelenken tückische, gebogene Krallen. Winddämonen greifen mit Vorliebe im lautlosen Sturzflug an. Kurz vor Erreichen der Beute spreizen sie ihre Schwingen mit einem lauten Knattern, und mit den Krallen reißen sie ihrem Opfer den Kopf ab. Mit den hinteren Klauen packen sie den Rumpf und fliegen davon. Eine Gruppe von Winddämonen nennt man ein Geschwader.

Zuflucht

Das Siegel der Zuflucht ist ein allgemeines Schutzsymbol, das man bereits den Kindern beibringt. Es ist nicht so mächtig wie Siegel, die auf die einzelnen Dämonenarten abgestimmt sind, doch es erzeugt ein Feld des Unbehagens, das ausreicht, um die meisten Horclinge zu vertreiben, wenn sie nicht gerade eine Beute gesichtet haben. Sehr große Siegel der Zuflucht können einen Bannbereich bilden. Dieses Siegel ist auch Bestandteil des thesanischen Würfelspiels »Zuflucht«, dessen krasianische Version »Sharak« heißt.

KAMPFSIEGEL & ANGRIFFSSIEGEL

Kampfsiegel wandeln Magie um und erzielen dabei unterschiedliche Wirkungen. Einige saugen Magie direkt aus dem Dämon ab, mit dem sie in Kontakt kommen, andere wiederum beziehen ihre Energie aus Magiespeichern, wie zum Beispiel Dämonenknochen, auch als *hora* bekannt.

Aufprallsiegel / Schlagsiegel

Diese Siegel verwandeln Magie in eine Kraft, durch die sich die Wucht eines Aufpralls oder einer Erschütterung verstärken lässt. Man kann sie isoliert benutzen oder an einer stumpfen Waffe anbringen. Wenn man mit ihnen einen Dämon angreift, entziehen sie ihm Magie wie Schneidesiegel, schwächen seinen Panzer und verstärken die Wirkung der Waffe. Je heftiger der ursprüngliche Hieb geführt wurde, umso mehr Energie wird erzeugt.

Drucksiegel

Von Drucksiegeln geht eine gewaltige Presskraft mit einer immensen Hitzeentwicklung aus. Diese Energie verstärkt sich, je länger das Siegel in Kontakt mit einem Dämon bleibt. Der Tätowierte Mann hat in jede Handfläche eines dieser Siegel eintätowiert, und es ist bekannt, dass er mit beiden Händen den Kopf eines Dämons zusammenquetschen kann, bis der Schädel der Kreatur platzt.

Feuerspeichel / Frostspeichel

Diese Siegel benutzt man zur Abwehr von Flammendämonen, da sie deren Feuerspeichel in eine kühle Brise verwandeln. Kehrt man ihre Wirkung um, wird aus dem Frostspeichel eines Schneedämons ein wärmender Lufthauch.

Glas

Wenn man diese Siegel in Glas einritzt und mit Magie auflädt, führen sie eine dauerhafte Veränderung des Materials herbei. Das Glas wird härter als Diamant und stärker als Stahl, bei unverändertem Gewicht und Aussehen. Versiegeltes Glas findet häufig in der Herstellung fast unzerstörbarer Fenster, Phiolen, Waffen und Rüstungen Verwendung.

Hitzesiegel

Hitzesiegel steigern thermische Energie und wandeln Magie direkt in Hitze um. Gegenstände, auf die man Hitzesiegel zeichnet, verbrennen, wenn man die Siegel weckt, es sei denn, sie sind extrem feuerfest.

Kältesiegel

Kältesiegel reduzieren thermische Energie. Lenkt man sie an eine bestimmte Stelle, senken sie dort die Temperatur blitzartig bis unter den Gefrierpunkt ab. Mächtige Kältesiegel können Stahl zertrümmern und sogar den Panzer eines Felsendämons sprengen.

Lektrische Siegel

Diese Siegel verwandeln Magie direkt in Elektrizität, die man gegen ein Objekt oder gegen ein Lebewesen richten kann. Die Siegel lassen sich auch zu einem geschlossenen Kreislauf verbinden.

Magnetsiegel

Magnetsiegel laden ihren Zielpunkt mit Energie auf und ziehen Eisen an wie starke Magnete. Manchmal werden sie dazu benutzt, die Treffgenauigkeit eiserner Kanonenkugeln zu verbessern.

Nässesiegel

Nässesiegel ziehen Feuchtigkeit aus der Luft oder aus nahe gelegenen Gewässern. Mit ihnen kann man Pflanzen bewässern, kleine Reservoirs füllen oder einen Flammendämon abwehren. Mit einem starken Nässesiegel kann man ein Opfer ertränken oder, wenn man die Wirkung umkehrt, austrocknen.

Schneidesiegel

Ritzt man diese Siegel in eine Klinge ein, wird diese so scharf, dass sie sogar die Panzerung und den Körper eines Horclings durchdringen kann. Schneidesiegel entziehen einem Dämon die Kraft und schwächen seinen Panzer. Die Klinge hingegen gewinnt an Festigkeit und wird so scharf, wie die molekulare Struktur der Waffe es zulässt.

Stichsiegel

Stichsiegel saugen aus der Stelle, an der sie in den Dämonenkörper eindringen, Magie ab. Die Panzerung eines Horclings wird geschwächt, gleichzeitig strömt gebündelte Energie in die Spitze der Waffe und verleiht ihr ein Maximum an Kraft.

WAHRNEHMUNGSSIEGEL

Wahrnehmungssiegel erzeugen magische Effekte, die die Sinneseindrücke von Dämonen und mitunter auch von Menschen verändern können.

Lichtsiegel

Lichtsiegel verwandeln Magie in klares weißes Licht. Je nach Energiequelle kann das Licht von unterschiedlicher Intensität sein, angefangen von einem sanften Schimmer bis hin zu einem grellen Strahlen.

Siegel des magischen Blicks

Werden diese Siegel rings um die Augen angebracht und mit Magie aufgeladen, geben sie Menschen sowie allen an der Oberfläche lebenden Kreaturen die Möglichkeit, in vollständiger Dunkelheit genauso deutlich zu sehen wie am helllichten Tag. Man erkennt den Strom der Umgebungsmagie, kann die Kraft von Siegeln einschätzen und sieht die Auren, die allem Lebendigen innewohnen. Jemand, der darin geübt ist, kann in diesen Auren »lesen« und erfährt auf diese Weise, was andere fühlen oder denken. Mitunter erhält er auch einen Einblick in deren Vergangenheit oder vermag sogar in die Zukunft dieses Menschen zu schauen.

Tarnsiegel

Tarnsiegel wurden von Leesha Papiermacher wiederentdeckt. Sie machen Objekte für Dämonen unsichtbar, vorausgesetzt, diese Objekte bewegen sich verhältnismäßig langsam. Man benötigt Hunderte, wenn nicht gar tausend Tarnsiegel, um Tarnumhänge herzustellen, die es Menschen ermöglichen, sicher durch die ungeschützte Nacht zu gehen.

Siegel der Täuschung

Siegel der Täuschung saugen Magie aus ihrer Umgebung an, um ein bestimmtes Gebiet zu verschleiern. Im Gegensatz zu Tarnsiegeln, die ausschließlich bei Dämonen Wirkung zeigen, können Siegel der Täuschung auch die menschlichen Sinne blenden und Dinge vor ihnen verbergen. Jähe Bewegungen oder hastige Gesten können die Wirkung dieser Siegel jedoch zunichtemachen.

Siegel der Verwirrung

Siegel der Verwirrung erzeugen ein Wirkungsfeld, das Lebewesen die Orientierung raubt. Sie verursachen Schwindelgefühle, und die betroffene Kreatur findet sich nicht mehr zurecht. Wenn nicht gerade Beute in Sicht ist, vergessen die verwirrten Horclinge oftmals, was sie eigentlich vorhatten, und wandern, ohne Schaden anzurichten, davon.

Siegel der Weissagung

Siegel der Weissagung sind in die *alagai'hora* der *dama'ting* eingeritzt. Sie deuten die Strömungen der Magie und treffen Vorhersagen für die Zukunft. Ihre Magie zieht die Dämonenbeinwürfel aus ihren natürlichen Wurfbahnen, um Fragen zu beantworten, die man in Form eines Gebets an Everam richtet. Sowohl die Herstellung der Würfel als auch die Kunst, sie zu befragen, sind streng gehütete Geheimnisse der krasianischen Priesterinnen. Wer sie an Außenstehende verrät, wird mit dem Tod bestraft.

Danksagung

In den zehn Jahren, seit ich *Das Lied der Dunkelheit* veröffentlichte, haben mir unzählige Menschen dabei geholfen, die Dämonensaga zu verwirklichen. Redakteure, Agenten, Verleger, Marketing- und Publicity-Profis, Buchhändler. Und auch ihr, meine Leser, verdient mehr Dank, als ich hier geben kann. Doch ein paar meiner Unterstützer möchte ich namentlich erwähnen …

Mein besonderer Dank gilt Dr. Bill Greene, der mir mit seinen Kenntnissen über Kräuterkunde half, und Lauren Greene, die just einen Tag, nachdem dieses Buch an die Verleger ging, ein vollkommenes kleines Mädchen in mein Leben brachte. Seit es Sirena gibt, ist jeder Augenblick ein kostbarer Schatz. Ich danke auch Cassandra Brett, die dabei ist, selbst eine großartige junge Schriftstellerin zu werden.

Mein Dank gilt Myke Cole, der als Erster an meinen Erfolg geglaubt hat und mich drängte, mein Werk Joshua Bilmes anzuvertrauen, dessen Team von der JABberwocky Literary Agency mir stets Halt und Stütze war.

Ich danke meinen Redakteurinnen, besonders Tricia Narwani und Natasha Bardon, die einen groben, 1043 Seiten langen First Draft in Angriff nahmen und mir halfen, aus der Rohfassung einen geschliffenen Diamanten zu machen. Außerdem danke ich Laura Jorstad, meiner Lektorin, die hinter den Kulissen mehr Gewichte stemmt, als ihr euch vorstellen könnt.

Mein Dank gilt auch Larry Rostant, dessen Cover Art im Laden ein richtiger Blickfang ist, und den Cover Models, sowie Millennium FX, die einen lebensechten Alagai Ka schufen. Ich danke Lauren K. Cannon für ihre Siegeldesigns und Dominik Broniek für seine packenden Illustrationen. Ich bedanke mich bei den Hörbuchsprechern Pete Bradbury und Colin Mace sowie dem gesamten Team von GraphicAudio. Mein Dank gilt den internationalen Verlegern und Übersetzern, deren Arbeit mir überall in der Welt eine neue Lesergemeinde erschließt.

Ich danke meiner Assistentin Karen, die sich um so vieles kümmert, damit ich mich auf das Schreiben konzentrieren kann.

Und ich danke allen, die ich bereits in früheren Werken erwähnt habe und die in dem vorliegenden Buch aus Platzgründen ihren Namen nicht finden können. Mein Dank gilt jedem Einzelnen von euch – ohne euch hätte ich das Ziel dieser Reise niemals erreicht.

Brandon Sanderson

Die Sturmlicht-Chroniken

Der Weg der Könige
978-3-453-31710-9

Der Pfad der Winde
978-3-453-31768-0

Die Worte des Lichts
978-3-453-31823-6

Die Stürme des Zorns
978-3-453-31864-9

Der Ruf der Klingen
978-3-453-27038-1

Die Splitter der Macht
978-3-453-27039-8

Die Tänzerin am Abgrund
978-3-453-31769-7

Der Rhythmus des Krieges
978-3-453-27273-6

Der Turm der Lichter
978-3-453-27324-5

Die Splitter der Dämmerung
978-3-453-32246-2

Winde und Wahrheit
978-3-453-27274-3

Der Kampf der Meister
978-3-453-27325-2

Leseprobe unter **www.heyne.de**

HEYNE <

Wer durch die Hölle geht, braucht ein paar Teufel an seiner Seite

Das große Fantasy-Epos vom internationalen Bestsellerautor der KLINGEN-Romane

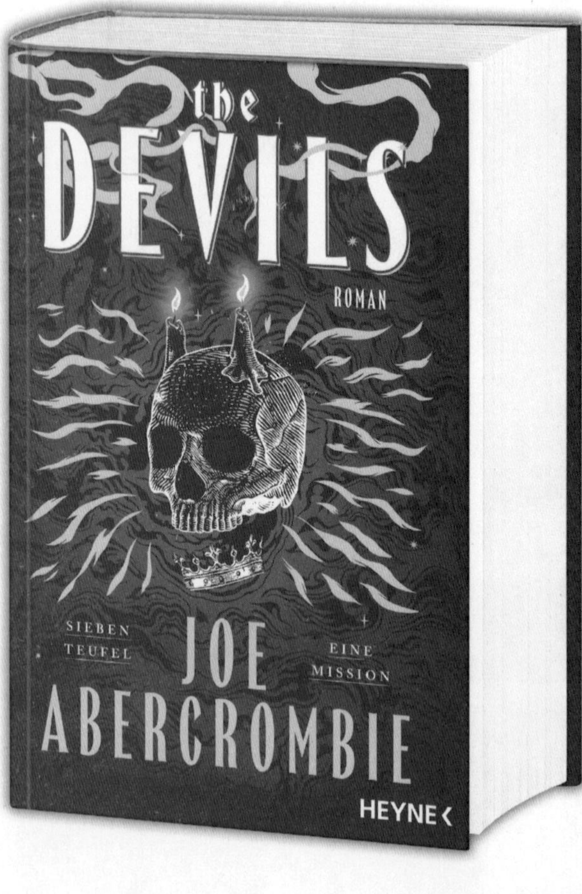

978-3-453-27498-3

HEYNE